Siegfried L. Sporer
Das Wiedererkennen von Gesichtern

Fortschritte der psychologischen Forschung 15

Herausgegeben von:
Professor Dr. Dieter Frey
Professor Dr. Heiner Keupp
Professor Dr. Ernst-D. Lantermann
Professor Dr. Rainer K. Silbereisen
Professor Dr. Bernd Weidenmann

Siegfried L. Sporer

Das Wiedererkennen von Gesichtern

Psychologie Verlags Union
Weinheim

Anschrift des Autors:

PD Siegfried L. Sporer, Ph. D.
Institut für Psychologie der
Philipps-Universität Marburg
Gutenbergstraße 8
3550 Marburg

Die Reihe Fortschritte der psychologischen Forschung
wird herausgegeben von:

Prof. Dr. Dieter Frey, Institut für Psychologie der Universität Kiel,
  Olshausenstraße 40/60, 2300 Kiel
Prof. Dr. Heiner Keupp, Institut für Psychologie, Sozialpsychologie,
  Universität München, Leopoldstraße 13, 8000 München 40
Prof. Dr. Ernst-D. Lantermann, Gesamthochschule Kassel, FB 3,
  Holländische Straße 36, 3500 Kassel
Prof. Dr. Rainer K. Silbereisen, Fachbereich Psychologie, Justus-Liebig-Universität Gießen,
  Otto-Behaghel-Straße 10 F, 6300 Gießen
Prof. Dr. Bernd Weidenmann, Universität der Bundeswehr München,
  Fachbereich Sozialwissenschaften, Werner-Heisenberg-Weg 39, 8014 Neubiberg

Die Deutsche Bibliothek – CIP-Einheitsaufnahme
Sporer, Siegfried Ludwig:
Das Wiedererkennen von Gesichtern / Siegfried L. Sporer. –
Weinheim : Psychologie-Verl.-Union, 1992
  (Fortschritte der psychologischen Forschung ; 15)
  ISBN 3-621-27150-3
NE: GT

Alle Rechte, auch die des Nachdrucks und der Wiedergabe in jeder Form, behalten sich
Urheber und Verleger vor. Es ist ohne schriftliche Genehmigung des Verlages nicht erlaubt,
das Buch oder Teile daraus auf photomechanischem Weg (Fotokopie, Mikrokopie)
zu vervielfältigen oder unter Verwendung elektronischer bzw. mechanischer Systeme zu
speichern, systematisch auszuwerten oder zu verbreiten (mit Ausnahme der in den §§ 53,
54 URG ausdrücklich genannten Sonderfälle).
Herstellung: Goldener Schnitt, Sinzheim
Druck und Bindung: Druckhaus Beltz, Hemsbach
© Psychologie Verlags Union 1992
ISBN 3-621-27150-3

Inhaltsverzeichnis

1 Einleitung und theoretische Ansätze	**1**
1.1 Einleitung	1
1.2 Forschungsfragen: Eine Auswahl	1
1.2.1 Definition des Wiedererkennens von Personen	1
1.2.2 Grundlegende Fragen	2
1.3 Theoretische Ansätze	2
1.3.1 Schematheoretische Konzeptionen	2
1.3.2 Ebenen der Verarbeitungstiefe	3
1.3.3 Theorie der dualen Kodierung	4
1.3.4 Vorstellungen, innere Wiederholung und Lebendigkeit der bildlichen Vorstellung	6
1.3.5 Das Prinzip der Enkodierungsspezifität	7
1.3.6 Das Modell von Bruce und Young	8
1.4 Überblick	12
2 Forschungsparadigmen für das Wiedererkennen von Personen	**18**
2.1 Einleitung	18
2.1.1 Wiedererkennen vs. Reproduktion	18
2.1.2 Personenbeschreibung	20
2.1.3 Gedächtnis für personenbezogene Informationen	21
2.2 Klassifikation experimenteller Paradigmen	23
2.2.1 Darbietungs-, Behaltens- und Testphase	23
2.2.2 Darstellungsmedium und Versuchsdurchführung	25
2.2.3 Das Foto-Foto-Paradigma	26
2.2.4 Blickbewegungsstudien	28
2.2.5 Lernen von Eigennamen	29
2.3 Nicht-experimentelle Forschungsansätze	30
2.3.1 Einzelfallstudien	30
2.3.2 Querschnittanalysen von Behaltensleistungen	33
2.3.3 Analyse von Kulturgütern	34
2.3.4 Tagebücher von Fehlhandlungen	34
2.4 Zusammenfassung	37
3 Statistische Auswertung von Wiedererkennensexperimenten	**39**
3.1 Maße beim Alternative-Forced-Choice-Test	39
3.2 Maße beim JA-NEIN-Test	39
3.3 Auswertung nach der Signaldetektionstheorie	41
3.3.1 Anwendung der SDT auf Gedächtnisexperimente	42
3.4 Konfidenzurteile beim Rating-Experiment	49
3.5 Reaktionszeiten	50

4 Stimulusfaktoren — 52
4.1 Merkmale der Darstellung von Gesichtern — 52
4.1.1 Stimulusgröße — 52
4.1.2 Veränderungen der Orientierung — 53
4.2 Natürliche und "unnatürliche" Gesichter — 54
4.2.1 Schematische Zeichnungen von Gesichtern — 54
4.2.2 Fotografien vs. Karikaturen — 55
4.2.3 Gesichts-Komposita — 57
4.2.4 Fotografien natürlicher Gesichter — 59
4.3 Empirische Vergleichsuntersuchungen — 59
4.3.1 Zeichnungen versus Fotografien — 59
4.3.2 Gesichts-Komposita und natürliche Gesichter — 62
4.3.3 Schwarzweißfotos versus Farbfotos — 62
4.3.4 Darstellungspose — 65
4.3.5 Testpose — 70
4.3.6 Veränderungen zwischen Darbietung und Test — 71
4.4 Zusammenfassung — 80

5 Attraktivität — 81
5.1 Einleitung — 81
5.2 Gefühl und Wiedererkennen: Klassische Befunde — 82
5.3 Neuere theoretische Ansätze — 83
5.4 Empirische Befunde — 84
5.4.1 Attraktivität und Wiedererkennen: Linearer oder kurvi-linearer Zusammenhang? — 84
5.5 Attraktivität als Typikalität — 86
5.5.1 Attraktivität und Wiedererkennen: Ein negativ-linearer Zusammenhang? — 88
5.5.2 Zusammenfassung — 93
5.6 Methode der Experimente 1 bis 3 — 95
5.6.1 Versuchspersonen — 95
5.6.2 Untersuchungsmaterial — 96
5.6.3 Durchführung — 97
5.6.4 Darbietungsphase — 97
5.6.5 Behaltensphase — 97
5.6.6 Testphase — 97
5.7 Ergebnisse der Beurteilungsaufgaben der Experimente 1 bis 3 — 98
5.8 Ergebnisse zum Wiedererkennen in den Experimenten 1 bis 3 — 99
5.8.1 Deskriptive Analysen — 100
5.8.2 Effekte der Attraktivität — 101
5.8.3 Attraktivität, Darbietungszeit und Behaltensintervall — 104
5.9 Diskussion der Ergebnisse der Experimente 1 bis 3 — 106
5.10 Zusammenfassung — 108

6 Gesichtsstereotypen und Prototypen — 110
6.1 Überblick — 110
6.2 Stereotypen und Personenwahrnehmung — 111
6.2.1 Zur Generalität von Stereotypen — 112
6.3 Stereotypen als Prototypen — 114
6.3.1 Prototypen und die Attribution von Charaktereigenschaften — 116
6.3.2 Gesichtsprototypen: Physische Merkmalsmodelle — 118
6.3.3 Aussehen, Kategorien und Wiedererkennen — 124
6.3.4 Verbale Elaboration und Etikettierung — 126
6.4 Experiment 4: Kongruente und inkongruente verbale Etiketten — 129
6.4.1 Methode von Experiment 4 — 130
6.4.2 Vorversuche — 130
6.4.3 Durchführung des Hauptversuchs — 132
6.4.4 Ergebnisse von Experiment 4 — 133
6.4.5 Diskussion der Ergebnisse von Experiment 4 — 135
6.5 Zusammenfassung — 136

7 Stereotypen von Kriminellen — 138
7.1 Zum Konsens über kriminelle Stereotype — 138
7.2 Experiment 5: Kriminelle Stereotype und Wiedererkennen — 141
7.2.1 Vorüberlegungen — 141
7.2.2 Methode von Experiment 5 — 142
7.2.3 Ergebnisse von Experiment 5 — 143
7.2.4 Diskussion der Ergebnisse von Experiment 5 — 145
7.3 Zusammenfassung — 148

8 Enkodierungsstrategien zum Einprägen von Gesichtern — 149
8.1 Wie kann man sich Gesichter am besten einprägen? — 149
8.2 Verarbeitungstiefe und Wiedererkennen — 150
8.3 Empirische Befunde — 151
8.3.1 Geschlechts- vs. Charakterbeurteilung — 151
8.3.2 Verarbeitung von Wörtern vs. von Gesichtern — 152
8.3.3 Beurteilung physischer Merkmale vs. Inferenzen — 152
8.3.4 Anzahl der Merkmale — 154
8.3.5 Quantität oder Qualität der Enkodierung? — 155
8.3.6 Besondere Merkmale oder "Gestalt"? — 156
8.3.7 Selbstbezug als Enkodierungsstrategie — 157
8.4 Eigene Untersuchungen: Experimente 6, 7 und 8 — 159
8.4.1 Methode der Experimente 6, 7 und 8 — 162
8.4.2 Ergebnisse der Experimente 6 bis 8 — 164
8.4.3 Diskussion der Ergebnisse — 169
8.5 Zusammenfassung — 173

9 Einflüsse während der Behaltensphase: Behaltenszeitraum, Vergessen, Interferenzprozesse und Memorieren 175

9.1. Länge des Behaltensintervalls 175
9.2. Ergebnisse eigener Untersuchungen zum Behaltensintervall 179
9.2.1. Ergebnisse von Experiment 2 179
9.2.2. Ergebnisse von Experiment 5 182
9.3. Interferenzprozesse 182
9.3.1. Ergebnisse und Diskussion der Experimente 1 bis 3 183
9.4. Zusammenfassung zu Behaltensintervall und Interferenzprozessen 184
9.5. Innere Wiederholung 185
9.5.1. Methode der Experimente 9 und 10 187
9.5.2. Ergebnisse der Experimente 9 und 10 188
9.5.3. Diskussion der Experimente 9 und 10 189
9.6. Zusammenfassung 191

10 Effekte des Kontextes bei Darbietung und Test 193

10.1 Interaktiver vs. unabhängiger Kontext bei Reproduktion und Wiedererkennen 194
10.2 Arten von Kontext 195
10.3 Absolut vs. relativ neuer Kontext beim Test 196
10.3.1 Zusammenfassung und Reanalyse bisheriger Untersuchungen 199
10.4 Experiment 11: Kleidung als Kontext 203
10.4.1 Methode von Experiment 11 204
10.4.2 Ergebnisse von Experiment 11 204
10.4.3 Diskussion der Ergebnisse von Experiment 11 207
10.5 Verbale Etiketten als Abrufkontext 209
10.5.1 Methode von Experiment 12 210
10.5.2 Ergebnisse von Experiment 12 211
10.5.3 Diskussion von Experiment 12 211
10.6 Schlußfolgerungen 213

11 Mnemotechniken zum Lernen von Eigennamen 214

11.1 Methode der Experimente 13 und 14 217
11.1.1 Versuchspersonen 217
11.1.2 Material 217
11.1.3 Durchführung der Experimente 13 und 14 220
11.2 Ergebnisse und Diskussion von Experiment 13 220
11.3 Ergebnisse und Diskussion von Experiment 14 221
11.4 Schlußfolgerungen: Reproduktion und Wiedererkennen im Vergleich 222

12 Wiedererkennen anderer "Rassen" 226

12.1 Theoretische Erklärungen des Ausländereffekts 230
12.1.1 Unterschiede in der physiognomischen Variabilität 230
12.1.2 Erfahrung: Kontakthäufigkeit und Einstellungen 231

12.1.3 Unterschiedliche Verarbeitungstiefen	233
12.1.4 Differentielle Aufmerksamkeitsfokussierung	234
12.2 Eigene Experimente zum Ausländereffekt	**234**
12.2.1 Methode der Experimente 15 bis 17	236
12.3 Ergebnisse und Diskussion der Experimente 15 bis 17	**237**
12.3.1 Statistische Auswertung	237
12.3.2 Ergebnisse zum Ausländereffekt	238
12.3.3 Diskussion der Ergebnisse	238
12.4 Zusammenfassung	**242**
13 Verbesserung des Wiedererkennens durch Training	**243**
13.1 Trainingsprogramme zur Kompensation des Ausländereffekts	**243**
13.2 Training mit Gesichtern der eigenen Rasse	**247**
13.2.1 Zusammenfassung	250
13.3 Eigene Untersuchungen (Experimente 15 bis 17)	**251**
13.3.1 Methode der Experimente 15 bis 17	252
13.3.2 Trainingsinstruktionen	252
13.3.3 Ergebnisse der Trainingsinstruktionen	252
13.3.4 Interpretation der Ergebnisse	254
13.4 Schlußfolgerungen	**255**
14 Inter-individuelle Unterschiede in der Merkfähigkeit für Gesichter	**257**
14.1 Zur Reliabilität der Wiedererkennensfähigkeit	**258**
14.2 Geschlechterunterschiede	**260**
14.2.1 Theoretische Ansätze zur Erklärung von Geschlechterunterschieden	262
14.2.2 Ergebnisse unserer eigenen Untersuchungen	262
14.3 Persönlichkeitsmerkmale als Prädiktoren der Wiedererkennensleistung	**265**
14.3.1 Feld(un)abhängigkeit	265
14.4 Lebendigkeit der bildlichen Vorstellung	**266**
14.4.1 Methodische Aspekte des Fragebogens zur Bildlichen Vorstellung (FLBV)	267
14.4.2 Bildliche Vorstellung und Gedächtnis	269
14.4.3 Ergebnisse unserer eigenen Untersuchungen	272
14.5 Wiedererkennensfähigkeit und Reproduktionsfähigkeit	**273**
14.5.1 Theoretische Vorüberlegungen	274
14.5.2 Ergebnisse und Diskussion der Korrelationsanalysen von Experiment 2	276
14.6 Sozial-psychologisch orientierte Persönlichkeitskonstrukte	**277**
14.6.1 Self-Monitoring	277
14.6.2 Ergebnisse und Diskussion unserer eigenen Untersuchungen	278
14.6.3 Individuelle Unterschiede in der Stereotypbildung	281
14.7 Zusammenfassung	**283**
15 Zusammenfassung	**285**
15.1 Zusammenfassung der Ergebnisse und Schlußfolgerungen	285

15.2 Zur Generalisierbarkeit der Laborbefunde 288
15.2.1 Populationsvalidität 288
15.2.2 Ökologische Validität 289
15.3 Schluß 290

16 Literaturverzeichnis 291

Vorwort - Vorbild - Vorbilder

Es erscheint als ein Widerspruch, wenn ein Buch, das vornehmlich von bildlichem Material handelt, mit Worten beginnt. Am liebsten hätte ich Fotografien aller Personen, denen ich von Herzen danken möchte, an diese Stelle gesetzt. Leider war mir das nicht möglich. Das hätte auch die Gefahr verringert, eine oder mehrere der vielen Personen, die mich im Laufe der Jahre in diesem Unterfangen unterstützt haben und mir in irgendeiner Form zur Seite gestanden sind, zu vergessen hier zu nennen. Zumindest wäre es nicht so leicht aufgefallen... Sollte dies nun doch geschehen sein, bitte ich im voraus um Verzeihung.

Die Beschäftigung mit dem Gedächtnis für Gesichter geht auf meine Zeit als wissenschaftlicher Mitarbeiter an der Universität Erlangen-Nürnberg zurück, wo mir Professor Lienert die Freiheiten gewährte, mich in der Welt nach einem geeigneten Forschungsthema umzusehen. Meine Hochschätzung für seine Ermutigung und seine Toleranz für meine vielleicht manchmal esoterischen Wege möchte ich besonders zum Ausdruck bringen. Das Interesse an diesem Thema erwachte, als ich anläßlich meiner historischen Recherchen und der vorbereitenden Arbeiten zu einem DFG-Projekt zur "Psychologie der Zeugenaussage: Angloamerikanische vs. deutsche Ansätze" (Sp 262/1-1 und 1-2) feststellte, daß das Wiedererkennen von Personen eine dominante Rolle in der angelsächsischen Literatur einnahm, während in der deutschen Psychologie seit einigen frühen einschlägigen Arbeiten zum Wiedererkennen von (natürlichen) Gesichtern vor ca. siebzig Jahren m.W. keine *experimentellen* Untersuchungen zu diesem Thema erschienen sind. Auf mehreren Kongreßreisen in die USA, Kanada und nach Großbritannien lernte ich eine Reihe faszinierender Forscherpersönlichkeiten kennen, die mich auf diesem Weg allzeit mit Rat und Tat unterstützt haben. Insbesondere möchte ich hier die Professorinnen und Professoren Elizabeth F. Loftus, Dan Yarmey, Kenneth Deffenbacher, John Mueller, Gary Wells, Rod Lindsay, Brian Cutler und Jack Brigham unter vielen anderen nennen, die mir in zahlreichen Diskussionen und Briefen ihr wissenschaftliches und persönliches Interesse entgegengebracht haben. Diese Liste möchte ich mit den Namen derer fortsetzen, die mir nicht nur als Vorbilder für "good science" gedient haben, sondern mich durch ihre persönliche Art und Weise und ihren Humor die fröhliche Seite der Wissenschaft kennenlernen ließen - nicht daß die Erstgenannten keinen Humor besäßen: Allen voran Roy S. Malpass, und nicht minder Ray Bull, Graham Davies, Hadyn Ellis, Steven Penrod, Harmon Hosch, Rhona Flin und Don Read, denen ich auf diese Weise für Ihre Gastfreundschaft meinen Dank abstatten möchte. Der Deutschen Forschungsgemeinschaft bin ich für ihre Reisebeihilfen zur Aufrechterhaltung dieser Kontakte zu Dank verpflichtet.

Alle die Anregungen, die mir diese Personen gegeben haben, hätten mir nichts genützt, hätten mir nicht die Friedrich-Alexander-Universität Erlangen-Nürnberg und die

Philipps-Universtiät Marburg die notwendige institutionelle Unterstützung gewährt, um diese diese Experimente durchzuführen. Besonderen Dank möchte ich Professor Hans-Werner Bierhoff aussprechen, der mich in seiner Funktion als Dekan zu einer Professur-Vertretung nach Marburg geholt hat und als Vorsitzender der Habilitationskommission durch sein persönliches Engagement für einen reibungslosen Ablauf des Verfahrens sorgte, der Gruppe der Allgemeinen Psychologen, namentlich den Professoren Frank Rösler, Hans-Henning Schulze und Dirk Vorberg, die mich in ihren Kreis aufgenommen und mich in interessanten Diskussionen immer wieder herausgefordert haben, und vor allem Professor Lothar Tent, der mir auch während meiner Projekttätigkeit am Fachbereich Rechtswissenschaften sein Interesse und seine kontinuierliche Unterstützung zuteil werden ließ.

Auch andernorts möchte ich mich für das entgegengebrachte Interesse bedanken, insbesondere bei den Mitgliedern der Fachgruppe Rechtspsychologie, namentlich den Professoren Hermann Wegener und Friedrich Lösel, sowie bei PD Günter Köhnken für die kollegiale Zusammenarbeit. Den Diplomandinnen und Diplomanden, die an Teilen dieser Arbeit mitgewirkt haben, habe ich mich an den jeweiligen Stellen im Text erkenntlich gezeigt, und die Mitwirkung der über tausend Versuchspersonen soll ebenfalls dankend anerkannt werden.

Zuletzt, doch bei weitem nicht minder, danke ich Professor Dieter Meurer, dem Geschäftsführenden Direktor des Instituts für Kriminalwissenschaften der Philipps-Universität für seine Aufgeschlossenheit für die interdisziplinäre Kooperation und seinen Einsatz in der Beschaffung und Verwaltung von Drittmitteln, mit deren Hilfe diese Arbeit zu Ende geführt werden konnte. Der Deutschen Forschungsgemeinschaft, die die hier vorgestellten Untersuchungen über mehr als sieben Jahre durch die obengenannten Sachbeihilfen sowie die Sachbeihilfen an Professor Meurer (Me 777/2-1 und 2-2) unterstützte, bin ich ebenfalls zu großem Dank verpflichtet. Schließlich wäre diese Arbeit nicht durch den unermüdlichen Einsatz mehrerer Hilfskräfte vollendet worden, unter denen ich besonders Gerd Mager sowie Andrea von Zitzewitz-Eickelkamp, Silke Franzen, Carina Lotter, Sabine Küchler, Andrea Höfler, Bernd Kleine-Voßbeck und Michael Basten in meinem Dank hervorheben möchte. Die Mitarbeiter und Mitarbeiterinnen der Hochschulrechenzentren der Universitäten Erlangen, Gießen und Marburg, die mir manchmal halfen, im Laufe des mehrfachen Datenumzugs fast schon verlorene Dateien zu retten, will ich ebenfalls dankend erwähnen. Den Kolleginnen und Kollegen Thomas Göttsche, Dr. Renate Klein, Silke Franzen und Ursula Mayer, die noch kurzfristig einige Kapitel korrekturgelesen haben, danke ich ebenfalls von Herzen. Schließlich möchte ich nicht die stimulierenden und ermunternden Mensagespräche mit Drs. Christoph Rennig, Eva Graul und Friederike Holz-Ebeling vermissen, die mich nicht nur auf meinen Höhenflügen, sondern auch beim Durchwandern der Talsohlen begleitet haben.

Marburg, im März 1992   Siegfried Ludwig Sporer

1

Einleitung und theoretische Ansätze

1.1 Einleitung

Die neuere Gedächtnisforschung hat ihre alten, selbstauferlegten Einschränkungen überwunden, denenzufolge sie möglichst einfache Aufgaben mit möglichst kleinen Elementen als Analyseeinheiten verwendete (z.b. beim Memorieren sinnloser Silben oder von Zahlentrigrammen, oder bei der freien Reproduktion einfacher Wortlisten konkreter oder abstrakter Substantiva). Anstelle dessen sind komplexere, bedeutungshaltigere Aufgaben mit ökologisch valideren Stimulusmaterialien in den Vordergrund gerückt (z.b. das Erinnern von Inhalten von Geschichten, das Wiedererkennen von bildhaftem Material oder von Gesichtern, oder die Berichte von Augenzeugen). Entlang dieser Erweiterung von Forschungsinhalten verlief eine Suche nach alternativen, umfassenderen theoretischen Konzepten.

Im Rahmen dieser Neuorientierung hat auch die experimentalpsychologische Forschung zum Wiedererkennen von Personen in den letzten zehn bis fünfzehn Jahren einen beachtlichen Aufschwung erfahren. Abgesehen von einigen wenigen früheren experimentellen Untersuchungen (z.B. GOLDSTEIN & CHANCE, 1964; HOWELLS, 1938; W. PETERS, 1911; HENNING, 1920) und den *klinisch-psychologischen* Untersuchungen zur sog. *Prosopagnosie* (vgl. die Zusammenfassung bei ELLIS, 1975), wurde das Wiedererkennen von Personen - vornehmlich als Wiedererkennen von Gesichtern - erst seit Anfang der siebziger Jahre systematisch *experimentell* untersucht.

Das ursprüngliche Interesse der ersten neueren Untersuchungen schien großenteils theoriegeleitet. Wahrnehmungs-, Entwicklungs-, Gedächtnis-, Sozial- und kulturvergleichend arbeitende Psychologen bedienten sich in zunehmendem Maße auch menschlicher Gesichter als eines nichtverbalen, im Gegensatz zu bloßen geometrischen Figuren dennoch bedeutungshaltigen visuellen Stimulusmaterials (z.B. BROWN, DEFFENBACHER & STURGILL, 1977; CROSS, CROSS & DALY, 1971; DEFFENBACHER, BROWN & STURGILL, 1978; GOLDSTEIN & CHANCE, 1971; HOCHBERG & GALPER, 1967; LAUGHERY, ALEXANDER & LANE, 1971; MALPASS & KRAWITZ, 1969; SHEPHERD & ELLIS, 1973).

1.2 Forschungsfragen: Eine Auswahl

1.2.1 Definition des Wiedererkennens von Personen

Im folgenden wollen wir vom Wiedererkennen von Personen immer dann sprechen, wenn eine Person, die zum Zeitpunkt t_1 wahrgenommen wurde, zu einem späteren Zeitpunkt t_2 als vorher wahrgenommen bezeichnet wird. Das Wiedererkennen kann dabei über eine Reihe von Sinnesmodalitäten erfolgen, wie z.B. das Wiedererkennen der Stimme, des Körpergeruchs, der Haltung, des Gangs oder der charakteristischen Bewegungen, aber vor allem des Aussehens einer Person, vornehmlich des *Gesichts* (Physiognomie). Wir werden uns in unseren Ausführungen ausschließlich auf das visuelle Wiedererkennen von Gesichtern beschränken, auch wenn gelegentlich andere Aspekte angesprochen werden. Eine weitere Einschränkung der vorliegenden Arbeit ist die Fokussierung auf Arbeiten über das Wiedererkennen von Gesichtern von *Unbekannten*, auch wenn neuere theoretische Konzeptionen zunehmends die Verarbeitung von Informationen von Gesichtern *bekannter* Personen vorrangig behandelt haben (vgl. unten).

1.2.2 Grundlegende Fragen

In Anbetracht der Vielfältigkeit und der Unterschiedlichkeit der hier behandelten Phänomene des Wiedererkennensgedächtnisses für Gesichter von unbekannten Personen wäre ein einzelner theoretischer Rahmen, mit dem man versuchte, alle hier und von anderen Autoren vorgelegten Ergebnisse zu erklären, nicht nur kaum möglich, sondern unserer Meinung nach auch nicht wünschenswert. Wie ein Prokrustesbett müßte eine solch umfassende Theorie die unterschiedlichsten Befunde vereinen, und doch würde sie letztlich keinem wirklich gerecht. Anstelle dessen werden wir in den einzelnen Kapiteln versuchen, die für die dort dargestellten Untersuchungen relevanten theoretischen Annahmen zu erläutern, die unsere Hypothesengewinnung und -überprüfung geleitet haben.

Anstelle eines solchen gemeinsamen theoretischen Rahmens wollen wir hier nur die den verschiedenen Untersuchungen übergreifenden Gesichtspunkte erwähnen, die sich gleichsam wie ein roter Faden durch alle Studien ziehen:

(1) Inwieweit besitzen die in der allgemeinen Gedächtnispsychologie, die ja meist mit verbalen Materialien gearbeitet hat, entwickelten Gesetzmäßigkeiten auch Gültigkeit für das Wiedererkennen von Gesichtern (z.B. Einflüsse der Länge des Behaltensintervalls; Möglichkeit der inneren Wiederholung (rehearsal); Levels-of-processing Ansatz; Prinzip der Enkodierungsspezifität)?
(2) Welche Rolle spielen dabei verbale und visuelle Prozesse (z.B. Effekte der Etikettierung, verbale vs. visuelle Enkodierung)?
(3) Werden durch Gesichter als einer besonderen Klasse von visuellen bzw. sozialen Stimuli besondere Prozesse der sozialen Wahrnehmung und Informationsverarbeitung ausgelöst, die sich auf das Wiedererkennen auswirken (z.B. Prototypen, soziale Stereotypen, Attraktivität und Typikalität)?
(4) Läßt sich das Gedächtnis für Gesichter als eine besondere soziale Fertigkeit verbessern (z.B. durch Enkodierungsstrategien, Memorieren durch innere Wiederholung, Trainingsprogramme, oder Mnemotechniken)?

Wir wollen versuchen, auf diese Fragen in den einzelnen Kapiteln Antworten zu geben. Doch nunächst gehen wir auf einige theoretische Ansätze ein, auf die wir uns in den einzelnen Kapiteln wiederholt beziehen.

1.3 Theoretische Ansätze

1.3.1 Schematheoretische Konzeptionen

Einige Autoren haben versucht, ältere schematheoretische Konzeptionen aus der Gedächtnis- (z.B. BARTLETT, 1932) oder der Wahrnehmungspsychologie (z.B. VERNON, 1955) für die Theoriebildung zum Wiedererkennen von Gesichtern nutzbar zu machen (z.B. GOLDSTEIN & CHANCE, 1980). Diese Autoren sehen den Erklärungswert des Schemakonzepts vor allem für entwicklungspsychologische Arbeiten zum

Einleitung und theoretische Ansätze 3

Wiedererkennen von Gesichtern sowie das Wiedererkennen von Gesichtern anderer "Rassen"[1] (z.B. von "Orientalen" oder "Schwarzen" durch "Weiße" und umgekehrt; vgl. Kapitel 12 und 13).

"In den meisten Konzeptionen dient ein Schema als Mechanismus zur Organisation von Eingabe und Ausgabe. Mit der Ausnahme, daß das Schema als angeboren angesehen wird, argumentieren die meisten Autoren dafür, daß der Mechanismus sich graduell mit dem Laufe von Erfahrungen mit eingegebenen Stimuli entwickelt." (GOLDSTEIN & CHANCE, 1980, S. 48, unsere Übers.).

Unter Organisation eines Bildes wird hier nicht eine dem Stimulus innewohnende intrinsische Struktur, sondern das Ausmaß, in dem bekannte Objekte in erwartungsgemäßer Weise zueinander in Beziehung stehen, verstanden (MANDLER & RITCHEY, 1977). So fanden GOLDSTEIN und CHANCE (1971), daß Gesichter nach zwei Wochen besser behalten wurden als Schneeflocken oder Tintenkleckse. Obwohl Schneeflocken infolge ihrer Symmetrieeigenschaften einen hohen Organisationsgrad aufweisen, haben die meisten Leute (wohl mit Ausnahme von Kristallographen) kaum Schemata von Schneekristallen entwickelt, die ihnen bei deren Wiedererkennen helfen könnten (MANDLER & RITCHEY, 1977).

Eine der theoretischen Konsequenzen, die GOLDSTEIN und CHANCE für das Schemakonzept herausgearbeitet haben, ist der Begriff der *Schemarigidität* (GOLDSTEIN, 1975), die sich mit zunehmender Erfahrung mit Gesichtern einstellt. Je mehr Erfahrung wir mit "normalen" Gesichtern besitzen, desto mehr geht dies auf Kosten der Flexibilität mit Bezug auf neue Gesichter, die diesem Schemakonzept nicht entsprechen. Dazu gehört, daß wir Gesichter normalerweise aufrecht - im Gegensatz zu auf den Kopf gestellt - wahrnehmen, oder eben ein Schema für Gesichter der eigenen, im Gegensatz zu dem für eine fremde "Rasse" (vgl. Kapitel 12 und 13).

Trotz des für diesen speziellen Bereich des Wiedererkennens von Gesichtern nachgewiesenen Erklärungswertes des Schemakonzepts hat dieser Ansatz zu keiner integrativen Gesamtkonzeption geführt, mit dem die zahlreichen anderen Phänomene des Wiedererkennens von Gesichtern erklärt werden könnten. Eine gewisse Ähnlichkeit weisen die Ansätze zur Entstehung von Gesichtsprototypen und -stereotypen auf, auf die wir in den Kapiteln 6 und 7 näher eingehen werden.

1.3.2 Ebenen der Verarbeitungstiefe

Als Alternative zu traditionellen Mehr-Speicher-Konzeptionen (z.B. ATKINSON & SHIFFRIN, 1968) wurde von CRAIK und LOCKHART (1972) der *Levels-of-processing-Ansatz* vorgeschlagen, der sich in den darauffolgenden Jahren als äußerst fruchtbare Forschungsperspektive erwiesen hat. Obwohl wir es für übertrieben hielten, hier von einem Paradigmenwechsel zu sprechen, ist dieser Ansatz doch symptomatisch für eine Abkehr von der Analyse fester Speicher*strukturen* hin zu Verarbeitungs*prozessen*, deren Verständnis für die Erklärung von Gedächtnisleistungen nun vordringlich betrachtet wird. Auch in methodologischer Hinsicht charakterisiert dieser Ansatz eine Umorientierung der Forschungsorientierung insofern, als er vorwiegend *inzidentelle* Lernsituationen gegenüber dem traditionellen Paradigma des *intentionalen* Lernens (z.B. Lernen einer Wortliste) in den Vordergrund stellt.

---

[1] Der Begriff "Rasse" wird hier - im Einklang mit allen auf diesem Gebiet arbeitenden Autoren - im rein *physiognomischen* Sinn verstanden (vgl. MALPASS, 1981).

Der Levels-of-processing-Ansatz (LOP-Ansatz) postuliert eine Hierarchie von Verarbeitungsstufen, auf denen ein gegebenes Informationsmaterial verarbeitet werden kann. Wir alle kennen aus der Alltagserfahrung das Phänomen, daß wir beim Lesen - vorausgesetzt wir lesen einen Text, um den Inhalt desselben zu verstehen - Schreibfehler vielfach übersehen, während wir umgekehrt bei der Aufgabe, einen Text auf typographische Fehler hin Korrektur zu lesen, oft den Inhalt des Textes (seine semantische Bedeutung) nicht adäquat erfassen. Beim LOP-Ansatz werden *Orientierungsinstruktionen* gezielt dazu eingesetzt, beim Leser Informationsverarbeitungsprozesse auf unterschiedlichen Analysestufen zu induzieren, um im Anschluß daran das Behalten des unter den verschiedenen Instruktionen gelesenen Materials zur Überraschung der Vp abrufen bzw. wiedererkennen zu lassen. Es wird angenommen, daß ein gegebenes Reizmaterial auf einem *Kontinuum* von bloßer *"oberflächlicher"* Verarbeitung - z.B. Analyse sensorischer Reizqualitäten (etwa Zählen der Auftretenshäufigkeit von Buchstaben mit Unterlängen) - bis hin zu *"tiefer"* semantischer Verarbeitung (Überprüfung der inhaltlichen Übereinstimmung des vorliegenden Textes mit einem vorher gelesenen) verarbeitet werden kann. So sollten z.b. in einem typischen Experiment (CRAIK & TULVING, 1975) mit tachistoskopisch dargebotenen Wörtern Fragen zur physikalischen Struktur, zu phonemischen Merkmalen bzw. zu semantischen Bedeutungen der Wörter (z.b. Zugehörigkeit zu einer Kategorie, Passen in eine Satzlücke) beantwortet werden. Aufgaben, die den Vpn eine tiefere Verarbeitung abverlangen, währen länger und führen gewöhnlich zu besseren Behaltensleistungen, die entweder mittels freier Wiedergabe, Reproduktion auf einen Hinweisreiz oder in einem Wiedererkennenstest erfaßt werden.

Doch was bedeutet eine tiefere Verarbeitung bei Gesichtern? BOWER und KARLIN (1974) haben u.W. als erste den LOP-Ansatz, der vornehmlich auf die Verarbeitung verbalen Materials beschränkt war, auf die Verarbeitung von Gesichtern übertragen. In Analogie zur semantischen Bedeutung postulierten sie, daß *Inferenzen* über den Charakter einer Person (z.B. ihre Ehrlichkeit) zu einer tieferen Verarbeitung der Gesichtinformation und damit zu einer besseren Behaltensleistung führen sollte als z.B. die Beurteilung eines physischen Merkmals (z.B. die Nasenlänge oder das Geschlecht der Person), durch die lediglich eine oberflächliche Verarbeitung induziert werde.

Wir haben die Experimente von BOWER und KARLIN und einer Reihe anderer Autoren in Kapitel 8 kritisch referiert und die dabei entwickelten unterschiedlichen theoretischen Varianten und Erklärungsansätze in einer Reihe eigener Experimente (Experimente 6, 7 und 8) gegeneinander getestet. Wir erhoffen uns davon eine Antwort auf die Frage, wie wir ein Gesicht am besten kodieren sollen, d.h. welche *Enkodierungsstrategien* wir anwenden sollen, um es uns am besten merken zu können. Letztendlich könnten derartige Enkodierungsstrategien, sollten sie sich als erfolgreich erweisen, als Grundlage von Trainingsprogrammen zur Verbesserung des Wiedererkennens von Gesichtern dienen (vgl. Kapitel 11 und 14).

1.3.3 Theorie der dualen Kodierung

Die von CRAIK und LOCKHART (1972) postulierten Analysestufen der Informationsverarbeitung dürfen nicht mit den Ebenen der Informationsverarbeitung, die PAIVIO (1971, 1986; CLARK & PAIVIO, 1987) in seiner Theorie der *dualen Kodierung* unterschieden hat, verwechselt werden. PAIVIO geht davon aus, daß mentale Repräsentationen einige der verbalen und nichtverbalen Qualitäten, die die externen Reize charakterisieren, mitenthalten. Dazu postuliert er zwei verschiedene Kodierungssysteme, ein verbales und ein nichtverbales System (auch imaginales bzw. bildhaftes System genannt), die zwar unabhängig voneinander sind, aber doch miteinander in Verbindung stehen sollen.

Verbale Repräsentationen, sog. *Logogene*, sind der Natur der menschlichen Sprache entsprechend sequentiell angelegt und können demnach als diskrete, kategoriale Einheiten miteinander verbunden bzw. kombiniert werden. So können bestimmte Buchstaben oder Phoneme (z.B. n, a, s, e) zu einem diskreten Morphem oder Wort (Nase), diskrete Wörter in Phrasen (blutige Nase) oder Sätze zusammengefügt werden (CLARK & PAIVIO, 1987). Bildhafte Repräsentationen oder *Imagene* beinhalten modalitätsspezifische (also nicht nur visuelle!) Informationen über nichtverbale, Wahrnehmungs- und sensumotorische Erfahrungen. Uns interessieren vor allem visuell-räumliche Repräsentationen, die als analoge, ganzheitliche Repräsentationen gespeichert werden, und die sich nicht ohne weiteres wie Buchstaben in konkrete Einzelelemente zerlegen lassen. Obwohl sich Vorstellungen weiter in Teile zerlegen lassen (z.B. Nasenflügel), haben sie doch eine synchrone, parallele Qualität, die der Sprache fehlt. Z.B. demonstriert das Vorstellungsbild einer blutigen Nase die Reichhaltigkeit eines Einzelbildes, das sogar zur Repräsentation komplexer Gedanken dienen kann, die nur durch umfangreiche Worte bzw. Sätze beschrieben werden können (CLARK & PAIVIO, 1987).

Auf der untersten, repräsentationalen Ebene sind die beiden Systeme noch unabhängig voneinander: Verbale Informationen führen zu verbalen Repräsentationen, während nichtverbale Informationen als Vorstellungsbilder kodiert werden. Erst auf der nächsthöheren, der referentiellen Ebene, können die beiden Systeme miteinander in Verbindung treten: Bilder können benannt werden und Wörter können Vorstellungen hervorrufen. Letzteres gelingt umso leichter bei konkreten als bei abstrakten Wörtern. Dies gewinnt besondere Bedeutung beim Lernen von Eigennamen, wo wir die Vorstellbarkeit von Namen als "Eselsbrücken" zu deren Einprägung benutzen können (vgl. Kapitel 11). Schließlich können auf der dritten, assoziativen Ebene zusätzliche Verbindungen zu anderen Elementen innerhalb des jeweiligen Systems aufgebaut werden.

Mit Bezug auf unser Thema interessiert uns vor allem, inwieweit sich eine der zentralen Vorhersagen der dualen Kodierungstheorie auch beim Wiedererkennen von Gesichtern bewahrheitet. In vielen Gedächtnisexperimenten konnte festgestellt werden, daß Bilder besser als Wörter behalten werden (z.B. SHEPARD, 1967) - allgemein spricht man von einem *picture superiority effect*. Desweiteren konnte ebenfalls wiederholt nachgewiesen werden, daß Bilder besser als konkrete Wörter und diese wiederum besser als abstrakte Wörter behalten werden (Bildhaftigkeits- bzw. Konkretheitseffekt; vgl. dazu auch WIPPICH & BREDENKAMP, 1979). Diese Ergebnisse werden anhand der dualen Kodierungshypothese damit erklärt, daß konkrete Bilder zusätzlich leicht verbal kodiert werden können, und konkrete Wörter wiederum leichter bildliche Vorstellungen hervorrufen als abstrakte Wörter (vgl. Tabelle 1.1 nach PAIVIO, 1971, S. 179).

Angewandt auf das Wiedererkennen von Gesichtern würde dies bedeuten, daß Gesichter, die zusätzlich verbal kodiert werden, besser behalten werden müßten als bei einer "bloß" visuellen Verarbeitung. Dies setzt allerdings voraus, daß uns eine semantische Interpretation, oder zumindest verbale Assoziationen, bei Gesichtern ähnlich leicht in den Sinn kommen wie bei Bildern von Objekten. Wir werden auf diese Frage, die sich wie ein roter Faden durch die meisten der hier dargestellten Untersuchungen zieht, wiederholt eingehen. Diese Frage steht auch in engem Zusammenhang mit der allgemeinen Frage von verbalen und visuellen Prozessen beim Wiedererkennen von Gesichtern (vgl. SPORER, 1989).

TABELLE 1.1: *Verfügbarkeit der hypothetischen Kodierungssysteme als Funktion des Konkretheitsgehalts der zu verarbeitenden Stimuli; der Grad der Verfügbarkeit wird durch die Anzahl der Pluszeichen kenntlich gemacht (nach* PAIVIO, *1971, S.179)*

		Kodierungssystem	
		Imaginal	Verbal
	Bilder	+ + +	+ +
Stimuli	Konkrete Wörter	+	+ + +
	Abstrakte Wörter		+ + +

1.3.4 Vorstellungen, innere Wiederholung und Lebendigkeit der bildlichen Vorstellung

Wenn wir annehmen, daß Gesichter ähnlich anderen visuellen Objekten nach PAIVIOS dualer Kodierungstheorie bildhaft kodiert werden können, so schließen sich daran eine Reihe von Fragen an, die wir ebenfalls in mehreren Experimenten untersucht haben. Den gemeinsamen Nenner bildet auch hier wiederum die Frage, ob sich das Gedächtnis für Gesichter mit Hilfe von Vorstellungen verbessern läßt.

In früher Kindheit lernen wir, unser Gedächtnis durch *innere Wiederholung* oder *Memorieren* zu verbessern (zur Entwicklung von Gedächtnisstrategien s. die Zusammenfassung bei WIPPICH, 1984). Seit den Anfängen der experimentellen Gedächtnispsychologie (EBBINGHAUS, 1885; vgl. TRAXEL, 1987) war die Untersuchung des Memorierens ein beliebtes Thema. Mit wenigen Ausnahmen wurden jedoch alle Untersuchungen dazu mit *verbalen* Materialien (sinnlose Silben, Wörter, Texte) durchgeführt. Gibt es auch die Möglichkeit, visuelle Stimuli - als Vorstellungen - innerlich zu wiederholen (visual rehearsal: s. z.B. GRAEFE & WATKINS, 1980; SPORER, 1988)? Wenn ja, gilt dies auch für Gesichter? Ist eine solche innere Wiederholung von Gesichtern nur kurzfristig (im Arbeitsspeicher) oder auch langfristig möglich? Schließlich: Können diese Vorstellungen durch elaborierende Vorstellungen angereichert und damit deren Merkbarkeit erhöht werden? Welche Rolle spielen dabei verbale Kodierungen beim Einprägen, bei der Aktivierung der inneren Wiederholung und beim Abruf? Wir sind diesen Fragen in den Experimenten 9, 10 und 12 (s. Kapitel 9 und 10) nachgegangen.

Desweiteren haben wir in den Experimenten 13 und 14 untersucht, ob sich das *Lernen von Eigennamen* zu Gesichtern durch auf Vorstellungen basierende *Mnemotechniken* verbessern läßt. Schließlich interessierte uns in all diesen Untersuchungen auch, ob es nicht interindividuelle Differenzen in der *Lebendigkeit der bildlichen Vorstellung* gebe, die möglicherweise als Moderatorvariablen fungieren. Schon Sir Francis GALTON (1880; 1883/1907) hatte auf persönliche Unterschiede hingewiesen, mit denen wir uns "Leute am Frühstückstisch" vorstellen könnten.

Einleitung und theoretische Ansätze

1.3.5 Das Prinzip der Enkodierungsspezifität

Gesichter im Alltag werden nicht wie in Laborexperimenten isoliert wahrgenommen und erinnert, sondern immer in einem bestimmten Lern- bzw. *Abrufkontext*. Die Bedeutung verschiedener Formen von Kontext, und speziell für das Wiedererkennen von Gesichtern, insbesondere seine Wiederherstellung in der Testphase als Erinnerungshilfe, wurde erst in den letzten Jahren intensiv untersucht.

Die Stimulation für die Forschung, die zum Beispiel in den siebziger Jahren von PAIVIOS (1971) dualer Kodierungshypothese oder dem Levels-of-Processing-Ansatz von CRAIK und LOCKHART (1972) ausging, findet eine Parallele in der Rolle, die dem Kontext von Erinnerungen in der jüngsten Forschung zugeschrieben wird (z.B. DAVIES & THOMSON, 1988). Dabei ist diese Idee, dem Kontext einer Erfahrung beim Lernen und beim Abruf eine besondere Bedeutung zuzuschreiben, keineswegs neu. In gewissem Sinne könnte man schon die Methode der "Loci" des SIMONIDES, eine der bekanntesten Mnemotechniken (vgl. Kapitel 11), als eine kontextbezogene Erinnerungsstrategie auffassen.

Wie DAVIES (1986) uns kürzlich in Erinnerung rief, wurden einige der Konzepte in der gegenwärtigen Forschung über Kontext im Gedächtnis bereits vor mehr als 50 Jahren in einem einflußreichen Aufsatz von MCGEOCH (1932) vorgeschlagen. Diese Arbeit ist vor allem für seine Kritik der Spurenzerfallstheorie und der Darstellung der Interferenztheorie als alternative Erklärung des Vergessens bekannt geworden. In diesem Aufsatz hat MCGEOCH auch einen zweiten Mechanismus als eine Hauptdeterminante des Vergessens postuliert: die *Abwesenheit von Hinweisreizen aus dem Lernkontext*, die zusammen mit dem zu lernenden Item bei der ersten Darbietung assoziiert wurden. Die Veränderung im Stimuluskontext kann sich entweder aus Veränderungen der Stimulusbedingungen der "äußeren Umgebung" oder der "inner-organischen Bedingungen" ergeben.

> "Über die Zeit hinweg verändern sich diese Kontexte und es ist zumindest sehr wahrscheinlich, daß solche Veränderungen den zum Abruf notwendigen auslösenden Stimulus entfernen." (MCGEOCH, 1932, S. 365, unsere Übers.).

Mit dem Niedergang der streng assoziationistischen Tradition und dem Aufkommen strukturalistischer und prozeß-orientierter Konzeptionen in der Gedächtnispsychologie war MCGEOCHS Ansatz über die Rolle des Kontextes im Gedächtnis in Vergessenheit geraten. Interesse an der Bedeutung des Kontextes erwachte erst wieder im Zusammenhang mit Untersuchungen zum semantischen Gedächtnis, in deren Rahmen man den sogenannten "extra-list cuing effect" (d.h. die Verbesserung der Reproduktion eines Listenitems durch einen Hinweisreiz, der nicht explizit Teil der Eingabeliste war) und den "recognition failure of recallable words" zu verstehen suchte (TULVING & THOMSON, 1973). Um diese Befunde zu erklären, schlugen TULVING und THOMSON das *Prinzip der Enkodierungsspezifität* vor:

> "What is stored is determined by what is perceived und how it is encoded, and what is stored determines what retrieval cues are effective in providing access to what is stored." (TULVING & THOMSON, 1973, S. 353).

Bezüglich des Wiedererkennens von Gesichtern kann Kontext eine ganze Reihe von Bedeutungen annehmen, von der Kleidung der Stimulusperson oder dem Bildhintergrund auf der einzuprägenden Fotografie, bis hin zum Laborraum, in dem eine experimentelle Untersuchung durchgeführt wurde. Aber auch verbale Etiketten (labels), mit denen

Gesichter belegt werden, oder die Stimmungen und Affekte des Betrachters werden von manchen Autoren als Kontext verstanden und untersucht. Wir werden in Kapitel 10 auf diese unterschiedlichen Formen von Kontext und deren Rolle beim Wiedererkennen von Gesichtern eingehen, und in zwei Experimenten die Rolle von verbalen Etiketten (Experiment 12) bzw. der Kleidung von Stimuluspersonen bei Darbietung und Test (Experiment 11) näher analysieren. In diesem Zusammenhang haben wir auch bisherige Untersuchungen zur Wiederherstellung des Wahrnehmungskontextes in der Testphase kritisch auf die Frage untersucht, ob die Wiederherstellung des Kontextes beim Test tatsächlich eine Verbesserung der Wiedererkennensleistung (also der Diskriminationsleistung "alter" von "neuen" Stimuli), oder lediglich eine Verschiebung des Antwortkriteriums (Erhöhung der JA-Sage-Tendenz bei alten und neuen Stimuli) bewirkt (zur Diskriminationsleistung und zum Reaktionsbias vgl. die Ausführungen zur Signaldetektionstheorie in Kapitel 3).

1.3.6 Das Modell von Bruce und Young

In Anbetracht der doch beträchtlichen Zahl von Einzeluntersuchungen zu den verschiedenen Aspekten der Verarbeitung von Gesichtern gibt es relativ wenige Versuche, zumindest einige dieser Befunde in einem umfassenderen theoretischen Modell zu vereinen (z.b. BRUCE, 1979, 1983; ELLIS, 1981, 1986a, 1986b; HAY & YOUNG, 1982; RHODES, 1985). Selbst diese Modelle betreffen entweder einen bestimmten, enger umgrenzten Teilbereich, oder behandeln die vorhandenen Ergebnisse unter Rückgriff auf verschiedene theoretische Aspekte, ohne den Versuch zu unternehmen, eine umfassende theoretische Modellbildung voranzutreiben. Zu den ersteren zählen wir Ansätze, die das (Wieder-) Erkennen von Gesichtern lediglich von einem eng umgrenzten Blickwinkel betrachten - etwa aus neuropsychologischer Sicht (z.B. BRUYER, 1986b) oder von der Perspektive der Mensch-Maschine-Interaktion (z.B. BARON, 1981). Andere "Theorien" in dieser Gruppe versuchen nur bestimmte Phänomene zu erklären - wie z.b. das (Wieder-) Erkennen von bekannten Personen (z.B. BRUCE, 1979; BRUCE & YOUNG, 1986) oder das Wiedererkennen von Personen einer anderen ethnischen Gruppe ("Rasse"), das vor allem bei sozialpsychologisch bzw. kulturvergleichend arbeitenden Psychologen Interesse gefunden hat (z.B. BRIGHAM & MALPASS, 1985; SHEPHERD, 1981; MALPASS, 1981).

Das Modell von BRUCE und YOUNG (1986) bietet insofern eine Ausnahme, als es einen etwas umfassenderen Gültigkeitsbereich beansprucht. Obwohl BRUCE und YOUNG wie andere Autoren (z.B. RHODES, 1985) das Wiedererkennen von Gesichtern von Unbekannten und von Bekannten auf einem Kontinuum ansiedeln, liegt der Schwerpunkt ihrer Theorie auf dem Spektrum des Abrufs von Informationen, die durch ein bestimmtes Gesicht hervorgerufen werden. Der Erklärungswert dieser Theorie liegt primär beim Erkennen, Benennen und Einordnen von durch (vielfach) wiederholte Darbietungen überlernten Gesichtern (z.b. Persönlichkeiten des öffentlichen Lebens, Freunde und Bekannte), bietet jedoch für die Erklärung des Wiedererkennens von einmalig, nur kurzzeitig wahrgenommenen Gesichtern nur wenig Anhaltspunkte. Dennoch wollen wir die Kernaussagen dieses Ansatzes hier kurz umreißen. Abbildung 1.1 stellt das Modell von BRUCE und YOUNG graphisch dar.

BRUCE und YOUNG versuchen in ihrem Modell nicht nur das Wiedererkennen menschlicher Gesichter mit dem anderer visueller Stimuli zu vergleichen, sondern auch andere Aspekte der Verarbeitung von Gesichtsinformationen wie die Analyse von Ge-

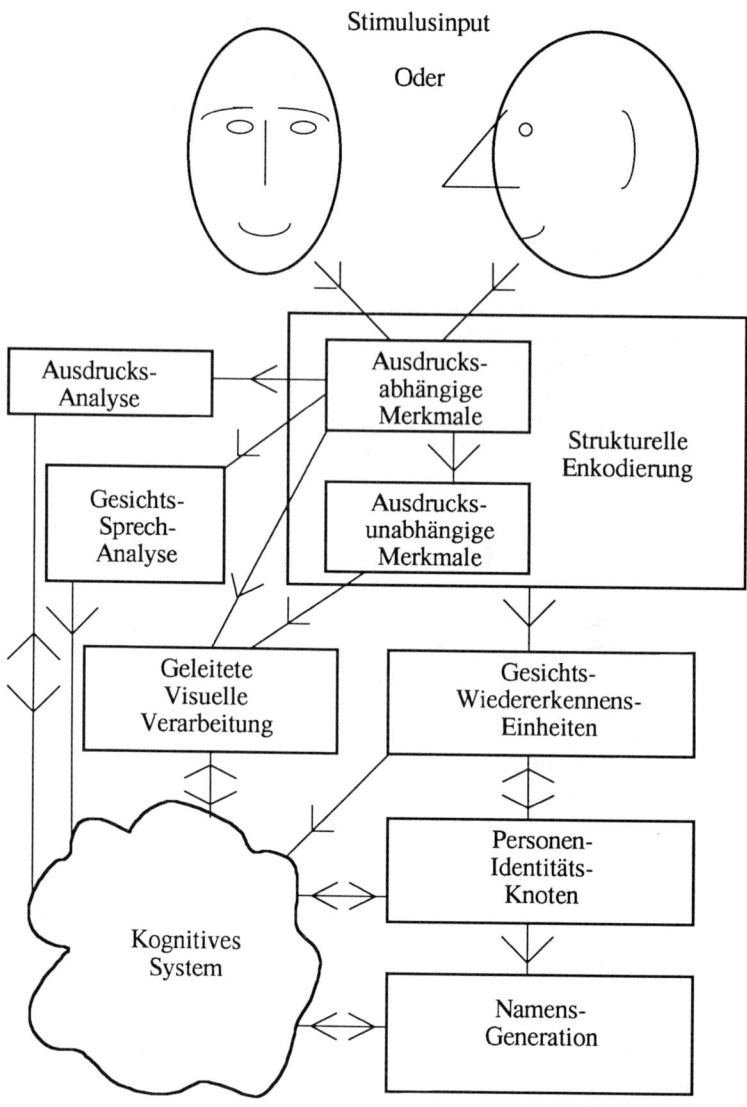

Abb. 1.1: Das Modell von Bruce und Young (1986, S. 312)

sichtsausdrücken oder die Interpretation von Lippen- und Zungenbewegungen beim Verstehen von Sprache miteinzubeziehen. Diesen Bemühungen liegt ein weitumfassender Begriff des Wiedererkennens zugrunde, der auch den Abruf von "persönlichen Informationen" einschließt.

BRUCE und YOUNG beschäftigen sich fast ausschließlich mit den Belegen für funktionale Komponenten in dem postulierten Gesichtsverarbeitungssystem, ohne Rücksicht darauf, ob diese Komponenten in bestimmten Gehirnbereichen lokalisiert sind (s. z.B. RHODES, 1985). Neben der traditionellen experimentellen Forschung versucht ihr Modell auch auf *funktionale* Defizite, wie sie in Untersuchungen von Personen mit bestimmten Gehirnverletzungen zutage treten oder in Aufzeichnungen von Fehlern bzw. Problemen im Wiedererkennen von Personen im Alltag beobachtet werden, einzugehen. Um dieses Gesichtsverarbeitungssystem zu verstehen, müssen zwei Hauptfragen beantwortet werden:

(1) Welche unterschiedlichen Informationscodes werden bei der Verarbeitung von Gesichtsinformationen benutzt?
(2) Welche funktionalen Komponenten sind für die Generierung und den Zugriff auf diese unterschiedlichen Codes verantwortlich?

Mindestens *sieben* verschiedene Arten von Informationen (information codes) können von Gesichtern abgeleitet werden. Dies sind: Der
(1) bildliche Code (pictorial code);
(2) strukturelle Code (structural code);
(3) von dem Visuellen abgeleitete semantische Code (visually derived semantic code);
(4) identitätsspezifische semantische Code (identity specific semantic code);
(5) Namenscode (name code);
(6) Ausdruckscode (expression code); und der
(7) Gesichtssprechcode (facial speech code).

Die Autoren sind der Ansicht, daß das Wiedererkennen von *bekannten* Personen primär auf den strukturellen, den identitätsspezifischen und den Namenscodes beruhen, während die anderen Codes lediglich eine untergeordnete Rolle spielen. Im Gegensatz dazu genügt für viele Laborexperimente zum Wiedererkennen von Gesichtern von *unbekannten* Personen, die auf identischen Bildern bei Darbietung und Test gezeigt werden, ein bloßer Vergleich des bildlichen Codes, um eine JA/NEIN-Entscheidung ("Gesehen" - "Nicht gesehen") zu treffen. In dem Ausmaß, in dem neuere Experimente zum Wiedererkennen von unbekannten Personen bewußt Veränderungen der Stimulusgesichter (z.B. der Pose (Frontal- vs. Dreiviertelansicht) oder des Ausdrucks (neutraler Gesichtsausdruck vs. Lächeln)) einsetzen, um die im täglichen Leben ständig wechselnden Perspektiven eines Gesichts zu simulieren, rücken strukturelle Codes auch beim Wiedererkennen von unbekannten Personen in den Vordergrund. Entsprechend der besonderen Bedeutung der bildlichen und strukturellen Codes für das Wiedererkennen unbekannter Personen wollen wir im folgenden auf diese Aspekte des Modells von BRUCE und YOUNG näher eingehen.

Unter einem bildlichen Code verstehen BRUCE und YOUNG einen allgemeinen Code, der für jedes visuelle Muster oder Bild geformt wird. Er ist eine Ablage eines spezifischen statischen, visuellen Ereignisses. Eine Fotografie oder ein Bild eines Gesichts führt zur Generation eines bildlichen Codes, d.h. zur Abstraktion von Merkmalen bzw. einer "Beschreibung" (description) eines Bildes. Wir ziehen den Begriff "Merkmale" dem

Begriff "Beschreibung" vor, da Beschreibung verbale Komponenten impliziert. Der Begriff Merkmale soll allerdings in diesem Zusammenhang ohne die Konnotationen von Einzelmerkmalen (features) oder einzelnen, besonderen Gesichtszügen - im Gegensatz zu eher ganzheitlichen oder konfigurationalen Aspekten eines Gesichts - verstanden werden (vgl. die Ausführungen zu Enkodierungsstrategien in Kapitel 8).

Mit einem bildlichen Code sind auch nicht die Momentaufnahmen von Gesichtern in Bewegung gemeint, die kontinuierlich auf den neuesten Stand gebracht werden müssen, sondern eine Abstraktion sukzessiver Augenfixationen. Der bildliche Code kann allerdings Besonderheiten der Beleuchtung, der Körnung oder Fehler einer Fotografie beinhalten, insbesondere auch eine bestimmte Pose (z.b. Frontal- vs. Dreiviertelansicht oder Profil) oder einen bestimmten Gesichtsausdruck.

Gerade bei letzteren Aspekten wird der Unterschied zwischen bildlichem und strukturellem Code deutlich: Ein bildlicher Code alleine könnte lediglich als Erklärungsgrundlage von Wiedererkennensexperimenten mit identischen Stimulusvorlagen bei Darbietung und Test (BRUCE, 1982; HAY & YOUNG, 1982), nicht jedoch für das Wiedererkennen von Gesichtern trotz Veränderungen in Blickwinkel, Ausdruck, Lichtverhältnissen, Frisur, Kleidung oder Kontext dienen. Es ist eben der auf dem nächsthöheren Niveau abstrahierte strukturelle Code, der das Wiedererkennen von Gesichtern ungeachtet der Variationen zwischen den visuellen Einzelausdrücken erlaubt.

Dieser abstraktere, strukturelle Code ist es denn auch, der für das Wiedererkennen von Bekannten im Alltagsleben erforderlich erscheint. Es gibt Belege dafür, daß sich strukturelle Codes für die Gesichter von bekannten Personen von denen von bislang unbekannten Personen unterscheiden. So konnten z.B. ELLIS, SHEPHERD und DAVIES (1979) nachweisen, daß "innere" Gesichtszüge (internal features) wie Augen-, Nasen- und Mundregion bei Gesichtern von bekannten Personen größere Bedeutung erlangen als "äußere" Merkmale (external features) wie z.B. die Frisur, während bei Gesichtern von unbekannten Personen beide Arten von Merkmalen eine gleichgroße Rolle spielen.

Ein weiterer Unterschied in der Kodierung zwischen den Gesichtern von bekannten und von unbekannten Personen wird in der Art der *semantischen* Information, die mit einem Gesicht assoziiert wird, angenommen. Während RHODES (1985) hier lediglich quantitativ unterschiedlich starke semantische Codes entlang einem Kontinuum annimmt, postulieren BRUCE und YOUNG für Gesichter von Bekannten einen *identitätsspezifischen* semantischen Code, der sich qualitativ von dem auch bei Gesichtern von Unbekannten *visuell-abgeleiteten* semantischen Code unterscheidet. Unsere eigenen Untersuchungen können großenteils als Elaborationen zu letzterem angesehen werden, obwohl uns dieses konzeptuelle Modell zum Zeitpunkt der Durchführung dieser Untersuchungen noch nicht zur Verfügung stand. Des weiteren differenzieren BRUCE und YOUNG noch den *Namenscode* als weitere Sonderform des semantischen Codes, den sie für notwendig halten, da wir zwar viele Leute "gesichtsweise" kennen und auch genügend identitäts-spezifische Informationen über sie verfügen (z.B. über die Kassiererin im Lebensmittelgeschäft oder den Kioskverkäufer an der Ecke), sie aber dennoch nicht namentlich kennen.

Zusätzlich unterscheiden BRUCE und YOUNG bei der Verarbeitung von Gesichtsinformationen noch den *Ausdruckscode* ("glücklich", "traurig" etc.) und den *Gesichtssprechcode* - letzterer umfaßt Lippen- und Zungenbewegungen als Pendant zur gesprochenen Sprache - die beide für das Wiedererkennen kaum eine Rolle spielen dürften, es sei denn man könnte bestimmte *charakteristische* Ausdrucksformen für bestimmte Personen festmachen. Diese Möglichkeit wird von BRUCE und YOUNG zwar erwähnt, jedoch mangels empirischer Evidenz nicht weiter berücksichtigt. Obwohl wir hier nicht die Ausdruckstypologien der traditionsreichen Forschungen zu "Gesicht und Seele" (z.B. LERSCH, 1932) bzw. zu Gesicht und Charakterkunde (z.B. KRETSCHMER, 1921) wieder heraufbeschwören wollen, sind wir doch der Ansicht, daß der kognitiv-psychologische Ansatz von BRUCE und YOUNG hier die Bedeutung sozial-psychologischer Attributionsprozesse bei der Wahrnehmung von Personen zu kurz kommen läßt.

Mit dem Einbezug "persönlicher" Informationen müßte konsequenterweise auch ein Schritt in Richtung auf die sozialpsychologische Theoriebildung zur Personenwahrnehmung (z.b. BIERHOFF, 1986) oder zur sozialen Kognition (social cognition: z.B. FIEDLER, 1985a; Strack, 1988) erfolgen. BRUCE und YOUNG unternehmen kaum (wenn überhaupt) Schritte in diese Richtung. Selbst Kontextinformationen, die im Zusammenhang mit dem Wiedererkennen von Gesichtern relativ umfassend untersucht wurden (s. Kapitel 10), bleiben auf kognitiv-psychologische Dimensionen beschränkt - wie z.b. der situative Kontext der ersten Begegnung mit einer Person (vgl. HAY & YOUNG, 1982), oder die semantische Assoziation mit einem Partner (Beispiel: Stan Laurel und Oliver Hardy). Die Komplexität sozialer Interaktionen, wie sie etwa in den anwendungsorientierten Arbeiten zur Psychologie der Zeugenaussage, inklusive der "Personenidentifizierung" thematisiert wird (z.b. CLIFFORD & BULL, 1978; KÖHNKEN & SPORER, 1990; LOFTUS, 1979; MEURER & SPORER, 1990; SPORER, 1992a, 1992b; SPORER, MALPASS & KÖHNKEN, im Druck; YARMEY, 1979b) findet hier keine Berücksichtigung.

Gerade hier sehen wir Möglichkeiten der Reintegration kognitiver und sozialpsychologischer Ansätze. Wenn es z.B. gelänge, eine Brücke von der Personenwahrnehmung und der Attributionsforschung einerseits - wie sie von der kognitiven Sozialpsychologie umfassend erforscht werden - und den hier vorgestellten kognitiven Ansätzen zu schlagen, läge auch ein integratives Modell zum (Wieder-) Erkennen von Personen nicht mehr jenseits aller Reichweite. Allerdings werden durch eine vergleichende Gegenüberstellung unterschiedlicher Paradigmen, nämlich den vornehmlich mit verbalen Stimulusmaterialien arbeitenden Paradigmen zur Verarbeitung sozialer Informationen einerseits, und den fast ausschließlich mit visuellen Stimuli operierenden Paradigmen zum Wiedererkennen von Gesichtern andererseits, Widersprüche deutlich, die eine Integration in einen umfassenden theoretischen Rahmen unwahrscheinlich erscheinen lassen. Diese Widersprüche treten z.B. in solchen Untersuchungen zutage, in denen verbale und visuelle Informationen beim Verarbeiten von Gesichtern in Bezug gesetzt werden (vgl. SPORER, 1989).

1.4 Überblick

Wir wollen im folgenden einen kurzen Überblick über die in dieser Monographie behandelten Hauptthemen geben. Wir haben versucht, die beim Wiedererkennen von Gesichtern von unbekannten Personen involvierten Informationen, Systeme und Prozesse in Abbildung 1.2 schematisch darzustellen. Dieses Schaubild erhebt keinen Anspruch auf den Stellenwert eines theoretischen Modells, sondern soll lediglich einen Bezugsrahmen für die hier vorgestellten Theorien, Befunde und eigenen experimentellen Untersuchungen darstellen.

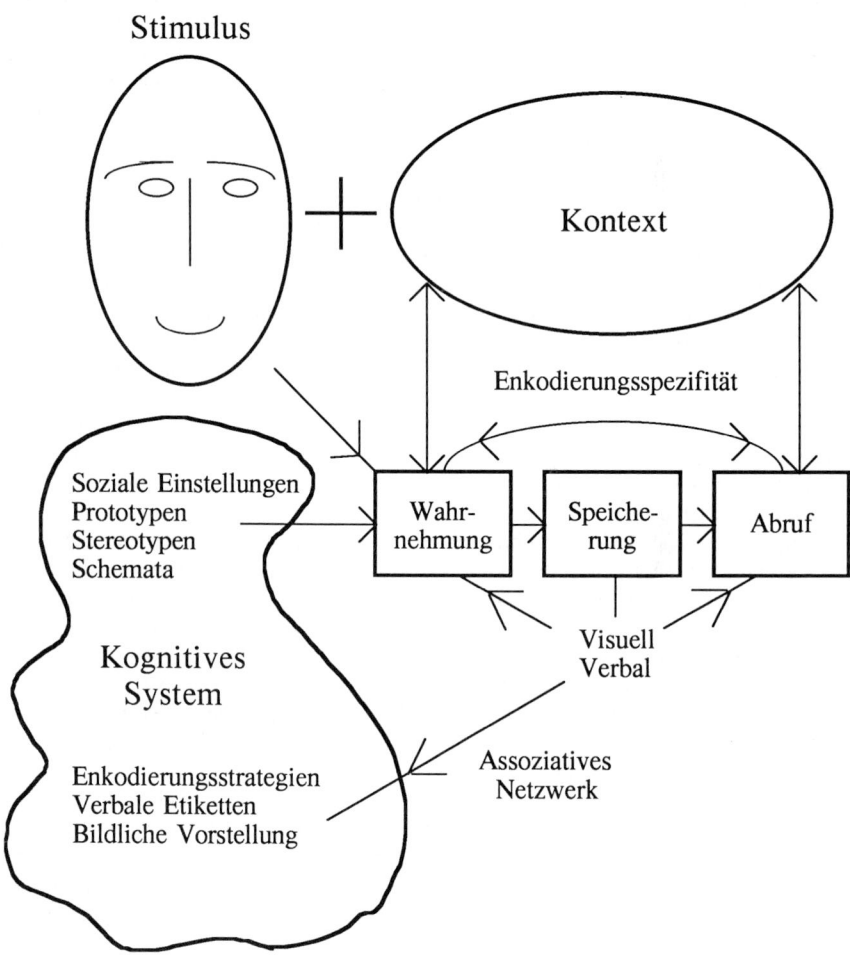

Abb. 1.2: Übersicht über die bei Laboruntersuchungen behandelten Themen

In den folgenden drei Kapiteln werden die Grundlagen für die darauffolgenden experimentellen Untersuchungen erarbeitet. In Kapitel 2 haben wir die gängigsten Forschungsparadigmen zur Untersuchung des Wiedererkennens von Gesichtern dargestellt. Die am meisten verwendete Untersuchungsform ist das Foto-Foto-Paradigma, bei dem Fotografien oder Dias von Gesichtern in einer Darbietungsphase gezeigt, und später (meist in veränderter Form) in einer größeren Anzahl von Fotografien ("alte" Stimuli und Distraktoren) wiedererkannt werden sollen. Der Stellenwert anderer Untersuchungsformen und ihre relativen Vor- und Nachteile werden kritisch diskutiert. Kapitel 3 erläutert die für Laborexperimente zum Wiedererkennen typischerweise erhobenen Wiedererkennensmaße und deren statistische Verarbeitung. Auf parametrische und nicht-parametrische Maße der Diskriminationsleistung und des Reaktionsbias nach der Signaldetektionstheorie wird ausführlich eingegangen.

Auch Kapitel 4 über Stimulusfaktoren kann als grundlegend für die weiteren Arbeiten angesehen werden, da hier die besondere Bedeutung von natürlichen Gesichtern - im Gegensatz zu bloßen Strichzeichnungen, Karikaturen und anderen eher "künstlichen" Gesichtsstimuli - mit Bezug auf einschlägige empirische Arbeiten herausgearbeitet wird. In diesem Rahmen haben wir uns neben Fragen des Darstellungsmediums der Frage gewidmet, ob es eine für das spätere Wiedererkennen optimale Darstellungspose (Frontalansicht vs. Halb- oder Ganzprofil) eines Gesichts gibt. Dazu haben wir eine archivarische Analyse von Gemälden einer Portraitgalerie durchgeführt, in der sich interessante Geschlechtsunterschiede in der Darstellungsansicht ergaben. Die besondere Bedeutung der Veränderung von Gesichtern zwischen Darbietungs- und Testphase bei experimentellen Untersuchungen zum Wiedererkennen von Gesichtern, und nicht nur von Stimuli, wird betont.

Den Kern dieser Monographie bilden 17 experimentelle Untersuchungen zum Wiedererkennen natürlicher Gesichter von Unbekannten, die alle mit dem Foto-Foto-Paradigma durchgeführt wurden (vgl. dazu die Übersicht über die eigenen empirischen Untersuchungen in Tabelle 1.2). In den meisten dieser Untersuchungen verwendeten wir JA-NEIN-Tests. Als abhängige Variablen dienten Treffer und falsche Alarme, von denen die nicht-parametrischen Maße A' und $beta''$ nach der Signaldetektionstheorie abgeleitet wurden, aber auch Reaktionszeiten und Konfidenzurteile. In den Experimenten 13 und 14 werden die Leistungen in einer cued-recall-Aufgabe mit dem Wiedererkennen von Namen-Gesichter-Paaren verglichen.

Die Kapitel 5 bis 13 lassen sich in Verarbeitungsprozesse während der Wahrnehmungsphase (Kapitel 5 bis 8, in gewissem Maße auch 12 und 13), der Behaltensphase (9) und des Abrufs (10, 11, und in gewissem Sinne auch 13) einteilen. In Kapitel 14 wird ausführlich auf die in unseren Experimenten beobachteten inter-individuellen Differenzen in der Merkfähigkeit für Gesichter und mögliche Erklärungsansätze derselben eingegangen.

Die Kapitel 5 bis 7 betreffen Stimulusfaktoren während der Wahrnehmung insofern, als die darin untersuchten Attribute von Gesichtern, wie Attraktivität, Typikalität-Einzigartigkeit, Prototypen und Stereotypen als den Stimuli anhaftende Qualitäten angesehen werden können. Andererseits liegen diese Qualitäten eben auch im Auge des Betrachters, so daß sich Fragen über den Konsens zwischen Beurteilern und die subjektive Wahrnehmung dieser Attribute aufdrängen. Besteht zwischen Attraktivität und Wiedererkennen der erwartete kurvi-lineare Zusammenhang, oder werden attraktive Gesichter

Einleitung und theoretische Ansätze

tatsächlich schlechter wiedererkannt, wie dies einige Autoren postuliert haben? Werden diese Zusammenhänge möglicherweise erst nach einem längeren Behaltenszeitraum deutlich?

TABELLE 1.2: *Übersicht über die durchgeführten eigenen Untersuchungen*

Kap.	Exp.	N	Stichprobe	Inhalt	Theor. Grundlagen
4	--[a]	233	(Portraits)	Darstellungspose	(Kunstpsychologie)
5	1	48	Stud.[b]	Attraktivität,	Affektive Erregung,
5	2	64	Stud.[b]	Typikalität,	Verstärkung
5	3	40	Stud.[b]	"	"
6	4	39	Stud. Psych.	Stereotypen	Kategoriale Wahrn.
7	5	40	Lehramtskand.	Kriminelle Stereotypen	Soziale Stereotypen
8	P6	39	Lehrer(innen)	Enkodierungsstrategien	Levels-of-processing-Ansatz
8	6	70	Hauswirtsch.-schülerinnen	"	"
8	7	70	Verw. Angest.	"	"
8	8	53	Stud. Psych.	"	"
9	2	64	Stud.[b]	Vergessen	Spurenzerfall,
9	1-3	s.o.	s.o.	"	Interferenz
9	9	24	Berufstätige	Visuelles	Speichermodelle
9	10	64	Berufstätige	Rehearsal	"
10	11	145	Stud.[b]	Visueller Kont.	Enkodierungs-
10	12	23	Stud. Psych.	Verbaler Kont.	spezifität
11	13[c]	34	Stud.[b]	Mnemotechniken	Bildliche
11	14	41	Stud. Psych.	"	Vorstellung
12/13	15	15	Stud. Psych.	Ausländer/	Schematheorie,
12/13	16	14	Stud. Psych.	Training	Verarbeitungs-
12/13	17	40	Stud.[b]	"	strategien
(14)	(18)[d]	233	Kinder	Altersuntersch.	Kognitive Entw.
14	--[e]	s.o.	s.o.	Geschlechtsunterschiede	Verbalisierung, Motivation
14	--[f]			Persönlichkeitsmerkmale	Bildliche Vorstellung, Self-Monitoring

[a]Archivarische Analyse einer Portraitgalerie; [b]Studierende verschiedener Fachbereiche; [c]Cued-recall-Aufgabe; [d]HAAS & SPORER (1989); [e]Zusammenfassende Untersuchung der Experimente 1 bis 17; [f]Zusammenfassende Untersuchung ausgewählter Experimente.

In den Experimenten 1 bis 3 versuchen wir, diese Fragen im Rahmen kognitiv-psychologischer, sozialpsychologischer und evolutionstheoretischer Theorien zu beantworten. Welche empirische Evidenz gibt es für die Existenz von Gesichtsprototypen? Führen Kategorisierungen nach Prototypen zu besseren Leistungen, oder lediglich zu einer Verschiebung des Entscheidungskriteriums? Auch die Frage nach der semantischen Interpretation von Gesichtsstimuli, d.h. inwiefern wir auf Gesichter mit verbalen Etiketten reagieren, gehört hierher. Wir haben diese Probleme und ihre Bedeutung für das Wiedererkennen von Gesichtern in den Experimenten 4 und 5 systematisch untersucht.

In den Experimenten 6 bis 8 (Kapitel 8) greifen wir ein altes Paradoxon zur Verarbeitung von Gesichtern wieder auf: Kann man sich Gesichter besser merken, wenn man sie anhand von Einzelmerkmalen analytisch, oder eher gestalthaft als Ganzes wahrnimmt? Ist es mehr die Quantität oder die Qualität der enkodierten Information, die für das Wiedererkennen maßgeblich zeichnet? Hier lassen sich vom Levels-of-processing-Ansatz interessante Vorhersagen ableiten, die sich mit auf Introspektion beruhenden Aussagen zu widersprechen scheinen. Wir haben versucht, diese unterschiedlichen Auffassungen durch die Manipulation von Enkodierungsstrategien gegeneinander auszuspielen. Dies geschah nicht zuletzt in der Hoffnung, eine Strategie zu entwickeln, mit der sich das Gedächtnis für Gesichter vielleicht verbessern ließe.

Die Frage nach der Verbesserungsfähigkeit des Wiedererkennens für Gesichter leitet auch unsere weiteren Untersuchungen. Läßt sich das Gedächtnis für Gesichter durch Memorieren (Kapitel 9), Mnemotechniken (Kapitel 11), oder Trainingsprogramme (Kapitel 13) verbessern? Diese Fragen sind nicht nur von angewandtem Interesse, sondern geben auch schwierige theoretische Rätsel auf. Zum Beispiel: Gibt es so etwas wie ein visuelles Rehearsal von Gesichtern analog dem Memorieren verbaler Stimuli (Experimente 9 und 10 in Kapitel 9)? Inwiefern führt die Wiederherstellung des Wahrnehmungskontextes zu einer Verbesserung der Diskriminationsleistung, und nicht nur zu einem laxeren Entscheidungskriterium (Kapitel 10)? Kann die Wiedererkennensleistung durch die Bereitstellung verbaler Attribute in der Testsituation verbessert werden, oder ist bloßes visuelles Rehearsal effektiver (Experiment 12)?

Bei all diesen Untersuchungen stellen wir uns immer wieder die Frage, inwiefern Gesichter eine besondere Stimulusklasse darstellen, bzw. inwiefern die mit anderen visuellen (und verbalen) Stimuli erarbeiteten Gesetze der Gedächtnispsychologie auch auf die Verarbeitung von Gesichtern zutreffen. Erste Untersuchungen mit Gesichtern haben z.B. gezeigt, daß das Wiedererkennen von Gesichtern außerordentlich gut ist und auch über längere Zeiträume kaum dem Vergessen anheimfällt. Diese Frage greifen wir in Kapitel 9 wieder auf, wo wir klassische Theorien des Vergessens in den von uns durchgeführten Experimenten prüfen.

Trotz der im allgemeinen ausgezeichneten Leistungen bei Laborexperimenten zum Wiedererkennen von Gesichtern fallen immer wieder erhebliche inter-individuelle Differenzen ins Auge. Diese lassen sich in Gruppenunterschiede (z.B. Geschlechterunterschiede) und Persönlichkeitsunterschiede einteilen. Bei den Persönlichkeitsvariablen differenzieren wir weiter zwischen eher kognitiv- und eher sozialpsychologischorientierten Erklärungsansätzen. Wir fassen in Kapitel 14 die einschlägige Literatur in Ausschnitten zusammen, und ergänzen sie durch eigene Untersuchungen. Insbesondere gehen wir auf Geschlechterunterschiede und Unterschiede in der Lebendigkeit der bildlichen Vorstellung, der Reproduktionsfähigkeit und dem Self-Monitoring näher ein.

Einleitung und theoretische Ansätze 17

Zum Abschluß (Kapitel 15) diskutieren wir noch Probleme der ökologischen Validität von Laboruntersuchungen zum Wiedererkennen von Gesichtern: Lassen sich die beobachteten Phänomene auch auf andere Populationen und das Wiedererkennen im Alltag generalisieren?

Neben den hier untersuchten Phänomenen gibt es eine Reihe interessanter Forschungsgebiete, innerhalb derer sich Wissenschaftler ebenfalls mit der Informationsverarbeitung von Gesichtern beschäftigt haben, und auf die wir an dieser Stelle nur verweisen können. Jeder dieser Fragenkomplexe hat zu eigenständigen Forschungsgebieten geführt, auf denen wiederum zahlreiche Aufsätze, aber auch Monographien und Sammelbände veröffentlicht wurden, die jenseits des hier gesteckten Rahmens liegen. Dazu gehören u.a.:

(1) Klinisch-pathologische Fragestellungen (z.B. zur sog. Prosopagnosie, die auf eine hundertjährige Forschungstradition zurückblicken kann: BODAMER, 1947), die Untersuchung von Korsakowpatienten, Hirnverletzten u.s.w.; vgl. BRUYER, 1986b).
(2) Neuropsychologische Fragestellungen, darunter z.b. anatomische Fragestellungen, Lateralisationsphänomene in der Wahrnehmung von Gesichtern, Händigkeit, u.v.m. (s. z.B. BRUYER, 1986a; SERGENT & BINDRA, 1981).
(3) Physiologische Untersuchungen bei der Wahrnehmung und der Verarbeitung von Gesichtern, insbesondere EEG- und Blickbewegungsuntersuchungen (vgl. BRUYER, 1986b; Luria & Strauss, 1978; Menz & Groner, 1985).
(4) Phylogenetische Fragestellungen, spezifisch das Erkennen des Selbst bei Mensch und Tier (s. z.B. ANDERSON, 1984).
(5) Fragen zum Gesichtsausdruck, der Ausdruckspsychologie und der non-verbalen Kommunikation (z.B. CAMPBELL, 1986; EKMAN & FRIESEN, 1975; WALLBOTT, 1990).
(6) Fragen der sozialen Wahrnehmung und Beurteilung (s. z.B. BIERHOFF, 1986; Fiedler, 1985a).
(7) Probleme der Personenidentifizierung als Beweismittel in der Strafverfolgung (s. z.B. KÖHNKEN & SPORER, 1990; MEURER & SPORER, 1990; SPORER, 1992a, 1992b; SPORER, MALPASS & KÖHNKEN, im Druck, mit weiteren Literaturhinweisen).

Eine intensive Beschäftigung mit jedem dieser Fragenkomplexe könnte ein Forscherleben füllen (und hat dies wohl bei manchen auch getan). Wir befürchteten, daß wir bei einer Berücksichtigung all dieser Themen zu dünn hätten säen müssen, und hoffen, daß durch die selbstauferlegten Einschränkungen aus dem Weniger ein Mehr wurde.

2

Forschungsparadigmen für das Wiedererkennen von Personen

2.1 Einleitung

Die Vorgehensweise in der Erforschung des Wiedererkennens von Personen ist fast ausschließlich experimentell, und wir wollen deshalb die wichtigsten experimentellen Paradigmen mit ihren Vorzügen und Nachteilen in diesem und den beiden nächsten Kapiteln darstellen. Besonderer Wert wird darauf gelegt, die jeweiligen Vor- und Nachteile nicht nur kritisch zu durchleuchten, sondern, soweit vorhanden, *empirische* Untersuchungen heranzuziehen, die sich entweder explizit oder zumindest am Rande bestimmten methodologischen Problemen gewidmet haben. Zuerst sollen einige allgemeine Gesichtspunkte vorangestellt werden, bevor wir die einzelnen Paradigmen im Rahmen eines *Klassifikationsschemas* diskutieren. Dann werden einzelne Paradigmen ihrer Bedeutung in der Fachliteratur entsprechend anhand typischer Untersuchungsbeispiele dargestellt. Besondere Bedeutung kommt dabei dem *Foto-Foto-Paradigma* zu, in das sich die Mehrzahl aller Untersuchungen einordnen läßt. Wir wollen auch nach anderen, vielleicht experimentell weniger rigorosen, so doch potentiell ökologisch valideren, alternativen Methoden Ausschau halten, wie sie in letzter Zeit vor allem in den innerhalb der Psychologie der Zeugenaussage durchgeführten Arbeiten zur Personenidentifizierung vorgelegt wurden.

In unseren Ausführungen wird besonderer Wert auf eine detaillierte Darstellung der *methodischen Aspekte* wie Auswahl des Stimulusmaterials (Kapitel 4), Versuchsdurchführung (dieses Kapitel) und statistische Auswertung (Kapitel 3) gelegt, die es Lesern ermöglichen sollen, sich ein möglichst genaues Bild von der jeweiligen Vorgehensweise zu machen, und sie dadurch befähigen sollen, entweder selbst Untersuchungen durchzuführen, oder zumindest die Untersuchungen anderer kritisch zu bewerten. Die zahlreichen Literaturverweise sind bewußter Ausdruck dieser Bemühung.

Doch zunächst wollen wir den Begriff des *Wiedererkennens von Personen* (person recognition) gegenüber anderen Ansätzen, wie der *Personenbeschreibung* (person description) und dem *Gedächtnis für personenbezogene Information* (social memory bzw. person memory), abgrenzen.

2.1.1 Wiedererkennen vs. Reproduktion

Das Kernstück der hier dargestellten Arbeiten ist das *Wiedererkennen* (recognition) von Personen, nicht die *Reproduktion* (recall) personenbezogener, sozialer Informationen oder die Beschreibung von Personen. Sicherlich sind die Zusammenhänge zwischen diesen unterschiedlichen Forschungsbereichen zu berücksichtigen, doch wollen wir unser

Hauptaugenmerk auf das *Wiedererkennen von Gesichtern* (*Personen*) legen. Um diese Fokussierung deutlich zu machen, wollen wir das Wiedererkennen zunächst von der Personenbeschreibung und dem Gedächtnis für personenbezogene Informationen abgrenzen.

2.1.1.1 WIEDERERKENNEN VON GESICHTERN IM LABOR

Bei den meisten experimentellen Untersuchungen zum Wiedererkennen von Personen bzw. Gesichtern werden *mehrere* Personen zum Zeitpunkt t_1 gezeigt, die dann in einer größeren Anzahl von Personen zum Zeitpunkt t_2 wiedererkannt werden sollen. Die Wiedererkennensleistung wird daher gewöhnlich als die Anzahl richtig wiedererkannter Personen (Treffer = hits) gemessen. Sie wird meist relativiert zur Gesamtzahl vorher dargebotener Personen als Prozentzahl ausgedrückt. Eine perfekte Wiedererkennensrate ist demnach eine von 100%. Die Zufallsrate bestimmt sich nach dem Verhältnis der zum Zeitpunkt t_1 gezeigten ("alten") Personen zur Gesamtzahl aller beim Wiedererkennenstest gezeigten Personen ("alte" und "neue" Personen - Distraktoren - zusammen). Dieses Verhältnis beträgt z.b. bei den meisten Laborexperimenten 1:2 = 50%, oder bei einer kriminalistischen Wahlgegenüberstellung mit einer Zielperson und fünf Alternativpersonen 1:6 = 16,7%.

Da bei einer Wiedererkennensaufgabe auch Fehler gemacht werden können, müssen auch diese bei der Betrachtung der Wiedererkennensleistung berücksichtigt werden. Dabei können wir, in Anlehnung an die Signaldetektionstheorie (SDT), zwischen *falschen Zurückweisungen* ("Nein - nicht gesehen" bei einer "alten" Person) und den als "*falsche Alarme*" ("Ja - gesehen", bei einer "neuen" Person; abgekürzt: FA, ebenfalls meist als Prozentwert angegeben) bezeichneten Fehlern unterscheiden. Eine *korrekte Zurückweisung* liegt dann vor, wenn auf eine "neue" Person richtigerweise mit "Nein - nicht gesehen" reagiert wird. In Anlehnung an die SDT werden üblicherweise korrigierte Maße der Wiedererkennensleistung (z.B. d' oder A'), die unabhängig von der Reaktionsneigung (*beta*) einer Versuchsperson sein sollen, verwendet (vgl. ausführlich Kapitel 3).

2.1.1.2 WIEDERERKENNEN VON GESICHTERN IM FELD: PERSONENIDENTIFIZIERUNG

Sowohl in der kriminalistischen Literatur als auch in der einschlägigen rechtspsychologischen Fachliteratur findet man neben dem Begriff des Wiedererkennens auch noch den spezielleren Begriff der *Personenidentifizierung* (person identification; vgl. KÖHNKEN & SPORER, 1990; MEURER & SPORER, 1990). Dieser Begriff wird im folgenden wahlweise zum Wiedererkennen von Personen gebraucht, insbesondere wenn die Untersuchungen die Beobachtung eines komplexen Ereignisses (live oder im Film), und nicht nur die Darbietung von Gesichtern beinhalten.

Allerdings sollten wir uns darüber im klaren sein, daß für die kriminalistische Praxis Personenidentifizierung *im engeren Sinne* nicht nur das Wiedererkennen einer Person an sich - als einer vorher schon einmal gesehenen - bedeutet, sondern einschränkend nur das Wiedererkennen der Person, die ein Zeuge zum Tatzeitpunkt t_1 *an einem bestimmten Ort* und *bei einer bestimmten Tat* (Handlung) beobachtet hat. D.h. ein Vertrautheitsurteil von der Art "Ja - schon gesehen" genügt für die kriminalistische Personenidentifizierung nicht. Im Gegenteil, gerade dieses Gefühl der Bekanntheit kann ja zu einem für die Strafrechtspraxis äußerst gefährlichen Problem, nämlich dem der "*unbewußten Transferenz*" führen (vgl. BUCKHOUT, 1974; DEFFENBACHER, LEU & BROWN, 1981; LOFTUS, 1976, 1979). Bei der unbewußten Transferenz wird eine Person, die entweder ebenfalls zum Tatzeitpunkt am Ereignisort zugegen war, oder andernorts bzw. zu einem anderen Zeitpunkt von einem(r) Zeugen(in) beobachtet wurde, mit der Zielperson (dem Täter[1]) verwechselt.

2.1.2 Personenbeschreibung

Beinahe täglich werden wir in der Zeitung, im Radio oder im Fernsehen mit einer Bitte der Polizei um Hinweise seitens der Bevölkerung konfrontiert, die zur Ergreifung eines unbekannten Täters führen sollen. Der Fahndungshinweis besteht meist aus einer Personenbeschreibung durch ein Tatopfer bzw. einen oder mehrere andere Zeugen, in der (meist äußerst vage) Angaben über die Person des Täters gemacht werden (in der älteren Literatur auch als Signalementaussagen bezeichnet: z.B. HEINDL, 1909). Die Angaben enthalten gewöhnlich Beschreibungen der Körpergröße, Statur und Gesichtsmerkmale, eine Beschreibung der Kleidung, eine Altersschätzung, sowie Hinweise auf besondere Merkmale. Gelegentlich wird die Beschreibung auch durch ein *Gesichtsrekonstruktionsbild* ("Phantombild") ergänzt, das von einem Polizeizeichner - mit oder ohne Zuhilfenahme einiger neuerer technischer Hilfsmittel (vgl. MEURER, SPORER & FRANZEN, 1989; SHEPHERD & ELLIS, 1990) - in Zusammenarbeit mit dem Zeugen erstellt wird.

Bei der Personenbeschreibung handelt es sich also um eine *verbale* Reproduktion, während man bei der Erstellung eines Phantombildes von einer *visuellen* Reproduktion sprechen kann. Untersuchungen, die Personenbeschreibungen als abhängige Variablen verwenden (z.B. DEUSINGER & HAASE, 1977; ELLIS, SHEPHERD & DAVIES, 1980; PIGOTT & BRIGHAM, 1985; SHEPHERD, DAVIES & ELLIS, 1978; SPORER, 1990b; WEGENER, 1966) stehen vor dem Problem, die von den Beobachtern bzw. Vpn gemachten Angaben bezüglich einer vorher gezeigten Person *objektiv* und *zuverlässig* (*reliabel*) auszuwerten. Noch schwerwiegender ist das zweite Problem, nämlich Kriterien zu finden, die geeignet sind, die Validität der Angaben auf ihre Richtigkeit hin zu prüfen (vgl. GOLDSTEIN, JOHNSON & CHANCE, 1979).

Für unser Kernproblem, das Wiedererkennen von Personen, stellt sich nun die zentrale Frage, welcher Zusammenhang zwischen Personenbeschreibung und Personenidentifizierung besteht. Reformuliert in den Termini der Gedächtnispsychologie ist dies die Frage nach dem *korrelativen Zusammenhang zwischen Reproduktions- und Rekognitionsleistungen* für eine bestimmte Klasse von Stimuli, nämlich Gesichter bzw. Personen (PIGOTT & BRIGHAM, 1985; SPORER, 1990b; WELLS, 1985). Aber auch das grundlegende Problem der Beziehung von verbalen und visuellen Prozessen während der Erinnerungsphase wird hier angesprochen (vgl. SPORER, 1989).

Die Frage nach dem Zusammenhang von Personenbeschreibung und Personenidentifizierung stellt sich zunächst auf allgemeinerer Ebene als die Frage nach der Korrelation zwischen der Beschreibungs*fähigkeit* und der Wiedererkennens*fähigkeit* für menschliche Gesichter bzw. Personen. Hier werden Beschreibungsfähigkeit und Wiedererkennensfähigkeit implizit als stabile Persönlichkeitsmerkmale postuliert, deren Zusammenhang es zu bestimmen gilt. Mit anderen Worten: Sind Personen, die im allgemeinen gute (bzw. schlechte) Beschreibungen anderer Personen liefern, auch gut (bzw. schlecht) im Wiedererkennen von Personen? Diese Frage läßt sich auch für Zusammen-

---

[1] Da es sich meist um männliche Tatverdächtige handelt, haben wir zur Vermeidung sprachlicher Unschönheiten durchgehend die maskuline Form gebraucht.

hänge mit dem Gedächtnis für andere Stimulusmaterialien (z.B. geometrische Figuren, Wortlisten etc.) ausdehnen. Für die kriminalistische Praxis wären solche Zusammenhänge insofern von Interesse, als sich durch derartige allgemeine Gedächtnistests die Wiedererkennensfähigkeit von Augenzeugen vorhersagen und damit ihre Glaubwürdigkeit bzw. der Beweiswert ihrer Aussagen differentialpsychologisch beurteilen ließe (SPORER, 1990a).

Im konkreten Einzelfall - und gerade der ist ja für die kriminalistische Praxis von besonderem Interesse - geht es jedoch nicht um allgemeine Zusammenhänge zwischen Beschreibungsfähigkeit und Wiedererkennensfähigkeit, sondern um die Frage, welcher Zusammenhang zwischen dem Wiedererkennen einer *bestimmten* Person (des mutmaßlichen Täters), und (1) der Länge, (2) dem Detailreichtum, (3) der Genauigkeit, oder auch (4) der Art und Weise der (meist vorhergegangenen) Beschreibung der (vermutlich) selben Person besteht. Anders ausgedrückt: Läßt sich das Wiedererkennen einer Person - eine binäre Entscheidung, die richtig (1) oder falsch (0) sein kann, aufgrund der Beschreibung dieser Person vorhersagen (SPORER, 1990b, 1992b). Diese Fragen überschreiten den hier gesteckten Rahmen.

In diesem Zusammenhang ist auch zu prüfen, ob wir bei unseren Untersuchungen zum Wiedererkennen von Gesichtern bzw. Personen aus der sozialpsychologischen Literatur zum "Gedächtnis für soziale Ereignisse" bzw. zum "Personengedächtnis" Hilfestellung erwarten dürfen. Darauf wird im nächsten Abschnitt kurz eingegangen.

2.1.3 Gedächtnis für personenbezogene Informationen

Im Rahmen der "kognitiven Wende" innerhalb der Sozialpsychologie haben sich in den letzten 10 bis 15 Jahren u.a. auch spezifische Forschungsbereiche in der "sozialen Kognitionsforschung" (vgl. z.B. BIERHOFF, 1986; WYER & SRULL, 1984, 1989) herausgebildet, die sich mit dem Gedächtnis für Personen (person memory: z.B. HASTIE, OSTROM, EBBESEN, WYER, HAMILTON & CARLSTON, 1980) bzw. für soziale Ereignisse (social memory, memory for social events: GRAESSER, 1981; HIGGINS, HERMAN & ZANNA, 1981; WIPPICH, 1985b, 1989) befaßt haben. Auch die neueren Untersuchungen zur Psychologie der Zeugenaussage (vgl. die Zusammenfassungen bei PENROD, LOFTUS & WINKLER, 1982; WIPPICH, 1985b, 1989) können zum Teil hierhergerechnet werden.

Eine umfassende Würdigung dieser Arbeiten kann in diesem Rahmen nicht vorgenommen werden. Es soll hier lediglich geprüft werden, inwieweit diese Arbeiten relevante Aspekte für das Wiedererkennen von Personen beinhalten, d.h. inwieweit sie geeignet erscheinen, auch für das Wiedererkennen bedeutsame Gesetzmäßigkeiten aufzuzeigen. Ein Beispiel mag dies verdeutlichen.

WIPPICH (1989) hat kürzlich die Literatur zum Gedächtnis für soziale Ereignisse und Handlungssequenzen und ihre Implikationen für die Psychologie der Zeugenaussage zusammengefaßt. Darin mißt er dem *Skript*konzept (SCHANK & ABELSON, 1977) als organisatorischem Prinzip besondere Bedeutung bei, wie er auch in zwei eigenen Experimenten nachweist. Die Skriptforschung geht davon aus, daß wir für bestimmte, häufig wiederkehrende Ereignis- und Handlungsabfolgen festgelegte Schemata, sogenannte "Skripte", erworben haben, die durch das "semantische Gedächtnis" - unser "soziales Wissen" - für die Subsumtion konkreter "episodischer Ereignisse" zur Verfügung gestellt werden. Man nimmt an, daß Skripte die Verarbeitung sozialer Informationen für typische

Geschehensabläufe erleichtern, indem sie ein schematisches Organisationsgerüst für deren Repräsentation bereitstellen. Beim Abruf der Ereignissituationen besteht jedoch die Gefahr, daß in Wirklichkeit nicht vorgekommene, aber im Skript als "typisch" vorgesehene Informationen "erinnert" werden. Diese werden insbesondere bei Wiedererkennenstests von Textinformationen zur Auffüllung von Erinnerungslücken in den vermeintlichen Handlungsablauf eingefügt, ohne daß sich die Personen dessen bewußt zu sein scheinen (sog. gap filling). WIPPICH, MECKLENBRÄUKER und HOFFMANN (1985; vgl. auch WIPPICH, 1989, Experimente 1 und 2) haben diesen Effekt sehr eindrucksvoll nachgewiesen. In einem für die soziale Kognitionsforschung typischen Paradigma wurde der normale Tagesablauf einer fiktiven Stimulusperson geschildert (Aufstehen am Morgen, Hosenkauf, Vorlesungsbesuch, Kinobesuch). Neben zusätzlichen Einführungs- und Füllsätzen enthielt die Beschreibung je zwei typische, zwei weniger typische und zwei atypische Aussagen zum Handlungsablauf. Durch diese Versuchsanordnung können herkömmliche globale, schematische Positionen (vgl. ALBA & HASHER, 1983), die lediglich eine bessere Leistung für die typischen Items im Vergleich zu den weniger typischen und atypischen Items erwarten lassen, gegen alternative, erweiterte Skriptmodelle, die eine besondere Markierung atypischer Ereignisse postulieren (z.B. GRAESSER, 1981), ausgespielt werden.

Die Ergebnisse dieser beiden Experimente von WIPPICH und Mitarbeitern sprechen klar für die letztere Variante: Sowohl die Reproduktionsleistungen als auch die Wiedererkennensleistungen (ausgedrückt im Diskrimininationsindex d': vgl. zur Auswertung von Wiedererkennensexperimenten mittels der Signaldetektionstheorie Kapitel 3) für atypische Ereignisse waren deutlich höher als für weniger typische bzw. typische Handlungselemente - ein Vergleich der beiden letzteren wurde von WIPPICH (1989) leider nicht berichtet. Besonders bemerkenswert, und für die Psychologie der Zeugenaussage als potentielle Fehlerquelle von besonderer praktischer Bedeutung, ist der Befund, daß die Rate der falschen Alarme beim Wiedererkennenstest der (wohlgemerkt: verbalen!) Textinformationen für typische Ereignisse besonders hoch war. Dieses "Erinnern" real nicht erwähnter Informationen ist offensichtlich auf ein bei WIPPICH (1989) nicht näher diskutiertes *laxeres Entscheidungskriterium* (Reaktionsbias) für typische Informationen zurückzuführen: D.h. Personen scheinen beim Wiedererkennenstest bei typischen Ereignissen häufiger mit "Ja - das ist geschehen" zu reagieren, unabhängig davon, ob das Ereignis sich tatsächlich ereignete oder nicht.

Für uns stellt sich jetzt die bedeutsame Frage, ob die Befunde der sozial-kognitiven Forschung zum Gedächtnis für Ereignisse und Personen auch für das Wiedererkennen von Gesichtern bzw. Personen relevant ist. Die große Mehrzahl dieser Untersuchungen verwendet nämlich ausschließlich *verbale* Informationen über eine Person, ein Ereignis, oder eine Handlungssequenz, die später reproduziert oder wiedererkannt werden sollen.

In einer für dieses Paradigma typischen experimentellen Untersuchung - ähnlich den erwähnten Experimenten von WIPPICH - ließen HAMILTON, KATZ und LEIRER (1980) die Probanden 15 Sätze (wiederholt) für eine kurze Zeit lesen, um sie sich als "Beschreibungen von Verhaltensweisen" einzuprägen (memory set), oder um sich daraus einen Eindruck über die beschriebene Person zu machen (impression set). Als abhängige Variablen dienten Reproduktionsmaße sowie Maße der Organisationsstruktur (in anderen Untersuchungen auch Wiedererkennensmaße *verbaler* Informationen oder Reaktionslatenzen u.v.m.: vgl. HASTIE & CARLSTON, 1980).

Mit Ausnahme der Untersuchungen von KLATZKY, MARTIN und KANE (1982a, 1982b; vgl. Kapitel 6) über soziale Kategorisierungsprozesse ist uns jedoch keine Untersuchung bekannt, in der das Wiedererkennen visueller Stimuli *per se*, spezifisch von Bildern von Personen bzw. von Gesichtern, in diesem Paradigma als abhängige Variable verwendet worden wäre. Zwar gibt es sicherlich Analoga zwischen den in der Forschung über personenbezogenes Gedächtnis und den in den Untersuchungen zum Wiedererkennen von Personen gefundenen Determinanten - z.b. könnte man versuchen, die Untersuchungen zum "impression set" vs. "memory set" mit Levels-of-processing-Ansätzen (CRAIK & LOCKHART, 1972) in Verbindung zu bringen (so etwa KEENAN & BAILLET, 1980). Doch würden die in der sozialen Kognitionsforschung erarbeiteten Prinzipien lediglich eine heuristische Funktion zur Erarbeitung von Hypothesen einnehmen, die sich in Untersuchungen zum Wiedererkennen von Personen erneut bewähren müßten.

Wir wollen damit den Wert dieser Untersuchungen nicht abstreiten, die sich zur Maximierung experimenteller Kontrolle auf die kognitive Verarbeitung von Textaussagen beschränkt haben (vgl. auch BLACK, GALAMBOS & READ, 1984, zu weiteren Vorteilen dieses Paradigmas). Andererseits gehen in dieser Form des methodischen Reduktionismus auch wesentliche Definitionsmerkmale der *Sozial*psychologie verloren (s. auch FORGAS, 1983, zu weiterreichenden kritischen Argumenten). Nicht zuletzt ist auch im Rahmen der Forderungen nach einer "ökologischen" Gedächtnisforschung (z.B. BADDELEY, 1982a; BRUCE, 1985; NEISSER, 1978, 1982) die (Mit-)Verwendung visueller Stimuli wünschenswert. Umgekehrt kann man natürlich den im folgenden ausführlicher behandelten Paradigmen zum Wiedererkennen von *Gesichtern* einen ähnlichen Reduktionismus vorwerfen (vgl. SPORER, 1991b; s. auch Kapitel 15).

2.2 Klassifikation experimenteller Paradigmen
2.2.1 Darbietungs-, Behaltens- und Testphase

Beginnend in den fünfziger und sechziger Jahren haben zahlreiche Theoretiker der Gedächtnispsychologie versucht, die *Strukturen* des menschlichen Gedächtnisses in *Modellen* abzubilden (z.B. ATKINSON & SHIFFRIN, 1968; BROADBENT, 1958; vgl. auch die Zusammenfassungen in ARBINGER, 1984; BREDENKAMP & WIPPICH, 1977; WENDER, COLONIUS & SCHULZE, 1980; WINGFIELD & BYRNES, 1981; WIPPICH, 1984; ZECHMEISTER & NYBERG, 1982). Demgegenüber haben neuere Ansätze versucht, mehr die Kontinuität der Verarbeitung von Gedächtnismaterialien in den Vordergrund zu rücken und die theoretischen Bemühungen mehr auf die Erforschung von Gedächtnis*prozessen* abzustellen (z.B. im Levels-of-processing-Ansatz von CRAIK & LOCKHART, 1972; vgl. auch die oben angeführte Literatur mit weiteren Literaturhinweisen; s. die Übersicht über theoretische Ansätze in Kapitel 1).

Ohne uns auf die eine oder andere theoretische Richtung und deren Modifikationen und Weiterentwicklungen festlegen zu wollen, wollen wir für unsere Untersuchung folgende, entsprechend dem Zeitkontinuum verlaufende Dreiteilung vornehmen:
(1)   eine *Wahrnehmungs-* oder *Lernphase* (acquisition phase);
(2)   eine *Behaltens-* oder *Speicherungsphase* (retention phase); und
(3)   eine *Erinnerungs-* oder *Abrufphase* (retrieval phase).
Angesichts der kriminalistischen Anwendungsmöglichkeiten in der Psychologie der Zeugenaussage ist eine solche Dreiteilung nicht zuletzt deshalb attraktiv, als sie sich im großen und ganzen auch mit alltagspsychologischen Dreiteilungen juristischer Beobach-

ter deckt (z.B. PETERS, 1972). Untersuchungen zum Wiedererkennen von Personen im Labor und im Feld lassen sich demnach bequem danach einteilen, ob sie sich mit Phänomenen und Prozessen befassen, die vorrangig in der Wahrnehmungs-, in der Behaltens-, oder in der Erinnerungsphase angesiedelt werden können (SPORER, 1989). Vergleichbare Einteilungen wurden auch von führenden Forschern zur Psychologie der Zeugenaussage (z.B. LOFTUS, 1979; PENROD, LOFTUS & WINKLER, 1982; YARMEY, 1979b), und zur Psychologie des Wiedererkennens von Gesichtern (z.B. ELLIS, 1984) vorgenommen.

Beispielhaft für die Ereignisse und Prozesse in der *Wahrnehmungsphase* stehen das Aussehen und der situative Kontext einer handelnden Person als Eingabe durch die Umwelt, die vom Betrachter unter Bereitstellung von Erwartungen und *Stereotypen* (s. Kapitel 6) und unter Verwendung bestimmter *Enkodierungsstrategien* (s. Kapitel 8) wahrgenommen und eingeprägt werden. Besondere Bedeutung bei der Wahrnehmung eines Gesichts kommt der Frage zu, inwieweit unser Wahrnehmungsapparat bereits bestimmte *Prototypen, Schemata* oder Kategoriensysteme zur Verfügung stellt, mit denen Gesichter verarbeitet werden (vgl. Kapitel 6 und 7). Aus sozialpsychologischer Sicht interessiert vor allem die Wahrnehmung und Beurteilung der Attraktivität und deren Bedeutung für das Behalten (s. Kapitel 5).

Die *Behaltensphase* ist natürlich primär durch ihre *Dauer* charakterisiert, oder genauer, durch die in diesem Zeitraum anfallenden Eindrücke und zusätzlichen Informationen, die z.B. zu *Interferenzen* führen können, aber auch die internen Prozesse, wie z.B. der inneren Wiederholung oder der Integration vergangener mit gegenwärtigen Informationen (s. Kapitel 9).

In der *Abrufphase* kommt es schließlich darauf an, die in der Abrufsituation vorhandenen Hinweisreize in einer Form zu nutzen, daß sie den "Schlüssel" zu der gespeicherten Information liefern, die als Grundlage für das Vertrautheitsurteil beim Wiedererkennen dient. Hier sind die situativen Gegebenheiten des Abrufvorgangs - die Übereinstimmung von Wahrnehmungs- und Abrufkontext (vgl. Kapitel 10) - aber auch die internen Prozesse der Person von zentraler Bedeutung: Ob sie z.B. über geeignete Abrufstrategien verfügt, oder ob sie von einem eher strikten oder einem eher laxen Entscheidungskriterium ausgeht.

Eine analoge Dreiteilung in diese Phasen läßt sich auch bezüglich der am häufigsten verwendeten experimentellen Paradigmen vornehmen; dies gilt für die Laborexperimente zum Wiedererkennen von Gesichtern wie für die "Wirklichkeitsversuche" zur Personenidentifizierung im Labor oder im Feld:

(1) In der *Darbietungsphase* werden den Probanden eine bzw. meist mehrere Stimuluspersonen für einen genau kontrollierten Zeitraum (z.B. fünf sec pro Gesicht) gezeigt. Bei mehreren Stimuluspersonen versucht man gewöhnlich auch, die Zeiträume zwischen den einzelnen Darbietungen (Interstimulusintervall oder off-time) genau festzulegen (z.B. mit einem Tachistoskop und elektronischer Versuchssteuerungsanlage bzw. Computersteuerung).

(2) Das *Behaltensintervall*, das von wenigen Minuten bis zu mehreren Tagen oder gar Monaten dauern kann, wird meist (in Laborexperimenten mit kurzfristigem Behaltensintervall) mit einer vom Vl bereitgestellten Fülleraktivität belegt (z.B. der Bearbeitung eines Fragebogens oder einer anderen Aufgabe). Auf diese Weise soll

eine gewisse Kontrolle über die in diesem Zeitraum ablaufenden Prozesse (z.B. Etikettierung, rehearsal) erreicht werden.

(3) In der *Testphase* schließlich sollen die Probanden die vorher gesehenen, "alten" Stimuluspersonen wiedererkennen, die ihnen in randomisierter Reihenfolge mit vorher nicht gesehenen, "neuen" Alternativpersonen (Distraktoren) gezeigt werden. Der Test kann als Mehrfachwahltest (Alternative-Forced-Choice-Test) durch gleichzeitige Vorgabe von Zielpersonen und Distraktoren oder seriell als JA-NEIN-Test durchgeführt werden, bei dem die Probanden bei jeder Testperson entscheiden müssen, ob es sich um eine Zielperson handelt oder nicht ("Alt" oder "Neu"). Gelegentlich wird auch das Paradigma des kontinuierlichen Wiedererkennens (continuous recognition task) nach SHEPARD und TEGHTSOONIAN (1961) verwendet (z.B. KOLERS, DUCHNICKY & SUNDSTROEM, 1985; SUNDSTROEM, 1982; s. unten).

Dazu kommen noch zu Beginn der Darbietungsphase eine *Instruktionsphase*, in der die Probanden auf die sie erwartende Aufgabe vorbereitet (z.B. beim intentionalen Lernen) bzw. diesbezüglich getäuscht werden (beim inzidentellen Lernen), und am Ende eine *Aufklärungsphase*, in der die Probanden Ziel und Zweck der Untersuchung erfahren sollen.

2.2.2 Darstellungsmedium und Versuchsdurchführung

Das Wiedererkennen von Personen hängt in entscheidender Weise vom Darstellungsmedium, d.h. von der *Form der Darstellung* einer Person in der Darbietungs- und in der Testphase ab. Ob eine oder mehrere Personen (bzw. ein Gesicht oder eine große Anzahl von Gesichtern) als Strichzeichnung, in einem Schwarzweiß- oder Farbfoto bzw. -dia, in einer oder mehreren Posen, in einer Handlungssequenz eines (Video-) Films, oder gar "live" in einem vom Vl inszenierten Wirklichkeitsversuch in der Darbietungsphase wahrgenommen werden, ist von entscheidender Bedeutung für die Wahrscheinlichkeit des späteren Wiedererkennens. Glücklicherweise liegt mittlerweile eine Reihe vergleichender Experimente vor, in denen der Effekt der Art der Darstellung systematisch empirisch untersucht wurde. Diese *Stimulusfaktoren* werden in Kapitel 4 über den Einfluß des *Stimulusmaterials* ausführlich diskutiert.

Was für die Darbietungphase gilt, gilt entsprechend für die Testphase, obwohl man natürlich nicht von einer "optimalen" Darstellung während der Darbietungsphase (z.B. ein Farbdia eines Gesichtes in Dreiviertelansicht, für 30 sec dargeboten), notwendig auch auf eine "optimale" Darstellung während der Testphase schließen kann. Auch hier sind vergleichende experimentelle Untersuchungen notwendig, die die Effektivität verschiedener Darstellungsformen während des Tests systematisch variieren. Auf die unterschiedliche Bedeutung für die kriminalistische Praxis von Erkenntnissen über die Einflußfaktoren während der Wahrnehmungsphase (sog. Schätzvariablen) und solchen während der Testphase, die vom Strafrechtssystem kontrolliert, und damit optimiert werden können (sog. Kontrollvariablen) soll hier nicht weiter eingegangen werden (SPORER, 1992a; WELLS, 1978; vgl. auch die Zusammenstellungen dieser Faktoren bei CLIFFORD, 1978; CUTLER & PENROD, 1990; KÖHNKEN, 1990; MEURER & SPORER, 1990; SPORER, 1983).

Je nach dem Medium der Darstellung der Stimulusperson(en) im Alltag (A) oder im Laborexperiment (L) in der Darbietungsphase bzw. Testphase als Strichzeichnung, Foto (bzw. Dia), in einem (Video-) Film oder live in einem Wirklichkeitsversuch lassen sich die gängigsten experimentellen Paradigmen in einer 4x4-Matrix darstellen (Tabelle 2.1), so daß sich insgesamt 16 Kombinationsmöglichkeiten ergeben. Die Darstellungsmedien Zeichnung, Foto-, Film- und live-Repräsentation sind entlang einer polaren Ordnungsdimension mit den Endpunkten maximaler *experimenteller Kontrolle* und maximaler *Lebensnähe* angeordnet. Diese Anordnung kann als eine Dimension der *ökologischen Validität*, einer Sonderform der externen Validität (vgl. CAMPBELL & STANLEY, 1966; COOK & CAMPBELL, 1979) verstanden werden, die in gewisser Rivalität, nicht jedoch einem notwendigen Widerspruch zur internen Validität steht.

TABELLE 2.1: *Das Wiedererkennen von Personen im Alltag (A) und im Labor (L) mit unterschiedlichen Darstellungsmedien bei Darbietungs- und Testphase*

Darstellungsmedium während der Darbietungsphase	Darstellungsmedium während der Testphase							
	Strichzeichnung		Foto/Dia		Video/Film		Live	
	A	L	A	L	A	L	A	L
Strichzeichnung	+	+	+-	+	+	---	+-	---
Foto	+	+	+++	+++	++	+	++	+
Video/Film	+-	---	++	++	++	+	+-	---
Live	+	+	++	++	+-	+	+++	+

Anm.: Die Anzahl "+"-Zeichen spiegelt die geschätzte Auftretenshäufigkeit dieser Kombinationen wider; "-" = nicht gegeben; "+-" = denkbar, aber vermutlich selten.

Die verschiedenen Zellen dieser Matrix sind nach ihren Häufigkeiten sehr unterschiedlich besetzt, ja, einzelne Kombinationen werden äußerst selten verwendet. Für die meisten dieser Kombinationen lassen sich auch kriminalistische Analoga in der Strafrechtspflege finden, auf die hier nicht näher eingegangen werden soll (insbesondere die Kombinationen live-Foto und Foto-live bei der Fahndung, und live-live bei der Personenidentifizierung in einer Wahlgegenüberstellung; vgl. SPORER, EICKELKAMP & SPITMANN-REX, 1990).

2.2.3 Das Foto-Foto-Paradigma

Grob geschätzt werden über 90% aller experimentellen Untersuchungen zum Wiedererkennen von Personen als Laboruntersuchungen mit Gesichtern mit dem *Foto-Foto-Paradigma* durchgeführt. Innerhalb des Foto-Foto-Paradigmas können wir weiterhin zwischen Untersuchungen, die mit Dias und solchen, die mit Fotoabzügen durchgeführt werden (letztere sind viel seltener), unterscheiden. Des weiteren ließe sich eine ganze Reihe von Unterschieden bezüglich des verwendeten *Stimulusmaterials* erörtern (z.B. Schwarz-weiß- vs. Farbfotos; Fotografien vs. Strichzeichnungen; natürliche Gesichter vs. Gesichts-Komposita, u.v.m.), auf die wir in Kapitel 4 detaillierter eingehen.

Das Foto-Foto-Paradigma zum Wiedererkennen von Gesichtern hat sich als Abwandlung der Standardprozeduren von Wiedererkennensexperimenten entwickelt. Das typische Wiedererkennensexperiment (recognition paradigm; vgl. z.B. SHEPARD, 1967) besteht darin, daß zunächst eine Reihe von Darbietungsstimuli (sinnlose Siben, Wörter; Bilder von Objekten, Landschaften oder Szenen; Bilder von Gesichtern) sukzessiv für eine genau fixierte Zeit gezeigt werden. Das Interstimulusintervall (off-time) ist ebenfalls genau festgelegt. Entweder unmittelbar danach oder nach einem kurzen Behaltensintervall, das mit einer Fülleraktivität belegt ist, folgt der Wiedererkennenstest. Eine Behaltensphase von gewisser Dauer dürfte einem unmittelbaren Test deshalb vorzuziehen sein, weil dadurch die zeitliche Distanz der letzten Items der Darbietungsphase zu ihrem Wiederauftreten in der Testphase vergrößert, und somit die Wahrscheinlichkeit von Recency- und anderen Positionseffekten vermindert werden dürfte (vgl. Kapitel 9).

Bezüglich der Form des Wiedererkennenstests können wir zwischen dem am häufigsten verwendeten JA-NEIN-Test, und den Alternative-Forced-Choice-Tests unterscheiden.

2.2.3.1 DER JA-NEIN-TEST

Der Wiedererkennenstest selbst wird meist als *JA-NEIN-Test* durchgeführt. Beim JA-NEIN-Test werden "alte" (d.h. in der Darbietungsphase gezeigte) und "neue" Items (sog. Distraktoren) in Zufallsfolge gemischt *seriell* dargeboten, und die Vp muß bei jedem Item ein Vertrautheitsurteil abgeben, ob sie das Item vorher schon gesehen hat oder nicht. Die Auswertung erfolgt gewöhnlich über die Signaldetektionstheorie (vgl. Kapitel 3).

2.2.3.2 DER ALTERNATIVE-FORCED-CHOICE-TEST

Beim *Alternative-Forced-Choice-Test* (AFC-Test) wird ein "altes" Item zusammen mit mindestens einem (2-AFC-Test), oder mehreren (3-AFC-, 4-AFC-, m-AFC-Test) Distraktoren *simultan* dargeboten, und die Vp muß eine Wahl zwischen den Alternativen treffen. Im Gegensatz zum JA-NEIN-Test, bei dem die Anzahl der Treffer und die der falschen Alarme zwei unabhängig zu messende abhängige Variablen darstellen, sind Treffer und falsche Alarme beim AFC-Test linear voneinander abhängig, so daß eine Angabe lediglich einer der beiden Größen genügt.

Im Rahmen der Diskusssion des Foto-Foto-Paradigmas sollten schließlich die Paradigmen des kontinuierlichen Wiedererkennens und des Paarassoziationslernens von Eigennamen der Vollständigkeit halber kurz vorgestellt werden, da sie auch bei einigen wenigen Experimenten zum Wiedererkennen von Gesichtern Anwendung fanden.

2.2.3.3 DAS PARADIGMA DES KONTINUIERLICHEN WIEDERERKENNENS

Eine Ausnahme zu der ansonsten üblichen strikten Trennung von Darbietungs- und Testphase stellt das *Paradigma des kontinuierlichen Wiedererkennens* dar (continuous recognition task; vgl. auch ZECHMEISTER & NYBERG, 1982). Dieses Paradigma wurde zum ersten Male von SHEPARD und TEGHTSOONIAN (1961) verwendet, um Vergessenskurven für eine Situation zu erhalten, in der die Versuchspersonen einem kontinuierlichen Informationsfluß ausgesetzt sind. SUNDSTROEM (1982) und KOLERS, DUCHNICKY und SUNDSTROEM (1985) wandten dieses Paradigma auf das Wiedererkennen von Gesichtern an.

Bei einer kontinuierlichen Wiedererkennensaufgabe wird den Versuchspersonen eine Liste von Stimuli (Wörter, Zahlen, Bilder, Gesichter) dargeboten, die ein- oder mehrmals in der Liste erscheinen. Bei jeder Darbietung muß die Versuchsperson entscheiden (JA-NEIN-Entscheidung), ob sie glaubt, den Stimulus vorher schon einmal gesehen zu haben. Zusätzlich kann die Zuversicht (confidence) in die jeweilige Entscheidung erhoben werden sowie die für jede Entscheidung benötigte Reaktionszeit (response latency). SUNDSTROEM (1982) ist jedoch der Ansicht, daß letztere wenig geeignet erscheint, Unterschiede zwischen der Verarbeitung von verbalen und bildlichen Stimuli bzw. Gesichtern aufzudecken. Allerdings könnte diese negative Schlußfolgerung aus ihren Experimenten letztlich auch dadurch zustande gekommen sein, daß die Darbietungszeit der Stimuli systematisch (zwischen 0.5 und 4 sec) variiert wurde, so daß die Versuchsperson bei jeder einzelnen Wiedererkennensaufgabe nicht wußte, wie lange das jeweilige Stimulusdia für eine Antwort präsent sein würde.

Dennoch zeigen SUNDSTROEMS Ergebnisse, daß Reaktionszeiten für Treffer (hits) im allgemeinen viel kürzer sind als für falsche Zurückweisungen (misses). Dieser Befund gibt nicht nur Aufschluß über die Entscheidungsprozesse beim Wiedererkennen, sondern könnte auch für die Praxis der Personenidentifizierung von Bedeutung sein, wie wir in mehreren Wirklichkeitsversuchen zeigen konnten (SPORER, 1992a, 1992b).

Die wichtigste unabhängige Variable, die bei der kontinuierlichen Wiedererkennensaufgabe gewöhnlich manipuliert wird, ist der Abstand (lag) zwischen dem ersten und zweiten (und möglicherweise dritten) Auftreten eines Stimulus. Wie zu erwarten, nimmt die Wiedererkennenswahrscheinlichkeit mit der Größe des Abstandes ab, vermutlich aufgrund von Interferenzprozessen (vgl. Kapitel 9). Interferenzprozesse müssen auch in der kriminalistischen Praxis bei der Durchsicht extensiver Lichtbildkarteien (mugshot search) befürchtet werden, wie LAUGHERY, ALEXANDER und LANE (1971) in einer Untersuchung mit dem üblichen Paradigma mit einer Trennung zwischen Darbietungs- und Testphase feststellten. Zum kontinuierlichen Wiedererkennensparadigma ist schließlich anzumerken, daß die statistische Auswertung mittels der Signaldetektionstheorie (z.B. Verwendung von d' als abhängiger Variable) aufgrund der Verletzung einiger Grundannahmen der Signaldetektionstheorie (vgl. Kapitel 3) nicht unproblematisch ist (KOLERS, DUCHNICKY & SUNDSTROEM, 1985).

2.2.4 Blickbewegungsstudien

Ein möglicher Ansatz, der bisher von den vornehmlich gedächtnis- und sozialpsychologisch orientierten Arbeiten zum Wiedererkennen von Gesichtern kaum berücksichtigt wurde, ist die Blickbewegungsforschung (vgl. z.B. ISSING, MICKASCH & HAACK, 1985; MENZ & GRONER, 1985; YARBUS, 1967). Bei praktisch allen hier referierten Untersuchungen zu Enkodierungsstrategien von Gesichtern (vgl. Kapitel 8) wurde die Aufmerksamkeit der Vpn durch vom Vl manipulierte *Instruktionen* auf bestimmte Teile des Gesichts, bzw. auf das Gesicht "als ganzes" gelenkt. Inwieweit die Vpn tatsächlich diesen Instruktionen Folge leisteten, oder inwieweit sie diesen Instruktionen überhaupt Folge leisten konnten, wurde bestenfalls in ganz wenigen Experimenten durch Fragen zur Realisationskontrolle (manipulation checks) zu kontrollieren versucht (vgl. Kapitel 8). Es ist jedoch ohne weiteres denkbar, wenn nicht plausibel, daß Vpn zusätzlich, wenn nicht gar anstelle der vorgegebenen Instruktionen, gut überlernte eigene, d.h. *"natürliche"* Enkodierungsstrategien benutzen, über die wir noch sehr wenig wissen.

Wenn wir in Experimenten zu Enkodierungsstrategien Annahmen darüber machen, inwieweit Beobachter ihre Aufmerksamkeit bestimmten Teilen eines Gesichts zuwenden, so ist es doch naheliegend, diese Annahmen durch eine detaillierte Analyse der Blickfixationsmuster zu überprüfen. Dies scheint umso dringlicher, als die Wiedererkennensleistung bildlicher Stimuli in linearem Zusammenhang zur Anzahl der Fixationen zu sein scheint (LOFTUS, 1972). Es wäre wichtig zu wissen, ob dies auch für das Wiedererkennen von Gesichtern gilt, und insbesondere, inwieweit ein Zusammenhang zwischen der Häufigkeit, Dauer und Reihenfolge, mit der bestimmte Teile eines Gesichts fixiert werden, mit dem Wiedererkennen von Gesichtern besteht.

Leider geben die bisherigen Untersuchungen zur Blickbewegungsforschung darüber noch wenig Aufschluß, da die Ergebnisse als wenig zuverlässig erachtet werden und obendrein stark von interindividuellen Unterschieden sowie der jeweiligen Aufgabenstellung geprägt sind (ELLIS, 1984; MENZ & GRONER, 1985). Nach LURIA und STRAUSS (1978) wurden z.B. die Blickbewegungen vor allem auf die Nase, dann die Augen und den Mund gerichtet, während COOK (1978) fand, daß die meiste Aufmerksamkeit von den Augen in Anspruch genommen wurde, vor anderen zentralen Gesichtszügen. ELLIS (1984) vermerkte dazu kritisch, daß diese unterschiedlichen Ergebnisse durch Unterschiede der Stimuluspose oder die Größe des abgebildeten Gesichtes zustande gekommen sein könnten.

Auf interindividuelle Unterschiede in den Fixationsmustern haben WALKER-SMITH, GALE und FINDLAY (1977) hingewiesen. Auch MENZ und GRONER (1985) fanden bei vier ihrer sechs Versuchspersonen personenspezifische, doch intraindividuell konsistente lokale und globale Fixationspfade. Ihre Stichprobe ist jedoch zu klein, um Zusammenhänge zu den ebenfalls stark differierenden Wiedererkennensleistungen auf ihre Reliabilität hin zu prüfen. Die systematische Erfassung von Blickbewegungen als Funktion von experimentell manipulierten sowie von natürlichen Enkodierungsstrategien und ihres Bezuges zum Wiedererkennen von Gesichtern stehen noch aus. Eine solche Analyse setzt jedoch voraus, daß der Zugang von Blickbewegungen zu den zugrunde liegenden kognitiven Prozessen aus theoretischer Sicht hinreichend geklärt ist.

2.2.5 Lernen von Eigennamen

Ein weiterer Ansatz zum Personengedächtnis ist die Erforschung des *Lernens von Eigennamen*. Dabei geht es im allgemeinen darum, Eigennamen mit Gesichtern, bzw. mit Bildern von Gesichtern, assoziieren zu lernen. Das Lernen der korrekten Zuordnung von Eigennamen (oder anderer *verbaler Etiketten*) ist eine wichtige soziale Eigenschaft, wie die entsprechenden Kapitel in populärwissenschaftlichen Büchern über *"Mnemotechniken"* verdeutlichen (z.B. CERMAK, 1976; LORAYNE & LUKAS, 1974; vgl. Kapitel 11). Tests zur Erfassung dieser Fähigkeit wurden schon früh in der Psychologie als Indikatoren der "sozialen Intelligenz" verwendet (z.B. HUNT, 1928; vgl. auch HOWELLS, 1938).

PATTERSON und BADDELEY (1977) sprechen beim Lernen von Eigennamen, d.h. dem richtigen Benennen einer Person, von *"Identifizierung"* (i.e.S.), im Gegensatz zum bloßen Wiedererkennen. Es setzt aber das korrekte Wiedererkennen der vorher gesehenen Person voraus (für einen Vergleich des Wiedererkennens von Gesichtern mit dem Wiedererkennen bzw. der Reproduktion von Namen, s. YARMEY, 1973, 1979b).

Das Lernen von Eigennamen läßt sich innerhalb der gedächtnispsychologischen Forschung als spezielle Form des *Paarassoziationslernens* konzipieren (etwa nach dem

Lern-Prüfverfahren, vgl. BATTIG, 1969; BREDENKAMP & WIPPICH, 1977). Gewöhnlich werden Paare von Namen und Gesichtern in der Lernphase dargeboten, und die Vp muß in der Testphase den richtigen Namen zu einem vorgegebenen Gesicht reproduzieren (cued recall). Eine Umkehrung dieses Paradigmas, bei dem während der Testphase Namen-Gesichter-Paare (mit entsprechenden Distraktoren) gezeigt werden, ist für das Wiederkennen von Personen, wie es hier behandelt werden soll, insofern von Bedeutung, als der bzw. die Namen als Abrufhilfen für das Wiederkennen dienen können (s. die Experimente 13 und 14 in Kapitel 11). Dieses Paradigma kann also für Untersuchungen zum Wiedererkennen von Personen ausgebaut werden, wenn die Testbilder zusätzliche Distraktoren enthalten, die während der Darbietungsphase noch nicht gezeigt worden waren.

PATTERSON und BADDELEY (1977, Experiment 2) und PATTERSON (1978) ließen ihre Probanden zunächst die Vor- und Nachnamen von fünf bzw. vier wiederholt, in unterschiedlicher Reihenfolge, dargebotenen Zielpersonen lernen. Die Zielpersonen wurden in der Darbietungsphase immer in identischem Format vorgeführt: In PATTERSON und BADDELEYs Experiment entweder als Dia (in Frontalansicht) oder in einer kurzen Filmsequenz vergleichbarer Länge (12 - 15 sec). In der Testphase mußten dann die Probanden verschiedene, in einem oder mehreren Aspekten im Aussehen systematisch veränderte Versionen (Pose: Dreiviertel- oder Profilansicht, Barttracht, Perücke, Brille) der Zielpersonen richtig benennen (Identifizierung i.e.S.). Wie erwartet wurden die Identifizierungen durch das Ausmaß der vorgenommenen Maskierungen in beiden Experimenten stark beeinträchtigt. PATTERSON (1978) fand zusätzlich eine starke Abhängigkeit der Identifizierungsleistung vom Darstellungsformat bei Darbietung bzw. Test (Film vs. Dia; vgl. Kapitel 4 und 10).

Wir werden im folgenden auf die Untersuchungen zum Lernen von Eigennamen nur insofern eingehen, als sie das Wiederkennen von Personen als abhängige Variablen beinhalten (s. Kapitel 11). In Kapitel 11 werden auch zwei eigene Untersuchungen vorgestellt, in denen wir versucht haben, das Lernen von Eigennamen durch *Mnemotechniken* zu verbessern.

2.3 Nicht-experimentelle Forschungsansätze

2.3.1 Einzelfallstudien

In Ausnahmefällen kann es lehrreich sein, durch die vertiefte Untersuchung von Einzelfällen Aufschluß über Möglichkeiten und Grenzen des Wiedererkennens zu erlangen. Während Einzelfälle im allgemeinen nur zur Illustration von Phänomenen herangezogen werden, ansonsten aber lediglich den Status von "anekdotischer Evidenz", mit all den damit verbundenen Fehlerquellen von interner und externer Validität, beanspruchen können (vgl. CAMPBELL & STANLEY, 1966; WEBB, CAMPBELL, SCHWARTZ & SECHREST, 1966), erlaubt die detaillierte Untersuchung von Individuen, die durch ihre besonders gute - oder schlechte - Merkfähigkeit für Gesichter bzw. Personen in Erscheinung treten, doch Rückschlüsse über mögliche, dem Wiedererkennen zugrunde liegende Prozesse.

Die systematische Untersuchung einer über- bzw. unterdurchschnittlichen Einzelperson, und deren Vergleich zu einer entsprechenden Kontrollgruppe, die mit denselben Verfahren getestet wurde, darf nicht verwechselt werden mit der Analyse von Einzelbeobachtungen wie z.B. bei einer einmaligen Personenidentifizierung bzw. -verwechslung (etwa bei einer kriminalistischen Gegenüberstellung). Erst durch den systematischen Vergleich mit anderen Einzelbeobachtungen läßt sich deren heuristischer Wert erhöhen. Etwas anders liegt der Fall bei der Untersuchung einer Einzelperson mit besonderen Fähigkeiten oder Fertigkeiten, die wertvolle Hinweise zur Generierung von Hypothesen - z.B. bezüglich bestimmter Methoden zur Verbesserung des Wiedererkennens - liefern kann.

2.3.1.1 FALLSTUDIEN VON GEDÄCHTNISKÜNSTLERN

Eine beispielhafte Untersuchung dieser Art stellt die Einzelfallstudie von WILDING und VALENTINE (1985) dar. WILDING und VALENTINE untersuchten den "*Gedächtniskünstler*" T.E., dessen außerordentliche Fähigkeiten bereits in einer früheren Untersuchung dieser Autoren dokumentiert worden waren (GORDON, VALENTINE & WILDING, 1984). T.E.s außergewöhnliche Gedächtnisleistungen schienen nicht darauf zu beruhen, daß er überdurchschnittliche "grundlegende" Gedächtniskapazitäten besaß, sondern daß er sich eine Reihe von Strategien angeeignet hatte, mit denen er bedeutungsloses Material (wie z.B. Zahlen) derart umwandeln konnte, daß es bedeutungsvoll organisiert und in Vorstellungen repräsentiert werden konnte.

In der zweiten Untersuchung von T.E. sollten nun u.a. auch seine Wiedererkennungsleistung für Gesichter, seine Fähigkeit, Namen zu bestimmten Gesichtern zu lernen, sowie seine Werte für imaginales und verbales Denken nach PAIVIO und HARSHMAN (1983) erfaßt werden. Analog einer Untersuchung von MCKELVIE (1978) wurden T.E. auch 36 Gesichter von Männern und Frauen für je fünf sec mit der Instruktion gezeigt, daß er sie nachher wiedererkennen sollte. Bei einem darauffolgenden 2-AFC-Test erkannte T.E. alle 36 Gesichter richtig wieder. Er war zuversichtlich bezüglich der Richtigkeit seiner Angaben. Sein Vorgehen beim Einprägen beschrieb er damit, daß er für jedes Gesicht mindestens ein besonderes Merkmal zu finden trachtete, das er dann in seiner Vorstellung übertrieb und diesen übertriebenen Gesichtszug der Person "aufsetzte" (vgl. LORAYNE, 1976; MORRIS, JONES & HAMPSON, 1978). Er räumte allerdings ein, daß dies eine bewußt eingesetzte Technik war, er aber glaubte, daß sein Gedächtnis für *inzidentell* beobachtete Gesichter seines Wissens nicht überdurchschnittlich wäre.

Auch bezüglich seiner Fähigkeit, Eigennamen zu bestimmten Gesichtern zu lernen, zeigte er überdurchschnittlich hohe Werte, allerdings erst in einem Nachtest nach einer Woche. (Seine durchschnittliche Leistung beim unmittelbaren Test hatte er auf Übermüdung zurückgeführt). Auch hier setzte T.E. die *bildliche Vorstellung* besonders effektiv ein, für die er jedoch angeblich einigermaßen viel Zeit benötigte (mehr als zehn sec). Die besondere Bedeutung der bildlichen Vorstellung für T.E.s Gedächtnisleistung wurde auch dadurch bestätigt, daß T.E. hohe Werte für imaginales Denken, aber Werte im Durchschnittsbereich für verbales Denken aufwies (vgl. auch Kapitel 11).

Was können wir daraus für das Wiedererkennen von Gesichtern im allgemeinen schließen? Es scheint offenbar möglich, durch den *bewußten* und habituellen (d.h. durch häufige Übung perfektionierten) Einsatz von bildlichen Vorstellungen möglich, die Wiedererkennensleistung von Gesichtern zu erhöhen. Dies trifft allerdings nur für die *intentionale* Einprägung von Gesichtern zu, wenn wir T.E.s Worten Glauben schenken können. Für die Durchführung von Wiedererkennensexperimenten ist von Bedeutung, daß für die Kreation bildlicher Vorstellungen genügend Zeit zur Verfügung gestellt werden muß. Für das Lernen von Eigennamen und ihre Zuordnung zu Gesichtern scheint weiterhin T.E.s Beobachtung interessant, daß er zwar zunächst versuchte, Namen und Gesichter durch übertreibende Vorstellungsbilder miteinander in Verbindung zu bringen - wobei Interferenzen dadurch entstehen können, daß mehrere Gesichter ähnliche besondere Merkmale (z.b. eine große Nase) aufweisen - daß er aber alsbald dazu überging, sich durch *wiederholte Abrufübungen* ohne Vorlage des ursprünglichen Materials von den mnemotechnischen Hilfsmitteln freizumachen und sich auf das "natürliche" Gedächtnis zu verlassen.

2.3.1.2 EINZELFALLUNTERSUCHUNGEN VON PROSOPAGNOSIEN

Die Kehrseite der Medaille von Untersuchungen von Personen mit außergewöhnlichen Gedächtnisleistungen (z.b. von Gedächtniskünstlern) ist die detaillierte Untersuchung von klinischen Fällen, die spezifische Probleme mit dem Wiedererkennen von Gesichtern aufweisen (sog. *Prosopagnosien*). Auch hier sind Fortschritte in Methodologie und theoretischer Fundierung erkennbar, die zu unserem Verständnis für die Verarbeitung von Gesichtern beitragen können (vgl. BRUYER, 1986a, 1986b; ELLIS, 1986b).

Die Analyse der Prosopagnosie - genauer: von Prosopagnosien - wird dadurch erschwert, daß offenbar mehrere Formen derselben auftreten, die sich nicht leicht klassifizieren lassen. Während frühere Taxonomien primär auf rein klinischen Beschreibungen von Einzelfällen beruhten, ist man heute mehr darauf bedacht, Bezüge zu theoretischen Modellen zum Wiedererkennen von Gesichtern bei *normalen* Personen herzustellen (z.b. bezüglich der Speicherung von Gesichtsrepräsentationen in Einheiten zum Wiedererkennen von Gesichtern (face recognition units: z.b. BRUCE & VALENTINE, 1985; vgl. Abbildung 1.1 in Kapitel 1).

Dieser Bezug zur Grundlagenforschung hat auch methodologische Konsequenzen. Neben der unentbehrlichen klinischen Anamnese, modernen sensorischen und hirnphysiologischen Untersuchungen (z.b. CT scan) und den üblichen psychologischen Tests (z.b. Intelligenz-, Wahrnehmungs- und Gedächtnistests) sollten auch spezifische, gegebenenfalls auf den Einzelfall zugeschnittene experimentelle Verfahren angewandt werden. Diese Ergebnisse sollten jedoch nicht isoliert betrachtet werden, sondern können nur durch Vergleiche mit Ergebnissen an normalen Probandengruppen, aber auch durch Kontrastierung mit artverwandten Pathologien differentiell interpretiert werden.

Beispielhaft für dieses Vorgehen ist eine detaillierte Einzelfallstudie von DAVIDOFF, MATTHEWS und NEWCOMBE (1986). Diese Autoren berichten den Fall des Patienten R.B., der plötzlich eines Tages mit größten Schwierigkeiten, Gesichter ihm wohlbekannter Personen wiederzuerkennen, erwachte. Ausgehend von einer Unterscheidung in Defekte auf der Ebene von strukturellen Beschreibungen, die sich eher auf Wahrnehmungsdefizite zurückführen lassen, und "echten" Gedächtnisverlusten, gaben DAVIDOFF et al. R.B. neben den bereits erwähnten Verfahren auch eine Serie von experimentellen Aufgaben vor. Diese umfaßten den frühen sensorischen Bereich (z.b. Wiedererkennensschwelle, Entdeckung von Strukturen, partielle (degraded) Stimuli), Matching-Aufgaben von visuellen Stimulusmustern unterschiedlicher Dichte und mehrere Aufgaben mit Gesichtern als Stimuli (Wiedererkennen von Persönlichkeiten des öffentlichen Lebens, Matching von Gesichtern von Unbekannten, Sortieren von schematischen Gesichtern, Wiedererkennen von unbekannten Gesichtern). Durch diese unterschiedlichen Methoden läßt sich feststellen, ob es sich - wie hier - um ein Defizit im perzeptuellsensorischen Bereich oder um die Unfähigkeit, verfügbare Informationen anzuwenden, handelt.

2.3.2 Querschnittanalysen von Behaltensleistungen

Analysen von psychologischen Prozessen über längere Zeiträume sind in fast allen Bereichen der Psychologie relativ selten. Obwohl man diesem Forschungsdefizit in der *Entwicklungspsychologie* durch Längsschnittuntersuchungen mit wiederholten Messungen derselben Probandengruppen, bzw. durch Kombinationen von Längs- und Querschnittmethoden in letzter Zeit häufiger zu begegnen trachtet, bilden langfristige Untersuchungen über kognitive Prozesse die Ausnahme (BAHRICK, 1979; BAHRICK, BAHRICK & WITTLINGER, 1975). Diese Feststellung gilt insbesondere auch für die Psychologie des Gedächtnisses.

BAHRICK, BAHRICK und WITTLINGER (1975) führen mehrere Gründe an, die dafür in Betracht kommen. Laborexperimentelle Untersuchungen zum Gedächtnis sind ihrer Konzeption nach *Längsschnitt*untersuchungen: Stimulusmaterialien werden gelernt und sollen nach unterschiedlich gestaffelten Behaltensintervallen aus dem Gedächtnis abgerufen werden. Da die meisten Forscher nicht gewillt sind, auf die Erträge ihrer Untersuchungen Jahre oder gar Jahrzehnte zu warten, werden diese Behaltensintervalle naturgemäß relativ kurz gehalten. Es wäre schwierig, dieselben Probanden nach Jahren wieder aufzufinden und ins Labor zu bringen. Schließlich bestünde die Gefahr, daß die so lange erwarteten Ergebnisse nach Jahren nicht mehr dem zeitgemäßen theoretischen und methodischen Niveau entsprächen, wenn nicht gar die "scientific community" - oder der Forscher selbst - bis dahin sein Interesse an der Fragestellung verloren hätte...

BAHRICK et al. schlagen daher vor, durch die Verwendung *nichtexperimenteller Querschnittanalysen* zu prüfen, ob die im Labor gewonnenen Ergebnisse sich auch unter natürlichen Bedingungen mit längeren Behaltensintervallen bestätigen lassen, bzw. ergänzt oder revidiert werden müssen. Sie opfern durch diesen alternativen Ansatz zwar die Möglichkeiten der Manipulation und Kontrolle der Lernbedingungen, gewinnen aber umgekehrt Einsichten über längere Behaltensräume, über ein weiteres Spektrum an Stimulusmaterialien, über motivationale und Rehearsalbedingungen und über den Einfluß von Kontextbedingungen auf Abrufprozesse.

Die Grundidee für Querschnittanalysen ist folgende: Alle Beobachtungen für alle Vpn werden in etwa zur selben Zeit erhoben, aber die Vpn werden so ausgewählt, daß sie verschiedene Zeiträume für die in Frage stehenden Prozesse repräsentieren. Dieser Ansatz ist uns aus der Entwicklungspsychologie wohlbekannt, doch BAHRICK et al. sind u.W. die ersten, die ihn zur systematischen Untersuchung von Gedächtnisprozessen angewandt haben. An die Stelle der experimentellen Manipulation tritt die *statistische Kontrolle*, mit der nicht nur Determinanten der ursprünglichen Lernbedingung (z.B. acquisition time), sondern auch interindividuelle Differenzen und situative Variablen, die während des Behaltensintervalls wirksam werden können (z.B. rehearsal), berücksichtigt werden können. Diese Variablen werden als Prädiktorvariablen in multiple Regressionsanalysen eingeführt, um ihre relative Bedeutung für die Vorhersage verschiedener Behaltensleistungen zu bestimmen.

BAHRICK (1979) hat mit diesem Ansatz z.B. untersucht, wie gut Hochschulabsolventen die Straßennamen ihrer Universitätsstädte in Abhängigkeit von der Anzahl und Dauer späterer Besuche ihrer Alma Mater reproduzieren konnten. Wichtiger für unsere

Fragestellung, das Wiedererkennen von Personen, ist jedoch eine andere Untersuchung von BAHRICK, BAHRICK und WITTLINGER (1975), in der diese Autoren das Gedächtnis für Namen und Gesichter ihrer Schulkameraden über Zeiträume von 3 Monaten bis hin zu 57 Jahren nach dem High-School-Abschluß prüften (vgl. Kapitel 9 und 11).

2.3.3 Analyse von Kulturgütern

Von indirekter Bedeutung für das Studium des Wiederkennens von Personen können auch Analysen von Kulturgütern (z.b. gemalte Portraits, Wahlplakate, Kurzgeschichten, Romane, Biographien) herangezogen werden. Diese Analyseformen sind als spezielle Fälle der *archivarischen Analyse* den nichtreaktiven Meßverfahren mit den einschlägig diskutierten Vor- und Nachteilen zuzurechnen (WEBB, CAMPBELL, SCHWARTZ & SECHREST, 1966). Manche Vertreter der neueren Gedächtnispsychologie, in ihrem Bestreben nach einer ökologisch validen Methodologie, haben sich derlei Untersuchungen gegenüber besonders aufgeschlossen gezeigt (vgl. z.b. BADDELEY, 1979; GRUNEBERG, MORRIS & SYKES, 1978, 1988; NEISSER, 1982).

Für uns sind diese Untersuchungen insofern von Interesse, als sie uns vielleicht Aufschluß über die Bedeutung einzelner Körperteile, vornehmlich einzelner Gesichtsmerkmale (features) in der Wahrnehmungsphase, d.h. bei der ersten Enkodierung von Personen, geben könnten. Diesem Ansatz liegt die Annahme zugrunde, daß Künstler (z.B. Portraitmaler oder Schriftsteller) besonders gute Beobachter sind, die in ihren Abbildungen bzw. Personenbeschreibungen das "Charakteristische" oder besonders "Bemerkenswerte" von Personen zu erfassen und darzustellen vermögen.

Wir werden in Kapitel 4 im Abschnitt über Darbietungsposen entsprechende Analysen von gemalten Portraits und von Fotografien von Persönlichkeiten des öffentlichen Lebens vorstellen, um optimale Darstellungsposen zu finden, die möglicherweise auch für das Einprägen und Wiederkennen bedeutsam sein könnten. ELLIS (1984) referierte eine unveröffentlichte Studie von BADDELEY und WOODHEAD (1982), in der die Gesichtsbeschreibungen von 13 Kurzgeschichtenautoren ausgewertet wurden. Diese Analyse erbrachte tendenziell mehr Beschreibungen von Teilen der oberen Gesichtshälfte als von denen der unteren Hälfte. Nase, Mund, Lippen, Zähne und Barttracht machten insgesamt nur 9% der erwähnten Gesichtszüge aus.

Diese Befunde sind einerseits um ihrer selbst willen wertvolle Beiträge zu unserem Wissen über die Wahrnehmung von Personen. Auf die bei archivarischen Analysen häufig auftretenden Interpretationsprobleme werden wir bei der Diskussion der Befunde zur Darstellungspose noch eingehen. Andererseits können diese Untersuchungen auch für experimentalpsychologische Analysen zum Wiederkennen von Personen richtungsweisend zur Generierung neuer Hypothesen sein, die sich dann im Labor genauer überprüfen lassen.

2.3.4 Tagebücher von Fehlhandlungen

Ein weiterer nichtexperimenteller Ansatz zur Untersuchung des Wiedererkennens von Gesichtern befaßt sich mit der Analyse von Schwierigkeiten und Fehlern, die wir im täglichen Leben bei der Begegnung mit anderen Personen haben bzw. begehen (HAY & YOUNG, 1982; YOUNG, HAY & A.W. ELLIS, 1985).

Wir wissen alle aus persönlicher Erfahrung, wie wir dadurch in Verlegenheit geraten können, daß wir uns an den Namen einer Person nicht mehr erinnern können. Mag dies nun auf einem Fest oder einem Kongreß (bei fehlenden oder zu kleinen Namensschildern) sein, diese Schwierigkeiten ergeben sich häufig dann, wenn uns mehrere neue Leute vorgestellt werden, und wir uns wenige Augenblicke später nicht mehr an deren Namen erinnern können. Diese Probleme treten auch auf, wenn wir jemandem, den wir immer in einer vertrauten Umgebung zu treffen gewohnt sind, unerwartet an einem anderen Ort (z.B. im Urlaub in der Badehose am Strand) begegnen, oder wenn wir eine Person, die wir lange gekannt, aber seit vielen Jahren nicht mehr gesehen haben, wieder treffen. Diese und andere Beispiele und Fehlleistungen im Zusammenhang mit dem Wiedererkennen von Personen mögen miteinander in Bezug stehen, es kann aber auch sein, daß sie unterschiedliche psychologische Phänomene darstellen. Erst vor kurzem sind mehrere britische Forscher darangegangen, diese Fehlleistungen im Alltagsleben näher zu untersuchen.

Die Untersuchung von Fehlhandlungen (slips), d.h. den Schwierigkeiten und Fehlern im Alltagsleben, wird auch in anderen Bereichen der kognitiven Psychologie für unser Verständnis von Sprachproduktion, Gedächtnis und Handlungsorganisation verwandt (z.B. NORMAN, 1981; REASON & MYCIELSKA, 1982). Während frühere Untersuchungen introspektive Einzelbeobachtungen zur Unterstützung ihrer Vermutungen ins Felde führten, können durch die systematische Erhebung und Auswertung von Fehlhandlungen theoretische Modellvorstellungen, wie sie aufgrund von Laborexperimenten konzipiert wurden, überprüft oder revidiert bzw. neue Modellvorstellungen entwickelt werden (vgl. das Modell von BRUCE und YOUNG in Kapitel 1, Abbildung 1.1).

So ließen YOUNG, HAY und A.W. ELLIS (1985) ähnlich der Untersuchung von HAY und YOUNG (1982) ihre Probanden Tagebücher über irgendwelche Fehler, die sie beim Wiedererkennen von Personen machten, und über Schwierigkeiten, die sie beim Wiedererkennen und Identifizieren anderer Personen erfuhren, acht Wochen lang jeweils möglichst unmittelbar nach dem jeweiligen Ereignis niederschreiben. Um den Probanden die Aufgabe zu erleichtern und um eine formale Auswertung zu ermöglichen, wurden die Aufzeichnungen in semi-strukturierte Antwortblätter eingetragen. Die Antwortblätter waren in folgende Unterkategorien eingeteilt:
(1) *Art* des Vorfalls;
(2) *Quelle*: Informationen über die Zielperson (Bart, Brille, Aussehen, Stimme etc.) und über mögliche Ursachen des Erkennens bzw. Nichterkennens;
(3) *Allgemeine Details*: Woher sie die Person kannten (z.B. Medien), objektive und subjektive Beobachtungsbedingungen (z.B. unter Streß; in Eile; Erwartung einer Begegnung und Dauer des Vorfalls);
(4) *Beteiligte Personen*: Identität, Bekanntheitsgrad und Häufigkeit des Kontakts (bei Personenverwechslungen von beiden, bei Nichterinnern des Namens nur der betreffenden Person;
(5) *Ausgang des Vorfalls*;
(6) *Personendetails*, an die sich der Tagebuchhalter nicht mehr erinnern konnte (z.B. gewöhnlicher Begegnungsort, Name etc.).

Nach einer Woche stellte sich heraus, daß eine Reihe der Tagebuchhalter gelegentlich die Erfahrung machten, daß ihnen jemand aufgrund großer *Ähnlichkeit* bekannt vorkam. Die Probanden wurden daraufhin instruiert, auch diese Art von Fällen mit aufzunehmen; die Daten wurden aber später getrennt ausgewertet.

In einem Großteil (314) der insgesamt 922 aufgezeichneten Fälle wurde eine Person mit einer anderen verwechselt, meist indem eine unbekannte Person als eine bekannte angesehen wurde (272 Fälle; vgl. Tabelle 2.2). In den restlichen 42 (von 314) Fällen wurde eine bekannte Person mit einer anderen verwechselt. In 233 weiteren Fällen kam den Probanden eine Person bekannt vor, aber sie konnten nicht ausmachen, wer die Person war (z.B. Beruf, gewöhnlicher Treffpunkt, Name). In einer erheblichen Anzahl von Fällen (190) konnten die Tagebuchhalter sich nicht an alle wichtigen Identifizierungsmerkmale einer Person erinnern (z.B. den Namen), und in einigen wenigen Fällen (9) wurde einer Person ein falscher Name zugeordnet. Offenbar gibt es viele qualitative und quantitative Ausprägungen und Nuancen unseres Gedächtnisses für andere Personen. Die Erinnerung von Eigennamen ist nur eine davon.

TABELLE 2.2: *Anzahl und Prozentanteile von Schwierigkeiten und Fehlhandlungen, Spannbreite der Fehler einzelner Tagebuchführer mit mindestens einem Vorfall und Anzahl Tagebuchführer (modifiziert nach* YOUNG, HAY, & ELLIS, *1985)*

Art Vorfall	Anzahl Vorfälle ($N = 922$)	% Vorfälle	Spannbreite	Anzahl Tagebuchführer ($N = 22$)
P nicht erkannt	114	12.36	0 - 15	21
P verwechselt	314	34.01	2 - 38	22
P erschien bekannt, aber nicht erkannt	233	25.27	1 - 22	22
Schwierigkeiten beim Abruf von Details	190	20.61	0 - 34	19
Unsicher, ob P	35	3.80	0 - 6	12
Dachte, daß nicht P	4	0.43	0 - 2	3
Falschen Namen gegeben	9	0.98	0 - 3	4
Sonstige	23	2.49	0 - 5	9

Der gemeinsame Nenner dieser und ähnlicher Untersuchungen ist, daß es dabei um den Abruf bzw. das Wiedererkennen von *bekannten* Personen geht. Diese Untersuchungen sind daher für uns nur insofern von Interesse, als wir theoretische Übergänge vom Wiedererkennen *unbekannter* Personen zur Speicherung und dem Abruf von Informationen *bekannter* Personen (vgl. dazu BRUCE, 1988; vgl. Kapitel 1) erwarten dürfen.

YOUNG et al. sind sich der methodischen Probleme dieses Ansatzes bewußt, wie sie z.B. von REASON und LUCAS (1984) diskutiert werden. REASON und LUCAS weisen u.a. auf das Problem der verzerrten Stichprobenauswahl (*volunteer bias*) hin, der bei diesem Verfahren dadurch zustande kommen könnte, daß sich insbesondere solche Leute zur Teilnahme an dieser Art von Untersuchung melden - z.B. auf eine Annonce hin - die von sich glauben, daß bei ihnen die untersuchten Fehlhandlungen besonders häufig auftreten. Desweiteren muß die Gefahr einer Auswahlverzerrung (*selection bias*) bedacht werden, da die Probanden im allgemeinen nicht alle Vorfälle bewußt wahrnehmen und aufzeichnen, sondern nur solche, von denen sie glauben, daß sie besonders interessant für die Untersuchung sein könnten. Schließlich muß noch das allgemeine Problem von Tagebuchaufzeichnungen bedacht werden, das darin besteht, daß die meisten Aufzeichnungen erst zu einem späteren Zeitpunkt vorgenommen werden, und daß daher die späteren Aufzeichnungen durch alltagspsychologische Theorien seitens der Probanden über mögliche Gründe der Fehlhandlung verzerrt werden könnten (*recording bias*).

YOUNG et al. versuchten, diesen Problemen zum Teil durch vorstrukturierte Antwortbögen zu begegnen. Auch sollten wir die so erhaltenen Daten weniger auf die relativen Auftretenshäufigkeiten der einzelnen Fehlertypen hin durchleuchten, sondern allein bezüglich der Tatsache, daß bestimmte Fehlerarten überhaupt auftreten. Die Ergebnisse der Untersuchung von YOUNG et al. zeigen deutlich, daß eine Anzahl verschiedener Fehlleistungen hinsichtlich der Identifizierung von Personen isoliert werden können. Die Vorfälle verteilten sich typischerweise über alle möglichen Informationsquellen für die Identität einer Person, also Gesichter, Namen, Stimme usw. Im Gegensatz zu der Meinung, daß bestimmte Arten von Fehlern nur bei bestimmten Eingabeinformationen auftreten, unterstützen diese Befunde die Auffassung, daß die verschiedenen Formen der Information zu einem hochintegrierten System für die Identifizierung von Personen verknüpft werden. In diesem System finden verschiedene Formen von Eingabeinformationen nebeneinander und zu ihrer gegenseitigen Überprüfung Verwendung.

Daraus leiten die Autoren ein allgemeines Modell für die funktionalen Komponenten bei der Identifizierung von Personen ab (vgl. Kapitel 1). Dieses Modell leistet jedoch zugegebenermaßen nur sehr wenig für bestimmte Teilbereiche dieses Systems wie die Identifizierung von Stimmen oder das Wiedererkennen von Gesichtern von Unbekannten, das hier im Vordergrund steht. Durch die Tatsache, daß der Großteil von Fehlleistungen sich auf Gesichter als Eingabeinformation bezieht, wird indirekt die besondere Bedeutung der hier vorgenommenen Fokussierung auf das Wiedererkennen von Gesichtern bestätigt. Andererseits läßt sich aus diesen Ergebnissen ebenfalls schließen, daß die für Gesichter beobachteten Fehlleistungen nicht für diese einzigartig sind, sondern genauso gut mit Namen, Stimmen oder Frisuren auftreten können.

2.4 Zusammenfassung

Wir haben in diesem Kapitel die wichtigsten Forschungsparadigmen zur Erforschung des Wiedererkennens von Gesichtern bzw. Personen vorgestellt. Nach einer einführenden Unterscheidung von Wiedererkennen in Laborsituationen und "im Feld" haben wir die beim Wiedererkennen von Personen beteiligten Prozesse in solche während der Wahrnehmungs-, der Behaltens- und der Testphase eingeteilt. Besondere Bedeutung kommt dem Darstellungsmedium von Gesichtern bei Darbietung und Test zu, worauf wir in Kapitel 4 noch ausführlicher eingehen werden. Unter den experimentellen Untersuchungsmethoden nimmt das Foto-Foto-Paradigma, in dem Serien von Fotografien bzw. Dias von Gesichtern gezeigt werden, die später unter einer größeren Anzahl von Bildern wiedererkannt werden müssen, eine zentrale Stellung ein. Neben den klassischen experimentellen Paradigmen (z.B. JA-NEIN-Test) haben wir den Stellenwert nicht-experimenteller Ansätze wie Tagebuchaufzeichnungen von Wiedererkennensproblemen im Alltag, Einzelfalluntersuchungen und archivarische Analysen diskutiert.

3

Statistische Auswertung von Wiedererkennensexperimenten

Die Möglichkeiten der statistischen Auswertung von Wiedererkennensexperimenten hängen von der Gestaltung des Wiedererkennenstests ab. Wir werden im folgenden die gebräuchlichsten Maße beim Alternative-Forced-Choice- und beim JA-NEIN-Test, unter besonderer Berücksichtigung der Auswertung nach der *Signaldetektionstheorie*, vorstellen. Anschließend gehen wir noch kurz auf die Verwendung von Konfidenzurteilen und auf Reaktionslatenzen als mögliche abhängige Variable bei Wiedererkennensexperimenten ein. Die jeweiligen Maße werden mit Bezug auf unsere eigenens Untersuchungen zum Wiedererkennen von Gesichtern erläutert.

3.1 Maße beim Alternative-Forced-Choice-Test

Beim *Alternative-Forced-Choice-Test* (AFC-Test) ist das wichtigste Maß die Anzahl der *Treffer* (hits) oder, gleichbedeutend, die Anzahl der *Fehler* (errors), die sich komplementär als die Differenz zwischen Gesamtzahl der Testitems minus Treffer ergibt. Die Treffer können entweder absolut als die Anzahl richtig beantworteter AFC-Items, oder als Proportion (bzw. Prozentzahl) richtig beantworteter Items im Verhältnis zur Gesamtzahl der Testitems ausgedrückt werden.

3.2 Maße beim JA-NEIN-Test

Etwas komplizierter gestaltet sich die Auswertung bei dem am häufigsten verwendeten *JA-NEIN-Test*, so daß wir darauf detaillierter eingehen müssen. Prinzipiell lassen sich bei einem JA-NEIN-Test vier Ergebnisse unterscheiden, die in der Entscheidungsmatrix in Tabelle 3.1 dargestellt sind.

Die geläufigste Kenngröße ist die *Trefferrate*, die gewöhnlich als Proportion (bzw. Prozentsatz) richtig wiedererkannter Items zur Gesamtzahl vorher dargebotener, "alter" Items ausgedrückt wird. Der Einheitlichkeit halber wird versucht, im folgenden alle Ergebnisse sowohl anderer Autoren als auch eigener Untersuchungen in Prozentsätzen wiederzugeben, um eine leichtere Vergleichbarkeit zwischen den Untersuchungen zu erreichen. Die *Rate der falschen Zurückweisungen* (false rejections oder misses) ergibt sich als redundante Komplementärgröße zur Trefferrate (Gesamtzahl der alten Darbietungsitems minus Treffer, dividiert durch die Gesamtzahl der alten Items).

Unabhängig von der Trefferrate läßt sich beim JA-NEIN-Test auch die *Rate falscher Alarme* (false alarms = FA) berechnen, d.h. die Anzahl von JA-Antworten, die fälschlicherweise bei vorher nicht dargebotenen, "neuen" Items gegeben werden. Die Rate der falschen Alarme wird wie die Trefferrate gewöhnlich als Proportion zur Anzahl aller neuen Items (bzw. als Prozentzahl) angegeben. Komplementär zu den falschen Alarmen sind schließlich die *korrekten Zurückweisungen* (correct rejections), d.h. die Anzahl der NEIN-Antworten bei neuen Items (Rate der korrekten Zurückweisungen = Gesamtzahl neuer Items minus FA, dividiert durch die Anzahl neuer Items).

TABELLE 3.1: *Die vier möglichen Ergebnisse eines JA-NEIN-Tests bei einem Wiedererkennensexperiment*

Stimulus	Reaktion		Randsummen:
	JA: "Alt - schon gesehen"	NEIN: "Neu - noch nicht gesehen"	
Vorher dargeboten ("Alt")	*Treffer (Hit)*	*Falsche Zurückweisung (False Rejection = Miss) Fehler 2. Art*	Anzahl der Darbietungs- stimuli
Vorher noch nicht darge- boten ("Neu")	*Falscher Alarm (False Alarm: FA) Fehler 1. Art*	*Korrekte Zurückweisung (Correct Rejection)*	Anzahl der Distraktoren
Rand- summen:	Anzahl JA- Antworten	Anzahl NEIN- Antworten	Anzahl der Teststimuli

Wie aus der Entscheidungsmatrix in Tabelle 3.1 leicht ersichtlich, zeigt die Hauptdiagonale die Gesamtzahl richtiger Antworten (Treffer und korrekte Zurückweisungen), während die Nebendiagonale die beiden Fehlerarten darstellt. In Analogie zur statistischen Hypothesenprüfung kann man die falschen Alarme als Fehler 1. Art (*Alpha*-Fehler) und die falschen Zurückweisungen als Fehler 2. Art (*Beta*-Fehler) bezeichnen. Gerade die Anwendung auf das kriminalistische Wiedererkennensexperiment (die sog. Wahlgegenüberstellung), bei dem der Fehler 1. Art besonders fatale Konsequenzen haben kann - Falschidentifizierungen haben zu schwerwiegenden Justizirrtümern durch die Verurteilung Unschuldiger geführt (vgl. KÖHNKEN & SPORER, 1990; LOFTUS, 1979; Meurer, Sporer & Rennig, 1990; PETERS, 1972; SHEPHERD, ELLIS & DAVIES, 1982; SPORER, 1984; WALL, 1965; YARMEY, 1979b) - macht den Unterschied zum Fehler 2. Art - der wahre Täter entgeht dadurch möglicherweise der Strafverfolgung - deutlich.[1]

Tabelle 3.1 macht ebenfalls klar, daß sich eine vollständige Beschreibung der Ergebnisse eines Wiedererkennensexperiments durch Treffer und falsche Alarme erzielen läßt, da sich die beiden anderen Größen (falsche und korrekte Zurückweisungen), als kom-

---
[1] Diese Analogie eignet sich nach den Erfahrungen des Verfassers zur Erläuterung des *Alpha-* und *Beta-*Fehlers als didaktisch einleuchtendes Beispiel in Statistikkursen.

plementäre Werte durch Subtraktion von den Randsummen (Anzahl der Darbietungsstimuli bzw. der Distraktoren) ergeben.

Ältere Untersuchungen zum Wiedererkennen von Stimuli (sinnlose Silben, Wörter, Bilder oder auch Gesichter) haben oft ausschließlich Trefferraten als Maß für die Gedächtnisleistung berichtet. Das Hauptproblem mit diesem Auswertungsmodus liegt darin, daß identische Trefferraten nicht notwendig identische Gedächtnisleistungen widerspiegeln. Ein Beispiel soll dies verdeutlichen:

Nehmen wir an, wir hätten eine Vp, die zwar eine große Anzahl von alten Items richtig wiedererkennt (z.b. 80%), sich aber aus Vorsicht, einen Fehler begehen zu können, nur sehr selten zu einer JA-Antwort verleiten läßt, wenn sie sich dessen nicht so gut wie absolut sicher ist. Eine andere Vp hingegen erkennt zwar aufgrund ihrer "in Wahrheit" schlechteren "Merkfähigkeit" weniger Items (z.b. 65%) wieder; durch häufigeres Raten jedoch, wenn sie sich nicht so recht sicher ist, ob ein Item vorher gezeigt worden war, sammelt sie zusätzliche Treffer und erreicht schließlich ebenfalls eine Trefferrate von 80%. Eine ausschließliche Verwendung von Trefferraten, ohne gleichzeitige Berücksichtigung der durch besondere Vorsicht bzw. besonderes Risikoverhalten bedingten falschen Alarme, führt somit zu weitgehend uninterpretierbaren Ergebnissen. Wir benötigen also eine Korrekturmöglichkeit, die uns erlaubt, den *Leistungsaspekt* (also die tatsächliche Gedächtnisleistung) von der *Reaktionsneigung* (den motivationalen Einflüssen des Entscheidungsverhaltens) zu trennen.

3.3 Auswertung nach der Signaldetektionstheorie

Selbstverständlich ist der verzerrende Einfluß der Reaktionsneigung auf die gemessene Trefferrate auch früheren Forschern nicht entgangen. Sie haben daher eine Reihe von Korrekturformeln entwickelt, die selbst jedoch theoretisch vorbelastet sind (vgl. zum folgenden die kritischen Diskussionen bei BANKS, 1970; KINTSCH, 1977; LOCKHART & MURDOCK, 1970; MURDOCK, 1965; MCNICOL, 1972; PASTORE & SCHEIRER, 1974; VELDEN, 1982).[2]

Eine traditionelle Ratekorrektur ist die einfache Differenz der Trefferrate minus der Falschen-Alarm-Rate (WOODWORTH & SCHLOSBERG, 1954). Diese Formel setzt jedoch eine lineare Relation zwischen Treffer- und FA-Rate voraus, die sich im allgemeinen empirisch nicht bestätigen läßt (BREDENKAMP & WIPPICH, 1977). Eine weitere Korrekturformel für den JA-NEIN-Test (Trefferrate minus dem Bruch der FA-Rate dividiert durch die Differenz von 1 minus FA-Rate: vgl. ZECHMEISTER & NYBERG, 1982) erscheint ebenfalls ungenügend. Als beste Korrekturmöglichkeit hat sich inzwischen die Anwendung der *Signaldetektionstheorie* (signal detection theory: SDT) erwiesen, auf die die meisten Autoren bei der Auswertung von Wiedererkennensexperimenten mit dem JA-NEIN-Test zurückgreifen, auch wenn ihre Anwendung nicht immer unproblematisch ist (LOCKHARDT & MURDOCK, 1970; KINTSCH, 1977). Wir sollten daher die Grundbegriffe der SDT in ihrer Anwendung auf Wiedererkennensexperimente kurz darstellen (vgl. dazu die ausführlicheren Darstellungen bei BANKS, 1970; BREDENKAMP & WIPPICH, 1977; GREEN & SWETS, 1974; HEALY & KUBOVY, 1978; KINTSCH, 1977; MCNICOL, 1972; LOCKHART & MURDOCK, 1970; PASTORE & SCHEIRER, 1974; VELDEN, 1982).

---

[2] Insbesondere möchten wir auf die neuere Arbeit von SNODGRASS und CORWIN (1988) verweisen. Diese lag zum Zeitpunkt der Auswertung der hier berichteten eigenen Untersuchungen noch nicht vor, so daß sie im folgenden nicht ihrer Bedeutung gebührend berücksichtigt werden konnte.

3.3.1 Anwendung der SDT auf Gedächtnisexperimente

Die Signalentdeckungstheorie (SDT) wurde in ihren formal-mathematischen Grundlagen von den technischen Wissenschaften bei Entdeckungsproblemen beim Radar entwickelt und erst später auf die Psychologie übertragen (vgl. SWETS, 1973; VELDEN, 1982). Grundlegende Darstellungen findet man bei SWETS (1964), GREEN & SWETS (1974) und einführend bei MCNICOL (1972) sowie in dem deutschsprachigen Lehrbuch von VELDEN (1982).

Hauptanwendungsgebiete waren zunächst Wahrnehmungspsychologie und Psychophysik, doch die Vielfalt der Anwendungsmöglichkeiten breitete sich rasch auf diverse andere Teilgebiete der Psychologie aus, wie z.B. die Vigilanzforschung, Schmerzmessung und viele andere experimentelle und nichtexperimentelle Situationen, in denen den Vpn Entscheidungen über nicht-eindeutig definierte Stimuluskonfigurationen abverlangt werden (vgl. die Beispiele in GREEN & SWETS, 1974; PASTORE & SCHEIRER, 1974; VELDEN, 1982). Auf Wiedererkennensexperimente wurde die SDT offenbar zum ersten Male von EGAN (1958, zit. in BANKS, 1970) und seit etwa Mitte der sechziger Jahre von vielen anderen Autoren angewandt.

Bei diesen Anwendungen geht es im allgemeinen weniger um die mathematisch-psychologischen oder entscheidungstheoretischen Aspekte - wie sie etwa in der Psychophysik im Vordergrund stehen - sondern vielmehr um das gerade auch für Wiedererkennensexperimente zentrale Problem, den Leistungsaspekt bei Entdeckungs-, Diskriminations- bzw. Gedächtnisaufgaben von verfälschenden Reaktionstendenzen (response bias) zu isolieren und dafür geeignete Maße zur Verfügung zu stellen. Doch ist vor einer naiven Anwendung dieser Leistungsparameter, ohne gleichzeitige Berücksichtigung der zugrundeliegenden Annahmevoraussetzungen, zu warnen. Eine ausführliche Darstellung dieser Voraussetzungen kann in diesem Rahmen jedoch nicht erfolgen (vgl. die zu Beginn dieses Abschnitts zitierte Spezialliteratur).

Allgemeinste Voraussetzung der SDT ist, daß eine Vp in eine Situation versetzt wird, in der sie zwischen zwei (oder mehr) Klassen von Ereignissen zu unterscheiden hat. Beim Wiedererkennenstest sind dies die "alten" und "neuen" Items der Testsequenz. Es wird dabei angenommen, die Entscheidung der Vp ("Ja - vorher gesehen", bzw. "Nein - vorher nicht gesehen"), hinge letztlich davon ab, ob die sog. *likelihood ratio* für ein bestimmtes Testitem ein für die Vp charakteristisches, und für den Verlauf eines Experiments als konstant angenommenes, Entscheidungskriterium (*beta*) übersteige.

Die likelihood ratio ist das relative Verhältnis aus der "Mutmaßung" (Wahrscheinlichkeit), daß das fragliche Testitem schon vorher wahrgenommen wurde - d.h. sich in der Darbietungsliste bzw. -reihe befand - zu der alternativen "Mutmaßung" (Wahrscheinlichkeit), daß es vorher nicht gezeigt worden war - d.h. sich nicht in der Darbietungsfolge befand. Es wird also angenommen, daß sich die Verteilung der Wahrscheinlichkeiten, daß das Testitem der Darbietungsliste entstammt, und die der Wahrscheinlichkeiten, daß es zu den Distraktoritems gehöre, sich auf einer eindimensionalen *Entscheidungsachse* anordnen lassen (vgl. unsere Abbildung 3.1 nach Abbildung 3.4.1 in VELDEN, 1982, S. 65).

Allerdings bereitet die Benennung einer solchen Entscheidungsachse (z.B. als "Gedächtnisstärke" (memory strength), "Vertrautheitsgrad" bzw. "subjektive Bekanntheit" (familiarity)) gewisse Schwierigkeiten und hängt zum Teil von bestimmten theoretischen Positionen über Natur und Ablauf von Wiedererkennensprozessen ab (vgl. z.B. KINTSCH,

1977). LOCKHART und MURDOCK (1970) argumentieren überzeugend für die Annahme der Abbildbarkeit der likelihood ratio auf einer solchen eindimensionalen Entscheidungsachse (unidimensional memory continuum), auch wenn die der Entscheidung zugrundeliegenden Urteilsprozesse einem multivariaten sensorischen Kontinuum entspringen mögen.

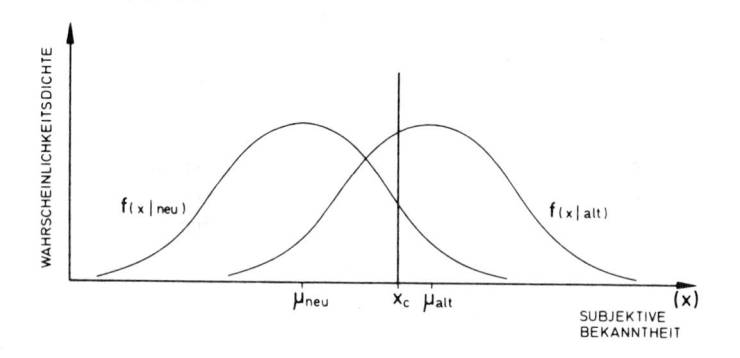

Abbildung 3.1: Mögliche psychophysische Grundlage des Wiedererkennens (aus VELDEN, *1982, S. 65).*

Wollen wir nun die SDT auf Wiedererkennensexperimente mit Gesichtern anwenden, sollten wir eine weitere Überlegung berücksichtigen, die u.W. in der einschlägigen Literatur nicht näher diskutiert wurde. Bei den meisten Wiedererkennensexperimenten werden verbale oder bildliche Stimulusklassen (z.B. Wörter, Sätze, Ziffernfolgen, Abbildungen von Objekten des täglichen Lebens etc.) dargeboten, die für die Vpn schon in der Darbietungsphase als mehr oder weniger bekannt - z.B. nach der Auftretenshäufigkeit eines Wortes - angenommen werden können. In der Wiedererkennensphase ist die Vp dann mit der Entscheidung konfrontiert, ob ein bestimmtes Testitem als *relativ bekannt* wahrgenommen und damit mit größerer Wahrscheinlichkeit als Bestandteil des episodischen Gedächtnisses der Darbietungsphase angesehen, oder als relativ weniger bekannt als neues Distraktoritem zurückgewiesen wird. Eine Anordnung der beiden Wahrscheinlichkeitsverteilungen für alte und neue Items auf einer unidimensionalen Entscheidungsachse in Analogie zur Psychophysik (signal plus noise bzw. noise alone) erscheint hier besonders einleuchtend. Dies gilt natürlich auch, wenn Bilder aus dem Bekannten- oder Freundeskreis, oder von Persönlichkeiten des öffentlichen Lebens (z.B. Politiker(innen), Schauspieler(innen), Sportler(innen)) wiedererkannt werden sollen.

Etwas schwieriger gestaltet sich die Situation, wenn die Stimulusklasse zwar als allgemeine Klasse bekannt ist (also Bilder von vorher *unbekannten* Personen, aber auch z.B. von Häusern, Landschaften, geometrischen Figuren oder Schneekristallen), aber die spezifischen Repräsentanten dieser Klassen in der Darbietungsphase als noch nie vorher gesehen gelten können. Auch bei Veränderungen der Gesichter zwischen Darbietung und Test (z.B. durch eine Änderung der Darstellungspose, vgl. z.B. unsere Experimente 4, 6, 7, 8, 9, 10, 12, 13 und 14 oder das Hinzufügen bzw. Abdecken von Kleidungsstücken, vgl. unsere Experimente 1, 2, 3, 5 und 11), die dennoch als "alt" (d.h. in der Darbietungsphase gesehen) in der Testphase wiedererkannt werden sollen, spielen möglicherweise andere

Wiedererkennensprozesse eine Rolle als sie bisher durch die Verwendung von Wörtern oder Zahlen als Stimuli erfaßt wurden. Untersuchungen zum Wiedererkennen von Gesichtern erfahren nicht zuletzt dadurch eine besondere Bedeutung. Trotz dieser theoretisch nicht ganz unproblematischen Ausgangssituation wird die Anwendbarkeit der SDT für die Auswertung von Wiedererkennensexperimenten mit Gesichtern als Stimuli durchwegs anerkannt. Auf weitere formale Annahmen der SDT wollen wir im folgenden bei der Diskussion parametrischer und nichtparametrischer Maße der Diskrimination und der Reaktionsneigung noch eingehen.

3.3.1.1 PARAMETRISCHE MAßE: DER LEISTUNGSINDEX d'

Unter der Annahme, daß sich die Auswirkungen der alten und der neuen Testitems auf die subjektive Bekanntheit in zwei Normalverteilungen mit gleicher Varianz verteilen, wird der Abstand der Mittelwerte dieser beiden Verteilungen, d', als parametrisches Maß der Gedächtnisstärke definiert. Dieser biasfreie Leistungsindex wird gewöhnlich in Standardeinheiten der Normalverteilung der neuen Items - die ja der der alten Items als äquivalent angesehen wird - ausgedrückt. Er kann aus Treffer- und FA-Rate direkt geschätzt werden. Mehrere Tabellen, aus denen d' als Funktion von Treffer- und FA-Raten abgelesen bzw. über die Differenz der entsprechenden z-Werte leicht ermittelt werden kann, liegen vor (z.B. HOCHHAUS, 1972; VELDEN, 1982).

Durch die Verwendung von d' ist es also möglich, Treffer- und FA-Raten, die ja durch die Reaktionsneigung einer Vp verzerrt sein können, in einem einzelnen Leistungsindex zu vereinen. Für die statistische Weiterverarbeitung ist zu beachten, daß d' für jede einzelne Vp berechnet werden muß, und erst dann ein durchschnittliches d' für eine bestimmte experimentelle Bedingung errechnet werden kann, da eine Berechnung von d' aus der für diese experimentelle Bedingung mittleren Treffer- bzw. FA-Rate zu falschen Ergebnissen führt (vgl. dazu das einleuchtende Beispiel bei MCNICOL, 1972, S. 112).

Einer Diskriminationsleistung auf dem Zufallsniveau entspricht ein d' von 0, während bei optimalen Lern- bzw. Testbedingungen d'-Werte von 3 oder sogar größer für das Wiedererkennen von Gesichtern bei "guten" Vpn beobachtet werden.

Die zum Teil beträchtlichen Unterschiede in den Gesamtmittelwerten der Leistungsparameter in unseren eigenen Experimenten - vgl. z.B. die hohen Werte für die Trefferraten und A' in den Experimenten 1, 3 und 11 in Kapitel 5 bzw. 10 bzw. die niedrigen Werte in den Experimenten 6 bis 8 in Kapitel 8 - dürften einerseits durch die mittels unterschiedlicher Instruktionen induzierten Enkodierungsstrategien (Kapitel 8), andererseits aber auch durch Veränderungen der experimentellen Durchführung (z.B. längere Behaltensintervalle für die Experimente 2, 3 und 5), aber vor allem durch die Veränderung der Darstellungspose zwischen Darbietung und Test (z.B. für die Experimente 6, 7 und 8) zustande gekommen sein. Schließlich können natürlich eine Reihe anderer Faktoren wie Stichprobenunterschiede der Vpn-Auswahl, situative Bedingungen, aber vor allem Unterschiede in den "Itemschwierigkeiten" (im testtheoretischen Sinne) der verwendeten Stimulusbilder für die unterschiedlichen Durchschnittswerte verantwortlich sein.

Der Vorteil des Leistungsindex d' liegt also darin, daß er Treffer und falsche Alarme einer Vp in einem einzelnen Leistungsmaß vereint, das von verzerrenden Antworttendenzen unabhängig ist. Versuchen wir, uns dies an einem Beispiel aus Experiment 6 zu veranschaulichen: Vp Nr. 3, die den Wiedererkennenstest offensichtlich ziemlich vorsichtig anging, erzielte 63% Treffer bei einer FA-Rate von 13%; der daraus errechnete d'-Wert betrug 1.47. Vp Nr. 23 erhielt ebenfalls einen d'-Wert von 1.47, obwohl sie 88% der alten Items richtig wiedererkannt hatte. Durch ihr etwas unvorsichtiges Vorgehen hatte sie aber eine FA-Rate von 38% in Kauf genommen.

Analog zur ROC-Kurve (receiver-operating-characteristic curve) in psychophysischen SDT-Experimenten, die die *isosensitiven* Wahrnehmungsleistungen widerspiegelt, läßt sich auch für Wiedererkennensexperimente eine *isomnemonische* Funktion bestimmen, die sog. MOC-Kurve (memory operating characteristic curve: PARKS, 1966), die alle Punkte von Vpn mit identischer Gedächtnisstärke enthält. Die Kurve dient gewöhnlich zur grafischen Veranschaulichung von d'-Werten, wobei die Proportion falscher Alarme (zwischen 0.0 und 1.0) im allgemeinen auf der Abszisse, und die Proportion der Treffer (0.0 bis 1.0) auf der Ordinate abgetragen werden. Die positive Diagonale ($d' = 0$) stellt die Zufallslinie dar (vgl. Abbildung 3.2: aus BANKS, 1970, S. 83). Punkte unterhalb der MOC-Kurve stellen schlechtere, Punkte oberhalb der MOC-Kurve bessere Leistungen dar.

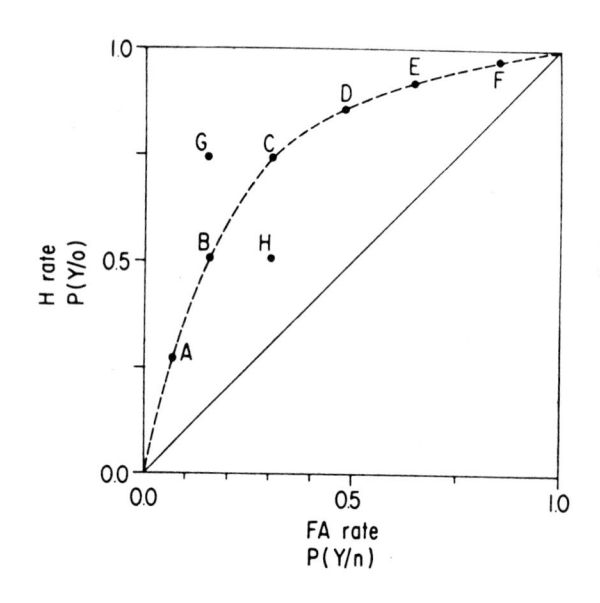

Abbildung 3.2: Beispiel einer memory operating curve (MOC; aus BANKS, 1970, S. 83).

Werden die Proportionen für Treffer und falsche Alarme vorher z-transformiert, und Abszisse und Ordinate auf Wahrscheinlichkeitspapier für Normalverteilungsskalen abgetragen, sollte die MOC-Kurve eine Gerade parallel zur Zufallslinie - also mit einer Steigung von 1 - ergeben, deren Abstand von der Zufallslinie als d' definiert ist. Abweichungen der einzelnen Punkte von dieser Geraden stellen Abweichungen von der Normalverteilungsannahme dar, während Abweichungen in der Steigung Ungleichheit der Varianzen der Treffer- bzw. FA-Raten-Verteilungen anzeigen. Bei Ungleichheit der Varianzen kann ein für diesen Fall modifizierter Leistungsindex d'_e bzw. d'_s berechnet werden (zur Herleitung und Berechnung vgl. BANKS, 1970; GREEN & SWETS, 1974; MCNICOL, 1972; VELDEN, 1982). Alternativ bietet sich auch die Verwendung *nichtparametrischer* Leistungs- und Reaktionsneigungsindices an (vgl. unten), insbesondere wenn die Normalverteilungsannahme nicht gewährleistet scheint, und die geringe Zahl der Darbietungs- und Distraktorstimuli nur eine äußerst ungenaue Schätzung der parametrischen Indices zuläßt (vgl. dazu kritisch: SNODGRASS & CORWIN, 1988).

3.3.1.2 MAß DER REAKTIONSNEIGUNG *beta*

Werden die beiden Normalverteilungen der Gedächtnisstärke alter und neuer Items entlang der Entscheidungsachse der subjektiven Bekanntheit abgetragen (vgl. oben Abbildung 3.1), dann wird das Maß der Reaktionsneigung *beta* als das Verhältnis der Ordinate (Wahrscheinlichkeitsdichte) der Verteilung der alten Items zur Ordinate der Verteilung der neuen Items am Kriteriumspunkt x_c (cutoff point) definiert.

Allgemein zeigen größere Werte von *beta* ein vorsichtigeres Entscheidungsverhalten zugunsten von häufigeren "NEIN"-Antworten an, während kleinere Werte durch ein eher risikofreudiges Entscheidungsverhalten - also ein laxeres Kriterium - mit relativ häufigeren "JA"-Antworten zustandekommen. *Beta*-Werte größer als 1 deuten auf einen reaktionsverzerrenden Bias zu größerer Vorsicht, *beta*-Werte kleiner als 1 auf einen Bias zu risikoreicheren Entscheidungen hin. Einem idealen Entscheidungskriterium, das zu maximaler Trefferzahl bei minimalen falschen Alarmen führt, entspricht ein *beta* = 1.

Da es sich bei *beta* um eine Verhältniszahl handelt, die bei risikofreudigem Entscheidungsverhalten nur zwischen 0 und 1 variieren kann, bei vorsichtiger Entscheidungstendenz aber sehr unterschiedliche Werte zwischen 1 (bei d' = 0) und - jeweils in Abhängigkeit von d' - z.B. bei d' = 1 bis zu *beta* = 10, bei d' = 3 bis zu *beta* = 100 (vgl. BANKS, 1970), annehmen kann, wird für die statistische Weiterverarbeitung, insbesondere bei Verfahren, die intervallskalierte Merkmale voraussetzen (z.B. Varianzanalysen, Produkt-Moment-Korrelationen), eine *logarithmische* Transformation empfohlen (z.B. MCNICOL, 1972).

3.3.1.3 NICHTPARAMETRISCHE MAßE A', *beta*' UND *beta*"

Die Verwendung nichtparametrischer Maße der SDT ist vor allem deshalb zu empfehlen, da diese nicht an bestimmte Modellannahmen (z.B. Normalverteilung; Gleichheit der Varianzen) gebunden sind. Dadurch ist auch die Vergleichbarkeit experimenteller Ergebnisse, die in Situationen mit unterschiedlichen Verteilungsannahmen gewonnen wurden, gewährleistet (BANKS, 1970). Wie bereits erwähnt, sind nichtparametrische Maße für die Auswertung von Wiedererkennensexperimenten nicht zuletzt deshalb vorzuziehen, da die in den meisten Experimenten eher beschränkte Anzahl von Darbietungs- und Distraktorstimuli eine adäquate Schätzung der parametrischen Maße unter Prüfung der Verteilungsannahmen ohnehin kaum ermöglicht. Eine detaillierte Diskussion der Herleitung dieser Maße mit verschiedenen Berechnungsformeln findet sich bei BANKS (1970), GRIER (1971), HODOS (1970), MCNICOL (1972) und PASTORE und SCHEIRER (1974).

Das am häufigsten verwendete nichtparametrische Maß für die Gedächttnisstärke ist der Leistungsindex A' (bei manchen Autoren auch als A_g oder $P(A)$ angegeben). A' ist definiert als der relative Anteil der Fläche unterhalb der MOC-Kurve zur Gesamtfläche des Einheitsquadrates (vgl. Abbildung 3.3). Es variiert somit zwischen 0 und 1, wobei Werte oberhalb der positiven Diagonalen (also Werte größer als .5) Leistungen über dem *Zufallsniveau* darstellen.

Einfache Berechnungsformeln für A' (bzw. das äquivalente A_g) finden sich bei GRIER (1971), PASTORE und SCHEIRER (1974) und RAE (1976). Dabei ist zu beachten, daß A' nach einer unterschiedlichen Formel berechnet werden muß, wenn die Proportion falscher Alarme (F) diejenige der Treffer (H) übersteigt, was bei einzelnen Vpn bei einer geringeren Zahl von Darbietungs- bzw. Distraktorstimuli durchaus gelegentlich der Fall sein kann. Für unsere eigenen Berechnungen haben wir die Formeln von RAE (1976) zugrunde gelegt:

Für $H >= F$ gilt:

$$A' = (H^2 + F^2 + 3 * H - F - F * H)/(4 * H * (1-F))$$

Für $H < F$ gilt:

$$A' = (H^2 + F - F^2)/(4 * F * (1 - H))$$

Letzterer hat auch eine Vertafelung der Werte vorgenommen. Da A' häufig eine rechtssteile Verteilung gegen das obere Limit von $A' = 1.0$ hin zeigt, empfiehlt MCNICOL (1972, S. 118f.) eine "2*arcsin $\sqrt{A'}$"-Transformation für die statistische Weiterverarbeitung. Diese Transformation stellt für Werte bis zu $d' = 3.0$ eine annähernd lineare Approximation an das parametrische Sensitivitätsmaß d' dar (MCNICOL, 1972, S. 119).

Als Pendant zum nichtparametrischen Sensitivitätsindex A' liegen auch mehrere nichtparametrische Maße für die Reaktionsneigung vor (vgl. GRIER, 1971; HODOS, 1970; MCNICOL, 1972; PASTORE & SCHEIRER, 1974). HODOS' (1970) Maß für die Reaktionsneigung - hier als *beta'* bezeichnet - basiert auf der Tatsache, daß die negative Diagonale des Einheitsquadrats alle Punkte enthält, für die eine "JA"- bzw. eine "NEIN"-Antwort gleichwahrscheinlich ist. HODOS' Maß *beta'* ist eine Funktion des Abstands eines Datenpunktes zur negativen Diagonalen, relativ zu dem für diesen Punkt maximal möglichen Abstand.

GRIER (1971, S. 425) gibt zwei einfache Berechnungsformeln für HODOS' *beta'* an, je nachdem, ob der Punkt zur Linken oder zur Rechten der negativen Diagonalen liegt. Um diese Unannehmlichkeit im Berechnungsalgorithmus zu vermeiden, stellt GRIER (1971, S. 426) ein vergleichbares, alternatives nichtparametrisches Maß für die Reaktionsneigung (*beta"*) vor, das zwischen -1 (sehr risikofreudiges Entscheidungsverhalten) und +1 (sehr vorsichtiges Entscheidungsverhalten) variiert. Ein Wert von 0 spiegelt eine biasfreie Antworttendenz wider. Nach GRIERS Ansicht ist die Wahl zwischen *beta'* und *beta"* lediglich eine Sache der subjektiven Präferenz. Für unsere Untersuchungen haben wir *beta"* nach GRIER (1971, S. 426, Formel 11) wie folgt berechnet:

$$beta" = (H * (1 - H) - F * (1 - F))/(H * (1 - H) + F * (1 - F))$$

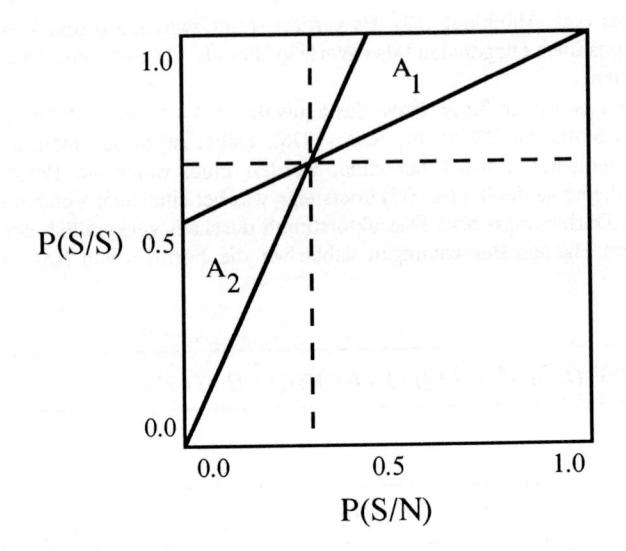

Abb. 3.3: Typisches Ergebnis, als Punkt im Einheitsquadrat. Die Wahrscheinlichkeit eines Treffers ist gegen die Wahrscheinlichkeit eines falschen Alarms abgetragen (nach Grier, 1971, S. 425)

Manche Autoren haben auch den relativen Anteil der "JA"-Antworten an der Gesamtzahl der Testantworten (p("JA")) als modellfreien Index für die Reaktionsneigung einer Vp verwendet (z.b. HEALY & KUBOVY, 1978). In dem Ausmaß, in dem dieser Index die a-priori-Wahrscheinlichkeit des Verhältnisses der alten Stimuli zur Gesamtzahl der Teststimuli übersteigt, handeln Vpn unvorsichtig, bei einer geringeren Anzahl von "JA"-Antworten eher vorsichtig. Vergleiche bezüglich dieses Indexes zwischen verschiedenen Experimenten sind folglich nur möglich, wenn das Verhältnis von alten und neuen Items in diesen Experimenten gleich ist. Gelegentlich wird der relative Anteil an "JA"-Antworten auch benutzt, um einzelne Vpn, deren Werte extrem von der a-priori-Wahrscheinlichkeit (trotz entsprechender Instruktion vor der Testdurchführung) abweichen, vor der weiteren Analyse der Daten zu eliminieren.

3.3.1.4 ZUSAMMENFASSUNG

Die Anwendung der SDT zur Auswertung von Wiedererkennensexperimenten hat sich in den letzten beiden Jahrzehnten als Standardprozedur eingebürgert. Nichtparametrische Indikatoren der "Gedächtnisstärke", wie z.B. der Diskriminationsindex A' sowie nichtparametrische Maße der Reaktionsneigung, wie z.B. *beta'* oder *beta''*, erlauben eine unproblematische Auswertung auch dann, wenn aufgrund der relativ geringen Anzahl von Darbietungsstimuli und Distraktoren bestimmte Annahmevoraussetzungen für parametrische Indices (d', *beta*) kaum erfüllt werden können. Die nichtparametrischen Indices werden daher bei den hier berichteten eigenen Experimenten vorgezogen. Vergleichende Auswertungen mit parametrischen und nichtparametrischen Maßen lieferten jedoch im allgemeinen nahezu identische Ergebnisse (was aufgrund der hier gefundenen recht hohen Korrelationen zwischen d' und A' kaum verwunderlich ist).[3]

Wir müssen allerdings festhalten, daß wir durch die analoge Anwendung der SDT auf Wiedererkennensexperimente mit Gesichtern keine Festlegung auf bestimmte theoretische Positionen beabsichtigen (für eine ausführlichere Diskussion, vgl. z.B. BANKS, 1970; KINTSCH, 1977; LOCKHART & MURDOCK, 1970). Ferner ist zu beachten, daß viele der in den einschlägigen Diskussionen vorgebrachten Argumente, die im Zusammenhang mit Experimenten zum Wiedererkennen von Wörtern oder Bildern von Objekten vorgebracht wurden - z.b. bezüglich eines zugrundeliegenden Kontinuums der Gedächtnisstärke bzw. der subjektiven Bekanntheit - sich nicht unbedingt auf Experimente zum Wiedererkennen von Gesichtern von unbekannten Personen übertragen lassen.

Dennoch bringt die Verwendung der SDT-Analogie beim Wiedererkennen von Personen durch die Möglichkeit der Trennung zwischen Diskriminationsaspekt und Reaktionsneigung besondere Vorteile, die nicht nur für die statistische Auswertung und die Vergleichbarkeit von Experimenten untereinander, sondern auch für die Anwendungen in der Strafrechtspflege einen übergreifenden Bezugsrahmen schaffen können. So könnten wir die zum Teil widersprüchlichen Befunde von Laborexperimenten mit Gesichtsstimuli und den feldexperimentellen Untersuchungen zur Personenidentifizierung möglicherweise dadurch in Einklang bringen, daß wir unsere Aufmerksamkeit bei den Laborexperimenten mehr auf gedächtnispsychologische Aspekte der Diskriminationsleistung (d', A'), bei den kriminalistischen Feldexperimenten hingegen mehr auf die sozialpsychologischen Determinanten der den Personenidentifizierungen zugrundegelegten Entscheidungskriterien (also der Reaktionsneigung) und den daraus resultierenden falschen Alarmen richten.

3.4 Konfidenzurteile beim Rating-Experiment

Wird bei einem Wiedererkennenstest nicht nur wie beim JA-NEIN-Test eine binäre Entscheidung von der Vp darüber abgegeben, ob es sich um ein "altes" oder ein "neues" Testitem handelt, sondern die Abgabe eines Konfidenzurteils bezüglich dieser Entscheidung verlangt, so spricht man von einem *Rating-Experiment* (vgl. BANKS, 1970; KINTSCH, 1977; MCNICOL, 1972; LOCKHART & MURDOCK, 1970; PASTORE & SCHEIRER, 1974; VELDEN, 1982). Dieses Konfidenzurteil drückt einerseits die subjektive Sicherheit einer Vp bezüglich der JA-NEIN-Entscheidung, und damit die "Gedächtnisstärke", andererseits aber auch den Grad der subjektiven Bekanntheit des bzw. die Vertrautheit mit dem jeweiligen Testitem aus.

Typischerweise wird eine gerade Zahl von Konfidenzkategorien (meist 6 oder 8, manchmal auch 2 oder 10 Kategorien) verwendet, die auf einer Ratingskala angeordnet sind. Die Endpunkte der Skala (z.B. 1 und 6, oder -4 und +4) werden meist mit verbalen Ankern gekennzeichnet, wie z.B. "-4" - "absolut sicher noch nicht gesehen", oder "+4" - "sicher ein altes Item". Manchmal werden auch die anderen Kategorien etikettiert (z.B. "+1" - "glaube schon gesehen" oder "-2" - "ziemlich sicher ein neues Item" etc.). Je nachdem, wie sicher sich die Vp ist, ob es sich um ein altes oder neues Item handelt, markiert sie eine der symmetrisch angeordneten Kategorien.

Die Auswertung eines solchen Rating-Experiments mit k Kategorien erfolgt über die sukzessive Zusammenfassung der (Proportionen der) Treffer und falschen Alarme über diese Kategorien mit zunehmend laxerem Entscheidungskriterium (für Details, s. MCNICOL, 1972; VELDEN, 1982). Daraus ergeben sich $k - 1$ Punkte für die Konstruktion der MOC-Kurve. Die Fläche unter

---

[3] Z.B. betrugen in Experiment 11 ($N = 145$; s. Kapitel 10) die Korrelationen zwischen d' und A', die jeweils getrennt für die Gesichter von Männern bzw. von Frauen berechnet wurden, $r = .89$ bzw. .91. Die von SNODGRASS und CORWIN (1988) vorgetragene Kritik an den nichtparametrischen Verfahren erscheint angesichts dieser Ergebnisse nicht in allen Fällen berechtigt.

dieser Kurve, relativ zum Einheitsquadrat, kann als nichtparametrisches Maß A' für die Gedächtnisstärke dienen, wobei jedoch durch die Zusammenfassung gering besetzter Kategorien eine Unterschätzung von A' erfolgt.

Für die Bestimmung des parametrischen Sensitivitätsmaßes d' sollte eigentlich jeder der $k - 1$ Wertepaare zu identischen Ergebnissen führen, was jedoch nur unter der Voraussetzung der Normalverteilungen für die subjektive Bekanntheit der alten und neuen Items zutrifft. Bei Ungleichheit der Varianzen sollten d'_e bzw. d'_s (vgl. oben) oder nichtparametrische Maße Verwendung finden (MCNICOL, 1972; PASTORE & SCHEIRER, 1974).

In einigen der hier dargestellten Experimente wurden zwar Konfidenzurteile für die einzelnen Testitems erhoben. Da es sich aber um relativ geringe Anzahlen von Darbietungsitems und Distraktoren handelte, und die einzelnen Kategorien ungleich besetzt waren - aufgrund der häufigeren Verwendung der Endkategorien (-4, +4) und der beiden mittleren Kategorien (-1, +1) - wurden die Konfidenzurteile beim mittleren Entscheidungskriterium ("-1" - "glaube noch nicht gesehen" bzw. "+1" - "glaube schon gesehen") dichotomisiert und aufgrund der so bestimmten Treffer- und Falsche-Alarm-Raten die nichtparametrischen SDT-Maße A' und $beta"$ berechnet. Diese Schätzung von A' aufgrund der dichotomisierten Konfidenzurteile läßt sich vertreten, wenn die Reaktionsneigungen für die unterschiedlichen experimentellen Bedingungen als äquivalent angesehen werden können - was im allgemeinen der Fall ist - führt allerdings zu Unterschätzungen von A', je mehr die Reaktionsneigung für "ALT"- oder "NEU"-Antworten verzerrt ist (MCNICOL, 1972).

Die Konfidenzurteile wurden in einigen unserer Experimente dazu verwendet, um einen allgemeinen Index für die subjektive Sicherheit von Vpn zu erhalten. Dazu wurden die absoluten Beträge der Konfidenzurteile für jede Vp über die Testitems gemittelt. Dieses mittlere Konfidenzurteil kann als Prädiktorvariable zur Bestimmung des Zusammenhangs zwischen der subjektiven Sicherheit und der Güte der Wiedererkennensleistung - die sog. confidence-accuracy relationship: vgl. z.B. DEFFENBACHER (1980), LEIPPE (1980) - verwendet werden. Damit können auch gewisse Aspekte des Metagedächtnisses zumindest grob erfaßt werden.

3.5 Reaktionszeiten

Seit den Anfängen der experimentellen Psychologie (z.B. in WILHELM WUNDTs Laboratorium in Leipzig) hat man immer wieder versucht, Rückschlüsse auf kognitive Prozesse aus der Messung von Reaktionszeiten (response latency) zu ziehen. Dies gilt in gewissen Grenzen auch für die Gedächtnispsychologie, insbesondere für die Untersuchung des Kurzzeitgedächtnisses (z.B. MURDOCK, 1980; STERNBERG, 1966; THEIOS, 1973). Obwohl sich Anwendungen auf das Langzeitgedächtnis relativ weniger häufig finden, gibt es auch hier interessante Versuche, Reaktionszeiten zu Wiedererkennensleistungen in Beziehung zu setzen (etwa im Rahmen des SDT-Modells: z.B. KOPPELL, 1977). Neben einer Reihe von differenzierteren Hypothesen, die sich über den Zusammenhang von Reaktionslatenz und Wiedererkennensleistung untersuchen lassen, können wir vielleicht insofern verallgemeinern, daß für schwierigere Diskriminationsleistungen (KOPPELL, 1977), aber wohl auch für schwierigere Wiedererkennensaufgaben (z.B. ein AFC-Test mit einander äußerst ähnlichen Gesichtern) längere Antwortzeiten benötigt werden als für einfachere Aufgaben.

Reaktionslatenzen als abhängige Variablen in Untersuchungen zum Wiedererkennen von Gesichtern bzw. von Personen wurden äußerst selten erhoben (z.B. in den Laborexperimenten von PARKIN & HAYWARD, 1983; SPORER, 1988; oder in den Wirklichkeitsversuchen von KÖHNKEN & MAASS, 1985; SPORER, 1992a, 1992b; vgl. Experiment 10 in Kapitel 9). Von besonderem Interesse wäre hier, die Zusammenhänge und Unterschiede zwischen den vier Ergebnismöglichkeiten bei einem Wiedererkennensexperiment (vgl. Tabelle 3.1) und den dabei gemessenen Reaktionszeiten näher aufzudecken. Reaktionszeiten stellen ein viel sensibleres Maß dar, das auch als Indikator für das Metagedächtnis herangezogen werden könnte. Hier wäre natürlich der Zusammenhang von Reaktionslatenzen und Konfidenzurteilen zu prüfen, d.h. inwieweit beide als Prädiktoren für die Richtigkeit einer Wiedererkennensleistung Gültigkeit beanspruchen können. Letztere Vermutung finden wir übrigens schon in der juristischen Literatur zur "Identifizierung von Personen und Objekten" vor über 150 Jahren, wenn von der "Promptheit" einer Identifizierung als Indiz auf deren Richtigkeit geschlossen wird (vgl. SPORER, 1992a, 1992b).

Statistische Auswertung von Wiedererkennensexperimenten

Einige Besonderheiten bei der Erhebung von Reaktionszeiten bei Wiedererkennensexperimenten mit Gesichtern sollten für die kritische Würdigung solcher Ergebnisse noch angemerkt werden. Heute ist es vielfach möglich, mittels einer elektronischen Versuchssteuerungsanlage mit Tachistoskop oder durch die direkte Darbietung am Computer-Bildschirm die Darbietungszeiten der Stimuli und die Interstimulusintervalle präzise zu kontrollieren, und die Reaktionslatenzen der Testantworten (meist durch Drücken bestimmter Tasten) in Relation dazu automatisch zu registrieren. Die Instruktionen für die Vpn lauten gewöhnlich dahingehend, sich möglichst schnell zu entscheiden, ohne die Richtigkeit der Antwort dadurch preiszugeben (z.B. KOPPELL, 1977), oder sich auf ihre ursprüngliche Reaktion zu verlassen (z.B. PARKIN & HAYWARD, 1983).

Die mit dem Dia-Dia-Paradigma (vgl. Kapitel 2) und diesen Instruktionen durchgeführten Experimente liefern durchschnittliche Reaktionslatenzen von 1000 bis 2000 msec (PARKIN & HAYWARD, 1983, Experimente 1 bis 4). Werden die Vpn jedoch in einem Foto-Foto-Paradigma (vgl. Kapitel 2) mit einzelnen Fotoabzügen mit der Instruktion getestet, sich das Testitem genau anzusehen und dann zu entscheiden, ob es sich um ein "altes" oder ein "neues" Gesicht handelt, und wird die Reaktionszeit vom Vl nur unauffällig mitgestoppt (in Experiment 10 in Kapitel 9), ergeben sich wesentlich längere durchschnittliche Reaktionszeiten mit einer großen Spannweite von knapp 1 sec bis zu ca. 1 min (z.B. Experiment 10: *Median* = 5.29 sec). Bei Wirklichkeitsversuchen schwanken die mittleren Reaktionszeiten bei einem Identifizierungsversuch bei einer Wahlgegenüberstellung (z.B. in Abhängigkeit von dem durch die Instruktion induzierten Entscheidungsdruck; KÖHNKEN & MAASS, 1985) zwischen einer unmittelbaren Identifizierung (ca. 1 sec) und 1 min oder mehr (SPORER, 1992b).

Bei der statistischen Auswertung ergibt sich einerseits das Problem, daß Reaktionslatenzen für *einzelne* Testitems erhoben und zunächst getrennt für richtige bzw. falsche Testantworten gemittelt werden müssen, um zur Richtigkeit der Entscheidungen in Beziehung gesetzt werden zu können. Da die Rate richtiger und falscher Testantworten außerhalb der Kontrolle des Vl liegt, ist diese Mittelwertsbildung bei Nullbesetzungen einer der vier Ergebnismöglichkeiten der Entscheidungsmatrix (Tabelle 3.1) für einzelne Vpn nicht möglich. Als Alternative bietet sich die Berechnung von mittleren *Entscheidungslatenzen*, unabhängig von der Richtigkeit der gegebenen Antwort, an (z.B. PARKIN & HAYWARD, 1983; SPORER, 1988).

Andererseits ist auf das Auftreten von Ausreißerwerten (z.B. Latenzen über 1 min) zu achten, die zu groben Verzerrungen bei der Mittelwertsbildung, sowie zu Verletzungen der Verteilungsannahmen, führen würden. Solchen Extremfällen kann entweder durch "Winsorizing" (WINER, 1971), durch eine in der kognitiven Psychologie vielfach üblichen logarithmischen Transformation der Reaktionszeiten, oder durch nichtparametrische Auswertungsverfahren (z.B. LIENERT, 1978, 1983) abgeholfen werden. In Ausnahmefällen ist auch die Elimination einzelner Vpn aufgrund von Extremantworten - sofern sie nicht mit einzelnen experimentellen Bedingungen kovariieren! - vertretbar.

4

Stimulusfaktoren

Wie wir in Kapitel 2 festgestellt haben, ist das bei weitem am häufigsten verwendete experimentelle Paradigma zum Wiedererkennen von Personen das *Foto-Foto-Paradigma*. Als Stimuli werden praktisch ausschließlich Fotografien (bzw. Dias) von *Gesichtern* von Personen sowohl in der Lern- als auch in der Testphase verwendet. Die Vernachlässigung der Körperstatur der Stimuluspersonen geschieht unter der gewöhnlich impliziten Annahme, daß das Wiedererkennen von Personen vorrangig über das Wiedererkennen von Gesichtern erfolgt. Gesichter besitzen mannigfaltige interindividuelle Variationen und spielen bei menschlichen Interaktionen nicht zuletzt als Träger von verbalen und nichtverbalen Kommunikationen eine dominante Rolle (vgl. z.B. ARGYLE, 1967; EKMAN, FRIESEN & ELLSWORTH, 1972). Zudem sind andere Körperteile großenteils durch Kleidung verdeckt, so daß sie als solche für das Wiedererkennen nur von sekundärer Bedeutung sein dürften. Es gibt jedoch u.W. keinerlei Untersuchungen im Rahmen des Foto-Foto-Paradigmas, die das Wiedererkennen von Personen allein auf Grund des Gesichtes dem Wiedererkennen mit Einbezug anderer Körperteile bzw. der gesamten Gestalt systematisch gegenübergestellt haben. Wir wollen in diesem Kapitel die Unterschiede zwischen Fotografien von Gesichtern und anderen Darstellungsmedien herausarbeiten. Besonderer Wert wird auf empirische Vergleichsuntersuchungen gelegt, in denen die Bedeutung einzelner Stimulusfaktoren untersucht wurde. In diesem Rahmen gehen wir auf physische Merkmale der Darstellung von Gesichtern, wie deren Größe, Orientierung und Darstellungsform als Zeichnung oder Fotografie, sowie auf die zentrale Rolle von Darstellungspose bei Darbietung und Test näher ein. Die laborexperimentellen Untersuchungen werden durch eine von uns durchgeführte archivarische Analyse einer Portraitgalerie des Historischen Museums Wien zur Ermittlung einer "optimalen" Darstellungsansicht ergänzt.

4.1 Merkmale der Darstellung von Gesichtern
4.1.1 Stimulusgröße

Eine im Rahmen des Foto-Foto-Paradigmas nicht unbedeutende, dennoch im allgemeinen wenig beachtete Frage ist die nach der *Stimulusgröße*, d.h. hier gewöhnlich die absolute Größe des abgebildeten Gesichts. Diese hängt natürlich wiederum vom Darbietungsmedium (Fotoabzug oder Diaprojektion) und ihre Wahrnehmung vom Abstand des Betrachters vom Bild ab. Manche Autoren beschreiben zwar in ihrer Versuchsanordnung die räumlichen Maße der dargebotenen Gesichter; ein besseres Maß, das die Raumgröße bzw. den Abstand des Betrachters miteinbezieht, ist aber der Ausschnitt des Gesichtsfeldes (ausgedrückt in Winkelgraden), den der Stimulus einnimmt. Dieser ist bei Gruppenversuchen mit unterschiedlichem Abstand von der Projektionsleinwand nur ungefähr als Mittelwert anzugeben. Das Wissen um eine optimale Stimulusgröße bei der Testphase

Stimulusfaktoren 53

wäre natürlich auch von erheblichem praktischen Interesse (z.B. bei Fahndungsfotos der Polizei etc.).

Aus theoretischer Sicht erlaubt eine systematische Variation der Stimulusgröße Rückschlüsse über mentale Repräsentationsmodi unterschiedlicher Stimulusklassen (z.B. Wörter, Bilder von Objekten und von Gesichtern). In einer Untersuchung von KOLERS, DUCHNICKY und SUNDSTROEM (1985) wurde die Stimulusgröße von Gesichtern und Wörtern unabhängig bei der ersten Darbietung und beim Wiedererkennen in fünf Stufen variiert (zwischen 2 und 10 Winkelgraden). Während sich die Stimulusgröße für die Wiedererkennensleistung von Wörtern als irrelevant erwies, beeinflußte sie das Wiedererkennen von Gesichtern sowohl im absoluten Sinne als auch im Sinne des Verhältnisses von erster und zweiter Darbietung: In allen drei Experimenten wurden Gesichter besser wiedererkannt, wenn sie während Darbietung und Test in gleicher Größe gezeigt wurden. Diese Ergebnisse könnten auch mit dem Prinzip der Enkodierungsspezifität erklärt werden (vgl. Kapitel 10). In zwei der drei Experimente wurden die Gesichter bei ungleichem Darbietungs-Test-Verhältnis besser wiedererkannt, wenn sie zuerst größer und dann kleiner dargeboten worden waren. Allerdings wurden diese Experimente im Rahmen eines kontinuierlichen Wiedererkennensparadigmas (continuous recognition task, vgl. Kapitel 2) durchgeführt, so daß die Ergebnisse nicht unbedingt auf andere Paradigmen verallgemeinert werden dürfen.

Zusammenfassend läßt sich feststellen, daß wir die Stimulusgröße bei Darbietung und Test beachten sollten. Detailliertere Ergebnisse über besonders günstige oder besonders ungünstige Darbietungs- oder Testgrößen stehen noch aus. Bei den meisten der hier referierten Experimente dürfte die Stimulusgröße nur eine geringe Rolle spielen, da sie für Darbietungs- und Testphase konstant gehalten wurde.

4.1.2 Veränderungen der Orientierung

In einer Reihe von Untersuchungen wurde versucht, durch *Rotationen der Orientierung* der Stimulusgesichter zwischen Darbietung und Test bestimmte Annahmen über die mentale Repräsentation von Gesichtern zu überprüfen (z.B. HOCHBERG & GALPER, 1967; YIN, 1969; vgl. auch die Zusammenfassungen bei SUNDSTROEM, 1982; YIN, 1969). Da es sich bei den vorgenommenen Transformationen um relativ "unnatürliche" Erscheinungsformen von Gesichtern handelt, die für die normale "aufrechte" Wahrnehmung und Speicherung von Gesichtern kaum von Bedeutung sein dürften, sollen hier nur die möglichen Transformationen dargestellt werden, ohne auf die Ergebnisse näher einzugehen.

Drei mögliche Rotationen, sowie Kombinationen derselben, können unterschieden werden:

(1) *Spiegelbild-Rotation*: 180-Grad-Rotation um die Y-Achse, die vor allem für die Erfassung hemisphärisch lokalisierter Prozesse verwendet wird.
(2) *Inversion*: 180-Grad-Rotation um die X-Achse, so daß die Gesichter auf dem Kopf stehend wahrgenommen werden. Ursprünglich in Inversion dargebotene Gesichter werden vergleichsweise schlechter wiedererkannt als andere, auf diese Weise rotierte visuelle Stimuli (YIN, 1969).
(3) *Spiegelbild-Rotation plus Inversion*: Entspricht einer 180-Grad-Rotation um die Z-Achse.

SUNDSTROEM (1982) manipulierte diese drei Rotationen zusätzlich zu einer normalen Orientierung unabhängig bei Darbietung und Test. Ohne auf die Komplexität ihrer

Ergebnisse näher einzugehen, soll hier nur festgestellt werden, daß die Veränderungen der Orientierung zwischen Darbietung und Test offenbar zu anderen Gesetzmäßigkeiten für das Wiedererkennen von Gesichtern führte, als sie aufgrund von ähnlichen Experimenten mit linguistischem Stimulusmaterial (z.B. KOLERS & OSTRY, 1974; ROCK, 1974) zu erwarten gewesen wären. Eine allumfassende präpositionale Repräsentation (z.B. ANDERSON, 1976, 1978; PYLYSHYN, 1973, 1978), die für linguistische und visuelle Ereignisse (inklusive Gesichter) gleichermaßen gelten sollte, wird daher von SUNDSTROEM in Zweifel gezogen.

4.2 Natürliche und "unnatürliche" Gesichter

Auch innerhalb des Foto-Foto-Paradigmas lassen sich noch feinere Unterscheidungen bezüglich der experimentellen Versuchsanordnungen treffen. Eine bedeutungsvolle Dimension ist die *Künstlichkeit-Natürlichkeit* der Stimulusgesichter, die - in aufsteigender Reihenfolge - folgende Ausprägungsvariationen in verschiedenen Untersuchungen angenommen hat:
(1)   Schematische Zeichnungen von Gesichtern;
(2)   Künstlerzeichnungen, Identi-kit- und Photofit-Komposita; und
(3)   Fotografien natürlicher Gesichter.

4.2.1 Schematische Zeichnungen von Gesichtern

Darunter fallen extrem vereinfachte Schemagesichter ("Punkt, Punkt, Komma, Strich - fertig ist das Angesicht"), wie sie in klassischen sozialpsychologischen Untersuchungen zur Personenwahrnehmung, aber auch in einigen kognitionspsychologischen Experimenten zum Wiedererkennen von Gesichtern verwendet wurden (z.B. FRIEDMAN, REID & CARTERETTE, 1971; vgl. auch YARMEY, 1979b). Für Wiedererkennensuntersuchungen eher typisch sind komplexere Schemazeichnungen wie z.B. in der Untersuchung von SMITH und NIELSEN (1970). SMITH und NIELSEN benutzten etwas übertriebene schematische Gesichtszeichnungen (vgl. Abbildung 4.1), in denen einzelne Gesichtszüge (z.B. Größe von Mund, Nase, Augen, Ohren und Augenbrauen) systematisch variiert wurden, um den Effekt der Anzahl und Art der Veränderungen zwischen Darbietung und Test auf die (visuelle und verbale) Behaltensleistung zu prüfen.

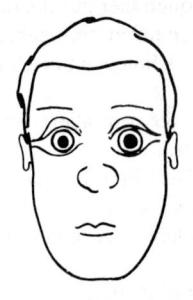

Abbildung 4.1: Beispiele von Strichzeichnungen von Gesichtern in der Untersuchung von SMITH & NIELSEN *(1970)*

Offensichtlicher Vorteil dieser Methodik ist die Kontrolle, die sie dem Experimentator über die Manipulation einzelner Gesichtsdimensionen erlaubt. Auf diese Weise lassen sich unterschiedliche Informationsverarbeitungsstrategien bei der Enkodierung der Gesichter überprüfen. Positive Korrelationen zwischen dem Wiedererkennen von natürlichen und schematischen Gesichtern, nicht aber zwischen dem von natürlichen Gesichtern und dem anderer bedeutungshaltiger Objekte (TZAVARAS, HECAEN & LEBRAS, 1970) rechtfertigen zwar dieses Paradigma für die grundlagen-orientierte Forschung, doch lassen diese Untersuchungen vieles zu wünschen übrig, wenn wir das Wiedererkennen von Personen als unser letztes Ziel im Auge behalten wollen. Diese Art von Untersuchungen werden im folgenden nur gelegentlich berücksichtigt, da sie großenteils nicht dem Wiedererkennen von Gesichtern bzw. Personen *per se*, sondern der Erforschung anderer grundlegender kognitiver Prozesse (z.B. Ähnlichkeitsurteile, Wahrnehmung von Emotionen) gewidmet sind.

4.2.2 Fotografien vs. Karikaturen

Eine besondere Form der vereinfachten Strichzeichnung eines Gesichts ist die Karikatur. Sind Karikaturen wirklich bessere Repräsentanten einer Person als Fotografien? Wir hören immer wieder das Argument, daß Karikaturen z.b. von Politikern oder anderen Personen des öffentlichen Lebens diese besser wiedergeben, da sie "die Essenz eines Individuums" besser darstellen als zufällig aufgenommene Fotografien. Dies sei so, weil gelungene Karikaturen oder gute Strichzeichnungen einer Person die besonders charakteristischen Züge betonen und die irrelevanten und weniger wichtigen Merkmale herunterspielen (z.b. GIBSON, 1969; PERKINS, 1975), während eine einzelne, zufällig aufgenommene Fotografie möglicherweise wesentliche Charakteristika ausläßt und irrelevante Züge in den Vordergrund bringt (TVERSKY & BARATZ, 1985). Soweit die alltagspsychologische Folklore.

Gestützt werden diese Argumente durch schematheoretische Überlegungen, denen zufolge Bilder von Gesichtern oder Szenen als *Schemata* im Gedächtnis hinterlegt werden und deshalb zu besonders guten Behaltensleistungen führen (z.B. BARTLETT, 1932; BIEDERMAN, 1981; vgl. ausführlich zur Problematik von Prototypen von Gesichtern Kapitel 6). So werden z.B. partielle Stimuli oder tachistoskopisch dargebotene Szenen leicht erkannt (BIEDERMAN, 1981; vgl. aber auch LOFTUS & BELL, 1975). Schemata oder Prototypen werden dabei entweder als zentrale Tendenz einer Gruppe von Merkmalen (z.B. POSNER & KEELE, 1968) verstanden, oder als Kategorie repräsentiert, deren Mitglieder die Merkmale dieser Kategorie häufiger repräsentieren als Nichtmitglieder (z.B. ROSCH & MERVIS, 1975; vgl. ausführlich Kapitel 6). In beiden Fällen werden Mitglieder einer Kategorie, die dem Prototyp näher stehen bzw. als eher typische Vertreter einer Klasse angesehen werden, leichter abgerufen, schneller erkannt, schneller verifiziert und leichter gelernt (ROSCH, 1978; vgl. TVERSKY & BARATZ, 1985).

Zur Unterstützung der These, daß Kartoonzeichnungen im Sinne eines "Superstimulus" besser erkannt werden als Fotografien, wird häufig eine Untersuchung von RYAN und SCHWARTZ (1956) zitiert, in der die Vpn Schalter und Ventile komplizierter Maschinen bei tachistoskopisch dargebotenen, vereinfachten Strichzeichnungen besser erkannten als bei Fotografien derselben. Dieser Effekt trat jedoch im selben Experiment nicht für Abbildungen der Finger einer Hand ein - wahrlich magere Evidenz für so eine interessante Fragestellung.

TVERSKY und BARATZ (1985) wollten daher die Erkennbarkeit von Gesichtern von prominenten Politikern auf Karikaturen bzw. Fotografien genauer untersuchen. Sie gingen von den hier referierten schematheoretischen Überlegungen aus und erwarteten demnach, daß die Namen der Politiker auf den Karikaturen sowohl besser reproduziert als auch ihre Gesichter besser wiedererkannt würden. Schließlich testeten sie den postulierten Vorteil der Karikaturen noch in einer semantischen Verifikationsaufgabe.

Als Stimuli dienten TVERSKY und BARATZ 44 (bzw. 40) Karikaturen von Politikern und anderen wohlbekannten Personen in den siebziger Jahren (z.B. Pompidou, Sadat, der Schah von Persien, Solschenizyn; vgl. Abbildung 4.2), die von einem professionellen Karikaturisten, der schon mehrere Kartoonbücher veröffentlicht hatte, erstellt wurden. Die Karikaturen sollten charakteristische Merkmale im Gegensatz zu weniger auffälligen Gesichtszügen hervorheben. Unabhängig davon wurden Fotografien derselben Personen von einem Medienzentrum auf Dias übertragen. Fotografien und Gesichter wurden entweder als "reine" Listen (nur Fotografien bzw. nur Karikaturen) oder als gemischte Listen präsentiert.

Abbildung 4.2: Beispiele von Fotografien und Karikaturen von Politikern in der Untersuchung von TVERSKY & BARATZ (1985)

Im ersten Experiment mußten die Vpn in einer inzidentellen Lernaufgabe die Gesichter der Prominenten auf die Typikalität (characteristicness) der Darstellung hin beurteilen und später wiedererkennen und benennen. Die Wiedererkennensleistungen lagen weitaus höher als der Abruf der Namen, mit Nullkorrelationen zwischen diesen beiden Gedächtnismaßen (zur Unabhängigkeit verbaler und visueller Kodierungen vgl. BAHRICK & BOUCHER, 1968; TVERSKY, 1973; zusammenfassend: SPORER, 1989; TULVING, 1985). Entgegen den Erwartungen der Autoren wurden die Gesichter auf den Fotografien sowohl in den reinen Listen als auch bei den gemischten Listen (je 95% richtige Antworten) hochsignifikant besser wiedererkannt als auf den Karikaturen (85% bzw. 89%). Auch der Abruf der Namen widersprach den Erwartungen: Wiederum schnitten die Fotografien (reine Listen: 47%; gemischte Listen: 57%) besser ab als die Strichzeichnungen (42% bzw. 39%); der Unterschied war jedoch nur bei den gemischten Listen reliabel. Die Fotografien wurden in der Orientierungsaufgabe auch als "charakteristischer" oder repräsentativer als die Karikaturen eingestuft.

Im zweiten Experiment, einer semantischen Verifikationsaufgabe, wurden Namen-Gesichter-Paare auf Fotografien signifikant schneller (M = 1512 msec) verifiziert als auf Strichzeichnungen (1598 msec), wobei die Ja-Antworten jeweils schneller als die Nein-Antworten waren, ohne daß die beiden Faktoren miteinander interagierten. Schließlich wurden in einem dritten Experiment Fotografien und Karikaturen paarweise auf ihre "Typikalität" oder "Repräsentativität" bezüglich der abgebildeten Person hin beurteilt. Auch hier schnitten die Fotografien bei allen 44 Stimuluspersonen besser ab als die Karikaturen, was sich bei 41 der 44 Gesichter statistisch absichern ließ - wenn wir das "probability pyramiding" multipler Signifikanztests außer acht lassen.

Fürwahr eine deutliche Widerlegung der Karikaturenliebhaberhypothese! Dennoch werden Kritiker einwenden, daß es möglicherweise an der schlechten Qualität der Karikaturen gelegen haben mag - ein Einwand, auf den TVERSKY und BARATZ nicht näher eingehen, obwohl die Qualität der beigefügten Beispiele dieses Argument in Zweifel ziehen läßt. Das Problem mit den Karikaturen mag vielmehr darin liegen, daß es keine hohe intersubjektive Übereinstimmung über die jeweils charakteristischen Gesichtszüge gibt (GOLDMAN & HAGEN, 1978). TVERSKY und BARATZ glauben auch, daß einzelnen Beobachtern bestimmte Karikaturen als besonders gelungen erscheinen mögen, aber die Varianzen der Beurteilungen der Gesichter waren in ihrer Untersuchung für jede Karikatur höher als für die Fotografien.

Als zusätzliches Argument und als Erklärung für den Vorteil von Fotografien sollten wir ebenfalls berücksichtigen, daß Gesichtsfotografien, selbst wenn sie von Aufnahme zu Aufnahme in Darstellungspose, Ausdruck oder Kontext variieren mögen, gerade bei prominenten Politikern, die ja doch meist in Standardsituationen wie Reden, Empfängen oder Pressekonferenzen aufgenommen werden, durch ihre häufige Darstellung in den Medien vielfach überlernt werden. Die hohe Wiedererkennnensrate und die geringe Anzahl von Fehlern in der semantischen Verifikationsaufgabe (weniger als 4%) in TVERSKY und BARATZ' Untersuchung stützen dieses Argument. Demgegenüber dürften Karikaturen, die von verschiedenen Karikaturisten erstellt werden, doch erheblich stärker variieren, und auch weniger oft "gelernt" werden als die Fotografien dieser Personen. Wir würden diese Hypothese als differentielles Überlernen bezeichnen, die sich vielleicht durch die Verwendung von Gesichtern bzw. von Strichzeichnungen von unbekannten Personen, deren Auftretenshäufigkeit im Laborexperiment kontrolliert werden könnte, überprüfen ließe. Da unser Interesse aber vor allem dem Wiedererkennen von *natürlichen Gesichtern* gilt, haben wir uns in unseren Untersuchungen auf die Verwendung von Gesichtsfotografien beschränkt, ohne diese interessanten Fragestellungen näher zu berücksichtigen.

4.2.3 Gesichts-Komposita

Eine stärkere Annäherung an die Lebenswirklichkeit bieten Stimulusgesichter, die von Künstlern gezeichnet oder mit Hilfe des "Identi-kit"- oder dem "Photofit"-System erstellt wurden. Zeichnungen von Gesichtern bilden bezüglich der verfügbaren Details ein Kontinuum von den soeben beschriebenen einfachen Schemagesichtern und einfachen Grundrissen bis hin zu elaborierten Portraits, wie sie etwa von manchen Polizeizeichnern zur Erstellung von sog. Phantombildern verwendet werden. Auch Neuentwicklungen in der Computergrafik (vgl. GILLENSON & CHANDRASHKARAN, 1975; LAUGHERY, RHODES & BATTEN, 1981), wie das vom Österreichischen Innenministerium für Fahndungszwecke verwendete System "Sigma-Iris" (ZEINER, pers. Mitt. 1984; ZIMA & ZEINER, 1982) oder das in den USA entwickelte Programm Mac-a-Mug dürften bisher noch kaum erahnte Forschungsmöglichkeiten eröffnen (vgl. MEURER, SPORER & FRANZEN, 1989; SHEPHERD & ELLIS, 1990; SPORER, 1990b).

Für gezielte experimentelle Manipulationen eignen sich besonders aufgrund ihrer systematischen Variationsmöglichkeiten Gesichtskompositionssysteme wie die von der Polizei in vielen Ländern verwendeten *"Identi-kit"* und *"Photofit"* (vgl. DAVIES, 1981, 1983a). Steckbriefe mit einer Abbildung des gesuchten Verbrechers haben eine lange Geschichte, und seit der bahnbrechenden Entwicklung des *"Portrait Parlé"* durch den französischen Kriminalisten ALPHONSE BERTILLON gehören sie zu den wichtigsten Fahndungsmitteln der Polizei in aller Welt (vgl. DAVIES, 1981, 1983a, auf dessen Beschreibungen die folgende Darstellung hauptsächlich beruht).

Das System *Identi-kit* wurde 1959 in den USA entwickelt und in den darauffolgenden Jahren in vielen Ländern verbreitet. Wie bei jedem Gesichtskompositionssystem besteht auch hier das grundlegende Problem darin, aus den Angaben der *Personenbeschreibung* in Zusammenarbeit mit dem Augenzeugen ein Bild des Täters zu entwickeln, das diesem ähnlich genug sieht, so daß er auf Grund dieses Bildes von anderen Personen wiedererkannt werden kann. Der Identi-kit besteht aus insgesamt 568 durchsichtigen Folien, auf die Variationen der Gesichtszüge Kinn, Augen, Augenbrauen, Nase, Lippen und Haare aufgezeichnet sind. Bei einer neueren Version, dem Identi-kit II, wurden die Zeichnungen durch auf Folien kopierte Fotografien von Gesichtszügen ersetzt.

Ein Identi-kit-Spezialist (meist ein Polizeizeichner) entwirft nach den Angaben des Zeugen eine erste Fassung des Bildes durch Übereinanderlegen der entsprechenden Folien. Diese erste Fassung wird dann dem Zeugen vorgelegt, der daraufhin solange Vorschläge zur Veränderung vorbringen kann, bis eine zufriedenstellende Ähnlichkeit hergestellt ist. Zusätzlich können besondere Merkmale wie Gesichtsfalten, Brille, Bartformen und Narben angebracht werden. Für jedes dieser Elemente existiert ein Code, der an andere Polizeistationen weitergegeben werden kann. Durch Kombination aller Elemente lassen sich Zigtausende, wenn nicht gar Millionen unterschiedlicher Gesichtsformen erstellen. Diese Eigenschaft dieses Gesichtskompositionssystems macht es für experimentelle Zwecke natürlich besonders geeignet, da damit bestimmte Teile des Gesichts bewußt vom Versuchsleiter verändert werden können.

Neben dem Identi-kit wird vor allem das System *Photofit* verwendet, das von dem Engländer Jacques PENRY (1971) entwickelt wurde. Wie beim Identi-kit gibt es auch beim Photofit kodierte grundlegende Gesichtszüge wie Stirne und Haare, Augen, Nase, Mund und Kinn. Die fotografischen Einzelmerkmale sind auf dünnen Pappteilen abgebildet, die wie bei einem Puzzle zusammengefügt werden. Zusätzlich können die Merkmale noch mit schwarzen oder weißen Malstiften übermalt werden, um individuelle Modifikationen zu erstellen. Der Hauptunterschied des Photofit zum Identi-kit besteht darin, daß der Photofit zusätzlich einen *"visuellen Index"* besitzt, in dem alle Einzelmerkmale in verkleinerter Form abgebildet sind, so daß sich der Zeuge bei der Konstruktion des Bildes jeweils eines der Merkmale aussuchen kann.

Beide Systeme haben zu einer Reihe von empirischen Arbeiten geführt, die vor allem die Güte der Reproduktionen (z.b. ihre Ähnlichkeit zu der abgebildeten Person) systematisch zu evaluieren trachteten (vgl. die Zusammenfassungen von DAVIES, 1981, 1983a; LENOROVITZ & LAUGHERY, 1984; SHEPHERD & ELLIS, 1990). In diesem Zusammenhang interessiert vor allem, ob die mit diesen Systemen konstruierten Gesichter als Darbietungs- und Teststimuli in Wiedererkennensexperimenten zu vergleichbaren gedächtnispsychologischen Phänomenen führen wie die Verwendung von Fotografien natürlicher Gesichter. Auf diesen vergleichenden Aspekt werden wir weiter unten näher eingehen, nachdem wir das Foto-Foto-Paradigma mit natürlichen Gesichtern und seine Variationsmöglichkeiten näher dargestellt haben.

4.2.4 Fotografien natürlicher Gesichter

Neben vereinzelten Experimenten mit Gesichts-Komposita werden bei der Mehrheit aller Untersuchungen Fotografien von Gesichtern "wirklicher" Personen verwendet. Diese Fotografien wurden in den meisten Untersuchungen aus Fotoalben von Universitäts- oder High-School-Jahrbüchern, Schauspieleradressenbüchern oder illustrierten Zeitschriften abfotografiert, während man in einigen neueren Untersuchungen eigens zu diesem Zwecke unter standardisierten Rahmenbedingungen aufgenommene Fotos verwendete. Gesichter mit besonders auffälligen Merkmalen wie Narben, Warzen, Muttermalen, aber auch Bärten, Schnurrbärten, (Halb-)Glatzen und sogar Brillen werden oft ausgesondert, um ein möglichst homogenes Stimulusmaterial zu erreichen.

Aus testtheoretischer Sicht können auf diese Weise auch Darbietungssets mit kontrollierbaren - und dadurch auch experimentell manipulierbaren - Itemschwierigkeiten zusammengestellt werden, obwohl diese Möglichkeit in bisherigen Untersuchungen zum Wiedererkennen von Gesichtern u.W. noch nicht explizit realisiert wurde. Allerdings schränken die obengenannten Restriktionen bei der Auswahl der Gesichter deren Repräsentativität bezüglich der Population aller möglichen Gesichter ein, worauf wir bei der Diskussion der ökologischen Validität dieser Untersuchungen näher eingehen müssen.

4.3 Empirische Vergleichsuntersuchungen

Die Brauchbarkeit dieser unterschiedlichen Stimulusmaterialien zum Studium des Wiedererkennens von Personen ist letztlich eine empirische Frage und sollte nicht einfach durch Plausibilitätsargumente bezüglich der ökologischen Validität der einzelnen Repräsentationsmodi ersetzt werden. Auf die positive Korrelation zwischen dem Wiedererkennen von natürlichen und dem von schematischen Gesichtern (TZAVARAS, HECAEN & LEBRAS, 1970) wurde bereits hingewiesen.

4.3.1 Zeichnungen versus Fotografien

MCKELVIE (1981, Experimente 4 und 5) fand "vergleichbare" Wiedererkennensraten für Fotografien und Federzeichnungen von Männern, Frauen, Jungen und Mädchen. Die Äquivalenz der beiden Darbietungsmodi kann daraus jedoch nicht abgeleitet werden, da die Federzeichnungen keine Abbildungen derselben Personen darstellten und sich daher in mannigfacher, nicht kontrollierter Art und Weise von den Gesichtsfotografien unterschieden. Es nimmt deshalb auch nicht Wunder, daß die von MCKELVIE (1981) postulierten Geschlechterunterschiede für Vpn- und Stimulusgeschlecht und ihre Wechselwirkungen ausblieben (zu einer ausführlicheren Darstellung von Geschlechterunterschieden siehe Kapitel 14).

Darüber hinaus hat sich vor allem eine britische Forschergruppe (GRAHAM DAVIES, HADYN ELLIS, JOHN SHEPHERD und ihre Mitarbeiter), die vormals an der University of Aberdeen tätig war, um die systematische Erforschung dieser unterschiedlichen Stimulusmaterialien verdient gemacht. DAVIES, ELLIS und SHEPHERD (1978) verglichen das Wiedererkennen von Federzeichnungen von Gesichtern mit dem von Fotografien derselben Gesichter. In ihrem ersten Experiment, in dem sie Gesichter bekannter Persönlichkeiten des öffentlichen Lebens verwendeten, wurden deutlich mehr Personen auf den Fotografien (90%) wiedererkannt als auf detaillierten Federzeichnungen mit Alterslinien, Haar- und Augendetails (47%), die wiederum besser als bloße Umrißzeichnungen mit Augen, Nase, Mund, Ohren und Haarlinien (23%) wiedererkannt wurden. Der von unabhängigen Beurteilern festgestellte Bekanntheitsgrad der Persönlichkeiten korrelierte signifikant mit den Wiederkennensraten der Fotografien ($r = .49$) und detaillierten Zeichnungen ($r = .45$), nicht aber den Umrißzeichnungen der Gesichter ($r = .29$).

In einem zweiten Experiment verwendeten diese Autoren Gesichter *unbekannter* Personen. Fotografien als Darbietungsstimuli führten auch hier zu besseren Wiedererkennensleistungen (Trefferrate: 75,3%; $d' = 3.85$) als die detaillierten Federzeichnungen (51,3%; $d' = .72$). Offenbar enthalten die Fotografien im Gegensatz zu den Federzeichnungen zusätzliche Schattierungen und Tiefeninformationen, die zu besseren Wiedererkennensraten führen. Dies wird auch anhand von Untersuchungen mit fotografischen Negativen, die schlechter als ihre Positive wiedererkannt werden, bestätigt (HOCHBERG & GALPER, 1967; PHILLIPS, 1972).

In ihrem zweiten Experiment - dem mit unbekannten Gesichtern - hatten DAVIES, ELLIS und SHEPHERD (1978) während der Testphase ausschließlich Fotografien verwendet. Nur in der Darbietungsphase waren die Repräsentationsmodi (detaillierte Federzeichnungen und Fotografien) experimentell variiert worden. Die schlechteren Wiedererkennensraten in der Zeichnung-Foto-Bedingung, die kaum über dem Zufallsniveau lagen, können daher auch durch einen Wechsel im Repräsentationsmodus zwischen Darbietung und Test - im Gegensatz zur Foto-Foto-Bedingung - erklärt werden. Werden aber Fotografien (oder Personen *live*) in der Darbietungsphase gezeigt, bleibt die Frage ungeklärt, ob in der Testphase Fotografien, die aufgrund ihrer größeren Realitätsnähe eher zu den gespeicherten Bildern in Beziehung gebracht werden können, oder schematische Zeichnungen, aufgrund ihrer (karikaturähnlichen) Einfachheit, bessere Wiedererkennensraten hervorrufen (DAVIES, 1983b).

Das von DAVIES (1983b) realisierte Design, in dem Darbietungsmodus und Testmodus in je zwei Ausprägungen (Fotografie vs. detaillierte Federzeichnung derselben Gesichter; s. Abbildung 4.3) orthogonal manipuliert wurden, erlaubt eine umfassende Beantwortung dieser wie auch der von DAVIES, ELLIS und SHEPHERD (1978) adressierten Fragestellungen. Gemäß dem Prinzip der Enkodierungsspezifität (TULVING & THOMSON, 1973); WIPPICH, 1985b; vgl. Kapitel 10) kann man erwarten, daß Gesichter, die im selben Repräsentationsmodus getestet wurden, in dem sie dargeboten worden waren (hier die Foto-Foto- und Zeichnung-Zeichnung-Bedingungen) besser wiedererkannt werden, als wenn der Repräsentationsmodus zwischen Darbietung und Test gewechselt wird (Foto-Zeichnung- und Zeichnung-Foto-Bedingungen). Diese Vorhersage wurde von DAVIES

(1983b, Experiment 1) für alle drei verwendeten Wiedererkennensmaße (Treffer, Falsche Alarme, d') bestätigt. Die Trefferrate in der Foto-Foto-Bedingung (77,5%) war zwar nicht signifikant höher als in der Zeichnung-Zeichnung-Bedingung (70,3%). Doch dürfte dieser fehlende Unterschied durch das laxere Entscheidungskriterium in dieser Bedingung (ZZ: *beta* = 1.02; FF: *beta* = 2.18) zustande gekommen sein, das auch zu einer höheren Anzahl von falschen Alarmen in dieser Bedingung führte (ZZ: 28,6%; FF: 12,5%). Wurde diesem Reaktionsbias Rechnung getragen, ergab sich der erwartete Vorteil der FF-Bedingung (d' = 2.52) gegenüber der ZZ-Bedingung (d' = 1.08).

Abbildung 4.3: Strichzeichnungen und Fotografien der Untersuchung von DAVIES *(1983b, S. 241)*

DAVIES (1983b, Experiment 1A) konnte diese Ergebnisse, die mit Gesichtern von unbekannten Personen gewonnen worden waren, auch in einer Replikationsstudie mit einer längeren Darbietungszeit (5 sec anstelle der 2 sec in Experiment 1) und, mit einigen Modifikationen, auf die wir hier nicht näher eingehen können, mit Gesichtern von Persönlichkeiten des öffentlichen Lebens bestätigen. Ähnliche Ergebnisse wurden auch von HAGEN & PERKINS (1983) berichtet, die in einem ähnlichen Design Fotografien mit Karikaturzeichnungen derselben Personen verglichen hatten.

Fotografien von Gesichtern erweisen sich somit als bessere Informationsträger als Zeichnungen, sei es aufgrund der größeren Redundanz von Hinweisreizen oder aufgrund einer größeren Anzahl von Attributen in der fotografischen Darstellung, die für die Unterscheidung der Gesichter von Bedeutung sind. Die relative Qualität von mit neueren Computergrafiksystemen erstellten Gesichtern (z.B. das System "Sigma": ZEINER, pers. Mitt. 1984; ZIMA & ZEINER, 1982) muß erst noch systematisch untersucht werden (vgl. auch GILLENSON & CHANDRASHKARAN, 1975). Aufgrund der hier referierten Ergebnisse erscheint ein Trend in Richtung auf größeren "fotografischen Realismus" vielversprechend (DAVIES, 1983b; vgl. auch CHRISTIE, DAVIES, SHEPHERD & ELLIS, 1981). Doch wie verhält es sich mit Gesichts-Komposita im Vergleich zu Fotografien natürlicher Gesichter?

4.3.2 Gesichts-Komposita und natürliche Gesichter

Wie bereits erwähnt, haben Gesichts-Komposita als Stimulusmaterial den offensichtlichen Vorteil, daß damit Teile des Gesichts gezielt vom Experimentator verändert werden können. Dieser Vorteil wird z.b. benutzt, um die relative Bedeutung einzelner Gesichtszüge für das Wiedererkennen zu erforschen (z.B. FISHER & COX, 1975; GOLDSTEIN & MACKENBERG, 1966; LANGDELL, 1978; SERGENT, 1984), oder um die Präsenz von Gesichtsprototypen und ihre systematischen Variationsmöglichkeiten nachzuweisen (MALPASS & HUGHES, 1986). Gesichts-Komposita können auch aus den (asymmetrischen) Hälften natürlicher Gesichter erstellt werden, etwa um den relativen Informationsgehalt der beiden Gesichtshälften und damit verbundene hemisphärische Unterschiede in der neurologischen Verarbeitung zu erfassen (vgl. HECAEN, 1981).

Das Wiedererkennen von Fotografien natürlicher Gesichter im Vergleich mit Photofit-Konstruktionen derselben Gesichter wurde von ELLIS, DAVIES und SHEPHERD (1978) in drei Experimenten systematisch untersucht. Die beiden Bildergruppen unterscheiden sich darin, daß die Photofit-Komposita, im Gegensatz zu den natürlichen Fotos, Trennlinien an den Schnittstellen der fünf Kompositionsteile besitzen und relativ weniger Informationen über die Hautbeschaffenheit und die Hautfärbung vermitteln (vgl. Abbildung 4.4). Wie erwartet wurden natürliche Gesichter im ersten Experiment besser wiedererkannt (Trefferrate: 83,3%) als Photofit-Komposita (74,6%).

In Experiment 2 konnten die Autoren zeigen, daß ein vergleichbarer Unterschied auch zwischen natürlichen Gesichtern (90,0% Treffer) und solchen, in die dieselben Trennlinien wie bei Photofit-Komposita eingezeichnet waren (83,1%), bestand. Schließlich wurde in Experiment 3 deutlich, daß Zufallslinien (80,1% Treffer) in gleicher Weise das Wiedererkennen beeinträchtigen wie die Linien, die ähnlich den Photofit-Komposita das Gesicht in fünf Komponenten aufteilen (82,1%). Beide stehen im Gegensatz zu der hohen Trefferrate (92,6%) für Gesichter ohne die eingezeichneten Linien. Dieselben Ergebnisse wurden auch für korrigierte Trefferraten (Treffer minus Falsche Alarme) berichtet.

Aufgrund dieser Experimente wird deutlich, daß die Vorteile systematischer Variationsmöglichkeiten mit dem Photofit-System auf Kosten einer Beeinträchtigung der Wiedererkennensleistung durch die Abgrenzungslinien der Komposita erkauft wird. Leider fehlen u.W. vergleichbare Untersuchungen zum Wiedererkennen von Identi-kit-Gesichtern, bei dem nicht wie beim Photofit einzelne Gesichtsausschnitte auf Pappe, sondern durchsichtige Folien von Teilausschnitten der Gesichter übereinandergelegt werden (vgl. DAVIES, 1981, 1983b; SHEPHERD & ELLIS, 1990).

4.3.3 Schwarzweißfotos versus Farbfotos

Eine weitere empirische Frage, die auch für die kriminalistische Praxis der *Lichtbildvorlage* nicht ohne Bedeutung ist, ist die Frage, ob Farbfotos (bzw. -dias) zu relativ besseren (oder schlechteren) Wiedererkennensleistungen führen. Diese Frage wird ferner durch die relative Aufnahme- und Filmqualität kompliziert, die einen direkten Vergleich dieser beiden Repräsentationsmodi erschweren. Leider erlauben die vorliegenden empirischen Befunde keine schlüssige Antwort auf dieses Problem (vgl. die Zusammenstellung einschlägiger Befunde in SPORER, EICKELKAMP & SPITMANN-REX, 1990).

In einer großangelegten Untersuchung von SHEPHERD, ELLIS und DAVIES (1982) wurden vier verschiedene Darbietungsmodi orthogonal mit denselben vier Testmodi mani-

Stimulusfaktoren 63

puliert ($N = 242$). Hier wird nur der Teil der Daten dieser Untersuchung ausgewählt und näher diskutiert, der einen Vergleich von Schwarzweiß- und Farbaufnahmen - hier in der Form von Dias - ermöglicht ($N = 52$). Eine Zielperson wurde in Lebensgröße auf eine Leinwand zuerst in voller Körpergröße, dann eine Frontalansicht des Gesichts, und schließlich je eine Halbprofilansicht (45 Grad) des Gesichts von links und rechts für insgesamt 2 min projiziert. Gleichzeitig wurde ein Tonband mit einem kurzen Lebenslauf der Person abgespielt. Die Aufgabe der Vpn bestand darin, zu beurteilen, ob die Zielperson die Wahrheit erzählte oder nicht. Dadurch sollte eine eindringliche Betrachtung der Zielperson durch die Vp gewährleistet werden, ohne daß sie sie sich explizit einprägen sollte.

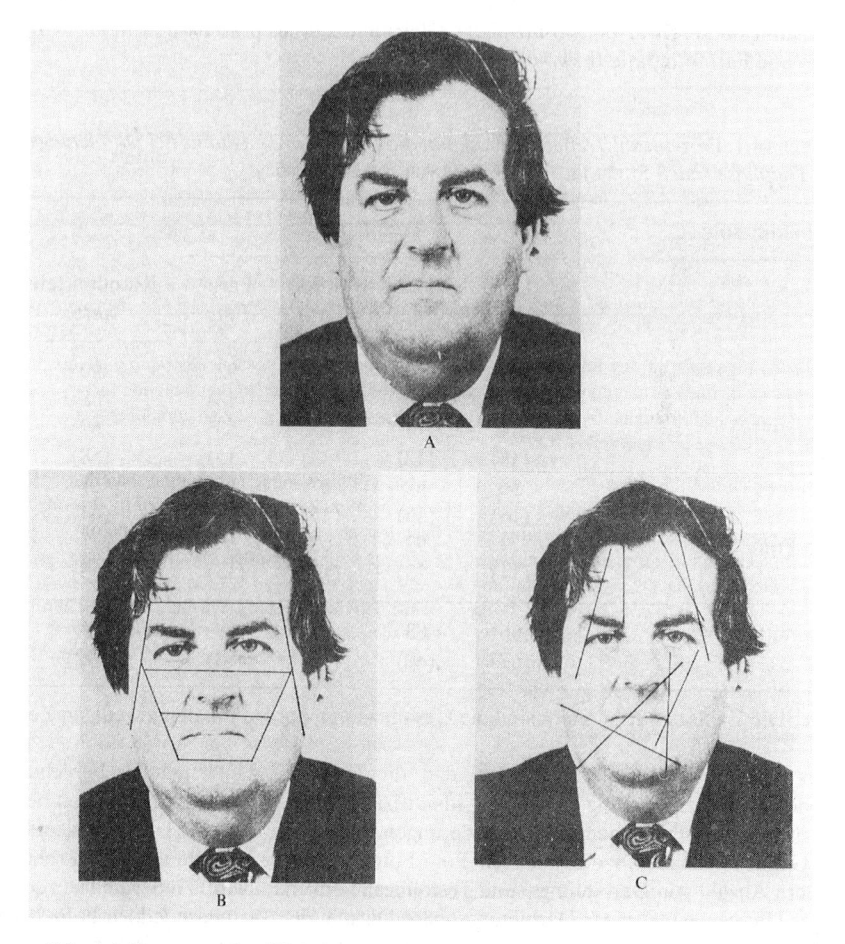

Abb. 4.4: Zur störenden Wirkung von Linien in Photofit-Gesichts-Komposita (aus ELLIS, DAVIES & SHEPHERD, *1978, S. 470)*

Zwei Wochen später sollte die Zielperson in einer Fotogegenüberstellung (mit insgesamt 9 Alternativpersonen inklusive Zielperson) identifiziert werden. Je drei Fotografien jeder Alternativperson waren auf weiße Pappe montiert: Eine Ganzaufnahme, eine Gesichtsaufnahme von vorne und eine Profilaufnahme (90 Grad) des Gesichts. Tabelle 4.1 zeigt die Wiedererkennensraten in Abhängigkeit von allen in dieser Untersuchung realisierten Darbietungs- und Testmodi. Während der Vergleich der Darbietungsmodi insgesamt zu einem signifikanten Unterschied zwischen den vier Gruppen führte ($chi^2(3)$ = 14.79, p < .01), führte ein Vergleich der Testmodi nicht zu reliablen Unterschieden ($chi^2(3)$ = 6.59, $ns.$). Auch der von uns post-hoc berechnete Vergleich zwischen Farb- und Schwarzweißaufnahmen beim Test (69% vs. 79%) erwies sich als nicht reliabel ($chi^2(1)$ = 1.49, p = .223). Dennoch ist es problematisch, aufgrund des Nicht-Verwerfens der Nullhypothese auf eine prinzipielle Gleichheit der Repräsentationsmodi Schwarzweiß- und Farbfotografie (bzw. -dia) zu schließen.

TABELLE 4.1: *Prozentzahl Treffer als Funktion des Darstellungsmediums bei Darbietungs- und Testphase (nach* SHEPHERD, ELLIS & DAVIES, *1982, S. 103).*

Darbietungsphase	Testphase				
	Live	Video/Film	S-W-Foto	Farb-Foto	Randmittelwerte
Live	89	95	81	92	90
	(19)	(20)	(16)	(13)	(68)
Video/Film	44	75	85	53	62
	(18)	(12)	(13)	(15)	(58)
S-W-Foto	50	67	87	65	67
	(16)	(15)	(15)	(17)	(63)
Farb-Foto	79	92	62	69	75
	(14)	(13)	(13)	(13)	(53)
Randmittelwerte:	66	83	79	69	74
	(67)	(60)	(57)	(58)	(242)

Anm.: Die Zahlen in Klammern sind die Gesamtzahlen der Vpn in den jeweiligen Zellen.

Es muß auch angemerkt werden, daß die in dieser Untersuchung berechneten Wiedererkennensraten, die nur auf der Identifizierung einer einzelnen Zielperson beruhten, nicht so sensibel gegenüber Veränderungen in Darbietungs- und Testmodus sind wie die Gedächtnismaße in den meisten Foto-Foto-Paradigmen, in denen eine erheblich größere Anzahl von Darbietungs- und Testbildern verwendet wird. Außerdem wurden in dieser Untersuchung in der Darbietungsphase Dias, in der Testphase jedoch Fotoabzüge verwendet, so daß wir daraus kaum Rückschlüsse ziehen können, ob z.B. eine Schwarzweiß-Diaserie (oder Farbabzüge) und eine Farb-Diaserie derselben Personen als äquivalent für Darbietung und Test erachtet werden können.

Auch LAUGHERY, ALEXANDER und LANE (1971, Experiment 3) fanden keine signifikanten Unterschiede, wenn die Vpn eine Zielperson, die die Antwortbögen austeilen sollte - die Vpn wußten, daß sie sich diese Person einprägen sollten - kurze Zeit später in einer Reihe von 150 Farbdias (Trefferrate: 87%) oder Schwarzweißdias (81%) wiedererkennen sollten. Schließlich berichteten auch TICKNER und POULTON (1975) keine Vorteile zugunsten von Farbfotoabzügen gegenüber Schwarzweißfotos von Personen, die die Vpn in einem Farbvideofilm "entdecken" sollten. Allerdings war die Entdeckungsrate für den Farbfilm als Darbietungsmedium höher als in einem Schwarzweißfilm, zumindest für eine der drei Zielpersonen. Der landläufig behauptete Vorteil von Farbfotografien als Testmodus entbehrt somit einer soliden empirischen Basis.

Eine weitere Studie zu diesem Problem (MALPASS, 1979), in der jedoch Farbmodus (Schwarzweiß versus Farbe), Darbietungs- und Testmodus (Dia versus Fotoabzug) und Testverfahren (JA-NEIN- versus 4-AFC-Test, s. Kapitel 2) konfundiert waren, ist hier ebenfalls von Interesse. Bezüglich des Vergleichs von Farbdias und Schwarzweißabzügen derselben 20 Männer unterschiedlicher "Rassezugehörigkeit" (10 "Schwarze" und 10 "Weiße"; vgl. Kapitel 12) ergab sich ein geringfügiger, jedoch nichtsignifikanter (.05 < p < .10) Vorteil zugunsten der Farbdias. Auch die Wechselwirkung des Darbietungsmodus mit der "Rasse" der Stimuluspersonen war nicht signifikant. Dies wurde vom Autor als Indikator für die Validität (offenbar im Sinne dessen Verwendbarkeit für kulturvergleichende Untersuchungen im Feld) des von ihm konstruierten Feldmanuals interpretiert.

4.3.4 Darstellungspose

Eine praktisch bedeutungsvolle Frage, die erst in den letzten Jahren die Aufmerksamkeit der Forscher erregt hat, befaßt sich damit, ob unterschiedliche *Orientierungsrichtungen* der Gesichter ("Posen") bei der Darbietung (oder beim Test) zu unterschiedlichen Wiedererkennensleistungen führen. Bei den meisten Untersuchungen, die z.B. Fotografien von High-School-Jahrbüchern verwenden, wird dieser Faktor nicht näher berücksichtigt. Doch unterstreichen Untersuchungen über hemisphärische Unterschiede im Informationsgehalt der Gesichtshälften (zugunsten der rechten Seite aus der Perspektive der Stimulusperson: z.B. GILBERT & BAKAN, 1973; LIGGETT, 1974) bzw. systematische Beobachtertendenzen - Vpn sehen häufiger auf die von ihnen gesehen aus linke Hälfte (CAMPBELL, 1982) - auch aus theoretischer Sicht die Bedeutung dieses Faktors (vgl. die neueren Untersuchungen von BRUCE, 1982, und KROUSE, 1981, mit weiteren Literaturhinweisen).

Der Effekt der Darbietungspose darf nicht mit dem Effekt der *Veränderung* der Pose zwischen Darbietung und Test verwechselt werden. Darauf werden wir am Ende dieses Kapitels noch näher eingehen. Mehrere Untersuchungen haben den Effekt der Darbietungspose experimentell isoliert. DAVIES, ELLIS und SHEPHERD (1978, Experiment 2) fanden keinen Unterschied zwischen den Wiedererkennensraten von Gesichtern, die in der Darbietungsphase entweder in Frontalansicht oder in Dreiviertelansicht (d.h. Halbprofil: 45 Grad) gezeigt worden waren. PATTERSON und BADDELEY (1977, Experiment 2) fanden signifikant höhere Wiedererkennensraten für Gesichter in Dreiviertel- gegenüber solchen in Profilansicht. Allerdings verwendete keine dieser beiden Untersuchungen Ratekorrekturen für Reaktionsneigungen, so daß ihre Ergebnisse nicht eindeutig interpretierbar sind (KROUSE, 1981).

KROUSE (1981) vermied diesen Kritikpunkt durch die Verwendung eines 4-AFC-Tests als Maß des Wiedererkennens. Tabelle 4.2 zeigt die über die beiden Behaltensintervalle gemittelten, hier in Prozentwerte umgerechneten Ergebnisse von KROUSE (1981, Tabelle 1, S. 653). Sie fand einen signifikanten Haupteffekt für die Darbietungspose (Dreiviertel: 60,8%; Frontal: 54,8%), der jedoch durch eine signifikante Wechselwirkung mit der Veränderung der Pose modifiziert wurde. Diese Ergebnisse zeigen auch einen relativ stärkeren Effekt des Wechsels der Pose (vgl. unten).

TABELLE 4.2: *Trefferraten (in %) als Funktion von Darbietungs- und Testpose (nach Daten von KROUSE, 1981, S. 653).*

Darbietungspose	Testpose		Mittelwerte
	Gleich	Ungleich	
Frontalansicht	66.4	43.0	54.8
Dreiviertelansicht	67.1	54.6	60.8
Mittelwerte:	66.8	48.9	57.8

Diesem Befund widersprechen jedoch neuere Untersuchungen von MCKELVIE (1983), der in vier Experimenten signifikant niedrigere Wiederkennensraten (und Konfidenzurteile) für Halbprofile (linke Wange) als für Frontaldarbietungen, *ohne Wechselwirkung* mit der Testdarbietung, fand. Ganz im Gegensatz zu KROUSE (1981) und BADDELEY und WOODHEAD (1983; vgl. unten) argumentierte MCKELVIE, daß bei einer Darbietungszeit von fünf sec die Vpn bei Frontalansichten mehr Gesichtszüge extrahieren und deshalb besser wiedererkennen könnten als bei einer Dreiviertelansicht. MCKELVIE gestand jedoch die Vorläufigkeit seiner Befunde ein, die mit einer beschränkten Anzahl von Gesichtern aufgrund von post-hoc-Analysen ohne Ratekorrekturen gewonnen wurden. Differentielle Itemschwierigkeit, d.h. unterschiedliche Merkbarkeit der in Dreiviertelpose gezeigten Gesichter (gegenüber den in Frontalpose gezeigten Gesichtern *anderer* Personen) ist in dem von ihm verwendeten Within-subjects-Design als Erklärungsalternative ebenfalls nicht auszuschließen.

4.3.4.1 EXKURS: DARSTELLUNGSPOSEN IN PORTRAITGALERIEN

Von Interesse sind in diesem Zusammenhang auch kunstpsychologische Untersuchungen, die sich eines *nicht-experimentellen* Ansatzes bedienten (vgl. Kapitel 2). So studierten HUMPHREY und MCMANUS (1973), MCMANUS und HUMPHREY (1973) und BADDELEY und WOODHEAD (1983) die Orientierungsposen von Portraits in Gemäldesammlungen. Diesem Ansatz liegt die Annahme zugrunde, daß Kunstmaler, als vermutlich besonders gut geschulte Beobachter, wohl am besten wissen müßten, welche Darstellungsorientierung eine möglichst eindrucksvolle Repräsentation einer Person vermittelt.

MCMANUS und HUMPHREY (1973) (s. auch HUMPHREY & MCMANUS, 1973) brachten die von ihnen beobachteten Rechts-Links-Trends mit Zeichen des "Charakters" der abgebildeten Modelle in Verbindung. Ihre Analyse stützte sich zunächst auf eine Analyse der Portraits REMBRANDTS (N = 335), die sie dann anhand einer gegenüber der ursprünglichen Stichprobe (N = 1474) erweiterten Stichprobe (N = 1676) zu bestätigen suchten. Gemäß der Interpretation dieser Autoren strukturierte REMBRANDT seine Welt entlang der Dimension "sozial wie ich - sozial anders als ich", die in den Worten des Persönlichkeitspsychologen KELLY (1955) "parallel und äquivalent" zu "Zeigen der rechten Wange - Zeigen der linken Wange" verlief (HUMPHREY & MCMANUS, 1973).

HUMPHREY und MCMANUS suchten diese Hypothese anhand des prozentualen Anstiegs des Zeigens der linken Wange mit der parallel wachsenden sozialen Distanz vom (männlichen) Maler zu bestätigen. Bei REMBRANDT (N = 335 Portraits) zeigten von seinen Selbstportraits nur 15,8% die linke Wange, 17,6% der Portraits der männlichen Verwandten, 39,1% der männlichen Nicht-Verwandten, 56,2% der weiblichen Verwandten und schließlich 78,8% der weiblichen Nicht-Verwandten. In der zusammengefaßten Stichprobe (N = 1676) "vieler Maler" blickten von den Selbstportraits 39,4%, von den männlichen Modellen 56,2% und von den Frauen 67,7% nach links. Die letztgenannten Unterschiede erweisen sich, wie eine von uns nachträglich vorgenommene Signifikanzprüfung zeigt, als höchstsignifikant ($chi^2(2)$ = 63.7, $p < .001$).

Zum Teil ähnliche Ergebnisse - ohne Bezug auf die soeben genannte Untersuchung - wurden auch von BADDELEY und WOODHEAD (1983) berichtet: Von 224 Bildern in der National Gallery of Portraits (von Tudor bis Queen Victoria und King Edward) klassifizierten sie 3% als Links-Profile, 49% Links-Halbprofile, 12,5% Frontalansichten, 35% Rechts-Halbprofile und knapp 1% Rechtsprofile. Die 187 (83,5%) Halbprofile überwogen somit im Verhältnis von annähernd 7:1 gegenüber den Frontalansichten - ein Unterschied, der sich nach unseren Berechnungen als hochsignifikant erweist ($chi^2(1)$ = 117.6, $p < .0001$). Auch der von BADDELEY und WOODHEAD nicht näher beachtete Unterschied zwischen dem Anteil von Links-Ansichten (51,8%) zu Rechtsansichten (35,7%) stellt sich als signifikant heraus ($chi^2(1)$ = 6.61, $p < .02$). Für Gemälde der Gegenwart war der Trend zugunsten von Halbprofilen nicht mehr nachzuweisen (Verhältnis 1:1,1 von Halbprofilen zu Frontalansichten bei N = 51 Bildern).

Leider differenzierten BADDELEY und WOODHEAD die Analyse dieser Portraits nicht wie HUMPHREY und MCMANUS nach dem Geschlecht der abgebildeten Personen. Der Unterschied in der berichteten Anzahl von Frontalansichten (bei HUMPHREY & MCMANUS überhaupt nicht erwähnt: 0%?; bei BADDELEY & WOODHEAD: 12,5%), obwohl beide Autorengruppen zum Teil dieselbe Galerie untersuchten, läßt sich wohl nur durch mangelnde Präzison der Operationalisierungen erklären. Auch die vorgeschlagenen Interpretationen erscheinen ziemlich spekulativ.

BADDELEY und WOODHEAD interpretierten ihre Ergebnisse dahingehend, daß das Halbprofil mehr Informationen über das menschliche Antlitz liefere als eine Frontalansicht oder ein bloßes Profil. Wie bereits erwähnt, gebrauchte MCKELVIE (1983) genau das gegenteilige Argument anhand seiner experimentellen Daten (vgl. oben). BADDELEY und WOODHEAD konnten ihre Vermutung ebenfalls in zwei Experimenten bestätigen. Diese beiden Experimente, auf die wir am Ende dieses Kapitels in dem Abschnitt über die Veränderung zwischen Darbietung und Test näher eingehen werden, werden jedoch von den Autoren nicht in genügend Detail berichtet, so daß die hier aufgeworfene Frage nach einer optimalen Darstellungspose nicht näher beantwortet werden kann.

Auch sollten wir nicht vergessen, daß es möglicherweise für einen Künstler schlichtweg *leichter* sein mag, eine Person halbseitlich anstatt von vorne abzubilden. Des weiteren ist es möglich, daß die in den beiden Untersuchungen verwendeten Stichproben aus britischen Gemäldesammlungen lokale Trends westeuropäischer Künstlerschulen repräsentieren.[1]

4.3.4.2 ANALYSE DER PORTRAITGALERIE ZUR GESCHICHTE ÖSTERREICHS

Wir haben daher selbst an einer Stichprobe von $N = 233$ Portraits in der Portraitgalerie zur Geschichte Österreichs von 1440 bis 1800 (Kunsthistorisches Museum Wien) untersucht, ob sich die von HUMPHREY und MCMANUS bzw. BADDELEY und WOODHEAD beobachteten Trends an einer unabhängigen Stichprobe bestätigen lassen. Die Analyse dieser Portraitgalerie hat den zusätzlichen Vorteil, daß sie fast ausschließlich Portraits von Mitgliedern der kaiserlichen und königlichen Herrscherfamilien enthält, so daß die von HUMPHREY und MCMANUS postulierten Statusunterschiede als Erklärungen für mögliche Rechts-Links-Unterschiede ausgeschlossen werden können.

4.3.4.3 METHODE

Für die gegenwärtige Untersuchung wurden die einzelnen Orientierungsansichten des Gesichts wie folgt operationalisiert:
(1) Profil: 90-Grad-Ansicht; zweites Auge nicht oder nur minimal sichtbar.
(2) Halbprofil: Unterschiedliche Abstände der Ohren bzw. des Haaransatzes von der Nasenwurzel oder der Nasenspitze.
(3) Frontalansicht: Gesicht voll von vorne sichtbar; keine eindeutige Seitenorientierung feststellbar.

Die vorgegebenen Operationalisierungen reduzierten zugegebenermaßen die Klassifikation von Portraits als Frontalansichten (insgesamt nur 2,1%). Da offensichtlich auch HUMPHREY und MCMANUS von einer nicht näher definierten impliziten Operationalisierung ausgingen - sie gebrauchten die Begriffe "showed more of the left (right) cheek" (S. 438) - wurde auch in dieser Replikationsstudie ein vergleichbares Klassifikationsraster gewählt. Klassifikationsprobleme ergaben sich in einigen wenigen Fällen bei der Zuordnung von Portraits, die die Person mit dem ganzen Körper abbildeten, da auf ihnen das Gesicht nicht immer groß genug zu sehen war. Diese Zuordnungsprobleme beziehen sich aber schlimmstenfalls nur auf die Zuordnungen zu Frontal- vs. Halbprofilansichten, die im Zweifelsfall zugunsten letzterer gelöst wurden, nicht aber auf Rechts-Links-Klassifikationen.

4.3.4.4 ERGEBNISSE UND DISKUSSION

Die Tabellen 4.3 und 4.4 zeigen die Ergebnisse dieser Klassifikationen. Tabelle 4.3 ist unterteilt nach jeweils vollem linken und rechten Seiten- und Halbprofil und der Frontalansicht. Auf zusätzliche Aufteilungen nach der Größe des Körperausschnittes der portraitierten Person (Kopf und Schulter, Halbansicht bis zur Gürtellinie, Dreiviertelansicht bis zum Knie und ganzer Körper) kann hier nicht näher eingegangen werden. In Tabelle 4.4 werden die Daten der Untersuchung von MCMANUS und HUMPHREY (1973) und unserer Untersuchung vergleichend einander gegenübergestellt.

Die Daten in Tabelle 4.3 zeigen eine deutliche Überrepräsentation von Halbprofilen (89,7%) gegenüber Profilen (8,2%) und Frontalansichten (2,1%). Der Unterschied zwischen Linksansichten (Profile und Halbansichten zusammengefaßt: 54,8%) und Rechtsansichten (45,2%) erwies sich jedoch (im Gegensatz zu BADDELEY & WOODHEAD, 1983) als nicht-signifikant ($chi_2(1) = 2.12; p > .10$). Doch ist ein klarer Geschlechtsunterschied erkennbar (vgl. Tabelle 4.4): Während nur 43% der Männer mehr von ihrer linken Wange zeigten, war diese bei 74% der Frauen größer sichtbar ($chi_2(1) = 20.98; p < .00001$). Damit wird der von MCMANUS und HUMPHREY beobachtete Geschlechtsunterschied voll bestätigt. Ihre Erklärung im Sinne von Statusunterschieden bleibt angesichts der Ergebnisse der gegenwärtigen Stichprobe kaum haltbar.

---

[1] Ich der Kunsthistorikerin Frau Dr. BÖCKER für ihre sachkundige Diskussionsbereitschaft danken.

Stimulusfaktoren 69

TABELLE 4.3: *Anzahl unterschiedlicher Darstellungsansichten (in %) in der Portraitgalerie zur Geschichte Österreichs von 1400 bis 1800 des Kunsthistorischen Museums Wien (N = 233)*

	Links-Profil	Links-Halbprofil	Frontalansicht	Rechts-Halbprofil	Rechts-Profil	Summe
Männer	4.9	36.8	2.8	50.0	5.6	
	(7)	(53)	(4)	(72)	(8)	144
Frauen	2.2	70.8	1.1	23.6	2.2	
	(2)	(63)	(1)	(21)	(2)	89
Zusammen	3.9	49.8	2.1	39.9	4.3	
	(9)	(116)	(5)	(93)	(10)	233

Anm.: Absolute Werte in Klammern. Links = linke Wange sichtbar.

TABELLE 4.4: *Darstellungsansichten (in %) in den Portraituntersuchungen von* HUMPHREY *und* MCMANUS *(N = 1776) und unserer Untersuchung (N = 228)*

	Britische Portraitgalerien[a] (Humphrey & McManus)		Österreichische Portraitgalerie[b] (unsere Untersuchung)	
	Links	Rechts	Links	Rechts
Selbstportraits	39.4	73.9	---	---
	(119)	(183)	---	---
Männer	56.2	43.8	42.9	57.1
	(524)	(408)	(60)	(80)
Frauen	67.7	32.3	73.9	26.1
	(367)	(175)	(65)	(23)

Anm.: Absolute Werte in Klammern. Links = linke Wange sichtbar.
[a]$chi^2(2) = 63.69, p < .000001$; [b]$chi^2(1) = 20.98, p < .00001$.

Auch dürfen wir andere, sparsamere Alternativhypothesen nicht außer acht lassen. Bei den meisten Portraits in den Gemäldegalerien dürfte es sich um Gemälde handeln, die von den Abgebildeten in Auftrag gegeben wurden. Es ist daher nicht unplausibel anzunehmen, daß die Portraitpersonen - meist Angehörige des Adels - selbst gewisse Vorstellungen in die Details ihrer Portraitierung miteinbrachten, die sich wiederum an vergangenen Gepflogenheiten (z.B. frühere Portraits einer Ahnengalerie: BÖCKER, pers. Mitt. 1985) orientierten.

Die von HUMPHREY und MCMANUS (1973), BADDELEY und WOODHEAD (1983) und in unserer Stichprobe beobachteten (geschlechtsspezifischen) Tendenzen von Portraitpersonen in Gemäldegalerien, zur Linken des Betrachters zu blicken, kann allerdings nicht als universell verallgemeinert werden (MCKELVIE, 1983). Sie stehen nämlich möglicherweise[2] im Widerspruch zu

---
[2] Der von den Autoren verwendete Ausdruck "face towards left... with respect to observer" ist nicht ganz eindeutig, so daß der Widerspruch zu den obengenannten Untersuchungen mit gemalten Portraits möglicher-

einer Untersuchung von FISHER und COX (1975), die eine Zufallsstichprobe von Portrait*fotografien* von je 1000 männlichen und weiblichen Persönlichkeiten des öffentlichen Lebens analysierten, auf denen Männer häufiger als Linksblickende, Frauen als Rechtsblickende abgebildet waren. Von den Männern blickten 50,2% nach links, 19,7% geradeaus, und 30,1% nach rechts; bei den Frauen waren es 36,3%, 11,1% und 52,6% in entsprechender Darstellungspose.

4.3.4.5 ZUSAMMENFASSUNG DER UNTERSUCHUNGEN ZUR DARSTELLUNGSPOSE

Die angeführten experimentellen und nicht-experimentellen Befunde unterscheiden sich in zuvielen Einzelheiten, als daß daraus integrative Schlußfolgerungen bezüglich hemisphärischer Präferenzen, sei es hinsichtlich der relativen Informativität der abgebildeten Gesichtshälften, oder bezüglich der Betrachterpräferenzen gezogen werden könnten. Blickbewegungsstudien könnten zur letzteren Frage Aufschluß geben (vgl. z.B. MENZ & GRONER, 1985; YARBUS, 1967).

Auch die Frage nach einer optimalen Darstellungspose (Frontalansicht, Dreiviertel oder Profil) bleibt wie die Frage nach der (geschlechtsspezifischen) Lateralität angesichts der zum Teil widersprüchlichen Befunde noch offen. Es scheint jedoch, daß die Profilansicht aus verschiedenen Gründen schlechter abschneiden dürfte als entweder die Frontal- oder die Dreiviertelansicht. Aufgrund der archivarischen Analysen von Gemäldesammlungen und von Fotografien von Personen des öffentlichen Lebens wird ebenfalls deutlich, daß Halbprofile überwiegend häufiger als Frontalansichten oder Profile als Darstellungsmodi gewählt werden. Aus den Befunden wird auch klar, daß bei Wiedererkennensexperimenten die Darbietungspose nicht ohne Berücksichtigung der Testpose und ihre mögliche Wechselwirkung betrachtet werden sollte. Darauf werden wir in den beiden nächsten Abschnitten eingehen.

4.3.5 Testpose

Unabhängig von der Orientierungsrichtung der Zielperson während der Darbietungsphase (d.h. die Darbietungspose) interessiert uns natürlich auch, ob es eine "optimale" Testpose, d.h. eine Orientierungsrichtung während des Wiedererkennenstests gibt, die zu optimalen Leistungen führt. Diese Frage ist sicherlich auch für die Kriminalistik von Interesse, die sich in ihren Fahndungsbemühungen gewöhnlich auf die traditionellen Bertillonaufnahmen (Frontal- und Profilansicht) stützt.

LAUGHERY, ALEXANDER und LANE (1971, Experiment 2) haben diesen Faktor experimentell manipuliert. Ein Farbdia einer Zielperson wurde zunächst in vier (nicht näher beschriebenen) Posen für insgesamt 32 sec gezeigt. Nach einem kurzen Intervall von ca. acht min folgte eine von vier Testserien mit 150 Dias, mit der Zielperson an 104. Stelle. Obwohl die Unterschiede nicht signifikant waren, zeigten die Wiedererkennensraten gewisse Trends in Abhängigkeit von der Testpose: 59% Treffer für die Links-Dreiviertelansicht; Rechts-Dreiviertel: 41%; Frontal: 53%; Links-Profil: 33%. Insbesondere das Profil scheint hier abzufallen (vgl. auch BADDELEY & WOODHEAD, 1983; s. oben). Bei der Untersuchung von LAUGHERY et al. fehlten jedoch Ratekorrekturen für Reaktionsneigungen, so daß die Ergebnisse nicht als konklusiv erachtet werden können (KROUSE, 1981). Auch könnte eine Untersuchung mit mehr als einer Zielperson ein sensibleres Maß für den Einfluß der Testpose auf die Wahrscheinlichkeit einer korrekten Identifizierung geben.

---

weise gar keiner ist. Die Autoren brachten ihren Befund mit der Seite des Scheitels der abgebildeten Personen in Verbindung, die offensichtlich häufiger gezeigt wurde.

Zwei Experimente von BADDELEY und WOODHEAD (1983) deuten jedenfalls darauf hin, daß, im Falle einer Veränderung zwischen Darbietung und Test, die Dreiviertelpose während des Tests zu besseren Wiedererkennensraten führen dürfte. Der Grund dafür dürfte darin liegen, daß die Dreiviertelpose sowohl Informationen der Frontal- als auch der Profilansicht in sich vereint. Leider sind die Ergebnisse von BADDELEY und WOODHEAD (1983) zu unpräzise berichtet, so daß hier keine genaueren Details über den isolierten Einfluß der Testpose, unabhängig von der Darbietungspose, abgeleitet werden können.

In zwei weiteren Experimenten von WOODHEAD, BADDELEY und SIMMONDS (1979, Experimente 2 und 3), in denen die Vpn aus dem in der Darbietungsphase in Frontalansicht gelernten Set das zu dem während des Tests jeweils projizierten Gesicht passende innerhalb von 10 sec suchen mußten (recognition-matching-Aufgabe), erbrachten die Vpn bessere Leistungen, wenn die Testbilder in Dreiviertelpose (also nur um 45 Grad gedreht), als wenn sie im Profil (90 Grad Drehung) gezeigt wurden.

Dennoch bleibt die wichtige praktische Frage nach einer optimalen Testpose beim Wiedererkennen dadurch weiter offen. Diese Ergebnisse deuten aber schon darauf hin, daß einer Veränderung der Gesichter zwischen Darbietung und Test besondere Bedeutung zukommt.

4.3.6 Veränderungen zwischen Darbietung und Test

Eine wichtige Unterscheidung in der neueren Literatur zum Wiedererkennen von Gesichtern ist die zwischen dem Wiedererkennen von *Gesichtern per se* und dem Wiedererkennen von *Stimuli*. Mehrere Autoren haben wiederholt auf diese Unterscheidung hingewiesen (z.b. BADDELEY & WOODHEAD, 1983; DAVIES & MILNE, 1982; GOLDSTEIN, 1977; PATTERSON & BADDELEY, 1977; WOODHEAD, BADDELEY & SIMMONDS, 1979); doch am klarsten scheint dieser Punkt von BRUCE (1982) formuliert:

"Die Mehrzahl der Untersuchungen auf diesem Gebiet bestand darin, Vpn einen Satz von Fotografien unbekannter Gesichter zu zeigen und die dargebotenen Fotos später in einem größeren Satz heraussuchen zu lassen. Die Aufgabe besteht also darin, sich an das Bild eines Gesichtes zu erinnern, wobei die Gesichter die von Fremden sind. Die Leistung in derlei Aufgaben kann genauso gut vom Erinnern von Einzelheiten des Bildes abhängen wie von der Erinnerung an die abgebildeten Gesichter. Man kann vom Wiedererkennen von Gesichtern dann sprechen, wenn ein Gesicht trotz einer Veränderung in Pose, Ausdruck, Kleidung etc. zwischen Darbietung und Test wiedererkannt wird. Derartiges Wiedererkennen muß auf dem Gedächtnis für die *strukturellen* Merkmale eines Gesichts und nicht auf den oberflächlichen Besonderheiten einer bestimmten Abbildung beruhen." (BRUCE, 1982, S. 105, unsere Übers.)

Obwohl auf diesen Punkt schon in einer der ältesten Untersuchungen zum Wiedererkennen von Gesichtern von HOWELLS (1938) eingegangen wurde, fand die Unterscheidung zwischen einem bloßen Wiedererkennen des dargebotenen Stimulus (stimulus recognition) und dem Wiedererkennen eines Gesichts bzw. einer Person (face recognition bzw. person recognition) in der Mehrzahl der Untersuchungen keine Beachtung. In den letzten Jahren zeichnet sich jedoch eine Tendenz ab, diesen Aspekt durch gezielt manipulierte Veränderungen der Darstellung eines Gesichts zwischen Darbietungs- und Testphase zu berücksichtigen. Die Wiedererkennensaufgabe wird dadurch - je nach Art der vorgenommenen Veränderung - zum Teil erheblich erschwert. Aus diesen Gründen haben wir in fast allen unseren eigenen Experimenten die Pose zwischen Frontal- und

Dreiviertelansicht - et vice versa ausbalanciert - zwischen Darbietung und Test verändert. Abbildung 4.5 zeigt zwei Ansichten eines Gesichts des Bildersatzes, der u.a. in den Experimenten 6 bis 8 verwendet wurde.

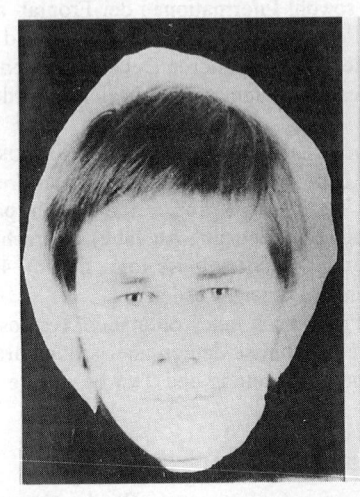

Abbildung 4.5.: Gesichtsstimuli mit Wechsel der Pose zwischen Darbietung und Test in unseren eigenen Untersuchungen (z.B. Experimente 6 bis 8)

Inzwischen liegen auch eine Reihe von experimentellen Untersuchungen vor, die das Ausmaß der Beeinträchtigung der Wiedererkennensleistung durch derartige Veränderungen empirisch festgestellt haben. Diese Untersuchungen lassen sich grob in drei Gruppen einteilen:
(1) Veränderungen der Darstellungspose (des Betrachtungswinkels) und des Gesichtsausdrucks;
(2) Veränderungen durch künstliche Manipulationen wie Bärte, Frisur oder auch Maskierungen; und
(3) Veränderungen des Kontextes des Gesichts. Unter letztere fallen sowohl Kleidungsstücke und Accessoires (z.B. Schmuck), aber auch der externe Kontext der Person wie Bildhintergrund und allgemeiner situativer Kontext.

Aufgrund der großen theoretischen und praktischen Bedeutung des Faktors *Kontext* in der neueren gedächtnispsychologischen Literatur (vgl. WIPPICH, 1985b) werden Untersuchungen zu Kontexteffekten gesondert in Kapitel 10 behandelt.

4.3.6.1 VERÄNDERUNGEN VON POSE UND GESICHTSAUSDRUCK

Die systematische Veränderung des Gesichtsausdrucks und seine Wirkung auf den Betrachter ist ein traditionsreiches Forschungsthema der Emotionspsychologie einerseits und der sozialpsychologischen Ansätze zur nichtverbalen Kommunikation andererseits. Viele der gegenwärtigen Ansätze lassen sich sowohl in theoretischer als auch in methodischer Hinsicht auf DARWINS (1872/1965) "The Expression of the Emotions in Man and Animals" zurückführen. In diesen Untersuchungen geht es jedoch primär um die Wahrnehmung und das Erkennen von Gesichtsausdrücken (vgl. EKMAN & FRIESEN, 1975; EKMAN & OSTER, 1979; SALZEN, 1981; WALLBOTT, 1990). Zwar mit einer anderen Zielsetzung, aber in manchen Grundzügen doch ähnlich (vgl. ELLGRING, 1981), müßte man auch die deutsche *Ausdruckspsychologie* hierherrechnen (z.B. LERSCH, 1932).

Für die gegenwärtige Zielsetzung, das Wiedererkennen von Gesichtern bzw. Personen, sind diese Ansätze nur insofern relevant, als durch eine Veränderung des Gesichtsausdrucks zwischen Darbietungs- und Testphase die Wiedererkennensleistung beeinträchtigt wird. Das wissen offensichtlich auch manche Tatverdächtige, die bei Gegenüberstellungen durch die Polizei eine Identifizierung ihrer Person durch Grimassenschneiden zu vereiteln trachten (vgl. GRÜNWALD, 1981; RIEDER, 1977). Auch die Untersuchungen zum Wiedererkennen von bestimmten Gesichtsausdrücken (z.B. SORCE & CAMPOS, 1974), die zwar in den Details der experimentellen Versuchsdurchführung und statistischen Auswertung den hier referierten Paradigmen ähneln, dürfen nicht mit dem Wiedererkennen von Personen, als der Feststellung der Identität einer Person in Darbietungs- und Testphase, verwechselt werden.

In einer älteren Untersuchung von GALPER und HOCHBERG (1971) wurde der Gesichtsausdruck ("Ruhezustand" vs. "Lächeln") für einen Teil der Stimulusgesichter verändert. Die Versuchspersonen erkannten das richtige Gesicht - genauer ausgedrückt: das richtige Bild - in einem 2-AFC-Test (vgl. Kapitel 3) schlechter wieder, wenn zwei verschiedene Ausdrucksformen desselben Gesichts zur Auswahl standen, als wenn sie zwischen zwei verschiedenen Personen wählen sollten; ihre Wiedererkennensleistung blieb aber über dem Zufallsniveau. Daraus läßt sich zwar schließen, daß der Gesichtsausdruck beim Wiedererkennen von Gesichtern eine Rolle spielt, aber nur ein direkter Vergleich zwischen unveränderten vs. veränderten Gesichtern während der Testphase - bei ansonsten gleichbleibenden Distraktoren - ermöglicht eine präzise Erfassung dieses Faktors.

Auch die Untersuchung von PATTERSON und BADDELEY (1977), in der Gesichtsausdruck *und* Pose zwischen Darbietung und Test simultan verändert wurden, erlaubt aufgrund dieser Konfundierung der Faktoren Ausdruck und Pose keine Aufschlüsselung des relativen Beitrags dieser Faktoren. PATTERSON und BADDELEYs Befunde sind auch insofern schwierig zu interpretieren, als die Veränderung von Ausdruck und Pose zwar zu einer schlechteren Trefferrate (82% vs. 91%), aber auch zu einer geringeren Rate falscher Alarme (40% vs. 55%) führte, so daß insgesamt daraus keine Beeinträchtigung der Diskriminationsleistung resultierte (d' = 1.66 bzw. 1.67). Dieser Befund dürfte jedoch aufgrund der fehlenden Ausbalancierung der Darstellung der Gesichter während der Darbietungsphase (Frontalansicht, ohne Lächeln) und während der Testphase (Dreiviertelansicht, mit Lächeln) zustande gekommen sein. Die Veruchspersonen reagierten offensichtlich häufiger mit einer "Alt"-Antwort, wenn das gezeigte Bild (ob Zielperson oder Distraktor) in der für die Darbietungsphase charakteristischen Pose und mit ernstem Gesichtsausdruck gezeigt wurde.

Ähnlich dieser Untersuchung läßt sich auch in dem Experiment von BRUCE (1982, Experiment 1) der Effekt der Abbildungspose von dem des Gesichtsausdrucks nicht eindeutig isolieren. BRUCE verwendete, neben den 24 Distraktoren, drei Sätze von je acht Stimulusgesichtern, die sich in der angegebenen Reihenfolge beim Wiedererkennen unterschieden:

(1) Einen Satz, der dem der Darbietungsphase identisch war (Treffer: 89,6%; d' = 2.78);

(2) einen Satz mit Veränderungen entweder des Gesichtsausdrucks *oder* der Pose (76,0%; 2.16); und
(3) einen Satz mit Veränderungen des Gesichtsausdrucks *und* der Pose (60,5%; 1.55).

Auch die Reaktionszeiten verlängerten sich entsprechend, je mehr Veränderungen zwischen Darbietung und Test vorgenommen worden waren (1348, 1610 und 2068 msec). Eine post-hoc-Analyse zeigte zwar einen Vorteil in der Wiedererkennenswahrscheinlichkeit von Gesichtern, die nur im Gesichtsausdruck, gegenüber solchen, die nur in der Pose verändert worden waren, doch ergaben sich umgekehrte Ergebnisse für die Reaktionslatenzen.

In ihrem zweiten Experiment konnte BRUCE zeigen, daß sich die Wiedererkennensleistung infolge gleichzeitig veränderten Gesichtsausdrucks und Pose nur für die den Vpn unbekannten Gesichter einstellte, während die Gesichter der den Vpn bekannten Personen (Fakultätsmitglieder) davon nicht betroffen waren (vgl. dazu auch unten: DAVIES & MILNE, 1982, Experiment 2). Letzteres Ergebnis leuchtet unmittelbar ein, da wir vermutlich gelernt haben, die für die Identitätsfeststellung wichtigen invarianten strukturellen Merkmale von Gesichtern von Bekannten und Freunden trotz der ständig fluktuierenden Veränderungen von Ausdruck und Betrachtungswinkel zu abstrahieren.

Diese Interpretation wird auch durch ein Experiment von WALKER-SMITH (1980) gestützt, die bei einem unmittelbaren Test (1 sec) keinen Unterschied zwischen den Beurteilungen ("gleich" vs. "ungleich") hinsichtlich Identität, Audruck und Pose feststellen konnte, während schon nach 20 Sekunden ein Teil der Information über Ausdruck und Pose, nicht aber bezüglich der Identität, der beiden Gesichter verlorenging (vgl. auch WALKER-SMITH, 1978).

Zusammenfassend läßt sich also feststellen, daß wir im allgemeinen einen bestimmten Gesichtsausdruck bzw. eine bestimmte Pose bei der ersten Wahrnehmung mitverarbeiten, daß diese aber für ein späteres Wiedererkennen keine notwendige Voraussetzung darstellen. Allerdings können wir aufgrund des in den experimentellen Untersuchungen nur milde manipulierten Gesichtsausdrucks (z.B. lächelnd, traurig, neutral bzw. ernst) keine Rückschlüsse auf (kriminalistisch eher relevante) Extremsituationen ziehen, in denen eine Person mit besonders ausgeprägter Mimik (z.B. auf der Flucht, angsterfüllt, schmerzverzerrt, oder mit besonderer Anstrengung) beobachtet und später bei einer Gegenüberstellung (mit ernster, gespannter Miene) wiedererkannt werden soll.

Auch die Befunde bezüglich einer *Veränderung der Darstellungspose* zwischen Darbietung und Test, also dem *Winkel* des abgebildeten Gesichts relativ zum Beobachter bzw. zur Kamera, sind nicht eindeutig. Wie bereits erwähnt, wurden in einigen Experimenten Pose und Gesichtsausdruck gleichzeitig verändert und Ihre Effekte dadurch konfundiert (z.B. DAVIES & MILNE, 1982; PATTERSON & BADDELEY, 1977, Experiment 1).

In zwei Experimenten - einmal mit Gesichtern von unbekannten Personen und einmal mit denen von Personen des öffentlichen Lebens aus Zeitschriften - untersuchten DAVIES und MILNE (1982) den Einfluß von Wechsel der Pose und Bildhintergrund ("Kontext": vgl. Kapitel 10 und ENGELHARDT, 1986). Die Stimulusgesichter für Experiment 1 waren entweder von vorne (Frontalansicht) mit Kopf und Schulterpartie abgebildet, oder in Dreiviertelansicht, wobei die Stimuluspersonen gebeten wurden, auch den Gesichtsausdruck und die Kleidung zwischen den beiden Fotoaufnahmen zu verändern (also eine Konfundierung dieser drei Variablen). Für die Portraits von Prominenten (Experiment 2) wurden zwei, nicht näher spezifizierte Aufnahmen mit unterschiedlichem Darstellungswinkel aus illustrierten Zeitschriftenmagazinen entnommen. Ein Wechsel der Darstellungspose, mit den damit konfundierten Variablen, reduzierte die Trefferrate nicht nur für die Gesichter von Unbekannten (51% vs. 80%), sondern auch die der aus den Medien bekannten Persönlichkeiten (72,4% vs. 93,1%) ohne die von BRUCE (1982; s. oben) beobachtete Wechselwirkung zwischen Bekanntheit und Darstellungswechsel.

Der scheinbare Widerspruch zu den von BRUCE berichteten Daten konnte von DAVIES und MILNE durch eine post-hoc-Analyse aufgelöst werden. Es zeigte sich nämlich, daß der Wechsel der Darstellungspose nur das Wiedererkennen von denjenigen Gesichtern beeinträchtigte, die die Vpn nicht richtig benennen konnten, während er auf das Wiedererkennen der ihnen bekannten Persönlichkeiten keinen Einfluß hatte.

Auch in den Experimenten von PATTERSON und BADDELEY (1977) und WOODHEAD, BADDELEY und SIMMONDS (1979) wurden Gesichtsausdruck und Pose zwischen Darbietung und Test gleichzeitig variiert. In PATTERSON und BADDELEYs erstem Experiment war ohnehin kein Einfluß auf d' (lediglich auf die Treffer und die falschen Alarme) festzustellen. In ihrem zweiten Experiment zeigte sich jedoch, daß ein Wechsel von Frontalansicht (0 Grad) zu Profilansicht (90 Grad) zu einer erheblich geringeren Trefferrate (ohne Veränderung der Reaktionsneigung) führte als ein Wechsel zu Dreiviertelansicht (45 Grad). Vergleichbare Ergebnisse wurden auch von WOODHEAD, BADDELEY und SIMMONDS (1979) berichtet.

In einer weiteren Untersuchung von BADDELEY und WOODHEAD (1983) zeigte sich ebenfalls, daß eine Drehung um 90 Grad - also von Frontal- zu Profilansicht et vice versa - einen stärkeren Einfluß hatte als eine Drehung um 45 Grad. Erwartungsgemäß war die Wiedererkennensleistung am besten, wenn keine Veränderung vorgenommen worden war. BADDELEY und WOODHEAD schließen daraus, daß die Dreiviertelansicht eine optimale Darstellungspose für die Darbietungsphase bietet, da sie gewissermaßen die Informationen aus Frontal- und Profilansicht in sich vereint. Sie folgern weiter, daß Paßbildfotos in Frontalansicht suboptimal gegenüber solchen in Dreiviertelansicht sind.

Leider berichten BADDELEY und WOODHEAD in ihrem Kapitel die experimentellen Daten nicht in genügend präziser Weise, daß daraus auch eine optimale Darstellungspose für die *Testphase* erschlossen werden könnte. Eine weitere Untersuchung aus demselben Labor von PATTERSON (1978) gibt darüber Aufschluß. Identifizierungen waren weniger häufig, wenn die Testbilder in Profilansicht abgebildet waren. Dies galt allerdings nur, wenn die Stimulusgesichter vorher ebenfalls als Dias gezeigt worden waren. Wurden die Stimuluspersonen hingegen in einem Film gezeigt, in dem sie sowohl von vorne als auch von der Seite sichtbar waren, machte die Testansicht keinen Unterschied. Die Untersuchung von PATTERSON ergab desweiteren auch, daß die Profilansicht beim Wiedererkennenstest insbesondere dann von Nachteil war, wenn das Äußere der Stimulusperson zwischen Darbietung und Test durch einen Bart verändert worden war.

Während die Inferiorität eines Wechsels zur Profilansicht aufgrund dieser Ergebnisse relativ klar erwiesen scheint, sind die vergleichenden Untersuchungen zur Frontal- und Dreiviertelansicht nicht ganz so eindeutig. DAVIES, ELLIS und SHEPHERD (1978) berichteten keine signifikante Verschlechterung der Wiedererkennensrate als Funktion eines Darstellungswechsels von Frontal- und Dreiviertelansicht. ELLIS und DEREGOWSKI (1981, Experiment 1) hingegen fanden ein drastisches Absinken der Wiedererkennensleistung von 75% auf 47,5% (Zufallsniveau), wenn die Darstellungspose zwischen Darbietung und Test verändert wurde. In ihrem zweiten Experiment wurde dieses Ergebnis bestätigt; es zeigte sich jedoch auch, daß ein Wechsel der Pose sich noch stärker auswirkte, wenn die wiederzuerkennende Person einer anderen ethnischen "Rasse" (im physiognomischen Sinn) angehörte als die Vpn (bei "weißen" europäischen Vpn mit "schwarzen" afrikanischen Stimulusgesichtern, und bei "schwarzen" afrikanischen Vpn mit "weißen" europäischen Stimulusgesichtern; vgl. Kapitel 12).

Erwähnenswert ist in diesem Zusammenhang auch ein Nebenbefund von WELLS (1985), der signifikant höhere Identifizierungsraten (sowie umfangreichere Personenbeschreibungen) für einen Wechsel der Darstellungspose von einer Dreiviertelansicht während der Darbietung zu einer Frontalansicht während des Tests beobachtete als bei einer umgekehrten Reihenfolge. Allerdings läßt sich, wie WELLS (1985, S. 623, Anm. 1) richtig bemerkt, dieser Befund weder der Pose während der Darbietung noch während des Tests, noch einer Kombination der beiden, eindeutig zuordnen.

Die u.W. einzige Untersuchung, die diese Effekte in angemessener Weise trennte, wurde von KROUSE (1981) vorgestellt. KROUSE manipulierte die Darstellungspose während der Darbietungsphase orthogonal zur Testphase (jeweils Frontal- vs. Dreiviertelansicht) als Within-subjects-Faktoren, um so die Wirkung von Pose und Posenwechsel, sowie deren Wechselwirkung, isolieren zu können. Die Wiedererkennensleistung wurde entweder unmittelbar oder nach zwei bis drei Tagen gemessen, da KROUSE vermutete, daß mögliche Effekte der Darstellungspose nicht über längere Zeiträume stabil sein würden (vgl. auch WALKER-SMITH, 1980, s. oben).

TABELLE 4.5: *Trefferraten (in %) bei unmittelbarem versus verzögertem Test für Gesichter in Frontal- und Dreiviertelansicht und gleicher und ungleicher Testpose (nach Daten von* KROUSE, *1981, S. 653)*

Darbietung	Test					
	Unmittelbar			Nach 2-3 Tagen		
	Gleich	Ungleich	Total	Gleich	Ungleich	Total
Frontalansicht	73.3	44.0	58.5	59.8	42.0	51.0
Dreiviertelansicht	75.0	56.5	65.8	59.3	52.8	55.9
Total	74.0	50.4	62.2	59.5	47.4	51.6

Tabelle 4.5 zeigt die Mittelwerte der Treffer für den 4-AFC-Test, zunächst getrennt für unmittelbares und um zwei bis drei Tage verschobenes Testen, dann über die beiden Meßzeitpunkte gemittelt. Alle drei Haupteffekte für Darstellungspose (Frontal vs. Dreiviertel), Wechsel der Pose zwischen Darbietung und Test (gleich vs. ungleich) und Testzeitpunkt (unmittelbar vs. nach zwei bis drei Tagen) waren signifikant, wurden jedoch durch die Wechselwirkungen zwischen Posenwechsel und Meßzeitpunkt und zwischen Pose und Posenwechsel modifiziert.

Die Wiedererkennensleistung war nach zwei bis drei Tagen nicht mehr so hoch (51,6%) wie für die Gruppe, die sofort nach der Darbietung getestet wurde (62,2%). Die

Dreiviertelansicht erwies sich für die Darbietungsphase insgesamt als bessere Darstellungspose gegenüber der Frontalansicht (60,8% vs. 54,8% Treffer), insbesondere wenn wieder in derselben Darstellungspose getestet wurde (66,8%), im Gegensatz zu einem Wechsel zwischen Darbietung und Test (48,9%). Der Darstellungswechsel beeinflußte die Wiedererkennensleistung jedoch stärker und blieb auch dann wichtiger als die Pose als solche, wenn die beiden Faktoren zu unterschiedlichen Vorhersagen führten. So war z.B. die Wiedererkennensleistung für die Frontal-Frontal-Bedingung besser als für die Frontal-Dreiviertel-Bedingung, allerdings nur bei unmittelbarem Test. Die anderen Mittelwerte lagen zwar in der erwarteten Richtung, ihre Unterschiede konnten jedoch nicht statistisch abgesichert werden.

Leider wurde der Haupteffekt für die Darstellungspose während der Testphase in der von KROUSE durchgeführten Varianzanalyse nicht berechnet. Die entsprechenden Mittelwerte lassen sich jedoch aus den Diagonalen in Tabelle 4.5 ableiten (vgl. oben: Tabelle 4.2): Demgemäß scheint die Dreiviertelansicht (55,5%) tendenziell schlechter als die Frontalansicht (60,5%), was jedoch vor allem in dem stärkeren Abfall der Leistung in der Frontal-Dreiviertel-Bedingung begründet sein dürfte.

Fassen wir die Ergebnisse der Untersuchung von KROUSE (1981) und der vorher referierten Befunde zusammen, so zeigt sich, daß im allgemeinen höhere Wiedererkennensleistungen zu erwarten sein dürften, wenn keine Veränderungen der Darstellungspose zwischen Darbietung und Test erfolgen. Dies ist auch aus theoretischer Sicht nach dem Prinzip der *Enkodierungsspezifität* (TULVING & THOMSON, 1973; WIPPICH, 1985b; s. Kapitel 10) nicht anders zu erwarten. Es scheint auch, daß die Dreiviertelansicht (45 Grad) gegenüber der Frontalansicht gewisse Vorteile in sich birgt, die vermutlich aufgrund der größeren Informationsmenge (Sichtbarkeit eines Ohres, perspektivische Betrachtung des Nasenrückens etc.) zustande kommen dürfte. Es ist jedoch möglich, daß dieser Vorteil nur über einen kurzen Zeitraum aufrecht erhalten bleibt. Am wenigsten vorteilhaft erscheint die Profilansicht (90 Grad), bei der offensichtlich wichtige strukturelle Merkmale des Gesichts verlorengehen.

Ein großangelegter systematischer Vergleich, wie ihn BADDELEY und WOODHEAD (1983) für die Darbietungsphase vorgelegt haben, steht für die Testphase noch aus: Dazu müßten verschiedene Darstellungsposen, sowie deren Kombinationen, unabhängig für Darbietungs- und Testphase manipuliert werden. Auch müßten mögliche Wechselwirkungen mit dem Zeitpunkt der Messung und der absoluten Anzahl bzw. dem Verhältnis von Zielpersonen und Distraktoren berücksichtigt werden. Schließlich müßte die praktische Relevanz dieser Befunde für kriminalistische Anwendungsbereiche letztlich noch in Wirklichkeitsversuchen überprüft werden.

4.3.6.2 VERÄNDERUNGEN IM AUSSEHEN

Es ist sicherlich eine Binsenweisheit, daß polizeilich Verfolgte seit altersher versucht haben, ihr Aussehen *nach begangener Tat* durch bewußt vorgenommene Manipulationen zu verändern, um auf diese Weise dem Erkanntwerden zu entgehen. Dennoch schien dieser Faktor experimentell arbeitenden kognitiven Psychologen nicht zu trivial, als daß sie nicht versucht hätten, den Einfluß verschiedener Formen der *Maskierung* auf die Wiedererkennensleistung zu untersuchen.

Zwei Untersuchungen von LAUGHERY und FOWLER (1977) und PATTERSON und BADDELEY (1977) demonstrierten massive Beeinträchtigungen der Wiedererkennensleistung durch Maskierungen. LAUGHERY und FOWLER veränderten entweder die Barttracht (mit vs. ohne), die Präsenz einer Perücke (lange vs. mittellange Haare), oder die Präsenz einer Brille während der Darbietungsphase oder während des Tests, jedoch ohne Berücksichtigung der Wechselwirkungen dieser drei Faktoren. Die Wiedererkennensleistung (Trefferrate), die ohne Veränderungen zwischen Darbietung und Test bei knapp 90% lag, wurde durch die vorgenommenen Veränderungen bis zu 42% beeinträchtigt. Es machte dabei keinen Unterschied, ob die Accessoires bei der Darbietung oder beim Test hinzugefügt wurden. Veränderungen des Bartes hatten einen stärkeren Einfluß als solche der Haartracht, und diejenigen wiederum waren stärker als das Tragen (oder Abnehmen) einer Brille. Die falschen Alarme wurden ebenfalls durch die vorgenommenen Veränderungen erhöht. Eine von den Autoren nicht näher diskutierte Wechselwirkung zwischen den gezeigten vier Zielpersonen und der Art der Veränderung deutet daraufhin, daß diese Maskierungen nicht für alle Zielpersonen gleich effektiv waren.

Ähnlich drastische Beeinträchtigungen der Wiedererkennensleistungen wurden auch von PATTERSON und BADDELEY (1977) berichtet. In ihrem ersten Experiment wurden u.a. jeweils Paare von Bildern von Schauspielern einem Jahrbuch entnommen, die durch einen oder mehrere Aspekte zwischen den beiden Aufnahmen verändert waren (z.B. Bart, Schnurrbart, Frisur, Brille etc.). Obwohl die Inspektionszeit während der Darbietungsphase mit 28 sec relativ lang war, verringerte sich die Trefferrate von annähernd perfekten 98% (d' = 3.00) bei identischer Testdarbietung auf 45%, wenn das Aussehen verändert war (d' = .58). Auch die Konfidenzurteile für Treffer fielen von einem Mittelwert von 2.90 bei identischen Stimulusgesichtern auf 2.02 bei verändertem Aussehen ab - vergleichbar denen bei falschen Alarmen (1.90). In ihrem zweiten Experiment versuchten PATTERSON und BADDELEY den relativen Beitrag einzelner Veränderungen des Aussehens der Stimulusgesichter näher zu bestimmen. Dazu wurden zwei Sets von je fünf Stimuluspersonen in drei Darstellungspositionen (Frontal-, Dreiviertel- und Profilansicht) und allen möglichen acht Versionen der Präsenz bzw. Absenz von Brille, Bart oder Perücken fotografiert (s. Abbildung 4.6). Während der Darbietungsphase lernten die Vpn die Vor- und Nachnamen der fünf Stimuluspersonen, die (jede in einer durch Zufall ausgewählten Darstellungsversion) fünfmal in Frontalansicht dargeboten wurden (insgesamt für je 45 sec). Während des Tests mußten die Vpn die in Dreiviertel- oder Profilansicht gezeigten Stimuluspersonen, die in allen acht Versionen zusammen mit den acht Versionen des Alternativsets (Distraktoren) gezeigt wurden, richtig benennen (also "identifizieren" i.e.S.).

Außer dem bereits diskutierten Effekt des Wechsels der Darstellungspose resultierten alle drei Veränderungen in unabhängigen, also additiven, Haupteffekten (s. Abbildung 4.7). Lediglich der Faktor Brille zeigte zusätzlich zwei dreifache Wechselwirkungen, auf die hier nicht näher eingegangen wird. Am stärksten wurde die Trefferrate durch eine Veränderung (Hinzufügen *oder* Wegnehmen) des Schnurr- und Vollbartes beeinträchtigt (69% vs. 47%), gefolgt vom Einfluß der Perücke (67% vs. 49%) und der Brille (61% vs. 54%). Die starke Beeinträchtigung des Wiedererkennens durch diese Veränderungen wird besonders deutlich, wenn wir die beiden Extremgruppen miteinander vergleichen: Ohne Veränderungen erkannten die Vpn 88,9% für die Dreiviertelpose und 79,6% für die Profilansicht wieder, während sie bei einer gleichzeitigen Veränderung von Bart, Perücke und Brille nur mehr 38,5% in Dreiviertelansicht und gar nur 29,3% in Profilansicht wiedererkannten.

Stimulusfaktoren 79

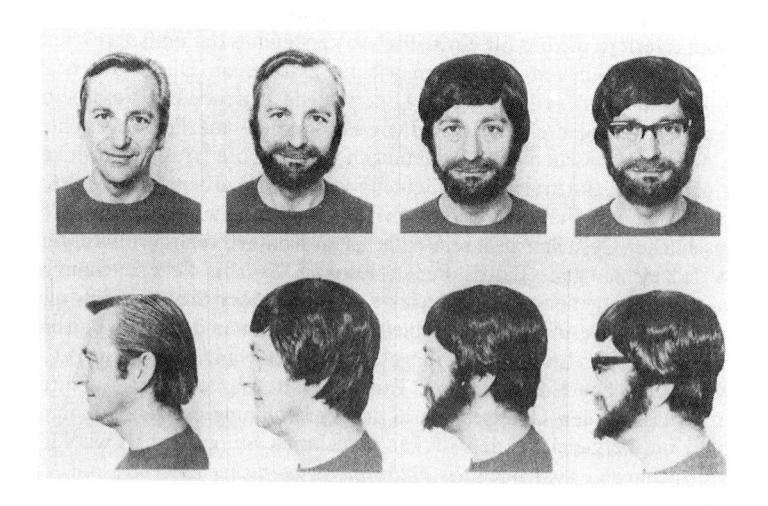

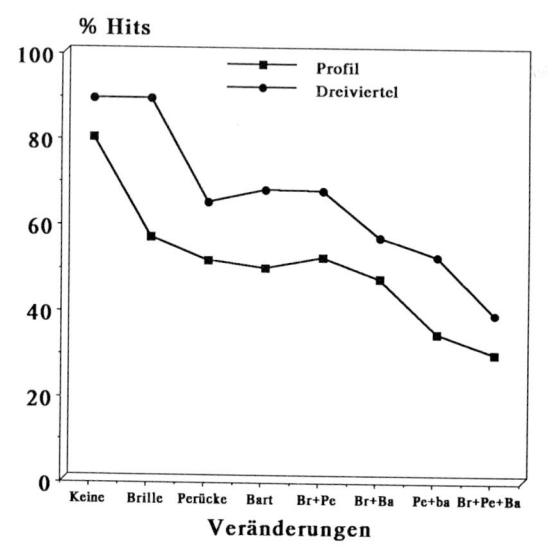

Abbildung 4.6 und 4.7: Veränderungen von Pose, Bart, Frisur und Brille und ihr Einfluß auf die Wiedererkennensleistung (nach Daten von PATTERSON & BADDELEY, *1977)*

4.4 Zusammenfassung

Wir haben in diesem Kapitel ausführlich die Befunde zu Darstellungsformen von Gesichtsstimuli referiert, die uns für ein kritisches Verständnis der umfangreichen Literatur zum Wiedererkennen von Gesichtern wichtig erschienen. Diese Untersuchungen machen deutlich, daß zum Teil erhebliche Unterschiede zwischen der Verarbeitung von einfachen Strichzeichnungen einerseits und von Fotografien natürlicher Gesichter andererseits, die zusätzlich zwischen den Darbietungen noch in Pose (Aufnahmewinkel), Ausdruck, oder gar Frisur, Barttracht und Kleidung verändert wurden, bestehen. Das Ausmaß an ökologischer Validität (vgl. Kapitel 15), das mit Bezug auf unser Ziel, die Verarbeitung menschlicher Gesichter in ihrem natürlichen Kontext, realisiert wird, reicht von einfachen Strichzeichnungen (Punkt, Punkt, Komma, Strich), Federzeichnungen und Karikaturen, (computergenerierten) Gesichts-Komposita, über Schwarzweiß- und Farbfotografien natürlicher Gesichter mit verschiedenen Aufnahmen derselben Person bis hin zu Videoaufnahmen oder Live-Inszenierungen komplexer Handlungen von Personen in verschiedenen räumlichen Kontexten (vgl. Tabelle 2.1 in Kapitel 2). In Anbetracht der nicht zu vernachlässigenden Unterschiede in der Verarbeitung der relativ komplexeren Gesichtsstimuli im Vergleich zu den stärker reduzierten Stimuli haben wir für unsere eigenen Untersuchungen ausschließlich *Fotografien natürlicher Gesichter* mit Veränderungen zwischen Darbietung und Test zu verwendet.[3] Auch bei unserer Diskussion der verfügbaren Literatur in den folgenden Kapiteln werden wir vorzugsweise Untersuchungen heranziehen, die dieses Kriterium erfüllen. Dies führte zur Nichtberücksichtigung aller Arbeiten, die nur mit Strichgesichtern arbeiteten, da deren Verarbeitung offenbar nur wenig mit der von natürlichen Gesichtern gemeinsam hat.

---

[3] Eine Ausnahme stellen die Experimente 15, 16 und 17 dar, bei denen wir aus Gründen der Vergleichbarkeit unserer Ergebnisse mit der Größe des Ausländereffekts in den USA Gesichtsfotografien von Schwarzen und Weißen, die zwischen Darbietung und Test nicht verändert wurden, aus dem Feldmanual von MALPASS (1979) verwendeten.

5

Attraktivität

5.1 Einleitung

"Dies Bildnis ist bezaubernd schön..." singt Tamino in der "Zauberflöte", und Pamina wird ihm deshalb wohl auch nicht so schnell aus dem Sinn gehen. Sozialpsychologen sehen das Ganze etwas nüchterner: Sie fragen nach dem Zusammenhang zwischen der - wohlgemerkt: wahrgenommenen - Attraktivität von Gesichtern und deren Merkbarkeit. Doch "Schönheit" liegt im Auge des Betrachters, und bevor wir besagten Zusammenhang näher untersuchen können, müssen wir uns darüber im klaren sein, daß eine gewisse Übereinstimmung darüber, was bzw. genauer: wen wir für attraktiv halten, eine unumgängliche Voraussetzung für das Postulat eines solchen Zusammenhangs ist (vgl. die kritische Diskussion zu verschiedenen Methoden zur Bestimmung der Inter-Rater-Reliabilität von Beurteilern der Attraktivität von Gesichtern bei HASSEBRAUCK, 1983).

Nehmen wir an, es wäre möglich, einen gewissen Konsens für die Beurteilung von Attraktivität zu erzielen. So bleibt doch die Frage, welche Form dieser Zusammenhang nehmen soll. In dem eingangs erwähnten Beispiel scheint ein *positiv-linearer* Zusammenhang zwischen dem Grad der Attraktivität und dem Gedächtnis für ein Gesicht, oder allgemeiner von Stimuli, impliziert. Präziser formuliert: zumindest bei einer *zwei*-stufigen Ausprägung des Merkmals physische Attraktivität würden wir ein besseres Behalten attraktiver Personen für plausibel erachten. Einfache Plausibilitätserwägungen, die sich durch Befragen beliebiger Personen "auf der Straße" bestätigen ließen, würden einem jedoch alsbald eine Modifikation dieser These zugunsten eines *mehr*-stufigen *kurvilinearen* Zusammenhangs aufdrängen. Besonders attraktive, aber auch besonders unattraktive Personen würden demnach besonders gut behalten, eher durchschnittliche Personen am schnellsten vergessen. Eine dritte, ebenfalls alltagspsychologische Argumentation könnte darin liegen, daß die Beurteilung der Attraktivität ausschließlich von dem "Geschmack" des Beobachters abhängt, und daher kein *allgemeinpsychologischer* Zusammenhang zwischen Attraktivität und Gedächtnis erwartet werden könne. Auch diese These läßt sich empirisch reformulieren: Bei einer Mittelung über die Vpn hinweg dürfte sich kein Zusammenhang zwischen Attraktivität und Wiedererkennen ergeben. Doch *intra-individuell* wäre einer der postulierten Zusammenhänge weiterhin möglich: Das Behalten einzelner Gesichter hinge demnach von der durch die jeweilige Vp wahrgenommenen Attraktivität ab.

Theoretische Ansätze, die zur Unterstützung dieser alltagspsychologischen Erwägungen herangezogen werden können, muten eher hausbacken an und gehen in ihrem Differenzierungsgrad kaum über die erwähnten Plausibilitätserwägungen hinaus. Wir werden im folgenden diese theoretischen Ansätze und die sie stützenden Befunde kurz darstellen, um dann etwas ausführlicher auf eine alternative Position und die Ergebnisse von drei eigenen experimentellen Untersuchungen einzugehen.

5.2 Gefühl und Wiedererkennen: Klassische Befunde

Eine der ersten - und nach unseren Literaturrecherchen auch eine der letzten - Untersuchungen zum Wiedererkennen von Gesichtern im deutschsprachigen Raum wurde von ANNA PETERS (1916) am Institut für Psychologie in Würzburg durchgeführt. ANNA PETERS stützte sich in ihren Untersuchungen auf Arbeiten aus demselben Institut von GORDON (1905), Wilhelm PETERS (1911) und von W. PETERS und NEMECEK (1914; alle zit. in A. PETERS, 1916), die bei Erinnerungsassoziationen bessere Abrufleistungen für lustbetonte - im Gegensatz zu indifferenten - Erlebnisse nachwiesen. Erinnerungen an angenehme Erlebnisse wurden besser erinnert als unlustbetonte. Die Ergebnisse von W. PETERS (1911) lassen weiterhin vermuten, daß sich mit zunehmendem Zeitintervall (Monate oder gar Jahre) zwischen Erlebnis und Erinnerung die Zahl der gefühlsbetonten Eindrücke weniger als die der indifferenten vermindert. W. PETERS spricht hier ganz allgemein von einer *"Tendenz zur Unlustminderung"*.

A. PETERS (1916) suchte nun diese Hypothese durch eine Untersuchung zum Wiedererkennen von Gesichtern zu prüfen. Obwohl experimentelles Design und statistische Auswertung der Daten heutigen Standards nicht mehr entsprechen, deuten die Ergebnisse doch auf interessante Zusammenhänge zwischen "lustbetonten", "unlustbetonten" und "indifferenten" Gesichtern und der Wahrscheinlichkeit ihres Wiedererkanntwerdens hin. Verschiedene Bilderserien aus einer illustrierten Zeitschrift sollten entweder unmittelbar, oder nach einem, zwei, acht oder 15 Tagen wiedererkannt werden. Beim Test sollte dann das betreffende Gesicht als lustbetont, indifferent oder unlustbetont eingestuft werden. In einer Pilotstudie hatte A. PETERS bereits gezeigt, daß sowohl lustbetonte als auch unlustbetonte Gesichter in einem Retest nach fünf Tagen bzw. drei Monaten relativ konstant wie beim ersten Mal beurteilt wurden, was wir heute als Retest-Reliabilität bezeichnen würden. Lediglich "indifferente" Gesichter wurden nach dem längeren Zeitintervall häufiger anders als zuvor eingestuft.

In dem Wiedererkennenstest wurden die als lustbetont eingestuften Gesichter häufiger (75,6%) als die unlustbetonten (65,7%) und die indifferenten Gesichter (64,4%) als vorher gesehen erkannt. Eine weitere Differenzierung in stark, mittel und schwach lust- bzw. unlustbetonte Gesichter ergab des weiteren, daß die jeweilig stark ausgeprägte Gefühlsbetonung zu besserem Wiedererkennen als die mittel bzw. schwach ausgeprägte Gefühlsbetontheit führte, offenbar unabhängig davon, ob die Gesichter als lust- oder unlustbetont wahrgenommen wurden. Eine mögliche Verstärkung dieser beobachteten Tendenzen war in der Bedingung mit dem Behaltenstest nach 15 Tagen zu verzeichnen. Allerdings dürfen auch die Befunde bezüglich des fälschlichen Wiedererkennens - was wir heute als "falsche Alarme" bezeichnen - nicht übersehen werden: Bei lustbetonten Gesichtern lag die Täuschungsrate bei 29,9%, bei unlustbetonten bei 13,9% und bei indifferenten bei 17,8%. Die beobachteten Unterschiede für die Trefferraten könnten daher auch auf einen Unterschied in der Reaktionsneigung (vgl. Kapitel 2) zurückzuführen sein: D.h. die von A. PETERS untersuchten Vpn stuften diejenigen Personen, auf die sie mit "Ja - schon gesehen" antworteten, eher als attraktiv ein als Personen, von denen sie glaubten, sie noch nicht gesehen zu haben (vgl. auch den "mere exposure effect" in der sozialpsychologischen Literatur zur Attraktivität: z.B. BIERHOFF, 1986).

5.3 Neuere theoretische Ansätze

Heute werden mehrere alternative Auffassungen vertreten, denenzufolge attraktive (und unattraktive) Gesichter besser behalten werden müßten als Gesichter geringerer (bzw.) mittlerer Attraktivität. CROSS, CROSS und DALY (1971; vgl. unten) z.b. spekulierten, daß Vpn attraktiven Personen "*aktivere Aufmerksamkeit*" schenken, ohne dies jedoch näher zu spezifizieren oder Belege dafür vorlegen zu können. Ihre Argumentation bleibt daher zirkulär und ohne Erklärungswert. Auch die von FLEISHMAN, BUCKLEY, KLOSINSKY, SMITH und TUCK (1976; vgl. unten) als eine der Möglichkeiten zur Erklärung des Attraktivitätseffekts angeführte Auffassung wird zu wenig differenziert, als daß sie als ernsthafte theoretische Erklärung diskutiert werden kann. FLEISHMAN et al. meinen, daß sowohl attraktive als auch unattraktive Gesichter aufgrund *spezifischer Hinweisreize* besser wiedererkannt würden. In dieser banalen Formulierung ist auch diese Hypothese zirkulär, obwohl sie prinzipiell durch eine *unabhängige* Beurteilung von Gesichtern nach besonderen Merkmalen bzw. nach ihrer Attraktivität empirisch überprüfbar wäre.

Am ehesten kommt noch die von SHEPHERD und ELLIS (1973) vertretene *Erregungshypothese* als theoretischer Erklärungsmechanismus in Frage, da er aus der Grundlagenforschung zum "verbalen Lernen" abgeleitet wurde und auch mit neueren Ansätzen zum Thema "Affekt und Gedächtnis" nicht unvereinbar scheint - worauf wir hier jedoch nicht näher eingehen werden (vgl. z.B. FIEDLER, 1985b; WIPPICH, 1985b; ZAJONC, 1980). So konnte u.a. gezeigt werden, daß die evaluative Beurteilung von Wörtern mit deren Behalten in Verbindung steht. AMSTER (1964) z.B. fand, daß als "gut" eingestufte Wörter besser als "schlechte" und diese wiederum besser als "neutrale" Wörter erinnert wurden.

Ähnlich den frühen theoretischen Bemühungen zu Beginn dieses Jahrhunderts (vgl. oben) kommen auch KLEINSMITH und KAPLAN (1963) in ihren Untersuchungen mit verbalen Materialien zu dem Schluß, daß sich die affektive Erregung mit zunehmendem Behaltensintervall stärker auf die Behaltensleistung auswirken würde. Analog postulierten auch SHEPHERD und ELLIS (1973) einen kurvi-linearen Zusammenhang zwischen Attraktivität und Wiedererkennen, der aber möglicherweise erst nach einem längeren Zeitraum voll zur Geltung kommen würde.

SHEPHERD und ELLIS schlagen vor, daß sowohl attraktive als auch unattraktive Gesichter, im Vergleich zu "neutralen" (d.h. von durchschnittlicher Attraktivität), evaluative assoziative Reaktionen auslösen und zu affektiver Erregung führen und daher besser behalten würden. Diese Erwartung könnte auch von der Theorie des *Adaptionsniveaus* (HELSON, 1964) abgeleitet werden, wenn man annimmt, daß wir ein Adaptionsniveau für Gesichter aufbauen und davon abweichende Gesichter erregend wirken. Des weiteren nehmen SHEPHERD und ELLIS an, daß bei Gesichtern die affektive Erregung überwiegen würde - im Gegensatz zu Wörtern, bei denen man sowohl affektive Erregungs- als auch assoziative Effekte erwarten könnte. Diese Zusatzhypothese führt ebenfalls zu der Vorhersage, daß die Auswirkung der affektiven Erregung über die Zeit hinweg zunehme (vgl. KLEINSMITH & KAPLAN, 1963). Obwohl dieser theoretische Ansatz eine differenziertere Hypothesenbildung zuläßt, muß man auch hier bemängeln, daß eine unabhängige Messung des als Mediatorvariablen postulierten Konstrukts "affektive Erregung" nicht angestrebt wurde.

Aufgrund der bisher diskutierten theoretischen Auffassungen kann man also zusammenfassend einen Vorteil von attraktiven gegenüber weniger attraktiven Gesichtern erwarten. Dieser Zusammenhang kann jedoch dergestalt modifiziert werden, daß anstelle des in dieser Formulierung implizierten linearen Anstiegs der Behaltensleistung eine kurvi-lineare tritt, d.h. nicht-attraktive und attraktive gleichgut, aber besser als Personen im Mittelbereich behalten werden. Weiterhin ist auch eine Kombination beider Hypothesen insofern möglich, daß die Beziehung zwar insgesamt kurvi-linear verläuft, die attraktiven Gesichter dennoch besser als die nicht-attraktiven, die wiederum besser als die im Mittelbereich, erinnert werden. Auch die Länge des *Behaltensintervalls* scheint für diese Beziehung von Bedeutung. Schließlich muß unterschieden werden, ob sich die Bestimmung der Attraktivität auf von unabhängigen Beurteilern skalierte Ratings stützt, oder die von denselben Vpn erhobenen Attraktivitätsurteile zu den Gedächtnisleistungen in Beziehung gesetzt werden sollen.

5.4 Empirische Befunde
5.4.1 Attraktivität und Wiederkennen: Linearer oder kurvi-linearer Zusammenhang?

Erst in den siebziger Jahren ist das Interesse an dem Zusammenhang zwischen Attraktivität und Wiedererkennen neu erwacht. In einer Untersuchung von CROSS, CROSS, und DALY (1971), deren Hauptziel die Erfassung von Geschlechts-, Alters- und "Rasse"-effekten war, ließen die Autoren die Vpn die jeweils attraktivsten aus einem Satz von (nur!) zwölf Gesichtern von Kindern und Jugendlichen beiderlei Geschlechts heraussuchen. Es stellte sich heraus, daß die von den Vpn als attraktiv erachteten Gesichter besser wiedererkannt wurden als die nicht auf diese Weise markierten Gesichter. Leider wurde die Inspektionszeit für einzelne Gesichter, die in der Darbietungsphase alle gleichzeitig in Matrixanordnung gezeigt wurden, nicht kontrolliert, so daß eine längere Beschäftigungsdauer der Vpn mit den attraktiven Gesichtern als alternative Erklärungshypothese nicht ausgeschlossen werden kann. Die Autoren berichten zwar, daß informelle Beobachtungen bei der Durchführung des Experiments eher den Schluß nahelegten, daß sich die Vpn länger mit Gesichtern aufhielten, deren Attraktivität sie nicht auf einen Blick einschätzen konnten, doch wurden dafür keine präzisen Daten erhoben. Die von den Autoren angebotene Erklärung, daß attraktiven Gesichtern eine "aktivere Aufmerksamkeit" geschenkt, und sie deshalb besser behalten würden, ist äußerst spekulativ. Diese Untersuchung ist trotz dieser methodischen Mängel eine der wenigen, die die von den Vpn *subjektiv eingeschätzte*, d.h. für sie persönlich relevante, Attraktivität der Gesichter bei der Auswertung mit berücksichtigte.

Auch die Untersuchung von FLEISHMAN, BUCKLEY, KLOSINSKY, SMITH und TUCK (1976) bezog die Trefferrate auf die von denselben Vpn auf einer Drei-Punkte-Skala eingeschätzte Attraktivität der Gesichter von Frauen. Gesichter von hoher und niedriger Attraktivität wurden relativ häufig, Gesichter mittlerer Attraktivität praktisch nie wiedererkannt. Doch auch diese Untersuchung weist methodische Probleme auf: Die Vpn konnten beliebig viele aus den 35 (zweimal!) dargebotenen Gesichtern in die drei Kategorien klassifizieren. Aus jeder der so gebildeten drei Teilmengen wurden per Zufall je vier Gesichter, zusammen mit zwölf Distraktoren, für den Wiedererkennenstest ausgewählt. Angaben über die Verteilung der Attraktivitätsurteile werden jedoch nicht gemacht, so daß der beobachtete Effekt auch auf Unterschiede in der Besetzungshäufigkeit zustandegekommen sein könnte.

Zusammen gesehen deuten die beiden Experimente von CROSS et al. und FLEISHMAN et al. zwar darauf hin, daß die subjektiv empfundene Attraktivität (bzw. Unattraktivität)

Attraktivität 85

einer Person eine bedeutende Determinante für das Behalten derselben sein könnte, doch harren die in diesen Untersuchungen aufgeworfenen methodischen Probleme noch einer zufriedenstellenden Lösung. Ein möglicher Lösungsansatz könnte vielleicht darin liegen, von der üblichen Analyseeinheit der Versuchsperson abzugehen und an Stelle dessen jedes einzelne Gesicht als Analyseeinheit - etwa für (kurvi-) lineare Regressionsanalysen - zu verwenden.

Im Gegensatz zu den bisher referierten Arbeiten, in denen die Attraktivitätsbeurteilungen der Vpn selbst zum Wiedererkennen in Beziehung gesetzt wurden, ließen SHEPHERD und ELLIS (1973) diese durch unabhängige Beurteiler in einer Pilotstudie vornehmen. Zunächst wurden 97 Farbdias von Frauen von 80 Studenten (40 M, 40 F) auf einer Neun-Punkte-Skala auf ihre Attraktivität beurteilt. Davon wurden jeweils 18 Gesichter des oberen, mittleren und unteren Quartils für den Hauptversuch ausgewählt. Der Wiedererkennenstest erfolgte für ein Drittel der Bilder unmittelbar (89,4% Treffer), ein zweites Drittel nach sechs (80,9%), und das letzte Drittel nach 35 Tagen (71,3%). Dieser Haupteffekt für das Behaltensintervall wird jedoch durch die vorhergesagte Wechselwirkung mit der Attraktivität hochsignifikant modifiziert: Während bei dem unmittelbaren und dem Test nach einer Woche keine Behaltensunterschiede als Funktion der Attraktivität der Gesichter festgestellt werden konnten, sank die Trefferrate nach 36 Tagen für die Gesichter mittlerer Attraktivität fast bis zum Zufallsniveau. Obwohl dieser Effekt unabhängig für zwei verschiedene Bildersätze intern repliziert wurde, ist doch kritisch anzumerken, daß die jeweiligen Testsets zu den drei Zeitpunkten nur aus je drei Bildern zu jeder der drei Attraktivitätsstufen bestanden.

Da keine Maße für die affektive Erregung der Vpn erhoben wurden, sind diese Daten sowohl mit einer Erklärung nach besonderen Merkmalen einzelner Gesichter (distinctiveness) als auch nach der von SHEPHERD und ELLIS vertretenen Auffassung des Einflusses der differentiellen affektiven Erregung vereinbar.

Auch die Ergebnisse mehrerer Untersuchungen von YARMEY (1979a) sowie YARMEY (1975) und PASKARUK & YARMEY (1974; beide zit. in YARMEY, 1979a) deuten auf eine kurvi-lineare Beziehung zwischen Attraktivität bzw. Sympathie und Wiedererkennen hin, die jedoch möglicherweise durch einen Vpn-Geschlechtereffekt modifiziert wird.[1] PASKARUK und YARMEY (1974) konnten zeigen, daß Gesichter, die als eher durchschnittlich-sympathisch (medium likable) beurteilt worden waren, schlechter wiedererkannt wurden als Gesichter hoher bzw. niedriger Sympathie. Bezüglich der beurteilten physischen Attraktivität ergab sich, daß Männer sowohl Gesichter von Männern als auch von Frauen, die sich "in ihrer Attraktivität unterscheiden", besser erinnern. Frauen hingegen waren insgesamt besser als Männer, insbesondere dann, wenn die Gesichter durch "Unterscheidbarkeit" (distinctiveness) oder besondere Merkmale (feature saliency) hervorstachen.

Auch die Daten von YARMEY (1979a)[2] deuten darauf hin, daß Gesichter im Randbereich von physischer Attraktivität, Sympathie oder Unterscheidbarkeit besser (81% Treffer für niedrige, 85% Treffer für hohe Ratings) wiedererkannt werden als Personen im Mittelbereich (73%). Allerdings könnten diese Unterschiede auch auf Unterschiede in der Reaktionsneigung, die jedoch nicht berechnet wurde, zurückgeführt werden, da die

---

[1] Diese Untersuchungen sind nur sehr knapp und nicht ganz eindeutig in YARMEY (1979a) beschrieben.

[2] Leider enthält die in YARMEY (1979a) berichtete Tabelle einen offensichtlichen Fehler, den wir durch Neuberechnung der Randmittelwerte zu beheben suchten.

falschen Alarme für die Gesichter im mittleren Bereich ebenfalls niedriger (4%) als in den Randbereichen liegen (8% für niedrige Ratings und 7% für hohe Ratings). Betrachtet man nämlich die d'-Werte, so zeigt sich eine *umgekehrte kurvi-lineare* Funktion (2.17, 2.66, bzw. 2.20), auf die von YARMEY jedoch nicht eingegangen wird.

Die Daten von YARMEY werden weiterhin dadurch kompliziert, daß diese Effekte sowohl durch Wechselwirkungen mit dem Vpn-Geschlecht als auch mit dem Geschlecht der Stimulusperson modifiziert werden. Auch sind die Daten nicht einheitlich bezüglich der Art der variierten Beurteilungsdimensionen (physische Attraktivität, Sympathie, Unterscheidbarkeit), da sich auch Wechselwirkungen höherer Ordnung mit diesen Variablen zeigten. So wurden z.b. hoch-attraktive und hoch-sympathische Frauen und wenig-attraktive und wenig-sympathische Männer, und umgekehrt wenig unterscheidbare Frauen und hoch-unterscheidbare Männer am besten wiedererkannt. Diese Ergebnisse sind vermutlich eine Eigenart des verwandten Stimulusmaterials, die ohne unabhängige Replikation mit einem anderen Gesichtersatz nicht interpretiert werden sollten. Das Behaltensintervall (unmittelbarer Test: d' = 3.12; eine Woche: 2.44; ein Monat: 1.47) beeinflußte zwar die Leistung, interagierte aber nicht wie bei SHEPHERD und ELLIS (1973) mit den Ausprägungen auf den Beurteilungsdimensionen.

Fassen wir die bisher referierten Untersuchungen zusammen, scheint eine U-förmige kurvi-lineare Beziehung zwischen Attraktivität und Wiedererkennen wohl am wahrscheinlichsten. Diese läßt sich noch am ehesten aus unterschiedlichen theoretischen Positionen ableiten und ist schließlich auch mit unserem alltagspsychologischen Vorverständnis vereinbar. Es ist jedoch möglich, daß dieser Effekt nur bei Gesichtern von Frauen auftritt, die häufiger als die von Männern untersucht wurden und daß weitere Wechselwirkungen mit dem Geschlecht der Vpn und der Länge des Behaltenszeitraums diese Beziehung verändern. Allerdings sollten wir auf mögliche Effekte der Reaktionsneigung, wie dies eine kritische Reanalyse der Daten von YARMEY nahelegt, achten. Schließlich sollten wir die Art der abgegebenen Beurteilung (von unabhängigen Beurteilern vs. von denselben Vpn, die auch am Wiedererkennenstest teilnehmen; Art der Beurteilung: physische Attraktivität oder Sympathie) genauer berücksichtigen. Auch der Bezug von Attraktivität und Unterscheidbarkeit (distinctiveness) oder Einzigartigkeit (uniqueness) einzelner Gesichter, bzw. deren Kehrseite, der "Typikalität" (typicality, usualness), darf nicht übersehen werden, da man von letzteren Ansätzen teilweise konträre Ergebnisse erwarten müßte.

5.5 Attraktivität als Typikalität

Im letzten Abschnitt sind wir, trotz der zum Teil etwas verwirrenden Befunde, zu dem Schluß gekommen, daß sowohl hoch-attraktive als auch wenig-attraktive Personen aufgrund ihrer "Abweichung vom Mittelwert" besser erinnert werden müßten als Personen, die eher im Mittelbereich liegen. Es gibt eine Reihe von Untersuchungen, die zeigen, daß eher "ungewöhnliche" oder "einzigartige" Gesichter besser erinnert werden als weniger "unterscheidbare" oder einander "ähnliche" Gesichter (z.B. DAVIES, SHEPHERD & ELLIS, 1979; GOING & READ, 1974). In Kapitel 6 werden wir auf die Bedeutung der Prototypikalität von Gesichtern für deren Wiedererkennen ausführlich eingehen. Der Bezug zwischen Attraktivität und Typikalität und die damit zusammenhängende Beziehung zum Gedächtnis für Gesichter bleibt jedoch unklar.

Kein geringerer als der Pionier der - später so benannten - differentiellen Psychologie, der Cousin DARWINS, SIR FRANCIS GALTON (1883/1907), hat sich in seinem berühmten Buch *Inquiries into human faculty and its development* u.a. auch mit der Frage der Schönheit von Gesichtern beschäftigt. GALTON verwandte dazu eine einfallsreiche Methode, bei der durch das sukzessive Übereinanderfotografieren einer größeren Anzahl von Gesichtern (vgl. auch KOZENY, 1962, und Kapitel 6) eine Art "statistisches Durchschnittsbild" entsteht, in dem Abweichungen und besondere Merkmale verschwinden und sich Idealtypen herausbilden.

"The result is a very striking face, thoroughly ideal and artistic, and singularly beautiful. It is, indeed, most notable how beautiful all composites are. Individual peculiarities are all irregularities, and the composite is always regular." (GALTON, 1883/1907, S. 240).

LIGHT, HOLLANDER und KAYRA-STUART (1981) interpretieren diesen Satz dahingehend, daß "eher ideale" Gesichter - d.h. Gesichter, die einander ähnlicher sind - *attraktiver* sind. "Schönheit als Durchschnitt" war in den Jahren nach GALTON eine vieldiskutierte Hypothese in verschiedenen Theorien der (experimental-psychologisch orientierten) Ästhetik (vgl. KOZENY, 1962, mit weiteren Literaturnachweisen).

LANGLOIS und ROGGMAN (1990) haben erneut die Idee GALTONS aufgegriffen und mit entwicklungspsychologischen Befunden zur Wahrnehmung der Attraktivität bei Kleinkindern in Verbindung gebracht. Sie stellten fest, daß Kinder schon im Alter von drei bis sechs Monaten Gesichter, die von Erwachsenen als attraktiv beurteilt wurden, gegenüber unattraktiven vorziehen. LANGLOIS und ROGGMAN dehnen die evolutionsbiologische Sichtweise auf die Wahrnehmung und ästhetische Beurteilung von Gesichtern dahingehend aus, daß *Durchschnittswerte* vieler Populationsmerkmale Extremwerten vorgezogen würden. GALTON (1878; 1883) und STODDARD (1886; 1887) hatten bereits festgestellt, daß Gesichtskomposita von "Kriminellen, Fleischessern, Vegetariern, Tuberkulosepatienten bzw. Graduierten des Smith College oder der Academy of Sciences" besser aussähen als ihre individuellen Gegenstücke, da "the special villainous irregularities in the latter have disappeared" (GALTON, 1878, S. 135, zit. nach LANGLOIS & ROGGMAN, 1990, S. 118).

Während die Untersuchungen GALTONS, STODDARDS, TREUS und anderer (vgl. KALKOFEN, MÜLLER & STRACK, 1989) *generische Bilder* durch Übereinanderbelichtung von Einzelfotografien erzeugten, ist es mit Hilfe digitaler Bildverarbeitung möglich, Gesichtskomposita als Pixelgraphiken unterschiedlicher Mächtigkeit (d.h. der Anzahl Einzelgesichter, aus denen sich ein Kompositum konstituiert) zu erzeugen (zu den unterschiedlichen Verfahren vgl. KALKOFEN et al., 1989; LANGLOIS & ROGGMAN, 1990). LANGLOIS und ROGGMAN (1990) stellten auf diese Weise Komposita von zwei, vier, acht, 16 bzw. 32 Gesichtern von Männern bzw. von Frauen her, die sie von großen Versuchspersonengruppen bezüglich ihrer Attraktivität beurteilen ließen (s. Abbildung 5.1). Die Ergebnisse zeigten einen linearen Anstieg in der beurteilten Attraktivität der Komposita als Funktion der Mächtigkeit der sie konstituierenden Einzelgesichter. LANGLOIS und ROGGMAN interpretierten diese Ergebnisse dahingehend, daß "durchschnittliche" Gesichter deshalb als attraktiver eingestuft werden, weil sie als prototypische Vertreter eines Gesichts wahrgenommen und daher als *gesichtstypischer* (more *facelike*) empfunden werden. Unattraktive Gesichter würden demgegenüber aufgrund kleinerer Abweichungen als weniger gesichtstypisch wahrgenommen. Wir geben allerdings kritisch zu bedenken, daß die verwendeten Gesichtskomposita nicht nur typischer, sondern grundsätzlich auch *verschwommener* (vgl. schon GALTON, 1879, S. 166, zit. nach KALKOFEN et al., 1989) bzw.

eher "abgerundet" oder "weicher" erscheinen, so daß diese Wahrnehmungsdimensionen konzeptuell konfundiert sind.

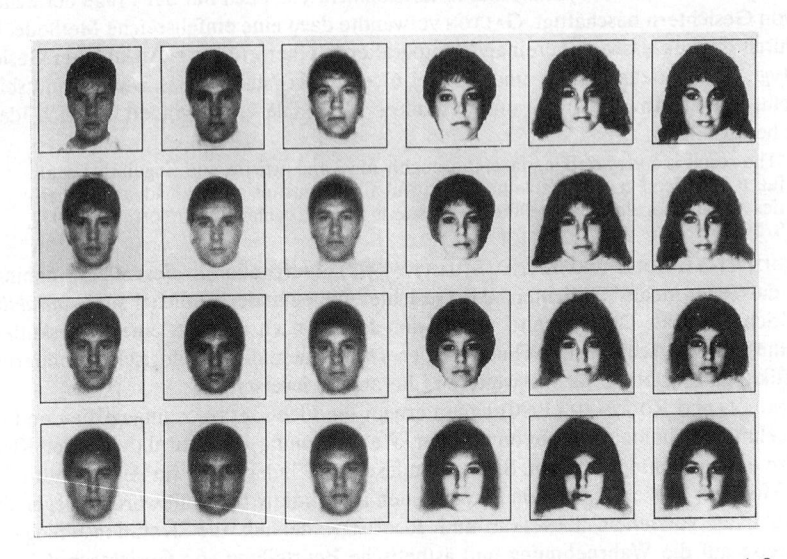

Abb. 5.1: Gesichtskomposita unterschiedlicher Mächtigkeit (komponiert aus 4, 8, 16 und 32 Gesichtern; aus LANGLOIS & ROGGMAN, *1990, S. 117)*

5.5.1 Attraktivität und Wiederkennen: Ein negativ-linearer Zusammenhang?

Wenn nun eher "ungewöhnliche" (unusual) oder "einmalige" (unique, atypical), d.h. weniger "gewöhnliche" (usual) bzw. eher "typische" (typical, ordinary) Gesichter als besser unterscheidbar (distinctive) und damit besser wiedererkennbar (recognizable) angesehen werden können, umgekehrt Idealtypen im Sinne GALTONS bzw. die prototypischen Konstruktionen in den Untersuchungen von KOZENY, KALKOFEN et al. und LANGLOIS und ROGGMANN als schöner empfunden werden, läßt sich daraus der Schluß ableiten, daß *attraktive* Gesichter *schwieriger* zu erinnern seien? LIGHT, HOLLANDER und KAYRA-STUART (1981) haben eben diese überraschende Hypothese formuliert und in einer Reihe von Experimenten zu belegen versucht.

In einer Serie von fünf Experimenten, die ausführlich in LIGHT, KAYRA-STUART und HOLLANDER (1979) dargestellt sind, haben die Autoren zunächst versucht, die Bedeutung von Typikalität (typicality) bzw. deren Gegenpol, Ungewöhnlichkeit (unusualness), auf die Wiedererkennensleistung von Gesichtern nachzuweisen. In den ersten vier Experimenten konnten sie zeigen, daß ungewöhnliche Gesichter durchwegs besser wiedererkannt wurden als diejenigen, die eher als typisch für einen männlichen High-School-Absolventen (typical high school male senior) eingeschätzt worden waren. Dieser Effekt erwies sich robust für inzidentelle und intentionale Lernbedingungen sowie für unterschiedliche Darbietungszeiten (3 vs. 15 sec) bzw. Behaltensintervalle (3 vs. 24 h). In einem fünften Experiment wurde deutlich, daß diese Typikalitätseffekte offenbar auf der

Ähnlichkeit der Gesichter zueinander, die als paarweise Inter-Item-Ähnlichkeits-Ratings erhoben wurde, beruhten. Anhand von multiplen Regressionsanalysen versuchten die Autoren nachzuweisen, daß die "strukturelle Basis" der beobachteten Typikalitätseffekte in dieser Ähnlichkeit begründet ist.

LIGHT, HOLLANDER und KAYRA-STUART (1981) ließen nun zusätzlich einen Teil der Gesichter auf ihre Attraktivität beurteilen. Die Tabellen 5.1 und 5.2 stellen die Interkorrelationen der von LIGHT et al. (1979) bzw. LIGHT et al. (1981) erhobenen Beurteilungen von Typikalität-Einzigartigkeit, Ähnlichkeit, Attraktivität und Sympathie (likableness) einer Teilstichprobe von 30 Gesichtern männlicher High-School-Absolventen dar. Besonders auffällig sind die hohen *negativen* Zusammenhänge zwischen Typikalität-Einzigartigkeit und Attraktivität bzw. Sympathie: Attraktive und sympathische Gesichter werden offenbar als eher typisch, unattraktive als eher ungewöhnlich oder einzigartig beurteilt - d.h. sie fallen aus dem Rahmen prototypischer Erwartungen. Attraktive und sympathische Gesichter ähneln einander offenbar auch mehr als unattraktive und unsympathische.

LIGHT et al. (1981) folgern nun aus dem Zusammenhang zwischen Typikalität und Ähnlichkeit einerseits, und zwischen Ähnlichkeit und Gedächtnis andererseits, daß *attraktive* Gesichter *schlechter* behalten würden. Diese unerwartete Hypothese, die eine *negativ-lineare* Funktion impliziert, wird dem im letzten Abschnitt postulierten U-förmigen kurvi-linearen Zusammenhang gegenübergestellt (vgl. Abbildung 5.2c und 5.2d). So seltsam diese These zunächst anmutet, gewinnt sie doch an Plausibilität, wenn wir die Gesichter von Fotomodellen in der Werbung für Kleidungs- und Kosmetikindustrie näher betrachten, die einerseits sicherlich aufgrund ihrer Attraktivität ausgewählt, doch eine gewisse (Proto-) Typikalität aufweisen - und deshalb vielleicht auch schwieriger zu erinnern sind.

Trotz der insgesamt sorgfältig anmutenden statistischen Analysen ihrer Daten glauben wir, daß die methodische Vorgehensweise von LIGHT et al. einige Schwachpunkte aufweist, die die Schlüssigkeit ihrer Befunde beeinträchtigen.[3] Im folgenden wird nur auf diejenigen methodischen Probleme eingegangen, die für die Interpretation ihrer Ergebnisse sowie unsere Diskussion über Attraktivität und Typikalität relevant sind. Da die beiden Untersuchungen von LIGHT, KAYRA-STUART und HOLLANDER (1979) und LIGHT, HOLLANDER und KAYRA-STUART (1981) auf denselben Datensätzen beruhen, beziehen sich die Kritikpunkte auf beide Aufsätze gemeinsam:

(1) Die Autoren gingen zunächst von einer Stichprobe von 200 - bzw. 168, nach Elimination infolge von Fehlern bei der Versuchsdurchführung - Fotografien von männlichen "high school seniors" aus einem "high school yearbook" aus, deren Auswahl wie folgt beschrieben wird: Identischer, gleichförmiger Bildhintergrund, ähnliche Kleidung mit weißem Hemd, dunklem Anzug und Fliege; Kopf-und-Schulter-Portrait, mit unterschiedlichen Blickrichtungen und Gesichtsausdruck. Die ansonsten übliche Vorauswahl durch Ausschluß von Gesichtern mit (Schnurr-) Bärten oder Brillen wurde nicht vorgenommen, um den möglichen Einfluß "ungewöhnlicher" Gesichter bewerten zu können. Die abgebildeten Personen stellen also eine relativ homogene Stichprobe von jungen *Männern*, schätzungsweise im Alter von 16 bis 18 Jahren dar, deren Bandbreite durch Einschluß von Personen mit den angegebenen besonderen Merkmalen erhöht wird. Da weder

---
[3] Für die anregende Diskussion der folgenden Punkte danke ich Frau Dr. Friederike HOLZ-EBELING (Universität Marburg).

Darstellungspose noch Gesichtsausdruck zwischen Darbietungsphase und Wiedererkennenstest verändert wurde, ist diese Untersuchung lediglich eine der *Stimulus*rekognition und nicht eine zum Wiedererkennen von Gesichtern bzw. Personen (z.B. BRUCE, 1982; vgl. Kapitel 4). Mit anderen Worten, ein Vertrautheits- bzw. Wiedererkennensurteil konnte allein durch das Vorhandensein bestimmter Teilmerkmale (z.B. seltsame Brille oder auffallender Bart, aber auch irgendwelcher anderen Besonderheiten der fotografischen *Aufnahme*) zustandekommen.

TABELLE 5.1: *Interkorrelationen der Beurteilungen der Typikalität-Einzigartigkeit (typicality), Ähnlichkeit (similarity), Attraktivität (attractiveness) und Sympathie (likableness) in den Untersuchungen von* LIGHT, HOLLANDER *und* KAYRA-STUART *(1981, S. 273)*

	Typikalität-Einzigartigkeit*	Ähnlichkeit	Attraktivität
Ähnlichkeit	-.70	---	---
Attraktivität	-.84	.57	---
Sympathie	-.69	.57	.72

Anm.: 1 = sehr typisch; 5 = sehr ungewöhnlich.

TABELLE 5.2: *Interkorrelationen zwischen Wiedererkennenswahrscheinlichkeit ($\underline{A}$'), Einzigartigkeit, Ähnlichkeit, Attraktivität und Sympathie in den Untersuchungen von* LIGHT, HOLLANDER *und* KAYRA-STUART *(1981, S. 274)*

Experiment	Einzigartigkeit	Ähnlichkeit	Attraktivität	Sympathie	N
Experiment 1	.41*	-.65**	-.30	-.40*	30
Experiment 2					
3 sec Darbietung	.61**	-.75**	-.56**	-.65**	20
8 sec Darbietung	.72**	-.66**	-.64**	-.67**	20
Experiment 3					
Beurteilung der Blickrichtung	.22	-.61**	-.19	-.35	20
Beurteilung der Sympathie	.66**	-.77**	-.65**	-.67**	20
Experiment 4					
Beurteilung der Blickrichtung	.55**	-.74**	-.52**	-.55**	22
Beurteilung der Sympathie	.09	-.55**	.04	-.18	22
Intentionale Lernbedingung	.61**	-.69**	-.57**	-.70**	22

*$p < .05$; **$p < .01$.

Attraktivität 91

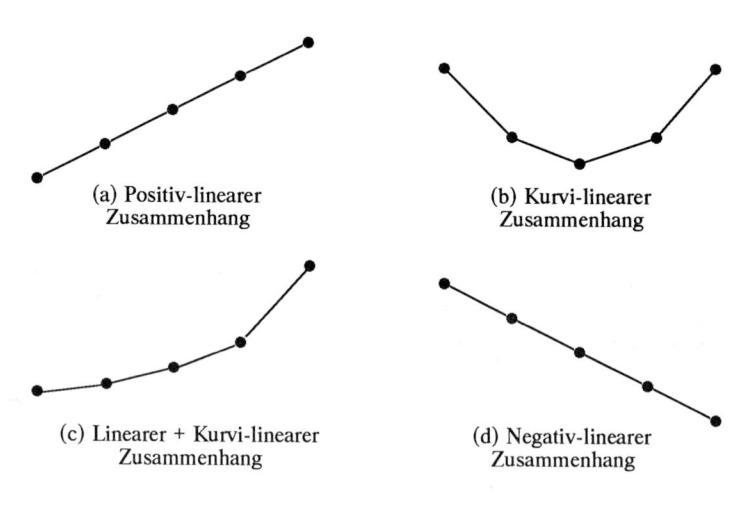

(a) Positiv-linearer Zusammenhang

(b) Kurvi-linearer Zusammenhang

(c) Linearer + Kurvi-linearer Zusammenhang

(d) Negativ-linearer Zusammenhang

Abb. 5.2a-5.2d: Hypothetische Zusammenhänge zwischen Attraktivität und Wiedererkennensleistung

(2) Für die Experimente 2 bis 4 wurden dann 120 der in Experiment 1 auf "Typikalität" hin beurteilten Gesichter ("1 = very usual" bis "5 = very unusual") ausgewählt. Diese Auswahl wurde jedoch nicht per Zufall vorgenommen, sondern umfaßte nur die obere (M = 2.03) und untere (M = 3.88) Extremgruppe der Typikalitätsskala. Vierzig Gesichter mittlerer Typikalität (M = 2.74) wurden zwar in der Darbietungsphase als je 20 Pufferitems zu Beginn und am Ende der Serie gezeigt, wurden aber für die weiteren Auswertungen nicht weiter berücksichtigt. Betrachtet man die Angaben zu der Verteilung der Typikalitätsratings von Experiment 1 (M = 2.84; s = .72; Spannweite (gemittelt über die 42 (?) Vpn): 1.55 bis 4.59), wird deutlich, daß die vorgenommene Extremgruppenauswahl wohl nur eine bimodale Verteilung darstellen kann. Korrelationsanalysen mit Wiedererkennensmaßen sind daher nicht nur prinzipiell statistisch fragwürdig, sondern führen durch die künstliche Varianzvergrößerung zu groben Überschätzungen.

Diese Vermutung bestätigt sich auch in den von LIGHT et al. (1979) vorgelegten Daten (vgl. Tabelle 5.1): Während in Experiment 1, in dem noch alle 168 verwendbaren Typikalitätsratings in die Analyse eingingen, die Korrelationen mit Trefferraten (r = .33), FA (-.35) und A' (.37) noch sehr mager ausfielen - nur ca. 11% bis 14% der Varianz wird dadurch aufgeklärt - werden in dem die Experimente 2 bis 4 zusammenfassenden Experiment 5 inflationär hohe Korrelationen um die .60 berichtet. Die von LIGHT et al. (1981) auf diesen Typikalitätsratings beruhenden zusätzlichen Korrelationen mit Atttraktivitätsratings werden dementsprechend fragwürdig (vgl. Tabelle 5.2).

(3) Die theoretische Untermauerung der Versuche von LIGHT et al. scheint in Anbetracht ihrer experimentellen Vorgehensweise weit hergeholt. LIGHT et al. argumentieren in Anlehnung an die Untersuchungen zur Kategorienbildung von ROSCH (z.B. ROSCH & MERVIS, 1975) mit "Prototypikalitätseffekten". Tatsächlich ließen sie ihre Vpn die Schüler auf der Typikalitätsskala mit Bezug auf "how similar each face is to your idea of the typi-

cal high school male senior" beurteilen. Die Endpunkte der Skala "very usual" bzw. "very unusual" führen die Vpn aber offensichtlich dazu, die "außergewöhnlichen" bzw. "ungewöhnlichen" unter den "gewöhnlichen" Gesichtern als in irgendeiner Form deviant auszusondern. Dies wird auch durch die hohen Korrelationen der Typikalitätsratings mit dem in Experiment 5 erhobenen Maß der Inter-Item-Ähnlichkeit (.70 bzw. .81) bestätigt.

(4) Fragen wir uns jedoch nach der Basis der Einstufungen in "gewöhnliche" bzw. "außergewöhnliche" Gesichter, so scheint diese offenbar nicht unerheblich durch das Vorhandensein besonderer, zusätzlicher Merkmale (extra features) wie Brille, Bart etc. bedingt: Von den 40 in den Experimenten 2 bis 4 verwandten "ungewöhnlichen" Gesichtern hatten 16 (40%), von den "gewöhnlichen" nur 4 (10%) zusätzliche besondere Merkmale! Diese dürften bei dem für die Messung der Wiedererkennensleistung durchgeführten "Vertrautheitsurteil" ausschlaggebend für die beobachteten "Typikalitätseffekte" sein. Eine sparsamere theoretische Argumentation im Sinne eines VON-RESTORFF-*Effekts*, der natürlich selbst wieder einer detaillierten theoretischen Analyse bedürfte, wäre hier vorzuziehen. Der von LIGHT et al. vorgeschlagene Bezug auf Inter-Item-Ähnlichkeiten als zugrundeliegenden Mechanismus sollte daher weiter verfolgt werden.

(5) Der Kreis potentieller Artefakte schließt sich, wenn wir die von LIGHT et al. (1981) durchgeführten Attraktivitätsratings näher inspizieren. LIGHT et al. versuchen hier möglichen Kritikern der Verteilungsform der Attraktivitätsratings dadurch zu begegnen, daß sie auf die große *Spannweite* - nicht die *Streuung* (sic!) - der über die Urteiler gemittelten Attraktivitäts- (1.68 bis 5.77 auf einer Sieben-Punkte-Skala) bzw. Typikalitätsratings (1.55 bis 4.59 bei der Fünf-Punkte-Skala) hinweisen. Die Korrelationen zwischen Typikalität und Attraktivität (-.86 für 120 Gesichter aus Experiment 1, -.84 für die Auswahl von 30 Gesichtern in Experiment 5) erscheint zwar überraschend hoch und in ihrer Linearität (durch Inspektion der bivariaten Verteilungen) und Richtung unerwartet: "Gewöhnliche" Gesichter werden als attraktiver, "ungewöhnliche" als unattraktiver eingestuft. Aber auch hier sollten wir uns fragen, welche Konnotationen diese *"(Un-)Gewöhnlichkeits"*-Ratings für die Vpn haben können. Aus der sozialpsychologischen Literatur (z.B. HASSEBRAUCK, 1986) wissen wir, daß die Wahrnehmung von Attraktivität mit angenommener Einstellungsähnlichkeit in Verbindung steht. Wenn wir annehmen, daß die Erstsemesterstudenten der LIGHT et al. Untersuchung ihre High-Schooltage noch nicht ganz vergessen haben, nimmt es auch nicht wunder, daß sie "high school seniors" (d.h. Schüler im Abschlußjahr), die von ihrer Vorstellung eines typischen Vertreters stark abweichen, auch als weniger attraktiv beurteilen!

(6) Selbst wenn man den Zusammenhang von Attraktivität und hier gemessener Typikalität unterstellt, ist der beobachtete Zusammenhang zwischen Attraktivität und Wiedererkennensleistung in Experiment 1 mit $r = -.30$ ($p = .057$) (noch) nicht signifikant negativ. Wir rufen in Erinnerung, daß diese Korrelation noch auf einer größeren Stichprobe von Stimulusgesichtern beruht (je 40 Gesichter niedriger, mittlerer und hoher Typikalität, ausgewählt aus den 168 beurteilten Gesichtern). Erst durch die Begrenzung der Stimuli auf die Randgruppen der Typikalität in den Experimenten 2 bis 4 ergeben sich die signifikanten negativen Korrelationen bis zu -.65.

Angesichts dieser methodischen Unzulänglichkeiten könnte man dem von LIGHT et al. gefundenen linear-negativen Zusammenhang zwischen Attraktivität und Wiedererkennen leicht als Methodenartefakt abqualifizieren, gäbe es nicht auch eine neuere Untersuchung von MUELLER, HEESACKER und ROSS (1984), die diese Ergebnisse zu bestätigen scheinen. MUELLER et al. wählten aus einem College-Jahrbuch, das Aufnahmen von Studenten und Studentinnen kurz vor ihrer Graduierung enthält, 160 Fotografien von Männern und Frauen unter Ausschluß besonderer Merkmale wie Barttracht oder Brillen aus. In einer Pilotstudie wurden diese 80 Männer und Frauen von Kommilitonen und Kommilitoninnen bezüglich ihrer *Sympathie* (likableness) beurteilt. Die Vpn wurden explizit darauf hingewiesen, die Stimuluspersonen nicht nur nach Merkmalen der physischen Attraktivität zu beurteilen, sondern auch danach, ob eine Person nett oder sympathisch erschien, so daß sie z.B. gerne in einer Wohngemeinschaft mit ihr zusammenwohnen würden. Aufgrund dieser Ratings wurden die jeweils oberen und unteren Quartile der Männer- und Frauengesichter (also je 20) ausgewählt. Die in anderen Untersuchungen von MUELLER und seinen Mitarbeitern durchgeführten Beurteilungen derselben Gesichter bezüglich Attraktivität (A) und Typikalität (T) korrelierten ebenfalls hoch positiv mit den Sympathieratings (likableness (L)): A-L: Männer: .80, Frauen: .78; A-T: .84 bzw. .89; L-T: .78 bzw. .80). Allerdings beziehen sich auch diese Korrelationen offenbar nur auf die bimodalen Teilstichproben der Gesichter (d.h. die jeweiligen Extremgruppen der Männer und Frauen, so daß die zu den Untersuchungen von LIGHT et al. angeführten Kritikpunkte), die Überschätzungen der beobachteten Korrelationen vermuten lassen, auch hier zutreffen.

In zwei Experimenten, in denen die Sympathie der Ziel- bzw. Testpersonen entweder als Between- oder als Within-subjects-Faktor variiert wurde, konnten MUELLER et al. zeigen, daß sympathische Zielpersonen weniger gut wiedererkannt wurden als unsympathische. Die Sympathie der Distraktoren bei dem 4-AFC-Test (vgl. Kapitel 2 und 3) spielte hingegen nur im ersten Experiment eine Rolle. Obwohl die Ergebnisse zum Teil durch Auswahlstrategien der Vpn - wähle diejenige Zielperson, die nicht zu den anderen paßt, als vorher gesehen - erklärt werden können, zeigt eine detailliertere Analyse der Fehler (falsche Alarme bzw. "Nicht-dabei"-Antworten), daß die Sympathie der Gesichter doch einen *un*abhängigen Einfluß auf die Merkbarkeit einzelner Gesichter zu haben scheint. In Anbetracht der hohen Korrelationen zwischen Attraktivität und Typikalität scheint hier ebenfalls ausschlaggebend, daß sympathische Gesichter offenbar weniger unterscheidbar und daher schlechter wiederzuerkennen sind.

5.5.2 Zusammenfassung

Dieser negativ-lineare Zusammenhang zwischen Attraktivität (bzw. Sympathie) und Typikalität mit der Wiedererkennensleistung ist trotz der angeführten methodischen Schwächen verblüffend. Er steht zum einen im Widerspruch zu unseren alltagspsychologischen Erwägungen, die eher einen *positiv*- oder *kurvi*-linearen Zusammenhang vermuten lassen (vgl. die Abbildungen 5.2a, 5.2b und 5.2c). Zum anderen lassen die im vorletzten Abschnitt diskutierten theoretischen Ansätze (Verstärkungstheorie, Theorie des Adaptionsniveaus, Erregungshypothese) eher letzteren Zusammenhang vermuten. Die zu diesen Ansätzen vorliegenden Untersuchungen (CROSS et al., 1971; FLEISHMAN et al., 1976; A. PETERS, 1916; SHEPHERD & ELLIS, 1973; YARMEY, 1979a), die von LIGHT et al. (1981) nur zum Teil rezipiert wurden, unterstützen ebenfalls eher eine der in den Abbildungen 5.2a bis 5.2c dargestellten Beziehungen. Wie lassen sich diese Befunde mit dem von LIGHT et al. in Anlehnung an GALTON postulierten negativ-linearen Zusammenhang (Abbildung 5.2d) in Einklang bringen?

Eine Möglichkeit, die diesen scheinbaren Widerspruch auflösen könnte, könnte darin liegen, daß die von LIGHT et al. vorgenommene Vorauswahl der Stimulusgesichter aufgrund der Typikalitätsratings zu einer Eliminierung von *extrem attraktiven* Personen - die besser im Gedächtnis behalten worden wären! - führte (also die linke Hälfte der Daten in Abbildung 5.2b). Mit anderen Worten: LIGHT et al. untersuchten möglicherweise nur die linke Hälfte (oder vielleicht Dreiviertel?: bis M = 5.77 auf der Sieben-Punkte-Skala!) der Attraktivitätsverteilung der skalierten Männergesichter. Angesichts der insgesamt geringeren Attraktivitätseinschätzung von Männern im Vergleich zu Frauen, in Verbindung mit der geringeren Urteilerübereinstimmung männlicher Vpn mit Bezug auf Portraits von Männern als von Frauen (HASSEBRAUCK, 1983), erscheint diese Interpretation auch mit Hinsicht auf die in ihren Experimenten verwandten ausschließlich männlichen Vpn, die nur die Gesichter von Männern beurteilten, plausibel.

Für unsere eigenen Untersuchungen stellen wir daher die folgenden *Arbeitshypothesen* auf:

H5.1: **Zwischen Attraktivität und Wiedererkennen besteht ein U-förmiger kurvilinearer Zusammenhang.**

H5.2: **Dieser Zusammenhang zeigt sich möglicherweise nur, wenn extrem attraktive Personen im Stimulusset vorhanden sind.**

H5.3: **Dieser Zusammenhang ist möglicherweise auf die Beurteilung von Frauen durch Männer beschränkt, da bei der Beurteilung von Männern oder Frauen durch Frauen, bzw. von Männern durch Männer die vorausgesetzte Urteilerübereinstimmung zu gering ist.**

H5.4: **Attraktivitätseffekte werden möglicherweise durch Typikalitätseffekte vermittelt, die wiederum durch besondere Merkmale "ungewöhnlicher" Gesichter verursacht werden können.**

Wir haben in den Experimenten 1 bis 3 die Bedeutung von *Attraktivität* (physical attractiveness), *Sympathie* (likeableness), *Typikalität-Einzigartigkeit* (typicality-uniqueness) und attribuierter politischer *Radikalität* (radicalism) für das Wiedererkennen von Gesichtern untersucht. In Experiment 2 wurden zusätzlich die Faktoren Darbietungszeit (5 sec vs. 10 sec) und Behaltensintervall (10 min vs. 3 Wochen) systematisch variiert, um die von SHEPHERD und ELLIS (1973) postulierte Wechselwirkung von Attraktivität und Behaltensintervall festzustellen. Dadurch wollten wir folgende Arbeitshypothese prüfen:

H5.5: **Attraktivitätseffekte wirken sich nach einem längeren Behaltensintervall stärker aus als bei unmittelbarem Test (Wechselwirkung von Behaltensintervall und Attraktivität).**

In Experiment 3 wurde schließlich die Beurteilungssichtweise der Vpn als Eigenperspektive vs. gesamtgesellschaftliche Perspektive per Instruktion variiert, da wir annahmen, daß die Vpn eher dazu bereit wären, Personen aus der Sicht anderer einzuschätzen als ihre persönlichen Einschätzungen preiszugeben. Diese Manipulation diente zur Untersuchung einer hier nicht weiter zu diskutierenden Frage der Personenwahrnehmung, die sich nicht auf die Wiedererkennensleistung auswirken sollte.

Tabelle 5.3 gibt eine Übersicht über die in diesen drei Experimenten durchgeführten Ratingaufgaben. Der Wiedererkennenstest erfolgte jeweils zu Beginn der Testphase, ohne daß die Vpn während der Darbietungsphase (Lernphase) auf diesen späteren Gedächtnistest hingewiesen wurden (inzidentelle Lernbedingung). Wir werden im folgenden zunächst die Methoden dieser drei Experimente, dann einige Teilergebnisse der

Attraktivität 95

Beurteilungsaufgaben (Ratings) als Befunde zur *Personenwahrnehmung* und schließlich die Ergebnisse zum Wiedererkennen der Gesichter darstellen.

5.6 Methode der Experimente 1 bis 3

5.6.1 Versuchspersonen

An Experiment 1 nahmen 48 Studenten (21 Männer, 27 Frauen) im Alter von 19 bis 40 Jahren (Altersmedian: 23.0) teil. Davon waren 8 Studierende der Betriebswirtschaft, 24 Studierende der Erziehungswissenschaft und 16 Schulpsychologiestudenten bzw. -studentinnen.

An Experiment 2 nahmen 64 Vpn teil (32 Männer und 32 Frauen). Davon waren 49 Studierende des Faches Psychologie in den Anfangssemestern, 7 Vpn gehörten anderen Fachbereichen an und 8 Vpn studierten nicht. Ihr Alter lag zwischen 19 und 37 Jahren, mit einem Altersmedian von 22.0 Jahren.

TABELLE 5.3: *Übersicht über die in den Experimenten 1 bis 3 durchgeführten Ratingaufgaben während Darbietungs- und Testphase sowie die Fülleraufgaben in der Behaltensphase*

Experiment	Darbietungsphase (Set A oder B) (je 30 Bilder)	Behaltens-intervall	Testphase (Sets A + B) (60 Bilder)
Experiment 1 N = 145/48* (70 M, 75 F) (21 M, 27 F)	Attraktivität Sympathie	15 min Fragebogen zur sozialen Interaktion	Attraktivität Sympathie
Experiment 2 N = 64 (32 M, 32 F)	Typikalität - Einzigartigkeit	10 min / 3 Wochen LGT-3-Aufgaben	Typikalität - Einzigartigkeit
Experiment 3 N = 40 (18 M, 22 F)	Attraktivität Politische Radikalität	1 Woche	Attraktivität Politische Radikalität

Anm.: (N = 48 Vpn in der Bedingung MK-OK, wie sie in den Experimenten 2 und 3 verwendet wurde; vgl. Experiment 11 in Kapitel 10).

In Experiment 3 waren es 40 Vpn zwischen 20 und 33 Jahren (Median: 23.0 Jahre), davon 22 Frauen und 18 Männer. Die Vpn waren Studierende aus den Fachbereichen Psychologie (32), Medizin (3), Pädagogik (2), Jura (1), Germanistik (1) und Energie- und Wärmetechnik (1).
Experiment 1 wurde an den Universitäten Erlangen-Nürnberg und Regensburg, die Experimente 2 und 3 an der Universität Marburg durchgeführt.[4] Die Teilnahme an den Experimenten erfolgte freiwillig. Die Vpn wurden per Zufall den einzelnen experimentellen Bedingungen zugeordnet.

---

[4] Hiermit möchte ich besonders Herrn Prof. Dr. Franz BÖCKER (Universität Regensburg) für die organisatorische Hilfe, sowie den Dipl.-Psych. Heidrun ENGELHARDT, Carina LOTTER und Sabine KÜCHLER (Universität Erlangen-Nürnberg) für ihre Hilfe bei der Durchführung von Experiment 1 (vgl. ENGELHARDT, 1986) und den cand. psych. Silvia SCHULTE und Helmut GLASER bzw. Karin KOLLER und Karola GRAF für die Durchführung der Experimente 2 und 3 an der Universität Marburg danken.

5.6.2 Untersuchungsmaterial

Als Untersuchungsmaterial wurden 64 35mm Farbdias einer Untersuchung von HASSEBRAUCK (1984, Experiment 2) verwendet, die insgesamt 32 Männer und 32 Frauen zwischen 18 und 35 Jahren darstellten.[5] Die Personen waren in Frontalansicht, meist mit einem freundlichen Gesichtsausdruck oder Lächeln, abgebildet. Alle Fotografien waren an derselben Stelle eines Parks mit einem Teleobjektiv aufgenommen worden, wobei der Hintergrund unscharf war. Die Personen willigten ein, daß ihre Fotos für "wissenschaftliche Zwecke" verwendet würden. Sie umfaßten eine große Bandbreite von Attraktivität, wie in HASSEBRAUCKs Experiment durch eine Rating-Einschätzung gezeigt wurde: Männer (M = 3.81) wurden auf einer Neun-Punkte-Skala (1 = sieht sehr schlecht aus; 9 = sieht sehr gut aus) als weniger attraktiv eingeschätzt als Frauen (M = 4.44); dieser Haupteffekt wurde jedoch durch eine signifikante Interaktion zwischen dem Geschlecht des Beobachters und dem Geschlecht der Stimulusperson modifiziert.

Auf der Grundlage dieser Ergebnisse von HASSEBRAUCK wurden die Fotos von Männern und Frauen zunächst getrennt bezüglich ihrer Attraktivitätsmittelwerte in eine Rangreihe gebracht; daraus wurden zwei unterschiedliche Darbietungssets (Fotosets) A und B so konstruiert, daß von jedem der Rangpaare per Zufall einer der Paarlinge den alternativen Sets A bzw. B zugeordnet wurde. Jedes Darbietungsset bestand aus je 15 männlichen und 15 weiblichen Zielpersonen, die mit der Einschränkung randomisiert wurden, daß Gesichter eines Geschlechts nicht öfter als dreimal hintereinander erscheinen sollten. Beide Darbietungssets A und B wurden zu einem neu randomisierten Testset kombiniert, wobei darauf geachtet wurde, daß nie nehr als drei "alte" oder drei "neue" Gesichter hintereinander kamen - die "alten" Gesichter des einen Sets dienten als Distraktoren für das andere Set und umgekehrt. Von den anfangs 64 Dias der HASSEBRAUCK-Untersuchung wurden die restlichen vier als Beispielitems benutzt, um die Instruktionen während der Darbietung und des Tests zu erklären.

Nach den Ratings von HASSEBRAUCK (1983, Experiment 2) wiesen die daraus resultierenden 60 Gesichtsportraits eine große Spannweite an Attraktivität von M = 1.70 bis M = 5.53 für die Gesichter der Männer bzw. von M = 2.70 bis M = 6.63 für die Gesichter der Frauen auf. Die Frauen (M = 4.48; s = 1.11) lagen in ihrer Attraktivität insgesamt deutlich über den Männern (M = 3.83; s = .89; $F(1;58)$ = 6.11, p = .016).[6]

Im Gegensatz zu den Untersuchungen von LIGHT et al. (1979) und LIGHT et al. (1981), die jeweils Extremgruppen ihrer Stimuli verwendeten, teilten wir alle verfügbaren Gesichter, jeweils getrennt für Männer und Frauen, in drei Gruppen von je niedriger, mittlerer und hoher Attraktivität (je 10 Gesichter von Männern und 10 von Frauen) ein. Dadurch ist es möglich, auch einen kurvi-linearen Zusammenhang zwischen Attraktivität und Wiedererkennen zu überprüfen. Die jeweiligen Attraktivitätsmittelwerte für die daraus resultierenden sechs Teilgruppen, die nach HASSEBRAUCKs Werten berechnet wurden, betrugen 2.85, 3.92 bzw. 4.73 für die Männer, und 3.28, 4.41 bzw. 5.47 für die Frauen.[7]

Um auszuschließen, daß das Wiedererkennensurteil nicht lediglich aufgrund von Merkmalen der Kleidung - die Gesichter waren als Halbportraits bis knapp zur Hüfte abgebildet - oder sonstiger Besonderheiten (z.B. Halskettchen, Handtasche über der Schulter) erfolgen konnte, wurde die Kleidung in der Testphase mit schwarzer Tusche abgedeckt. Somit sollte gewährleistet werden, daß tatsächlich das Wiedererkennen von Personen, und nicht nur "stimulus recognition" (BRUCE, 1982) untersucht wird (zur Bedeutung von Kleidung als Kontextinformation beim Wiedererkennen von Gesichtern s. Kapitel 10). Angesichts der Befunde, daß das Wiedererkennen visueller Stimuli, einschließlich Gesichter, im allgemeinen äußerst gut ist (vgl. z.B. ELLIS, 1984; SHEPARD, 1967), sollten auf diese Weise auch Deckeneffekte vermieden werden.

---

[5] Mein besonderer Dank gilt Dr. Manfred HASSEBRAUCK (Universität Mannheim) für die Bereitstellung der Dias und Ratings sowie seine sachkundigen Diskussionsbeiträge.

[6] Diese Werte differieren leicht von den bei HASSEBRAUCK (1983, Experiment 2) berichteten, da hier vier der von HASSEBRAUCK verwendeten Gesichter ausgeschlossen worden waren.

[7] Ein Problem ergibt sich aufgrund dieser Aufteilung möglicherweise daraus, daß die "hoch"-attraktiven Gesichter - insbesondere der Männer - eher im Mittelbereich der Neun-Stufen-Skala liegen.

Attraktivität 97

5.6.3 Durchführung

Experiment 1 wurde in kleinen Gruppen von fünf bis elf Teilnehmern in einem von zwei großen Hörsälen durchgeführt, in denen es möglich war, die Lichtverhältnisse stufenweise zu verdunkeln. Die Teilnehmer saßen in etwa 5 bis 10 Metern Entfernung vor einer großen weißen Wand, auf dem die Gesichter in Übergröße für alle Vpn gut sichtbar dargeboten wurden. Die Experimente 2 und 3 wurden in kleineren Versuchsräumen entweder als Einzelversuch oder in Gruppen von zwei bis drei Personen durchgeführt. Die Stimulusgesichter wurden etwa in Normalgröße an die Wand projiziert. Die Dias wurden mithilfe eines Kodak-Karussel-Projektors gezeigt, der mit einem Tachistoskop verbunden war. Dieses wurde von einem elektronisch programmierten Timer kontrolliert. Durch diese Vorrichtung war es möglich, daß die Darbietungsdauer ("on-time") und das Interstimulus-Intervall ("off-time") unabhängig voneinander variiert werden konnten.

Alle Bedingungen innerhalb der drei Experimente wurden jeweils von denselben Versuchsleitern durchgeführt. Die Instruktionen wurden sowohl mündlich als auch schriftlich gegeben und anhand von Beispielitems erklärt.

5.6.4 Darbietungsphase

Das Experiment wurde als Studie zur "Personenwahrnehmung", d.h., "wie wir andere Personen wahrnehmen", eingeführt. Den Vpn wurde gesagt, daß sie zunächst jede Person bezüglich ihrer Attraktivität (bzw. Typikalität-Einzigartigkeit bzw. politischer Radikalität) auf einer neunstufigen Skala, mit den Endpunkten "1 = sehr unattraktiv" und "9 = sehr attraktiv" einschätzen sollten. Anschließend sollten sie die Personen hinsichtlich ihrer Sympathie einschätzen, von Punktwert "1 = sehr unsymphatisch" bis Punktwert "9 = sehr sympathisch". Jede Person wurde für genau 5 sec gezeigt ("on-time"), während denen die Vpn *ständig* auf das Dia schauen sollten. Anschließend erfolgte eine 10-sekündige Pause ("off-time"), während der die Vpn ihre Antworten auf der Rating-Skala notieren sollten. (Eine Pilotstudie zeigte, daß diese Zeit ausreichend sein würde). Durch diese Instruktion wurden die Vpn dazu veranlaßt, sich die Gesichter sehr gründlich anzuschauen und sie so "tiefer" zu enkodieren, wie dies im Rahmen des Levels-of-processing-Ansatz (vgl. BOWER & KARLIN, 1974; WINOGRAD, 1976; s. Kapitel 8) in dem inzidentellen Lern-Paradigma vorgeschlagen wird. Die Darbietungsphase dauerte insgesamt etwa 8 min, zusätzlich 5 min für die Einführung. Zu keiner Zeit wurde den Vpn etwas über den anschließenden Wiedererkennenstest gesagt.

5.6.5 Behaltensphase

Nachdem die Antwortbögen eingesammelt waren, wurden die Vpn in Experiment 1 zu einem anderen Raum geleitet, in dem sie als Zwischentätigkeit einen "Fragebogen zur sozialen Interaktion" ausfüllten. Dieser Fragebogen, der noch in seiner Pilotform ist, enthält Fragen über die Wahrnehmung und das Gedächtnis von anderen Menschen (z.B., "Wenn ich mit jemand anderem geredet habe, kann ich mich hinterher nicht mehr daran erinnern, welche Kleidung er getragen hat", oder: "Bei vielen Menschen kann ich mich an ihre Stimme gut erinnern"). Obwohl einige dieser Fragen die Vpn auf den nachfolgenden Gedächtnistest aufmerksam gemacht haben könnten, sollte beachtet werden, daß nur 12% aller Vpn darauf hinwiesen, einen Test dieser Art erwartet zu haben. Und, was noch wichtiger ist, Erwartung eines Wiedererkennenstests korrelierte nicht signifikant mit irgendeinem der Gedächtnismaße (punktbiseriale Korrelationen r von -.02 bis .04). Danach kehrten die Vpn wieder in den ersten Raum zurück, wo alles für den Wiedererkennenstest vorbereitet war.

In Experiment 2 blieb der Hälfte der Vpn im selben Raum und bearbeitete Teilaufgaben von BÄUMLERs LGT-3 (s. Kapitel 14) als Fülleraktivität für ca. 10 min. Die andere Hälfte der Vpn kehrte erst nach drei Wochen zum Wiedererkennenstest zurück. In Experiment 3 wurden alle Vpn erst nach ca. einer Woche (7 bis 9 Tage) getestet.

5.6.6 Testphase

Die Vpn wurden darüber informiert, daß die Studie nicht nur über "Personenwahrnehmung" handelt, sondern auch darüber, wie wir uns an andere Menschen erinnern. Für diesen Zweck würden ihnen 60 Gesichter (30 "alte", 30 "neue") in zufälliger Reihenfolge gezeigt. Die Vpn sollten bei jedem Gesicht sagen, ob sie es ihrer Meinung nach schon einmal gesehen hatten und zusätzlich auf einer dichotomisierten Skala (ohne Nullpunkt) angeben, wie sicher sie sich ihrer getroffenen Entscheidung wären. Auf dieser Skala reichte das Intervall von -4 ("noch nicht gesehen") bis +4 ("schon gesehen"). Für jedes Gesicht gaben die Vpn (wieder) ihre Einschätzung bezüglich der Attraktivität und Sympathie der Personen wie während der Darbietungsphase an. Jedes Gesicht wurde für 15 sec gezeigt, was sich in einer Pilotstudie als ausreichend für alle drei Antworten erwies. Zum Schluß wurden die Vpn gebeten, keine Details über den Versuch weiterzuerzählen, und es wurde ihnen für ihre Teilnahme gedankt.

5.7 Ergebnisse der Beurteilungsaufgaben der Experimente 1 bis 3

Bevor wir die Hauptergebnisse der Wiedererkennensaufgabe der Experimente 1 bis 3 darstellen, wollen wir kurz einige Ergebnisse der Beurteilungsaufgaben (vgl. oben Tabelle 5.3) berichten (s. ausführlich SPORER, 1990d).

Für unsere Untersuchung von besonderem Interesse ist der Zusammenhang von Attraktivität und Typikalität bzw. Einzigartigkeit, wie er in den Untersuchungen von LIGHT et al. (1981) mit Bezug auf das Wiedererkennen von Gesichtern postuliert wurde. Hier erscheint uns eine Prüfung der möglichen *Kurvi-linearität* unumgänglich (vgl. unten). Wurden die Daten der Gesichter von Männern und Frauen gepoolt, fällt auf, daß offenbar kein Zusammenhang zwischen Attraktivität und Einzigartigkeit bestand (alle Korrelationen zwischen -.08 und .18). Lediglich die Sympathieratings zeigten eine konsistente Tendenz in Richtung auf einen negativen Zusammenhang (alle vier Korrelationen zwischen -.15 und -.20).

Allerdings legen die unterschiedlichen Korrelationsmuster für die Gesichter von Männern und Frauen unbedingt eine getrennte Betrachtung beider Geschlechter nahe. So zeigen alle in unseren Experimenten beobachteten Korrelationen zwischen Attraktivität und Einzigartigkeit bei Gesichtern von *Frauen* einen *positiven* Zusammenhang: Sie liegen zwischen .36 und .66. Demgegenüber sind die Korrelationen bei Gesichtern von *Männern* durchwegs *negativ* (bis -.52) oder um Null. Interessanterweise scheint dieser Unterschied zwischen Männer- und Frauengesichtern in den zweiten Beurteilungen, bei denen die Kleidung abgedeckt war, genauso stark ausgeprägt. Dies ist insofern bedeutungsvoll, als hier ja weniger die Besonderheiten der Kleidung, sondern primär die von Gesichtern im Vordergrund stehen.

Wir wollen jedoch 5.7.1 nicht versäumen, die Möglichkeit eines kurvi-linearen Zusammenhangs zwischen Attraktivität und Typikalität-Einzigartigkeit näher zu analysieren.

Um den Zusammenhang zwischen Typikalität-Einzigartigkeit und Attraktivität nicht für jede der insgesamt fünf Attraktivitätsbeurteilungen prüfen zu müssen, haben wir die Attraktivitätsratings über die verschiedenen Experimente gemittelt. Und zwar haben wir einen mittleren Attraktivitätswert A_{MK} aller Beurteilungen, bei denen die Kleidung sichtbar war (HASSE-BRAUCKs Ratings, Experiment 1, erste Beurteilung, und Experiment 3, erste Beurteilung), und einen Mittelwert A_{OK} der beiden Beurteilungen, bei denen die Kleidung nicht sichtbar war (Experiment 1 und 3, jeweils zweite Beurteilung), berechnet. Dies scheint uns infolge der hohen Interkorrelationen zwischen den verschiedenen Beurteilungen gerechtfertigt.

Diese beiden neuen Indices korrelierten sehr hoch miteinander (.91 insgesamt; bei Männergesichtern: .85; bei Frauengesichtern: .94). Die Beurteilungen mit der Kleidung abgedeckt war etwa genauso hoch ($M = 4.27$, $s = .96$) als wenn die Kleidung abgedeckt war ($M = 4.34$; $s = 1.01$). Dies galt sowohl für die Gesichter von Männern ($M = 4.00$ bzw. 4.10) wie von Frauen ($M = 4.54$ bzw. 4.57), wobei der Vorteil der Frauen gegenüber den Männern analog der Untersuchung von HASSEBRAUCK (1983) eintrat. Wir sehen dies als Beleg dafür, daß die Kleidung in unserer Untersuchung offenbar keinen starken Hinweisreiz bei der Beurteilung der Attraktivität darstellte. Ergebnisse früherer Untersuchungen, die auf die Kleidung als *kontextuellen* Hinweisreiz bei der Beurteilung sozialer Orientierungen, nicht aber der physischen Attraktivität hinwiesen (z.B. NIELSEN & KERNALEGUEN, 1976), werden hier bezüglich der Attraktivitätsbeurteilung bei sichtbarer bzw. abgedeckter Kleidung bestätigt.

Die Korrelationen dieser Indices mit den Typikalitäts-Einzigartigkeitsratings von Experiment 2 lagen für alle Gesichter um Null: bei sichtbarer Kleidung $r = .10$ und bei abgedeckter $r = -.01$. Schlüsselt man diese Korrelationen jedoch nach dem Geschlecht auf, waren die entsprechenden Korrelationen bei den Frauen stark positiv (.57 bei sichtbarer und .51 bei abgedeckter Kleidung), und umgekehrt bei den Männern eher negativ (-.21 bzw. -.39).

Um die Möglichkeit kurvi-linearer Komponenten dieser Zusammenhänge zu erforschen, haben wir diese vier Beziehungen mittels polynomer Regression zweiter Ordnung untersucht. Die Abbildungen 5.3 und 5.4 zeigen die Zusammenhänge zwischen Attraktivität und Typikalität-Einzigartigkeit für die Gesichter von Männern bei sichtbarer bzw. abgedeckter Kleidung, die Abbildungen 5.5 und 5.6 nur für die Gesichter von Frauen. Die kurvi-lineare Regression für alle Gesichter zeigte sowohl bei Gesichtern mit sichtbarer ($F(2;57) = 6.24$, $p = .004$) als auch mit abgedeckter Kleidung ($F(2;57) = 6.16$, $p = .004$) signifikante kurvi-lineare Zusammenhänge (jeweils $r = .42$). Betrachten wir die Gesichter von Männern und Frauen getrennt, wird deutlich, daß dieser kurvi-lineare Trend wohl primär bei den Gesichtern von Frauen, insbesondere bei sichtbarer Kleidung, anzutreffen war (sichtbar: $r = .68$; $F(2;27) = 11.80$; $p < .001$; abgedeckt: $r = .54$; $F(2;27) = 5.52$, $p = .010$). Bei den Gesichtern von Männern war der kurvi-lineare Zusammenhang ($r = .44$) lediglich bei abgedeckter Kleidung marginal signifikant ($F(2;27) = 3.19$, $p = .057$), nicht aber bei sichtbarer Kleidung ($r = .32$; $F(2;27) = 1.49$, ns.).

Der von LIGHT et al. (1981) postulierte *positive* Zusammenhang zwischen Attraktivität und Typikalität, bzw. umgekehrt, negative Zusammenhang zwischen Attraktivität und Einzigartigkeit wird anhand unserer Daten nur zum Teil bestätigt. Zwar besteht auch bei uns ein vergleichbarer signifikanter linearer Zusammenhang bei den Gesichtern von Männern mit abgedeckter Kleidung ($r = -.39$, $p = .032$), doch ist auch hier zusätzliche Varianzaufklärung durch Berücksichtigung des kurvi-linearen Trends zu erwarten. Ist die Kleidung sichtbar wie in der Untersuchung von LIGHT et al., ergab sich bei uns kein vergleichbar hoher Zusammenhang ($r = -.21$, ns.). Demgegenüber stehen unsere Ergebnisse für die Gesichter von Frauen in krassem Widerspruch zu dem von LIGHT et al. postulierten Zusammenhang. Zum einen ist bei uns der Zusammenhang zwischen Attraktivität und Einzigartigkeit bei Frauen stark positiv (bei sichtbarer Kleidung: $r = .57$, $p < .001$; bei abgedeckter Kleidung: $r = .51$, $p = .004$). Zum anderen brachte ein deutlicher kurvi-linearer Trend weitere Varianzaufklärung, was von LIGHT et al. nicht berücksichtigt worden war.

Für unsere Untersuchungen zum Wiedererkennen der Gesichter als Funktion ihrer Attraktivität bedeutet dies, daß wir die Möglichkeit eines kurvi-linearen Zusammenhangs unbedingt berücksichtigen sollten.

5.8 Ergebnisse zum Wiedererkennen in den Experimenten 1 bis 3

Wir werden zunächst rein deskriptive Analysen der Treffer und falschen Alarme in den drei Experimenten darstellen. Dann berichten wir die Varianzanalysen mit Treffern und falschen Alarmen als abhängigen Variablen, mit denen wir die Effekte der Attraktivität auf das Wiedererkennen der Gesichter zu ermitteln suchten. Wir gehen dabei so vor, daß wir zuerst die Attraktivitätseffekte in allen drei Experimenten per se vorstellen. Dann berichten wir die Attraktivitätseffekte getrennt für die Gesichter von Männern und Frauen in allen drei Experimenten, um erst im Anschluß daran auf die in den Experimenten zusätzlich manipulierten Faktoren Darbietungszeit, Behaltensintervall und Vp-Geschlecht einzugehen.

Jeweils getrennt für Treffer und falsche Alarme führten wir für Experiment 1 eine 2x2(x2x3) unweighted-means-ANOVA mit den Faktoren Fotoset (Set 1 und 2) und Vp-Geschlecht als Between-subjects-, und Stimulusgeschlecht und Attraktivität der Gesichter (niedrig, mittel, hoch) als Within-subjects-Faktoren durch. Die Frage nach der Kurvi-linearität des Attraktivitätseffekts wurde durch einen a-priori-Kontrast von niedriger und hoher Attraktivität vs. mittlere Attraktivität geprüft. In Experiment 2 kamen dazu noch die Faktoren Darbietungszeit und Behaltensintervall, auf die wir in Kapitel 9 näher eingehen werden: daraus resultierte eine 2x2x2x2(x2x3) ANOVA mit den Between-subjects-Faktoren Fotoset (1 vs. 2), Darbietungszeit (5 vs. 10 sec), Behaltensintervall (unmittelbar vs. 3 Wochen) und Vp-Geschlecht, und Stimulusgeschlecht und Attraktivität als Within-subjects-Faktoren. Hier interessiert vor allem die potentielle Wechselwirkung der Attraktivität mit dem Behaltensintervall. Schließlich hatten wir in Experiment 3 die Wahrnehmungsperspektive der Vpn bei der Beurteilung der Radikalität der Stimuluspersonen variiert, was jedoch keinen Einfluß auf die Wiedererkennensleistung haben sollte. Daraus ergab sich eine 2x2x2(x2x3) ANOVA mit den Between-subjects-Faktoren Fotoset (1 vs. 2), Perspektive (eigen vs. fremd) und Vp-Geschlecht und den Within-subjects-Faktoren Stimulusgeschlecht und Attraktivität. Über den zusätzlichen Kontrollfaktor Fotoset, der in allen drei Experimenten systematisch ausbalanciert wurde und somit als interner Replikationsfaktor diente, wird hier nicht näher berichtet.

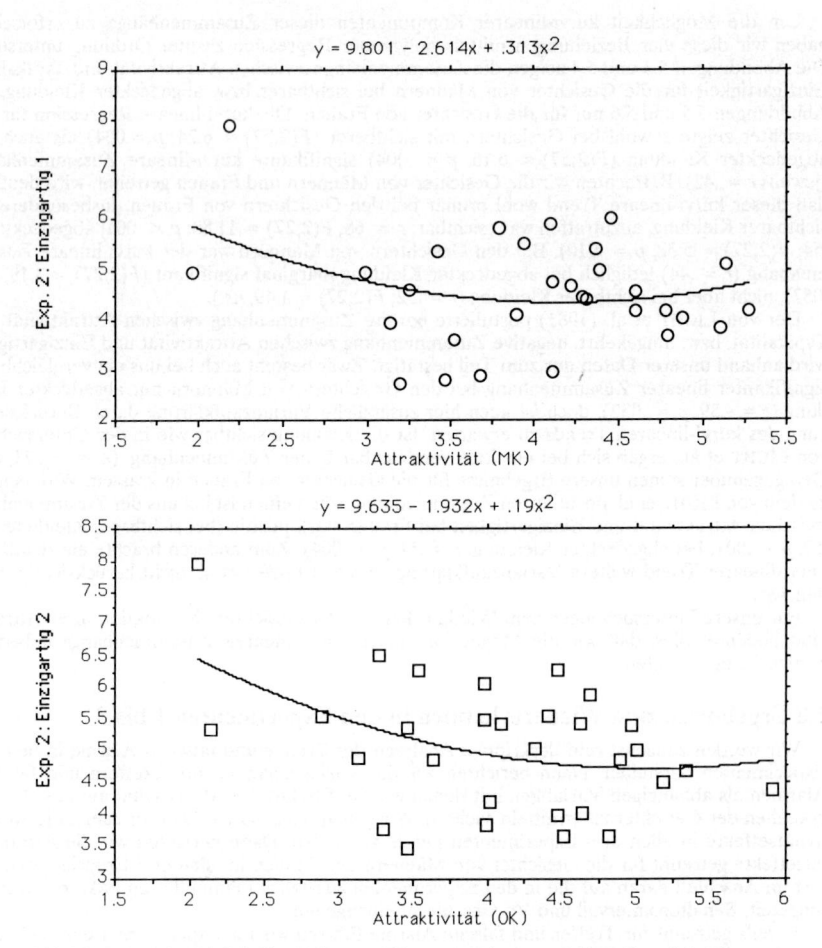

Abbildungen 5.3 und 5.4: Kurvi-linearer Zusammenhang zwischen Attraktivität und Typikalität-Einzigartigkeit für Gesichter von Männern mit sichtbarer (MK) und abgedeckter Kleidung (OK)

Um die Robustheit der Attraktivitätseffekte über die drei Experimente hinweg zu überprüfen, berechneten wir zusätzlich je eine 3x2x2x(2x3) ANOVA für Treffer und falsche Alarme mit den Faktoren Experiment, Fotoset, Vp-Geschlecht (between-subjects) und Stimulusgeschlecht und Attraktivität (within-subjects).

5.8.1 Deskriptive Analysen

In allen drei Experimenten lag die Wiedererkennensleistung insgesamt ziemlich hoch, in Experiment 1 sogar nahe einem Deckeneffekt. In Experiment 1 betrug die durchschnittliche Trefferrate $M = 82,6\%$ ($s = 11.0$) bei nur $M = 11,0\%$ ($s = 7.8$) falschen Alarmen. In Experiment 2 war die durchschnittliche Leistung - wohl bedingt durch das längere Behaltensintervall von drei Wochen für die Hälfte der Vpn (s. Kapitel 9) - etwas niedriger: $M = 76,7\%$ ($s = 13.4$) Treffer

Attraktivität

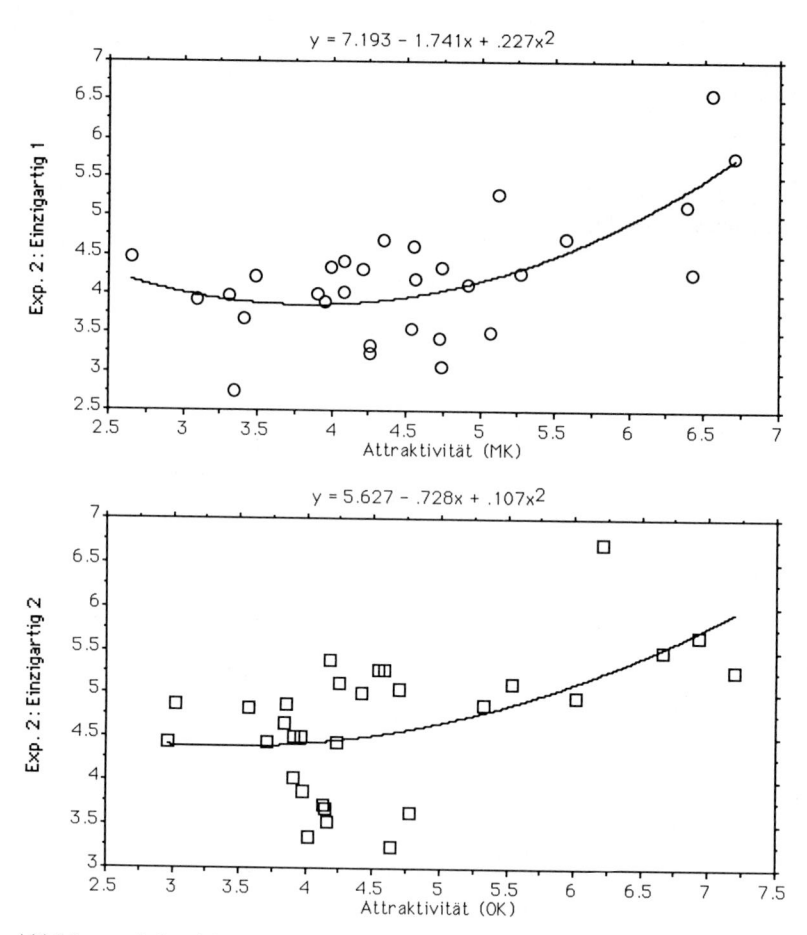

Abbildungen 5.5 und 5.6: Kurvi-linearer Zusammenhang zwischen Attraktivität und Typikalität-Einzigartigkeit für Gesichter von Frauen mit sichtbarer (MK) und abgedeckter Kleidung (OK)

und $M = 16{,}9\%$ ($s = 13.8$) falsche Alarme. Schließlich lagen auch die Werte von Experiment 3, wo $M = 76{,}5\%$ ($s = 12.0$) der Gesichter richtig wiedererkannt wurden und die Rate der falschen Alarme auf $M = 20{,}5\%$ ($s = 13.7$) stieg, niedriger als in Exeriment 1. Dies mag ebenfalls an dem längeren Behaltensintervall von einer Woche in Experiment 3 gegenüber unmittelbarem Testen von Experiment 1 liegen (vgl. die ausführlichere Diskussion dieser Ergebnisse zum Behaltensintervall in Kapitel 9).

5.8.2 Effekte der Attraktivität

5.8.2.1 TREFFER

Tabelle 5.4 stellt die mittleren Trefferraten für die Gesichter von Männern und Frauen niedriger, mittlerer und hoher Attraktivität in den Experimenten 1 bis 3 dar. Während sich der

Haupteffekt für Attraktivität in Experiment 1 nicht als reliabel erwies ($F(2;88) = 1.73, p = .183$), war er sowohl in Experiment 2 ($F(2;96) = 3.35, p = .039$) und in Experiment 3 statistisch signifikant ($F(2;64) = 3.57, p = .034$). Fassen wir die drei Experimente in einer gemeinsamen Analyse zusammen, so erweist sich der Effekt trotz der Unterschiede zwischen den Experimenten als insgesamt robust ($F(2;280) = 6.42, p = .002$). Abbildung 5.7 stellt die Mittelwerte der Trefferraten in den drei Experimenten dar.

TABELLE 5.4: *Treffer (in %) für Gesichter von Männern und Frauen niedriger, mittlerer und hoher Attraktivität in den Experimenten 1 bis 3*

Experiment	Attraktivität			M
Gesichter von Männern	Niedrig	Mittel	Hoch	
Exp. 1	84.5	81.4	89.7	85.2
Exp. 2	74.7	75.0	85.3	78.3
Exp. 3	77.4	72.5	80.4	76.7
M*:	78.6	76.3	85.2	80.0
Gesichter von Frauen	Niedrig	Mittel	Hoch	
Exp. 1	79.9	83.3	81.4	81.5
Exp. 2	79.4	71.9	74.1	75.1
Exp. 3	82.3	71.5	74.9	76.3
M*:	80.7	75.7	77.0	77.8
Gesichter von Männern und Frauen	Niedrig	Mittel	Hoch	
Exp. 1	82.2	82.4	85.6	83.4
Exp. 2	77.0	73.4	79.7	76.7
Exp. 3	79.8	72.0	77.7	76.5
M*:	79.6	76.0	81.1	

**Anm.:* Ungewichtete Mittelwerte, die gemäß der unweighted-means-ANOVA als harmonische Mittel berechnet wurden.

Diese Abbildung veranschaulicht ebenfalls, daß der Attraktivitätseffekt wohl am besten als kurvi-linearer Trend verstanden werden muß: Sowohl niedrig-attraktive ($M = 79,6\%$) als auch hoch-attraktive Gesichter ($M = 81,1\%$) wurden besser wiedererkannt als Gesichter mittlerer Attraktivität ($M = 76,0\%$). Dieser Kurvi-linearitätseffekt, der als a-priori-Kontrast geprüft wurde, erweist sich wiederum in den Experimenten 2 und 3 ($F(1;96) = 5.50, p = .021$, bzw. $F(1;64) = 6.62, p = .012$), nicht aber in Experiment 1 ($F(1;88) = .73, p = .396$) als signifikant. Für die Zusammenfassung aller drei Experimente kann er ebenfalls als sehr zuverlässig angesehen werden ($F(1;280) = 11.88, p = .0007$). Gesichter mittlerer Attraktivität unterscheiden sich signifikant von denjenigen niedriger oder hoher Attraktivität ($p < .05$), doch Unterschiede zwischen der Wiedererkennbarkeit hochattraktiver vs. niedrig-attraktiver Gesichter lassen sich nicht erkennen.

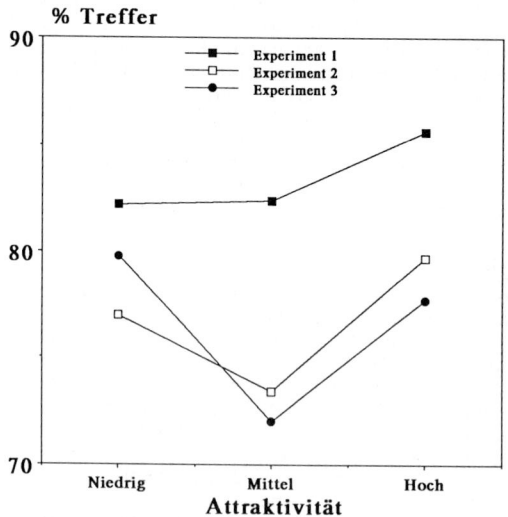

Abb. 5.7: Treffer für Gesichter unterschiedlicher Attraktivität in den Experimenten 1 bis 3 (N = 152)

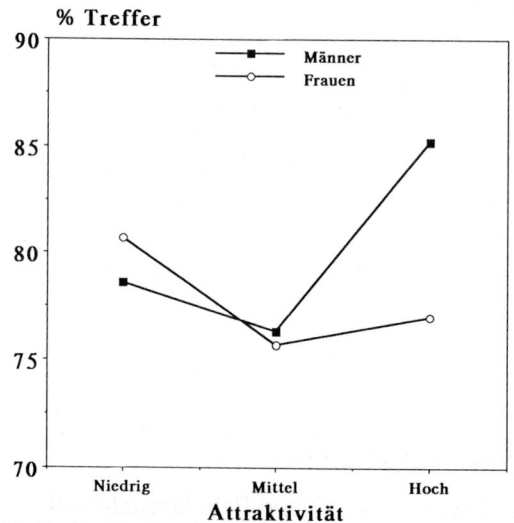

Abb. 5.8: Treffer für Gesichter von Männern und Frauen unterschiedlicher Attraktivität gemittelt über die Experimente 1 bis 3 (N = 152)

Zum Teil signifikante Wechselwirkungen der Faktoren Attraktivität und Stimulusgeschlecht (Experiment 1: $F(2;88) = 2.45, p = .092$; Experiment 2: $F(2;96) = 6.48, p = .002$; Experiment 3: $F(2;64) = 1.43, p = .248$); zusammengefaßt über alle drei Experimente: $F(2;280) = 6.64, p = .002$) legen jedoch eine differenzierte Betrachtung des Attraktivitätseffekts getrennt für die Gesichter von Männern und Frauen nahe (vgl. Tabelle 5.4 und Abbildung 5.8). Experiment 1 stellt auch hier wiederum eine gewisse Ausnahme dar, als sich der in den Experimenten 2 und 3 erwartungsgemäß eingetroffene kurvi-lineare Attraktivitätseffekt bei Frauen dort nicht einstellt. Weiterhin fällt auf, daß niedrig- und hoch-attraktive Frauen etwa gleich gut wiedererkannt wurden, während hoch-attraktive Männer nicht nur besser als diejenigen mittlerer Attraktivität, sondern auch besser als diejenigen niedriger Attraktivität erkannt wurden (zusammengefaßt über alle drei Experimente: beide Vergleiche mittels t-Tests: $p < .01$).

5.8.2.2 FALSCHE ALARME

Ähnliche Schlußfolgerungen wie für die Treffer ergeben sich auch für die Analysen der falschen Alarme, obwohl auch hier kleinere Unterschiede zwischen den drei Experimenten zu verzeichnen sind (s. Tabelle 5.5 und Abbildung 5.9). Der Attraktivitätseffekt zeigte sich in allen drei Experimenten als robust ($F(2;88) = 4.36, p = .016$; $F(2;96) = 4.39, p = .015$, bzw. $F(2;64) = 5.10, p = .009$; zusammengefaßt: $F(2;280) = 12.67, p < .0001$). Auch hier wird der Haupteffekt für Attraktivität teilweise durch Wechselwirkungen mit dem Geschlecht der Stimulusgesichter modifiziert ($F(2;88) = 4.30, p = .017$; $F(2;96) = 1.08, p = .345$ bzw. $F(2;64) = 4.59, p = .014$; zusammengefaßt: $F(2;280) = 6.81, p = .001$; vgl. unten). Der Zusammenhang zwischen Attraktivität und Wiedererkennen ist wiederum offenbar kurvi-linear, wie aus den a-priori-Kontrasten in zwei der drei Experimente deutlich wird ($F(1;88) = 6.68; p = .011$; $F(1;96) = 2.58, p = .111$ bzw. $F(1;64) = 8.47, p = .005$; zusammengefaßt: $F(1;280) = 17.40, p < .0001$).

Am wenigsten Fehler wurden insgesamt mit den hochattraktiven (12,6%), gefolgt von den niedrig-attraktiven (16,3%) und den mittel-attraktiven (19,1%) Gesichtern gemacht (alle paarweisen t-Tests: $p < .05$). Getrennte a-priori-Kontraste über alle drei Experimente für die Gesichter von Männern bzw. von Frauen zeigen für beide signifikante kurvi-lineare Trends ($F(1;280) = 4.70, p = .031$, bzw. $F(1;280) = 12.09, p = .0006$). Paarweise t-Tests innerhalb der beiden Geschlechter machen deutlich, daß diese kurvi-linearen Trends vor allem durch die geringeren Fehler bei Gesichtern hoch-attraktiver im Vergleich zu mittel-attraktiven *Frauen* (jeweils $p < .01$) bzw. *niedrig*-attraktiven im Vergleich zu mittel-attraktiven *Männern* ($p < .05$), nicht aber hoch-attraktiven Männern zustandekommen.

Auf der Ebene der einzelnen drei Experimente wird dieser allgemeine Trend jedoch nicht in dieser Weise deutlich. Die getrennt für die Gesichter von Männern und von Frauen berechneten a-priori-Kontraste ergaben für Frauen in Experiment 3 einen deutlichen kurvi-linearen Effekt ($F(1;64) = 11.91, p = .001$, während er für Männer in Experiment 1 signifikant wurde ($F(1;88) = 4.64, p = .034$) und für Frauen lediglich eine Tendenz in die erwartete Richtung zeigte ($F(1;88) = 2.17, p = .145$). In Experiment 3 machte die Attraktivität der Männer wohl keinen Unterschied, während das Fehlen einer Wechselwirkung zwischen Attraktivität und Stimulusgeschlecht in Experiment 2 eine getrennte Auswertung für Männer und Frauen ohnehin erübrigt.

Die berichteten Attraktivitätseffekte könnten möglicherweise noch dadurch kompliziert werden, daß zusammengefaßt über alle drei Experimente die Attraktivität der Gesichter auch noch mit dem *Geschlecht* der Versuchspersonen interagierte ($F(2;280) = 4.03, p = .019$). Eine Inspektion der Mittelwerte legt nahe, daß der Attraktivitätseffekt möglicherweise stärker bei männlichen Vpn als bei Frauen auftritt. Da sich dieser Effekt jedoch in keinem der drei Einzelexperimente als reliabel erwies - lediglich in Experiment 2: $F(2;96) = 2.70, p = .072$ - werden wir hierauf nicht näher eingehen. Dreifache Wechselwirkungen zwischen Attraktivität, Vp- und Stimulusgeschlecht wurden nicht beobachtet (alle F-Werte $< 1.12, ns$.).

5.8.3 Attraktivität, Darbietungszeit und Behaltensintervall

In Experiment 2 wollten wir die zusätzliche Annahme prüfen, ob sich Attraktivitätseffekte möglicherweise erst nach einem längeren Behaltensintervall auswirken würden. Die eine Hälfte der Vpn war daher erst nach drei Wochen, die andere unmittelbar getestet worden. Da auch in Experiment 3 das Behaltensintervall von einer Woche länger war als das in Experiment 1 (15

Attraktivität

min), sollten sich möglicherweise auch zwischen diesen Experimenten die Attraktivitätseffekte unterschiedlich stark auswirken. Desweiteren wollten wir prüfen, ob die in manchen älteren Untersuchungen (z.B. CROSS, CROSS & DALY, 1971) berichteten Attraktivitätsergebnisse möglicherweise dadurch zustande gekommen sein könnten, daß die *Inspektionszeiten* während der Darbietungsphase nicht streng kontrolliert worden waren. Wir ließen daher die Hälfte der Vpn die Gesichter noch während der Präsenz der Gesichter auf der Leinwand (on-time: 10 sec) beurteilen, während die andere Hälfte dies erst *nach* der Darbietung (on-time: 5 sec) tun sollten.

TABELLE 5.5: *Falsche Alarme (in %) für Gesichter von Männern und Frauen niedriger, mittlerer und hoher Attraktivität in den Experimenten 1 bis 3*

Experiment	Attraktivität			M
Gesichter von Männern	Niedrig	Mittel	Hoch	
Exp. 1	4.6	11.5	7.5	7.8
Exp. 2	13.8	16.9	11.3	14.0
Exp. 3	18.3	20.6	20.8	19.9
M*:	12.1	16.2	13.2	13.9
Gesichter von Frauen	Niedrig	Mittel	Hoch	
Exp. 1	16.7	16.0	8.4	13.7
Exp. 2	23.4	20.9	15.3	19.9
Exp. 3	22.0	29.3	12.8	21.3
M*:	20.5	22.0	12.0	18.2
Gesichter von Männern und Frauen	Niedrig	Mittel	Hoch	
Exp. 1	10.7	13.6	7.9	10.7
Exp. 2	18.6	18.9	13.3	16.9
Exp. 3	20.2	24.9	16.8	20.6
M*:	16.3	19.1	12.6	

Anm.: Ungewichtete Mittelwerte, die gemäß der unweighted-means-ANOVA als harmonische Mittel berechnet wurden.

Diese Hypothesen konnten weder für die Analyse der Trefferraten noch für die falschen Alarme bestätigt werden. Die Manipulation der Darbietungszeit in der hier vorgenommenen Weise zeigte keinen Effekt auf die Behaltensleistung (Treffer: $F(1;48) < 1$, *ns*.; FA: $F(1;48) < 1$, *ns*.) noch interagierte sie mit der Attraktivität der Gesichter (Treffer: $F(2;96) < 1$ *ns*.: FA: $F(2;96) = 1.30$, *ns*.). Die Länge des Behaltensintervalls führte zwar insgesamt zu Verschlechterungen in der Wiedererkennensleistung (vgl. Kapitel 9), doch blieb die erwartete Wechselwirkung mit der Attraktivität aus (vgl. die Abbildungen 5.10 und 5.11; Treffer: $F(2;96) = 2.02, p = .139$; FA: $F(2;96) < 1$, *ns*.). Eine Inspektion der Mittelwerte für die Trefferraten legt sogar nahe, daß der Attraktivitätseffekt möglicherweise sogar stärker bei unmittelbarem Testen als nach einem längeren Zeitraum anzutreffen sein dürfte. Dies trifft offenbar vor allem für hoch-attrak-

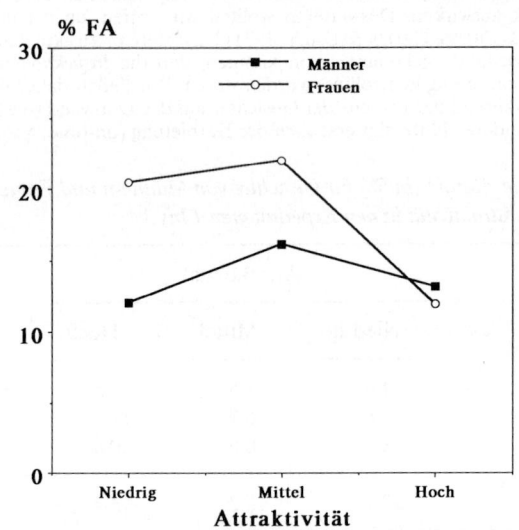

Abb. 5.9: Falsche Alarme für Gesichter von Männern und Frauen unterschiedlicher Attraktivität gemittelt über die Experimente 1 bis 3 (N=152)

tive Gesichter zu, die bei unmittelbarem Test noch zu 85,0% richtig wiedererkannt wurden, nach drei Wochen lediglich mit 74,4% (a-posteriori-Kontrast: $F(1;96) = 15.81, p < .001$). Eine vergleichende Betrachtung der Attraktivitätseffekte in den unterschiedlichen Behaltensintervallen aller drei Experimente liefert ebenfalls keine Bestätigung für die postulierte Wechselwirkung.

5.9 Diskussion der Ergebnisse der Experimente 1 bis 3

Trotz der zum Teil äußerst hohen Leistungen in den Experimenten 1 bis 3 erwies sich die Attraktivität der Gesichter als eine bedeutsame Determinante der Wiedererkennensleistung. Diese Schlußfolgerung gilt, mit kleineren Unterschieden, sowohl für die Gesichter von Männern als auch von Frauen. Nachdem wir zunächst festgestellt hatten, daß die Beurteilung der Attraktivität doch mit einem gewissen Konsens vorgenommen worden war (vgl. dagegen HASSEBRAUCK, 1983), suchten wir den Zusammenhang zwischen Attraktivität und Typikalität zu erkunden. Entgegen den Ergebnissen von LIGHT et al. (1979) und LIGHT et al. (1981), die einen negativ-linearen Zusammenhang zwischen Attraktivität und Typikalität postuliert hatten, unterstrichen unsere Ergebnisse die Bedeutung kurvi-linearer Zusammenhänge, insbesondere bei Gesichtern von Frauen. Sowohl hochattraktive als auch sehr wenig attraktive Frauen scheinen besonders ins Auge zu fallen und werden auch höher in ihrer Einzigartigkeit eingestuft. Bei den Gesichtern von Männern ist ein vergleichbarer Trend nur bei abgedeckter Kleidung tendenziell erkennbar. Insofern als ein linearer Zusammenhang zwischen Attraktivität und Einzigartigkeit besteht, ist er bei Gesichtern von Frauen stark positiv, und nur bei denen von Männern leicht negativ. Lediglich dieser letztere Trend ist den Ergebnissen von LIGHT et al. vergleichbar, die einen positiven Zusammenhang zwischen Typikalität und Attraktivität angenommen hatten.

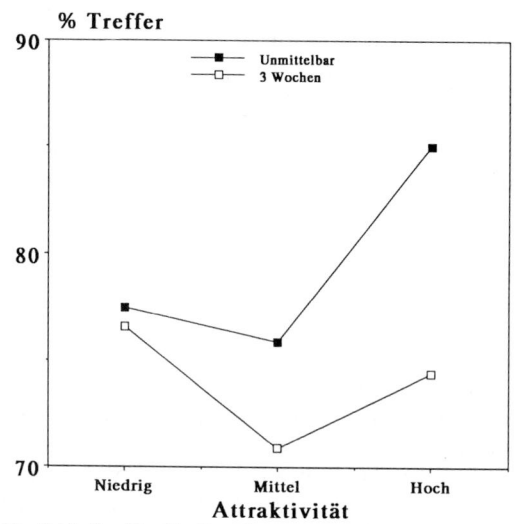

Abb. 5.10: Treffer für Gesichter unterschiedlicher Attraktivität bei unmittelbarem Test und nach 3 Wochen (N=64)

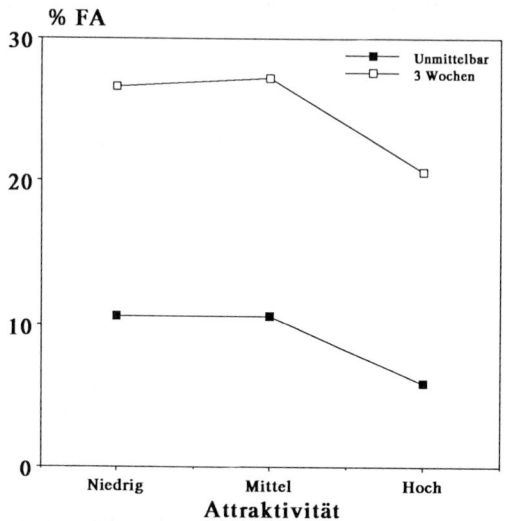

Abb. 5.11: Falsche Alarme für Gesichter unterschiedlicher Attraktivität bei unmittelbarem Test und nach 3 Wochen (N=64)

Dieser durchwegs eher kurvi-lineare Zusammenhang zwischen Attraktivität und Typikalität-Einzigartigkeit dürfte auch die Grundlage für die von uns beobachteten robusten kurvi-linearen Attraktivitätseffekte beim Wiedererkennen der Gesichter darstellen. Sowohl besonders attraktive als auch besonders unattraktive Gesichter werden als etwas besonderes wahrgenommen und später auch besser wiedererkannt. Dasselbe gilt für die Vermeidung von Fehlern: auch die falschen Alarme zeigten einen kurvi-linearen Trend hinsichtlich der Attraktivität der fälschlich wiedererkannten Gesichter.

Diese Attraktivitätseffekte sind schon bei unmittelbarem Test beobachtbar, und nicht erst den Annahmen von SHEPHERD und ELLIS (1973) zufolge nach einem längeren Behaltensintervall. Obwohl unsere Daten mit der Hypothese einer affektiven Erregung vereinbar sind, bleibt diese Erklärung ohne unabhängige Feststellung derselben eine bloße Spekulation.

5.10 Zusammenfassung

Gesichter stellen nicht nur visuelle, sondern vor allem auch soziale und möglicherweise auch affektive Stimuli dar. Eine der wichtigsten Determinanten des ersten Eindrucks, den wir von einer Person gewinnen, ist deren physische Attraktivität. Wir haben in diesem Kapitel die Ergebnisse von Untersuchungen zum Zusammenhang zwischen Attraktivität und Wiedererkennen referiert und durch drei eigene Untersuchungen versucht, die darin auftauchenden Widersprüche aufzudecken und einer empirischen Lösung zuzuführen. Während wir von einem kurvi-linearen Zusammenhang zwischen Attraktivität und Wiedererkennen ausgehen, haben LIGHT, HOLLANDER und KAYRA-STUART (1981) einen negativ-linearen Zusammenhang postuliert: Attraktive Gesichter seien eher "typisch" (im Sinne von weniger einzigartig (unique) oder auffällig) und daher schlechter wiederzuerkennen. Weitere Probleme, die bisher von vielen Autoren nur ungenügend berücksichtigt wurden, sind das Problem des Konsens über die physische Attraktivität anderer Personen, sowie Geschlechterunterschiede der Beobachter und der zu beurteilenden Stimuli.

In drei Experimenten haben wir versucht, diese Probleme anzugehen. Wir stellten hohe Re-Test-Reliabilitäten der durchschnittlichen Beurteilungen von Attraktivität, Sympathie, Typikalität-Einzigartigkeit und politischer Radikalität fest, obwohl wir die Sichtbarkeit der Kleidung als Hinweisreiz zwischen Darbietung und Test verändert hatten. Auch die Übereinstimmung der mittleren Beurteilungen der Attraktivität über die drei Experimente schien zufriedenstellend. Der Zusammenhang zwischen Typikalität-Einzigartigkeit und Attraktivität war insgesamt nicht reliabel, zeigte jedoch bedeutsame Unterschiede zwischen den Gesichtern von Männern und Frauen. Bei Männergesichtern beobachteten wir zwar eine signifikant negativ-lineare Korretlation zwischen Attraktivität und Einzigartigkeit (zumindest bei abgedeckter Kleidung) analog den Ergebnissen von LIGHT et al., doch wurde dieser Zusammenhang durch einen schwach kurvi-linearen Trend (bei abgedeckter Kleidung) modifiziert. Bei Gesichtern von Frauen war der Zusammenhang zwischen Attraktivität und Einzigartigkeit deutlich positiv, mit starkem zusätzlichen kurvi-linearen Trend.

Die Einteilung in niedrig-, mittel- und hochattraktive Gesichter führte zu dem erwarteten kurvi-linearen Zusammenhang zwischen Attraktivität und Wiedererkennen für die Gesichter von Männern wie die von Frauen. Diese kurvi-lineare Beziehung tritt nicht erst nach einem längeren Behaltenszeitraum auf, wie einige Autoren vermutet haben, sondern auch bei unmittelbarem Test.

Wir wollen nicht versäumen darauf hinzuweisen, daß das verwendete Foto-Foto-Paradigma, im Vergleich zu ökologisch valideren Paradigmen mit Bildern oder Filmen von Personen in Ganzkörperaufnahme und all ihren Bewegungen, oder gar mit live-Interaktionen zwischen Beobachter und Stimuluspersonen, die Bedeutung der Attraktivität möglicherweise unterschätzt. Aber auch im Rahmen des verwendeten Paradigmas sind unsere Untersuchungen insofern eingeschränkt, als unsere Stimulusgesichter das Gesamtspektrum an Attraktivität nicht adäquat abbildeten, vor allem was hochattraktive Personen, insbesondere Männer, anbelangt. Auch wissen wir trotz der immer zahlreicher werdenden Untersuchungen immer noch nicht, welche Merkmale eines Gesichts nun gerade seine Attraktivität ausmachen (vgl. z.B. CUNNINGHAM, 1986), und ob es bezüglich der subjektiven Bedeutung einzelner Auslöserreize nicht bedeutungsvolle inter-individuelle oder interkulturelle Differenzen gibt. Vielleicht sind durch eine vermehrte Integration evolutionstheoretischer bzw. soziobiologischer Ansätze in die sozial- und kognitionspsychologische Theoriebildung klarere Antworten möglich als wir sie bieten konnten.

6

Gesichtsstereotypen und Prototypen

6.1 Überblick

Das Wiedererkennen einer Person bzw. eines Gesichts hängt in erster Linie von der ursprünglichen Beobachtungssituation ab. Auf einige dieser Faktoren, wie z.B. die Länge der Beobachtung (Darbietungszeit) sind wir schon in Kapitel 2 über Forschungsparadigmen eingegangen. Andere Einflußgrößen, wie z.B. Beleuchtungsverhältnisse oder die Qualität einer Fotografie, sind ebenfalls von offensichtlicher Bedeutung, erscheinen aber zu trivial, als daß man sie einer empirischen Überprüfung für Wert befunden hätte. Als wichtiger erweisen sich eine Reihe von Stimulusfaktoren (z.B. Darbietungspose), wie wir in Kapitel 4 gesehen haben.

Es soll jedoch nicht der Eindruck erweckt werden, daß wir lediglich *passiv* auf Gesichter als visuelle Stimuli reagieren. Vielmehr wollen wir in Erfahrung bringen, inwiefern Gesichter eine spezielle Klasse von *bedeutungsvollen* visuellen Stimuli darstellen, auf die der Mensch nicht nur passiv reagiert, sondern bezüglich deren er schon bestimmte *Wahrnehmungsbereitschaften* besitzt, die er in die Beobachtungssituation miteinbringt, und die damit zu einer anderen, aktiven Verarbeitung von Gesichtsinformationen führen.

In diesem Kapitel wollen wir auf zwei bestimmte Formen von Wahrnehmungsbereitschaften, nämlich Stereotypen und Prototypen, und ihren möglichen Einfluß auf die Wahrnehmung, und damit das spätere Wiedererkennen von Gesichtern, eingehen. Nach der allgemeinen Diskussion von Stereotypen in diesem Kapitel werden wir im nächsten Kapitel auf kriminelle Stereotypen als eine besondere Form von Stereotypen näher eingehen.

Stereotypen sind ein althergebrachtes Thema der sozialpsychologischen Literatur, das wir hier nur in ganz speziellen Auschnitten behandeln können. Die meisten gegenwärtigen Arbeiten, die in der Literatur zum "Gedächtnis für personenbezogene Informationen" (person memory) vorgestellt wurden, beziehen sich leider nur auf *verbale* Inhalte und benutzen fast nie das Wiedererkennen von Personen (bzw. Gesichtern) als abhängige Variablen (vgl. z.B. BIERHOFF, 1986; HASTIE, 1981; HASTIE, OSTROM, EBBESEN, WYER, HAMILTON & CARLSTON, 1980; KEENAN & BAILLET, 1980; SCHNURR, 1983; WIPPICH, 1985b, 1989).

Uns interessiert vor allem, ob die Aktivierung eines Stereotyps und die einhergehende Belegung mit einem verbalen *Etikett* ("Der sieht aus wie ein 'Priester', 'Beamter', 'Krimineller', etc.") zu einer effektiveren Enkodierung, und damit zu einer besseren Erinnerung an die Person beim späteren Wiedererkennen, führt. Dies könnte man einerseits aus der gedächtnispsychologischen Literatur zum Wiedererkennen visueller

Stimuli, andererseits auch aus Weiterführungen des Levels-of-processing-Ansatzes (vgl. Kapitel 8) erwarten.

Eines der Probleme, mit denen die Stereotypforschung mit Gesichtern sich wiederholt auseinanderzusetzen suchte, ist die Frage nach dem Konsens über die Zuordnung von psychologischen Merkmalen (z.B. Charaktereigenschaften zu bestimmten Physiognomien). Zur Lösung dieses Problems wurde u.a. vorgeschlagen, *Stereotypen als Prototypen* zu rekonzeptualisieren. Wir werden zunächst auf diesen, eher sozialpsychologischen, Ansatz eingehen, bevor wir alternative Modelle zur Formation von Prototypen, wie sie in der kognitiven Psychologie entwickelt wurden, und die Frage nach der möglichen Existenz von Gesichtsprototypen und ihrer Bedeutung für das Wiedererkennen diskutieren. Dazu stellen wir auch eine experimentelle Untersuchung zur Wirkung stereotyper verbaler Etiketten vor (Experiment 4). Im nächsten Kapitel erläutern wir eine besondere Form von Stereotypen, nämlich die von Kriminellen, und deren mögliche Bedeutung für das Wiedererkennen. Auch dazu werden eigene experimentelle Befunde berichtet (Experiment 5). Im darauffolgenden Kapitel werden wir dann andere Formen der aktiven Verarbeitung von Gesichtsinformationen während der Wahrnehmungsphase, nämlich die Bedeutung von Enkodierungsstrategien, analysieren.

6.2 Stereotypen und Personenwahrnehmung

Soziale Stereotypen und ihr Einfluß auf die Wahrnehmung anderer Personen ist ein traditionsreiches Thema in der Sozialpsychologie (vgl. z.B. BIERHOFF, 1986; HASTIE, 1981; HOFSTÄTTER, 1966; LILLI, 1982). Die meisten Untersuchungen zur Eindrucksbildung, in deren Rahmen die Rolle von Stereotypen untersucht wurde, wurden mit verbalen Materialien (z.B. einzelnen Sätzen oder einer kurzen Geschichte) durchgeführt. Diese "Voreingenommenheit mit verbalen Repräsentationen" (BREWER & LUI, 1983) überrascht umso mehr, als eine Reihe von Befunden vorliegen, daß
(1) soziale Kategorien wie Geschlecht, Alter oder Rasse durch bestimmte physische Merkmale charakterisiert werden (MCARTHUR, 1982);
(2) physische Merkmale bei Personenbeschreibungen häufig als erstes genannt werden (FISKE & COX, 1979; vgl. SPORER, 1990b);
(3) physische Merkmale stark mit evaluativer Eindrucksbildung verbunden sind (BERSCHEID & WALSTER, 1974);
(4) bestimmte Gesichtszüge mit bestimmten Persönlichkeitsmerkmalen assoziiert werden, d.h. Personen, die sich dem Äußeren nach ähneln, auch in ihren Persönlichkeitsmerkmalen als ähnlich wahrgenommen werden (vgl. die klassischen Untersuchungen von SECORD und Mitarbeitern; s. unten).
(5) Schließlich wissen wir auch aus persönlicher Erfahrung, daß wir kaum an eine Person denken können, ohne irgendein visuelles Vorstellungsbild in irgendeiner Form vor Augen zu haben (BREWER & LUI, 1983).

Dennoch gibt es auch eine Reihe von Untersuchungen, in denen der Zusammenhang von Gesichtsmerkmalen und den dadurch hervorgerufenen Eindrücken, Einstellungen und Charakterattributionen erfaßt wurde (vgl. die Zusammenfassungen in FISKE & TAYLOR, 1984; HAMILTON, 1981). Schließlich sollten wir nicht vergessen, daß sich die Wurzeln der Persönlichkeitspsychologie, angefangen von HIPPOKRATES' Temperamentenlehre über die Persönlichkeitspsychologie LAVATERS und die Ausdruckspsychologie in den mittleren Jahrzehnten dieses Jahrhunderts mit den Zusammenhängen von Aussehen und Charakter befaßt haben (z.B. LERSCH, 1932; vgl. ELLGRING, 1981; HEHLMANN, 1967). Allerdings ist hier eine Perspektivenverschiebung insofern zu verzeichnen, als die gegenwärtigen sozialpsychologischen und sozial-kognitiven Ansätze die Ursachen solcher Zusammenhänge mehr "im Auge des Betrachters" (MILLER, 1982) denn in der Physiognomie der betrachteten Person suchen.

Wir sind offenbar allein aufgrund des visuellen Eindrucks einer Person geneigt, Urteile über Persönlichkeit, Beruf, Intelligenz, Ehrlichkeit oder potentielle Verhaltensweisen u.s.w. einer Person abzugeben (s. auch CUNNINGHAM, 1986). Es gibt u.a. Stereotypen über Körperbau, Physiognomie und andere physische Eigenschaften (wie z.B. ethnische Herkunft) und deren Zusammenhang mit bestimmten Persönlichkeitseigenschaften. So fanden z.B. DANNENMEIER und THUMIN (1964), daß Studentinnen einer Krankenpflegeschule die Körpergröße in Abhängigkeit von Status und Autorität der beobachteten Person schätzten - der vermeintliche Professor erschien um mehrere Zentimeter größer als der vermeintliche Assistent, dieser wiederum größer als dieselbe Person, die als studentische Hilfskraft vorgestellt worden war. Während in einigen der älteren Untersuchungen - wie in der "wirklichen Welt außerhalb des Labors" - Gesicht, körperliches Aussehen und Kleidung noch hoffnungslos konfundiert sind (z.B. LITTERER, 1933; vgl. GOLDSTEIN, CHANCE & GILBERT, 1984), gibt es doch auch besser kontrollierte Experimente, in denen eine Reihe von stereotypisierenden Reaktionen allein auf die Darbietung des Gesichts erfaßt wurden (z.B. SECORD, 1958; SECORD, BEVAN & DUKES, 1953; SECORD, DUKES & BEVAN, 1954; SECORD & MUTHARD, 1955; SHOEMAKER, SOUTH & LOWE, 1973).

Unsere zentrale Frage lautet: Inwiefern beeinflußt die Aktivierung von Stereotypen bei der Wahrnehmung des Gesichts einer Person das spätere Wiedererkennen derselben. Bevor wir uns dieser Frage nähern können, sind jedoch zwei weitere empirische Probleme zu klären:
(1) Gibt es in der allgemeinen Bevölkerung, oder bestimmten Teilgruppen, Übereinstimmung darüber, welche spezifischen physischen Merkmale (z.B. bestimmte Gesichtszüge) mit bestimmten psychischen Merkmalen (z.B. Persönlichkeitseigenschaften) assoziiert sind? Die Frage ist also eine nach dem *Glauben* an einen solchen Zusammenhang, sei es bewußt oder impliziert in dem manifesten Verhalten des Beobachters.
(2) Getrennt davon, doch sicherlich nicht unabhängig, stellt sich die Frage nach der *Validität* solcher Stereotypen, d.h. existiert dieser Zusammenhang tatsächlich (z.B. sind "Dicke" tatsächlich "umgänglicher" oder "gemütlicher")? Für unser Thema, das Wiedererkennen von Personen, ist letztlich nur der Glaube an einen derartigen Zusammenhang relevant (vgl. BULL, 1979, mit Hinweis auf LIGGETT, 1974). Auch können wir hier nicht die soziale Funktion von Stereotypbildungen weiter diskutieren (vgl. BIERHOFF, 1986; HAMILTON, 1981; HOFSTÄTTER, 1966; LILLI, 1982).

6.2.1 Zur Generalität von Stereotypen

In dem Forschungsprogramm von SECORD und Mitarbeitern (SECORD, DUKES & BEVAN, 1954) ging es vor allem darum, die Übereinstimmungen (und Unterschiede) zwischen verschiedenen Beurteilern bezüglich der Attribution einzelner Charaktereigenschaften zu bestimmten Gesichtern aufzuzeigen. Die Autoren versuchten aber auch, einzelne physiognomische Details zu den Charakterurteilen in Beziehung zu setzen (z.B. SECORD & MUTHARD, 1955). Wir können hier nicht auf die Einzelheiten dieser zahlreichen Untersuchungen eingehen, sondern lediglich versuchen, das Grundanliegen dieses Ansatzes zu charakterisieren, um es dann an dem speziellen Beispiel krimineller Stereotype näher zu explizieren.

SECORD geht von der Annahme aus, daß wir bestimmte kulturell geprägte *Hinweisreize* in einem Gesicht (z.B. Hautfarbe, Gesichtsausdruck) als Grundlage für die Inferenz von Charaktermerkmalen verwenden. In einer typischen Versuchsanordnung ließen SECORD et al. (1954) 24 Gesichtsfotografien von Männern von einer Gruppe von Beurteilern bezüglich einer Reihe von Persönlichkeitseigenschaften (z.B. aufrichtig, sympathisch) beurteilen. Die Beurteilergruppe wurde zweigeteilt und das durchschnittliche Rating für jedes Gesicht für jede Persönlichkeitseigenschaft getrennt für beide Gruppen berechnet. Als Maß für die Übereinstimmung wurde die Korrelation zwischen den gemittelten Ratings (N = Anzahl der Eigenschaften) benutzt. Die durchschnittliche Korrelation lag z.B. in der Untersuchung von SECORD und MUTHARD (1955) bei einem Median von .85 (zwischen .54 und .98) für die Gesichter von Männern, und einem geringeren für die von Frauen (Md = .59; zwischen .36 und .87).

Diese Berechnungsmethode zur Bestimmung der Urteilerübereinstimmung dürfte jedoch zu einer nicht unerheblichen Überschätzung derselben führen. Da die Variation zwischen den Beurteilern für ein bestimmtes Gesicht bezüglich eines Merkmals durch die Mittelung über die Anzahl der Rater in jeder der beiden Teilgruppen eliminiert wurde, werden sowohl zufällige als auch systematische Unterschiede zwischen einzelnen Beurteilern unterdrückt. Ein ähnliches Problem findet sich bei der Bestimmung der physischen Attraktivität von Gesichtern (z.B. BERSCHEID, DION, WALSTER & WALSTER, 1971; s. Kapitel 5). HASSEBRAUCK (1983), in einer sorgfältigen methodischen Kritik dieses Ansatzes, hat daher vorgeschlagen, den Intraklassenkorrelationskoeffizienten *rho* (vgl. WINER, 1971) als Maß der Urteilerübereinstimmung zu verwenden - was zu deutlich niedrigeren Schätzungen derselben führt (vgl. allgemein zu weiteren Maßen der Urteilerübereinstimmung ASENDORPF & WALLBOTT, 1979).

Infolge dieser Überschätzung der Urteilerübereinstimmung kann der für die Existenz von Stereotypen geforderte Nachweis des allgemeinen Konsens noch nicht als schlüssig erbracht angesehen werden. Umgekehrt ist er dadurch auch nicht widerlegt. Eine interessante Umkehrung des von SECORD verfolgten Ansatzes in einer unveröffentlichten Arbeit von JOHNSON (zit. in SECORD, 1958) deutet nämlich ebenfalls auf intersubjektive Übereinstimmung bezüglich der für die Inferenz von Persönlichkeitseigenschaften herangezogenen Hinweisreize eines Gesichts hin. JOHNSON gab ihren Vpn entweder eine Persönlichkeitsbeschreibung eines "warmherzigen und ehrlichen Mannes, mit einem guten Sinn für Humor..." oder eines "gewissenlosen und brutalen, feindseligen..." Mannes vor. Die Vpn sollten sich die beschriebene Person vorstellen und nach 32 physischen Merkmalen (z.B. Buschigkeit der Augenbrauen, welliges Haar) beurteilen. 25 der 32 Attribute lieferten signifikante Unterschiede, wobei noch besonders auffiel, daß die unsympathische Person bei 14 der 25 signifikanten Merkmale eher eine extreme Beurteilung erhielt (z.B. dicke *oder* dünne Lippen), die sympathische Person hingegen häufiger im Durchschnittsbereich lag, während bei sieben weiteren Eigenschaften die Stimuluspersonen auf den entgegengesetzten Endpunkten der Skala angesiedelt wurden (z.B. gerader, nach oben gerichteter Blick vs. seitlicher, nach unten gerichteter Blick).

Seit diesen Pionierarbeiten von SECORD und Kollegen hat es nur vereinzelte Versuche gegeben, Stereotypen mittels visueller Repräsentationen zu untersuchen. Erst in den letzten Jahren ist das Interesse daran durch die wechselseitige Befruchtung der Forschung zur "social cognition" und der kognitiven Psychologie zum Wiedererkennen von Gesichtern (facial recognition) wieder gestiegen (vgl. BREWER & LUI, 1983; KLATZKY, MARTIN & KANE, 1982a, 1982b).

Der von SECORD verfolgte Ansatz besteht im Prinzip darin, Persönlichkeitseigenschaften aus einzelnen physischen Gesichtszügen - ggf. auch deren Gefüge in komplexen Wechselwirkungen - abzuleiten (vgl. zusammenfassend SECORD, 1958). Grundlage für diese inferierten Charaktereigenschaften sind einerseits funktionale Assoziationen (z.b. Brille als Zeichen für Gelehrsamkeit), Metaphern (z.b. weißes Haar für Weisheit des Alters) und zeitliche Extension (Verallgemeinerung eines im momentanen Gesichtsausdruck reflektierten Zustands (z.b. Mundwinkel nach unten: traurig) auf eine stabile Persönlichkeitsdimension: Depressivität). Die psychosozialen Implikationen werden sozusagen von den Gesichtszügen "abgelesen" (BREWER & LUI, 1983; vgl. zusammenfassend ALLEY & HILDEBRANDT, 1988; HATFIELD & SPRECHER, 1986).

6.3 Stereotypen als Prototypen

Als Alternative dazu haben BREWER und LUI (1983; vgl. auch BREWER, DULL & LUI, 1981) einen *prototyp-orientierten* Ansatz zur Stereotypbildung bei der Personenwahrnehmung vorgeschlagen. Demnach stellen Beobachter einen Vergleich des Stimulusbildes mit, als visuellen Bildern gespeicherten, Prototypen an, klassifizieren dann das vorliegende Gesicht nach der besten Übereinstimmung mit einem der Prototypen und leiten Rückschlüsse von den Merkmalen, die mit dem Kategorienprototyp assoziiert sind, ab. Damit könnte man z.b. erklären, daß Gesichter, die ihrer Persönlichkeit nach in einer bestimmten Kategorie gruppiert werden, sich dennoch in vielen spezifischen Gesichtszügen unterscheiden.

Obwohl bisher noch keine umfangreichen Befunde zur Stützung dieses Ansatzes mit Gesichtsfotografien als Stimulusmaterial vorliegen, deuten die Ergebnisse zweier Pilotstudien von BREWER und Mitarbeitern darauf hin, daß bestimmte Übereinstimmungen zwischen physischen Beschreibungsmerkmalen und Charakterattributionen vorliegen (BREWER, DULL & LUI, 1981; BREWER & LUI, 1983). BREWER und LUI wollten herausfinden, welche Arten von Rückschlüssen wir auf Persönlichkeit und Charakter von der rein visuellen Darbietung von Gesichtern ziehen. Um den Einfluß verbaler Faktoren zu minimieren, verwendeten sie eine nichtverbale Sortieraufgabe. Sie wählten 140 Fotografien von jüngeren (20 bis 40 Jahre) und älteren (über 40) Männern und Frauen aus Zeitschriften unsystematisch aus und fotografierten diese in Standard-Schwarzweißformat ab. Die Vpn sollten die in zufälliger Anordnung ausgebreiteten Fotos gemäß einer von drei Instruktionen in beliebig viele Teilgruppen sortieren: nach der Ähnlichkeit in bezug auf (1) physische Merkmale (z.B. Mund, Brille), (2) psychologische Eigenschaften oder Zustände (z.b. fröhlich, redselig, oder (3) Charaktertyp (z.B. Großmutter, Student). Am Ende sollten sie noch jede der gebildeten Gruppen mit einem dafür typischen *Etikett* versehen.

Die Daten jeder der drei Bedingungen wurden getrennt in je eine 140x140 "co-occurrence"-Matrix über die Vpn kombiniert, und sowohl einer multidimensionalen Skalierung (ALSCAL) als auch einer Clusteranalyse (BMDPM1) unterzogen. Die multidimensionale Skalierung ergab, daß die Anpassung an die Ähnlichkeitsmatrix für die psychologischen Eigenschaften konsistent besser als für die Charaktertypen, und am schlechtesten für die physischen Merkmale war. Umgekehrt erbrachte die Clusteranalyse entgegengesetzte Ergebnisse insofern, als die Sortierungen für die Charaktertypen und physischen Merkmale die besten, für die Eigenschaften die schlechtesten Anpassungswerte lieferten. Leider gehen die Autoren auf diesen methodenabhängigen Unterschied in den Ergebnissen nicht näher ein.

Bei den Clusteranalysen beeindrucken vor allem die hohen Intra-Cluster-Ähnlichkeiten - bei gleichzeitigen niedrigen Inter-Cluster-Ähnlichkeiten - für die Charakterzuordnungen, gefolgt von physischen Merkmalen (und am niedrigsten bzw. höher für die Eigenschaften). Legt man die Clusterlösungen für die Charaktertypen und die physischen Merkmale übereinander, fällt zunächst die grundlegende Klassifizierung nach Alter und Geschlecht auf; doch auch innerhalb dieser vier (z.B. älter, weiblich) grundlegenden Kategorien decken sich die Sub-Cluster größtenteils. Dies kann als ein Indikator für die Übereinstimmung der kategorialen Wahrnehmung physischer Merkmale und der Klassifizierung nach bestimmten Charaktertypen gewertet werden.

Interessant ist auch die Inhaltsanalyse der Etiketten der einzelnen Untergruppierungen. Waren die Vpn instruiert worden, nach physischen Merkmalen zu sortieren, dominierten Hinweise auf Alter und Geschlecht; aber es zeigte sich auch die Tendenz, anstelle der physischen Deskriptoren auch psychologische Eigenschaften und Beschreibungen des Charaktertyps mitzuverwenden. Wir haben diese Tendenz zur Verwendung psychologischer Beschreibungsmerkmale ebenfalls sowohl in einem Laborexperiment als auch in einem Wirklichkeitsversuch beobachtet (SPORER, 1989, Experiment 2, 1992b). Umgekehrt erhielten die Etiketten in den beiden anderen Gruppen in der Studie von BREWER und LUI, die nach Charaktertyp bzw. Persönlichkeitseigenschaften sortieren sollten, keine Hinweise auf physische Merkmale (vgl. dazu auch FISKE & COX, 1979).

Die Einteilung in Charaktertypen entsprach eher der von ROSCH (z.B. ROSCH & LLOYD, 1978) postulierten Kategorienstruktur als die Einteilung nach den beiden anderen Gruppierungsinstruktionen. Die Kategorien scheinen hierarchisch geordnet: Nach einer Grobeinteilung nach Alter und Geschlecht als übergeordneten Kategorien wurden die Gesichter in 13 weitere Kategorien auf dem mittleren Niveau unterteilt. Diese haben den Anschein von "fuzzy sets", d.h. einige Mitglieder einer Kategorie zeigten große Ähnlichkeiten zu einzelnen Mitgliedern anderer Kategorien. Es gelang auch, "prototypische" Repräsentanten für die einzelnen Untergruppen durch "visuelle Inspektion" zu isolieren, die sich durch die durchschnittlichen Werte der ausgewählten Gesichter in der co-occurrence-Matrix bestätigen ließen.

Mit der von BREWER und LUI verwendeten explorativen Methode können also Gesichter nach verschiedenen Kriterien in Unterkategorien aufgeteilt werden, die durch einzelne Gesichter prototypisch charakterisiert werden können. In der Untersuchung von BREWER, DULL und LUI (1981) mit Gesichtern von älteren Personen konnte weiterhin gezeigt werden, daß derartige Subkategorien auch für die Verarbeitung und das *Gedächtnis* (gemessen als freie Reproduktion) personenbezogener Informationen, die mit dem die Subkategorie repräsentierenden Stereotyp (z.B. "großmütterlicher Typ") im Einklang - oder auch im Widerspruch - stehen, von Bedeutung sind. Leider gibt es bislang u.W. keine Untersuchungen, die die Funktion dieser Kategorien auch für das Wiedererkennen von Gesichtern analysierten.

Sozialpsychologen haben verschiedentlich versucht nachzuweisen, daß bestimmte Gesichtsstereotypen mit der Attribution bestimmter Charaktereigenschaften oder Berufsvorstellungen einhergehen (z.B. GOLDSTEIN, CHANCE & GILBERT, 1984; KLATZKY, MARTIN & KANE, 1982a). Dies wurde insbesondere für kriminelle Stereotype demonstriert (BULL, 1979; vgl. auch BULL & RUMSEY, 1988; CLIFFORD & BULL, 1978; s. Kapitel 7).

6.3.1 Prototypen und die Attribution von Charaktereigenschaften

Eine besondere Form der "semantischen Interpretation" (KLATZKY, MARTIN & KANE, 1982) von Gesichtern stellt die Zuschreibung von Charaktereigenschaften, Persönlichkeitseigenschaften, Intentionen oder Berufen dar. Oft schon haben wir Beschreibungen anderer Personen wie "Der sieht aus wie ein typischer... (Beamter, Schullehrer etc.)" gehört, die aufgrund des ersten Eindrucks einer Person abgegeben werden. Wollen wir aber einen wissenschaftlichen Nachweis führen, daß solche "implizite Physiognomien" tatsächlich in überzufälliger Weise existieren, stellt sich das Problem, ein Kriterium zu finden, mit dem der Grad an intersubjektiven Übereinstimmungen von Zuschreibungen bestimmter Eigenschaften zu bestimmten Gesichtern gemessen werden kann. Das Problem der Stichprobenabhängigkeit - sowohl bezüglich der Vpn als auch der Gesichter - solcher Studien bleibt davon unberührt.

In einer Untersuchung von GOLDSTEIN, CHANCE und GILBERT (1984) wählten die Autoren 100 Gesichter von Männern mittleren Alters aus einem Schauspielerverzeichnis mit den folgenden Merkmalen aus: Frontalansicht, neutraler Gesichtsausdruck, ohne Bart, Narben, Brille oder Kopfbedeckung. Die Autoren ordneten diese Bilder dann in fünf verschiedenen Sätzen von je 5x4 = 20 Gesichtern an und ließen sie von 58 Vpn beurteilen. Die Vpn sollten aus jedem Satz die drei "guten Burschen" (Mediziner, Priester, Ingenieur) und die drei "schlechten Burschen" (Massenmörder, Räuber, Vergewaltiger) herausfinden. Die Grundidee der Untersuchung lag darin, daß kriminelle und andere Stereotypen in Form von Etiketten, wie z.B. "Massenmörder" oder "Räuber", unterscheidbare Vorstellungsbilder - "pictures in our head": LIPPMANN (1922) - hervorrufen. Ist dies tatsächlich der Fall, so sollten Vpn, wenn sie mit einer Zufallsauswahl von Gesichtern konfrontiert werden und z.B. die entsprechenden "Verbrecher" heraussuchen sollen, dies in signifikanter Abweichung von einer per Zufall zu erwartenden Gleichverteilung der Wahlen tun. Abweichungen von den unter der Nullhypothese zu erwartenden Gleichverteilungen für die Matrix der 5 (Sätze) x 6 (Eigenschaften) wurden mittels 30 Chi-Quadrat-Tests geprüft, von denen 27 auf dem 5%-Niveau signifikant waren.[1] Diese Ergebnisse können als Beleg dafür gelten, daß bestimmte Gesichter derartige Charakterattribute in überzufälliger Weise auslösen. Sie sagen uns aber nichts darüber, welche Merkmale (oder gar welche Gesichtszüge) solche Charakterattributionen hervorrufen.

Eine elegante Weiterführung des von GOLDSTEIN et al. verfolgten Ansatzes wurde von ABDI (1986) vorgenommen. In Anlehnung an TVERSKYS (1977) Kontrastmodell für die

---
[1] Das Problem der Wahrscheinlichkeitspyramidisierung durch die multiplen Signifikanztests wurde von den Autoren leider nicht berücksichtigt; allerdings dürften selbst bei einer BONFERRONI-Adjustierung sicherlich noch eine Reihe von überzufälligen Zuordnungen in den Daten zu finden sein.

Stereotypen und Prototypen

Beurteilung von Ähnlichkeiten schlug ABDI eine neue Methode zur Lösung des Typikalitätsproblems vor, nämlich die Darstellung der Gesichter zueinander als "additive tree representations" (s. Abbildung 6.1). Die Blätter an dem Baum stellen die Objekte (Gesichter) derart dar, daß ihre Distanzen ihre Ähnlichkeit repräsentieren.

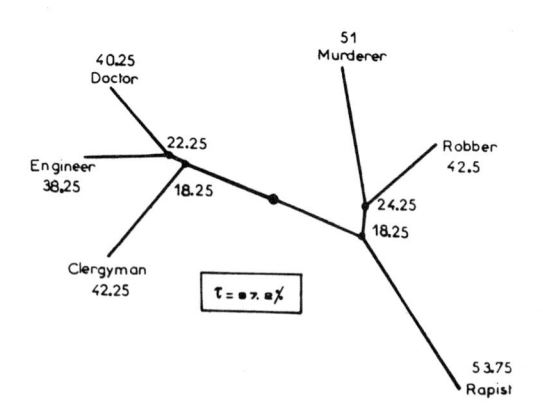

Abb. 6.1: "Additive tree representations" der Distanzmatrix der genannten "Beschäftigungen" (aus ABDI, *1986, S. 182)*

Ausgehend von einer rechteckigen Matrix von Objekten x Merkmalen (Gesichter x Charakterattribute) läßt sich die Distanz $d_{jj'}$ zwischen zwei Merkmalen j bzw. j' als Funktion der Anzahl der Zuordnungen k_{ij} von Gesicht i zu Merkmal j ausdrücken: d_{ij} ist die Summe der absoluten Beträge der Differenzen (k_{jj}-$k_{jj'}$). Weiterhin liefert das Quadrat der Korrelation der Ursprungsmatrix mit der der Baumdistanzen einen Index der Güte der Anpassung, der sich in dem vorliegenden Beispiel mit .972 als wahrhaftig hoch erwies.

Die graphische Darstellung der so erstellten Baumstruktur zeigt deutlich, daß sich die "good guys" von den "bad guys" gut differenzieren lassen, wobei sich die Stereotype innerhalb der letzteren Gruppe (insbesondere "der Vergewaltiger") besser trennen lassen. Desweiteren können diese Merkmale in "spezifische" und allen Personen "gemeinsame" Merkmale aufgeschlüsselt werden.

Ein besonderes Problem ergibt sich, wenn wir versuchen, ein "Blatt" (Gesicht) auszuwählen, das den Gesamtsatz der Gesichter sozusagen prototypisch repräsentiert. Unter einem Prototyp versteht man das "beste Beispiel" einer Menge oder einer Kategorie von Objekten (MALPASS & HUGHES, 1986). Wie ABDI anhand der Daten von GOLDSTEIN et al. zeigen konnte, führt das Kriterium des "median leaf" (das Blatt, das den anderen am nächsten liegt) zu einem anderen Ergebnis als wenn wir das Blatt mit der größten Anzahl gemeinsamer Merkmale wählen; ersteres Kriterium führt zum "Priester", letzteres zum "Mörder" und "Räuber" als Repräsentanten. So wird deutlich, daß die Wahl eines einzelnen Repräsentanten eines Baumes (bzw. einer Ähnlichkeitsmatrix) offensichtlich keine eindeutige Lösung zuläßt.

Während die bisher diskutierte Baumdarstellung die einzelnen Merkmale (Charakterattribute) als Analyseeinheit zugrundelegte, läßt sich dieses Verfahren genauso gut auf die Analyse der einzelnen Gesichter anwenden. Dadurch ergeben sich drei Cluster: fünf "Gute", sechs "Böse" und neun "misters average". Hier wird wiederum das Typikalitätsproblem deutlich. Je nach dem verwandten Kriterium (median leaf vs. maximum common features) resultieren unterschiedliche Prototypen. Wir schließen daraus, daß die Frage nach der "Typikalität" eines Gesichts im absoluten Sinne falsch gestellt ist. Die richtige Frage sollte demnach lauten: "Typisch *wofür?*", also typisch für eine bestimmte Kategorie, d.h. repräsentativ *innerhalb* eines Clusters.

6.3.2 Gesichtsprototypen: Physische Merkmalsmodelle

Das von ABDI (1986) vorgeschlagene Baum-Repräsentationsmodell erlaubt zwar, aus einem vorgegebenen Satz von Gesichtern einen prototypischen Vertreter - bzw. mehrere, abhängig von der durch die Wahrnehmungsinstruktionen manipulierbaren Zahl der Unterklassen - *a posteriori* zu isolieren. Dieses Modell läßt jedoch keine Schlüsse auf die *physischen* Merkmale eines Gesichts zu, die den extrahierten "gemeinsamen Merkmalen" entsprechen und dieser Prototypbildung zugrundeliegen könnten. Auch liegen bisher keine Befunde zu der Frage vor, ob die von ABDI festgestellten Prototypen "leichter" wiedererkannt (bzw. häufiger als "bekannt" wahrgenommen und daher verwechselt) werden als weniger repräsentative Vertreter einer Kategorie.

Der speziellen Frage der Bildung von Prototypen anhand physischer Merkmale und ihrer Bedeutung für das Wiedererkennen wurde in einer Reihe anderer Untersuchungen nachgegangen (vgl. MALPASS & HUGHES, 1986). Zwei primäre Modelle für die Bildung von Protypen können u.a. unterschieden werden: Ein *Merkmalsfrequenzmodell* (attribute frequency model: NEUMANN, 1974, 1977) und ein *Prototypdistanz-* oder *Durchschnittsbildungsmodell* (averaging model: POSNER, 1969). POSNER (1969) stellte die Hypothese auf, daß eine Menge ähnlicher Muster am besten als Punkte in einem multidimensionalen Raum repräsentiert würden. Der multidimensionale Raum enthält je eine Dimension für jede Ähnlichkeitsdimension zwischen den Mustern. Jedes Muster kann dann als der Punkt, auf dem sich die Werte aller Ähnlichkeitsdimensionen schneiden, repräsentiert werden. Der Prototyp ist demnach der Punkt im multidimensionalen Raum, der den Abstand zu allen anderen Punkten minimiert: eine Art multidimensionaler Durchschnittswert.

Demgegenüber postulierte NEUMANN (1974) in seinem Merkmalsfrequenzmodell, daß die Gedächtnisstruktur für eine solche Menge ähnlicher Muster am besten durch die Häufigkeitsverteilungen einzelner beobachteter Werte auf den Dimensionen, in denen sich die Muster unterscheiden, charakterisiert werde. Der Prototyp, oder das beste Beispiel, sei dasjenige Muster, das den jeweils am häufigsten beobachteten Wert auf jeder der variierenden Dimensionen in sich vereinige. Aus der Häufigkeit, mit denen die in jedem Muster vereinten Werte beobachtet werden, läßt sich ein Maß für die Klassenzugehörigkeit, bzw. der Nähe zum Prototyp, ableiten: Das beste Muster ist das mit den häufigsten, das schlechteste das mit den am wenigsten häufigen Werten.

Der Hauptunterschied zwischen diesen beiden Modellen liegt in dem *Maß der zentralen Tendenz* für die Charakterisierung des Prototyps: multidimensionaler Mittelwert bei POSNER und multidimensionaler Modus bei NEUMANN. Dieser Unterschied impliziert bedeutungsvolle Konsequenzen für den resultierenden Prototyp. Während sich bei

POSNERS Durchschnittsbildungsmodell ein Prototyp aus Werten zusammensetzen kann, die nie als solche in den Einzelstimuli vorkamen, von denen der Prototyp abstrahiert wurde, kann bei dem NEUMANNschen Attributfrequenzmodell ein Prototyp resultieren, dessen Kombination von Werten zwar nie als solche direkt beobachtet wurde, die sich aber aus den am häufigsten beobachteten Einzelwerten zusammensetzt.

Angewandt auf die Dimension "Stirnhöhe" von Gesichtern würde dies z.b. bedeuten, daß Vpn nach POSNERS Modell das Gesicht mit einer durchschnittlichen Stirnhöhe von einer Reihe von dargebotenen Gesichtern abstrahieren würden - auch wenn kein einziges Gesicht mit dieser bestimmten Stirnhöhe gezeigt worden wäre - während nach NEUMANN das Gesicht als Prototyp resultieren würde, das die am häufigsten beobachtete Stirnhöhe aufwiese. Werden mehrere Dimensionen unabhängig variiert, z.b. Stirnhöhe und Augenabstand, kann auch nach dem NEUMANNschen Modell ein Prototyp in Erscheinung treten, der durch die spezifische Kombination der beiden Dimensionen (z.b. relativ hohe Stirn und enger Augenabstand) repräsentiert wird, obwohl diese Kombination als solche nie selbst gezeigt wurde - indem z.b. hohe Stirnhöhen häufiger mit breiterem oder durchschnittlichem Augenabstand, bzw. enger Augenabstand häufiger mit mittlerer oder niedriger Stirnhöhe kovariiert wurde.

Mittlerweile liegen mehrere experimentelle Befunde vor, die zur Klärung dieser alternativen Hypothesen beitragen können. Während die meisten dieser Untersuchungen geometrische Figuren oder andere visuelle Muster geringer Komplexität verwendeten, gibt es auch einige neuere Untersuchungen mit Gesichtern (MALPASS & HUGHES, 1986; NEUMANN, 1977; SOLSO & MCCARTHY, 1981). Letztere benutzten allerdings nicht natürliche Gesichter als Stimuli, sondern solche, die mit dem bei der Polizei gebräuchlichen Identikit-System konstruiert wurden (vgl. SHEPHERD & ELLIS, 1990; s. auch Kapitel 4). Das Identikit-System ist ein Gesichtskonstruktionssystem, mit dem Gesichter durch das Übereinanderlegen von durchsichtigen Folien, auf denen einzelne Gesichtspartien (z.B. Augenpartie, Nase, Haaransatz) abgebildet sind, komponiert werden können. Durch die freie Kombination der einzelnen Gesichtszüge kann ihre Auftretenshäufigkeit experimentell manipuliert werden. Allerdings resultieren daraus nicht selten etwas künstlich wirkende, gesichtsähnliche Stimuli, die den Anspruch auf "Natürlichkeit" nicht immer rechtfertigen.

SOLSO und MCCARTHY (1981) konstruierten zehn Identikitgesichter, in denen sie Haare, Augen, Nase plus Kinn und Mund variierten. Auf diese Weise wurden drei Prototypen, sowie jeweils drei "Beispielgesichter" (exemplars) mit einem Anteil von 75% (d.h. drei der vier Gesichtszüge), vier mit 50% und drei mit 25% Prototypanteilen konstruiert. Die zehn Beispielgesichter (ohne Prototyp) wurden den Vpn für je 10 sec gezeigt, um sie sich einprägen zu lassen. Nach einer kurzen Fülleraufgabe, oder nach sechs Wochen, wurde die Wiedererkennensleistung mittels Konfidenzurteilen (vgl. Kapitel 3) mit einem Testset bestimmt, das den Prototyp, alte Gesichter mit verschiedenen Prototypanteilen sowie neue Gesichter (Distraktoren), ebenfalls mit verschiedenen Prototypanteilen, enthielt.

Sowohl bei einem unmittelbaren als auch bei einem späteren Behaltenstest nach sechs Wochen erhielt der Prototyp, obwohl er selbst vorher nie gezeigt worden war, das höchste Vertrauensurteil, gefolgt von den alten Gesichtern anteilig nach ihren Prototypanteilen und den neuen Gesichtern, ebenfalls gemäß ihren Prototypanteilen. SOLSO und MCCARTHY sprechen hier von einem "Pseudo-Gedächtnis", das durch eine korrekte

Kodierung häufig beobachteter Einzelmerkmale, die jedoch nicht passiv gespeichert, sondern in einem Schema höherer Ordnung im Sinne BARTLETTS (1932) eingebettet werden, gebildet wird.

Da die Verteilung der Prototypanteile bei den Stimulusgesichtern in der Darbietungsphase eher eine Normalverteilung approximierte, ist dieses Design prinzipiell nicht geeignet, die differentiellen Vorhersagen des Attributfrequenzmodells gegenüber dem Distanz- oder Durchschnittsbildungsmodell im Sinne eines Experimentum crucis zu testen. Ein direkter Test des Vorhersagewertes der beiden Modelle kann jedoch durch die Konstruktion von Stimuli, deren Merkmale in ihrer Auftretenshäufigkeit bimodalen V- bzw. U-Verteilungen folgen, vorgenommen werden (z.B. mit Ziffern: SOLSO & MCCARTHY, 1981; mit Identikitgesichtern: MALPASS & HUGHES, 1986; NEUMANN, 1977).

NEUMANN (1977) konstruierte 125 Identikitgesichter als Stimuli, die in drei Dimensionen (Alter, Länge des Gesichts, Nasenlänge) in fünf Abstufungen variiert wurden. Ein Beispielgesicht (exemplar) könnte z.b. einen alten Mann mit etwas länglichem Gesicht und kurzer Nase, repräsentiert durch die Werte auf den drei Dimensionen (5,4,1), darstellen. In Experiment 1 wurden acht Gesichter per Zufall für die Darbietungsphase ausgewählt, deren Merkmalsausprägungen einer V-Verteilung folgte (3-1-0-1-3: d.h. Werte 1 und 5 dreimal, 2 und 4 einmal, der zentrale Wert nie). Das Testset bestand aus 15 Gesichtern, beginnend mit fünf Gesichtern mit korrelierenden Ausprägungswerten (z.B. (1,1,1) oder (4,4,4)) und zwei weiteren Fünferblöcken, so daß insgesamt jeder der fünf Werte jeder der drei Dimensionen in beiden Blöcken je einmal vorkam.

Die Ergebnisse können als Unterstützung des Prototypen-Distanzmodells interpretiert werden: Das Prototypgesicht (3,3,3), dessen Werte nie direkt beobachtet worden waren, erhielt die höchsten Konfidenzurteile, die Gesichter mit den Extremwerten (1,1,1 und 5,5,5) die niedrigsten, die beiden anderen dazwischen. NEUMANN weist jedoch auch auf alternative Interpretationsmöglichkeiten hin: Zum einen ist es möglich, daß die relativ kurze Darbietungszeit (zehn sec pro Gesicht) generell nicht geeignet ist, die im Laufe der Jahre erworbenen Erwartungen hinsichtlich der Variationsbreite von Gesichtern zu überlagern. Andererseits könnten die Ergebnisse auch durch die Art der hier geforderten Diskriminationsaufgabe zustande gekommen sein: Während man bei einem simultanen Vergleich zweier Gesichter einen Unterschied zwischen benachbarten Merkmalsausprägungen noch deutlich erkennen kann, wäre es möglich, daß bei der vorliegenden sukzessiven Diskriminationsaufgabe die Merkmalsausprägungen lediglich als Intervalle kodiert werden, die breit genug sind, nominale Ausprägungswerte überlappen zu lassen. Bei einer Überlappung der Ausprägungswerte 1 bis 3, 2 bis 4 und 3 bis 5 wurde die prototypische Merkmalsausprägung 3 jedesmal mitkodiert, obwohl sie selbst nie beobachtet wurde. Diese Hypothese, die eine Modifikation des Attributfrequenzmodells darstellt, wird von NEUMANN als *Intervallspeicherungshypothese* (interval storage hypothesis) bezeichnet.

NEUMANN wählte daher in Experiment 2 eine U-Verteilung (4-0-0-0-4) der Merkmalsausprägungen in der Darbietungsphase, so daß der Übergang von den Extremwerten 1 und 5 nicht wie in Experiment 1 graduell, sondern abrupt erfolgte. Zusätzlich variierte er die Instruktion der Vpn: Während die eine Gruppe zu Beginn des Experiments erfuhr, daß sich die Gesichter bezüglich Länge, Nasenlänge und Alter verändern würden, erhielt die andere Gruppe keine solchen Instruktionen. Wiedererkennenstest und Auswertung waren mit denen in Experiment 1 identisch. Die Ergebnisse zeigten, daß ohne die

Instruktion über die variierten Merkmale das Prototyp-Distanzmodell bestätigt wurde, während umgekehrt mit den Aufklärungsinstruktionen das Attributfrequenzmodell, das höhere Konfidenzurteile für die Extremwerte vorhersagte, den Daten entsprach. Obwohl auch für diese Befunde mehrere alternative Interpretationen möglich erscheinen (z.B. die Bildung mehrerer, an den Extremwerten verankerter Prototypen anstelle nur eines einzigen, zentralen Prototyps), sind diese Daten dennoch mit dem Attributfrequenzmodell vereinbar. Dies gilt auch für die beobachtete Wechselwirkung mit den Instruktionen, wenn wir die oben erwähnte Unterscheidung von simultaner und sequentieller Diskriminationsaufgabe berücksichtigen. Demnach würde die Instruktion mit dem Hinweis auf die relevanten Dimensionen die Aufmerksamkeit auf diese richten und so die Intervallbreite für die Kodierung der beobachteten Werte einengen. Ohne diesen Hinweis blieben die Intervalle eher breit und könnten daher zu dem beobachteten zentralen Tendenzeffekt führen.

In Experiment 3 schließlich suchte NEUMANN die Attributfrequenzhypothese dadurch zu stützen, daß er zusätzlich zu den in den Experimenten 1 und 2 verwandten Darbietungssets der Identikitgesichter noch abstrakte, strukturell ähnliche Stimuli (ein großes, rotes Rechteck, in das ein kleineres, gelbes Rechteck und ein rosa Rechteck mit 1 bis 5 schwarzen Linien (analog den Alterslinien) eingebettet waren) konstruierte. Von diesen abstrakten Stimuli wurden zwei verschiedene Versionen angefertigt, eine mit leicht und eine mit schwer zu unterscheidenden Abstufungen (z.B. wurde die Höhe des Rechtecks von einer Abstufung zur nächsten um 25 mm oder um 12,5 mm variiert). Durch die Verwendung bisher nie beobachteter, abstrakter Stimuli sollte verhindert werden, daß Vpn durch zahlreiche Erfahrungen geformte Schemata (wie dies möglicherweise bei Gesichtern geschieht) anwandten.

Die Ergebnisse von Experiment 3 sind zu komplex, um sie im Detail hier wiederzugeben. Obwohl sich nicht alle beobachteten Datenmuster aufgrund des Attributfrequenzmodells erklären lassen, scheint dieses doch, in Verbindung mit der Intervallspeicherungshypothese, den Daten am nächsten zu kommen. Die Konfidenzurteile für die abstrakten Stimuli folgten den beobachteten Auftretenshäufigkeiten der V- bzw. U-Verteilungen in der Darbietungsphase, ohne erkennbare Anzeichen einer zentralen Tendenz, wie dies nach dem Prototyp-Distanzmodell zu erwarten gewesen wäre. Bei den Identikitgesichtern resultierte eine zentrale Tendenz bei V-Verteilungen der beobachteten Merkmale, während die Konfidenzurteile eine analoge U-Verteilung aufwiesen, wenn die Merkmale U-verteilt dargeboten worden waren. Dieses Ergebnis stellte sich unabhängig von der wie in Experiment 2 manipulierten Instruktion ein, die die relevanten Dimensionen nannte bzw. allgemein gehalten war.

Der letztgenannte Befund steht allerdings im Widerspruch zu NEUMANNs Experiment 2, ohne daß NEUMANN dies in der Gesamtdiskussion näher berücksichtigt: Während in Experiment 2 das Fehlen eines Hinweises auf die relevanten Variationsdimensionen noch zu einer zentralen Tendenz der Konfidenzurteile führte - bei vorgegebener U-Verteilung - wird dieses Ergebnis in der analogen Bedingung in Experiment 3 nicht mehr repliziert; dort verteilen sich die Konfidenzurteile, unabhängig von der vorgegebenen Instruktion, eher U-förmig (vgl. NEUMANN, 1977, Abbildungen 2 und 5), allerdings nicht in dem Maße, wie dies bei den abstrakten Stimuli beobachtet werden konnte. Schließlich kann die Bildung von *mehreren* Prototypen, anstelle nur eines *einzigen zentralen*, bei der

Verwendung von bimodalen Extremverteilungen nicht ausgeschlossen werden (MALPASS & HUGHES, 1986).

Ein direkter Vergleich der drei alternativen Erklärungsmodelle, des Durchschnitts- (Prototyp-Distanz-), des Attributfrequenz- und des Intervallspeicherungsmodells, wurde von MALPASS und HUGHES (1986) in drei Experimenten vorgenommen. Diese Autoren verwandten ebenfalls Identikitgesichter, bei denen sie vier Dimensionen (Augen, Nase, Mund und Kinn) in jeweils fünf Abstufungen (von 1 = kleinster bzw. feinster bis 5 = größter bzw. gröbster Abstufung) variierten, so daß insgesamt 625 Einzelgesichter möglich waren. Die Häufigkeitsverteilungen der einzelnen Gesichtszüge wurden so gewählt, daß die Parameter der zentralen Tendenz, modaler Wert und arithmetisches Mittel, derart gelegt waren, daß die drei Modelle gegeneinander getestet werden konnten. Für alle drei Experimente wurden jeweils identische Verteilungen von Gesichtern von Schwarzen und von Weißen konstruiert. Die Testsets enthielten neben den alten Gesichtern auch Distraktoren, die entsprechende Prototypanteile aufwiesen, und die fünf kritischen Stimulusgesichter mit korrelierenden Merkmalsausprägungen (z.B. 4,4,4,4), auf die sich die statistische Auswertung der Konfidenzurteile fokussierte.

In Experiment 1 wurde eine unimodale, symmetrische Verteilung, mit zusätzlichen kleineren Gipfeln auf den Extremwerten verwandt, aber ohne Darbietung der 2- bzw. 4- Werte. Diese Verteilung konfundiert zwar das Durchschnittsbildungs- und das Attributfrequenzmodell, führt aber zu einer alternativen Vorhersage des Intervallspeicherungsmodells - die Gesichter 2,2,2,2 und 4,4,4,4 sollten von der Überlappung mit 3,3,3,3 profitieren. Diese Hypothese wurde jedoch nicht bestätigt. In Experiment 2 wurden Durchschnittsbildungs- und Attributfrequenzmodell durch die Verwendung links-steiler (L-) und spiegelgleicher rechts-steiler (R-) Verteilungen kontrastiert. Die Konfidenzurteile entsprachen dem Attributfrequenzmodell; Durchschnittsbildungsprozesse waren nicht beobachtbar. Für eine der beiden Verteilungen waren auch Anzeichen für Intervallspeicherung erkennbar.

Auch in Experiment 3 wurden spiegelgleiche L- und R-Verteilungen verwendet, doch im Gegensatz zu den beiden vorangegangenen sowie den von NEUMANN (1977) durchgeführten Experimenten wurden auch die dazwischenliegenden 2- und 4-Ausprägungen mindestens einmal gezeigt. Dadurch sollte gewährleistet werden, daß die Vpn genügend Informationen über die variierten Dimensionen besaßen, so daß ihnen - analog der Bedingung mit Instruktion über die zu verändernden Dimensionen in NEUMANNS Experiment 2 - Durchschnittsbildungsprozesse möglich wären. Diese Versuchsanordnung soll einen Vergleich der Vorhersagen von Durchschnittsbildungs- und Intervallspeicherungshypothese, bei gleichzeitiger Prüfung des Attributfrequenzmodells, erlauben. Auch in diesem Experiment wurde das Durchschnittsbildungsmodell nicht bestätigt. Die Konfidenzurteile richten sich offenbar nach den Häufigkeiten, mit denen die einzelnen Gesichtszüge beobachtet werden. In zwei der sechs in Experiment 3 verwandten Stimulussets waren auch signifikante Effekte, die auf die Intervallspeicherungshypothese hinweisen, zu verzeichnen.

MALPASS und HUGHES sehen ihre Befunde als eine Unterstützung des Attributfrequenzmodells an, das in Einzelfällen durch die Intervallspeicherungshypothese ergänzt werden kann, obwohl deren Vorhersagen nur gelegentlich zutreffen. Sie zweifeln an der Möglichkeit von Durchschnittsbildungsprozessen bei den von ihnen manipulierten Gesichtszügen, die offenbar eher nominaler als ordinaler Skalennatur sind. Ein möglicher Unterschied zwischen den von NEUMANN einerseits und MALPASS und HUGHES andererseits gebrauchten Identikitgesichtern mag in den variierten Dimensionen liegen: Während NEUMANN Länge des Gesichts, Nasenlänge und Anzahl der Alterslinien veränderte, manipulierten MALPASS und HUGHES eher Dimensionen, deren Variationen mehr eine Änderung der Intensität (z.B. Buschigkeit der Augenbrauen, Größe bzw. Dicke der Lippen) darstellen. NEUMANNs Dimensionen erscheinen zumindest prinzipiell quantifizierbar und damit unter gewissen Umständen einem Durchschnittsbildungsprozeß zugänglich, während die meisten Gesichtszüge, u.a. auch die von MALPASS und HUGHES manipulierten, wohl eher qualitativer Natur sind.

Wir sollten uns bei den Untersuchungen von SOLSO und MCCARTHY, NEUMANN und MALPASS und HUGHES auch kritisch fragen, inwieweit man bei Identikitgesichtern, die aus einer Ansammlung nominaler Merkmale komponiert werden, überhaupt von *"Intervallen" nominaler* Merkmalsausprägungen sprechen kann. Sicherlich sind Merkmale wie Gesichts- oder Nasenlänge Größen, die sich prinzipiell quantitativ bestimmen lassen. Man kann jedoch nicht davon ausgehen, daß selbst diese im Identikit vorliegenden Merkmale *"gleichabständig"* variieren. Eine bloß ordinale Anordnung, die sich zu experimentellen Zwecken sicherlich rechtfertigen läßt, läßt aber die von NEUMANN postulierten "Überlappungen" von Merkmalsabstufungen und die erforderlichen Diskriminationsprozesse äußerst spekulativ erscheinen. Diese Konzepte erscheinen zwar intuitiv plausibel; man sollte aber dennoch versuchen, sie präziser zu operationalisieren.

Allerdings müßten dazu eine Reihe von Vorfragen geklärt werden, die in diesen Untersuchungen meist stillschweigend übergangen werden. So ist z.B. zu fragen - bzw. *empirisch* zu klären - ob die *Länge* einer Nase (bzw. eines Gesichts) unabhängig von ihrer Breite, etwa als das Verhältnis der beiden zueinander, oder gar dreidimensional (bei fotografischen Abbildungen mit wechselnder Perspektive) als "Nasen*größe*" konzipiert werden sollte. Das Problem einer präzisen Quantifizierung wird noch schwieriger, wenn wir nicht nur die absolute, bzw. relative, Größe eines Merkmals, sondern auch die Variationsbreite der Ausprägungs*formen* - z.B. der Krümmung des Nasenrückens oder des Amorbogens des Mundes - quantitativ erfassen wollen. Eine Möglichkeit zur Lösung dieses Problems könnte in extensiven Pilotstudien liegen, in denen die "Abstände" zwischen Ausprägungsabstufungen, z.B. mittels neuerer Computergraphiktechniken, experimentell variiert und ihre Unterschiedlichkeit indirekt, z.B. über Reaktionslatenzen in Paarvergleichen, empirisch bestimmt werden. Inwieweit durch derartige Quantifizierungsversuche eher integrale, holistische Wahrnehmungsprozesse von Gesichtern beeinträchtigt werden, sei bei dieser eher merkmalsorientierten Vorgehensweise zunächst dahingestellt.

Trotz der Kritikpunkte, die eine Überprüfung der diskutierten Ansätze mit natürlichen Gesichtern weiterhin notwendig erscheinen lassen, sollten wir doch den Kern dieser Untersuchungen nicht aus den Augen verlieren: Demnach scheint unser Wahrnehmungssystem aus einer Reihe seriell dargebotener Gesichter bestimmte Merkmale (Gesichtszüge) entsprechend ihrer Auftretenshäufigkeit zu extrahieren und zu einem, bzw. unter Umständen mehreren, "Prototypen" zu konfigurieren. Diese "Prototypen" lösen, einem Pseudogedächtnis gleich, Vertrautheitsurteile aus, obwohl sie selbst nie vorher direkt beobachtet worden waren.

6.3.3 Aussehen, Kategorien und Wiedererkennen

In der sozialen Kognitionsforschung hat das *Schema*-Konstrukt (z.B. SCHANK & ABELSON, 1977) eine zentrale Rolle für das Verständnis von Personenkategorien bzw. Stereotypen und den zugehörigen Attributen eingenommen. Im Gegensatz dazu hat die Frage nach dem physischen Aussehen, insbesondere von Gesichtern, als einem Attribut von Personenkategorien relativ wenig Aufmerksamkeit erregt. KLATZKY, MARTIN und KANE (z.B. 1982a, 1982b) gehen von der Annahme aus, daß Gesichter in bestimmte Kategorien fallen, deren Vertreter bestimmte physiognomische Merkmale gemeinsam haben. Dies ist besonders offensichtlich bei Kategorien wie Geschlecht oder "Rassenzugehörigkeit" - im physiognomischen Sinn - doch wissen wir aus Alltagsbeobachtungen in den Medien (z.B. der Werbung), daß auch bestimmte *Beschäftigungen* mit bestimmten Persönlichkeitstypen assoziiert werden.

KLATZKY, MARTIN und KANE stellten sich insbesondere die Frage, ob
(1) bestimmte physiognomische Charakteristika überzufällig mit bestimmten Beschäftigungen im weitesten Sinne (occupations) assoziiert werden, und
(2) welche Bedeutung diese Assoziationen für die Verarbeitung von Gesichtern, speziell dem Gedächtnis für dieselben, beinhalten.

In einer ihrer Untersuchungen (KLATZKY, MARTIN & KANE, 1981, zit. in KLATZKY et al., 1982a) konnten diese Autoren zeigen, daß Vpn in der Lage waren, Gesichter bestimmten Beschäftigungskategorien in einer Alternative-Forced-Choice-Aufgabe in zuverlässiger Weise zuzuordnen. Das Ausmaß, in dem Kategorien den Gesichtern gemeinsam zugeordnet werden, kann auch als Indikator für die Ähnlichkeit der Gesichter gelten. In den darauffolgenden Untersuchungen suchten KLATZKY und Mitarbeiter einerseits den Einfluß dieser Kategorien auf unmittelbare Wahrnehmungsprozesse (z.B. KLATZKY et al., 1982a), andererseits aber auch auf eher zentrale, kognitive Prozesse, z.B. das Gedächtnis für Gesichter, zu erforschen (KLATZKY, MARTIN & KANE, 1982b). So konnten KLATZKY et al. (1982a) z.B. zeigen, daß *inkongruente* Beschäftigungsetiketten in einem *Priming*-Experiment die nachfolgende Leistung in einer Urteilsaufgabe (Zusammengehörigkeit von Gesichtshälften) beeinträchtigten, während kongruente Etiketten zumindest für einige der Beschäftigungen die Reaktionszeiten beschleunigten.

Uns interessieren hier vor allem die Untersuchungen, in denen die Bedeutung von Beschäftigungskategorien für das Wiedererkennen von Gesichtern im Vordergrund stand. KLATZKY et al. (1982b) sprechen hier von einer *semantischen Interpretation* von Gesichtern und ihrem Einfluß auf die Wiedererkennensleistung. Nach diesem Ansatz sind Gesichter nur eine Form visueller Stimuli, die neben einer visuellen oder "physischen" Kodierung (auch "strukturelle", "schematische", "sensorische", "pictoliteral" genannt) auch eine semantische Kodierung des begrifflichen Inhalts (auch "begriffliche", "bedeutungsvolle", "verbale" genannt) zulassen. Es geht hier nicht wie bei der Untersuchung von GOLDSTEIN und CHANCE (1971; vgl. unten) um die Leichtigkeit, mit der Gesichter semantisch kategorisiert werden können, sondern um die Frage, inwieweit die Interpretation eines visuellen Stimulus mit Bezug auf eine begriffliche Kategorie, der sie sonst nicht zugeordnet würde, gefördert wird (KLATZKY et al., 1982b, Anm. 1).

Es gibt zweierlei theoretische Ansätze, aufgrund derer wir eine Verbesserung der Wiedererkennensleistung durch eine semantische Interpretation von Gesichtern erwarten könnten. Zum einen gibt es eine Reihe von Arbeiten im Anschluß an den *Levels-of-processing-Ansatz* von CRAIK und LOCKHART (1972), die gezeigt haben, daß Enkodierungsinstruktionen, die eine tiefere - im Sinne einer semantischen Interpretation: z.B. "freundlich-unfreundlich?" - Verarbeitung nahelegen, zu besseren Wiedererkennensleistungen führen (z.B. BOWER & KARLIN, 1974; vgl. die ausführliche Darstellung sowie die kritischen Punkte in Kapitel 8). Andererseits führt auch eine *Umkehrung* der *dualen Kodierungs*theorie PAIVIOS (1971) zu ähnlichen Vorhersagen (vgl. Kapitel 1). PAIVIO hatte postuliert, daß eine imaginale (visuelle) Kodierung, zusätzlich zur verbalen, zu einem besseren Gedächtnis für verbale Materialien führt. Spiegelgleich könnte man erwarten, daß eine semantische Kodierung, zusätzlich zu der visuellen, von visuellen Stimuli zu besserem Abruf derselben führen müßte.

Als Operationalisierung wählten KLATZKY et al. 30 alltägliche *Beschäftigungskategorien* (z.B. Friseur, Verkäufer, Richter, Lastwagenfahrer) aus einem "Lexikon für Berufstitel" aus, von denen 13 nach Angaben ihrer Kollegen eher gute prototypische Vorstellungsbilder provozierten. In Experiment 1 ließen sie dann von einer Gruppe von Studenten 83 Gesichter (ohne Kleidung) von Männern daraufhin beurteilen, welche drei der 13 Berufskategorien besonders gut bzw. besonders schlecht zu den Gesichtern paßten. Die Autoren hatten selbst vorher die Gesichter nach ihrem Gutdünken den 13 Beschäftigungskategorien zugeordnet. Es zeigte sich, daß 60 der 83 Gesichter von mindestens 10 der Vpn ($p < .01$) den entsprechenden Kategorien zugeordnet wurden, was als Indikator für einen guten, überzufälligen Konsens gewertet werden kann. Allerdings muß kritisch angemerkt werden, daß die zu beurteilenden Gesichter vorher schon mit Hinblick auf die zu beurteilenden Kategorien aus Zeitschriften und Jahrbüchern ausgewählt worden waren. Der hier erzielte Konsens betrifft also mehr die Übereinstimmung zwischen den studentischen Vpn und den Autoren als die grundlegende Assoziierbarkeit von Gesichtern und Berufskategorien (vgl. auch THORNTON, 1939).

In Experiment 2 konnten die Autoren zeigen, daß Gesichter, die zusammen mit passenden *Etiketten* dargeboten wurden, zu besseren Wiedererkennensleistungen (gemessen als "gewichtete Genauigkeitswerte", die von den Konfidenzurteilen abgeleitet wurden; vgl. Kapitel 3) führten als Paarungen mit unpassenden Berufskategorien. Da für die einzelnen Gesichter in Experiment 1 auch Maße für die Stereotyptreue eines einzelnen Gesichts hergeleitet worden waren, konnte weiter festgestellt werden, daß die Wiedererkennensleistung mit dem Grad an Stereotypie korrelierte. Dieser Effekt schien jedoch, unabhängig von dem Etikettierungseffekt, eher als eine Funktion des Grades der *Stereotypisierbarkeit* individueller Gesichter zustandezukommen. Das heißt, diejenigen Gesichter, die sich leichter stereotypisieren lassen, lassen sich auch leichter wiedererkennen, unabhängig davon, ob sie bei der Darbietung entsprechend kategorisiert wurden.

Dieser Effekt kann aber auch dadurch erklärt werden, daß leicht stereotypisierbare Gesichter eher einen Eindruck der *Vertrautheit* und damit höhere Konfidenzurteile auslösen als Gesichter, die sich nicht so leicht kategorisieren lassen. Dieser Vermutung wurde in Experiment 3 nachgegangen, in dem neben den stereotypkongruenten und -inkongruenten "alten" Testgesichtern auch kongruente und inkongruente "neue" Testgesichter im Testset enthalten waren. Damit war eine Auswertung nach der Signaldetektionstheorie (vgl. Kapitel 3) möglich, die zeigte, daß kongruente und inkongruente Kategorien keinen Effekt auf das korrigierte Wiedererkennensmaß d' hatten, sondern lediglich zu einer Verschiebung der Reaktionstendenz *beta* führten. Die Gruppe mit stereotypkongruenten Etiketten während der Darbietung neigte eher dazu, vorher nicht gesehene, stereotypkongruente Gesichter als alt zu kennzeichnen als die Gruppe mit stereotypinkongruenten

Kategorien. Eine Analyse der einzelnen Gesichter zeigte auch hier wieder einen Zusammenhang zwischen dem Grad der Stereotypisierbarkeit eines Gesichts und dem Wiedererkennen desselben, unabhängig von der Etikettierung während der Darbietungsphase.

Die Autoren interpretieren diese Ergebnisse dahingehend, daß die Interpretation von Gesichtern nach Berufskategorien zu einem abstrakteren, semantischen Kode, anstelle des physischen, führt. Eine solche semantische Kodierung würde zwar höhere Trefferraten ermöglichen, gleichzeitig aber auch zu mehr falschen Alarmen bei Gesichtern, die mit den ursprünglich aktivierten Kategorien kongruent sind, verleiten (vgl. auch SPORER, 1989). Diese Auffassung wurde in zwei weiteren Experimenten (4 und 5) bestätigt. In Experiment 4 zeigte sich zusätzlich, daß die Paarung von Gesichtern mit inkongruenten Etiketten während der Darbietung sowohl die Leistung bei alten wie auch bei neuen Testgesichtern verbesserte. Dies könnte darauf zurückgeführt werden, daß vorher mit unpassenden Etiketten versehene ("alte") Gesichter beim Wiedererkennenstest mit dem semantischen Kode im Einklang waren, während bei neuen Gesichtern dieses Vertrautheitsgefühl durch die semantische Kategorisierung nicht hervorgerufen wird.

In Experiment 5 schließlich bauten KLATZKY et al. ihre Befunde bezüglich der Stereotypisierbarkeit einzelner Gesichter weiter aus. Anstelle von natürlichen Gesichtern verwandten sie Identikitgesichter (vgl. Kapitel 4), die maximale Kontrolle über einzelne zu variierende Gesichtszüge erlauben. Auch hier zeigte sich, daß Gesichter, die in einem Vortest den Berufskategorien leichter zugeordnet werden konnten - d.h. die leichter stereotypisierbar waren - in einem 2-AFC-Test (vgl. Kapitel 2 und 3) besser wiedererkannt wurden als weniger leicht stereotypisierbare Gesichter. Dieser Effekt trat unabhängig von der Art der verwandten Etiketten ein (passende oder unpassende Kategorien oder Eigennamen). Es ist also nicht das beigefügte Etikett, das uns Gesichter besser wiedererkennen läßt, sondern die Stereotypisierbarkeit des Gesichts als solche. Diese läßt sich vermutlich auf bestimmte physiognomische Merkmale zurückführen, die hier jedoch nicht weiter untersucht wurden.

Zusammengefaßt stellt das Forschungsprogramm von KLATZKY et al. einen vorbildlichen Versuch dar, die Wirkung der Stereotypbildung auf das Gedächtnis für Gesichter zu untersuchen. Es hat sich zwar gezeigt, daß Stereotypkategorien das Wiedererkennen erleichtern können. Andererseits entpuppt sich dieses größere Gefühl der Vertrautheit leicht als Illusion, da es auch zu einer erhöhten Anzahl falscher Alarme führen kann. Dies wäre besonders für die Anwendungen in der Strafrechtspflege bedeutsam, da es zu Falschidentifizierungen und Falschverurteilungen infolge krimineller Stereotype führen könnte. Darauf werden wir im folgenden Kapitel nochmals eingehen. Entgegen der Auffassung von KLATZKY et al. glauben wir jedoch nicht, daß sich dieser Ansatz, der ja keinen objektiven Leistungsanstieg im Sinne der Signaldetektionstheorie nachweisen konnte, zur Entwicklung von Techniken zur Verbesserung des Wiedererkennens von Gesichtern eignet.

6.3.4 Verbale Elaboration und Etikettierung

Stereotype sind nur eine besondere Form der "semantischen Interpretation" (KLATZKY, MARTIN & KANE, 1982b), mit der Beobachter Gesichtsinformationen kategorisieren können. Während man Stereotype als Wahrnehmungsbereitschaften verstehen kann, die vermutlich eher unbewußt ablaufen, wollen wir im folgenden auf eher bewußt gesteuerte *Verbalisierungsprozesse* eingehen. Neben Stereotypen gibt es noch andere Wege, auf denen man die auf uns einwirkende visuelle Gesichtsinformation (oder einer Person in ihrem sozialen Kontext) mit unserem semantischen Gedächtnis in Verbindung setzen kann. In diesem Abschnitt wollen wir uns insbesondere der Frage widmen, inwiefern die verbale Elaboration oder die *Etikettierung* (labelling) eines Gesichts das spätere Wiedererkennen desselben beeinflußt.

Es gibt interessante Befunde in der Grundlagenforschung über die Rolle verbaler Informationen bei der Enkodierung visueller Stimuli. Bevor wir auf diese Untersuchungen eingehen, sollten wir einige wichtige Unterscheidungen hervorheben, die sich als bedeutungsvolle Moderatorvariablen herausstellen und uns helfen könnten, teilweise widersprüchliche Ergebnisse in Einklang zu bringen (nach SPORER, 1989):

(1) Wir müssen unterscheiden, ob die verbale Information, die zu einer besonderen "elaborierten" Gedächtnisspur für ein bestimmtes Gesicht führen soll, vom Versuchsleiter *vorgegeben* oder von der Vp selbst generiert wurde. Ersteres könnte man als *elaborierten verbalen Kontext* bezeichnen, während der Begriff *Etikettierung* (labelling) in diesem Zusammenhang auf die Fälle beschränkt werden könnte, in denen die Vpn - sei es von sich aus oder infolge einer expliziten Instruktion seitens des Vl - aktiv verbale Etiketten für die beobachteten Personen produzieren, die ihnen das spätere Wiedererkennen erleichtern sollen. Eine solche Unterscheidung ist in der Literatur bisher nicht vorgenommen worden (vgl. z.B. die Arbeiten von KLATZKY et al. im letzten Abschnitt, in denen wir die Begriffe semantische Interpretation und Etikettierung - dort eigentlich elaborierter verbaler Kontext - mehr oder weniger synonym gebrauchten).

(2) Weiterhin sollten wir berücksichtigen, ob die (vom Vl als Kontextelaboration vorgegebenen) verbalen Informationen (z.B. Berufskategorien) mit der abgebildeten Person *kongruent* sind. KLATZKY et al. (1982b; vgl. oben) haben gezeigt, daß zumindest in einem ihrer Experimente (Experiment 4) kongruente Berufskategorien zu tendentiell besseren Wiedererkennensleistungen als inkongruente Berufskategorien führten. Wir rufen jedoch in Erinnerung, daß in KLATZKYS Experimenten offenbar die semantische Interpretation als solche von entscheidender Bedeutung war, obwohl sie, wie wir gesehen haben, nicht zu objektiv besseren Wiedererkennensleistungen (im Sinne der Signaldetektionstheorie: vgl. Kapitel 3), sondern lediglich zu einem (teilweise unrichtigen) Gefühl der Vertrautheit - bzw. einem laxeren Entscheidungskriterium - führte.

(3) Schließlich müssen wir unterscheiden, ob die verbale Information (sei sie vorgegeben oder selbst-generiert) der Vp wieder als Abrufhilfe beim Wiedererkennenstest zur Verfügung gestellt wird. Auf letztere Bedeutung von *Hinweisreizen* während der Abrufphase werden wir im Rahmen der Diskussion über *Kontexteffekte* beim Wiedererkennen (Kapitel 10) näher eingehen.

Eine der ersten Untersuchungen, die die Rolle verbaler und visueller Prozesse beim Wiedererkennen von Gesichtern und anderen "komplexen Konfigurationen" wie z.B. Tintenklecksen und Schneekristallen studierte, wurde von GOLDSTEIN und CHANCE (1971) vorgelegt. In ihrem ersten Experiment zeigten Gesichter (71% Treffer) einen klaren Vorteil gegenüber Tintenklecksen (46%) und Schneekristallen (33%). Die Autoren führen diesen Unterschied auf die größere subjektive Vertrautheit der Gesichter gegenüber anderen Stimulusklassen zurück. Diese Argumentation erklärt allerdings nicht den ebenfalls signifikanten Unterschied zwischen den Tintenklecksen und den Schneekristallen.

In ihrem zweiten Experiment wollten GOLDSTEIN und CHANCE herausfinden, ob der Vorteil der Gesichter - andere Autoren sprechen von einem "face superiority effect"

(COHEN & NODINE, 1978) durch den größeren assoziativen Wert erklärt werden könnte. Auf die Instruktion, ein Wort oder einen kurzen Satz niederzuschreiben, woran einen jedes Bild erinnere oder wie es aussehe, erfolgten die meisten Antworten auf die Gesichter (205 Antworten), die am zweithäufigsten auf die Tintenkleckse (179) und am wenigsten auf die Schneekristalle (132). Andererseits waren die Rangkorrelationen zwischen der Wiedererkennbarkeit eines Stimulus und der Häufigkeit der assoziativen Reaktionen auf ein Gesicht nicht-signifikant *negativ* (-.24 bei einem unmittelbaren, -.18 bei einem Test nach einem größeren Zeitintervall). Diese Daten deuten nicht darauf hin, daß verbale Prozesse eine Mittlerrolle beim Wiedererkennen von Gesichtern spielen.

Den Autoren war allerdings auch klar, daß bloße Assoziationen möglicherweise keine optimale Kodierungsstrategie, die das Wiedererkennen erleichtert, darstellen. In einem weiteren Experiment, das ausführlicher in GOLDSTEIN und CHANCE (1976) referiert ist, fanden sie bessere Wiedererkennensleistungen, wenn die Vpn instruiert wurden irgendetwas niederzuschreiben, von dem sie glaubten, daß es ihnen helfen würde, das Gesicht später wiederzuerkennen (82% Treffer) als bei einer bloßen Assoziationsinstruktion (71%). Obwohl sich ein paralleler Effekt für die Reproduktionsdaten (35% vs. 23% richtige Wiedergabe) ergab, fiel den Autoren doch die undifferenzierte Art und Weise, in der die Gesichter beschrieben wurden, auf (z.B. "dunkle Haare", "sieht gemein aus", "sieht intelligent aus"; vgl. SPORER, 1989, und Kapitel 8). Ähnlich undifferenzierte Angaben haben wir ebenfalls in einer Reihe unserer Experimente (Experimente 6, 7 und 8, s. Kapitel 8) beobachtet.

Andere Autoren fanden ebenfalls keine Leistungsverbesserung als Funktion einer verbalen Kodierung. In Anlehnung an den Levels-of-processing-Ansatz (vgl. Kapitel 8) prüften BADDELEY und WOODHEAD (1982, Experiment 1 und 2) die Hypothese, ob Beschreibungsinformationen, die zusammen mit den Gesichtern vorgegeben wurden (z.B. Körpergröße, Beruf, Gewohnheiten, gewöhnlicher Aufenthaltsort, etc.), signifikante Verbesserungen erzeugten - jedoch ohne Erfolg. Obwohl die Fragestellung von MALPASS, LAVIGUEUR und WELDON (1973) nicht die gleiche war, ist auch das Ergebnis ihrer Untersuchung als ein Mißerfolg der verbalen Kategorisierung zu werten. MALPASS et al. hatten versucht, das Wiedererkennen von Gesichtern durch verbales und visuelles Training zu verbessern. Sie fanden zwar eine Verbesserung bei mehreren der gemessenen verbalen Variablen, die man als "Beschreibungsfähigkeit" zusammenfassen könnte, aber keine vergleichbare Verbesserung beim visuellen Wiedererkennen. Auch eine kanonische Korrelationsanalyse lieferte keine interpretierbaren Zusammenhänge zwischen den verbalen und visuellen Gedächtnisparametern. Schließlich müssen auch die im letzten Abschnitt diskutierten Befunde von KLATZKY, MARTIN und KANE (1982b) in gewisser Weise als Null-Befund insofern gewertet werden, als in diesen Experimenten kein objektiver Leistungsanstieg im Sinne der Signaldetektionstheorie zu verzeichnen war.

Die u.W. einzigen Untersuchungen, die eine Leistungsverbesserung als Funktion elaborierter verbaler Enkodierung nachweisen konnten, wurden von KERR und WINOGRAD (1982) vorgelegt. In vier Experimenten lag die Wiedererkennensrate im Vergleich zu einer Kontrollgruppe ohne Etiketten konsistent höher, wenn die Gesichter von kurzen Beisätzen begleitet wurden, die Persönlichkeitscharakteristika, Hobbies, Berufe etc. betrafen (z.B. "er ist ein Alkoholiker", "er ist ein Vegetarier", "er raucht Zigarren", "er ist Psychiater" - siehe WATKINS, HO & TULVING, 1976). Wurde mehr als ein Attribut zusammen mit einem Gesicht genannt, war ein zusätzlicher Leistungsanstieg nur in einem, aber nicht in den anderen drei Experimenten erkennbar. Die Autoren sind der Ansicht, daß dies entweder an der schwierigen experimentellen Aufgabe - kurze Darbietungszeit von acht sec bei gleichzeitiger *auditiver* Darbietung der begleitenden Etiketten - oder an einem Mangel an Integration der Etiketten, die zueinander in keiner Beziehung standen, liegen könnte. Es ist ebenfalls von Interesse, daß das Wiedererkennen unabhängig von der Fähigkeit zur verbalen Reproduktion der Etiketten erfolgte. Letztere war extrem niedrig (vgl. oben: GOLDSTEIN & CHANCE, 1971). In ihrem vierten Experiment konnten KERR und WINOGRAD (1982) schließlich zeigen, daß das Wiedererkennen sogar noch besser ist, wenn die begleitenden Etiketten beim Test mit vorgegeben wurden, auch wenn die Präsenz der Etiketten in der Darbietungsphase für sich alleine schon eine Verbesserung erzeugte. In diesem Experiment benutzten KERR und WINOGRAD einen 2-AFC-Test - visuelle Darbietung der Gesichter bei gleichzeitigem lauten Vorlesen des (bzw. der) Etiketten für eines der beiden Gesichter - der für den Nachweis einer Leistungsverbesserung besonders sensibel ist. Diese Versuchsanordnung läßt jedoch nicht ausschließen, daß die *Wiederherstellung des Kontextes* (vgl. Kapitel 10) in Form der verbalen Etiketten bei einer Kontrollgruppe, in der die alten Etiketten mit neuen Gesichtern gepaart werden, eher zu einem Gefühl der Vertrautheit bzw. einer Verzerrung der Reaktionsneigung als zu einer echten Leistungsverbesserung im Sinne der Signaldetektionstheorie führen würde.

6.4 Experiment 4: Kongruente und inkongruente verbale Etiketten

Wir wollen im Folgenden eine eigene Untersuchung darstellen, in der wir einerseits versucht haben, die Befunde von KLATZKY et al. (1982b; s. oben) unter Berücksichtigung einiger methodischer Probleme zu replizieren. Besonderes Augenmerk soll hier der Überprüfung der Frage gelten, inwieweit tatsächlich ein Konsens bezüglich der Zuschreibung von Beschäftigungskategorien zu Gesichtern besteht. Andererseits soll in unserem Experiment 4 festgestellt werden, ob die Bereitstellung von Kategorien - gegenüber einer *Kontrollgruppe ohne verbale Etiketten* - zu einer Leistungsverbesserung führt, und inwiefern die Wirkung dieser Etiketten von deren Kongruenz mit den jeweiligen Gesichtern abhängt. Schließlich wollen wir insbesondere herausfinden, ob durch eine derartige verbale Etikettierung tatsächlich eine Leistungsverbesserung, und nicht lediglich eine Verschiebung des Entscheidungskriteriums, und folglich eine Erhöhung der falschen Alarme, bewirkt wird.

Diese Annahmen lassen sich durch folgende Arbeitshypothesen formalisieren:

H6.1: Die Bereitstellung verbaler Etiketten führt zu höheren Wiedererkennensleistungen als die bei einer Kontrollgruppe ohne verbale Attribute.
H6.2: Kongruente verbale Etiketten führen zu besserem Wiedererkennen als nichtkongruente Attribute.
H6.3: Diese Effekte werden nicht nur durch eine bloße Verschiebung des Entscheidungskriteriums (Illusion der Vertrautheit), auf Kosten einer Erhöhung der falschen Alarme, erzeugt.

Um diese Hypothesen zu überprüfen, haben wir besondere Mühe auf die Gewinnung und Auswahl der Stimulusmaterialien (Gesichter und verbale Etiketten) verwandt. Zunächst sollte in mehreren Pilotstudien die Frage nach dem Konsens bezüglich stereotyper Kategorien, und deren Kongruenz bzw. Inkongruenz mit vorgegebenen Gesichtern, bestimmt werden, bevor wir uns deren Einfluß auf das Wiedererkennen der Gesichter widmen konnten.

6.4.1 Methode von Experiment 4

6.4.1.1 VERSUCHSPERSONEN

Von den 39 Teilnehmern am Hauptversuch waren 37 Studierende des Faches Psychologie an der Universität Marburg, die meisten in den Anfangssemestern, und zwei Studierende anderer Fachbereiche. Davon waren 32 Frauen und sieben Männer zwischen 19 und 38 Jahren (Md = 21.0 Jahre). An den beiden Vorversuchen nahmen weitere 10 bzw. 16 Vpn teil, die meisten davon Teilnehmer am Experimentalpsychologischen Praktikum sowie deren Bekannte und Freunde.

6.4.1.2 STIMULUSMATERIAL

Für diesen Versuch wurden 56 Schwarzweißdias von Männern mit einem geschätzten Alter zwischen 20 und 40 Jahren aufgenommen.[2] Passanten, die zufällig an einem öffentlichen Platz vorbeikamen, wurden angesprochen und gebeten, sich für eine wissenschaftliche Untersuchung fotografieren zu lassen. Bartträger (Oberlippenbart bzw. Vollbart) und Nichtbartträger wurden entsprechend ihrer Auftretenshäufigkeit in die Stichprobe aufgenommen. Brillenträger wurden gebeten, ihre Brille vor den Aufnahmen abzunehmen. Um Hinweisreize der Kleidung oder des Hintergrundes konstant zu halten, wurde allen Stimuluspersonen ein Schal um die Schultern gelegt, und alle Aufnahmen an derselben Stelle vor einer Hauswand gemacht. Jede Person wurde in Frontalansicht und im Halbprofil (45 Grad, linke Wange sichtbar) aufgenommen. Von diesen 56 Personen wurden 36 aufgrund der Vorversuche für den Hauptversuch ausgewählt. Zwölf davon wurden in der Darbietungsphase in Frontalansicht, je nach Bedingung mit bzw. ohne die Beschäftigungskategorien, alle 36 in Dreiviertelansicht in der Testphase gezeigt.

6.4.1.3 BESCHÄFTIGUNGSKATEGORIEN ALS VERBALE ETIKETTEN

Die ursprünglich 35 von den Mitgliedern der Praktikumsgruppen gesammelten Beschäftigungskategorien wurden aufgrund der beiden Vorversuche (s. unten) auf die sechs Labels reduziert, die auch im Hauptversuch Verwendung fanden. Es waren dies die Etiketten "Wirt", "Beamter", "Denker", "Pastor", "Sportler" und "Professor". Zwei weitere Etiketten "Bauer" und "Gigolo" wurden zur Erläuterung der Instruktionen als Beispiel benutzt.

Die Etiketten wurden mit Großbuchstaben getippt, auf transparente Folien kopiert und als Dias gerahmt.

6.4.1.4 GERÄTE

Die Dias der Gesichter und der Etiketten wurden mittels zweier Kodak-Karussellprojektoren etwa in Lebensgröße an eine weiße Wand eines teilweise verdunkelten Laborraumes projiziert. Die beiden Projektoren wurden von einer elektronischen Versuchssteuerungsanlage gesteuert, die eine präzise Taktvorgabe für Darbietungszeiten und Interstimulusintervalle erlaubte.[3]

6.4.2 Vorversuche

6.4.2.1 VORVERSUCH 1: ERMITTLUNG GEEIGNETER BESCHÄFTIGUNGSKATEGORIEN

Zur Bestimmung der Auswahl des Stimulusmaterials wurden zwei Vorversuche durchgeführt. Im ersten Vorversuch (n = 19) sammelten die Mitglieder einer experimentalpsychologischen Praktikumsgruppe zunächst je zehn Bezeichnungen für Berufe oder andere Tätigkeiten. Nach Ausschluß von Mehrfachnennungen entstand so eine Liste von 35 Beschäftigungskategorien in Substantivform. Viele davon bezogen sich auf Berufstätigkeiten wie "Manager", "Wirt", "Müll-

---

[2] Hiermit möchte ich Frau Gudrun HÄHLING und den Teilnehmern an dem von ihr geleiteten Experimentalpsychologischen Praktikum sowie Frau SCHNEIDER für ihre Hilfe danken.

[3] Ich bin den Herren MODERER und TRUSHEIM von der elektronischen Werkstatt des Psychologischen Instituts der Universität Marburg für ihre Hilfe bei der Umrüstung der Geräte zu Dank verpflichtet.

man" und "Lehrer", aber auch Hobbies wie "Schrebergärtner", "Angler" oder "Wochenendwanderer" und attribuierte Eigenschaften wie "Denker", "Asket" und "Pfeifenraucher" wurden genannt (s. ausführlich SPORER, 1990d, Tabelle 6.1).

Diese 35 Labels wurden nun auf einer Fünf-Punkte-Skala zweimal daraufhin beurteilt, inwieweit sie in der Lage waren
(1) eine Vorstellung von einem typischen Vertreter dieser Bezeichnung, und
(2) eine Vorstellung von einem typischen Gesicht eines Vertreters dieser Bezeichnung zu erzeugen.

Tabelle 6.1 stellt die Mittelwerte und Standardabweichungen von 12 der 35 Beschäftigungskategorien dar. Diese 12 Etiketten waren als diejenigen mit den höchsten Mittelwerten, bei gleichzeitiger nicht allzu hoher Standardabweichung, für den zweiten Vorversuch ausgewählt worden. Von diesen wurden aufgrund der Ergebnisse des zweiten Vorversuchs 6 Etiketten für den Hauptversuch verwendet. Dadurch sollte gewährleistet werden, daß die benutzten Kategorien einen gewissen *Konsens* bezüglich des Aussehens eines typischen Vertreters der jeweiligen Kategorie repräsentierten.

TABELLE 6.1: *Mittelwerte und Standardabweichungen der Vorstellbarkeitsratings von 12 der 35 prototypischen Beschäftigungskategorien (Pilotstudie 1, n = 19)*

Etikett	M	s
Boxer	4.53	0.70
Bauer	3.79	1.32
* Denker	3.68	1.06
Gigolo	3.68	1.29
* Wirt	3.53	1.12
* Pastor	3.32	1.16
Manager	3.32	1.46
Tänzer	3.05	1.08
* Sportler	3.00	1.05
Revolutionär	2.89	0.88
* Beamter	2.74	1.19
* Professor	2.63	1.26

* = im Hauptversuch (Experiment 4) verwendete Etiketten.

6.4.2.2 VORVERSUCH 2: ERMITTLUNG PASSENDER UND UNPASSENDER KATEGORIEN

Um festzustellen, inwiefern die in Vorversuch 1 ermittelten zwölf Beschäftigungskategorien zu den Gesichtsfotografien paßten, wurde ein zweiter Vorversuch durchgeführt (n = 16). Ziel dieser Pilotstudie war es, Paare von Gesichtern und Beschäftigungskategorien zu finden, die gut zueinander paßten, d.h. daß die abgebildete Person in der Vorstellung der Vpn möglicherweise tatsächlich die genannte Tätigkeit ausüben könnte *(kongruente Etiketten)*. Umgekehrt sollten auch solche Paare ermittelt werden, bei denen die Beschäftigung offenbar nicht "zu dem jeweiligen Gesicht paßte" *(inkongruente Etiketten)*.

Die Vpn bekamen zunächst für 5 min Gelegenheit, sich mit den im Vorversuch ermittelten Kategorien vertraut zu machen. Sie wurden instruiert, daß sie diese Berufsbezeichnungen bzw. Tätigkeitsattribute Gesichtern zuordnen sollten. Jedes der 56 Gesichter wurde für 30 sec an die Wand projiziert, währenddessen die Vpn entscheiden sollten, welche Kategorie das Gesicht "1 = am besten", "2 = am zweitbesten" bzw. "3 = am drittbesten" beschreibt.

Für jedes Gesicht wurden die absoluten Häufigkeiten dieser drei Nennungen berechnet. Nachdem wir als Kriterium festgelegt hatten, daß eine Übereinstimmung zwischen Gesicht und Kategorie angenommen werden sollte, wenn mindestens ein Viertel aller Vpn die betreffende Kategorie als am besten für das Gesicht geeignet eingestuft hatte, konnten wir 36 Paare geeigneter Gesichts-Beschäftigungskombinationen ermitteln. Die Anzahl der Beschäftigungskategorien reduzierte sich dadurch auf die folgenden sechs Etiketten: "Professor", "Beamter", "Wirt", "Pastor", "Sportler" und "Denker". Für die anderen sechs der zwölf in Vorversuch 1 als gut vorstellbar ermittelten Labels konnte keine Übereinstimmung hinsichtlich der Zuordnung zu den dargebotenen Gesichtern festgestellt werden.

Zur Auswahl unpassender Kategorien benutzten wir als Kriterium, daß keine einzige Einstufung als "am besten" geeignet für ein Bild mit diesem Etikett abgegeben worden war. Anhand dieses Kriteriums wurden unpassende Gesichts-Beschäftigungskombinationen mit denselben sechs Kategorien ermittelt, die sich bei anderen Gesichtern als besonders passend erwiesen hatten.

Die Ergebnisse dieser Vorversuche zeigen, daß zwar eine bestimmte Tendenz besteht, bestimmten Gesichtern häufiger bestimmte Berufe oder Tätigkeiten zuzuschreiben als anderen, daß es aber schwierig zu sein scheint, bezüglich dieser Zuschreibungen einen Konsens zu erzielen. Die von anderen Autoren postulierte Leichtigkeit, mit denen wir angeblich bereit wären, allein aufgrund eines Gesichts die betreffende Person nach Beschäftigungskategorien einzustufen (z.B. KLATZKY, MARTIN & KANE, 1982b), wird durch unsere Ergebnisse zumindest zum Teil in Frage gestellt.

6.4.3 Durchführung des Hauptversuchs

Dieses Experiment wurde als inzidentelle Lernaufgabe durchgeführt, d.h. die Vpn wußten vorher nicht, daß ihr Gedächtnis für die Gesichter getestet würde. In der Darbietungsphase sollten die Vpn in den beiden Experimentalgruppen die Gesichts-Beschäftigungskombinationen auf einer fünfstufigen Ratingskala dahingehend beurteilen, inwieweit Etikett und Gesicht zueinander passen. Ein Vergleich der Ratings zwischen diesen beiden Gruppen konnte somit als Realisationskontrolle für unsere Unterscheidung kongruenter vs. inkongruenter verbaler Etiketten dienen. Dazu wurden je zwölf Gesichter (in Frontalansicht, jeweils rechts) gepaart mit kongruenten (EG_1) bzw. inkongruenten Beschäftigungskategorien (EG_2; jeweils links) zusammen an die Wand projiziert. Die beiden Diaprojektoren waren mit einer elektronischen Versuchssteuerungsanlage mit Tachistoskop so eingestellt, daß die Etiketten für insgesamt 10 sec, die Gesichter nur für die zweite Hälfte dieser 10 sec (also 5 sec) sichtbar waren. Das Interstimulusintervall betrug ca. 1 sec. In der Kontrollgruppe wurden die verbalen Etiketten durch "leere" Dias (ohne Beschriftung) ersetzt, wobei die Gesichter ebenfalls nur für 5 sec sichtbar waren.[4] Hier sollten die Gesichter ebenfalls auf einer Ratingskala nach ihrer Auffälligkeit ("1 = sehr unauffällig" bis "5 = sehr auffällig") beurteilt werden.

Nach der Darbietungsphase folgte eine Fülleraktivität (ca. 10 min), bei der die Vpn mathematische Textaufgaben lösen sollten. In der Testphase wurde den Vpn zunächst anhand eines Probedias die Wiedererkennensaufgabe erklärt. Dann wurden 36 Gesichts-Beschäftigungskombinationen in den beiden Experimentalgruppen, bzw. die Gesichter ohne Etiketten in der Kontrollgruppe, für je 8 sec gezeigt. Aufgabe der Vpn war lediglich anzugeben, ob das *Gesicht* in der Darbietungsphase schon einmal vorgekommen war, unabhängig davon, ob der Begriff, der daneben stand, schon einmal gezeigt worden war. Dieser Test kann als Wiedererkennenstest (Ja-Nein-Test) mit richtigen bzw. irreführenden Kontext-Hinweisreizen gekennzeichnet werden, stellte also keine Paarassoziationslernaufgabe dar (vgl. auch Kapitel 2 und 11).

Das Testset bestand aus zwölf "alten" und 24 "neuen" Gesichtern, diesmal alle im Halbprofil. In den beiden Experimentalgruppen wurden die "alten" Gesichter - nun in veränderter Pose - zusammen mit den in der Darbietungsphase gezeigten kongruenten bzw. inkongruenten verbalen Etiketten gezeigt. Als Distraktoren dienten 24 "neue" Gesichter, von denen die Hälfte mit kongruenten, die anderen zwölf mit inkongruenten verbalen Etiketten gepaart waren. Dies waren

---

[4] Dadurch sollte primär eine Gleichsetzung der Inspektionszeiten für die Gesichter erreicht werden. Die Möglichkeit "neutraler" Etiketten in der KG war ebenfalls in Erwägung gezogen worden, wurde jedoch letztendlich verworfen.

dieselben sechs Beschäftigungskategorien wie für die "alten" Gesichter. In der Kontrollgruppe wurden die Gesichter ohne verbale Labels gezeigt.

Die Vpn wurden über die Ziele der Untersuchung aufgeklärt und gebeten, anderen möglichen Versuchsteilnehmern nichts über die bevorstehende Wiedererkennensaufgabe zu verraten.

6.4.3.1 DESIGN UND STATISTISCHE AUSWERTUNG

Als abhängige Variable dienten die Anzahl richtig wiedererkannter Gesichter (Treffer) und die falschen Alarme, der nichtparametrische Diskriminationsindex A' und das Analysemaß der Reaktionsneigung $beta"$. Die falschen Alarme wurden weiter aufgeschlüsselt in diejenigen, die bei "neuen" Gesichtern mit kongruenten, und solche, die bei "neuen" Gesichtern mit inkongruenten verbalen Etiketten auftraten. Mit diesen Maßen wurden einfaktorielle Varianzanalysen mit dem dreistufigen Faktor "Verbale Etiketten" (kongruente vs. inkongruente vs. keine Etiketten) durchgeführt. Vorläufige Analysen mit dem Faktor Vpn-Geschlecht ergaben keinerlei systematische Effekte bzw. Wechselwirkungen, so daß dieser Faktor nicht weiter berücksichtigt wurde.

6.4.4 Ergebnisse von Experiment 4

6.4.4.1 BEURTEILUNGEN DER KONGRUENZ DER VERBALEN ETIKETTEN

Mittels univariater Varianzanalysen wurden die Beurteilungen der zwölf Paare von Gesichts-Beschäftigungskombinationen zwischen den beiden Experimentalgruppen (EG_1 vs. EG_2) verglichen. Mit diesen Vergleichen sollte festgestellt werden, ob die anhand der Vorversuche als kongruent bzw. inkongruent ermittelten verbalen Etikettierungen auch in den Augen der Vpn des Hauptversuchs "zusammenpaßten". Tabelle 6.2 zeigt die Mittelwerte der zwölf Ratings für beide Gruppen sowie die Ergebnisse der univariaten F-Tests (df = 1;24). Die Ergebnisse dieser Realisationskontrolle machen deutlich, daß die gewünschte Manipulation der Kongruenz der verbalen Etiketten nur teilweise erfolgreich war: Lediglich fünf der Beurteilungen (Paare 4, 5, 8, 9 und 10) waren in der kongruenten Bedingung signifikant[5] höher als in der inkongruenten Bedingung; obwohl drei weitere Mittelwerte in der erwarteten Richtung differierten, gab es doch auch drei nicht-signifikante Unterschiede in entgegengesetzter Richtung. Somit kann festgestellt werden, daß die Beeinflussung der kategorialen Wahrnehmung hinsichtlich stereotypkonformer bzw. stereotypabweichender Einschätzungen der Gesichts-Beschäftigungspaare nur zum Teil geglückt war.

6.4.4.2 WIEDERERKENNEN

Die Wiedererkennensleistung in diesem Experiment war insgesamt eher hoch. Die mittlere Trefferrate betrug M = 78,4% (s = 12.05), mit nur M = 12,5% falschen Alarmen und einer sehr hohen mittleren Diskriminationsleistung A' (M = .897; s = .047). Das Entscheidungskriterium $beta"$ wurde mit M = .169 (s = .411) im allgemeinen optimal gewählt.

Tabelle 6.3 zeigt die Mittelwerte der Treffer, der falschen Alarme insgesamt sowie der falschen Alarme aufgeschlüsselt bei Paaren mit kongruenten bzw. inkongruenten Etiketten und A' und $beta"$ als Funktion der Etikettierungsmanipulationen. Die einfaktoriellen Varianzanalysen zeigten keine Unterschiede zwischen den drei Gruppen bei Treffern, A' und Reaktionsneigung $beta"$ ($F(2;36) < 1$, ns.; $F(2;36) < 1$, ns.; bzw. $F(2;36) = 2.07, p = .141$). Auffällig ist, daß die Trefferrate in der Bedingung mit kongruenten Etiketten nicht-signifikant *niedriger* war als für die inkongruenten Etiketten, und daß beide Bedingungen keinerlei Leistungsvorteile gegenüber der Kontrollgruppe ohne verbale Etiketten boten (beide a-priori-Kontraste nicht signifikant). Lediglich für die Reaktionsneigung zeichnete sich eine marginal signifikante Tendenz dahingehend ab, daß Vpn in der Bedingung mit kongruenten Etiketten etwas vorsichtiger zu Werke gingen als diejenigen mit inkongruenten Etiketten ($F(1;36) = 3.65, p = .064$).

Die einzigen statistisch bedeutsamen Ergebnisse wurden bei der Analyse der falschen Alarme festgestellt. Abbildung 6.2 veranschaulicht die Mittelwerte für falsche Alarme bei kongruenten und inkongruenten Paaren bzw. den isoliert präsentierten neuen Gesichtern in der Kontrollgruppe als Funktion der drei experimentellen Bedingungen. Eine 3(x2) Varianzanalyse mit den

---

[5] Adjustiert man das Signifikanzniveau infolge der zwölf simultanen Vergleiche nach der BONFERRONI-Methode, sind vier Vergleiche signifikant.

TABELLE 6.2: *Mittelwerte der Beurteilungen des Zusammenpassens der Gesichts-Beschäftigungskombinationen für die Bedingungen mit kongruenten und inkongruenten Etiketten (N = 26)*

Paar-Nr.	Etiketten		$F(1;25)$	p
	Kongruent	Inkongruent		
1	4.08	3.77	< 1	ns.
2	3.08	3.54	1.65	ns.
3	3.46	3.00	1.06	ns.
4	4.08	2.31	19.01	.001
5	3.62	1.31	46.55	.001
6	2.85	3.15	< 1	ns.
7	2.92	2.15	2.83	ns.
8	3.38	2.54	5.50	.028
9	3.38	1.69	16.04	.001
10	3.46	2.15	8.63	.007
11	3.38	3.38	< 1	ns.
12	2.15	2.77	3.69	ns.

Anm.: "1 = passen sehr schlecht zusammen"; "5 = passen sehr gut zusammen".

TABELLE 6.3: *Mittelwerte der Treffer, falschen Alarme (insgesamt sowie bei kongruenten bzw. inkongruenten "neuen" Gesichts-Beschäftigungskombinationen), A' und beta" in den drei Etikettierungsbedingungen (N = 39)*

Abhängige Variablen	Etiketten		
	Kongruent	Inkongruent	Keine
Treffer (%)	75.6	80.1	79.5
FA insgesamt (%)	9.6	16.0	11.9
FA kongruent (%)	9.0	11.5	10.3
FA inkongruent (%)	10.3	20.5	13.5
A'	.901	.888	.903
beta"	.351	.051	.106

Faktoren verbale Etiketten (between-subjects) und Kongruenz der Etiketten (within-subjects) ergab einen marginal signifikanten Effekt des ersten Faktors ($F(2;36) = 2.85$, $p = .071$) und einen signifikanten Effekt des Meßwiederholungsfaktors ($F(1;36) = 5.24$, $p = .028$). Letzterer weist darauf hin, daß bei den Gesichtern, die mit inkongruenten Etiketten ($M = 14,7\%$) versehen wurden, häufiger falsche Alarme auftraten als bei Gesichtern, die mit kongruenten Etiketten ($M = 10,3\%$) gepaart wurden. Desweiteren ergab der geplante a-priori-Kontrast zwischen den beiden Experimentalgruppen ($F(1;36) = 5.53$, $p = .024$) eine größere Anzahl falscher Alarme insgesamt in der inkongruenten gegenüber der kongruenten Bedingung. Abbildung 6.2 macht

20,5%) gegenüber kongruenter (M = 11,5%) falscher Alarme in der inkongruenten Etikettenbedingung zurückzuführen ist (einfacher Haupteffekt: $F(1;36) = 6.99, p = .012$).

Angesichts der Tatsache, daß die Manipulation der Kongruenz von Etiketten und Gesichtern als nur bedingt erfolgreich angesehen werden kann, könnte man erwarten, daß Einflüsse der Kongruenz zwischen Beschäftigungskategorie und Gesicht nur bei den Paaren auftreten würden, bei denen die Kongruenz tatsächlich als höher eingestuft worden war. Wir haben daher die mittleren Trefferraten für jedes einzelne Gesicht in den drei experimentellen Bedingungen ermittelt. Bloße Inspektion der Daten macht jedoch deutlich, daß bei den Paaren, bei denen Unterschiede in der Kongruenz der Etiketten nachgewiesen werden konnten (Darbietungsnummern 4, 5, 8, 9 und 10) keine höheren Wiedererkennensraten als bei den inkongruenten Gesichts-Beschäftigungskombinationen ersichtlich sind.

6.4.5 Diskussion der Ergebnisse von Experiment 4

Die Aussagekraft dieses Experiments scheint insofern eingeschränkt, als es uns kaum gelungen zu sein scheint, einen intersubjektiven Konsens bezüglich des Aussehens bestimmter stereotypischer Beschäftigungskategorien, und deren Zuordnung zu einer Zufallsauswahl von Gesichtern von jungen Männern, herzustellen. Die Schwierigkeiten, geeignete Beschäftigungskategorien zu finden, wurde schon in unseren Vorversuchen deutlich, und schlug sich schließlich auch in den Beurteilungen der Etiketten im Hauptversuch, die als Realisationskontrollen gedacht waren, nieder (vgl. oben Tabelle 6.2). Die Zuordnung stereotyper Vorstellungsbilder zu bestimmten Gesichtern variiert offenbar stark von Person zu Person und von Gesicht zu Gesicht, so daß die Schlußfolgerungen von KLATZKY, MARTIN und KANE (1982a, 1982b), die einen höheren diesbezüglichen Konsens annahmen, nicht bestätigt werden konnten.

Folglich nimmt es kaum Wunder, daß kongruente Beschäftigungskategorien nicht zu besserem Wiedererkennen führen als inkongruente Etiketten, wie dies in den Nullbefunden bei den Trefferraten und bei A' deutlich wurde. Das Ergebnis, daß beide Gruppen zusammen keinen Leistungsvorteil gegenüber der Kontrollgruppe ohne verbale Etiketten aufweisen, ist allerdings überraschend. Zumindest bei den Treffern hätten wir einen solchen Vorteil aus zweierlei Gründen erwarten können: Zum einen aufgrund der Wiederherstellung des Wahrnehmungskontextes (vgl. Kapitel 10) insofern, als sowohl die kongruenten als auch die inkongruenten Etiketten bei den "alten" Gesichts-Beschäftigungspaaren als zusätzliche Hinweisreize hätten dienen können. Diese Möglichkeit könnte jedoch durch die *Mehrfachverwendung* derselben Etiketten ausgeschlossen worden sein, da diese dadurch den Charakter von distinkten Hinweisreizen verlieren. Zum anderen wäre eine Leistungsverbesserung infolge der "semantischen Interpretation" der Gesichter nach KLATZKY und Mitarbeitern zu erwarten gewesen. Eine derartige semantische Interpretation ist unseres Erachtens nicht geeignet, die Wiedererkennensleistung von Gesichtern zu verbessern (vgl. dazu auch die Ergebnisse der Experimente 6, 7 und 8 in Kapitel 8), auch wenn vereinzelte Befunde (z.B. KERR & WINOGRAD, 1982) eine andere Schlußfolgerung nahelegen.

Der mangelnde Erfolg der verbalen Etiketten könnte in unserem Experiment auch darauf zurückzuführen sein, daß die Vpn, wenn ihnen in der Darbietungsphase Gesichter mit einem kongruenten Gesicht präsentiert worden waren, in der Testphase nicht etwa ein laxeres Entscheidungskriterium anlegten, sondern im Gegenteil eher ein vorsichtigeres Wahlverhalten an den Tag legten. Diese größere Vorsicht in der Reaktionsneigung führte auch zu einer geringeren Anzahl falscher Alarme gegenüber der Bedingung mit

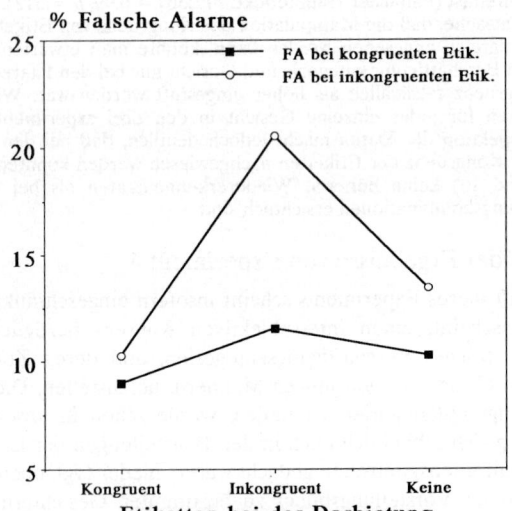

% Falsche Alarme

Abb. 6.2: Falsche Alarme als Funktion kongruenter und inkongruenter verbaler Etiketten

inkongruenten Etiketten, in der vor allem die falschen Alarme bei Gesichtern mit unpassenden Etiketten deutlich höher lagen (vgl. Abbildung 6.2). Dies könnte darauf hindeuten, daß unsere Vpn in der kongruenten Bedingung gelernt hatten, daß Beschäftigungskategorien und Gesichter doch mehr oder weniger gut zusammenpaßten, und daß sie daher beim Test bei neuen Gesichtern doch besser entscheiden konnten, ob sie das betreffende Gesicht noch nicht gesehen hatten. Angesichts der hohen Anzahl Treffer in allen drei experimentellen Bedingungen ist ja nicht auszuschließen, daß die Treffer, mit einem Maximum von zwölf, ein weniger sensibles Maß der Wiedererkennensleistung darstellten als die falschen Alarme, die bei einem potentiellen Maximum von 24 einen größeren Spielraum für den Einfluß unabhängiger Variablen boten.

6.5 Zusammenfassung

Zusammenfassend wollen wir festhalten, daß wir zwar manchmal Gesichter aufgrund ihres Aussehens stereotypisch kategorisieren mögen, daß dieser Prozeß aber vermutlich nicht konform bei allen Personen, die mit einem bestimmten Gesicht konfrontiert werden, abläuft. Zumindest führt eine damit verbundene verbale Kategorisierung im allgemeinen zu keinen nachweisbaren Verbesserungen in den Behaltensleistungen, auch wenn in unserer Untersuchung zumindest eine Verringerung der falschen Alarme bei kongruenten verbalen Etiketten festgestellt werden konnte. Vielmehr besteht die Gefahr, daß verbale Etiketten lediglich zu einer Verschiebung des Entscheidungskriteriums in Richtung auf unvorsichtigeres Verhalten führen. Verbale Kategorisierungen leisten offenbar nicht den Vorteil bei der Enkodierung, wie wir ihn etwa von der dualen Kodierungshypothese erwarten könnten (vgl. auch Kapitel 8 und Experiment 12 in Kapitel 10).

Stereotypen und Prototypen

Umfangreichere Untersuchungen mit einer größeren Vielfalt an Gesichtern und mit Kategorien verschiedener Bandbreite könnten differenziertere Schlußfolgerungen nahelegen. Allerdings sollten diese Untersuchungen neben der Analyse der Diskriminationsleistung stärker auf die Möglichkeit eines Reaktionsbias achten. Schließlich sollte auch bei visuellen Stereo- bzw. Prototypen bezüglich der Frage nach der Kategorienbreite ("typisch wofür?") genauer differenziert werden, bevor klare Vorhersagen und Ergebnisse bezüglich der Speicherung und des Abrufs möglich erscheinen. Wir werden im nächsten Kapitel detaillierter auf eine besondere Form von Stereotypen, nämlich Stereotypen von Kriminellen, näher eingehen.

7

Stereotypen von Kriminellen

Die Benutzung von Stereotypen in der Personenwahrnehmung - ob bewußt oder unbewußt - zur Einschätzung des Charakters, persönlicher Eigenschaften oder Absichten einer Person bleibt im täglichen Leben meist ohne schwerwiegende Konsequenzen, auch wenn sie sich nicht bewahrheiten sollten. Schlimmstenfalls führen sie zu (unangenehmen) Überraschungen oder bringen uns in Verlegenheit (GOLDSTEIN, CHANCE & GILBERT, 1984). In kriminogenen Situationen, wenn wir z.B. jemandem auf einer dunklen Straße begegnen, der uns "nicht ganz geheuer erscheint", können stereotype Wahrnehmungen, die uns in solchen Fällen zur Vorsicht mahnen, sogar von Vorteil sein - über die Unrichtigkeit unserer Vorstellungen werden wir ja nie aufgeklärt, wenn wir der Person erst einmal aus dem Wege gehen. Fatal für den Betroffenen werden die Konsequenzen erst dann, wenn sie sich im Rahmen der Strafrechtspflege ereignen.

SHOEMAKER, SOUTH und LOWE (1973) haben auf zwei bestimmte Arten von Situationen hingewiesen, in denen stereotype Wahrnehmungen zu Justizirrtümern führen können: Zum einen kann die Speicherung von stereotypischen Vorstellungsbildern, wie "ein Krimineller", oder spezifischer: "ein Räuber" oder "Vergewaltiger", aussieht, zu Falschidentifizierungen in einer sogenannten Wahlgegenüberstellung oder einer Lichtbildvorlage führen. Wenn nämlich unsere Erinnerung an den wahren Täter nicht mehr ganz scharf ist, ist es doch möglich, daß wir, unter dem Erwartungsdruck der Polizei (vgl. MALPASS & DEVINE, 1984) auf die Person als "den Täter" hindeuten, die unserem, durch das Stereotyp verzerrten, Vorstellungsbild am nächsten kommt. Schließlich kann auch ein Richter oder Schöffe (bzw. Geschworene im angloamerikanischen oder österreichischen Rechtssystem), bei zweideutiger Sachlage, eher zu einem Schuldspruch bewegt werden, wenn der Angeklagte allein aufgrund seines physischen Aussehens dem Stereotyp eines "Bösewichts" entspricht. Letzterer Frage hat sich vor allem die angloamerikanische Forschung zur Urteilsbildung von Geschworenen gewidmet (vgl. die Literaturübersichten in BIERHOFF, BUCK & KLEIN, 1989; KERR & BRAY, 1982; MONAHAN & LOFTUS, 1982).

Uns interessiert vor allem die Frage, ob das Wiedererkennen von Personen durch solche Stereotypbildungen beeinflußt wird. Doch müssen wir auch hier zunächst fragen, ob denn ein Konsens bezüglich des Aussehens von "Kriminellen" besteht, der uns dazu berechtigt, von "kriminellen Stereotypen" zu sprechen.

7.1 Zum Konsens über kriminelle Stereotype

Die Idee, daß sich Kriminelle durch ihr bloßes Aussehen von anderen unterscheiden, hat schon viele berühmte Personen fasziniert. Der bekannteste Vertreter war wohl der italienische Kriminologe CESARE LOMBROSO. Doch lassen sich diese Ideen sicherlich auch auf die *Phrenologen* Anfang des 19. Jahrhunderts zurückführen, die glaubten, daß bestimmte Schädelformen mit diversen Fakultäten, aber auch Charakterformen, korrespondieren (vgl. BORING, 1950). Schließlich hatte auch kein geringerer als SIR FRANCIS GALTON, der Begründer der differentiellen Psychologie, schon (vergebliche) Versuche unternommen, die den Nachweis führen sollten, daß sich Kriminelle in ihrem Aussehen von anderen Leuten unterscheiden. Diese Fragen beziehen sich letzlich auf die *Validität* von kriminellen Stereotypen, auf die wir nicht näher eingehen werden, da sie für das Wiedererkennen als solches ohne Belang ist.

Die Untersuchung von kriminellen Stereotypen und ihrer Bedeutung für die Erinnerung von Gesichtern ist nur dann sinnvoll, wenn es uns gelingt zu zeigen, daß
(1) Personen dazu neigen, bestimmten Physiognomien eher das globale Etikett "Krimineller" zuzuordnen als anderen, und gegebenenfalls auch
(2) bestimmte Verbrechenskategorien mit bestimmten Physiognomien in überzufälliger Weise in Verbindung zu bringen.

Es liegen nur wenige experimentelle Untersuchungen (meist älteren Datums) vor, die sich explizit diesen Fragen gewidmet haben. Die meisten von ihnen sind in ihrer Methodik zum Teil zu unpräzise beschrieben bzw. ausgewertet, als daß eine detaillierte kritische Würdigung möglich wäre. In einer frühen Untersuchung ging THORNTON (1939) von der Frage aus, ob Persönlichkeitsbeurteilungen aufgrund von äußerlichen Merkmalen einer Person in zuverlässiger Weise den "wahren" Charakter einer Person treffen würden. Während vorausgehende Untersuchungen (z.B. CLEETON & KNIGHT, 1924) die Validität von Charakterbeurteilungen anhand von Gesichtszügen (wie Höhe der Stirn, Augenabstand etc.) verneint hatten, war THORNTON bei Experimentalpraktika, in denen solche Null-Befunde repliziert werden sollten, aufgefallen, daß die Vpn Gesichtsfotografien von Kriminellen doch in überzufälliger Weise den von ihnen begangenen Verbrechen zuordneten.

Um dem bei derartigen Untersuchungen leider allzu häufigen Selektionsbias der Versuchsleiter - vgl. z.B. die Experimente von KLATZKY, MARTIN und KANE (1982b; s. Kapitel 6) - vorzubeugen, wählte THORNTON für die Hauptuntersuchung 20 Akten aus den Archiven der Strafvollzugsanstalt des Staates Nebraska, die bestimmte Kriterien erfüllten, per Zufall aus, aber *ohne* vorher die beigefügten Fotos der Verbrecher zu inspizieren. Durch methodisch wohlüberlegte Ausbalancierungstechniken versuchte THORNTON auch Antworttendenzen und andere Störvariablen auszuschalten. Die Vpn sollten zu jeder Fotografie angeben, welches von jeweils vier Verbrechen die Person begangen hatte. Obwohl die richtige Antwort signifikant häufiger als eine vorher designierte Kontrollantwort gewählt wurde, und damit als ein Anzeichen für die Zuverlässigkeit der Übereinstimmung gewertet werden kann, lag sie doch insgesamt (32.6% richtige Wahlen) nur geringfügig über dem Zufallsniveau (25%), so daß man wohl kaum von einem "Konsens" sprechen kann.

Ähnlich THORNTON (1939) wollte auch KOZENY (1962) herausfinden, ob Vpn in der Lage wären, Bilder von Verbrechern den von ihnen begangenen Straftaten in überzufälliger Weise zuzuordnen. Wohlgemerkt: Es ging ihm nicht darum, ob wir allein aufgrund des Aussehens einer Person zwischen Verbrechern und Nicht-Verbrechern unterscheiden können - die für die Personenidentifizierung besonders relevante Fragestellung - sondern ob wir ein generalisiertes Täterbild für bestimmte Gruppen von Straftaten den entsprechenden Kategorien zuordnen können. KOZENY ging von der Annahme aus, daß sich kriminelles Verhalten durch die Unterscheidung der Tatcharakteristika Gewaltanwendung (Brutalität), Gewaltvermeidung und Schändung (als einem in einem ganz bestimmten Sinn sexuell abwegigen Verhalten) einteilen ließe, und daß sich diese "Typologie" in der Physiognomie der Täter widerspiegele.

KOZENY benutzte nicht die Einzelfotografien von Kriminellen, sondern ein von GALTON (1883) vorgeschlagenes "fotografisches Durchschnittsbild", das durch Übereinanderkopieren zahlreicher, in Pose und Größe möglichst gleichartiger Einzelaufnahmen gewonnen wird (vgl. Kapitel 5). Allerdings kann bei KOZENYs Untersuchungen nicht ausgeschlossen werden, daß durch seine Vorauswahl der Fotografien, die zwar angeblich nur nach rein technischen Gesichtspunkten vorgenommen wurde, sich nicht doch ein unbewußter Selektionsbias eingeschlichen hat. Auch schränkt die Vorauswahl bestimmter Tatkategorien, die nicht stringent theoretisch begründet wird, die Generalisierbarkeit dieser Untersuchung erheblich ein.

In einer ersten Untersuchung sollten 124 Vpn die Durchschnittsbilder von je 28 "Dieben", "Schändern" und "Gewaltverbrechern" diesen drei Kategorien zuordnen. Dies gelang überzufällig gut für die Diebe. Die Differenzierung der beiden anderen Fotosätze in Schänder und Gewaltverbrecher war nur bei den Kunststudenten, nicht aber bei Studenten, die nicht der Akademie der bildenden Künste angehörten, überzufällig. Trotz dieser Überzufälligkeit ist der Anteil richtiger Zuordnungen insgesamt nicht beeindruckend. Die zweite Untersuchung umfaßte zwar ein größeres Bildmaterial, aber die resultierenden Durchschnittsbilder wurden nur vom Autor selbst phänomenologisch gedeutet, ohne eine Konsensüberprüfung an einer größeren Stichprobe vorzunehmen. Es bleibt eine offene Frage, ob die in diesem Ansatz als "Durchschnittsbilder" konstruierten Gesichter, die naturgemäß sehr unscharf sind, als die in der Stereotypenforschung von einigen Autoren postulierten "Prototypen" aufgefaßt werden können.

Auch die Untersuchung von SHOEMAKER, SOUTH und LOWE (1973) überzeugt infolge ernsthafter methodischer Mängel nicht. Die Daten deuten zwar daraufhin, daß positive und - mehr noch - negative Gesichtsstereotype bestimmten Gesichtern in überzufällig konsistenter Weise zugeordnet werden, und daß die Vpn auch weitere Differenzierungen mit Bezug auf verbrechensspezifische Zuordnungen (Mord, Raub, Hochverrat, Homosexualität) vornehmen. Doch waren die in dem Hauptversuch verwandten zwölf Fotografien aus einem Gesamtsatz von 54 Fotos entsprechend ihrem Anschein an Devianz nach und nach ausgewählt worden, "wobei eher konsistente Fotos beibehalten und andere aussortiert wurden" (S. 428). Eine derartige Vorauswahl läßt jegliche nachfolgenden Konsensbefunde fragwürdig erscheinen.

Während die Untersuchungen von THORNTON (1939) und KOZENY (1962) die Fotografien von verurteilten Kriminellen verwandten, wählten BULL und GREEN (1980) die Fotos von zehn Männern zwischen 27 und 33 Jahren, für die keine Vorstrafen bekannt waren. Die Vpn (Zivilisten und Polizeibeamte) wurden gebeten, die zehn Gesichter elf Verbrechenskategorien zuzuordnen, wobei auch Mehrfachbelegungen einer Kategorie zugelassen wurden. Sowohl für die Zivilisten als auch die Polizeibeamten ergaben sich keine Unterschiede für die Auswahl von Gesichtern für Brandstiftung, Diebstahl, Vergewaltigung und Einbruchdiebstahl. Für Überfälle, gewaltsamen Raub, Betrug, Autodiebstahl, illegalen Drogenbesitz, Exhibitionismus und Hausfriedensbruch jedoch wurden bestimmte Gesichter signifikant häufiger gewählt als andere. Einzelne Gesichter wurden also häufiger bestimmten Verbrechenskategorien zugeordnet als andere. Mittlerweile haben BULL und Mitarbeiter (zit. in BULL, 1982) diese Befunde auch mit Gesichtern von Frauen repliziert.

Obwohl die Stichprobe an ausgewählten Gesichtern sehr klein ist, deuten diese Ergebnisse doch auf gemeinsam gehaltene Stereotypen über das Aussehen von bestimmten Kriminellen - offenbar insbesondere für Täter mit gewaltsamen Neigungen - hin. Diese Untersuchung sagt aber noch nichts darüber aus, ob wir in unseren Stereotypen auch zwischen Kategorien von Kriminellen und Nicht-Kriminellen differenzieren. Dieser Frage gingen GOLDSTEIN, CHANCE und GILBERT (1984) nach, die bisher methodisch wohl einzige mehr oder weniger zufriedenstellende Untersuchung zur Frage des Konsens von Stereotypen. Wir haben diese Untersuchung in Kapitel 6 bereits ausführlich diskutiert. Allerdings bleibt fraglich, ob sich der Konsens, der sich für die drei Verbrechenskategorien "Massenmörder", "Räuber" und "Vergewaltiger" ergab, auch auf weitere andere Verbrechertypen ausdehnen läßt. Angeblich ohne besondere Berücksichtigung der Ziele der vorliegenden Untersuchung waren 100 Gesichter von Männern mittleren Alters aus einem Schauspielerverzeichnis mit den folgenden Merkmalen ausgewählt worden: Frontalansicht, neutraler Gesichtsausdruck, ohne Bart, Narben, Brille oder Kopfbedeckung.

Die Grundidee der Untersuchung lag darin, daß kriminelle Stereotypen in Form von Etiketten wie z.B. "Massenmörder" oder "Räuber" unterscheidbare Vorstellungsbilder - "pictures in our head": LIPPMANN (1922) - hervorrufen. Ist dies tatsächlich der Fall, so sollten Vpn, wenn sie mit einer Zufallsauswahl von Gesichtern konfrontiert werden und die entsprechenden "Verbrecher" heraussuchen sollen, dies in signifikanter Abweichung von einer per Zufall zu erwartenden Gleichverteilung der Wahlen tun.

7.2 Experiment 5: Kriminelle Stereotype und Wiedererkennen
7.2.1 Vorüberlegungen

Wir haben diese Idee in einer unserer Untersuchungen wieder aufgegriffen, aber zusätzlich auch die Bedeutung krimineller Stereotypen auf die *Behaltens*leistung erfaßt. In diesem Experiment sollte also nicht nur die Frage nach dem Konsensus über kriminelle Stereotypen, sondern auch deren Einfluß auf das Wiedererkennen von Gesichtern, die als kriminell eingestuft wurden, festgestellt werden. Maßgeblich war nicht, ob die jeweiligen Personen *objektiv* das ihnen attribuierte Verbrechen begangen hatten, sondern ob es ihnen *subjektiv* von den Versuchspersonen zugeschrieben worden war. Wir gingen dabei von der Überlegung aus, daß die Gesichter, die als die von Verbrechern eingestuft würden, sich stärker im Gedächtnis einprägen würden als die von "Nicht-Verbrechern". Diese Überlegungen lassen sich in folgenden beiden Arbeitshypothesen zusammenfassen:

H7.1: **Bestimmte Gesichter in einer Reihe von Gesichtern werden häufiger als andere als die von "Verbrechern" kategorisiert.**
H7.2: **Gesichter, die in den Augen der Vpn mit größerer Wahrscheinlichkeit die von "Verbrechern" darstellen, werden häufiger wiedererkannt als diejenigen, die mit größerer Wahrscheinlichkeit als die von "Nicht-Verbrechern" eingestuft werden.**

Um diese Untersuchungsziele zu realisieren, sahen wir uns mit zwei besonderen Problemen konfrontiert: einem ethischen und einem methodischen. Das ethische Problem bestand darin, daß wir - wie dies in einigen anderen Untersuchungen getan wurde - von unseren Vpn nicht verlangen wollten, daß sie einer Zufallsauswahl von Gesichtern das Etikett "Verbrecher" zuschreiben sollten, wenn diese Personen aller Wahrscheinlichkeit nach kein Verbrechen begangen hatten. Die kaum zu vermeidenden Konsequenzen des schwer zu widerlegenden Erfahrungssatzes "Aliquit semper haeret" suchten wir dadurch zu umgehen, daß wir als Stimulusgesichter Fotografien von *tatsächlichen* Verbrechern, die in einer kriminologischen Zeitschrift der Nachkriegszeit veröffentlicht worden waren, verwendeten. Dies waren Fotografien von Einbrechern, die nachweislich Polizisten erschossen hatten. In Anbetracht der zeitlichen Distanz der Veröffentlichung dieser Fotografien und dem unterstellten Wahrheitsgehalt der Fallberichte sahen wir es als gerechtfertigt an, diesen das Attribut "Mörder" zuschreiben zu lassen.

Das zweite Problem bestand darin, daß sich einzelne dieser Gesichter möglicherweise durch besondere Merkmale in ihrer Einprägbarkeit oder Unterscheidbarkeit (distinctiveness; vgl. Kapitel 5) unterscheiden und deshalb, und nicht aufgrund des attribuierten kriminellen Etiketts, besser wiedererkannt würden. Wir versuchten dieses Problem dadurch zu umgehen, daß wir eine Abwandlung des Lateinischen Quadrates (vgl. CAMPBELL & STANLEY, 1966) als experimentelles Design verwendeten (s. Tabelle 7.1). Die Zusammensetzung der Stimulussets von jeweils vier Gesichtern in der Darbietungsphase wurde auf diese Weise systematisch variiert. Die Aufgabe der Vpn bestand darin, diese vier Personen, die angeblich an einem Polizistenmord teilgenommen hatten, derart in eine Rangreihe zu bringen, daß das erste Gesicht "am ehesten das eines der beiden Täter" wäre, gefolgt von dem "zweiten Täter", dann einem der beiden "unbeteiligten Zeugen" bis zur vierten Person, die am ehesten einer der beiden "Zeugen" und damit am wenigsten einer der beiden "Täter" gewesen sein könnte. Die Zusammensetzung der Darbietungssets war für verschiedene Versuchspersonengruppen derart ausbalanciert, daß durch dieses Verfahren jeweils unterschiedliche Gesichter mit dem Etikett "Täter" bzw. "Zeugen" belegt werden mußten, d.h. es kam nur jeweils auf die *subjektive* Einschätzung eines bestimmten Gesichts, und nicht auf objektive Merkmale des Aussehens bzw. dessen Unterscheidbarkeit an.

TABELLE 7.1: *Modifiziertes Lateinisches Quadrat für das Ausbalancieren der Stimulusgesichter (A bis H) in der Darbietungsphase von Experiment 5*

ABCD	CDEF	EFGH	GHAB
CDEF	EFGH	GHAB	ABCD
EFGH	GHAB	ABCD	CDEF
GHAB	ABCD	CDEF	EFGH

7.2.2 Methode von Experiment 5

7.2.2.1 VERSUCHSPERSONEN

Dieses Experiment wurde an der Erziehungswissenschaftlichen Fakultät der Universität Erlangen-Nürnberg durchgeführt.[1] Teilnehmer waren 40 (22 M, 18 F) Studierende der Fachrichtung Schulpsychologie, darunter auch Lehrer im Aufbaustudium, sowie Lehramtskandidaten anderer Fächerkombinationen. Vierundzwanzig der Vpn wurden nach einem Tag, die restlichen 16 nach zwei Wochen auf ihre Wiedererkennensleistung geprüft (vgl. die Analysen zum Behaltensintervall in Kapitel 9).

---

[1] Frau Dipl.-Psych. Sabine KÜCHLER danke ich für ihre Sorgfalt bei der Vorbereitung der Stimulusmaterialien und die Unterstützung bei der Datenerhebung und -auswertung.

7.2.2.2 STIMULUSMATERIAL

Als Stimuli dienten acht Schwarzweißfotografien von Männern mittleren Alters, die in einem Bericht des *Archivs für Kriminologie* (KOSYRA, 1962) abgebildet waren. Der Bericht behandelte die Fälle dieser Männer, die in der Nachkriegszeit bei Einbruchdiebstählen Polizisten ermordet (erschossen) hatten. Alle Fotografien waren Brustportraits in Frontalansicht, die jeweils auf ein leeres Blatt Papier geklebt wurden. Die Bekleidung, die der Zeit entsprechend einen eher armseligen Eindruck machte, war nur in der Darbietungsphase des Experiments zu sehen. Während des Wiedererkennenstests wurden die Gesichter ausgeschnitten und wiederum einzeln auf je ein Blatt geklebt, um besondere Merkmale der Kleidung als Hinweisreize für das Wiedererkennen auszuschalten (vgl. Kapitel 4 und 11).

7.2.2.3 DURCHFÜHRUNG

Vor dem Hauptteil der Untersuchung füllten die Vpn den Fragebogen zur Lebendigkeit der bildlichen Vorstellung aus (VVIQ nach MARKS, 1973; s. Kapitel 14), mit dem inter-individuelle Differenzen in der Vorstellungsfähigkeit erfaßt werden sollten. Die Versuchspersonen wurden in das Experiment als eine Untersuchung zur "Personenwahrnehmung" eingeführt, in deren Rahmen sie vier Gesichter entweder nach *physischen* Merkmalen (z.B. knochig, picklig, faltig etc. - modifiziert nach DEUSINGER & HAASE, 1977) oder bezüglich ihrer *psychischen* Wirkung mit einem modifizierten siebenstufigen semantischen Differential (z.B. hilfsbereit - egoistisch; triebhaft - gehemmt; zart - robust etc.) beurteilen sollten.[2] Jedes dieser vier Gesichter in der Darbietungsphase wurde für fünf sec gezeigt, während der die Vpn das Gesicht genau betrachten sollten. Daraufhin wurde es umgedreht und erst dann die Beurteilung vorgenommen (ca. 3 min). Danach kam das zweite Bild u.s.w.

Nachdem die Vpn alle vier Gesichter beurteilt hatten, wurde ihnen mitgeteilt, daß alle vier "Beteiligte an einem authentischen Mordfall" gewesen wären: Zwei davon Einbrecher, die einen Polizisten erschossen hätten, die anderen beiden unbeteiligte Zeugen, die den Vorfall beobachtet hätten. Ihre Aufgabe wäre es nun herauszufinden, wer die Mörder und wer die Zeugen gewesen wären. Dazu sollten die Vpn aufgrund ihres subjektiven persönlichen Eindrucks von den Bildern angeben, wer

"1 = am ehesten einer der beiden Täter",
"2 = ebenfalls eher einer der beiden Täter",
"3 = eher einer der beiden Zeugen", und
"4 = am ehesten einer der beiden Zeugen, d.h. am wenigsten einer der beiden Täter", gewesen wäre.

Am darauffolgenden Tag ($n = 24$) bzw. nach zwei Wochen ($n = 16$) wurden den Vpn dieselben vier Gesichter wie in der Darbietungsphase, diesmal jedoch ohne die Kleidung, zusammen mit vier weiteren Gesichtern, die von anderen Vpn beurteilt worden waren (vgl. das modifizierte Lateinische Quadrat in Tabelle 7.1), in randomisierter Reihenfolge präsentiert. Jedes Gesicht wurde einzeln vorgelegt, und die Vp sollte entscheiden, ob sie diese Person beim ersten Durchgang bereits gesehen hatte oder nicht (JA-NEIN-Test: vgl. Kapitel 2 und 3). Der Wiedererkennenstest wurde für jede Vp einzeln durchgeführt, ohne daß der Vl wußte, welche Gesichter die Vp in der Darbietungsphase gesehen hatte, um Versuchsleitererwartungseffekte (s. z.B. BARBER, 1976) auszuschließen. Anschließend wurden die Vpn über die Ziele der Untersuchung aufgeklärt und gebeten, keine Einzelheiten anderen potentiellen Versuchsteilnehmern zu verraten.

7.2.3 Ergebnisse von Experiment 5

7.2.3.1 STEREOTYPISCHE WAHRNEHMUNG DER STIMULUSGESICHTER

Obwohl wir versucht hatten, die Gesichter mittels des angegebenen modifizierten Lateinischen Quadrates in jeweils unterschiedlichen Gruppierungen den Versuchspersonen zu präsentieren (vgl. oben Tabelle 7.1), ergaben sich doch deutliche Unterschiede in den Häufigkeiten, mit denen bestimmte Gesichter eher als "Täter" bzw. eher als "nichtbeteiligte Zeugen" eingestuft

---

[2] Auf die Auswertung und Ergebnisse dieser Ratings kann in diesem Zusammenhang nicht näher eingegangen werden.

wurden. Abbildung 7.1 zeigt die mittleren Werte der Rangzuweisungen der acht Stimulusgesichter ("1 = sieht am ehesten wie ein Täter aus" bis "4 = sieht am ehesten wie einer der Zeugen - bzw. am wenigsten wie einer der Täter - aus").
Die bedeutsamen Unterschiede zwischen den einzelnen Gesichtern machen deutlich, daß einige Gesichter sehr viel häufiger eher als Täter, andere eher als nichtbeteiligte Zeugen eingestuft wurden. So entsprechen die Gesichter E und C, mit mittleren Rangzuweisungen von M = 1.83 bzw. 2.08, wohl eher dem stereotypischen Aussehen eines "Mörders". Im Gegensatz dazu lagen die Gesichter A, F und H alle (M = 3.00) eher weit entfernt von diesem Stereotyp, da sie deutlich häufiger als Zeugen eingestuft wurden. Gesicht G (M = 2.25) wurde tendenziell häufiger als Täter eingestuft, während die Gesichter D (M = 2.50) und B (M = 2.42) in der Mitte der Skala weder als besonders stereotypkonform noch als besonders stereotypabweichend wahrgenommen wurden. Insgesamt streuen also selbst die über die Vpn gemittelten Werte der acht Gesichter (Gesamtmittelwert: M = 2.50; s = .44; Min = 1.83; Max = 3.00) beträchtlich, was wir als indirekten Beleg für den Konsens zwischen den Beurteilern ansehen.
Doch welche Bedeutung haben nun diese stereotypischen Wahrnehmungen für das Wiedererkennen der Gesichter?

7.2.3.2 WIEDERERKENNEN ALS FUNKTION STEREOTYPISCHER WAHRNEHMUNGEN

Ziel dieser Untersuchung war, die Bedeutung der *subjektiven* Wahrnehmung der präsentierten Stimulusgesichter auf deren Behalten zu erfassen. Da es uns um die eigenen stereotypischen Einschätzungen unserer Vpn ging - und nicht, wie in den meisten Untersuchungen, um die mit unabhängigen Stichproben erfaßten stereotypischen Wahrnehmungen der dargebotenen Gesichter - sollen nur erstere mit der Wiedererkennensleistung in Beziehung gesetzt werden. Dies ist nur für richtig wiedererkannte Gesichter (Treffer) möglich, da nur diese sowohl in der Wahrnehmungsphase beurteilt als auch in der Testphase geprüft wurden. Analyseeinheit ist somit das einzelne Gesicht, und nicht wie sonst üblich die Versuchsperson.
Eine vorläufige Analyse ergab, daß die Trefferraten für die Gruppe von Vpn (n = 16), die erst nach zwei Wochen getestet wurden, einen Bodeneffekt zeigten (53,1%, bei einem Zufallsniveau von 50,0%), während die n = 24 Vpn mit einem Behaltensintervall von einem Tag etwas mehr Gesichter richtig wiedererkannten (66,7%; vgl. Kapitel 9 über die Effekte der Länge von Behaltensintervallen). Es wurden daher lediglich die Daten der 24 Vpn analysiert, deren Wiedererkennensleistung nach einem Tag getestet worden war.
Nehmen wir die acht Gesichter als Analyseeinheit - gemittelt über die Vpn - bei dem Test nach einem Tag, so variierte die Behaltensleistung für die einzelnen Gesichter beträchtlich (M = 66,7%; s = 17.8; ($chi2$ = 12.0, df = 7; p = .100). Gesicht C wurde immer richtig wiedererkannt (M = 100,0%), während die Gesichter A und H (M = 50,0%) genauso oft richtig erkannt wie nicht erkannt wurden (Zufallsniveau). Die restlichen Gesichter lagen mit mittleren Trefferraten von 58,3% (D, F und G) und 75,0% (B) bzw. 83,3% (E) dazwischen.
Werden die mittleren Einstufungen als Täter bzw. Zeuge und die Trefferraten der einzelnen Gesichter zueinander in Beziehung gesetzt, ergibt sich ein deutlicher *negativ-linearer* Zusammenhang (Spearman-Rangkorrelationskoeffizient rho = -.74; korrigiert für ranggleiche Werte: .81; df = 6, p < .05). Gesichter, die absolut gesehen häufiger als Mörder eingestuft wurden (z.B. E und C), wurden auch sehr viel häufiger richtig wiedererkannt als Gesichter, die eher als Zeugen eingeschätzt wurden (A, F und H). Abbildung 7.2 veranschaulicht diesen Zusammenhang für alle acht Gesichter. Auf der X-Achse sind die Einstufungen der einzelnen Gesichter auf der "Täter-Zeugen-Skala", aufsummiert über die 24 Vpn, abgetragen,[3] auf der Y-Achse die Wiedererkennensraten. Werden die Gesichter, die eher als Täter bzw. eher als Zeugen eingestuft wurden, in zwei Gruppen aufgeteilt, ergibt sich eine hochsignifikant höhere Wiedererkennenswahrscheinlichkeit (M = 79,2%) der ersteren gegenüber der letzteren Gruppe von Gesichtern (M = 40,6%; $chi2$ = 6.75, p = .009).
Dieser Trend wird noch deutlicher, wenn nicht die über die Vpn gemittelten Wiedererkennensraten, sondern die für jedes einzelne Gesicht abgegebene Einstufung als Täter bzw. Zeuge

---

[3] Da jedes Gesicht von insgesamt 12 Vpn beurteilt wurde (insgesamt N = 96 Urteile), reicht diese Skala von einem Min = 12 (alle Vpn benennen ein Gesicht als dasjenige, das am ehesten einer der Mörder darstellt), bis Max = 48 (perfekte Übereinstimmung bezüglich eines Gesichts als das einer der Zeugen).

Mittlere Rangzuweisungen

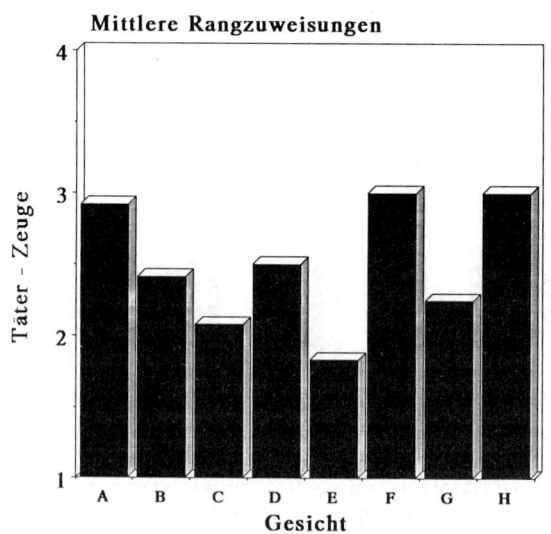

[Bar chart: y-axis "Täter - Zeuge" from 1 to 4; x-axis "Gesicht" with bars A–H showing approximate values A≈3, B≈2.5, C≈2, D≈2.5, E≈1.8, F≈3, G≈2.3, H≈3]

Abb. 7.1: *Durchschnittliche Einstufungen der acht Gesichter von "1 = am ehesten einer der Täter" bis "4 = am ehesten einer der Zeugen"*

mit dem jeweiligen Wiedererkennen dieses Gesichts (0 bzw. 1) in Beziehung gesetzt wird (Analyse *innerhalb* der Vpn). Abbildung 7.3 macht deutlich, daß das Gesicht, das *subjektiv* von jeder Vp am ehesten als Mörder eingestuft wurde, häufiger richtig wiedererkannt wurde (M = 87,5%) als der "zweite Täter" (M = 79,2%) und die beiden Zeugen in der Reihenfolge ihrer Einstufung (M = 58,3% bzw. M = 41,7%; Tests für Trends (PFANZAGL, 1962, S. 172: $T(3)$ = 3.66, p < .001). Die stereotyp/konform wahrgenommenen Gesichter werden offenbar viel besser behalten als diejenigen, die von diesem Stereotyp am weitesten entfernt liegen.

7.2.4 Diskussion der Ergebnisse von Experiment 5

Die Ergebnisse der Einschätzungsaufgabe in diesem Experiment zeigen, daß bestimmte Gesichter (insbesondere E und C; vgl. Abbildung 7.1) häufiger als Täter eines Gewaltverbrechens (Polizistenmord) eingestuft wurden als andere (z.B. A, F und H). Diese Befunde stehen in Einklang mit Untersuchungen von SHOEMAKER, SOUTH und LOWE (1973) und GOLDSTEIN, CHANCE und GILBERT (1984), die überzufällige Zuordnungen des Etiketts "Krimineller" zu Gesichtern von Nicht-Verbrechern nachweisen konnten. Sie können als Hinweis auf die Existenz von *Wahrnehmungsbereitschaften* zur Einstufung von Gesichtern als "kriminell" vs. "nicht-kriminell" angesehen werden, wie dies RENNIG und TENT (1988) für die Einschätzung tachistoskopisch dargebotener *Situationen* aufgezeigt haben. Unsere Ergebnisse unterscheiden sich von den genannten Untersuchungen insofern, als wir Gesichter von tatsächlichen Verbrechern verwendeten, von denen einige mit größerer Häufigkeit als andere auch als solche eingestuft wurden. Zusammengenommen sehen wir darin einen Beleg dafür, daß doch ein gewisser Konsens über Vorstellungen, wie "Verbrecher" aussehen, besteht.

Mehr noch: Diese Vorstellungsbilder (pictures in our head: LIPPMANN, 1922) sind nicht nur lebendig und weitverbreitet, sondern führen auch zu besserer Erinnerung der so eingestuften Gesichter. Dies gilt sowohl für die Merkbarkeit dieser Gesichter über die

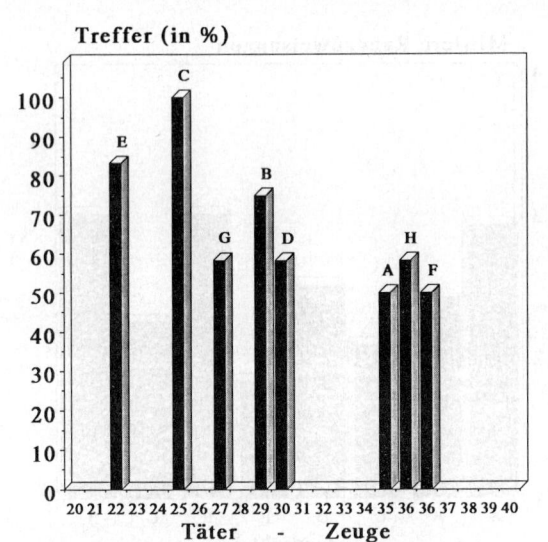

Abb. 7.2: Wiedererkennensraten der acht Gesichter als Funktion ihrer Einstufung als "Täter" bzw. "Zeuge"

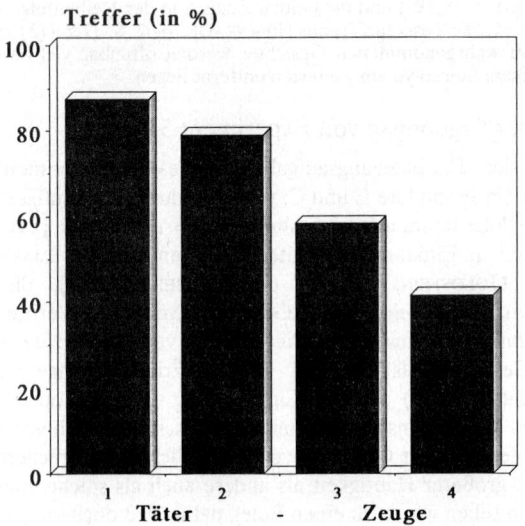

Abb. 7.3: Trefferraten in Abhängigkeit von den relativen Einstufungen als "Täter" bzw. "Zeuge"

Vpn hinweg, wie durch die hohe Rangkorrelation zwischen der Einschätzung als Mörder und die Trefferraten für die jeweiligen Gesichter deutlich wurde (vgl. Abbildung 7.2). Dies trifft aber insbesondere auch für die Analysen innerhalb der Vpn zu, wo die jeweils *relativ* zu den anderen Gesichtern eher als Verbrecher eingeschätzten Gesichter später auch besser wiedererkannt wurden (vgl. Abbildung 7.3). Letzteres würde bedeuten, daß es weniger auf "objektive" Maßstäbe darüber ankommt, wie ein "typischer Verbrecher" aussieht, sondern wem man in einer Reihe (z.B. bei einer Wahlgegenüberstellung) am ehesten die Tat zutraut, da diese Person am ehesten unserer persönlichen "subjektiven" Vorstellung über einen Gewaltverbrecher nahekommt. Die betreffende Person wird offenbar besser eingeprägt und mit größerer Wahrscheinlichkeit richtig wiedererkannt. Dieser Effekt kann möglicherweise auch so gedeutet werden, daß Gesichter, die als Mörder eingestuft werden, eine stärkere *emotionale* Beteiligung hervorrufen als die der neutral eingestuften Zeugen (zum Bezug von Affekt und dem Wiedererkennen von Gesichtern s. schon PETERS, 1917; vgl. allgemein zu Affekt und Gedächtnis neuerdings FIEDLER, 1985b; ZAJONC, 1980).

Ob ein *unschuldiger* Tatverdächtiger, der dieser Vorstellung eines Kriminellen entspricht, häufiger *fälschlicherweise* in einer Gegenüberstellung oder Lichtbildvorlage identifiziert wird, läßt sich anhand dieser Daten nicht beantworten. Obwohl bisherige Untersuchungen keinen schlüssigen Beleg für das Auftreten von Falschidentifizierungen als Funktion krimineller Stereotypen bieten, sollten wir diese Möglichkeit aufgrund der bedeutungsvollen negativen sozialen Konsequenzen (z.B. Untersuchungshaft oder gar Falschverurteilung: s. z.B. CLIFFORD & BULL, 1978; KÖHNKEN & SPORER, 1990; LOFTUS, 1979; MEURER & SPORER, 1990; RATTNER, 1988; YARMEY, 1979b) im Auge behalten. Die negativen sozialen Konsequenzen der hier aufgezeigten Wahrnehmungsstereotypen beschränken sich möglicherweise nicht nur auf die Identifizierung von Personen im Ermittlungsverfahren, sondern erstrecken sich auch auf andere Entscheidungen im Strafverfahren. In der sozialpsychologischen Literatur zur sozialen Urteilsbildung (z.B. BIERHOFF, 1986) finden sich zahlreiche Belege dafür, daß die Aktivierung sozialer Stereotypen u.a. Attributionsprozesse auslöst, die wiederum die *Be*urteilung - bzw. im Rahmen von Strafverfahren: die *Ver*urteilung - beeinflussen können (z.B. BIERHOFF, BUCK & KLEIN, 1989).

Die meisten dieser Untersuchungen haben jedoch die zu untersuchenden Wahrnehmungsstereotypen primär mittels *verbaler* (schriftlicher) Instruktionen manipuliert. Demgegenüber gibt es relativ wenige Untersuchungen, die kriminelle Stereotypen mittels *visueller* Stimuli (Fotografien, Dias, Video- oder Filmaufnahmen) operationalisiert haben. Des weiteren kritisierten MACRAE und SHEPHERD (1989) viele der vorangegangenen Untersuchungen (z.B. SHOEMAKER et al., 1973), daß sie kriminelle Stereotypen mit der Attraktivität der jeweiligen Stimuluspersonen konfundierten, indem sie letztere nicht kontrollierten. In einer eigenen neueren Untersuchung konnten MACRAE und SHEPHERD zeigen, daß kriminelle Stereotypen von Personen, die von zwei unabhängigen Stichproben eher als aggressiv oder als unehrlich, bzw. als jemand, der eine Körperverletzung bzw. einen Diebstahl begehen würde, eingestuft worden waren, sich aber weder in Alter noch physischer Attraktivität unterschieden, signifikant häufiger der Körperverletzung (56%) bzw. des Diebstahls (78%) für "schuldig" gehalten wurden als Personen, die als weniger aggressiv oder ehrlicher, bzw. als jemand, der keine dieser beiden Straftaten begehen würde, eingestuft worden waren (20% bzw. 28%). Diese Ergebnisse deuten darauf hin, daß kriminelle Stereotypen unabhängig von Einschätzungen der Attraktivität einer Person soziale Urteilsprozesse beeinflussen können.

7.3 Zusammenfassung

Ob wir wollen oder nicht, kriminelle Stereotype sind wie andere Stereotype "alive and well" und können bei unserer Wahrnehmung von Personen bzw. Gesichtern eine bedeutende Rolle spielen. Obwohl es strittig erscheint, ob individuellen Physiognomien *bestimmte* Verbrechenskategorien mit hinreichendem Konsens zugeordnet werden (können), werden doch überzufällige Klassifizierungen in "Gute" und "Schlechte", seien dies "Priester" oder "Mörder", aufgrund des äußeren Erscheinungsbildes vorgenommen. Aussagen über die Validität dieser Klassifikationen sind damit nicht beabsichtigt.

Die in diesem Kapitel und (teilweise bereits im letzten Kapitel) referierten Untersuchungen belegen, daß kriminelle Stereotypen die Wahrnehmung von Gesichtern beeinflussen können. Mehr noch, die Kategorisierung in eine kriminelle Kategorie, im Gegensatz zu einer eher wertneutralen Einschätzung, führt zu einer - möglicherweise "tieferen" oder "elaborierteren" - Kodierung (vgl. das nächste Kapitel), die offenbar die Wiedererkennensleistung steigert. Wiederum wäre hier alternativ zu fragen, inwiefern die beobachteten Unterschiede in der Wiedererkennensleistung tatsächlich auf besserer Diskriminationsleistung beruhen, oder ob sie nicht durch einen Reaktionsbias verursacht werden. Ob diese Kodierung nun an bestimmten Gesichtsmerkmalen festgemacht wird, oder eher aufgrund eines allgemeinen affektiven Eindrucks eines Gesichts entsteht, konnte bisher noch nicht eingehend geklärt werden. Besondere physische Merkmale - "Stigmata" in der wörtlichen wie in der übertragenen Bedeutung - spielen dabei durchaus eine Rolle (s. BULL, 1982).

Des weiteren können stereotype Wahrnehmungen von Personen als "Kriminelle" nicht nur unser Gedächtnis für diese Personen, sondern auch Urteilsprozesse mit weitreichenderen Konsequenzen beeinflussen. Diese Urteilsprozesse können sogar die mutmaßliche Schuld eines Beschuldigten betreffen. Allerdings dürfte es schwierig sein, einen schlüssigen Nachweis der Wirksamkeit von kriminellen Stereotypen unter realistischeren Bedingungen - etwa in tatsächlichen Strafverfahren - zu führen.

8

Enkodierungsstrategien zum Einprägen von Gesichtern

8.1 Wie kann man sich Gesichter am besten einprägen?

Kernpunkt dieser Frage war schon von alters her, ob man sich Gesichter besser *analytisch* nach den einzelnen Gesichtszügen ("feature-oriented processing strategy"), oder eher *holistisch*, d.h. ganzheitlich, als Gestalt, entsprechend dem Gesamteindruck, den ein Gesicht auf uns macht ("holistic processing strategy") einprägen sollte. So empfahl z.b. schon LEONARDO DA VINCI, daß man Gesichter in einzelne Komponenten analysieren sollte, die dann auf der Basis von prototypischen Merkmalen kategorisiert werden sollten. Dies solle das Wiedererkennen von Gesichtern verbessern (zitiert nach BADDELEY & WOODHEAD, 1983, S. 126).

Die m.W. erste Untersuchung zu dieser Problematik war eine längst in Vergessenheit geratene Studie von HENNING (1920). Entgegen dem soeben dargestellten analytischen Ansatz ging HENNING von einer gestaltpsychologischen Auffassung aus:

"Beim Sehen und Erkennen des menschlichen Gesichtes bildet dieses eine "*Gestalt*" im psychologischen Sinn. Eine solche Gestalt, ein solches sinnfälliges Ganzes kennzeichnet sich dadurch, daß es nicht die Summe seiner Teile ist, sondern in gewissem Sinne mehr und in gewissem Sinne etwas anderes." (HENNING, 1920, S. 43).

Des weiteren bemerkte HENNING, daß sich die Gestaltqualität auf bestimmte Merkmale des Ganzen stärker stützt als auf andere, die kaum in unser Bewußtsein dringen. So sei z.b. die Augengegend für die Gestaltqualität viel wichtiger - wenn sie etwa durch eine Halbmaske abgedeckt wird - als die untere Kopfhälfte. Eine neuere Untersuchung von MCKELVIE (1976) konnte dies bestätigen (vgl. auch das Sammelreferat von ELLIS, 1984). Wohl aus demselben Grund wird bei Bildreportagen in den Medien schon seit langem die Augenpartie abgedeckt, wenn es darum geht, die Anonymität der abgebildeten Personen zu wahren.

Auf dieser Alltagsbeobachtung baute HENNING auch eine seiner Methoden zur Prüfung des Erkennens von Gesichtern auf. Aus einem Rechteck wurden zwei Schablonen ausgeschnitten, durch deren Verschiebung zueinander Rechtecke variierbarer Größe gebildet werden konnten, die dann auf Gesichtsfotos aufgelegt wurden. HENNING konnte zeigen, daß die Gesichter berühmter Persönlichkeiten eher erkannt wurden, wenn die gezeigten Ausschnitte sog. "*Hauptpunkte*" erkennen ließen. Hauptpunkte waren aber nicht anatomische Elemente wie Augen, Nase oder Mund, sondern die Ansatzpunkte und die unmittelbare Nachbarschaft dieser Teile. Fielen zwei oder mehr Hauptpunkte in den gezeigten Ausschnitt, wurde das Wiedererkennen noch weiter erleichtert. Leider fehlen bei HENNING detailliertere Angaben über Methodik und Einzelergebnisse, so daß seine

Schlußfolgerungen nicht genauer überprüft werden und deshalb bestenfalls als Anregungen für künftige Untersuchungen dienen können.

In den darauffolgenden 50 Jahren nach HENNINGS Untersuchung hat m.w. niemand den Versuch unternommen, eine Methode zur Verbesserung des Wiedererkennens von Gesichtern zu entwickeln. Erst seit Anfang der siebziger Jahre haben sich einige US-amerikanische und britische Forscher von neuem daran gemacht, verschiedene Lernmethoden bzw. Trainingsprogramme zum besseren Wiedererkennen systematisch zu erforschen (vgl. ausführlich Kapitel 13).

8.2 Verarbeitungstiefe und Wiedererkennen

Seit Mitte der siebziger Jahre haben eine Reihe von Autoren versucht, in Anlehnung an den *"Levels-of-Processing"*-Ansatz (LOP) von CRAIK und LOCKHART (1972; vgl. auch CRAIK & TULVING, 1975; BERGER-ZENK, v. EYE, DIXON & LORTZ, 1985; WIPPICH, 1984, 1985a) die Effizienz verschiedener Enkodierungsstrategien für das Wiedererkennen von Gesichtern experimentell zu überprüfen. Der LOP-Ansatz, ursprünglich als Alternative zu den Speichermodellen des Gedächtnisses konzipiert (vgl. WIPPICH, 1984, 1985b), nimmt an, daß Information entlang eines Kontinuums unterschiedlicher Tiefe verarbeitet werden kann. Die Tiefe der Verarbeitung determiniert ihrerseits die Erinnerungsleistung.

Experimentelle Nachweise für die Gültigkeit des LOP-Ansatzes wurden vor allem mit verbalem Stimulusmaterial geführt, ursprünglich mit Wortlisten, später aber auch mit komplexerem Textmaterial (z.B. BERGER-ZENK et al., 1985). Unterschiedliche Verarbeitungstiefen werden durch verschiedene Orientierungsaufgaben induziert, wobei die *Zirkularität* dieser Operationalisierung aus wissenschaftstheoretischer Sicht verschiedentlich moniert wurde (BADDELEY, 1978; EYSENCK, 1978). Eine oberflächliche Verarbeitung von Texten wird typischerweise als orthographische Analyse (z.B. Groß- oder Kleinschreibung), eine tiefere Verarbeitung als semantische Verarbeitung (z.B. Finden von Synonyma) operationalisiert.

Gesichter besitzen keine "semantische Bedeutung" wie verbales Stimulusmaterial. In Analogie zum LOP-Ansatz wird eine *"tiefere Verarbeitung"* (deep processing) angenommen, wenn die auf dem Bild abgebildete Person entlang einer abstrakten Dimension, typischerweise nach einem Persönlichkeitsmerkmal wie z.B. "Ehrlichkeit", beurteilt werden soll. Eine *"oberflächlichere Verarbeitung"* (shallow processing) wird hingegen vermutet, wenn lediglich ein physisches Merkmal, wie z.B. das Geschlecht oder die Nasenlänge der Stimulusperson, angegeben werden soll.

Da eine unabhängige Feststellung der Verarbeitungstiefe kaum zu bewerkstelligen ist, wird hier dem Begriff *"Enkodierungsstrategie"*, bzw. dessen Operationalisierung, "Orientierungsaufgabe", gegenüber dem zirkulären Konzept der Verarbeitungstiefe der Vorzug gegeben. MUELLER und WHERRY (1980, Fußnote 1, S. 115f.) wiesen jedoch darauf hin, daß mit Gesichtern als Stimuli eine nicht-zirkuläre Operationalisierung vielleicht noch eher möglich sei als mit verbalem Stimulusmaterial. Als Operationalisierungskriterium schlugen sie folgende einfache Unterscheidungsregel vor, die sich a priori unabhängig von der Behaltensleistung definieren läßt (S. 116): "in the face or not", z.B. "Lippengröße" oder "Anhänglichkeit" (dependability). Eine ähnliche Operationalisierung benutzten HAAS (1988) und HAAS und SPORER (1989) bei einer Inhaltsanalyse von Personenbeschreibungen: "Kann man auf dem Bild, bzw. an der Person, darauf hindeuten?" Eine Altersangabe z.b., da sie ja eine Schätzung ist, wäre folgerichtig eine abstrakte Inferenz, während die Gesichtsfalten als physische Merkmale gelten.

8.3 Empirische Befunde
8.3.1 Geschlechts- vs. Charakterbeurteilung

BOWER und KARLIN (1974) legten als erste Untersuchungen vor, die die LOP-Hypothese mit Gesichtern prüften. Alle drei Experimente benutzten Meßwiederholungen (Within-subjects-Designs). In ihrem ersten Experiment, einer inzidentellen Lernbedingung, ließen BOWER und KARLIN ihre Vpn je ein Drittel von 72 Gesichtern (36 männliche, 36 weibliche) entweder nach ihrem Geschlecht (männlich vs. weiblich), ihrer Sympathie (more vs. less likable) oder ihrer Ehrlichkeit (more vs. less honest) bei einer Darbietungszeit von 5 sec beurteilen. Ein unerwarteter Wiedererkennenstest nach ca. 15 min zeitigte die erwarteten Unterschiede in der Wiedererkennensleistung: Eine Trefferrate von 60% für das Geschlechtsurteil, die deutlich unter der für das Sympathie- (75%) und das Ehrlichkeitsurteil (81%) lag. Auch die letzten beiden Gruppen unterschieden sich signifikant voneinander. Parallele Ergebnisse wurden auch für die Konfidenzurteile erzielt.

Die Beurteilung der Geschlechtszugehörigkeit der gezeigten Person erfordert vermutlich eine geringere Inspektionszeit (functional (effective) time) seitens der Vp im Vergleich zu den komplexeren Charakterbeurteilungen. Um solch eine Kritik zu entkräften, versuchten BOWER und KARLIN in einem zweiten Experiment die funktionale Inspektionszeit dadurch konstant zu halten, daß sie die Vpn zusätzlich instruierten, auch nach ihrer Entscheidung auf das Bild zu sehen, um es nachher wiedererkennen zu können (intentionale Lernbedingung).

Die Ergebnisse von Experiment 2 replizierten Experiment 1, mit Trefferraten von 56% für das Geschlechtsurteil, 80% für die Sympathie- und 76% für die Ehrlichkeitsbeurteilung. Der Unterschied zwischen den beiden letzten Bedingungen, der die Unterschiede zwischen den Charakterbeurteilungsbedingungen von Experiment 1 umkehrte, war allerdings nur für die Konfidenzurteile signifikant. Es ergaben sich keine Vorteile für die intentionalen (Experiment 2) gegenüber den entsprechenden inzidentellen Lernbedingungen in Experiment 1.

In einem dritten Experiment dieser Autoren führten Beurteilungen der "sozialen Kompatibilität" zweier parallel dargebotener Gesichter zu besseren Rekognitionsleistungen als Geschlechtsbeurteilungen. Die Ergebnisse der drei Experimente bestätigen somit Vorhersagen des LOP-Ansatzes. Dennoch wissen wir dadurch wenig mehr über die Enkodierungsprozesse, die den jeweiligen Orientierungsaufgaben zugrunde liegen.

STRNAD und MUELLER (1977) versuchten die Befunde von BOWER und KARLIN (1974), die ein Within-subjects-Design benutzt hatten, zu replizieren, indem sie zwei Orientierungsaufgaben (Geschlechtsidentifizierung und Ehrlichkeitsbeurteilung) mit Testerwartung (kein Hinweis vs. Hinweis auf den folgenden Gedächtnistest) orthogonal variierten (Between-subjects-Design). Testerwartung spielte keine Rolle. Beurteilungen nach der Ehrlichkeit führten zwar zu signifikant höheren Trefferraten (55%) als die Geschlechtsidentifizierungen (46% - d.h. unter dem Zufallsniveau von 50%!). Doch waren auch die falschen Alarme für die entsprechenden Bedingungen häufiger (34% vs. 26%). Eine alternative Interpretation im Sinne von unterschiedlichen *Reaktionsneigungen* (response bias) kann daher nicht ausgeschlossen werden, zumal die Anzahl der "Alt"-Antworten für die "tiefe" Verarbeitungsbedingung mit durchschnittlich 44% ebenfalls signifikant höher lag als für die "oberflächliche" Orientierungsaufgabe (35%). Eine von uns vorgenommene nachträgliche Umrechnung der entsprechenden Randmittelwerte für die Treffer und falschen Alarme in d', ein Rekognitionsmaß der Signaldetektionstheorie (s. z.B. VELDEN, 1982; vgl. Kapitel 3), das die Reaktionsneigungen mitberücksichtigt, anulliert die berichteten Unterschiede (Ehrlichkeitsbeurteilung: d' = .54; Geschlechtsidentifizierung: d' = .54).

8.3.2 Verarbeitung von Wörtern vs. von Gesichtern

Etwa zur gleichen Zeit wie BOWER und KARLIN (1974) veröffentlichten WARRINGTON und ACKROYD (1975) eine Untersuchung, in der die Wirkung verschiedener Orientierungsaufgaben auf Wort- und Gesichtsstimuli direkt verglichen werden sollte. Als Stimulusmaterialien dienten entweder 50 Wörter oder 50 Bilder von Gesichtern unbekannter Schauspieler. Drei Aufgaben wurden verwendet, wobei alle Vpn einen späteren Gedächtnistest erwarteten:
(1) Eine Kontrollgruppe ohne Orientierungsaufgabe;
(2) eine "relevante" Orientierungsaufgabe, bei der die Vpn jedes Item als "angenehm" oder "unangenehm" (pleasant - unpleasant) einstufen sollten;
(3) eine "irrelevante" Orientierungsaufgabe, bei der die Vpn jedes Wort als "grün" oder "rot", bzw. die Gesichter als "groß" oder "klein" einstufen sollten.
Der Wiedererkennenstest erfolgte als 2-AFC-Test. Sowohl für Gesichter als auch für Wörter ergaben sich bessere Wiedererkennensleistungen für die relevante Orientierungsaufgabe gegenüber der Kontrollgruppe, sowie gegenüber der irrelevanten Orientierungsaufgabe. Die Unterschiede zwischen der irrelevanten Aufgabe und der Kontrollgruppe waren nicht signifikant. Die Autoren interpretierten ihre Ergebnisse - ohne Bezug auf den LOP-Ansatz - dahingehend, daß die relevante Orientierungsaufgabe ("angenehm-unangenehm"-Urteil) das Wiedererkennen dadurch erleichtere, daß eher eine relativ leicht abrufbare Assoziation als Hinweisreiz beim Abrufprozeß zur Verfügung stünde. Beim Wiedererkennen ohne vorherige relevante semantische Aufgabe gäbe es keine leicht verfügbare Assoziation. Diese Ergebnisse lassen sich alternativ auch mit ZAJONCS (1980) Postulat der Präzedenz von Affektreaktionen, die durch die "angenehm-unangenehm"-Ratings induziert wurden, erklären.

8.3.3 Beurteilung physischer Merkmale vs. Inferenzen

Die bisher referierten Untersuchungen verwendeten fast alle eine relativ triviale Orientierungsaufgabe (Geschlechtsidentifizierung) als Operationalisierung für eine vermutlich oberflächlichere Verarbeitung. WINOGRAD (1976), MUELLER, CARLOMUSTO und GOLDSTEIN (1978), PATTERSON und BADDELEY (1977) und eine Reihe neuerer Untersuchungen (z.B. MUELLER & WHERRY, 1980) wählten Binärurteile bezüglich der Präsenz eines *physischen Merkmals* (z.B. Augenabstand: groß-klein) im Gegensatz zu *Charakterbeurteilungen* (traits: z.B. intelligent) als jeweilige Operationalisierungen für oberflächliche vs. tiefere Verarbeitungsprozesse.

MUELLER und WHERRY (1980) z.B. ließen 40 Gesichter in je fünf sec entweder nach einem physischen Merkmal (Augenabstand oder Dicke der Lippen) oder einer Persönlichkeitseigenschaft (Freundlichkeit oder Intelligenz) beurteilen. Zusätzlich manipulierten diese Autoren auch die Orientierungsaufgabe während des Wiedererkennenstests, worauf hier jedoch nicht näher eingegangen werden kann. Persönlichkeitsbeurteilungen führten zu mehr Treffern (76% vs. 59%), besseren korrigierten Wiedererkennensleistungen (d' = 1.85 vs. 1.20), und etwas weniger falschen Alarmen (18% vs. 23%, p = .06) als die Beurteilung bezüglich eines physischen Merkmals.

Die umfassendste Untersuchung dieser Art wurde von WINOGRAD (1976) durchgeführt. In einem 9x9 Lateinischen-Quadrat-Design hatten 72 Vpn je acht Bilder von Gesichtern (also insgesamt 72 Stimuli, mit je *einer* Frage) nach den folgenden neun Orientierungsaufgaben zu beurteilen: Drei Fragen nach physischen Merkmalen ("Hat er eine große Nase; gerade Haare; sieht er schwer (heavy) aus?"); drei nach Charaktereigenschaften (Intelligent, ängstlich, freundlich?); drei nach beruflichen Rollen ("Sieht er wie ein Schauspieler, Geschäftsmann, Lehrer aus?"). Antworten erfolgten als Ja- oder Nein-Antworten.

Nur die Trefferraten für die Nasengröße und die Haarbeschaffenheit (je 62%) waren schlechter als alle anderen Bedingungen (75; 77; 69; 78; 81; 76; 75% in der entsprechenden Reihenfolge). Nur noch der Unterschied zwischen der Beurteilung nach der Ängstlichkeit (69%) und der Einstufung als Schauspieler (81%) erwies sich als signifikant - die Bilder waren einer Adressenkartei für Schauspieler entnommen! Leider wurden keine Analysen für falsche Alarme oder korrigierte Treffermaße (wie d' oder A') berichtet.

Für die *Merkbarkeit individueller Gesichter* ist von Interesse, daß es wenig Unterschied machte, ob die jeweilige Frage für die entsprechende Person - die Fragen und Gesichter waren ja ausbalanciert - mit "Ja" oder mit "Nein" beantwortet worden war (durchschnittlich 73% "Richtige"). Nur Männer, die den Vpn (Studenten) als "Geschäftsleute" erschienen, wurden schlechter erinnert (70%) als Personen, die nicht diesem Stereotyp entsprachen, während das Gegenteil für "Schauspieler" zuzutreffen schien. Personen, die als "schwer" beurteilt wurden oder denen eine große Nase zugeschrieben wurde, wurden ebenfalls häufiger wiedererkannt, während ein "intelligentes" Aussehen keinen Unterschied machte.

Ähnlich WINOGRAD (1976) benutzten auch MUELLER, CARLOMUSTO und GOLDSTEIN (1978) eine Reihe von Orientierungsaufgaben, um den Vorteil einer tieferen Verarbeitungsstrategie nachzuweisen. Sie unterschieden eine "Gesichtsgruppe", in der jede Vp für alle Bilder eines der folgenden physischen Merkmale beurteilen mußte: Nasengröße, Dicke der Lippen, Augenabstand oder Stirnhöhe. In der "tiefen" Gruppe war ein abstraktes Persönlichkeitsmerkmal (Intelligenz, Freundlichkeit, Freigebigkeit (generosity)) oder Selbstvertrauen (confidence), und in einer dritten, der sog. "Körpergruppe", das Gewicht, die Körpergröße, die Muskulösität oder die Körperhaltung auf Grund der entweder für fünf oder für 15 sec dargebotenen Bilder zu inferieren.

Innerhalb der jeweiligen Gruppen ergaben sich keine signifikanten Unterschiede für die jeweiligen spezifischen Aufgaben desselben Typs. Die einzelnen Ergebnisse sind zu komplex, um hier im Detail wiedergegeben werden zu können. Doch ergab sich insgesamt ein leichter Vorteil für die längere Darbietungszeit, vor allem bei den falschen Alarmen. Von größerem Interesse für uns ist, daß sowohl die "tiefe" Verarbeitungsgruppe als auch die "Körpergruppe" besser als die "Gedächtnisgruppe" abschnitten (durchschnittliche Trefferraten von 66%, 67% vs. 58%). Dieser Effekt konnte von den Autoren in einem zweiten Experiment repliziert werden (67%, 59% und 48%; letztere Trefferrate entspricht dem Zufallsniveau von 50%!).

Diese Ergebnismuster sind konsistent mit den Befunden von WINOGRAD (1976), dessen Beurteilungen nach dem Gewicht, sowie die Charakter- und Rollenbeurteilungen, zu besseren Wiedererkennensleistungen gegenüber den Gesichtsaufgaben (mit nur je einer Merkmalsbeurteilung) geführt hatten. Man könnte daher annehmen, daß ganz allgemein eine "abstraktere" Orientierungsaufgabe - sowohl Persönlichkeit als auch Gewicht oder gar Körpergröße der Person müssen von einem Gesichtsfoto inferiert werden! - zu besserem Wiedererkennen führen würde. Demgegenüber stehen allerdings Befunde von MUELLER, BAILIS und GOLDSTEIN (1979), die Vorteile der tieferen Verarbeitung (Verläßlichkeit (dependability) und Intelligenz) gegenüber einer Beurteilung nach Körpergröße oder Gewicht für falsche Alarme und d' fanden (vgl. ebenfalls die oben zit. Befunde von WARRINGTON & ACKROYD, 1975).

8.3.4 Anzahl der Merkmale

PATTERSON und BADDELEY (1977) wiesen darauf hin, daß kriminalistische Fahndungstechniken, wie die Konstruktion eines Phantombilds mittels der Identikit- oder Photofit-Methode (vgl. DAVIES, 1981; SHEPHERD & ELLIS, 1990) implizit annehmen, daß bestimmte physische Merkmale eine bedeutende Rolle bei der Wahrnehmung und dem Wiedererkennen von Personen spielen. Die eingangs referierten Untersuchungen von BOWER und KARLIN (1974) und STRNAD und MUELLER (1977) geben darüber keinen Aufschluß, da sie lediglich eine Geschlechtsidentifizierungsaufgabe vornehmen ließen. Auch WARRINGTON und ACKROYDS (1975), WINOGRADS (1976) und MUELLER, CARLOMUSTO und GOLDSTEINS (1978) Beurteilungsaufgaben bezüglich der physischen Merkmale sind insofern beschränkt, als sie jeweils nur *ein* Merkmal (Nasengröße, Haarbeschaffenheit, Größe *oder* Gewicht) beurteilen ließen.

PATTERSON und BADDELEY ließen deshalb in ihrer oberflächlichen Verarbeitungsgruppe jedes Gesicht gleichzeitig sowohl bezüglich der Nase (small - large), den Lippen (thin - full), dem Augenabstand (close together - far apart) *und* der Gesichtsform (round - long) auf einem semantischen Differential von 1 bis 5 beurteilen. Auch für die Charakterbeurteilung wählten sie vier gleichzeitige Beurteilungsaufgaben: nett - ekelhaft (nice - nasty), zuverlässig - unzuverlässig (reliable - unreliable), intelligent - dumm (intelligent - dull), lebendig - ruhig (lively - stolid). Zusätzlich variierten sie auch (als Within-subjects-Faktoren) die Anzahl der Darbietungspersonen, die Veränderung der Pose und des Gesichtsausdrucks zwischen Darbietung und Test und das Aussehen der Person durch Frisur, Bart oder Brille.

Auf letztere Faktoren, die dramatische Effekte produzierten, kann hier jedoch nicht näher eingegangen werden, da sie keine Wechselwirkungen mit der Enkodierungsaufgabe eingingen (s. Kapitel 4). Die Charakterbeurteilung (als Haupteffekt) führte zu mäßig besseren Trefferraten (82% vs. 76% für die physische Merkmalsgruppe; $p <$ .10), bei gleichzeitiger Verringerung der falschen Alarme (36% vs. 40%, ebenfalls *ns*.), was jedoch zusammen zu einer signifikanten Verbesserung der korrigierten Wiedererkennensleistung führte (d' = 1.94 vs. 1.50).

Dieser im Gegensatz zu BOWER und KARLINs Ergebnissen eher bescheidene Unterschied wird von den Autoren ebenfalls im Rahmen des LOP-Ansatzes interpretiert. Sie diskutieren darüberhinaus eine - nicht unvereinbare - Erklärung, die die Extraktion von Einzelmerkmalen der mehr ganzheitlichen Betrachtung bei einer Persönlichkeitsbeurteilung gegenüberstellt. Allerdings muß auch hier kritisch angemerkt werden, daß bei der langen Darbietungszeit von 28 sec für alle vier Beurteilungen die funktionale Inspektionszeit als alternative Erklärung der Ergebnisse in Frage kommt: D.h., die Vpn sind möglicherweise schneller in der Lage, die physischen Merkmale zu beurteilen und niederzuschreiben, als dies bei der Charakterbeurteilung der Fall sein dürfte.

8.3.5 Quantität oder Qualität der Enkodierung?

Damit bleibt weiterhin die Frage offen, wie der wiederholt beobachtete Vorteil der Charakterbeurteilungsaufgaben gegenüber den physischen Merkmalsaufgaben theoretisch zu erklären ist. Schon BOWER und KARLIN (1974) hatten eingeräumt, daß ihre Ergebnisse nicht nur durch *qualitativ* unterschiedliche Verarbeitungsprozesse im Sinne der LOP-Hypothese, sondern alternativ auch dadurch erklärt werden könnten, daß eine Vp, um z.B. zu einem Urteil über die "Ehrlichkeit" der gezeigten Stimulusperson zu gelangen, insgesamt *mehr* Attribute des Gesichts und diese Attribute *häufiger* (pro sec) prüfen müsse, um Vergleiche der Stimulusinformation mit potentiellen, im Gedächtnis abgespeicherten "Prototypen ehrlicher Personen" durchführen zu können (BOWER & KARLIN 1974, S. 756).

WINOGRAD (1978, 1981) hat diese "sparsamere" Erklärung am prägnantesten als sogenannte *Elaborationshypothese* ausformuliert:

"Eine einfache Hypothese wird angeboten, die behauptet, daß das Gedächtnis für Gesichter eine wachsende Funktion der Anzahl der Attribute ist, die bei der Darbietung enkodiert werden. Inferenzen hinsichtlich Charaktereigenschaften verbessern das Gedächtnis nur deshalb, weil sie zu einer breiter angelegten Attributsuche führen." (WINOGRAD, 1978, S. 261-262, unsere Übers.).

Unter "Attribut" (feature) versteht WINOGRAD (1981, S. 181) eine physische, räumlich lokalisierte Komponente des Gesichts. In vier Experimenten konnte er nachweisen, daß vor allem die Quantität der enkodierten Attribute und nicht die Qualität der Information (vgl. ZAJONC, 1980) für die beobachteten Effekte verantwortlich ist. In Experiment 1 zeigte WINOGRAD (1978, 1981), daß Vpn, die selbst das wichtigste Unterscheidungsmerkmal (the most distinctive characteristic or feature) aus einer vorgegebenen Liste von neun Merkmalen (plus "Sonstiges" oder "Keines") für jedes Gesicht suchen sollten, ebensogut abschnitten (Trefferrate: 78%; *A*': .86) wie die Persönlichkeitsbeurteilungsgruppen (73%; .85). Beide übertrafen eine constrained-features-Gruppe, die nur *ein* physisches Merkmal beurteilen sollte (64%; .77). Ähnliche Ergebnisse wurden auch von COURTOIS und MUELLER (1979) berichtet. Auch Experiment 2 von WINOGRAD (1981) bestätigte diese Ergebnisse (in entsprechender Reihenfolge: Treffer: 78%; 76% vs. 70%; *A*': .90, .88 vs. .85). Eine vierte Gruppe (distinctive trait scan) sollte eine von neun vorgegebenen Persönlichkeitseigenschaften als die geeignetste ankreuzen. Auch diese erbrachte vergleichbar gute Wiedererkennensleistungen (78%; *A*': .89), die besser waren als die der constrained-feature-Gruppe.

In den Experimenten 3 und 4 konnte WINOGRAD nachweisen, daß die Attribute bestimmter Gesichter, die in den ersten beiden Experimenten als "*besondere*" Merkmale von den Vpn bezeichnet worden waren (z.B. lange Nase), zu besseren Wiedererkennensleistungen führten, wenn die entsprechende Orientierungsaufgabe eine Enkodierung dieses Merkmals wahrscheinlich machte. In Experiment 3 war dies der Fall, wenn Vpn in einer judge-distinctive-feature-Gruppe eben dieses Merkmal beurteilen sollten (74% Treffer). Die distinctive-feature-scan-Gruppe, die selbst ein Unterscheidungsmerkmal suchen sollte, war vergleichbar gut (81%) und beide besser als eine judge-nondistinctivefeature-Gruppe, die ein wenig prägnantes Merkmal beurteilen sollte (69%). In Experiment 4 zeigte sich schließlich, daß die Persönlichkeitsbeurteilungsaufgabe vor allem für Gesichter mit distinktiven Attributen erfolgversprechend ist.

Auch DAW und PARKIN (1981) und PARKIN und HAYWARD (1983) fanden in einer Reihe von Experimenten äquivalente Wiedererkennensleistungen für Persönlichkeitsbeurteilungen und dem Suchen nach hervorstehenden Unterscheidungsmerkmalen. Vpn in der letzteren Gruppe brauchten jedoch konsistent *länger* für diese Aufgabe, während Vpn in der ersten Gruppe, bei gleicher Wiedererkennensleistung, reliabel mehr *Kontexte*, in denen die Stimuluspersonen gezeigt worden waren, frei reproduzieren konnten.

Zusammen gesehen liefern die Ergebnisse von WINOGRAD (1978, 1981) und COURTOIS und MUELLER (1979) einige Unterstützung für die Elaborationshypothese, die durch die Einbeziehung der Distinktivität bestimmter Gesichtsmerkmale - nicht der Distinktivität der Gesichter als ganzen - weiter differenziert wird (vgl. CRAIK & JACOBY, 1979; WINOGRAD, 1981). Leider fehlen auch bei WINOGRADs und COURTOIS und MUELLERS Untersuchungen geeignete Kontrollgruppen (mit Standard-Instruktionen für intentionales oder inzidentelles Lernen), so daß man tatsächlich von einer *Verbesserung* der Wiedererkennensleistung durch das Absuchen nach zahlreichen Attributen sprechen könnte. Ohne diese Kontrollgruppen bleibt weiterhin die Möglichkeit nicht auszuschließen, daß lediglich die Beurteilung nach einem vorgegebenen Einzelmerkmal, im Vergleich zu allen anderen Orientierungsaufgaben, zu einer *Verschlechterung* der Wiedererkennensleistung führt (vgl. DEVINE & MALPASS, 1985; MALPASS, pers. Mitt. 1984; SPORER, 1991).

8.3.6 Besondere Merkmale oder "Gestalt"?

Eine der wenigen Untersuchungen, die eine solche Standardkontrollgruppe enthielt, wurde von DEFFENBACHER, LEU und BROWN (1981) vorgelegt. Drei Gruppen, die alle auf den späteren Wiedererkennenstest vor der Darbietungsphase hingewiesen wurden, wurden unterschieden: (1) Eine Standardkontrollgruppe, die außerdem keine weiteren Hinweise auf mögliche Enkodierungsstrategien erhielt; (2) eine distinctive-feature-scan-Gruppe ähnlich wie bei WINOGRAD (1978, 1981, Experiment 1); und (3) eine "Gestaltgruppe", die sich auf das Gesamtmuster der Gesichtszüge, d.h. seine Gesamtstruktur konzentrieren und einen allgemeinen Eindruck des Gesichts als ganzem gewinnen sollte (vgl. CLIFFORD & BULL, 1978; DAVIES, 1978).

Letztere Strategie wurde offenbar von DEFFENBACHER et al. zum ersten Mal experimentell getestet. Allerdings entsprach ihre Operationalisierung dieser holistischen Enkodierungsstrategie nicht ganz der soeben beschriebenen Zielsetzung. Sie ließen nämlich in dieser Gruppe für jedes Gesicht angeben, "wie schwierig die Gesamtstruktur des Gesichtes *und die des Raumes* zu merken sei" (DEFFENBACHER et al., 1981, S. 17, unsere Übers. und Hervorhebung). Sie wollten dadurch zusätzlich herausfinden, ob sich die Vpn beim Wiedererkennenstest daran erinnern konnten, in welchen von zwei Räumen ihnen die Bilder ursprünglich dargeboten worden waren - was ihnen übrigens in keiner der drei Gruppen überzufällig häufig gelang (vgl. Kapitel 10 über Kontexteffekte).

Bezüglich der Enkodierungsstrategien ergaben sich keine Unterschiede zwischen den drei Gruppen, wenn das Wiedererkennen, wie in allen hierzu berichteten Untersuchungen (mit Ausnahme von WARRINGTON & ACKROYD, 1975), mit der JA-NEIN-Methode getestet wurde. Die entsprechenden Trefferraten lagen mit 93,5% für die Standardgruppe, 94% für die distinctive-features-Gruppe und 91,2% für die Gestaltgruppe nach einer Woche noch äußerst hoch (falsche Alarme: 17%, 15,3%, 14%; d': 2.71, 2.69, 2.78). Für die andere Hälfte der Versuchspersonen, die mit der viel "leichteren" 2-AFC-Methode getestet wurde, ergaben sich höhere Trefferraten für die distinctive-features- und die Gestaltgruppe gegenüber der Standardgruppe (leider wurden keine Prozentwerte von den Autoren angegeben). Für das korrigierte Wiedererkennensmaß d' waren alle paarweisen Vergleiche signifikant, d.h. die distinctive-features Gruppe (d' = 4.01) war zusätzlich noch besser als die Gestaltgruppe (d' = 3.10) und beide besser als die Kontrollgruppe (d' = 2.25).

Diese, von den Autoren unerwarteten Ergebnisse, sollten jedoch mit Vorsicht interpretiert werden. Zum einen waren sie von der Testmethode abhängig. Zum anderen lag offensichtlich auch ein Ceiling-Effekt vor, insbesondere dann, wenn man nach CREELMAN und MACMILLAN (1979) die mit der 2-AFC-Methode erhaltenen Werte für d' (durch Multiplikation mit der Wurzel von 2) in d'_s umwandelt, um sie mit der JA-NEIN-Methode vergleichen zu können (d'_s: Standard: 3.17; Gestalt: 4.37; distinctive-features: 5.65).

8.3.7 Selbstbezug als Enkodierungsstrategie

Ein zentraler Bestandteil der experimentellen Logik bei Untersuchungen zum LOP-Ansatz (ob mit Gesichtern oder verbalem Material) ist, daß die von den Vpn vorzunehmenden Enkodierungsstrategien durch Orientierungsinstruktionen manipuliert werden. Das Erlernen des Stimulusmaterials erfolgt inzidentell. Läßt man hingegen Vpn ihre Enkodierungsstrategien frei wählen, wie dies bei Kontrollgruppen mit intentionaler Lernbedingung gewöhnlich der Fall ist, bleibt es den Vpn selbst überlassen, ob sie sich mehr auf die Suche nach physischen Merkmalen machen oder ob sie es vorziehen, "tiefer" zu schürfen und "hinter" dem Gesicht Charakterzüge oder andere inferierte Merkmale der Person zu entdecken suchen. Es ist auch denkbar, daß Vpn unter dieser Bedingung freie Assoziationen zu dem vorgegebenen Stimulusmaterial bzw. den Gesichtern stiften, die von Vp zu Vp und von Item zu Item äußerst idiosynkratisch sein können.

Leider hat unseres Wissens bisher niemand die von den Vpn spontan präferierten Enkodierungsstrategien erhoben oder sie gar inhaltsanalytisch ausgewertet und zur Wiedererkennensleistung in Beziehung gesetzt. GOLDSTEIN und CHANCE (1971) erwähnen zwar, daß die von den Vpn benutzten verbalen Etiketten äußerst oberflächlich und undifferenziert gewesen seien, eine detailliertere inhaltliche Analyse erfolgte jedoch nicht. Eine Systematisierung dieser verbalen Assoziationen wird außerdem dadurch erschwert, daß sie nicht nur äußerst aufwendig, sondern möglicherweise auch durch Wechselwirkungen bestimmter Stimulusgesichter mit persönlichen Erfahrungen bestimmter Beobachter geprägt sein können. Zum Beispiel: "Du erinnerst mich an meinen Lehrer in der siebten Klasse damals in der Pestalozzischule..." Solche Enkodierungsdimensionen können natürlich von Beobachter zu Beobachter, aber auch von Stimulus zu Stimulus stark variieren. Ihnen gemeinsam ist jedoch, daß sie den Vpn gestatten, ihre persönlichen Erfahrungen und ihr persönliches Vorwissen in das Experiment mit einzubringen und als Lernhilfe zu verwenden.

Dieser Gedanke einer Integration persönlicher Informationen über andere Personen wird in der sozialpsychologischen Literatur unter dem Begriff *Selbstbezug* (self-reference:

z.B. ROGERS, KUIPER & KIRKER, 1977) diskutiert. Allerdings liegen unseres Wissens keine Untersuchungen vor, die dieses Konzept auf die Enkodierung von Gesichtern angewandt hätten. ROGERS, KUIPER und KIRKER (1977) nehmen in ihrer Diskussion des Selbstbezugsbegriffs einerseits Anleihen bei Gordon ALLPORTs (1937) idiographischer Persönlichkeitstheorie, andererseits bei der Theorie persönlicher Konstrukte George KELLYs (1955). Schließlich lassen sich in dieser Konzeption auch attributionstheoretische Elemente wiederfinden. Nach ROGERS et al. stellt eine Enkodierung mit Selbstbezug eine besondere Form der Verarbeitung dar, die der im Rahmen des LOP-Ansatzes entwickelten "tiefen" semantischen Information sogar noch überlegen ist.

Eine der wichtigsten Funktionen des Selbstkonzepts besteht darin, das Individuum bei der Verarbeitung persönlicher Daten zu unterstützen. Die zu verarbeitende Information wird mit dem persönlichen Erfahrungsschatz, dessen Abstraktion das Selbstkonzept ausmacht, in Beziehung gesetzt. Das Selbstkonzept dient aber u.a. auch dazu, das Ausdrucksverhalten oder Informationen über andere Personen zu verarbeiten. Die Wechselwirkung zwischen neuer Information und vergangener Erfahrung war seit langem wesentlicher Bestandteil der kognitiven Psychologie, sei es als Schemakonstrukt (z.B. BARTLETT, 1932), oder als Prototyp (z.B. POSNER & KEELE, 1968; s. ausführlich Kapitel 6).

Die Bedeutung des Selbstbezugs wurde u.a. auch für Leistungen bei Gedächtnisaufgaben nachgewiesen. So konnten ROGERS, ROGERS und KUIPER (zit. in ROGERS et al., 1977) zeigen, daß Adjektive, die Charaktereigenschaften einer Person beschreiben sollen, häufiger irrtümlich als bereits gesehen identifiziert wurden (falsche Alarme), wenn die Vp sie in einer Voruntersuchung auf sich selbst zutreffend bezeichnet hatte, als solche, die sie als weniger passend empfand. Einen ähnlichen Responsebias hatten CANTOR und MISCHEL (1977) festgestellt: Vpn, die die Beschreibung einer introvertierten Stimulusperson lasen, "erkannten" später mehr Sätze, die ebenfalls eine introvertierte Person charakterisierten, fälschlicherweise wieder als Kontrollsätze. Die Autoren nehmen an, daß die Vpn das Konzept "introvertierte Person" von den ursprünglichen Beschreibungssätzen abstrahiert hatten, und daß sie dieser abstrahierte Prototyp dann zu den falschen Alarmen verleitete.

Die Bedeutung des Selbstbezugs wurde jedoch nicht nur für Gedächtnisfehler, sondern auch für eine bessere Enkodierung im Sinne des LOP-Ansatzes postuliert. Vpn, die eine Liste von Charaktermerkmalen lasen und die für sie selbst zutreffenden markieren sollten, erkannten mehr Adjektive richtig wieder als Vpn, die entweder keine Instruktion dieser Art oder eine Instruktion zur bildlichen Vorstellung erhalten hatten (ROGERS, 1977). Für unsere eigenen Untersuchungen ist die Arbeit von ROGERS, KUIPER und KIRKER (1977) am bedeutungsvollsten.

In zwei Experimenten wollten ROGERS et al. feststellen, wo der Selbstbezug auf dem Kontinuum der Verarbeitungstiefe einzuordnen wäre. In enger Anlehnung an die Untersuchungen von CRAIK und TULVING (1975) ließen sie in ihrem ersten Experiment ihre Vpn Adjektive, die Charaktereigenschaften darstellten, daraufhin beurteilen, ob
(1) das Wort in Groß- oder Kleinbuchstaben geschrieben war,
(2) es sich mit einem anderen reimte,
(3) dieselbe Bedeutung wie ein anderes Wort besaß, oder
(4) für die Vp selbst zutraf.

Die Wiedererkennensleistung stieg mit zunehmender Verarbeitungstiefe, wobei sich der Selbstbezug sogar als noch wirksamer als die semantische Verarbeitung erwies. Als

Nachweis der gelungenen Manipulation erhoben die Autoren die Bearbeitungszeiten, die analog den Verarbeitungsebenen anstiegen (von M = 1371 msec in der strukturellen Aufgabe (1) zu 2941 msec in der Selbstbezugaufgabe (4)). Wir werden auf diesen Punkt später nochmals zu sprechen kommen.

In einem zweiten Experiment replizierten ROGERS et al. den Vorteil des Selbstbezugs gegenüber einer anderen semantischen Ratingaufgabe, nämlich der Beurteilung der Bedeutungshaltigkeit derselben Adjektive. Zusammen gesehen sprechen die Befunde von ROGERS et al. und anderen für den Selbstbezug als eine wichtige Enkodierungsstrategie. Bisher wurde dieser Effekt jedoch nur mit verbalen Stimulusmaterialien nachgewiesen. Wir haben in unseren eigenen Untersuchungen versucht, dieses Konzept auch auf die Enkodierung von Gesichtsstimuli auszudehnen.

8.4 Eigene Untersuchungen: Experimente 6, 7 und 8

Selbstbezug, bzw. *subjektive Relevanz*, wie wir diese Variable im Rahmen unserer Untersuchungen (s. Tabelle 8.1) wahlweise bezeichnen werden, wurde als das selbständige Auffinden einer für die jeweilige Vp als bedeutungsvoll erachteten Ausprägung innerhalb einer bestimmten Enkodierungsdimension operationalisiert. Sollte z.B. ein Gesicht nach physischen Merkmalen beurteilt werden, so war es der Vp selbst überlassen, welches Merkmal sie für ein bestimmtes Gesicht (oder mehrere Gesichter) für bedeutungsvoll erachtete. In ähnlicher Weise mußte eine Vp, die den Charakter einer Stimulusperson beurteilen sollte, selbst ein Charaktermerkmal finden, das sie für die abgebildete Person geeignet fand. Analog sollte die Vp auch in der elaborierten Enkodierungsbedingung (Beurteilung einer Aktivität (Hobby) der Stimulusperson) selbst eine Aktivität finden, die sie für die abgebildete Person passend hielt. Es wurde erwartet, daß in allen diesen drei Bedingungen, in denen die Vp durch das eigenständige Auffinden der jeweils passenden Ausprägung einer bestimmten, kategorial vorgegebenen Beurteilungsdimension ein subjektiv relevantes Merkmal wählen würde, infolge dieses erhöhten Selbstbezugs eine bessere Wiedererkennensleistung erfolgen sollte. Mit anderen Worten: Neben dem Leistungsvorteil, den wir durch die stufenweise tiefere bzw. breitere Verarbeitung postulierten, erwarteten wir eine zusätzliche Verbesserung zugunsten des Selbstbezugs (Enkodierungsstrategien D, E und F) gegenüber den vorgegebenen Beurteilungsdimensionen (A1, A2, B, C: s. Tabelle 8.1).

Dehnen wir diese Argumentation auf die intentionale Lernbedingung, die wir als Kontrollbedingung erfaßten, aus, so könnte man sogar die Hypothese aufstellen, daß in dieser Bedingung die besten Wiedererkennensleistungen auftreten könnten, da hier eine Vp nicht nur ein für sie maximal relevantes Merkmal innerhalb einer vorgegebenen Dimension, sondern auch die Beurteilungsdimension als solche frei wählen konnte. Es wäre sogar denkbar, daß es nicht nur inter-individuelle Präferenzen für bestimmte Enkodierungsstrategien gibt, die als Erklärung für inter-individuelle Differenzen in der Wiedererkennensleistung herangezogen werden könnten, sondern auch intra-individuelle Variationen in der für bestimmte Gesichter als subjektiv relevant erachteten Dimension bzw. Merkmalsausprägung. So könnte eine Vp ein Gesicht eher nach physischen Merkmalen kodieren, wenn es z.B. eine auffällig krumme Nase besäße, eine andere Person nach einem spontanen Charakterurteil ("Der sieht nett aus") und wiederum ein anderes Gesicht aufgrund dessen, daß sie die Person an "Franz Beckenbauer damals im Weltmeisterschaftsfinale" erinnerte...

TABELLE 8.1: *Manipulierte Enkodierungsstrategien und Zellenbesetzungen an den drei Untersuchungsorten in den Experimenten 6 bis 8 (N = 193)*

Enkodierungsstrategie		Stichproben/Untersuchungsorte			
		Exp. 6	Exp. 7	Exp. 8	Vpn
		Nürnberg[a]	Kiel[b]	Marburg[c]	
Beurteilungskategorien		(n = 70)	(n = 70)	(n = 53)	
Dimensionen vorgegeben;					
Beurteilung von:					
(A1)	1 Physisches Merkmal	10	10	11	31
(A2)	3 Physische Merkmale	---[d]	16	---[d]	16
(B)	1 Persönlichkeitsmerkmal	10	10	11	31
(C)	1 Tätigkeit (Hobby)	10	---[d]	---[d]	10
Dimensionen selbst generiert;					
Auffinden von:					
(D)	Physisches Merkmal	10	10	10	30
(E)	Persönlichkeitsmerkmal	10	10	10	30
(F)	Tätigkeit (Hobby)	10	---[d]	---[d]	10
(G)	Intentionale Lernbedingung	10	14	11	35

[a]Hauswirtschaftsschülerinnen; [b]Verwaltungsangestellte; [c]Psychologiestud.; [d]Bedingung in dieser Untersuchung nicht realisiert.

Ziel unserer eigenen Untersuchungsreihe ist die Prüfung der Effektivität unterschiedlicher Enkodierungsstrategien in *einem* umfassenden Design. Mittlerweile liegen zwar eine Reihe von Untersuchungen vor, in denen einzelne Orientierungsaufgaben, die aufgrund der einen oder anderen theoretischen Grundlage (LOP-Ansatz bzw. Elaborationshypothese) zu unterschiedlichen Wiedererkennensleistungen führen sollten, gegeneinander getestet wurden. Doch wurden die Vorhersagen unterschiedlicher theoretischer Ansätze bisher nicht in einem umfassenden Design gegeneinander ausgespielt. Da den meisten dieser Untersuchungen eine "natürliche" Kontrollgruppe fehlt, war es bisher auch nicht möglich, schlüssig festzustellen, ob die diversen Enkodierungsstrategien tatsächlich zu einer *Verbesserung* der Wiedererkennensleistung führen, oder ob nicht umgekehrt bestimmte, "unnatürliche" Betrachtungsweisen eines Gesichts eher eine *Verschlechterung* der Leistung bewirken. Schließlich wurde in den vergangenen Untersuchungen die Inspektionszeit während der Darbietungsphase kaum adäquat berücksichtigt, so daß eine potentielle Konfundierung der Dauer der Betrachtung eines Gesichts mit der zu untersuchenden Enkodierungsstrategie nicht auszuschließen ist.

Wir haben versucht, diese Mängel in unseren eigenen Untersuchungen zu beheben und uns durch die Prüfung zusätzlicher Hypothesen Klarheit über den relativen Wert dieser Strategien zu verschaffen. Insbesondere wollten wir die Bedeutung der *subjektiven Relevanz* der von einer Person zur Einprägung eines Gesichts *selbst generierten* Beurteilungskategorie - im Gegensatz zu den in den bisherigen Untersuchungen vom Vl *vorgegebenen* Beurteilungskategorien - erfassen. Ausgehend von der Sozialpsychologie des psychologischen Experiments wollten wir schließlich durch eine Reihe von Realisationskontrollen (manipulation checks) prüfen, inwieweit die bisher in der Literatur berichteten Effekte nicht auch durch Unterschiede in der *motivationalen Beteiligung* (z.b. das Interesse an der jeweiligen Orientierungsaufgabe), die durch die sozialpsychologischen Aspekte der Orientierungsaufgaben möglicherweise differentiell induziert wird, alternativ erklärt werden können.

Tabelle 8.1 (s. oben) faßt die acht verschiedenen Enkodierungsstrategien zusammen, die wir in den Experimenten 6, 7 und 8 miteinander verglichen haben. Bei den Strategien A, B und C werden die Beurteilungskategorien den Vpn *vorgegeben*: Sie müssen für jedes Gesicht lediglich über eine der beiden Ausprägungen der jeweils als relevant vorgegebenen Kategorie entscheiden. Demgegenüber sollen die Vpn in den Bedingungen D, E und F jeweils *selbst* eine *subjektiv relevante Kategorie finden*, wobei ihnen lediglich die allgemeine Dimension (besonderes physisches Merkmal, Charakterzug bzw. Aktivität/Hobby) vorgegeben wird. Auch die intentionale Lernbedingung (G), bei der die Vpn sowohl die allgemeine Dimension als auch die spezifische Ausprägung dieser Dimension, anhand derer sie sich ein Gesicht einprägen wollen, frei wählen können, kann somit zu den subjektiv relevanten Dimensionen gezählt werden.

Wenn wir die Unterschiede zwischen den Experimenten 6, 7 und 8 für einen Moment außer acht lassen, so ergibt sich insgesamt ein einfaktorielles Design mit acht verschiedenen Enkodierungsstrategien. Innerhalb dieses Designs können folgende Hypothesen durch a-priori-Kontraste getestet werden:

H8.1: **Nach dem Levels-of-processing-Ansatz erwarten wir eine bessere Leistung bei tieferer Verarbeitung, wie sie durch die Orientierungsaufgaben B und C bzw. E und F induziert werden sollten, als bei oberflächlicher Verarbeitung in der Bedingung A1.**

H8.2: **Dieser Leistungsvorteil sollte sich auch gegenüber der Kontrollgruppe G, in der die Vpn ihre persönlichen Einprägungsstrategien verwenden können, behaupten.**

In den Bedingungen C und D in Experiment 6 wird der Levels-of-processing-Ansatz in Anlehnung an BADDELEY und WOODHEAD (1982) und CRAIK und TULVING (1975) dahingehend erweitert, daß durch die Frage nach der Eignung einer bestimmten Aktivität bzw. eines Hobbys für eine bestimmte Person nicht nur eine "tiefere", sondern auch eine "breitere" Verarbeitung induziert werden soll. Wir vermuten, daß die Beurteilung der Eignung einer bestimmten Aktivität (vgl. auch Kapitel 6, Experiment 4) die Einschätzung des Charakters einer Person quasi voraussetzt, so daß hiermit eine noch stärkere Beschäftigung mit dem gezeigten Gesicht notwendig wird. Durch diese intensivere Beschäftigung können auch weitere Assoziationen gestiftet werden, die beim Wiedererkennen als Hinweisreize hilfreich sein könnten. Dies führt uns zu

H8.3: **Die Beurteilung der Aktivität einer Person (C und F) führt zu einer breiteren Verarbeitung, die die Leistungsvorteile der Charakterbeurteilung (Hypothesen 8.1 und 8.2) noch übersteigen sollte.**

Die Bedeutung der subjektiven Relevanz der Enkodierung wird in H8.4 geprüft:

H8.4: **Diejenigen Bedingungen, in denen die Vpn die relevanten Beurteilungskategorien selbst finden sollen (D, E und F - in gewissem Sinne auch G), führen zu besserem Wiedererkennen als die Orientierungsaufgaben, in denen die jeweiligen Beurteilungskategorien vorgegeben werden.**

Durch die Einführung einer zusätzlichen Kontrollgruppe (A2) in Experiment 7 sollte zusätzlich festgestellt werden, inwiefern die Qualität der Suche nach einem physischen Merkmal den von WINOGRAD (1981) postulierten Vorteil eines elaborierteren Suchprozesses bewirkt oder ob es mehr das Finden eines subjektiv als besonders erachteten physischen Merkmals (D) ist, das den vorhergesagten Leistungsvorteil dieser Gruppe ausmacht. Ein Vergleich der Gruppen A1 (Beurteilung nur eines physischen Merkmals), A2 (Beurteilung dreier physischer Merkmale) und D (Selbst-Finden eines besonderen physischen Merkmales) sollte darüber Aufschluß geben. In Anschluß an WINOGRAD formulieren wir:

H8.5: **Enkodierungsstrategien, die ein quantitativ umfangreicheres Absuchen des Gesichts notwendig machen (A2 bzw. D) führen zu besseren Leistungen als das bloße Suchen nach einem einzelnen physischen Merkmal.**

In den Experimenten 6, 7 und 8 sollen acht verschiedene Enkodierungsstrategien systematisch miteinander verglichen werden.[1]

8.4.1 Methode der Experimente 6, 7 und 8

8.4.1.1 VERSUCHSPERSONEN UND UNTERSUCHUNGSORTE

Diese drei Experimente wurden an drei verschiedenen Orten mit sehr unterschiedlichen Versuchspersonenpopulationen durchgeführt. Experiment 6 fand an der Hauswirtschaftsschule in Nürnberg im Gebäude der Erziehungswissenschaftlichen Fakultät der Universität Erlangen-Nürnberg[2], Experiment 7 an der Verwaltungsschule in Kiel[3], und Experiment 8 an der Philipps-Universität Marburg[4] statt.

Versuchspersonen in Experiment 6 waren 70 Studentinnen der Hauswirtschaftsschule in Nürnberg. Ihr Alter lag zwischen 21 und 30 Jahren, mit einem Median von 22,1 Jahren. An Experiment 7 nahmen 70 Auszubildende der Verwaltungsschule Kiel, davon 27 Männer und 43 Frauen zwischen 20 und 37 Jahren (Md = 23,0 Jahre), und an Experiment 8 53 Studierende einer Einführungsveranstaltung in die experimentelle Psychologie an der Universität Marburg (16 Männer und 37 Frauen), davon die meisten Studierende im Hauptfach Psychologie, teil.

Alle Vpn nahmen freiwillig an dem Experiment teil, das als psychologische Untersuchung zur "Personenwahrnehmung" eingeführt wurde. Die meisten von ihnen hatten offenbar noch nie an einer Untersuchung dieser Art teilgenommen und schöpften deshalb auch keinen Verdacht, daß ihr Gedächtnis später überprüft werden würde. Dies wurde in Experiment 6 durch eine Zusatzfrage am Ende der Untersuchung bestätigt: Nur 6 der 60 Vpn in den inzidentellen Lernbedingungen gaben beim Wiedererkennenstest an, daß sie einen Gedächtnistest erwartet hätten. Diese 6 Vpn unterschieden sich in ihren Ergebnissen jedoch nicht von den anderen, so daß darauf nicht näher eingegangen werden muß.

Alle Vpn wurden durch vorher randomisierte Instruktionsanweisungen für die Orientierungsaufgaben (Enkodierungsstrategien) den jeweiligen experimentellen Bedingungen zugeordnet.

8.4.1.2 STIMULUSMATERIAL

Als Stimuli dienten 36 35mm Schwarz-Weiß-Dias von Portraits von Männern weißer Hautfarbe im Alter von 18 bis 52 Jahren (vgl. Abbildung 4.5 in Kapitel 4). Die Bilder wurden im

---

[1] Diese Untersuchungen erschienen in: SPORER, S.L. (1991a). Deep - deeper - deepest? Encoding strategies and the recognition of human faces. *Journal of Experimental Psychology: Human Learning, Memory, and Cognition, 17,* 323-333.

[2] Hiermit möchte ich Frau Carina LOTTER und Frau Sabine KÜCHLER für ihre Hilfe bei der Vorbereitung und Durchführung dieser Untersuchung danken.

[3] PD Dr. G. KÖHNKEN half mir bei der Kontaktaufnahme mit der Verwaltungsschule, wofür ich ihm zu Dank verpflichtet bin.

[4] Hiermit möchte ich Herrn Prof. Dr. Dirk VORBERG und Herrn Michael BASTEN für die Hilfe bei der Vorbereitung und der Ausführung dieser Untersuchung danken.

Laboratorium von Prof. Graham M. DAVIES an der University of Aberdeen (Schottland) unter standardisierten Beleuchtungsbedingungen aufgenommen.[5] Jede Stimulusperson wurde je zweimal aufgenommen, einmal in Frontalansicht und einmal in "Dreiviertelansicht" (45 Grad). Die Kleidung wurde mit einem schwarzen Umhang abgedeckt, um mögliche Hinweisreize durch die Kleidung beim Wiedererkennen zu verhindern (vgl. Kapitel 4, 5 und 10). Von den 36 Bildern wurden je 18 einem der beiden Darbietungssets A bzw. B per Zufall zugeordnet. Jedes der beiden Darbietungssets enthielt jeweils neun Gesichter in Frontal- und neun in Dreiviertelansicht. Innerhalb des Darbietungssets wurden die Bilder zufällig angeordnet mit der Restriktion, daß nie mehr als drei Frontal- oder drei Dreiviertelansichten nacheinander kommen würden. Das Testset bestand aus den 18 Komplementärbildern des jeweiligen Darbietungssets in der vorher nicht gezeigten Pose plus 18 Distraktoren, die zufällig so angeordnet wurden, daß nie mehr als drei "alte" (d.h. vorher gesehene) oder drei "neue" (noch nicht gesehene) Bilder hintereinander gezeigt werden würden. Der Wechsel der Pose der Stimulusperson von der Darbietung zum Test soll gewährleisten, daß das Wiedererkennen von Gesichtern - und nicht nur von Bildern! - geprüft wird (vgl. BRUCE, 1982). Dadurch können Ceiling-Effekte vermieden werden, da ein Wechsel der Pose eine Verschlechterung der Wiedererkennensrate bis zu 30% bedingen kann (DAVIES & MILNE, 1982; KROUSE, 1981; vgl. auch BRUCE, 1982, und Kapitel 4).

8.4.1.3 DURCHFÜHRUNG

8.4.1.3.1 Darbietungsphase

Die Untersuchung wurde in einem entsprechend verdunkelten großen Hörsaal durchgeführt, der allen Teilnehmern eine gute Sicht auf die Leinwand bzw. die weiße Wand, auf die die Bilder projiziert wurden, erlaubte. Durch die Form der Randomisierung wurden systematische Effekte der Entfernung von der Leinwand ausgeschlossen. Der Versuchsleiter erklärte den Vpn die Versuchsdurchführung, bei der "grundlegende geistige Prozesse" untersucht werden sollten. Bei der Wahrnehmung der Personen käme es auf die "persönliche Reaktion" einer jeden Vp an, die Sie auf dem vorgegebenen Antwortbogen eintragen sollte. Der nachfolgende Wiedererkennenstest wurde nicht erwähnt.

Zunächst wurde ein Probebild gezeigt. Dann wurde jedes der 18 Gesichter mittels eines elektronisch gesteuerten Kodak-Karussell-Projektors mit Tachistoskop für genau 5 sec in Überlebensgröße auf die Leinwand projiziert. Darauf folgte ein Interstimulusintervall von 15 sec, währenddessen die Vpn ihre durch die entsprechenden speziellen Instruktionen (vgl. Tabelle 8.1) geforderten Angaben zu den Gesichtern auf dem Antwortbogen eintrugen. Die Darbietungsphase für alle 18 Gesichter dauerte somit insgesamt ca. 6 - 7 min.

8.4.1.3.2 Behaltensphase

Während des Behaltensintervalls (ca. 12 - 15 min) beantworteten die Vpn am ersten Untersuchungsort den *"Fragebogen zur Lebendigkeit der Bildlichen Vorstellung"* (Vividness of Visual Imagery Questionnaire von MARKS, 1973) als Filleraktivität. Dieser Fragebogen wurde vom Verfasser ins Deutsche übersetzt (s. Kapitel 14) und zeigte in einer Pilotstudie ($N = 40$) zufriedenstellende psychometrische Qualitäten (interne Konsistenz: CRONBACHS *Alpha* = .79; vgl. auch ROSSI, 1977). Mit diesem Fragebogen sollte auch geprüft werden, ob sich inter-individuelle Unterschiede in der Merkfähigkeit für Gesichter durch Unterschiede in der Lebendigkeit der Vorstellung für Personen und Szenen vorhersagen lassen (vgl. MARKS, 1983; SWANN & MILLER, 1982; s. Kapitel 14).

Am zweiten Untersuchungsort wurde BRICKENKAMPS (1972) Konzentrationsleistungstest (d-2) durchgeführt, während in der dritten Gruppe eine vergleichbar lange Vorlesungsperiode als Filleraktivität diente (je ca. 10 min).

8.4.1.3.3 Wiedererkennensphase

Nach der Bearbeitung des Fragebogens folgte der für die Vpn unerwartete Wiedererkennenstest. Die Vpn wurden darauf hingewiesen, daß die 18 "alten" Darbietungsgesichter in Zu-

---

[5] Ich bin Prof. DAVIES für die Bereitstellung der Bilder zu besonderem Dank verpflichtet.

fallsfolge mit den 18 "neuen" Distraktoren gemischt worden waren. Wie bereits erwähnt, wurde die Wiedererkennensaufgabe dadurch erschwert, daß die Perspektive der 18 "alten" Gesichter zwischen Darbietung und Test verändert wurde. Jedes Dia wurde für 12 sec gezeigt, währenddessen die Vpn ihre Antworten auf dem Testbogen markierten. Für jedes der 36 Gesichter mußten die Vpn eine Entscheidung treffen, ob es sich um ein "altes" oder ein "neues" Gesicht handelte.

8.4.1.3.4 Fragen zur Realisationskontrolle (manipulation checks)

Nach dem Wiedererkennenstest wurden die Vpn auf fünf 7-stufigen Ratingskalen bzw. semantischen Differentialen nach dem Grad ihrer Involvierung in die Untersuchung befragt. Und zwar sollten sie beurteilen,
(1) ob sie die ganze Untersuchung *langweilig - interessant* fanden;
(2) wie stark die Aufgabe zur Personenwahrnehmung ihre *Aufmerksamkeit* in Anspruch nahm;
(3) wie häufig ihnen die Art und Weise, in der sie die Person laut Instruktion wahrgenommen hatten, bei der späteren Wiedererkennensaufgabe in den Sinn kam (*"bewußt"*);
(4) wie *behindernd - hilfreich* ihnen die Instruktion zur Personenwahrnehmung erschien; und
(5) wie *ruhig - angespannt* sie sich bei dem Wiedererkennens"test" fühlten.

8.4.1.3.5 Self-Monitoring Skala

Schließlich füllten die Vpn die *Self-Monitoring-Skala* von SNYDER (1974, 1979) in der deutschen Übersetzung von HORMUTH (pers. Mitt. vom 26. 10. 1983; s. Kapitel 14) aus. Damit sollte geprüft werden, ob sich inter-individuelle Unterschiede in der Wiedererkennensleistung durch Unterschiede in dieser Persönlichkeitsvariable vorhersagen ließen (vgl. HOSCH, LEIPPE, MARCHIONI & COOPER, 1984; s. Kapitel 14). Abschließend wurden die Vpn über die Ziele der Untersuchung aufgeklärt und gebeten, keine Informationen bezüglich des durchgeführten Wiedererkennenstests weiterzugeben.

8.4.1.4 STATISTISCHE AUSWERTUNG

Die statistische Auswertung erfolgte, wie in den anderen Experimenten, mit der relativen Anzahl Treffer (% Hits), der relativen Anzahl falscher Alarme (% FA) und den biasfreien, nichtparametrischen Maßen der Wiedererkennensleistung (A') bzw. der Reaktionsneigung (*beta*") als abhängigen Variablen (vgl. Kapitel 3). Die zusätzlich berechnete Korrelation zwischen A' und dem parametrischen Leistungsmaß d' war sehr hoch (r = .95), so daß eine Auswertung mit d' im Grunde genommen zu denselben Schlüssen geführt hätte. Wegen der weniger einschränkenden Annahmen, die A' zugrunde liegen, wurde für unsere Analysen dieses Maß bevorzugt.

8.4.2 Ergebnisse der Experimente 6 bis 8

8.4.2.1 BESCHREIBENDE ANALYSEN

Die Gesamtleistung lag ziemlich am unteren Ende der Skala, aber noch über dem Zufallsniveau. Für alle 193 Vpn in den drei Experimenten lag die durchschnittliche Trefferrate bei 63,2% (s = 10.9) und reichte von 38,9% bis 88,9%. Die Anzahl der falschen Alarme variierte ebenfalls stark von 5,6% bis 55,6%, mit einem Durchschnitt von 27,2% (s = 11.3). Die Werte des nichtparametrischen Diskriminationsindexes A' befanden sich auf einem mittleren Niveau (M = .775, s = .107). Hiervon waren drei Werte unter dem Zufallsniveau (*Min* = .293; *Max* = .937). Das Antwortkriterium schien insgesamt gut gewählt zu sein, mit einem mittleren *beta*" von 0.102 (s = .173; *Min* = -.318, *Max* = .653).

8.4.2.2 VORLÄUFIGE ANALYSEN

Da nicht alle experimentellen Bedingungen in allen drei Experimenten an den verschiedenen Untersuchungsorten getestet wurden (mit den drei ziemlich unterschiedlichen Versuchspersonenpopulationen und den zwei verschiedenen Sets von Dias, die in der Darbietungsphase ausbalanciert wurden), mußten wir zuerst sicherstellen, daß die Daten wirklich über die Untersuchungsorte und Versuchspersonenpopulationen vergleichbar waren (vgl. Kapitel 15). Von den acht verschiedenen Verarbeitungsstrategien, die in allen drei Studien manipuliert wurden (mit einem gesamten N = 193), wurden fünf gemeinsam in jeder von ihnen repräsentiert (n = 157).

Deshalb berechneten wir eine vorläufige 5x3 ANOVA mit Verarbeitungsstrategie mal Untersuchungsort/Population mit allen unseren abhängigen Variablen (Treffer, FA, A', beta"). Außer den erwarteten Haupteffekten für die Verarbeitungsstrategien, auf die wir später zurückkommen, hatte der Untersuchungsort bzw. die Population keinen systematischen Effekt auf irgendeine dieser Variablen (alle F-Werte (2;142) < 1.89, ns.). Noch wichtiger ist, daß es keine Anzeichen einer signifikanten Wechselwirkung zwischen der Verarbeitungsstrategie und dem Untersuchungsort gab (alle F-Werte (8;142) < 1.16, ns.). Daher sehen wir es als gerechtfertigt an, alle Daten über die drei Studien für den Bericht unserer Hauptbefunde zusammenzufassen. Wir sollten ebenfalls festhalten, daß weder die Verarbeitungsstrategie noch der Ort einen Effekt auf das Antwortkriterium hatte (alle F-Werte < 1.35, ns.). Dies führt uns zu dem Schluß, daß die berichteten Effekte keine Funktion unterschiedlicher Entscheidungskriterien (der Tendenz, mit "Ja" oder "Nein" zu antworten) waren, wenn die Vpn dazu veranlaßt wurden, verschiedene Verarbeitungsstrategien anzuwenden.

Es gibt nur eine Ausnahme zu dieser letzten Behauptung: *Frauen* (n = 130) waren insgesamt *vorsichtiger* (beta" = .122) als Männer (n = 43; beta" = .036; $F(1;161)$ = 7.41; p = .007), doch gab es kein Anzeichen einer Wechselwirkung mit den Verarbeitungsinstruktionen. Als eine Konsequenz der Vorsichtigkeit machten Frauen weniger falsche Alarme (M = 25,7%) als Männer (M = 32,0%; $F(1;161)$ = 6.10; p = .014). Es gab jedoch keine signifikante Differenz bezüglich der Trefferquote (Frauen: M = 63,9%; Männer: M = 60,9%, $F(1;161)$ = 1.52, ns.). Insgesamt waren Frauen besser als Männer im Unterscheiden alter Gesichter von neuen, was in einem signifikanten Haupteffekt von A' als abhängiger Variable angezeigt wurde (M = .77 vs. M = .71, $F(1;161)$ = 8.15, p = .005; zur Diskussion von Geschlechterunterschieden vgl. Kapitel 14).

8.4.2.3 Effekte der Verarbeitungsstrategie

Für die Hauptanalysen wurden folglich die Faktoren Untersuchungsort/Population und das Geschlecht der Vpn als Faktoren weggelassen. Dies führte zu drei einfaktoriellen ANOVAs mit Verarbeitungsstrategie als unabhängiger Variable und Treffer, falsche Alarme und A' als abhängige Variablen (N = 193). Tabelle 8.2 zeigt die Gruppenmittelwerte dieser Messungen für die einzelnen Verarbeitungsbedingungen. Die speziellen Hypothesen, die in der Einführung erläutert wurden, wurden als a-priori-Kontraste getestet. Um die Ergebnisse in Tabelle 8.2 besser zu veranschaulichen und um die speziellen Vergleiche, die weiter unten diskutiert werden, klarzumachen, zeigt Abbildung 8.1 die Prozentzahlen der Treffer (in %), die Prozentzahlen der korrekten Zurückweisungen (d.h. die Komplementärwerte der falschen Alarme, in %) und A' (ebenfalls als eine Prozentzahl, d.h. die Prozentzahl der Fläche unter dem Einheitsquadrat).

Bei den einfachen ANOVAs hatte die Verarbeitungsstrategie einen signifikanten Haupteffekt bezüglich der Treffer ($F(7;185)$ = 3.61, p = < .001) und A' ($F(7;185)$ = 3.31, p = .002), jedoch keinen Effekt bezüglich der falschen Alarme ($F(7;185)$ = 1.57, p < .15), obwohl die Mittelwerte der falschen Alarme in die erwartete Richtung gingen. Wenn wir alle Verarbeitungsstrategien zusammenfassen, in denen die einzuschätzenden Dimensionen vom Versuchsleiter vorbestimmt wurden (A1, A2, B und C), und diese Bedingungen mit den Verarbeitungsstrategien vergleichen, bei denen die Vpn selbständig subjektiv relevante Dimensionen aufstellten (D, E und F, jedoch auch der Kontrollgruppe (G) mit der intentionalen Lernbedingung, so können die letzteren besser alte von neuen Gesichtern unterscheiden (A': $t(185)$ = 2.00, p = .047) und besser alte Gesichter wiedererkennen (Treffer: $t(185)$ = 1.92, p = .057). Bei den falschen Alarmen lagen die Mittelwerte in der erwarteten Richtung, jedoch waren die Differenzen nicht reliabel ($t(185)$ = -1.24, p < .25). Insgesamt zeigt die Betrachtung der einzelnen Zellenmittelwerte, daß diese Differenz in erster Linie auf die schlechte Leistung in der oberflächlichen Verarbeitungsbedingung, in der die Versuchsleiter die Dimensionen vorgegeben hatte (A1 und A2), zurückzuführen ist. Daher sollten wir einen genaueren Blick auf die Unterschiede als einer Funktion der Tiefe der Verarbeitung, und zwar jeweils innerhalb der vorgegebenen und der selbständig erzeugten Dimensionen, werfen.

Wenn die einzelnen Dimensionen den Vpn vorgegeben waren, ist die Überlegenheit der Verarbeitungstiefe auf den Zuwachs der Leistung durch das tiefere oder sorgfältigere Einprägen, das durch das Charakterisieren hervorgerufen wurde, zurückzuführen (a-priori-Kontrast: Treffer: $t(185)$ = 3.75, p < .001; A': $t(185)$ = 2.77, p = .006). Ebenso führte die Vorstellung einer Aktivität gegenüber der Beurteilung eines einzelnen Gesichtsmerkmales zu besseren Leistungen

(Treffer: $t(185) = 2.09$, $p = .038$; A': $t(185) = 2.47$, $p = .014$). Sollten die Vpn die einzelnen Verarbeitungsdimensionen selbständig herstellen (z.B. die unterscheidenden physischen Merkmale heraussuchen, ein persönlich relevantes Charaktermerkmal zuschreiben oder etwas anderes charakteristisches aufschreiben), so hatte die Verarbeitungstiefe keinen Effekt. Vergleicht man die beiden Bedingungen, bei denen die Vpn Gesichtsmerkmale einschätzen sollten (A1 vs. D), so zeigt sich, daß das Selbstfinden den erwarteten Vorteil aufwies (D: Treffer: 65,2%; A': .77) gegenüber der Bedingung, in der die einzelnen Merkmale den Vpn zur Beurteilung vorgegeben worden waren (A1: Treffer: 55,7%; $t(185) = 3.58$, $p = .001$; A': .69, $t(185) = 3.05$, $p = .003$). Sogar im Hinblick auf die falschen Alarme tendierte der Vergleich dazu, reliabel zu sein. Diejenigen Vpn, die ein isoliertes Merkmal einschätzen sollten, machten mehr Fehler (A1: 30,3% vs. D: 25,4%; $t(185) = -1.72$, $p = .088$).

TABELLE 8.2: *Mittlere Treffer (in %), falsche Alarme (in %) und A' bei acht verschiedenen Enkodierungsstrategien, gemittelt über alle drei Untersuchungsorte (N = 193)*

Enkodierungsstrategien		Treffer(%)	FA(%)	A'	n
Dimensionen vorgegeben:					
(A1)	1 Physisches Merkmal	55.7	30.3	.69	31
(A2)	3 Physische Merkmale	60.8	33.0	.70	16
(B)	1 Persönlichkeitsmerkmal	65.5	26.3	.77	31
(C)	1 Tätigkeit (Hobby)	63.5	24.4	.79	10
Dimensionen selbst generiert:					
(D)	Physisches Merkmal	65.2	25.4	.77	30
(E)	Persönlichkeitsmerkmal	63.1	27.8	.75	30
(F)	Tätigkeit (Hobby)	62.9	27.8	.76	10
(G)	Intentionale Lernbedingung	67.3	24.1	.80	35

Kommen wir noch einmal darauf zurück, daß wir bei der einfachen ANOVA eine zusätzliche Kontrollgruppe (A2) eingeschlossen hatten, um zu testen, ob die Effekte der Verarbeitung hinsichtlich der Gesichts-Dimensionen eher durch den *Umfang* der gespeicherten Information als durch die Verarbeitungstiefe, wie das im Levels-of-processing-Ansatz vorgeschlagen wird, erklärt werden könnte. In dieser Bedingung (A2), in der die Vpn drei physische Merkmale simultan einschätzten, lag die Leistung (A2: Treffer: 60,8%; FA: 33,0%; A': .70) zwischen der Gruppe mit dem einzelnen vorgegebenen Gesichtsmerkmal (A1: Treffer: 55,7%; FA: 33,0%; A': .69) und der Gruppe mit den selbst zu findenden Gesichtsmerkmalen (D: Treffer: 65,2%; FA: 25,4%; A': .77). Der Unterschied zwischen den Gruppen A1 und A2 war nicht statistisch reliabel (für Treffer: $t(185) = 1.60$; $p = .112$), der Unterschied zwischen A2 und D wurde jedoch signifikant bezüglich A' ($t(185) = 2.23$, $p = .027$) und den falschen Alarmen ($t(185) = -2.20$, $p = .029$).

Der grundlegendste Vergleich ist der zwischen der Kontrollgruppe mit der intentionalen Lernbedingung (G) und allen anderen Bedingungen, bei denen inzidentell gelernt wurde. Dieser a-priori-Kontrast zeigte, daß intentionales Lernen, das den Vpn erlaubte, jede beliebige Strategie einzusetzen, die sie wünschten, zu mehr Treffern (67,3%; $t(185) = 2.46$, $p = .015$), tendenziell weniger falschen Alarmen (24,1%; $t(185) = -1.74$, $p = .083$) und einem höheren A' (.80; $t(185) = 2.49$, $p = .014$) führte. Offensichtlich wird die selbstgewählte Strategie der Vpn, was auch immer sie tun, wenn sie sich Gesichter für ein späteres Wiedererkennen einprägen, nicht durch "tiefere" oder "elaborierende" Verarbeitungsstrategien verbessert. Jedoch zeigten spezielle Kontraste, daß nur die Gruppen, bei denen die Dimensionen den Vpn vorgegeben waren (A1

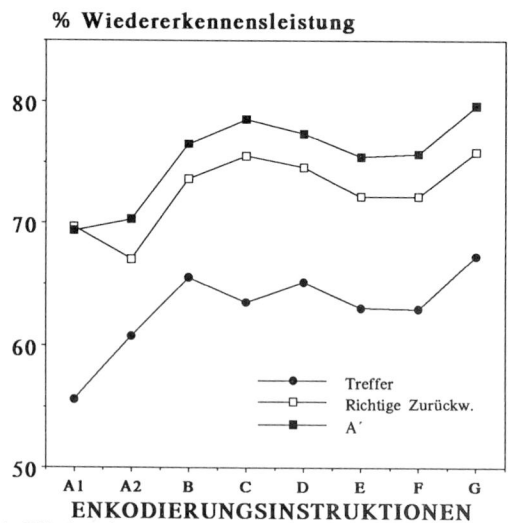

Abb. 8.1: Wiedererkennensleistung als Funktion von vorgegebenen und selbst-generierten Enkodierungsstrategien (nach Sporer, 1991a)

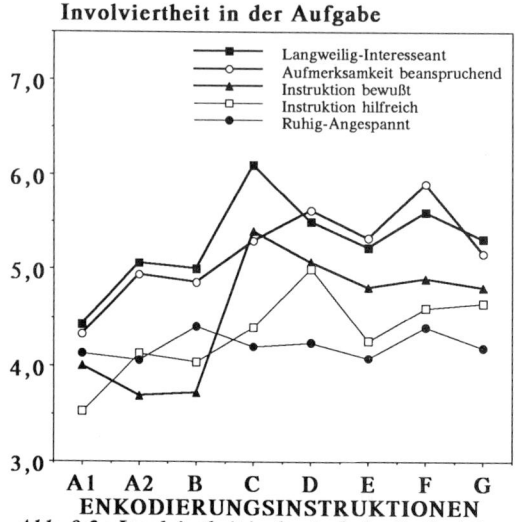

Abb. 8.2.: Involviertheit in der Aufgabe als Funktion von acht Enkodierungsinstruktionen (nach Sporer, 1991a)

und A2), signifikant schlechter abschnitten als die Kontrollgruppe mit der intentionalen Lernbedingung.

8.4.2.4 FRAGEN ZUR REALISATIONSKONTROLLE

Um zu prüfen, ob die Unterschiede in der Wiedererkennensleistung, über die bisher berichtet wurde, auch durch das Engagement der Vpn bei ihrer Aufgabe erklärt werden könnte, berechneten wir dieselben ANOVAs und die speziellen Kontraste wie für die Wiedererkennensmaße für die fünf Fragen des postexperimentellen Fragebogens. Diese Fragen dienten sozusagen als Realisationskontrolle (manipulation checks) zur Befolgung der Orientierungsinstruktionen, wie dies in der Sozialpsychologie vielfach üblich ist (vgl. ARONSON, BREWER & CARLSMITH, 1985). Die Daten basieren auf weniger als 193 Vpn (z.b. nur 181 oder 182), da einige Vpn diesen Fragebogen nicht ausfüllten. Aus Platzgründen kann hier kein detaillierter Bericht über alle Ergebnisse gegeben werden. So werden wir unsere Diskussion auf die Ergebnisse der Realisationskontrollen beschränken, die theoretisch bedeutsam sind, vorausgesetzt, daß sie statistisch abgesichert werden konnten (mindestens $p < .05$). Es gab signifikante Effekte der Verarbeitungsinstruktion bezüglich des Interesses an der Aufgabe ($F(7;173) = 2.36$, $p = .025$), der Inanspruchnahme von Aufmerksamkeit ($F(7;174) = 3.16$, $p = .004$), des Bewußtseins der Verarbeitungsinstruktion beim Wiedererkennenstest ($F(7;174) = 3.65$, $p = .002$) und der wahrgenommenen Hilfe der Instruktionen ($F(7;173) = 2.97$, $p = .006$). Spezifische Kontraste wurden als a-priori-Kontraste berechnet, es sei denn, daß sie explizit als post-hoc-Vergleiche gekennzeichnet werden. Die Mittelwerte der einzelnen Fragen in den einzelnen Bedingungen sind in Abbildung 8.2 dargestellt (s.o.).

Um sicherzustellen, daß unsere Vpn sich nicht unabhängig von unseren experimentellen Bedingungen voneinander unterschieden, haben wir eine Frage eingebaut, die danach fragte, wie "ruhig - angespannt" sich die Vpn während des Experiments fühlten. Wie erwartet gab es keinen Unterschied zwischen den Gruppen ($F(7;173) = .10$, ns.; s. Abbildung 8.2); der Mittelwert ($M = 4.31$) zeigt, daß die Vpn generell etwas über dem Skalenmittelwert lagen. Am aufschlußreichsten ist, daß Fragen danach, wie interessant die Verarbeitungsaufgabe wahrgenommen wurde und wieviel Aufmerksamkeit sie verlangte (s. Abbildung 8.2), in vielerlei Hinsicht das Muster der Wiedererkennensmaße widerspiegelte (Abbildung 8.1). Das Interesse und die Aufmerksamkeit wurden signifikant von den Verarbeitungsinstruktionen beeinflußt (s.o.). Es ist besonders bemerkenswert, daß die Einschätzung von nur einem Gesichtsmerkmal als die bei weitem interessanteste Aufgabe aufgefaßt wurde, die am wenigsten Aufmerksamkeit von den Vpn forderte.

Insgesamt gab es eine Ausnahme insofern, als die Vpn, die die Eignung (Kompatibilität) einer vorgegebenen Aktivität einschätzen (C) oder die eine solche Aktivität selbständig suchen sollten (F), diese Aufgabe interessanter fanden als ein Gesicht auf einer vorgegebenen Persönlichkeitsdimension einzuschätzen (B) oder diese Persönlichkeitsdimension selbständig zu suchen (E). Dieser Unterschied in der Wahrnehmung der Aufgabe spiegelte sich jedoch nicht in einem Unterschied in der Wiedererkennensleistung wider. Generell wurden die Aufgaben, die verlangten, daß die kritischen Dimensionen selbst erstellt wurden, als interessanter wahrgenommen und verlangten auch mehr Aufmerksamkeit als die Aufgaben, bei denen die Urteilsdimensionen vom Versuchsleiter vorgegeben worden waren (A1, A2 und B; eine Ausnahme bildet die Aufgabe der Einschätzung der vorgegebenen Aktivitäten (C), die als am interessantesten angesehen wurde). Dieser Unterschied in dem Engagement bei der Aufgabe entsprach - wie oben bereits erwähnt - einer signifikanten Überlegenheit der subjektiv relevanten Verarbeitungsstrategien (D, E, F, und G) bezüglich A' und einer marginal signifikanten Überlegenheit bezüglich der Treffer gegenüber der Aufgabe, bei der die Dimensionen vorgegeben worden waren (A1, A2, B, C).

Wurden die Vpn danach gefragt, ob ihnen während des Wiedererkennens die Instruktionen in den Sinn kamen, gaben sie höhere Ratings bei den subjektiv relevanten Aufgaben D bis G ab, als wenn die Dimensionen vorgegeben worden waren (A1, A2 und B, wobei C wieder eine Ausnahme darstellte; $t(174) = 2.75$, $p = .007$). Die Meinung der Vpn darüber, welche Instruktion ihnen am besten half, sich an die Gesichter zu erinnern, war ebenso aufschlußreich: Generell wurde es als hilfreicher angesehen, wenn die einzelnen Dimensionen selbständig erzeugt werden konnten, als wenn die Vpn dazu angehalten wurden, Urteile über Gesichtsmerkmale, Charaktereigenschaften oder Aktivitäten zu bilden, die vom Versuchsleiter vorgegeben worden waren ($t(173) = 2.66$, $p = .008$). Im Gegensatz zu den Ergebnissen der Wiedererkennensmaße, die das typische Ergebnis, welches vom Levels-of-processing-Ansatz vorhergesagt wird, bestätigten, wurde es nicht als sehr hilfreich angesehen, wenn die Gesichter hinsichtlich ihrer Persönlichkeitseigenschaften (B und E) eingeschätzt werden sollten. Im Gegenteil, die Aufgabe, ein herausragendes Gesichtsmerkmal herauszufinden (D), wurde am hilfreichsten erachtet. Offensichtlich basieren diese subjektiven Berichte über die Brauchbarkeit der verschiedenen Verarbeitungsstrategien auf alltagspsychologischen Annahmen der Vpn. Der Nutzen der Verarbeitungsstrategien, die Schlüsse über die Persönlichkeit der abgebildeten Personen verlangten, wurde den Vpn anscheinend nicht offensichtlich.

Die Daten des postexperimentellen Fragebogens erwiesen sich ebenfalls als brauchbar im Hinblick auf eine mögliche Erklärung der oben erwähnten Geschlechtereffekte (vgl. Kapitel 14). Die größere Vorsicht der Frauen, ihre geringere Anzahl falscher Alarme und die insgesamt bessere Leistung bezüglich A' glich ihren subjektiven Antworten, in denen sie ein höheres Interesse, höhere Aufmerksamkeit und höhere Anspannung berichteten als die Männer. Es gab jedoch keine Geschlechterunterschiede bezüglich des Bewußtseins der Instruktionen in der Wiedererkennensphase und darin, als wie hilfreich die Orientierungsaufgaben für die Wiedererkennensaufgabe wahrgenommen wurden.

8.4.3 Diskussion der Ergebnisse

Hauptziel dieser Untersuchungsreihe war, verschiedene Hypothesen, die vom Levels-of-processing-Ansatz einerseits und WINOGRADs Elaborationshypothese andererseits abgeleitet worden waren, in einem einzigen Design gegeneinander zu testen. Des weiteren wollten wir prüfen, inwieweit es einen Unterschied macht, ob die relevanten Enkodierungsattribute vom Versuchsleiter vorgegeben oder von der Versuchsperson selbst generiert wurden. Im Vergleich mit früheren Untersuchungen wurde besonderer Wert auf die Kontrolle der Inspektionszeit bei den verschiedenen Enkodierungsinstruktionen sowie auf den Vergleich mit einer "natürlichen" Kontrollgruppe gelegt, in der die Versuchspersonen ihre eigenen Enkodierungsstrategien anwenden konnten. Darüber hinaus wurde in diesen Experimenten erstmalig versucht, mittels Realisationskontrollen (manipulation checks) in einem Fragebogen nach der Erhebung der abhängigen Variablen zu kontrollieren, ob der angebliche Vorteil einer tieferen oder elaborierteren Verarbeitung auf sparsamere Weise durch die Quantität und Qualität der Involvierung der Versuchspersonen in die jeweilige, durch die Orientierungsinstruktionen induzierte experimentelle Aufgabe erklärt werden könnte.

Der wichtigste Befund dieser Experimente ist, daß keiner der tieferen oder elaborierteren Enkodierungsstrategien besser abschnitt als eine natürliche Kontrollgruppe, die besser war als alle anderen Gruppen zusammengefaßt. Obwohl dieses Ergebnis den Befunden von WINOGRAD (1978) und WARRINGTON und ACKROYD (1975) widerspricht, die wie hier Kontrollgruppen mit *einer intentionalen Lernbedingung* in ihren Designs realisierten, haben andere Autoren ebenfalls äquivalente Leistungen für intentionales Lernen und für eine Orientierungsinstruktion, die die Beurteilung der Freundlichkeit einer Person verlangten (DEVINE & MALPASS, 1985), beobachtet. In unseren Untersuchungen waren die Orientierungsinstruktionen und die Inspektionszeiten jedoch nicht, wie in der Studie von DEVINE und MALPASS, konfundiert, wo die Versuchspersonen sowohl in der "oberflächlichen" wie in der "tiefen" Bedingung so schnell wie möglich einen Knopf drücken sollten, sobald sie die Rasse des Stimulusgesichts (schwarz vs. weiß) oder das Aussehen (freundlich oder unfreundlich) bestimmt hatten. Obwohl der Knopfdruck nicht die Sichtbarkeit des Stimulusgesichts beendete, dürfte dadurch vermutlich die Aufmerksamkeit der Versuchspersonen, die sich nach den einführenden Instruktionen in einem *Reaktionszeitversuch* wähnten, eher vom Gesicht abgelenkt worden sein als in der intentionalen Lernbedingung. Leider wurden die Reaktionszeiten in DEVINE und MALPASS' Untersuchung nicht festgehalten, so daß wir diese Vermutungen nur aufgrund anderer Untersuchungen zum Levels-of-processing-Ansatz, die Unterschiede in den Bearbeitungszeiten von oberflächlichen und tiefen Aufgaben feststellten, anstellen können (vgl. z.B. CRAIK & TULVING, 1975).

Andererseits könnte die hohe Leistung in der "natürlichen" Enkodierungs-Kontrollgruppe dadurch zustande gekommen sein, daß wir den Versuchspersonen eine Gelegenheit boten, alles aufzuschreiben, was ihnen ihrer Meinung nach beim nachfolgenden Wiedererkennenstest helfen würde, sich an das Gesicht zu erinnern. Dieser Unterschied in dem angewandten methodischen Verfahren (und den dadurch induzierten kognitiven Prozessen) könnte die hohen Leistungen, die denen in den "tiefen" und "elaborierten" Bedingungen vergleichbar waren, erklären; darin unterscheiden sich unsere Ergebnisse auch von denen von WINOGRAD (1978) und von WARRINGTON und ACKROYD (1975). Das Niederschreiben charakteristischer Informationen eines Gesichts induziert jedoch zumindest teilweise eine verbale Enkodierung, die sich wiederholt als ziemlich ineffektiv herausgestellt hat (z.B. GOLDSTEIN & CHANCE, 1971; SPORER, 1989, Experiment 2; vgl. Experiment 11 in Kapitel 10).

Aufgrund dieser Ergebnisse - genauer: der Äquivalenz natürlicher und "tiefer" oder "elaborierender" Enkodierungsstrategien - erscheinen auch die Nullbefunde bei der Evaluation von Trainingsprogrammen zum Wiedererkennen von Gesichtern nicht überraschend (vgl. BADDELEY & WOODHEAD, 1983; MALPASS, 1981; s. Kapitel 13). Offenbar sind die Strategien, die wir im täglichen Leben beim Einprägen von Gesichtern anwenden - unsere "natürliche" Kontrollgruppe - genauso effektiv wie jede der hier experimentell induzierten, vielleicht weil sie die eine oder andere, oder mehrere derselben, mit einschließen. Eine neuere Untersuchung von MUELLER, KELLER und DANDOY (1989) hat gezeigt, daß Versuchspersonen, die nach ihren Angaben normalerweise eher dazu neigen, Gesichter nach ihrer Persönlichkeit zu beurteilen, weniger falsche Alarme in einem Wiedererkennenstest mit Gesichtern machten als diejenigen, die eher nach dem physischen Äußeren sehen.

Unsere Ergebnisse belegen erstmalig, daß die *Selbstgenerierung* geeigneter Enkodierungsdimensionen (die Orientierungsinstruktionen D, E, F und G) zu besseren Gedächtnisleistungen führen als Enkodierungsstrategien, die den Vpn jeweils relevante Dimensionen vorgeben (A1, A2, B und C). Genau genommen ist dieser Unterschied jedoch nur für die Bedingungen mit den physischen Merkmalen (A1 und A2 vs. D) signifikant. Das selbständige Auffinden eines Persönlichkeitsmerkmales oder eines geeigneten Hobbys führte zu keinen besseren Leistungen, als wenn die Gesichter bezüglich bestimmter, vom Versuchsleiter vorgeschriebener Persönlichkeitsmerkmale oder Hobbys beurteilt werden mußten. Möglicherweise basieren die Elaborationsprozesse, die zum Auffinden dieser Merkmale nötig erscheinen, eher auf einem *verbalen* Verarbeitungsmodus, der sich allgemein als weniger effizient für die Verarbeitung von Gesichtern erweist als *visuelle* Verarbeitungsstrategien (s. die Zusammenfassung bei SPORER, 1989).

Aber wie steht es nun mit unserer Frage nach der Tiefe vs. der Qualität der Verarbeitung? Unsere Vpn jedenfalls dachten, daß das Auffinden eines besonders charakteristischen physischen Merkmals (D) ihnen am meisten helfen würde, sich an das jeweilige Gesicht zu erinnern, während die Beurteilung einer Charaktereigenschaft (ob vorgegeben oder selbst-gewählt) nicht hilfreicher sein würde als die Beurteilung von

Enkodierungsstrategien zum Einprägen von Gesichtern

einem (A1) oder drei (A3) physischen Merkmalen. Unsere Vpn lagen mit ihren introspektiven Vermutungen insofern richtig, als die "Besonderes-Merkmal"-Gruppe (D) besser abschnitt als die beiden Gruppen mit einem oder drei physischen Merkmalen. Andererseits scheint die relative Geringschätzung der Brauchbarkeit der Charakter-Instruktionen (B), die ja zu vergleichbar guten Ergebnissen wie die Besonderes-Merkmal-Instruktionen bzw. die intentionale Lernbedingung führten, darauf hinzuweisen, daß die tiefere Verarbeitung, die durch die Charakterinstruktionen bewirkt wird, ohne das Bewußtsein der Vpn abläuft. Der Levels-of-processing-Ansatz führt also zu einer nicht-trivialen Vorhersage, die nicht Bestandteil alltagspsychologischen Wissens über unser Gedächtnis zu sein scheint (zur Frage der Trivialität von Forschungsergebnissen und deren Vorhersagbarkeit s. HOLZ-EBELING, 1989).

Unsere Ergebnisse geben auch Aufschluß über die Frage nach der Quantität der Enkodierung im Sinne WINOGRADs (1978, 1981). Wurde die Anzahl der zu beurteilenden physischen Merkmale von eins (A1) auf drei (A3) erhöht, führte dies zu keiner signifikanten Verbesserung der Wiedererkennensleistung; beide Gruppen waren jedoch signifikant schlechter als diejenige mit dem Auffinden eines besonderen physischen Merkmals (D). Dieses Ergebnis ist mit den Befunden WINOGRADs (1981) vereinbar, der einen Vorteil der Besonderes-Merkmal-Gruppe gegenüber der Beurteilung eines Einzelmerkmals beobachtet hatte. Wäre jedoch WINOGRADs Konzept der Anzahl visueller Suchvorgänge in einem Gesicht richtig, so müßte die Beurteilung dreier Merkmale (A3) zu einer besseren Leistung geführt haben als die Beurteilung eines isolierten Einzelmerkmals (A1). Unsere Ergebnisse zeigen, daß dies nicht der Fall war (zumindest bei *A'*, während die Trefferrate für A3 tatsächlich zwischen den beiden anderen Bedingungen lag).

Unsere Interpretation zielt mehr auf den *aktiven Suchprozeß* ab, der durch die Suche nach einem besonderen Merkmal in Gang gesetzt wird und der dem Betrachter hilft, ein für ihn *subjektiv relevantes* Merkmal für ein bestimmtes Gesicht zu finden. Wir sind der Ansicht, daß es nicht nur der quantitativ elaboriertere Suchprozeß ist, der von primärer Bedeutung ist, sondern das Auffinden eines spezifischen Hinweisreizes in einem Gesicht, der einem hilft, sich dieses besonders effektiv einzuprägen. Diese Enkodierungsstrategie erlaubt es den Versuchspersonen, idiosynkratische Aspekte eines Gesichts festzuhalten, d.h. einige Beobachter mögen bestimmte Attribute als für sie persönlich hilfreich beim Einprägen eines bestimmten Gesichts empfinden, während andere Beobachter ganz andere Merkmale dafür auswählen. Diese Argumentationskette würde auch die gute Leistung der natürlichen Kontrollgruppe erklären. Gleichzeitig böte dieser Ansatz eine Erklärung für inter-individuelle Unterschiede in der Merkbarkeit einzelner Gesichter, wie sie wiederholt in der Literatur dokumentiert wurden (s. z.B. GOLDSTEIN, STEPHENSON & CHANCE, 1977) und die wir auch in unseren Untersuchungen immer wieder festgestellt haben. Ein derartiger Ansatz sollte es uns letztlich erlauben, Wechselwirkungen zwischen Beobachter und Stimulusgesicht zu untersuchen; mit anderen Worten: Wir sollten damit subjektive Berichte von Leuten, die behaupten, daß sie bestimmte Gesichter nie vergessen werden, obwohl sie allgemein kein besseres Gedächtnis für andere Personen zu haben scheinen als andere Leute, erklären können.

Ein Beleg für die subjektive Relevanz der Enkodierung in unseren Untersuchungen leitet sich aus dem Vergleich aller Gruppen, in denen die Vpn selbst subjektiv relevante Beurteilungsattribute (D, E, F und G) finden sollten, und denjenigen, in denen ihnen die entsprechenden Kategorien vom Versuchsleiter vorgegeben worden waren (A1, A2, B und C), ab. Die Vpn empfanden die Enkodierungsinstruktionen unter den erstgenannten Bedingungen auch als hilfreicher (mit Ausnahme der Suche nach einer passenden Charaktereigenschaft). Dennoch steht unsere Interpretation in keinem Widerspruch zu dem von WINOGRAD (1981) vorgetragenen Konzept eines elaborierten Suchprozesses bei den subjektiv relevanten und den "tieferen" bzw. "breiteren" Enkodierungsstrategien.

Wir können uns zwei Methoden vorstellen, mit denen man diese beiden Erklärungsansätze gegeneinander testen könnte: Eine Methode wäre die der *Blickbewegungsforschung*, mit der die Anzahl und Dauer von Blickfixationen als Funktion unterschiedlicher Enkodierungsstrategien aufgezeichnet werden könnte (vgl. Kapitel 2). Eine Analyse der Blickbewegungen gäbe ebenfalls direkten Aufschluß über die Inspektionszeiten, die wir auch in unserer Untersuchung nur unvollkommen kontrollieren konnten. Eine zweite Möglichkeit läge in der Methode des *lauten Denkens* (ERICSSON & SIMON, 1980) bzw. des Niederschreibens von Gedanken; vgl. SPORER, 1989, Experiment 2), mit der die Merkmale, die jemand benutzt, um sich ein Gesicht einzuprägen, erfaßt werden könnten. Inhaltsanalysen dieser Berichte könnten nicht nur dazu benutzt werden, optimale Enkodierungsstrategien durch den Vergleich von Personen, die gute Leistungen beim Wiedererkennen erbrachten, mit solchen, die schlechte Ergebnisse erzielten (vgl. BADDELEY & WOODHEAD, 1983), zu finden, sondern auch zur Analyse der oben erwähnten Wechselwirkungen zwischen Beobachter und Stimulusgesicht herangezogen werden. Erst wenn wir ein besseres Verständnis der Prozesse erreicht haben, die Versuchspersonen natürlicherweise benutzen, wenn sie sich ein Gesicht einprägen wollen, können wir daran denken, *Trainingsstrategien* zu entwickeln, mit denen das Wiedererkennen von Gesichtern verbessert werden könnte (s. Kapitel 13).

8.4.3.1 ZUR BEDEUTUNG POSTEXPERIMENTELLER FRAGEBÖGEN

Schließlich wollen wir auch noch auf die Bedeutung des postexperimentellen Fragebogens, der u.W. zum ersten Male in einer derartigen Untersuchung verwendet wurde, hinweisen. Während derartige Fragebögen in sozialpsychologischen Experimenten als Fragen zur Realisationskontrolle (manipulation checks: vgl. z.B. ARONSON, BREWER & CARLSMITH, 1976) üblich sind, werden sie in allgemeinpsychologischen bzw. Gedächtnisexperimenten eher selten angewandt. In unserer Untersuchungsreihe dienten diese Fragen nicht nur zur Realisationskontrolle hinsichtlich unserer Orientierungsinstruktionen, sondern sprachen auch das Metagedächtnis unserer Vpn bezüglich der Frage, wie hilfreich bzw. nützlich ihnen die entsprechenden Enkodierungsinstruktionen erschienen, an. Obwohl wir uns des kontroversen Charakters derartiger introspektiver Befragungen wohl bewußt sind (vgl. z.B. NISBETT & WILSON, 1977), sind wir der Ansicht, daß uns diese Fragen zu einem besseren Verständnis darüber verhalfen, wie unsere Versuchspersonen die jeweiligen experimentellen Aufgaben wahrnahmen. Insbesondere das Ausmaß an *Involvierung in die experimentelle Aufgabe*, d.h. wie interessant die Aufgabe war bzw. wie sehr die Aufgabe die Aufmerksamkeit der Vpn in Anspruch nahm, kann als eine sparsamere Erklärung für die schlechte Leistung in den oberflächlichen Verarbeitungsbedingungen (A1 und A3) herangezogen werden. Andererseits konnten die Fragebogendaten weder die Verbesserung der Leistung in den Persönlichkeitsbeurteilungsbedingungen (B und D) erklären, noch trat der von den Vpn (und von uns) postulierte Vorteil der Aktivitätsinstruktionen (C und F) ein. Wir wollen hieraus lediglich die

Empfehlung ableiten, daß auch die kognitive Psychologie Alternativerklärungen, wie sie sich aus einer sozialpsychologischen Analyse des *Experiments als sozialer Situation* (vgl. ADAIR, 1973; BARBER, 1976; BUNGARD, 1980; ROSENTHAL & ROSNOW, 1969) ergeben, stärker berücksichtigen sollte. Das Wiedererkennen von Personen als Forschungsgegenstand liegt zwischen der kognitiven und der Sozialpsychologie und sollte sich daher der besten Methoden beider Teildisziplinen der Psychologie bedienen.

8.4.3.2 GESCHLECHTERUNTERSCHIEDE

Die sozialpsychologische Perspektive bietet sich auch für eine Interpretation der beobachteten *Geschlechterunterschiede* (vgl. Kapitel 14) an. Während der Großteil aller Untersuchungen in der allgemeinen Psychologie Geschlechterunterschiede schlichtweg ignoriert - diese sozusagen als unangenehme Erhöhung der Fehlervarianz in varianzanalytischen Designs abtut - zeigte eine Berücksichtigung des Faktors Versuchspersonengeschlecht konsistent bessere Leistungen bei Frauen als bei Männern. Eine Wechselwirkung zwischen Vpn-Geschlecht und Geschlecht der Stimulusperson konnte in diesem Experiment nicht geprüft werden, da hier nur Gesichter von Männern verwandt wurden. Die beobachtete bessere Leistung der Frauen deckt sich mit den Ergebnissen der Metaanalyse von SHAPIRO und PENROD (1986), die einen leichten Vorteil zugunsten der Frauen in ihrer Literaturzusammenfassung festgestellt hatten.

Bezüglich unserer Daten ist jedoch wichtig festzuhalten, daß die Enkodierungsstrategien nicht mit dem Faktor Vpn-Geschlecht interagierten, so daß sich eine differentielle theoretische Betrachtung von Enkodierungsstrategien bei Männern bzw. Frauen erübrigt. Wir wollen hier besonders hervorheben, daß sich die Unterschiede in der Wiedererkennensleistung in hochsignifikanten Unterschieden in der Bewertung der experimentellen Aufgabe widerspiegelten: Frauen fanden das Experiment interessanter, die Enkodierungsinstruktionen hilfreicher und waren der Ansicht, daß das Experiment ihre Aufmerksamkeit stärker in Anspruch nahm als Männer. Die Geschlechterunterschiede in der Gedächtnisleistung resultieren offenbar aus *motivationalen* Unterschieden in der Aufgabeninvolvierung, was die Bedeutung einer sozialpsychologischen Analyse des Experiments als sozialer Situation unterstreicht. Durch die Verwendung unterschiedlicher Versuchspersonenpopulationen an den verschiedenen Untersuchungsorten gewinnt die Allgemeingültigkeit dieser Behauptung zusätzlich an Bedeutung.

8.5 Zusammenfassung

Wir haben in diesem Kapitel die Literatur zu unterschiedlichen Enkodierungsstrategien kritisch zusammengefaßt und die sich daraus ergebenden Probleme einer umfangreichen vergleichenden Prüfung in drei Experimenten unterzogen. Insbesondere wollten wir überprüfen, ob diese Strategien tatsächlich zu einer Verbesserung der Wiedererkennensleistung von Gesichtern führen. Zahlreiche Untersuchungen haben gezeigt, daß Enkodierungsinstruktionen, die eine angeblich "tiefere" Verarbeitung von Gesichtern (z.B. durch Beurteilung des Charakters einer Person) induzieren, zu besseren Wiedererkennensleistungen führen als eher oberflächliche - oder sollten wir sagen: "seichte" - Orientierungsaufgaben (z.B. Beurteilung der Nasenlänge als eher kurz oder lang). Viele dieser Untersuchungen haben die Inspektionszeit bzw. den Grad der Aufmerksamkeit, der einem Gesicht während der Enkodierungsaufgabe gewidmet wurde, nicht adäquat kontrolliert. In den meisten Untersuchungen blieb ebenfalls unklar, ob die angeblich "tiefere" Verarbeitung tatsächlich zu einer Leistungsverbesserung, oder umgekehrt die "seichtere" Verarbeitung zu einer Leistungsverschlechterung führt, wenn wir beide mit einer natürlichen Kontrollgruppe vergleichen, in der die Vpn angehalten werden, sich Gesichter in der für sie "normalen" Weise einzuprägen. Schließlich war für uns die Frage von Interesse, ob es besser ist, aufgrund von vorgegebenen Dimensionen bzw. Kategorien ein Gesicht zu beurteilen, um es sich dadurch besser einzuprägen, oder ob ein Beobachter besser selbst die für ihn subjektiv relevanten Beurteilungsdimensionen wählen sollte.

Wir sind diesen Fragen in den Experimenten 6 bis 8, in denen insgesamt acht verschiedene Enkodierungsstrategien überprüft wurden, nachgegangen. In diesen Experimenten haben wir die Tiefe und Breite der Verarbeitung im Sinne des Levels-of-processing-Ansatzes, das Ausmaß an Elaboration und das aktive Auffinden von Beurteilungskategorien mittels Orientierungsinstruktionen systematisch manipuliert. Die Ergebnisse zeigen, daß alle Strategien, die ein Absuchen des ganzen Gesichts verlangen, als gleichwertig, aber nicht besser als eine Kontrollgruppe angesehen werden können, in der die Vpn sich die Gesichter auf die ihnen übliche Art einprägen sollten. Am schlechtesten schnitten die Gruppen ab, die ein Gesicht nach vorgegebenen physischen Einzelmerkmalen beurteilen sollten. Dies läßt sich anhand von postexperimentellen Fragebögen zum Teil damit erklären, daß die Vpn in diesen Gruppen weniger in ihre Aufgaben involviert waren als Personen, die eine Charakterbeurteilung vornehmen sollten.

Wie soll man sich nun ein Gesicht am besten einprägen? Leider gibt es auf diese Frage weder aufgrund der verfügbaren Literatur noch aufgrund unserer eigenen Ergebnisse eine klare Antwort. Vermutlich ist die Art und Weise, mit der wir uns Gesichter im täglichen Leben einprägen, derart stark überlernt und individuell so effektiv ausgefeilt, daß sie durch kurzfristige Manipulationen kaum verändert werden kann. Andererseits können wir aufgrund der bisher vorliegenden Ergebnisse mit einiger Zuversicht feststellen, daß wohl jede Strategie, bei der das ganze Gesicht eingehend geprüft wird - sei dies, indem wir den Charakter einer Person oder eine zu ihm passende Tätigkeit beurteilen, oder indem wir nach einem besonderen Merkmal suchen - besser sein dürfte als eine analytische Strategie, bei der ein einzelnes oder eine eng umgrenzte Anzahl physischer Merkmale in Bezug auf seine Ausprägung hin überprüft wird.

9

Einflüsse während der Behaltensphase: Behaltenszeitraum, Vergessen, Interferenzprozesse und Memorieren

Das Wiedererkennensgedächtnis für Gesichter hat sich im allgemeinen als äußerst gut erwiesen, besser als z.b. für andere komplexe Konfigurationen wie Tintenkleckse oder Schneekristalle (GOLDSTEIN & CHANCE, 1971). Dieser "face superiority effect" und andere Phänomene beim Studium menschlicher Gesichter hat manche Forscher zu der Frage veranlaßt, ob Gedächtnis für Gesichter nur durch ein von verbalem und visuellem Gedächtnis getrenntes, qualitativ unterschiedliches Gedächtnissystem erklärt werden kann (vgl. BADDELEY & WOODHEAD, 1983).

Andererseits existieren genügend andere Phänomene beim Wiedererkennen von Gesichtern (welche in diesen Diskussionen oft übersehen werden), die zu zeigen scheinen, daß Gedächtnis für Gesichter mindestens teilweise denselben "Gedächtnisgesetzen" gehorcht, welche regelmäßig beim verbalen und visuellen Gedächtnis beobachtet werden. Beispiele hierfür sind die Empfindlichkeit des Gesichtererkennens für Variablen wie Darbietungszeit, Wiederholung, Interferenz, Behaltenszeitraum, Kontext und viele andere Faktoren (vgl. ELLIS, 1984, für eine Übersicht über einige dieser Variablen).

Verglichen mit der Enkodierungs- und der Abrufphase hat sich relativ wenig Forschungsarbeit mit den verbalen und visuellen Prozessen während der Behaltensphase beschäftigt. Nichtsdestotrotz sollen zwei Punkte, die zugleich zentral für unsere Diskussion des verbalen und visuellen Gedächtnisses für Personen sind, ausgewählt werden. Der erste Punkt betrifft die *Dauer des Behaltensintervalls*. Hierzu werden wir die Ergebnisse zweier eigener Untersuchungen vorstellen, in denen das Behaltensintervall systematisch variiert wurde (Experimente 2 und 5 in den Kapiteln 5 bzw. 7). Des weiteren berichten wir zusätzliche Analysen der Daten der Experimente 1 bis 3 (s. Kapitel 5) auf Itemebene, um mögliche Interferenzeffekte innerhalb einer experimentellen Sitzung zu prüfen.

Der zweite Punkt betrifft die Möglichkeit, Gesichter durch *innere Wiederholung* (rehearsal) während des Behaltensintervalls analog dem inneren Sich-Vorsagen verbalen Materials zu memorieren, um so das Wiedererkennen zu steigern. Auch dazu werden zwei eigene Experimente (9 und 10) in der zweiten Hälfte dieses Kapitels beschrieben.

9.1. Länge des Behaltensintervalls

Da es philosophisch naiv erscheint, über Zeit als solche als Ursache von Vergessen zu sprechen, sollten wir genauer an den Einfluß intervenierender Ereignisse als ursächliche Wirkungsfaktoren während des Behaltensintervalls denken. Über diese zugrundeliegenden Wirkungsfaktoren ist relativ wenig bekannt, und wir können nur kurz die verfügbaren Befunde aus Studien, die systematisch die Länge des Behaltensintervalls variiert haben, referieren (vgl. die Zusammenfassungen bei ELLIS, 1984; SHAPIRO & PENROD, 1986; SHEPHERD, 1983; SHEPHERD, ELLIS & DAVIES, 1982).

Von der allgemeinen Gedächtnisforschung her würden wir die typische logarithmische Zerfallskurve, die in der Tradition von EBBINGHAUS so häufig bei verbalem Material gefunden wurde, erwarten (ZECHMEISTER & NYBERG, 1982). Wiedererkennensgedächtnis für visuelle Stimuli hat sich demgegenüber normalerweise als weit überlegen erwiesen, sogar nach Darbietung einer großen Anzahl von Stimuli und beträchtlichen Behaltensintervallen (vgl. SHEPARD, 1967; CLIFFORD & BULL, 1978; SHEPHERD et al., 1982, für Übersichten). Aber gilt dies auch für das Wiedererkennensgedächtnis für Personen, insbesondere ihre Gesichter?

Unglücklicherweise sagen uns die meisten Laborstudien über das Wiedererkennen von Gesichtern, die meist extrem kurze Behaltensintervalle zwischen Darbietung und Test der Items verwendet haben (z.B. 2 min oder annähernd 15 min - ausgefüllt mit irgendeiner Tätigkeit, um extreme Rezenzeffekte zu vermeiden), nichts über den Effekt der Länge des Behaltensintervalls. Darüber hinaus besitzen ökologisch validere Untersuchungen zum Wiedererkennen von Personen, welche inszenierte Vorfälle (sog. Wirklichkeitsversuche) beinhalten, gleichfalls geringen Wert im Hinblick auf diese spezielle Frage, da sie in so vielen Punkten von den Laboruntersuchungen abweichen, daß direkte Vergleiche zwischen den beiden Paradigmen nur schwer anzustellen sind (vgl. HOSCH, BOTHWELL, SPORER & SAUCEDO, im Druck; LINDSAY & HARVEY, 1988; SPORER, 1991b).

In Laboruntersuchungen zum Wiedererkennen von Gesichtern, in denen das Behaltensintervall manipuliert wurde (z.B. GOLDSTEIN & CHANCE, 1971), verschlechterte sich die Wiedererkennensrate über mittlere Zeiträume hinweg (z.B. zwei Tage, zwei Wochen; vgl. ELLIS, 1984) nicht unbedingt. Ein gewisser Leistungsabfall kann allerdings beobachtet werden, wenn die Wiedererkennensaufgabe erschwert wird (z.B. indem man die Pose zwischen Präsentation und Test verändert, wie etwa KROUSE, 1981; oder indem man eine große Anzahl von Gesichtern in einem fortlaufenden Wiedererkennensparadigma verwendet, was in einer Untersuchung von KOLERS, DUCHNICKY & SUNDSTROEM, 1985, die Rate der falschen Alarme erhöhte; vgl. Kapitel 2 und 4).

Untersuchungen zu Personenidentifizierungen unter natürlicheren Bedingungen sind von EGAN, PITTNER und GOLDSTEIN (1977) und von SHEPHERD (1983; s. auch SHEPHERD, ELLIS & DAVIES, 1982) durchgeführt worden. Während die erstgenannten Autoren einen Anstieg von falschen Alarmen nach einem Behaltensintervall von acht Wochen berichteten (ohne einen Abfall bei den Treffern), konnte SHEPHERD sogar nach elf Monaten keine Veränderung bei den falschen Alarmen feststellen. Korrekte Identifizierungen nahmen in der 11-Monate Bedingung im Vergleich zu den 1-Woche, 1-Monat und 3-Monate Bedingungen ab.

Von diesen Untersuchungen ausgehend könnte man ELLIS' (1984) Schlußfolgerung durchaus zustimmen, daß die Dauer des Behaltensintervalls allein, mit der einhergehenden Interferenz durch Gesichter im Alltag, nicht unbedingt eine Verschlechterung im Wiedererkennen von Gesichtern - wie man sie typischerweise bei verbalem Material findet - impliziert. CHANCE und GOLDSTEIN (1987) nennen zwei Gründe, warum Interferenzen zwischen Gesichtern der Lernphase einer Laboruntersuchung und der Vielzahl an Leuten, denen wir täglich beggegnen, vielfach keine Effekte auf die Wiedererkennensleistung gezeigt haben:

Erstens sei es notwendig, sorgfältige Maße für die Wiedererkennens*fehler* miteinzubeziehen. Die Länge des Behaltensintervalls wirke sich möglicherweise stärker auf falsche Alarme als auf Treffer aus. Insofern als ältere Untersuchungen lediglich Trefferraten analysiert haben (z.B. CHANCE, GOLDSTEIN & MCBRIDE, 1975), konnten sie auch keine Effekte des Behaltensintervalls feststellen (s. hingegen SHEPHERD, 1983; vgl. oben). Zweitens geben CHANCE und GOLDSTEIN zu bedenken, daß nicht alle Gesichter gleichermaßen als Ursache proaktiver Interferenzen in Frage kommen: In anbetracht der Bedeutung von Kontexteffekten (z.B. Kleidung, Darstellungsmedium etc.: vgl. Kapitel 4 und 10) ist es möglich, daß die Gesichter von Personen im täglichen Leben nicht mit den Portraits der Lernphase in einem typischen Foto-Foto-Paradigma interferieren. Die Befunde von LAUGHERY, FESSLER, LENOROVITZ und YOBLICK (1974), die stärkere Interferenzeffekte bei ähnlichen als bei unähnlichen Distraktoren feststellten, stützen diese These.

Ein weiterer Grund für das Fehlen von Interferenzeffekten mag darin liegen, daß die meisten älteren Untersuchungen mit dem Foto-Foto-Paradigma identische Stimulusgesichter in Darbietungs- und Testphase verwendeten und somit lediglich das Wiedererkennen von Stimuli, nicht aber von Gesichtern per se untersuchten (BRUCE, 1982; DAVIES & MILNE, 1982; vgl. Kapitel 10). Die verblüffend hohen Trefferraten in vielen dieser Untersuchungen (um die 90% und höher) wurden daher mit den hohen Wiedererkennensleistungen bei anderen visuellen Stimuli verglichen. Dieser *Bild-Überlegenheits-Effekt* (picture superiority effect) oder *Bildhaftigkeitseffekt* verschwindet, wenn die Gesichter zwischen Darbietungs- und Testphase verändert werden (etwa durch die Änderung der Darstellungspose oder der Frisur- und Barttracht: s. Kapitel 4, oder die Kleidung als Hinweisreiz in der Testphase: s. Experiment 11 in Kapitel 10).

Die vergleichsweise schlechten Leistungen, die in anderen Untersuchungen, insbesondere solchen, die tatsächliche Vorfälle oder Filme verwendeten, gefunden wurden, legen allerdings die Vermutung nahe, daß der typische Bild-Überlegenheits-Effekt bei Paradigmen zum Wiedererkennen von Gesichtern möglicherweise nicht so deutlich ausfällt, wenn die Enkodierungsbedingungen ungünstig sind (z.B. geringe Aufmerksamkeit, Erregung usw.). Solche Interaktionen zwischen Enkodierungsvariablen und verschiedenen Behaltensintervallen sollten in künftigen Forschungsarbeiten systematisch untersucht werden.

Wir werden diese Punkte bei dem Bericht über unsere eigenen Untersuchungen berücksichtigen, indem wir besonderes Augenmerk auf die Analyse falscher Alarme richten und Daten aus einigen unserer Experimente heranziehen, bei denen eine Veränderung des Stimulusgesichts zwischen Darbietung und Test durch Abdecken der Kleidung (Experimente 1, 2, 3, und 5) oder die Veränderung der Pose (Experimente 9 und 10) das Wiedererkennen erschwerte.

Fassen wir die bisherigen Untersuchungen über die Länge des Behaltensintervalls zusammen, ergibt sich ein recht unterschiedliches Bild: Einerseits gibt es eine Reihe von Nullbefunden, d.h. der Einfluß der Behaltensdauer auf die Wiedererkennensleistung war in diesen Untersuchungen nicht nachweisbar (CHANCE, GOLDSTEIN & MCBRIDE, 1975; DEFFENBACHER, CARR & LEU, 1981; EGAN, PITTNER & GOLDSTEIN, 1977; GOLDSTEIN & CHANCE, 1971; LAUGHERY, FESSLER, LENOROWITZ & YOBLICK, 1974; SHEPHERD, 1983). Man könnte aufgrund dieser Befunde fast den Eindruck gewinnen, Gesichter als eine "psychologisch spezielle Klasse von Stimuli" würden nicht denselben Gesetzen der Gedächtnispsychologie folgen wie andere Stimuli. Doch wurden auch für andere visuelle

Stimuli extrem hohe Wiedererkennensleistungen selbst bei längeren Behaltensintervallen nachgewiesen (z.B. GEHRING, TOGLIA & KIMBLE (1976), so daß Gesichter zumindest analog anderen visuellen Stimuli vergleichbar erscheinen.

Andererseits liegen doch auch mehrere Untersuchungen vor, die eine signifikante Verschlechterung in der Trefferrate für längere Behaltensintervalle berichteten (BARKOWITZ & BRIGHAM, 1982; BRIGHAM, MAASS, SNYDER & SPAULDING, 1982; COURTOIS & MUELLER, 1981; KROUSE, 1981; MALPASS & DEVINE, 1981; SHEPHERD & ELLIS, 1973; YARMEY, 1979a). CHANCE und GOLDSTEIN (1987) führen eine Reihe von Gründen an, die für diese scheinbar widersprüchlichen Befunde verantwortlich sein könnten:
(1) Einige der genannten Nullbefunde zeigten zwar Tendenzen zur Verschlechterung, die sich jedoch nicht als signifikant erwiesen. Die Untersuchungen unterscheiden sich darin,
(2) ob überhaupt, und wenn ja, wie falsche Alarmraten gemessen wurden; ob die Gesichter bei Darbietung und Test in identischer Pose dargestellt wurden (vgl. Kapitel 4);
(3) ob Darbietung und Test mit demselben oder unterschiedlichem Darstellungsmedium (live, Film, Foto) durchgeführt wurden. Des weiteren unterscheiden sich die Untersuchungen bezüglich der
(4) Länge des variierten Behaltenszeitraums, der
(5) Unterscheidbarkeit (distinctiveness) der verwendeten Gesichter und dem
(6) Grad der Aufmerksamkeit, den die Versuchsbedingungen auf die Gesichter lenkten.

Sie kommen zu dem Schluß, daß die bloße Verwendung von Treffer- und falschen Alarmraten als Maße für die Wiedererkennensleistung möglicherweise zu insensibel ist, um den Verlauf der Vergessenskurve adäquat zu erfassen. Sie schlagen daher die Verwendung von *Reaktionszeiten* als zusätzliches Maß für die Güte von Wiedererkennensleistungen vor (vgl. SPORER, 1988; s. Kapitel 2).

CHANCE und GOLDSTEIN (1987) führten daher eine neuere Untersuchung durch, in der sie die Wiedererkennensleistung von Gesichtern von Japanern und "Weißen" (vgl. Kapitel 12) unmittelbar, nach zwei oder nach sieben Tagen maßen. Während das Behaltensintervall keinen Einfluß auf die Trefferrate ausübte (für die Gesichter von Weißen: 80,0%, 82,5%, 80,0%), stiegen die falschen Alarme nach zwei (14,6%) bzw. sieben Tagen (22,5%) gegenüber dem unmittelbaren Test (9,6%). Reaktionszeiten für Treffer und falsche Alarme unterstützten diese Befunde: Bei unmittelbarem Test waren die Reaktionszeiten sowohl für Treffer als auch für falsche Alarme kürzer als beim Test nach zwei oder sieben Tagen. Die zusätzliche Hypothese, daß sich die Dauer des Behaltensintervalls besonders auf die infolge des "Ausländereffekts" (cross-race effect; vgl. Kapitel 12) schwierige Wiedererkennensaufgabe mit den japanischen Gesichtern auswirken würde, wurde nicht bestätigt.

Wir haben in den Experimenten 2 und 4 u.a. ebenfalls die Länge des Behaltensintervalls orthogonal zu anderen Faktoren manipuliert. Aufgrund der Analyse der Ergebnisse der hier zusammengefaßten Untersuchungen erwarteten wir:

H9.1: **Die Wiedererkennensleistung (Treffer, FA, A') nimmt mit der Länge des Behaltensintervalls ab.**

H9.2: **Die Dauer des Behaltensintervalls wirkt sich auf falsche Alarme stärker aus als auf Treffer.**

Des weiteren nahmen wir an, daß sich diese Effekte leichter nachweisen lassen, wenn die Wiedererkennensleistung durch eine Veränderung der Gesichter zwischen Darbietung und Test (operationalisiert als die Präsenz von Kleidungsmerkmalen als Hinweisreize) erschwert würde. Da die beiden Experimente primär der Untersuchung anderer Hypothesen galten, wurde ihre Methodik bereits ausführlich in Kapitel 5 bzw. 7 dargestellt. Wir gehen hier nur auf die Auswirkungen der Manipulation des Behaltensintervalls ein.

9.2. Ergebnisse eigener Untersuchungen zum Behaltensintervall

Angesichts der uneindeutigen Befundlage bezüglich des Einflusses der Länge des Behaltensintervalls haben wir dieses in zwei unserer Experimente (2 und 5) systematisch variiert. Eine genauere Darstellung des Versuchsaufbaus dieser beiden Experimente erfolgte bereits in Kapitel 5 bzw. 7.

9.2.1. Ergebnisse von Experiment 2

In Experiment 2 ($N=64$; 32 M, 32 F) wurde das Behaltensintervall (nach einer kurzen Fülleraktivität von ca. 10 min vs. nach drei Wochen) orthogonal zur Darbietungszeit der einzelnen Gesichter (5 sec vs. 10 sec, mit 10 sec Inter-Stimulus-Intervall zur Markierung der Typikalitätsratings auf dem Antwortbogen) manipuliert. Um die Wiedererkennensaufgabe zu erschweren und somit einen Deckeneffekt zu vermeiden, wurden die Gesichter der Untersuchung von HASSEBRAUCK (1983, Experiment 2) in der Darbietungsphase mit der Kleidung sichtbar, in der Testphase mit abgedeckter Kleidung gezeigt (MK-OK-Bedingung). Da die Experimente 1 und 3 mit Ausnahme der Orientierungsaufgaben (Ratings der Attraktivität und Sympathie bzw. Attraktivität und Radikalität: vgl. Tabelle 5.3) mit identischer Methode durchgeführt wurden, können auch deren Ergebnisse zum Vergleich herangezogen werden. In Experiment 1 betrug das Behaltensintervall ca. 15 min. In Experiment 3 wurde das Gedächtnis der Vpn nach einer Woche (6 bis 9 Tage) geprüft. In allen diesen drei Experimenten kam der Wiedererkennenstest unerwartet für die Versuchspersonen (inzidentelle Lernbedingung).

Die Abbildungen 9.1 bis 9.4 zeigen die Effekte des Behaltensintervalls auf Trefferraten, falsche Alarme, A' und die Reaktionsneigung $beta''$ in den Experimenten 1 bis 3. Die Daten von Experiment 2 wurden mit vier 2x2x2 Varianzanalysen mit den Faktoren Darbietungszeit, Behaltensintervall und Vp-Geschlecht ausgewertet. Die Verlängerung der Darbietungszeit der Stimulusgesichter von fünf auf zehn sec on-time (bei gleichbleibendem Gesamtintervall: on- plus off-time = 10 sec) wirkte sich nicht auf die Behaltensleistung aus: Die Trefferrate erhöhte sich dadurch nur geringfügig (5 sec: 76,0%; 10 sec: 77,4%; $F(1;56) = .20$, $p = .656$), und auch die Rate der falschen Alarme verringerte sich nur minimal (17,8% bzw. 16,0%; $F(1;56) = .45$, $p = .515$).

Obwohl die Verlängerung der Darbietungszeit von fünf auf zehn sec überraschenderweise keinen Einfluß auf die Behaltensleistung hatte - bei allen vier abhängigen Variablen waren die F-Werte (df: 1;56) < 1, ns. - zeigte das Behaltensintervall einen deutlichen Effekt vor allem auf die falschen Alarme ($F(1;56) = 31.52, p < .001$) und A' ($F(1;56) = 22.09, p < .001$). Bei unmittelbarem Test machten die Vpn im Durchschnitt nur 9,1% Fehler, nach drei Wochen bei 24,8% der Distraktoren. Die Diskriminationsleistung A' verschlechterte sich analog von .91 auf .82. Auch bei den Trefferraten war eine marginal signifikante Verringerung ($F(1;56) = 3.16, p = .081$) von 79,5% auf 74,0% richtig wiedererkannter Gesichter zu verzeichnen. Die Analyse der Reaktionsneigung $beta''$ machte schließlich deutlich, daß die erhöhte Anzahl falscher Alarme nach drei Wochen vermutlich durch das unvorsichtigere Antwortverhalten ($beta'' = .04$) gegenüber dem bei unmittelbarem Test (.34; $F(1;56) = 12.10, p < .001$) zustande gekommen sein dürfte. Weder die Wechselwirkungen von Darbietungszeit und Behaltensintervall noch die Interaktionen dieser beiden Faktoren mit dem Geschlecht der Vpn waren signifikant. Es ergab sich lediglich eine robust bessere Leistung der Frauen gegenüber den Männern bei Treffern (82,0% vs. 71,5%: $F(1;56) = 11.49, p < .001$) und bei A' (.89 vs. .84: $F(1;56) = 7.25, p = .009$), auf die wir in Kapitel 14 näher eingehen werden.

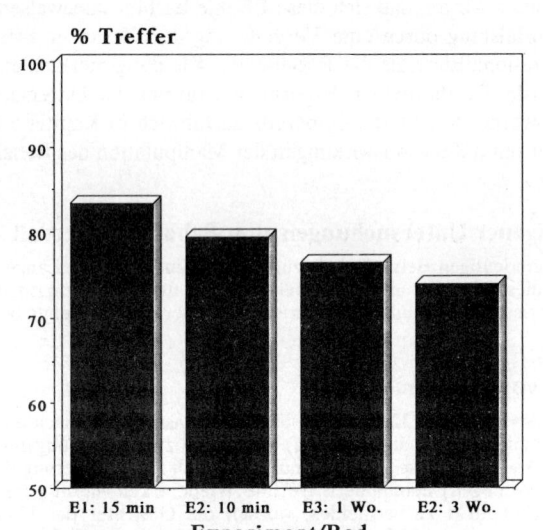

% Treffer

E1: 15 min   E2: 10 min   E3: 1 Wo.   E2: 3 Wo.
Experiment/Bed.
Abb. 9.1: Treffer als Funktion der Länge des Behaltensintervalls in den Experimenten 1 bis 3

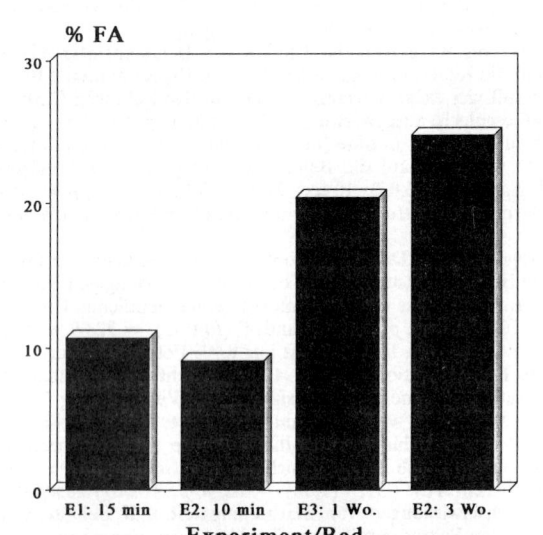

% FA

E1: 15 min   E2: 10 min   E3: 1 Wo.   E2: 3 Wo.
Experiment/Bed.
Abb. 9.2: Falsche Alarme als Funktion der Länge des Behaltensintervalls in den Experimenten 1 bis 3

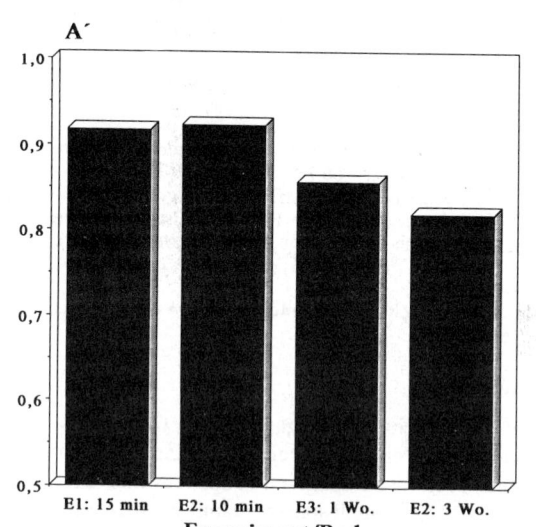

Einflüsse während der Behaltensphase

A´

[Balkendiagramm: E1: 15 min ≈ 0,92; E2: 10 min ≈ 0,92; E3: 1 Wo. ≈ 0,85; E2: 3 Wo. ≈ 0,81]

Experiment/Bed.

Abb. 9.3: A´ als Funktion der Länge des Behaltensintervalls in den Experimenten 1 bis 3

beta"

[Balkendiagramm: E1: 15 min ≈ 0,18; E2: 10 min ≈ 0,34; E3: 1 Wo. ≈ 0,13; E2: 3 Wo. ≈ 0,04]

Experiment/Bed.

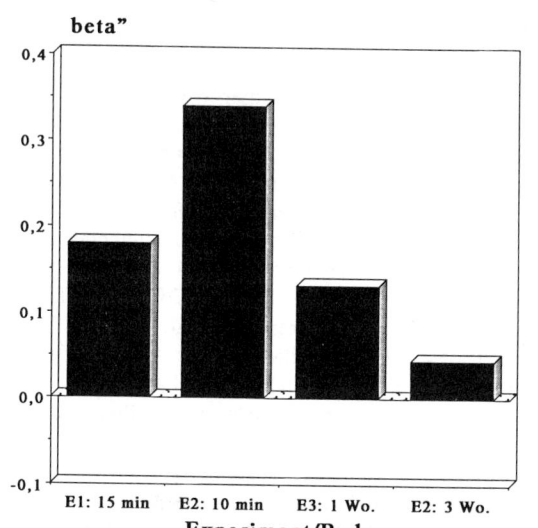

Abb. 9.4: Reaktionsneigung beta" als Funktion der Länge des Behaltensintervalls in den Experimenten 1 bis 3

Vergleichen wir die Ergebnisse von Experiment 2 mit denen von Experiment 1 und 3 (s. die Abbildungen 9.1 bis 9.4), in denen ein Behaltensintervall von 15 min bzw. einer Woche verwendet wurde, so läßt sich ein allgemeiner Trend zu einer Verschlechterung der Leistung mit zunehmendem Behaltensintervall erkennen.

9.2.2. Ergebnisse von Experiment 5

Auch in Experiment 5 war eine tendenzielle Verschlechterung der Testleistung zwischen der unmittelbaren Testbedingung (Treffer: 66,7%) und dem Test nach zwei Wochen (53,1%; $F(1;36) = 3.44$, $p = .072$) zu beobachten. Die Leistung nach zwei Wochen lag nicht mehr signifikant über dem Zufallsniveau (50%). Die Rate der falschen Alarme war bei beiden Testzeitpunkten sehr gering (5,2% nach einer bzw. 6,3% nach zwei Wochen), so daß die Dauer des Behaltensintervalls weder bei den Fehlern ($F(1;36) < 1$, $ns.$) noch bei A' ($F(1;36) = 1.71$, $ns.$) signifikante Effekte bewirkte.

Wir wollen auf diese Ergebnisse von Experiment 4 infolge der geringen Anzahl von Stimulusgesichtern nicht näher eingehen.

9.3. Interferenzprozesse

Wir haben im letzten Abschnitt gezeigt, daß das Gedächtnis für Gesichter unter bestimmten Umständen dem Vergessen über längere Zeiträume unterliegt, selbst wenn ältere Untersuchungen auch nach längeren Behaltensintervallen noch relativ hohe Wiedererkennensleistungen festgestellt haben. Damit ist aber wenig über die Natur der Vergessensprozesse und seine Determinanten ausgesagt. Neben anderen Erklärungsmechanismen des Vergessens, die hier nicht näher diskutiert werden, sind die Daten der im letzten Abschnitt diskutierten Ergebnisse sowohl mit der *Spurenzerfallshypothese* als auch mit *Interferenzprozessen* oder einer Kombination beider erklärbar (vgl. DEFFENBACHER, 1986; MCGEOCH, 1932; SHEPHERD, 1983; WICKELGREN, 1974). Wir wollen im folgenden versuchen, einige unserer Daten (Experiment 1 bis 3) *auf Itemebene* genauer daraufhin zu prüfen, inwiefern Interferenzprozesse eher direkt nachgewiesen werden können.

Manche Autoren nehmen an, daß die Gesichter "des täglichen Lebens", denen wir zwischen Lern- und Testphase begegnen, aufgrund der zahlreichen Unterschiede zwischen den Fotografien einer Diaserie und einer live-Darbietung kaum zu Interferenzprozessen führen (CHANCE & GOLDSTEIN, 1987; GORENSTEIN & ELLSWORTH, 1980) - was wir ebenfalls aufgrund des Prinzips der *Enkodierungsspezifität* erwarten würden. Es ist jedoch anzunehmen, daß innerhalb eines Experiments mit zunehmender Anzahl gelernter Gesichter *proaktive Interferenzen* auftreten, und diese um so stärker, als die Gesichter einander ähneln (z.B. LAUGHERY et al., 1974). Dieser Effekt tritt insbesondere beim Paradigma des kontinuierlichen Wiedererkennens (vgl. Kapitel 2) auf, wie KOLERS, DUCHNICKI, und SUNDSTROEM (1985) bezüglich falscher Alarme zeigen konnten. YARMEY (1974) stellte in einem BROWN-PETERSON-Paradigma (PETERSON & PETERSON, 1959) fest, daß Interferenzeffekte vermutlich nur mit Gesichtern desselben Geschlechts auftreten.

Wir wollten nun wissen, ob der Interferenzeffekt, den LAUGHERY et al. (1974) unter Verwendung eines einzelnen Zielfotos beobachteten, sich auch in unseren Experimenten zeigen würde. Wir gingen dabei von folgender Arbeitshypothese aus:

H9.3: **Die Wahrscheinlichkeit des Wiedererkennens eines Gesichts verringert sich mit der Anzahl interferierender Gesichter.**

H9.4: **Die Wahrscheinlichkeit des fälschlichen Wiedererkennens eines Gesichts erhöht sich mit der Anzahl interferierender Gesichter.**

Einflüsse während der Behaltensphase 183

Wir haben diese Hypothesen als *Rangkorrelationen* zwischen Trefferwahrscheinlichkeiten für individuelle Gesichter bzw. die Wahrscheinlichkeiten eines falschen Alarms für die einzelnen Distraktoren und der Position des jeweiligen Gesichts in der Testreihe in den Experimenten 1 bis 3 (s. Kapitel 5) geprüft. Da die von HASSEBRAUCK (1983, Experiment 2) vorgenommene Stimulusauswahl von Gesichtern beiderlei Geschlechts und unterschiedlich hoher Attraktivität, die wir in den Experimenten 1 bis 3 verwendeten, auch stärker in ihrer Einprägsamkeit variierte (vgl. Kapitel 5), war allerdings nicht anzunehmen, daß die Interferenzeffekte allzu stark auftreten würden.

9.3.1. Ergebnisse und Diskussion der Experimente 1 bis 3

In den Experimenten 1 bis 3 gibt es zwei Möglichkeiten, Interferenzeffekte auf die Gedächtnisleistung festzustellen: Einmal als Funktion der *Testposition* (Nummer des Items in der Testreihe), zum anderen als Funktion der *Anzahl der interferierenden Items*, d.h. die Position des jeweiligen Testitems in der Testphase plus die Anzahl der nach dem betreffendem Stimulusgesicht in der Darbietungsphase noch zu lernendem Stimuli (N = 30 Darbietungsstimuli minus die Position des Stimulus in der Darbietungsreihe).

Zusammengefaßt über alle drei Experimente (N = 180, d.h. je 60 mittlere Wiedererkennensurteile pro Experiment) betrugen die Rangkorrelationen *rho* zwischen Testposition und Trefferrate pro Gesicht -.07 (p = .322),[1] falschen Alarmen .13 (p = .074) und A' -.15 (p = .048). Da diese Werte den tatsächlichen Zusammenhang infolge der großen Anzahl gebundener Werte (ties) vermutlich unterschätzen, haben wir zusätzlich die Pearson-Produkt-Moment-Korrelationen berechnet.[2] Die entsprechenden Korrelationen liegen mit -.10 (p = .090), .14 (p = .030) und -.19 (p = .005) etwas höher. Der zusätzlich berechnete Zusammenhang zwischen der für jedes Testgesicht ermittelten Reaktionsneigung *beta*" und der Testposition unterschied sich nicht von einer Nullkorrelation (*rho* = -.04 bzw. r = -.05, beide *ns.*).

Da in den Experimenten 1, 2 und 3 unterschiedliche Behaltensintervalle (15 min, 1 bzw. 3 Wochen) realisiert wurden, betrachten wir die Korrelationen zwischen der Anzahl interferierender Items und der Wahrscheinlichkeit des Wiedererkennens des jeweiligen Gesichts für diese Experimente getrennt. Tabelle 9.1 zeigt die Korrelationen der Anzahl interferierender Gesichter in Darbietung[3] und Test mit der Wahrscheinlichkeit von Treffern, falschen Alarmen und A' für das jeweilige Gesicht (jeweils Spalte "D + T"). Zusätzlich sind in Tabelle 9.1 die Korrelationen zwischen den Trefferraten und falschen Alarmen und der Testposition (jeweils Spalte "T") in den Experimenten 1 bis 3 aufgelistet.

Bei der Interpretation dieser Ergebnisse ist zu bedenken, daß
(1) es sich insgesamt um keine sehr große Anzahl interferierender Gesichter handelte;
(2) die Stimulussets Portraits von Männern und Frauen enthielten, wobei Interferenzen durch Gesichter des anderen Geschlechts geringer sein dürften (YARMEY, 1974);

---

[1] Wie alle anderen Tests sind auch diese zweiseitig.

[2] Dies ist auch insofern gerechtfertigt, als die Testposition die Anzahl interferierender Items in der Testreihe operationalisiert.

[3] Da bei Experiment 2 die Darbietungsreihenfolge für die Hälfte der Vpn umgekehrt und zusätzlich zwei verschiedene Behaltensintervalle orthogonal dazu manipuliert worden waren, wurde hier lediglich die Korrelation mit der Anzahl interferierender Testitems berechnet.

TABELLE 9.1: *Korrelationen zwischen der Anzahl interferierender Gesichter und der Wahrscheinlichkeit eines Treffers, falschen Alarms und der Diskriminationsleistung A' der 60 Gesichter in den Experimenten 1 bis 3*

Experiment/ Behaltensintervall	Treffer		FA		A'	
	D+T	T	D+T	T	D+T	T
Exp. 1: 15 min	-.21	-.03	.06	.16	-.20	-.14
Exp. 2: 10 min/ 3 Wochen	---	-.10	---	-.04	---	-.06
Exp. 3: 1 Woche	-.20	-.16	.24°	.27*	-.35**	-.35**

Anm.: D+T: Darbietungs- + Testitems; T: nur Testitems;
°$p < .10$; *$p < .05$; **$p < .01$; jeweils zweiseitiger Test.

(3) die Stimulussets insgesamt als nicht allzu homogen angesehen werden dürfen (vgl. dazu die Ratings zur Attraktivität, Einzigartigkeit-Typikalität und politischer Radikalität in Kapitel 5);
(4) die Ergebnisse von Experiment 1 sowie die der Testbedingung nach 10 min in Experiment 2 nahe einem Deckeneffekt lagen.

Berücksichtigen wir diese Punkte, so ist es nicht verwunderlich, daß die beobachteten Interferenzeffekte zwar jeweils in der erwarteten Richtung, aber insgesamt doch sehr schwach ausfielen. Ein stringenterer Test der Interferenzhypothese müßte wohl mit einer größeren Anzahl Teststimuli mit höherer Homogenität (größerer Inter-Item-Ähnlichkeit) erfolgen.

9.4. Zusammenfassung zu Behaltensintervall und Interferenzprozessen

Vergleichen wir unsere eigenen Experimente mit den bisher in der Literatur berichteten Befunden zur Länge des Behaltensintervalls (vgl. die Zusammenfassungen bei ELLIS, 1984; GOLDSTEIN & CHANCE, 1981; SHAPIRO & PENROD, 1986; SHEPHERD, 1983; SHEPHERD, ELLIS & DAVIES, 1982), so kommen wir zu etwas anderen Schlußfolgerungen als diese Autoren. Des weiteren legen wir erstmalig Analysen vor, in denen Interferenzprozesse nicht nur als hypothetische Möglichkeit postuliert, sondern direkt operationalisiert werden. Während bisherige Untersuchungen nur zum Teil Einflüsse der Länge des Behaltensintervalls feststellen konnten - etwa in der Hälfte der Untersuchungen (GOLDSTEIN & CHANCE, 1981) - deuten unsere Ergebnisse auf einen deutlichen Leistungsabfall, insbesondere bei den falschen Alarmen und bei A', hin. Dies mag zum Teil daran liegen, daß wir eben nicht nur das Wiedererkennen von Stimuli als solchen (stimulus recognition: z.B. BRUCE, 1982), sondern durch die Veränderung der Kleidung als Hinweisreiz doch eher das Wiedererkennen der Gesichter geprüft hatten. Die Tatsache, daß sich die Leistungseinbuße über die Zeit hinweg offenbar vor allem auf die falschen Alarme und weniger auf die Treffer auswirkt, könnte spekulativ dahingehend gedeutet werden, daß die "Gedächtnisspur" offenbar nach einiger Zeit nur noch für ein Gefühl der *Vertrautheit*, das für ein positives Wiedererkennensurteil ausreicht, vorhanden ist, diese aber nicht mehr stark genug ist, um eine Diskrimination von anderen, neuen Gesichtern zu ermöglichen.

Unsere Ergebnisse bezüglich der Interferenzeffekte deuten zwar auf einen leistungsmindernden Einfluß mit zunehmender Anzahl interferierender Testgesichter hin; diese Effekte sind jedoch schwach und konnten zudem nicht in allen drei Untersuchungen einheitlich gezeigt werden. Allerdings haben wir oben schon eine Reihe von Gründen angeführt, warum bei der verwendeten Methode nicht unbedingt besonders starke Effekte zu erwarten waren. Zum Beispiel wären bei einer größeren Anzahl von Gesichtern (nur eines Geschlechts) vermutlich stärkere Interferenzen festzustellen gewesen. Auch dürfen wir nicht vergessen, daß wir durch den täglichen Umgang mit Leuten daran gewöhnt sind, zahlreiche Gesichter zu verarbeiten. In diesem Zusammenhang wäre es interessant zu prüfen, inwieweit Personen, die z.B. aufgrund ihrer beruflichen Tätigkeit vielfach Kontakt mit Leuten haben (etwa das Bedienungspersonal von Imbißläden oder in einem Restaurant, Bankangestellte oder Kassierer(innen) in Lebensmittelgeschäften), stärkere Interferenzeffekte zeigen, oder umgekehrt infolge der gehäuften Erfahrungen effektiver in der Verarbeitung von Gesichtsinformationen geworden sind.

9.5. Innere Wiederholung

Eine spezielle Frage, die gleichfalls von einigem Interesse ist - aus theoretischer wie aus angewandter Perspektive (vgl. SPORER, 1989) - ist, ob das Wiedererkennen von Gesichtern durch innere Wiederholung verbessert werden kann. Während innere Wiederholung (rehearsal) von verbalem Material seit den Pionierarbeiten von EBBINGHAUS (1885) ein altehrwürdiges Forschungsthema gewesen ist, gibt es relativ wenig Belege dafür, daß innere Wiederholung auch bei visuellem Material wirkungsvoll sein könnte (z.B. GRAEFE & WATKINS, 1980; READ, 1979; TVERSKY & SHERMAN, 1975; WEAVER & STANNY, 1978). Lediglich die beiden erstgenannten Untersuchungen haben versucht, innere Wiederholung auch mit Gesichtern als Stimulusmaterial zu demonstrieren.

READ (1979, Experiment 1) konnte zeigen, daß sowohl eine Gruppe mit verbaler als auch eine Gruppe mit visueller Wiederholung besser als die jeweilige Kontrollgruppe abschnitt, und daß dieser Unterschied bei einer längeren Pause von neun sec gegenüber einer kürzeren Wiederholungszeitspanne von drei sec deutlicher ausfiel. In Experiment 2 konnte READ sogar nachweisen, daß innere Wiederholung des gezeigten Bildes nicht weniger wirksam war als die Möglichkeit, einen längeren Blick (erhöhte Darbietungsdauer) auf die gleiche Gesichtsansicht zu werfen. Allerdings bestand die Wiedererkennensaufgabe in READs Experiment darin, zu beurteilen, ob die Pose eines bestimmten Gesichts identisch war mit der in der Darbietungsphase gezeigten, und nicht in einem Wiedererkennen von Gesichtern als Personen.

GRAEFE und WATKINS (1980, Experiment 1) demonstrierten den begünstigenden Effekt von innerer Wiederholung von Bildern für das Wiedererkennen von Gesichtern als solchen. Nach Darbietung eines Paares von Gesichtern für 10 sec wurden die Versuchspersonen dazu aufgefordert, sich eines der zwei Bilder für ein Wiederholungsintervall von 20 sec "vorzustellen", zu "visualisieren" oder sonstwie "darüber nachzudenken". GRAEFE und WATKINS' Untersuchung zeigt darüberhinaus, daß selektive Aufmerksamkeit für einen von zwei Stimuli während eines Inter-Stimulus-Intervalls unter der bewußten Kontrolle der Versuchsperson zu stehen scheint.

Zusammengenommen weisen die Untersuchungen von GRAEFE und WATKINS und von READ darauf hin, daß die Wiedererkennensleistung für Gesichter durch nachfolgende innere bildliche Wiederholung gesteigert werden kann. Obwohl die von GRAEFE und WATKINS und von READ gezeigten Effekte nicht als dramatisch in absoluter Hinsicht bezeichnet werden können, könnte die praktische Bedeutsamkeit ihrer Arbeit umso wichtiger sein, da sie möglicherweise - ohne es zu bemerken - auf einen Mechanismus gestoßen sind, durch den das Wiedererkennen von Gesichtern planmäßig verbessert werden könnte - im Gegensatz zu den wiederholten Fehlschlägen diverser Trainingsprogramme, die zu genau diesem Zweck konzipiert wurden (z.b. BADDELEY & WOODHEAD, 1983; LAVRAKAS, BURI & MAYZNER, 1976; MALPASS, LAVIGUEUR & WELDON, 1973; WOODHEAD, BADDELEY & SIMMONDS, 1979; vgl. auch MALPASS, 1981; s. ausführlich Kapitel 13).

Aus angewandter Perspektive scheint es wesentlich, daß die Verbesserung des Wiedererkennens von Gesichtern nicht nur für die typische kurze Zeitperiode, die in Laboruntersuchungen verwendet wird - mit einem unmittelbar folgenden Wiedererkennenstest - sondern auch über ausgedehnte Zeiträume aufrechterhalten werden kann. Im folgenden werden zwei Experimente vorgestellt, in denen die Wiedererkennensleistung für Gesichter über ein längeres Behaltensintervall hinweg (eine Woche) durch verschiedene Formen des inneren Wiederholens gesteigert werden soll.

In Experiment 9 ($N = 24$) wurden zwei alternative Wiederholungsstrategien auf ihre Wirksamkeit als Between-Subjects-Faktor hin überprüft: In der *visuellen Wiederholungsgruppe* wurden die Versuchspersonen dazu veranlaßt, ein Gesicht eines Gesichterpaares, das nach der Darbietung beider Gesichter markiert wurde (bei insgesamt vier Paaren von Gesichtern), für eine 20 sec dauernde Kurzzeitwiederholungsspanne *und* eine einwöchige Langzeitwiederholungsspanne visuell innerlich zu wiederholen (visuell zu memorieren). Zu diesem Zweck wurden die Versuchspersonen während dieser Woche fünfmal kontaktiert und dazu aufgefordert, die betreffenden vier Gesichter zu visualisieren. Entsprechend wurden die Versuchspersonen in der *Aktivitäts-Wiederholungsgruppe* gebeten, sich die markierte Person aus jedem Paar vorzustellen, wie sie gerade einer zu ihr passend erscheinenden Aktivität (z.B. einem Hobby wie Gitarrespielen, Motorradfahren oder Fußballspielen) nachging. Wir gingen dabei von folgenden beiden Hypothesen aus:

H9.5: Es wurde erwartet, daß die vier memorierten Gesichter besser wiedererkannt würden als die vier nicht-memorierten Gesichter.

H9.6: Ferner nahmen wir an, daß in Übereinstimmung mit dem auf das Wiedererkennen von Gesichtern angewandten Levels-of-processing-Ansatz (z.B. BOWER & KARLIN, 1974; WINOGRAD, 1981; BADDELEY & WOODHEAD, 1982; vgl. Kapitel 8) das durch die Vorstellung der betreffenden Person bei der Ausübung ihrer Lieblingsaktivität erreichte Ausschmücken des Vorstellungsbildes ein besseres Wiedererkennen zur Folge haben würde als das bloße Visualisieren des Gesichts.

In Experiment 10 ($N = 64$) wurden zwei Arten der Langzeitwiederholung einer einfachen Kurzzeitwiederholungsgruppe und einer Kontrollgruppe ohne Wiederholung gegenübergestellt. In der Kontrollgruppe *ohne Wiederholung* (Bedingung 1) sollte eine mögliche Kurzzeitwiederholung durch eine Ablenkungsaufgabe ausgeschaltet werden. In der visuellen Kurzzeitwiederholungsgruppe (Bedingung 2) gab es eine Pause von 20 sec zur Wiederholung des betreffenden Gesichts bei jedem der vier Paare. In Gruppe 3 gab es sowohl eine visuelle Kurzzeitwiederholung als auch eine visuelle Langzeitwiederholung - ähnlich der visuellen Wiederholungsgruppe in Experiment 9. In der verbalen (plus visuellen) Wiederholungsgruppe (Rehearsal-Bedingung 4) schließlich wurden die Versuchspersonen - wie in Bedingung 3 - fünfmal pro Woche aufgefordert, die jeweiligen markierten Gesichter innerlich zu wiederholen (sich vorzustellen). Zu diesem Zweck wurden den Versuchspersonen die Beschreibungen vorgelesen, die sie während der Kurzzeitwiederholungsphase notiert hatten, und von denen angenommen wurde, daß sie das ursprüngliche Einprägen der Gesichter unterstützt hatten.

Für Experiment 10 formulierten wir folgende Hypothese:

H9.7: **Es wurde vermutet, daß der Anstieg im Umfang des visuellen inneren Wiederholens von Bedingung 1 bis Bedingung 3 einen Anstieg in der Wiedererkennensleistung - in dieser Reihenfolge - zur Folge haben würde. Die verbale (plus visuelle) Wiederholungsgruppe (Bedingung 4) sollte ebenfalls von der während der Wiederholungsphase erfolgenden Konfrontation mit den eigenen Beschreibungen profitieren, wenngleich keine spezifischen Hypothesen bezüglich der Größe dieses Effekts im Vergleich zu den anderen Wiederholungsbedingungen aufgestellt wurden.**

Da das methodische Vorgehen in beiden Experimenten bis auf die experimentellen Manipulationen praktisch identisch war, werden Methode und Ergebnisse gemeinsam dargestellt.

9.5.1. Methode der Experimente 9 und 10

9.5.1.1. VERSUCHSPERSONEN

Versuchspersonen in Experiment 9 waren 24 Nicht-Studenten (12 männlich, 12 weiblich) zwischen 18 und 72 Jahren aus dem Freundes- und Bekanntenkreis der Versuchsleiter, die wiederum Teilnehmer eines Seminars über Forschungsmethoden waren. Die 64 Nichtstudenten (32 männlich, 32 weiblich), die in Experiment 10 als Versuchspersonen dienten, stammten aus dem Freundes- und Bekanntenkreis der Versuchsleiterin[4] aus einer kleinen ländlichen Gemeinde.

9.5.1.2. MATERIALIEN

Als Gesichtsstimuli wurden 64 Schwarzweißabzüge im Format von 18x12 cm verwendet, auf denen Männer in Frontal- und Dreiviertelansicht im Alter zwischen 18 und 52 Jahren aus Aberdeen, Schottland, abgebildet waren.[5] Um sicherzustellen, daß wirklich das Wiedererkennen von *Personen* und nicht nur das Wiedererkennen von irgendwelchen beliebigen Stimuluseigenschaften gemessen wurde, wurde die Haltung zwischen Darbietung und Test verändert (vgl. Abbildung 4.5 in Kapitel 4). Vier verschiedene Darbietungssätze, bestehend aus jeweils vier Paaren von Gesichtern, und vier Testsätze mit jeweils 16 (acht "alten" in veränderter Haltung und acht "neuen") Gesichtern wurden zusammengestellt.

9.5.1.3. DURCHFÜHRUNG

In beiden Experimenten wurden Darbietung und Test mit jeder Versuchsperson einzeln durchgeführt. Während der Darbietungsphase wurden der Versuchsperson die in einer Mappe nebeneinander angeordneten Gesichterpaare für 10 sec (Darbietungszeit) gezeigt. Während dieser Zeit sollten die Versuchspersonen die Gesichter anschauen und sich einprägen, um sie später wiedererkennen zu können (intentionale Lernbedingung). In allen Bedingungen folgte eine

---

[4] Hiermit danke ich Frau Dipl.-Psych. Andrea HÖFLER für ihr besonderes Engagement und ihre Sorgfalt bei der Erhebung dieser Daten.

[5] Diese Gesichter stellen eine Teilmenge der in den Experimenten 6 bis 8 verwendeten Stimuli dar. Wir sind Prof. Graham DAVIES für die Bereitstellung dieser Gesichter dankbar.

Pause von 20 sec, zu deren Beginn den Versuchspersonen mittels eines "X" (im Gegensatz zu einem "-") angezeigt wurde, welches der zwei Gesichter sie sich "besonders gut" merken sollten (Within-subjects-Faktor). Die Versuchspersonen wurden veranlaßt, zu diesem Zweck die vorher geschilderten Wiederholungs- bzw. Verbalisierungstechniken zu verwenden. In Bedingung 1 in Experiment 10 war beabsichtigt, die Versuchspersonen von der inneren Wiederholung abzuhalten, indem sie dazu aufgefordert wurden, von einer gegebenen dreistelligen Zahl aus in Dreierschritten rückwärts zu zählen.

Es folgte für alle Versuchspersonen ein einwöchiges Behaltensintervall. In beiden Bedingungen in Experiment 9 sowie in Bedingung 3 und 4 in Experiment 10 wurden die Versuchspersonen fünfmal kontaktiert, um sie zu den jeweiligen Wiederholungsaktivitäten anzuleiten (20 sec für jedes der vier Gesichter). Zusätzlich zu den Wiedererkennensleistungen wurden in Experiment 10 die *Antwortlatenzen* der Versuchspersonen vom Versuchsleiter auf unauffällige Weise per Stoppuhr gemessen - nachdem den Versuchspersonen zuvor gesagt worden war, sie könnten sich für jedes einzelne Foto so viel Zeit nehmen, wie sie wollten, um zu einer Entscheidung zu gelangen.

9.5.1.3.1. Abhängige Variablen

Primäre abhängige Maße waren für beide Experimente die Trefferrate für die "X"-Gesichter (d.h. die Gesichter, die besonders gut erinnert werden sollten) und die "-"-Gesichter (letztere als Within-subjects-Kontrolle für innere Wiederholung). Die aus der Signalentdeckungstheorie herrührenden nichtparametrischen Maße A' (für Diskriminationsleistung) und *beta* (für Antwortneigung) wurden ebenfalls berechnet, um eventuell auf individuell unterschiedliche Antwortkriterien zurückzuführende Artefakte (vgl. GRIER, 1971; RAE, 1976) auszuschließen.[6] Da diese letzteren Analysen keine signifikanten Haupteffekte oder Interaktionen erbrachten, werden sie an dieser Stelle nicht diskutiert. Für Experiment 2 wurden darüberhinaus die durchschnittlichen Antwortlatenzen für die "X"-Gesichter und die "-"-Gesichter analysiert, gleichgültig, ob die zugrundeliegenden Entscheidungen korrekt waren oder nicht.

9.5.2. Ergebnisse der Experimente 9 und 10

Für Experiment 9 ergab eine 2x2(x2) Varianzanalyse (Wiederholungsstrategie x Geschlecht der Versuchsperson x Wiederholung - d.h. Memorieren von "X"- vs. "-"-Gesichtern - mit Meßwiederholung auf dem letzten Faktor) einen marginal signifikanten Haupteffekt für die Wiederholungsstrategie ($F(1;20) = 3.01; p < .10$) und einen signifikanten Haupteffekt für Wiederholung ($F(1;20) = 7.37; p < .014$). Keiner der anderen Haupteffekte oder Interaktionen waren signifikant. Abbildung 9.5 zeigt die durchschnittliche Trefferrate (in %) für diese zwei Faktoren. Die wiederholten Gesichter ($M = 74,0\%$) wurden besser wiedererkannt als die nicht-memorierten Gesichter ($M = 54,2\%$), und dieser Unterschied scheint besonders groß zu sein, wenn die Versuchspersonen das Bild der jeweiligen Gesichter sowohl direkt nach der Darbietung als auch während des einwöchigen Behaltensintervalls "visualisieren" sollten. Entgegen den Erwartungen bestand eine Tendenz in der Richtung, daß die "reine" Visualisierungsgruppe (69,8%) besser abschnitt als die Gruppe, die die durch vorgestellte Aktivitäten "angereicherte" Wiederholung praktizieren sollte (58,3%). Dieser Unterschied war natürlich besonders ausgeprägt für die memorierten Gesichter (83,3% vs. 64,6%; a-priori Kontraste: $F(1;20) = 6.61, p < .05$), während die Treffer für die nicht-memorierten Gesichter nahe dem Zufallsniveau lagen (56,3% bzw. 52,1%).

Für Experiment 10 wurden zwei 4x4x2(x2) Wiederholungsbedingungen x Darbietungssatz x Geschlecht der Versuchsperson x Wiederholung Varianzanalysen (mit Meßwiederholung auf dem letzten Faktor) mit den erzielten Treffern sowie den durchschnittlichen Antwortlatenzen gerechnet. Entsprechend unseren Vorhersagen bestand eine Tendenz dahingehend, daß die memorierten Gesichter besser wiedererkannt wurden als die nicht-memorierten Gesichter (71,1% vs. 61,3%, $F(1;32) = 3.61, p = .066$; vgl. Abbildung 9.6). Im Durchschnitt trafen die Versuchspersonen ihre Entscheidung bei memorierten Gesichtern ($M = 6.24$ sec) schneller als bei

---

[6] Leider gibt es keine Möglichkeit, den Within-subjects-Faktor innerer Wiederholung mit A' zu testen, da bei einer Meßwiederholungsanordnung nicht zwischen falschen Alarmen für memorierte vs. nicht-memorierte Gesichter unterschieden werden kann.

% Treffer

Rehearsal-Bedingung

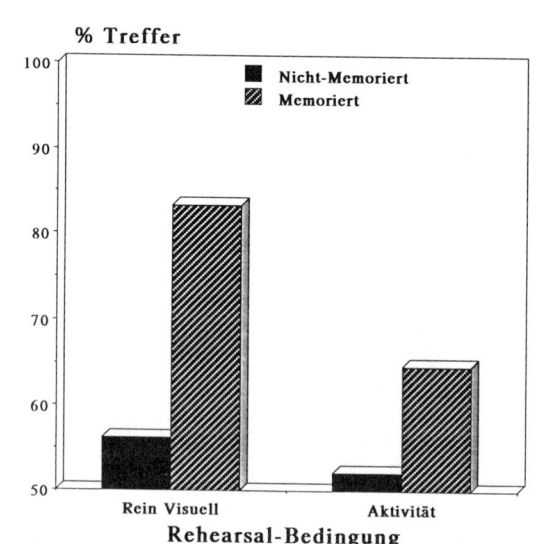

Abb. 9.5: *Treffer als Funktion von rein visuellem Rehearsal und wiederholtem Sich-Vorstellen einer Aktivität*

nicht-memorierten Gesichtern (7.44 sec, $F(1;32) = 6.60$, $p = .015$; vgl. Abbildung 9.7). Der Haupteffekt für Wiederholungsstrategie und die Wechselwirkung zwischen Wiederholung und Wiederholungsstrategie waren allerdings nicht signifikant - weder bei den Treffern, noch den Antwortlatenzen (alle vier F-Werte $(3;32) < 1.07$, ns.).

Abbildung 9.6 verdeutlicht, daß die Unterschiede zwischen den Treffern bei den "X"-Gesichtern, die "besonders gut" erinnert werden sollten, und den "-"-Gesichtern in der verbalen Rehearsal-Bedingung 4 und in der Nicht-Wiederholungs-Kontrollbedingung 1 (12,5% Unterschied bei beiden Bedingungen: post-hoc Einzelvergleich: $F(1;32) = 2.97$, $p < .10$) im Vergleich zur visuellen Kurzzeitwiederholungsbedingung 2 (7,8%; $F(1;32) = 1.16$, ns.) und zur visuellen Langzeitwiederholungsbedingung 3 (6,3%; $F(1;32) < 1$, ns.) etwas größer waren.

Bei den Antwortlatenzen waren die jeweiligen Unterschiede sowohl für die Langzeitwiederholungsbedingung 3 (7.68 vs. 9.23 sec; $F(1;32) = 5.53$, $p < .05$) als auch für die verbale Wiederholungsgruppe (4.89 vs. 7.10 sec; $F(1;32) = 11.24$, $p < .005$) signifikant. Im Vergleich dazu sind die Unterschiede in den Kontroll- und Kurzzeitwiederholungsgruppen vernachlässigenswert gering (6.52 sec vs. 6.97 sec und 5.88 sec vs. 6.45 sec; beide F-Werte $(1;32) < 1$, ns.).

9.5.3. Diskussion der Experimente 9 und 10

Zusammengenommen weisen beide Experimente darauf hin, daß innerlich wiederholte Gesichter nach einem Langzeitbehaltensintervall von einer Woche besser erinnert werden als nicht-memorierte Gesichter - gleichgültig, welche Wiederholungsstrategie benutzt wird. Dieser Effekt ist allerdings in Experiment 10 weniger deutlich ausgeprägt und ließe sich durch alternative Interpretationen, die weitere Diskussion verdienten, erklären. Der Vorteil der "reinen" visuellen Wiederholungsgruppe in Experiment 9 gegenüber der "angereicherten" (elaborierten) Aktivitätswiederholungsgruppe, in der sich die Versuchspersonen die betreffende Person bei der Ausübung einer passenden Tätigkeit vorstellen sollten, scheint weiterhin darauf hinzuweisen, daß das Wiedererkennen von Gesichtern in erster Linie auf visuellen Prozessen beruht (vgl. ELLIS, 1984; SPO-

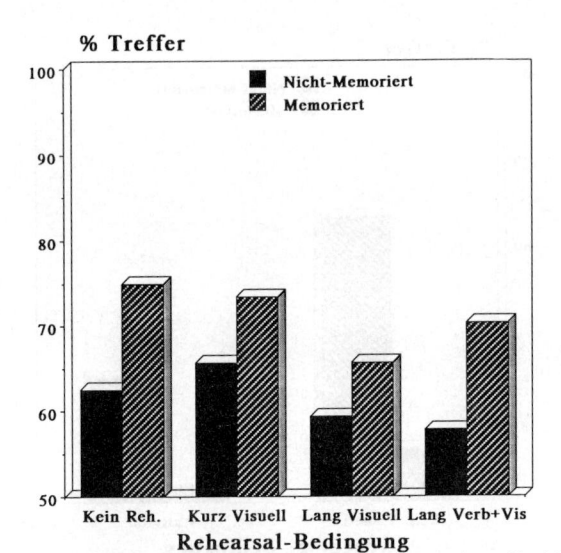

Abb. 9.6: *Treffer für memorierte und nicht-memorierte Gesichter in den vier Rehearsal-Bedingungen*

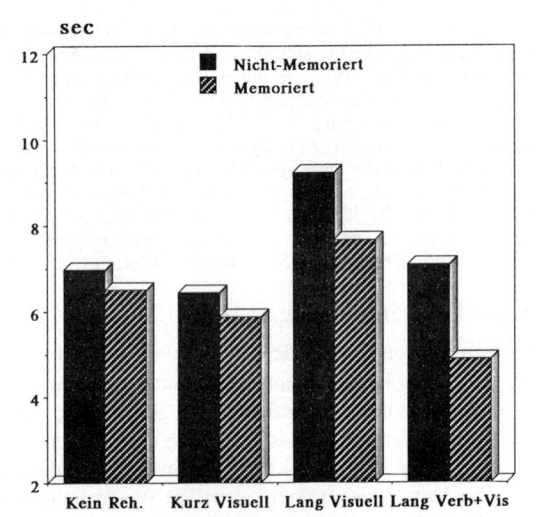

Abb. 9.7: *Reaktionszeiten für Treffer in den vier Rehearsal-Bedingungen*

RER, 1989). Die Tatsache, daß die "verbale" Wiederholung in Bedingung 4 in Experiment 10 ebenfalls einen Vorteil für die wiederholten Gesichter erbrachte, stellt in dieser Hinsicht keine Ausnahme dar, da man annehmen kann, daß hier eine kombinierte verbale/visuelle Wiederholung stattgefunden hat - beruhend auf den den Versuchspersonen vorgelesenen Beschreibungen als Hinweisreize für eine *visuelle* Wiederholung (das auf den Beschreibungen basierende "Vorstellen" der Gesichter).

Während in Experiment 9 Kurzzeitwiederholung (20 sec) und Langzeitwiederholung (1 Woche) konfundiert sind, war der Versuch, in Experiment 10 durch einen Vergleich von Bedingung 2 und 3 einen zusätzlichen Vorteil der Langzeitwiederholung zu demonstrieren, bezüglich der Trefferraten nicht erfolgreich. Ein Vergleich der unauffällig gemessenen Antwortlatenzen scheint anzudeuten, daß es in der visuellen Langzeitwiederholungsgruppe einen *relativen* Vorteil der wiederholten gegenüber den nicht-memorierten Gesichtern gab (Unterschied: 1.55 sec, $p < .05$), verglichen mit dem Unterschied in der Kurzzeitwiederholungsgruppe (.57 sec, *ns*.). Antwortlatenzen, wie sie in diesem Experiment erhoben wurden, stellen offenbar ein sensibleres Maß dar als Trefferraten, die lediglich auf vier memorierten und vier nicht-memorierten Gesichtern basieren. Dieses Argument wird auch von der Tatsache unterstützt, daß die Versuchspersonen im Durchschnitt wesentlich weniger Zeit für die Treffer (6.48 sec) als für die falschen Alarme (10.11 sec; $t(45) = 3.41$, $p < .001$, $N = 48$) benötigten; dies gilt ebenso für die richtig erkannten memorierten Gesichter (5.61 sec) im Vergleich zu den nicht-memorierten Gesichtern (7.29 sec; $t(61) = 2.25, p < .028, N = 62$).

Der problematischste Aspekt der hier vorgestellten Experimente betrifft die Tatsache, daß der relative Vorteil der Treffer bei den "X"- vs. den "-"-Gesichtern in der angeblichen Kontrollgruppe (Bedingung 1 in Experiment 10) keineswegs geringer ist als der in den drei Bedingungen, die "innere Wiederholung" beinhalteten. Eine mögliche Erklärung könnte darin bestehen, daß die Erwartung eines Wiedererkennenstests für die "X"-Gesichter, die zu Beginn des Interstimulusintervalls markiert wurden, die Versuchspersonen dazu veranlaßte, in gleicher Weise über diese Gesichter nachzudenken (sie "innerlich zu wiederholen") wie unter den experimentellen Bedingungen. Es ist auch denkbar, daß das Rückwärtszählen in Dreierschritten, das sich in Gedächtnisexperimenten mit verbalen Materialien als Standardprozedur eingebürgert hat, für das Unterbinden innerer Wiederholung von visuellem Material, einschließlich Gesichtern, ungeeignet ist. Dazu liegen Belege von KELLOGG (1980) vor, die vermuten lassen, daß auch komplexere arithmetische Ablenkungsaufgaben das Enkodieren von (nicht beachteten) Gesichtern nicht verhindern. Es wäre vielleicht möglich, diese Alternativerklärungen durch eine geeignete Kontrollgruppe, in der die Vpn durch eine visuelle Ablenkungsaufgabe an der inneren Wiederholung gehindert werden, auszuschließen.[7]

9.6. Zusammenfassung

Obwohl das Gedächtnis für Gesichter auch über längere Zeiträume hin noch sehr gut sein kann, kommt es auch beim Wiedererkennen von Gesichtern zu Fehlern. Wir haben die Befunde zur Länge des Behaltensintervalls und zu Interferenzprozessen bereits in Abschnitt 9.4 zusammengefaßt und sind dort aufgrund unserer eigenen Untersuchungen

---

[7] Wir hatten uns vorgenommen, diese Möglichkeit in einer weiteren Untersuchung im Rahmen eines Experimentalpraktikums zu überprüfen, doch die erhobenen Daten konnten infolge schwerwiegender Fehler bei der Durchführung nicht sinnvoll ausgewertet werden.

zu dem Schluß gekommen, daß beim Wiedererkennen von Gesichtern die Leistung über die Zeit hinweg abnimmt, wenn die Aufgabe durch Veränderungen zwischen Darbietungs- und Testphase erschwert wird. Dies wirkt sich vor allem auf falsche Alarme aus. Mit einer größeren Anzahl von Gesichtern steigt auch die Wahrscheinlichkeit von Interferenzeffekten, obwohl wir dafür nur schwache Belege liefern konnten. Diese Interferenzeffekte sind vermutlich auf Gesichter desselben Geschlechts sowie auf bestimmte Darstellungsmedien beschränkt.

Im zweiten Teil dieses Kapitels haben wir untersucht, ob sich Gesichter, als eine spezielle Klasse visueller Stimuli, analog der verbalen inneren Wiederholung visuell memorieren lassen. In den Experimenten 9 und 10 konnten wir Leistungsverbesserungen infolge innerer Wiederholung, die vor allem bei den Reaktionszeiten deutlich wurden, noch nach einer Woche feststellen. Elaborationen im Sinne des Levels-of-Processing-Ansatzes (vgl. Kapitel 8) führten nicht zu den erwarteten Leistungsverbesserungen, sondern sogar zu geringeren Leistungen als "reines" visuelles Memorieren. Dies bestätigt einmal mehr unsere These, daß die Verarbeitung von Gesichtern primär visuell erfolgt.

10

Effekte des Kontextes bei Darbietung und Test

"Sie kommen mir irgendwie bekannt vor... Woher kenne ich Sie denn?" In unserer Alltagserfahrung haben wir alle schon das Prinzip der Enkodierungsspezifität hinsichtlich des Wiedererkennens von Personen kennengelernt, wenn wir z.b. Bekannte nicht gleich wiedererkannten, wenn sie sich die Haare schneiden oder einen Bart hatten wachsen lassen, oder wenn wir jemanden unverhofft an einem ungewöhnlichen Ort (den Nachbarn auf dem Flughafen in Athen) wiedertrafen (vgl. die Ergebnisse der Tagebuchuntersuchung von YOUNG, HAY & A.W. ELLIS, 1985; s. Kapitel 2). Neben diesen Alltagsbeispielen für die Bedeutung des "äußeren" Kontextes findet man auch viele Belege für die Wirksamkeit des "inneren" Kontextes. Schauspielfreunden ist Brechts "Herr Puntila und sein Knecht Matti" wohlbekannt: Herr Puntila, ein hartherziger Gutsherr erweicht sein Gemüt mit progressivem Alkoholkonsum und gibt dann großartige Versprechungen an seine Dienstboten in diesem beseelten Zustand - doch leider kann er sich am darauffolgenden Morgen, wieder ernüchtert, ganz und gar nicht seiner großzügigen Worte entsinnen. In der Lernpsychologie werden diese Phänomene auch als *zustandsabhängiges Lernen* bezeichnet (s. z.B. EICH, 1980).

Kontext wird von vielen Autoren sozusagen als begriffliches Sammelbecken - manche meinen sogar abfällig als "begriffliche Mülltonne" (SMITH, GLENBERG & BJORK, 1978) - verwendet. So muß Kontext einerseits für innere Zustände des Lernenden herhalten, wie z.b. drogeninduzierte Rauschzustände infolge von Alkohol- oder Marihuanakonsum (s. das Sammelreferat von EICH, 1980), oder die Stimmung des Lernenden, sei sie durch das Lesen trauriger Geschichten oder durch Hypnose erzeugt worden (vgl. z.B. BOWER, 1981; FIEDLER, 1985b). Kontext kann sich auf den *äußeren Kontext* des Wahrnehmenden beziehen, wie dies etwa GODDEN und BADDELEY (1975, 1980) "zu Land und unter Wasser" so schön gezeigt haben. Aber auch der Ort oder der Raum, wo etwas gelernt wird, wurden als externer Kontext untersucht (SMITH, 1988; SMITH et al., 1978; FERNANDEZ & GLENBERG, 1985; WIPPICH, 1981). Diese Unterscheidung in äußeren und inneren Kontext wurde spätestens dann problematisch, als Forscher begannen, Vpn anzuleiten, die äußeren Lernbedingungen - den Lernkontext - durch deren Vorstellungsvermögen vor derem geistigen Auge wiedererstehen zu lassen (mental reinstatement). Dies konnte z.B. dadurch geschehen, daß Vpn sich den Raum wieder vorstellen sollten, in dem sie bestimmtes Material gelernt hatten (z.B: SMITH, 1979; vgl. WIPPICH, 1985b), oder indem sie angehalten wurden, ein turbulentes Ereignis mit all den Eindrücken, Stimmungen und Erfahrungen, die dieses mit sich brachte, wieder in der Vorstellung ablaufen zu lassen (MALPASS & DEVINE, 1981; vgl. auch MALPASS, 1990). Die Unterscheidung zwischen internem und externem Kontext ist nur für Untersuchungen zum episodischen Gedächtnis von Bedeutung, und nicht für das semantische Gedächtnis, auf das wir nicht weiter eingehen.

In einem typischen Design zur Untersuchung von Kontexteffekten (s. Tabelle 10.1 nach WIPPICH, 1985b) werden je einer Versuchsgruppe eine Liste von Zielitems T (targets; z.B. je eine Serie von Gesichtern) in der Lernphase zusammen mit einer Serie von spezifischen Kontexten K (normalerweise je ein spezifischer Kontext pro Gesicht, z.B. ein bestimmter Hintergrund) gezeigt. In der Testphase werden dann die "alten" Zielitems T, gemischt mit "neuen" Distraktoren D entweder mit einem identischen Kontext (Felder A und D) oder einem "neuen" Kontext (Felder B und C) gezeigt. Gemäß dem Prinzip der Enkodierungsspezifität wird eine echte Wechselwirkung (cross-over interaction) erwartet. Die kongruenten Testbedingungen A und D sollten zu deutlich besseren Gedächtnisleistungen als die inkongruenten Testbedingungen B und C führen. Man spricht hier von einem *Kongruenzeffekt*, der statistisch als a-priori-Kontrast der Bedingungen (A+D) vs. (B+C) geprüft wird.

TABELLE 10.1: *Typisches Cross-over-Design zur Überprüfung von Kontexteffekten (modifiziert nach WIPPICH, 1985, S. 18)*

Darbietungs-phase	Testphase	
	Kontext 1 (Ohne Kontext)	Kontext 2 (Mit Kontext)
Kontext 1 (Ohne Kontext)	A	B
Kontext 2 (Mit Kontext)	C	D

10.1 Interaktiver vs. unabhängiger Kontext bei Reproduktion und Wiedererkennen

Von besonderer Bedeutung für die Wirksamkeit von Kontexteffekten ist, ob das Gedächtnis in einer Reproduktions- oder einer Wiedererkennensaufgabe geprüft wird. Die Befunde zur Wiederherstellung des Wahrnehmungskontextes sind in bezug auf diese unterschiedlichen Prozesse uneinheitlich, zum Teil sogar widersprüchlich (s. DAVIES, 1986; DAVIES & THOMSON, 1988; MEMON & BRUCE, 1985; WIPPICH, 1985b). Um einige dieser Widersprüche aufzuklären hat HEWITT (1977, zit. in BADDELEY, 1982; s. auch GODDEN & BADDELEY, 1980; MEMON & BRUCE, 1985) eine weitere Unterscheidung in *intrinsischen* und *extrinsischen* Kontext vorgenommen. Später wurde diese Unterscheidung von BADDELEY (1982) in *interaktiven* vs. *unabhängigen* Kontext umbenannt, wodurch eine Bedeutungsverschiebung weg von einer Fokussierung auf das Stimulusmaterial hin zu den dabei ablaufenden Gedächtnisprozessen intendiert wird. Ein intrinsischer (oder interaktiver) Kontext wird unweigerlich mit der Darbietung eines Stimulus mitverarbeitet und soll direkt die Kodierung eines Stimulus beeinflussen. In der Abrufsituation führt der intrinsische Kontext den Lerner zurück zu seiner Interpretation des Stimulus während der Darbietungsphase und erleichtert daher *sowohl* die freie Reproduktion *als auch* das Wiedererkennen. Demgegenüber beeinflußt ein extrinsischer oder unabhängiger Kontext angeblich nicht die Kodierung eines Stimulus. Folglich sollte ein unabhängiger Kontext keine Hilfe zur Wiederherstellung der ursprünglichen Stimulusinterpretation bieten können und keinen Einfluß auf das Wiedererkennen haben, möglicherweise aber die freie Reproduktion erleichtern, indem die Gedächtnisspur leichter zugänglich wird. Man erhoffte sich von dieser Unterscheidung Aufklärung über die differentielle Wirkung von Kontext auf Reproduktion und Wiedererkennen.

Der Hauptkritikpunkt der Unterscheidung zwischen interaktivem und unabhängigem Kontext moniert deren *Zirkularität*: Es erscheint unmöglich, eine Klassifizierung in interaktiven oder unabhängigen Kontext ohne einen post-hoc Rekurs auf die Gedächtnisleistung vorzunehmen. Die Schlußfolgerung aber, ein Kontext müsse wohl interaktiv gewesen sein, weil er die Gedächtnisleistung beeinflußt hatte, und umgekehrt unabhängig, weil kein solcher Einfluß festgestellt werden konnte, besitzt keinen Erklärungswert. Doch selbst wenn es gelänge, saubere Operationalisierungsrichtlinien für eine a-priori-Klassifizierung auszuarbeiten, so bleibt die Befundlage bezüglich der differentiellen Konsequenzen auf Reproduktion und Wiedererkennen doch widersprüchlich (s. die Zusammenfassungen bei DAVIES, 1986; DAVIES & THOMSON, 1988; DAVIES & MILNE, 1985; MEMON & BRUCE, 1985; FERNANDEZ & GLENBERG, 1985).

Wie bereits angedeutet haben einige Autoren den Begriff "Kontext" zur begrifflichen Mülltonne (conceptual garbage can) aufgrund der vielfältigen und zusammenhanglosen Verwendung desselben degradiert. Andere hingegen wollten seine Brauchbarkeit unter Beweis stellen, indem sie sich mit den definitorischen Problemen auseinandersetzten und versuchten, dieser Variationsbreite durch gezielte Differenzierungen Rechnung zu tragen (s. BADDELEY, 1982; BOWER, 1981; DAVIES, 1986; DAVIES & THOMSON, 1988; MALPASS, 1990; MEMON & BRUCE, 1985; SMITH et al., 1978; TULVING & THOMSON, 1973). Obwohl die begrifflichen Probleme weiterhin bestehen bleiben, hat sich dieser Ansatz doch äußerst fruchtbar in der Stimulation von Untersuchungen in der Grundlagenforschung und vor allem in der angewandten Gedächtnispsychologie erwiesen.

10.2 Arten von Kontext

Im folgenden werden wir nur auf eine eng umgrenzte Form von Kontexteffekten eingehen, nämlich die Bedeutung von Kontext für das Wiedererkennen von Gesichtern unbekannter Personen. Selbst innerhalb dieses schmalen Forschungssektors kann Kontext eine Vielfalt an Bedeutungen annehmen, die eine Zusammenfassung der Ergebnisse erheblich erschweren (s. die Sammelreferate von DAVIES, 1986, 1988; MALPASS, 1990; MEMON & BRUCE, 1985; THOMSON, 1988). Wir wollen zunächst die verschiedenen Kontextmanipulationen umreißen und ihre Wirksamkeit anhand einer Reanalyse ausgewählter Experimente in ein neues Licht setzen, um im Anschluß daran auf zwei eigene Experimente näher einzugehen, in denen Kontext als die Kleidung einer Person (sichtbar vs. abgedeckt) bzw. das Durchlesen von Notizen zur Charakterisierung der zu lernenden Stimulusgesichter operationalisiert wurde.

Unsere Zusammenfassung der Forschungsergebnisse unterscheidet sich jedoch von denen anderer Autoren (s.o.) dadurch, daß wir erstmals eine konzeptuelle bzw. methodologische Unterscheidung einführen, von der wir uns eine Erklärung der zum Teil widersprüchlichen Ergebnisse erhoffen. Diese Unterscheidung führt uns auch zu einer alternativen statistischen Auswertung, die wir, soweit möglich, mit den in der Literatur berichteten Ergebnissen vorgenommen haben. Bevor wir uns an diese Reanalyse vorhandener Untersuchungen wagen, müssen wir betonen, daß sich diese auf Studien mit Gesichtern von unbekannten Personen beschränkt. Obwohl sich Theorien über das Wiedererkennen von Gesichtern von bekannten und unbekannten Personen auf einem Kontinuum ansiedeln lassen, gibt es eine Reihe von Gründen, die uns zu der Ansicht führen, daß sich das Wiedererkennen einer Person, die wir nur einmal kurz gesehen haben, nicht durch dieselben theoretischen Prinzipien erklären läßt, die bezüglich des Wiedererkennens von bekannten Personen (z.b. Personen des öffentlichen Lebens: vgl. BRUCE, 1979; KLATZKY & FORREST, 1984) ins Feld geführt werden.

Die hier getroffene Unterscheidung bezieht sich vor allem darauf, was verschiedene Autoren unter einem *neuen Kontext* in der Testphase verstehen. Im folgenden Abschnitt diskutieren wir die gängigsten experimentellen Paradigmen, mit denen Kontexteffekte beim Wiedererkennen von Gesichtern untersucht wurden, sowie die Konsequenzen, die wir von dieser Unterscheidung für die Ergebnisse dieser Untersuchungen erwarten.

10.3 Absolut vs. relativ neuer Kontext beim Test

In methodischer Hinsicht, aber auch mit Bezug auf die theoretisch zu erwartenden empirischen Konsequenzen, müssen wir uns Klarheit darüber verschaffen, was wir unter einem "*neuen*" Kontext in der Testphase verstehen wollen. Während unter Wiederherstellung des alten Lernkontextes eindeutig die vergleichbare Darbietung eines identischen, oder zumindest ähnlichen bzw. auf die Wahrnehmungsphase bezogenen Kontextes verstanden wird, haben verschiedene Autoren sehr unterschiedliche Auffassungen darüber an den Tag gelegt, was man als neuen Kontext beim Test anzusehen hat. Wir haben die unterschiedlichen Designs, die in zahlreichen Spielarten das Grundthema von der Wiederherstellung bzw. Veränderung des Wahrnehmungskontextes variiert haben, in formalen Termini beschrieben, um so die Unterscheidung zwischen absolut und relativ neuem Kontext zu verdeutlichen. Es gibt verschiedene Kontexte (K), die während der Darbietung (Lernphase) bzw. beim Test mit den zu lernenden Zielstimuli (T) oder den Distraktoren (D) gepaart werden.

Wir wollen die verschiedenen Designs an Beispielen aus Untersuchungen zum Wiedererkennen von Gesichtern erläutern:

(1) Der einfachste Fall ist der eines *absolut neuen Kontextes*. Das Gesicht eines jungen Mannes (T_1) wird vor dem Bahnhof (K_1), das eines anderen (T_2) vor einer Eisdiele (K_2), und ähnlich eine Reihe weiterer Gesichter vor unterschiedlichen Hintergründen gezeigt. Nach dieser Darbietungs- oder Lernphase folgt - nach einem kurzen Intervall mit einer Fülleraktivität - der Wiedererkennenstest. Die "alten" Gesichter vor denselben "alten" Kontexten werden in der Testphase zufällig gemischt mit neuen Gesichtern vor jeweils neuen, in der Lernphase nicht dargebotenen, daher absolut neuen Kontexten gezeigt - z.B. ein weiterer junger Mann vor einer Bank oder einer Kneipe. Gemäß dem Prinzip der Enkodierungsspezifität könnten wir hier einen Kongruenzeffekt erwarten, da der Beobachter nicht nur das jeweilige Gesicht als Indikator der Vertrautheit aus der Lernphase, sondern auch den Bildhintergrund als Hinweisreiz verwenden kann. Die von BADDELEY (1982) geforderte Interaktion von Gesicht und Kontext, da bei einem unabhängigen Kontext kein Kongruenzeffekt erwartet würde, scheint uns hier nicht notwendig. So einfach

diese Definition eines absolut neuen Kontextes beim Test auch erscheinen mag, wird sie spätestens dann problematisch, wenn die neuen Kontexte eine *physische oder semantische Ähnlichkeit* (z.B. eine der Eisdiele vergleichbare Milchbar) zu einem der Lernkontexte aufweisen (vgl. KLEE, LESAUX, MALAI & TIBERGHIEN, 1982; MEMON & BRUCE, 1985). Bereits hier könnte ein bezüglich des Gedächtnisses für das bestimmte Gesicht nicht gerechtfertigtes *Vertrautheitsgefühl* die Wahrscheinlichkeit eines fälschlichen Wiedererkennens erhöhen.

(2) Diese Gefahr ist gerade bei einem lediglich *relativ neuen* - aber absolut gesehen alten! - Kontext sehr groß. Nehmen wir an, ein Forscher hat die Kopfbedeckung einer Person als den zu untersuchenden - vermutlich interaktiven - Kontext variiert. Eine Frau T_1 wird mit einem eleganten Sommerhut K_1, eine andere T_2 mit einer Skimütze K_2 fotografiert. Beim Test erscheint zwar wieder dieselbe Dame mit ihrem Hut, aber unter den Distraktorstimuli befindet sich eine vorher nicht gesehene Frau D_1, die sich die Skimütze der T_2 übergezogen hat (vgl. BRUTSCHE, CISSE, DELEGLISE, FINET, SONNET & TIBERGHIEN, 1981). Während der elegante Hut die Wahrscheinlichkeit des richtigen Wiedererkennens erhöhen dürfte (eine höhere Trefferrate), dürfte parallel dazu auch der relativ neue Kontext zu mehr falschen Alarmen führen. Betrachten wir Trefferrate und falsche Alarmrate gemeinsam, so können wir daraus nach der Signaldetektionstheorie nicht nur die tatsächliche Verbesserung der Diskriminationsleistung bestimmen (etwa durch *d'* oder *A'*: s. Kapitel 3), sondern es müßte vor allem der Anstieg der positiven Wahlen ins Auge fallen. Statistische Maße der *Reaktionsneigung (beta* bzw. das nicht-parametrische *beta"* (s. Kapitel 3) können solche JA-Sage-Tendenzen, die durch das partielle Vertrautheitsgefühl hervorgerufen worden sein könnten, aufdecken.

(3) Ein dritter Designtyp stellt in gewisser Hinsicht eine Modifikation von Design 1 dar. In der Literatur wird hier häufig von "*Entfernung von Kontext beim Test*" (removal oder subtraction of context at testing) oder einem *reduzierten Kontext* (impoverished context) gesprochen. Die Bezeichnung Kontextsubtraktion mag für das Lernen von verbalen Stimuli zutreffen. Dabei werden in der Darbietungsphase Wortpaare gelernt, von denen dann eines von beiden beim Test isoliert wiedererkannt werden muß. Bei visuellen Stimuli ist diese Bezeichnung jedoch unzutreffend. Werden z.B. in der Darbietungsphase verschiedene Gesichter vor jeweils diversen Hintergründen (z.B. einem Postamt, einer Alpenlandschaft) gezeigt (enriched context), beim Test aber alle Zielstimuli und Distraktoren vor einem einheitlichen Hintergrund (z.B. einer weißen Wand) fotografiert, so handelt es sich ebenfalls um einen absolut neuen Kontext, da der einheitliche Hintergrund lediglich eine andere, neue Form von Kontext darstellt. Die Bezeichnung reduzierter Kontext scheint uns daher für diese Art von Kontextmanipulation zutreffender.

Eine Reduktion des "angereicherten" Kontextes beim Test sollte zu einer Verschlechterung der Wiedererkennensleistung bei den Treffern und der Diskriminationsfähigkeit führen. Eine klare Vorhersage bezüglich der falschen Alarme und der Reaktionsneigung ist hingegen schwierig. Einerseits könnte man argumentieren, daß der neutrale Hintergrund keinen Anlaß zu einem Vertrautheitsgefühl geben, und daher weder zu unvorsichtigerem Antwortverhalten noch zu vermehrten falschen Alarmen führen sollte. Andererseits könnten bei einer großen Zahl von Testitems mit uniformem Hintergrund Interferenzeffekte auftreten, die zwar nicht die Reaktionsneigung beeinflussen, aber doch die falschen Alarme erhöhen könnten (vgl. die Ergebnisse zu den Interferenzeffekten in den Experimenten 1 bis 3 in Kapitel 9).

Die Kehrseite der Medaille eines reduzierten Kontextes stellt eine Kontext-"Anreicherung" oder Kontext-*"Addition"* dar. Hier werden die Stimulusgesichter in der Lernphase mit einem einheitlich reduzierten Kontext (z.B. vor einem neutralen Hintergrund wie z.B. einer Ziegelwand) gezeigt, und anschließend beim Test "alte" und "neue" Gesichter mit absolut neuen "angereicherten" Kontexten präsentiert. Auch hier erwarten wir eine Verringerung der Wiedererkennensleistung bei Treffern und d' bzw. A', ohne eindeutige Vorhersage des Einflusses auf Reaktionsneigung und falsche Alarme. Nur wenn Subtraktion (Reduktion) und Addition von Kontexten in einem Design kombiniert werden, ist ein echter Test von Kongruenzeffekten möglich.

Fassen wir die differentielle Wirkung von absolutem und relativem Kontext, die in den drei Designtypen (1) bis (3) beschrieben werden, als Arbeitshypothesen zusammen:

(1) Hypothesen zum *absolut neuen Testkontext*:

H10.1a: **Bei absolut neuem Testkontext erwarten wir in Abhängigkeit von der Wirksamkeit der Kontextmanipulation (z.B. interaktiver vs. unabhängiger Kontext) eine Verbesserung der Wiedererkennensleistung (Treffer, A') bei kongruentem gegenüber inkongruentem Kontext.**

H10.1b: **Dieser Effekt sollte auch für die falschen Alarme gelten, d.h. wir erwarten weniger falsche Alarme in kongruentem vs. inkongruentem Kontext. Die Wiederherstellung des Kontextes sollte keinen Einfluß auf die Reaktionsneigung (beta") haben.**

(2) Hypothesen zum *relativ neuen Testkontext*:

H10.2a: **Bei relativ neuem Testkontext erwarten wir - in Abhängigkeit von der Wirksamkeit der Kontextmanipulation - ebenfalls eine Verbesserung der Trefferraten, möglicherweise auch in der Diskriminationsleistung (A') bei kongruentem vs. inkongruentem Kontext.**

H10.2b: **Dieser Effekt wird jedoch auf Kosten erhöhter falscher Alarme erzielt, die wiederum durch eine Veränderung der Reaktionsneigung zu unvorsichtigerem Verhalten bei kongruentem Kontext bedingt ist.**

(3) Hypothesen zur Kontext*reduktion* (Subtraktion) und Kontext*anreicherung* (Addition):

H10.3a: **Eine Kontextänderung durch Subtraktion oder Addition sollte in beiden Fällen zu reduzierten Wiedererkennensleistungen (Treffer, A') führen (Kongruenzeffekt).**

H10.3b: **Dieser Kongruenzeffekt könnte möglicherweise auch auf die falschen Alarme zutreffen, sollte aber keinen Einfluß auf die Reaktionsneigung haben, da es sich ja um einen absolut neuen Kontext beim Test handelt.**

H10.3c: **Da bei einem angereicherten Kontext bei Darbietung und Test mehr Elemente als Grundlage für ein Wiedererkennen zur Verfügung stehen, sollte diese Bedingung zu besseren Leistungen (Treffer, FA und A') führen als wenn die Gesichter in beiden Fällen ohne Zusatzinformationen in einem reduzierten Kontext gezeigt werden.**

Hinsichtlich der Hypothese 3a ist auch die relative Größe von Subtraktions- vs. Additionseffekten von Interesse. Da bei Subtraktionsuntersuchungen während der Lernphase die Aufmerksamkeit durch die zusätzlichen Hinweisreize vom Gesicht, das beim Test allein als Basis des Wiedererkennens zur Verfügung steht, abgelenkt wird, erwarten wir relativ größere Subtraktions- als Additionseffekte, da das Hinzufügen von zusätzlichen Elementen bei Kontextadditionen keine so starke Beeinträchtigung darstellen dürfte. Formal ausgedrückt:

H10.3d: **Subtraktion von Kontext führt zu stärkerer Beeinträchtigung als Addition von Kontext.**

10.3.1 Zusammenfassung und Reanalyse bisheriger Untersuchungen

Seit der Durchführung unserer eigenen Untersuchungen (vgl. unten) sind eine stattliche Anzahl von Studien zu Kontexteffekten beim Wiedererkennen von Gesichtern erschienen, die Kontext auf äußerst unterschiedliche Weise definiert haben.[1] Wir haben diese Untersuchungen danach gruppiert, ob sie *Kontext als Teil der Stimuluspräsentation*, oder als *Kontext der Versuchsperson* manipuliert haben. Auch innerhalb dieser beiden groben Klassen ist die Art der Kontextmanipulationen noch recht unterschiedlich; als Teil der Stimuluspräsentation wurde Kontext definiert als:[2]

(1) *Verbale Etiketten* oder kurze Attributsätze (z.B. "Wirt einer Dorfkneipe"); z.B. WATKINS, HO und TULVING (1976, Experiment 2); BADDELEY und WOODHEAD (1982); KERR und WINOGRAD (1982, Experiment 4);

(2) *Namen* (einschließlich der Stimme, die einen Namen sprach); z.B. PERIS und TIBERGHIEN (1984); vgl. auch Kapitel 11 zum Lernen von Eigennamen;

(3) *Gesichtspaare* (eines als Kontext des anderen); vgl. BOWER und KARLIN (1974, Experiment 3); WATKINS, HO und TULVING (1976, Experiment 1); WINOGRAD und RIVERS-BULKELEY (1977);

(4) *Frisur* (Perücken), Bärte, Kopfbedeckungen (Hüte und Mützen), Vermummungen und Masken; vgl. DAVIES und FLIN (1984); LAUGHERY und FOWLER (1977); PATTERSON und BADDELEY (1977); DIAMOND und CAREY (1977); BRUTSCHE, CISSE, DELEGLISE, FINET, SONNET und TIBERGHIEN (1981); DAVIES und FLIN (1984); CUTLER, PENROD, O'ROURKE und MARTENS (1986); CUTLER, PENROD und MARTENS (1987a); CUTLER, PENROD und MARTENS (1987b);

(5) *Kleidung*; z.B. LINDSAY, WALLBRIDGE und DRENNAN (1987); SANDERS (1984); THOMSON (1981); THOMSON, ROBERTSON und VOGT (1982); THOMSON (1988);

(6) *Darstellungspose* (z.B. Frontal- vs. Dreiviertel- vs. Profilansicht); vgl. DAVIES und MILNE (1982); KROUSE (1981); THOMSON, ROBERTSON und VOGT (1982);

(7) Handlung oder *Aktivität* (sitzend vs. stehend; Arbeiter mit Schaufel); vgl. THOMSON, ROBERTSON und VOGT (1982);

(8) *Bildhintergrund* (z.B. Palmen am Meer, Ziegelsteinwand) beim Foto-Foto-Paradigma und/oder Gegenstände bei Film- und Wirklichkeitsversuchen (z.B. Registrierkasse bei einem Überfall auf ein Lebensmittelgeschäft); vgl. BEALES und PARKIN (1984); DAVIES und MILNE (1982); KLEE, LESAUX, MALAI und TIBERGHIEN (1982); THOMSON (1981); THOMSON, ROBERTSON und VOGT (1982); THOMSON (1988); MEMON und BRUCE (1983); PARKIN und HAYWARD (1983); SANDERS (1984).

Die Kontextumgebung (extern oder intern) der Versuchsperson wurde manipuliert als:

(9) Unterschiedliche *Untersuchungsräume* für Darbietungs- und Testphase - konfundiert mit der Aktivität des Sich-Begebens in einen anderen Raum; vgl. DAVIES und MILNE

---

[1] Zum Zeitpunkt der Planung und Erhebung der hier vorgestellten Untersuchung (1981) waren nur sehr wenige der hier aufgeführten Studien erschienen. Wahrhaft ein Zeichen für den Forschungsboom, den Kontexteffekte im Gedächtnis ausgelöst haben.

[2] In einigen der aufgeführten Untersuchungen wurden mehrere Aspekte von Kontext gleichzeitig verändert (konfundiert). Wir haben diese Untersuchungen entweder mehrfach aufgelistet oder bei der am wichtigsten erscheinenden Manipulation aufgeführt.

(1985); BROWN, DEFFENBACHER und STURGILL (1977, Experiment 1); WAGSTAFF (1982);
(10) *Drogenkonsum*; hier gibt es u.W. nur eine Untersuchung über Marihuana: YUILLE (pers. Mitt.);
(11) *Vergegenwärtigung* des Wahrnehmungskontextes in der Vorstellung (reinstatement of context; z.B. durch die Technik des "geleiteten Gedächtnisinterviews" in Untersuchungen zur Aussagepsychologie); vgl. MALPASS und DEVINE (1981); GEISELMAN, FISHER, FIRSTENBERG, HUTTON, SULLIVAN, AVETISSIAN und PROSK (1984); LOFTUS, MANBER und KEATING (1983); s. die Zusammenfassung bei MALPASS (1990).

Es ist uns in diesem Rahmen nicht möglich, auf die zahlreichen Einzeluntersuchungen einzugehen, in denen Kontext in den hier aufgezählten Formen variiert wurde (vgl. die Übersichten bei DAVIES, 1986, 1988; MALPASS, 1990; MEMON & BRUCE, 1985). Wir wollen hier lediglich die Möglichkeit einer Rekonzeptualisierung bisheriger Befunde anhand einer Gruppe ausgewählter Untersuchungen exemplarisch aufzeigen.

10.3.1.1 METHODE DER REANALYSE

Wir haben daher für diese Gruppe von Untersuchungen die *Mittelwerte* für Treffer und falsche Alarme für kongruente und inkongruente Kontextbedingungen der Literatur entnommen bzw. diese von den dort angegebenen Zellenmittelwerten berechnet. Die Studien wurden danach klassifiziert, ob es sich unserer Auffassung nach um einen absolut oder um einen relativ neuen Kontext handelte. Aus den angegebenen Mittelwerten für Treffer und falsche Alarme wurden dann die nicht-parametrischen Maße der Wiedererkennensleistung (A') und der Reaktionsneigung (*beta"*) berechnet.

Wir wollen diese Berechnungen an einem Beispiel erläutern. Dieses Beispiel stellt zugleich eine der wenigen Untersuchungen dar, in denen Kontext durch Kleidungsstücke einer Person operationalisiert wurde. BRUTSCHE, CISSE, DELEGLISE, FINET, SONNET und TIBERGHIEN (1981) manipulierten Kontext als die Hüte, mit denen junge Frauen abgebildet waren. In der Darbietungsphase wurden acht verschiedene Gesichter mit acht verschiedenen Hüten gezeigt; beim Test trugen vier denselben Hut wie in der Lernphase, die anderen vier "neue" Hüte. Die Hälfte der als Distraktoren fungierenden Gesichter trugen Hüte, die während der Darbietungsphase noch nicht gezeigt worden waren, während die anderen vier Frauen die restlichen "alten" Hüte aufhatten - in unserer Terminologie: ein "relativ neuer" Kontext.

Obwohl Treffer und falsche Alarme nur anhand von je vier Items berechnet wurden, ergab sich ein hochsignifikanter Kontexteffekt für Treffer (93% vs. 41%), während der Unterschied zwischen den falschen Alarmen sich als nicht reliabel erwies (26% vs. 19%). Unsere Reanalyse dieser Daten (s. unten: Tabelle 10.3) zeigt jedoch, daß trotz des Anstiegs in der Diskriminationsleistung (von A' = .702 auf .906) ein alter Kontext zu einer Verschiebung des Entscheidungskriteriums führte. Bei absolut neuem Kontext (vorher nie gesehenen Hüten) wählten die Vpn ein eher vorsichtiges Entscheidungskriterium (*beta"* = .222), während sie bei altem (nur relativ neuem) Kontext (vorher gezeigten Hüten) sehr viel unvorsichtiger vorgingen (*beta"* = -.494). So gaben bei altem Kontext 59% eine "Ja-Antwort", während bei einem absolut neuen Kontext - einem vorher nicht gezeigten Hut - nur 30% glaubten, die Frau schon mal gesehen zu haben. Die Wiederherstellung des Wahrnehmungskontextes führte also nicht nur zu einer Verbesserung der Wiedererkennensleistung, sondern auch zu einem illusionären Vertrautheitsgefühl, das zu Fehlurteilen bezüglich dem Wiedererkennen einer Person führen kann. Dieses Problem hat daher vor allem Forscher auf dem Gebiet der Zeugenaussage besonders beschäftigt (vgl. die Zusammenfassung bei MALPASS, 1990).

10.3.1.2 ERGEBNISSE UND DISKUSSION DER REANALYSE

Wir geben in Tabelle 10.2 einen Überblick über die ausgewählten Untersuchungen und die Arten der Kontextveränderungen. Die Untersuchungen sind so angeordnet, daß mit abnehmender Anzahl gleichzeitig veränderter Hinweisreize (z.B. Hintergrund, Kleidung und Aktion der abgebildeten Person, die in einigen Untersuchungen konfundiert sind; z.B. THOMSON, ROBERTSON & VOGT, 1982), zunehmend schwächere Kontexteffekte auftreten sollten. Fast alle Experimente betrafen eine Veränderung, die wir als relativ neuen Kontext gekennzeichnet haben (Untersuchungen 1 bis 11 in Tabelle 10.2). In diesen Untersuchungen erwarteten wir daher im Einklang mit den aufgestellten Hypothesen nicht nur einen Einfluß auf die Diskriminationsleistung A', sondern auch auf die Reaktionsneigung *beta"*. Lediglich in den beiden letzten aufgeführten Untersuchungen, bei denen es sich um einen absolut neuen Kontext beim Test handelte (jeweils einzigartig neuer Bildhintergrund bei DAVIES & MILNE, 1982, bzw. Abdeckung bzw. Sichtbarkeit der Kleidung in unserem Experiment 11; s. unten), erwarteten wir einen echten Kongruenzeffekt auf die Diskriminationsleistung ohne gleichzeitige Verschiebung des Entscheidungskriteriums (s. Tabellen 10.2 und 10.3).

TABELLE 10.2: *Arten von Kontextveränderungen, geordnet nach der Anzahl verfügbarer Hinweisreize beim Test*

Nr.	Untersuchung	Jahr	Exp.	N	Hinweisreize
1	Thomson	1981	1	304	HI+KL+AK
2	Thomson et al.	1982	1	40	HI+KL+AK
3	Thomson et al.	1982	2	68	HI+KL+AK
4a	Thomson et al.	1982	4a	80	HI+KL+AK
4b	Thomson et al.	1982	4b		HI/KL/AK
5	Thomson et al.	1982	5a	72	HI+KL+AK
6	Thomson	1988	1	64	HI+KL+AK[c]
7a	Thomson et al.	1982	3a	60	HI
7b	Thomson et al.	1982	3b		KL
7c	Thomson et al.	1982	3c		AK
8	Klee et al.	1982	1	30	HI
9	Memon & Bruce	1983	1	40	HI
10	Memon & Bruce	1983	2	40	HI
11	Brutsche et al.	1981	1	32	Hüte
12	Davies & Milne	1982	1	80	HI
13	Sporer	1990	11	145	KL (A/S)

Anm.: [a]Bedingungen "inchangé" und "faible association"; [b]Bedingung "different"; [c]Nicht eindeutig angegeben. HI = Hintergrund; KL = Kleidung; AK = Aktion; ? = unklar; A/S = Addition/Subtraktion.

Wir haben die Ergebnisse unserer Reanalyse in Tabelle 10.3 dargestellt. Neben den Proportionen für Treffer und falsche Alarme bei altem und neuem Kontext enthält die Tabelle die von uns berechneten Werte für A' und *beta"* ohne bzw. mit Veränderung von Kontextinformationen. Während bei altem Kontext die Diskriminationsleistung mit einem durchschnittlichem A' von .880 sehr hoch war, fiel sie bei einem Wechsel des Kontextes auf .768 ab. Obwohl wir hier von einer Leistungsverbesserung infolge der Wiederherstellung des Wahrnehmungskontextes sprechen können, sollten wir doch genauer auf die Kosten achten, aufgrund derer dieser Leistungsvorteil erkauft wurde.

TABELLE 10.3: *Reanalyse von Treffern (Hits), falschen Alarmen (FA), A' und beta" in Untersuchungsbedingungen mit altem und neuem Kontext (K)*

Exp.	N	K[a]	Bedingung							
			Hits (alt)	Hits (neu)	FA (alt)	FA (neu)	A' (alt)	A' (neu)	beta" (alt)	beta" (neu)
1	304	2	.890	.250	.440	.140	.827	.642	-.431	.218
2	40	2	.913	.330	.180	.147	.924	.692	-.300	.276
3	68	2	.936	.429	.259	.167	.909	.731	-.524	.276
4b	80	2	.879	.294	.375	.156	.845	.658	-.376	.224
4b	---	2	.879	.675	.375	.302	.845	.772	-.376	.020
5	72	2	.977	.386	.273	.182	.922	.694	-.797	.228
6	64	2	.938	.563	.500	.125	.836	.820	-.623	.385
7a	60	2	---	.683	---	.337	---	.757	---	-.016
7b	---	2	---	.774	---	.411	---	.771	---	-.161
7c	---	2	---	.722	---	.372	---	.761	---	-.076
8	30	2	.950	.650	.420	.070	.868	.879	-.674	.555
9	40	2	.796	.615	.250	.150	.853	.826	-.072	.300
10	40	2	.839	.725	.221	.148	.882	.868	-.121	.225
11	32	2	.930	.410	.260	.190	.906	.702	-.494	.222
12	80	1	.711	.604	.122	.176	.875	.807	.315	.245
13	145	1	.882	.819	.075	.114	.947	.914	.200	.190

[a] Art der Kontextänderung: 1 = absolut neu; 2 = relativ neu.

Mit Ausnahme der letzten beiden Untersuchungen (12 und 13) mit absolut neuem Kontext führen nämlich alle zusätzlichen Hinweisreize zu einem negativen Reaktionsbias, also unvorsichtigerem Entscheidungsverhalten (für die Untersuchungen 1 bis 11: beta" = -.435; für 12 und 13: .258). Umgekehrt führen alle neuen Kontexte (mit der scheinbaren Ausnahme der drei Untersuchungsbedingungen 7a, 7b und 7c: THOMSON et al., 1982, Experiment 3) zu einem vorsichtigeren Entscheidungsverhalten (für 1 bis 11: .266; für 12 und 13: .258). Mit anderen Worten: Die Wirkungen von altem und neuem Kontext auf die Reaktionsneigung interagieren mit der Art des "neuen" Kontextes, je nachdem, ob es sich um einen absolut neuen oder einen relativ neuen Kontext handelt.

Auch die Untersuchung von THOMSON et al. (1982, Experiment 3) stellt insofern keine Ausnahme dar: Hier wurden zwar in den Bedingungen a, b bzw. c der Hintergrund, die Kleidung oder die Aktion (Handlung) der abgebildeten Person verändert, aber die beiden anderen Komponenten waren für alte und neue Stimuluspersonen jeweils identisch. Wir hätten die angegebenen Werte daher ebenfalls unter den alten Kontextbedingungen einreihen können. Jedenfalls deutet die negative Reaktionsneigung auch in dieser Untersuchung darauf hin, daß alte Kontextelemente zu unvorsichtigerem Entscheidungsverhalten führten.

10.4 Experiment 11: Kleidung als Kontext

Obwohl wir die Ergebnisse von Experiment 11 bereits in dieser Reanalyse miteingeschlossen haben, sollten wir im folgenden doch etwas detaillierter auf diese Untersuchung eingehen. Insbesondere interessierte uns die Frage, welche Funktion die *Kleidung* einer Person als Kontextvariable einnehmen würde. Kleidung mag - ähnlich der Frisur oder Brille - eine gewisse Sonderstellung als Kontextmerkmal insofern einnehmen, als sie, im Gegensatz zu Umgebungen, Situationen und Bildhintergründen, wie sie in den meisten Untersuchungen manipuliert wurden, doch eher ein persönliches Merkmal einer Person darstellt. Wenn wir unterstellen, daß die meisten Leute sich nicht wahllos kleiden, sondern versuchen, etwas zu ihnen "Passendes" zu tragen, so könnte man daraus ableiten, daß, wenn es überhaupt im visuellen Bereich so etwas wie *interaktiven* Kontext für Gesichter gibt, dies noch am ehesten für die Kleidung einer Person zutreffen könnte. Demgegenüber sollte ein Bildhintergrund (z.B. ein Gebäude oder eine Landschaft) eher einen *unabhängigen* Kontext darstellen, auch wenn hier ebenfalls interaktive Konstellationen denkbar sind.

Zudem waren bei den meisten bisherigen Untersuchungen die Kleidung als Kontextvariable mit anderen Kontextmerkmalen konfundiert (vgl. Tabelle 10.2), so daß der Einfluß von Kleidung als solcher nicht isoliert festgestellt werden konnte. Selbst eines der Experimente von THOMSON et al. (1982, Experiment 3), in dem Kleidung mit dem Bildhintergrund und der Aktion (Tätigkeit) einer Person verglichen werden sollte, ist insofern nicht schlüssig, als in dem Design keine Bedingung ohne Kontextänderung als Kontrollgruppe enthalten war. Der relative Einfluß der Veränderung der Kleidung war somit nicht direkt feststellbar.

Auch war, wie wir im letzten Abschnitt gesehen haben, bisher in fast allen Untersuchungen - wie wir meinen: korrekterweise - mit einer Manipulation von relativ neuem Kontext gearbeitet worden. Lediglich DAVIES und MILNE (1982) verwendeten offenbar jeweils verschiedene Hintergründe für jedes einzelne Stimulusgesicht und für jeden der Distraktoren, was zu unserer Klassifizierung als absolut neuer Kontext führte. In unserer Untersuchung haben wir ebenfalls eine Manipulation im Sinne eines absolut neuen Kontextes angestrebt, indem wir die Sichtbarkeit der Kleidung während der Darbietungs- und während der Testphase orthogonal variierten. Da die Sichtbarkeit der Kleidung in der Bedingung ohne Kontextreize (OK) uniform durch schwarze Tusche abgedeckt wurde, kann diese Manipulation auch als Subtraktion oder Reduktion bzw. umgekehrt als Addition oder Anreicherung von Hinweisreizen verstanden werden (vgl. oben). Wir erwarteten daher eine echte cross-over-Wechselwirkung von Darbietungs- und Testkontext (Kongruenzeffekt) bei allen Leistungsmaßen, ohne einen verzerrenden Einfluß durch eine Verschiebung des Entscheidungskriteriums (vgl. dazu oben die Hypothesen 10.3a und 10.3b). Zusätzlich waren für uns die Vergleiche von angereichertem Kontext bei Darbietung und Test mit bei beiden Malen reduziertem Kontext (Hypothese 10.3c), sowie die relative Größe von Kontextaddition bzw. -subtraktion (Hypothese 10.3d) von Interesse.

10.4.1 Methode von Experiment 11

Experiment 11 wurde identisch[3] mit Experiment 1 durchgeführt (s. Kapitel 5), so daß sich hier eine genauere Beschreibung der Stimulusmaterialien und Versuchsdurchführung erübrigt.[4]

10.4.1.1 VERSUCHSPERSONEN

An Experiment nahmen 145 Studenten (70 Männer, 75 Frauen) im Alter von 19 bis 44 Jahren teil (Altersmedian: 23,1 Jahre) teil. Davon waren 38 Studierende der Betriebswirtschaft, 87 der Erziehungswissenschaft und 20 der Psychologie bzw. Schulpsychologie. Die Vpn wurden den vier Kontextbedingungen durch einen randomisierten Code auf einem der Fragebögen zugewiesen.

10.4.1.2 STIMULUSMATERIAL UND KONTEXTMANIPULATIONEN

Als Stimulusmaterial dienten Kopien von 60 der von HASSEBRAUCK (1983, Experiment 2) verwendeten 64 Dias von Männern und Frauen.[5] Kontext (anwesend vs. abwesend) wurde unabhängig bei der Darbietungsphase und der Testphase durch Sichtbarkeit vs. Nicht-Sichtbarkeit der Kleidung der Zielperson manipuliert: In der Nicht-Sichtbarkeitsbedingung wurde die Kleidung der Zielperson mit schwarzer Tusche verdeckt. Hieraus resultierten vier Stimulusbedingungen: Kein Kontext während der Darbietung (Kleidung ist nicht sichtbar) und kein Kontext während des Tests (OK-OK-Bedingung), kein Kontext während der Darbietung, jedoch Kontext (Kleidung sichtbar) während des Tests (OK-MK), Kontext während der Darbietung, aber kein Kontext während des Tests (MK-OK), Kontext sowohl während der Darbietung als auch während des Tests (MK-MK). Diese vier Bedingungen wurden für beide Darbietungssets A und B getrennt realisiert. Die Darbietungssets (Fotosets) stellen somit eine interne Replikation des Experiments dar, die in der statistischen Auswertung zwar berücksichtigt wurden, auf die jedoch bei der Diskussion der Ergebnisse nicht näher eingegangen wird.

10.4.1.3 DURCHFÜHRUNG

Den Vpn wurde das Experiment als Versuch zur "Personenwahrnehmung" vorgestellt (inzidentelle Lernbedingung), in deren Rahmen sie eine Reihe von Personen nach Attraktivität und Sympathie beurteilen sollten (für Details, s. Kapitel 5). Am Ende der Darbietungsphase füllten alle Versuchspersonen einen "Fragebogen zur Sozialen Interaktion" als Fülleraktivität aus. Im Anschluß daran wurden sie in einen zweiten Untersuchungsraum geführt, in dem dann der Wiedererkennenstest stattfand (s. Kapitel 5). Unabhängig von den im letzten Abschnitt beschriebenen Kontextmanipulationen wurden die Vpn somit teilweise zusätzlich einer Veränderung des Untersuchungsraumes als externem Kontext der Versuchsperson unterworfen, der jedoch nach unseren Vorauswertungen keinen Einfluß auf die Wiedererkennensleistung zeigte.

10.4.2 Ergebnisse von Experiment 11

10.4.2.1 DESIGN UND STATISTISCHE ANALYSEN

Abhängige Variablen. Die wichtigsten abhängigen Variablen waren die Prozentsätze der Treffer und der falschen Alarme getrennt für Gesichter von Männern und Frauen und der nichtparametrische Index der Wiedererkennensleistung A' der Signalentdeckungstheorie[6] (RAE, 1976; s.

---

[3] Genau genommen wurden beide Experimente zusammen durchgeführt: Experiment 1 ist eine Teilmenge von Experiment 11 insofern, als es lediglich eine der vier Kontextbedingungen von Experiment 11 (die Bedingung MK-OK) verkörpert.

[4] Diese Untersuchung wurde von Frau Dipl.-Psych. Heidrun ENGELHARDT als Diplom-Arbeit an der Universität Erlangen-Nürnberg durchgeführt. Hiermit möchte ich Frau ENGELHARDT sowie den Hilfskräften Frau Dipl.-Psych. Carina LOTTER und Frau Dipl.-Psych. Sabine KÜCHLER für Ihren Einsatz besonders danken. Die Untersuchung erfolgte mit Unterstützung durch eine Sachbeihilfe der Deutschen Forschungsgemeinschaft (Sp 262/1-1 und 1-2) an den Verfasser. Wir sind der Deutschen Forschungsgemeinschaft ebenfalls zu großem Dank verpflichtet.

[5] Hiermit möchte ich Herrn Dr. Manfred HASSEBRAUCK für die Bereitstellung der Dias danken.

[6] Für diesen Zweck wurden perfekte Treffer- und falsche Alarmraten (100% bzw. 0%) in Proportionen von je .01 und .99 transformiert.

Kapitel 3). A' wurde für die Gesichter von Männern und Frauen getrennt berechnet, wobei falsche Alarme bei männlichen Gesichtern mit den Treffern bei den männlichen Gesichtern verrechnet wurden, und dementsprechend falsche Alarme bei weiblichen Gesichtern mit den Treffern bei den weiblichen Gesichtern. Die Anwendung von A' wurde dem üblichen Gebrauch von d' vorgezogen, da dieses nicht-parametrische Maß weder die Annahme notwendig macht, daß die zugrunde liegende Verteilung normal ist, noch, daß eine Gleichverteilung von Treffern und falschen Alarmen vorliegt (vgl. GRIER, 1971; PASTORE & SCHEIRER, 1974; RAE, 1976; siehe Kapitel 3). Zusätzlich wurde das nichtparametrische Signalentdeckungsmaß $beta''$ (vgl. GRIER, 1971; siehe Kapitel 3) angewendet, um die Hypothese zu testen, daß die Wiederherstellung des Kontextes lediglich die Antworttendenz (response bias) beeinflußt und nicht die Wiedererkennensleistung per se. Schließlich wurde ein Index für die subjektive Sicherheit (confidence) in die eigene Entscheidung berechnet, wofür die absoluten Werte der Konfidenzurteile für die Alt-Neu-Antworten über alle 60 Items gemittelt wurden. Diese Konfidenzurteile wurden in erster Linie für die Messung der Beziehung zwischen Wiedererkennensleistung und subjektiver Sicherheit verwendet.

Übersicht über die statistischen Analysen. Hauptanalysen waren vier 2x2x2x2(x2) ANOVAS (unweighted means ANOVAS für ungleiche ns) mit den Anteilen der Treffer und der falschen Alarme, und A' und $beta''$ als abhängigen Variablen. Es gab vier unabhängige Faktoren (Kontext während der Darbietungsphase, Kontext während der Testphase, Geschlecht der Vp und Stimulusset) und einen Meßwiederholungsfaktor (Geschlecht der Stimulusperson).

10.4.2.2 DESKRIPTIVE ANALYSEN

Ehe wir uns den Hauptanalysen zuwenden, sollten wir beachten, daß vorläufige deskriptive Analysen gezeigt haben, daß die Wiedererkennensleistung in diesem Experiment insgesamt außerordentlich hoch war, ja sogar einem Deckeneffekt nahe kam. Die Prozentsätze der Treffer reichte von 50,0% (d.h. 15 von 30 alten Gesichtern = Zufallsniveau) bis 100% ($M = 84,9\%$; $s = 11,4\%$). Entsprechend lagen die Häufigkeiten der falschen Alarme sehr niedrig; sie reichten von 0% bis 43,3% (d.h. 13 von 30; $M = 9,6\%$; $s = 7,5\%$). Ähnlich wie bei den Treffern und falschen Alarmen zeigte die Verteilung von A' ebenfalls eine Tendenz zu einem Deckeneffekt (.696 bis .999; $M = .927$; $s = .54$), aber - wie die negative Korrelation zwischen Treffern und falschen Alarmen ($r = -.29$, $p < .001$) ebenfalls zeigt - war die Streuung breit genug, um weitere sinnvolle Analysen vorzunehmen.[7] Analysen der Antworttendenzen ($beta''$) zeigten, daß die Vpn generell ziemlich vorsichtig antworteten ($M = .16$; $s = .44$). Die durchschnittliche subjektive Sicherheit war ebenfalls extrem hoch ($M = 3.55$; $s = .41$). Zu der Analyse von $beta''$ und den Sicherheitsratings werden wir am Ende des Ergebnisteils noch einmal zurückkehren.

10.4.2.3 KONGRUENZEFFEKTE

Bei Abwesenheit von Haupteffekten hinsichtlich des Kontextes bei der Darbietungs- oder Testphase und hinsichtlich des Einflusses der Fotosets (alle F-Werte $(1;129) < 3.49$, $ns.$), sollten wir unseren Schwerpunkt auf die Kongruenzeffekte legen. Wie vorhergesagt fanden wir sehr starke Wechselwirkungen bezüglich des Kontextes während der Darbietung und des Kontextes während der Testphase (Kongruenzeffekte) bei allen drei Maßen der Wiedererkennensleistung (Treffer: $F(1;129) = 12.25$; $p = .0006$; FA: $F(1;129) = 9.31$, $p = .003$; A': $F(1;129) = 16.73$, $p < .0001$). Tabelle 10.4 zeigt die Mittelwerte von Treffern, falschen Alarmen, A', $beta''$ und Konfidenzurteilen in diesen vier Kontextbedingungen.

Die Stabilität des Kongruenzeffektes wird dadurch unterstützt, daß in den beiden Bedingungen, in denen keine Änderung des Kontextes während der Darbietungs- und der Testphase (OK-OK und MK-MK) vorgenommen wurde, die Leistung bei allen drei Maßen eindeutig besser war als in den Bedingungen, in denen der Kontext geändert wurde (Kleidung bei der Darbietung sichtbar und beim Testen verdeckt (MK-OK), bzw. umgekehrt (OK-MK)). A-priori-Kontraste zwischen den kombinierten Mittelwerten der Kongruenzbedingungen (OK-OK plus MK-MK) vs. den nicht kongruenten Bedingungen (OK-MK plus MK-OK) waren hochreliabel für die Treffer

---

[7] Parallel zu den Analysen von A' berechneten wir analoge Analysen mit dem parametrischen Diskriminationsindex d'. Diese führten zu identischen Resultaten. A' und d' korrelierten mit .89 für die Gesichter von Männern, und .91 für die von Frauen. Aufgrund der statistisch weniger strikten Annahmen, die A' zugrundeliegen, bevorzugten wir dieses Maß.

($F(1;129) = 13.18$, $p = .0004$; falsche Alarme ($F(1;129) = 10.01$, $p = .002$) und A' ($F(1;129) = 18.00$, $p < .0001$). In den kongruenten Bedingungen lag die Leistung bei Treffern (gemittelt über OK-OK und MK-MK: 88,2%), den falschen Alarmen (7,5%) und A' (.943) klar höher als bei einem Kontextwechsel (81,9% Treffer, 11,4% FA bzw. A' = .909).

TABELLE 10.4: *Mittlere Treffer (in %), Falsche Alarme (in %), A', beta" und Konfidenzurteile als Funktion von Darbietungs- und Testkontext (N = 145)*

Darbietungs- kontext	Abhängige Variablen	Testkontext		Rand- Mittelwerte
		Ohne	Mit	
Ohne Kontext	Treffer:	86.9	80.4	83.6
	FA:	8.8	12.0	10.4
	A':	.935	.902	.918
	beta":	.03	.16	.09
	Sicherheit:	3.59	3.44	3.51
Mit Kontext	Treffer:	83.4	89.5	86.4
	FA:	10.7	6.1	8.4
	A':	.917	.951	.934
	beta":	.18	.19	.18
	Sicherheit:	3.52	3.66	3.59
Rand- Mittelwerte	Treffer:	85.1	84.9	
	FA:	9.8	9.11	
	A':	.926	.926	
	beta":	.11	.17	
	Sicherheit:	3.55	3.55	

Es ist ebenfalls bemerkenswert, daß die MK-MK-Bedingung, in der die Kleidung sowohl während der Darbietungsphase als auch während der Testphase sichtbar war, lediglich zu einer geringfügig, aber nicht signifikant besseren Leistung führte (s. Tabelle 10.4) als die OK-OK-Bedingung (a-priori-Kontraste: Treffer: $F(1;129) = 1.15$, $p > .25$; FA: $F(1;129) = 2.39$, $p > .10$; A': $F(1;129) = 1.92$, $p > .15$).

10.4.2.4 GESCHLECHTEREFFEKTE

Geschlecht der Vpn und Geschlecht der Stimulusbilder hatten ebenfalls einen Einfluß auf die Wiedererkennensleistung. Wir werden diese Ergebnisse genauer in Kapitel 14 über Gruppen- und Persönlichkeitsunterschiede beim Wiedererkennen von Gesichtern berichten. Beide Faktoren interagierten zum Teil miteinander, worauf wir dort ebenfalls detailliert eingehen werden.

10.4.2.5 ANALYSEN DER ANTWORTTENDENZEN

Eine 2x2x2(x2) ANOVA mit dem nichtparametrischen Maß der Antworttendenzen, beta", analog den Analysen mit den Wiedererkennensmaßen, zeigte keine Kennzeichen eines Kongruenzeffektes. Die Interaktion Kontext während der Darbietungsphase x Kontext während der Testphase war weit davon entfernt, signifikant zu sein ($F(1;129) = .74$, $p > .30$). Keiner der manipulierten Faktoren hatte einen Einfluß auf das Antwortkriterium. Eine Ausnahme bildete ein hochsignifikanter Haupteffekt bezüglich des Geschlechts der Stimulusperson ($F(1;129) = 16.25$, $p < .0001$). Dieser Effekt wurde durch eine signifikante Interaktion von Geschlecht der

Stimulusperson x Kontext während der Testphase modifiziert ($F(1;129) = 6.19$, $p = 0.14$). Im allgemeinen wurde bei weiblichen Gesichtern bereitwilliger mit "Ja - schon gesehen" geantwortet (*beta*": $M = .03$) als bei männlichen Gesichtern ($M = .25$). Dies war insbesondere dann der Fall, wenn die Kleidung während der Testphase zu sehen war (weibliche Gesichter: $M = .00$; männliche Gesichter: $M = .34$; einfacher Haupteffekt: $F(1;245) = 20.72$, $p < .001$).

10.4.2.6 Subjektive Sicherheit

Für jede Vp wurde ein mittleres Maß der subjektiven Sicherheit durch Mitteln über alle Konfidenzurteile für alle 60 Gesichter berechnet. Das durchschnittliche Konfidenzurteil war insgesamt extrem hoch ($M = 3.55$, $s = .41$). Bei Frauen ($M = 3.66$) zeigte sich sogar eine noch größere Zuversicht als bei Männern ($M = 3.45$; $F(1;129) = 9.34$, $p = .003$). Trotz dieses Deckeneffektes variierten die Konfidenzurteile als eine Funktion der experimentellen Bedingungen.

Um subjektive Sicherheit als eine Funktion der Kontextmanipulationen während der Darbietungs- und der Testphase festzustellen, berechneten wir eine 2x2x2x2 "unweighted means" ANOVA mit Konfidenzurteilen als abhängiger und Kontext während der Darbietung, Kontext während der Testphase, Geschlecht der Vp und Fotoset als unabhängige Variablen. Entsprechend unseres Wiedererkennensmaßes fanden wir auch hier eine signifikante Wechselwirkung bezüglich Kontext während der Darbietung x Kontext während der Testphase ($F(1;129) = 4.30$, $p = .040$; s. Tabelle 10.4). Die Berechnung des a-priori-Kontrastes unterstützte ebenfalls den Kongruenzeffekt, wie er für die Wiedererkennensmaße oben beschrieben wurde ($F(1;129) = 4.63$, $p = .033$).

10.4.2.7 Beziehung zwischen Leistung und subjektiver Sicherheit

Die subjektive Sicherheit stand in einer hochsignifikanten Beziehung zu der Wiedererkennensleistung (bei Treffern: $r(143) = .55$, $p < .001$; FA: $r(143) = -.26$, $p < .001$; A': $r(143) = .53$, $p < .001$, und mit der Antwortneigung: $r(143) = -.18$, $p = .030$). Sowohl vom theoretischen als auch vom praktischen Standpunkt war es von Interesse, ob diese Korrelationen durch die Kontextmanipulation beeinflußt wurden. Tabelle 10.5 zeigt die Beziehung zwischen Leistungsparameter und der subjektiven Sicherheit für die Wiedererkennensmaße und die Antworttendenzen als eine Funktion der vier Kontextbedingungen. Die Korrelationen waren ziemlich hoch in allen Bedingungen, jedoch extrem hoch in der MK-MK-Bedingung, in der A' mit .71 mit den Konfidenzurteilen korrelierte (s. Tabelle 10.5).

10.4.3 Diskussion der Ergebnisse von Experiment 11

Ausgehend von unserer eingangs vorgenommenen Unterscheidung in absolut vs. relativ neuen Kontext beim Test haben wir hier eine Sonderform des absolut neuen Kontextes untersucht, nämlich die Reduktion eines angereicherten bzw. die Anreicherung eines reduzierten Kontextes. Kontext wurde operationalisiert als die Sichtbarkeit der Kleidung einer Stimulusperson, die bei Darbietung bzw. Test abgedeckt oder sichtbar war. Präsenz von Kleidung als Hinweisreiz bei Darbietung und Test wurde orthogonal variiert.

In Einklang mit unseren Hypothesen stellte sich der erwartete *Kongruenzeffekt* bei allen Maßen der Wiedererkennensleistung ein. Die Leistung war erwartungsgemäß am besten, wenn Kleidungsstücke sowohl bei der Darbietung als auch beim Test als Hinweisreize zur Verfügung standen. In dieser Bedingung konnten die Versuchspersonen nicht nur das Gesicht, sondern auch Besonderheiten der Kleidungsstücke als Hinweisreize für ihr Wiedererkennensurteil verwenden. Dies führte nicht nur zu der höchsten Anzahl von Treffern, der niedrigsten Anzahl von falschen Alarmen und somit zu der besten Diskriminationsleistung, sondern auch zu der höchsten durchschnittlichen subjektiven Sicherheit, mit der die Entscheidungen getroffen wurden.

Trotz der überaus hohen Leistungen bei der Wiederherstellung des Wahrnehmungskontextes beim Test unterschied sich diese angereicherte Bedingungskombination

(MK-MK) nicht von der reduzierten Kontextbedingung bei Darbietung und Test (OK-OK). Es ist offenbar die *Spezifität der Enkodierung* mehr denn die *Quantität* der gespeicherten Information, die für das Wiedererkennen von entscheidender Bedeutung ist. Zusätzliche Analysen der einfachen Haupteffekte erlauben weitere Schlußfolgerungen bezüglich der relativen Bedeutung von Addition und Subtraktion von Kleidung als Kontext. Wenn der Wiedererkennenstest mit der Kleidung sichtbar erfolgte (MK-MK und OK-MK), hatte die Präsenz bzw. Absenz der Kleidung während der Darbietungsphase einen sehr starken Effekt auf alle drei Wiedererkennensmaße (einfache Haupteffekte: Treffer: $F(1;129) = 12.22, p = .001$; FA: $F(1;129) = 10.11, p = .002$; A': $F(1;129) = 16.96, p < .001$). Im Gegensatz dazu spielte es bei einem Test mit abgedeckter Kleidung (OK-OK und MK-OK) eine relativ geringe Rolle, ob die Kleidung während der Darbietung vielleicht sichtbar gewesen war oder nicht: Es gab zwar einen marginal signifikanten einfachen Haupteffekt bei A' ($F(1;129) = 3.04, p = .084$), aber keinen Effekt bei Treffern ($F(1;129) = 2.32, p = .130$) oder falschen Alarmen ($F(1;129) = 1.38, p = .242$). Offenbar beeinträchtigt die *Wegnahme* von Hinweisreizen das Wiedererkennen weniger als die Hinzufügung derselben beim Test, wenn sie bei der Darbietung nicht mitgelernt worden waren. Dieser differentielle Effekt könnte auch dahingehend interpretiert werden, daß allgemein ein Wiedererkennenstest mit abgedeckter Kleidung - auch wenn es keinen Haupteffekt des Faktors Testkontext gab - vorzuziehen wäre, da diese Bedingung weniger von Hinweisreizen der Kleidung beeinflußbar erscheint. Möglicherweise führt die Anreicherung des Kontextes durch die Hinzufügung von Kleidungsstücken zu einer Verwirrung der Versuchspersonen, die ihre Wiedererkennensleistung beeinträchtigt.

TABELLE 10.5: *Korrelationen zwischen subjektiver Sicherheit und Wiedererkennensleistung als Funktion von Darbietungs- und Testkontext (N=145)*

Darbietung	Abhängige Variablen	Test	
		Ohne Kontext	Mit Kontext
Ohne Kontext	Treffer:	.48***	.43*
	FA:	-.13	-.20
	A'	.49***	.45*
	$beta''$	-.20	-.06
	n	(34)	(27)
Mit Kontext	Treffer	.61****	.54****
	FA:	-.09	-.63****
	A'	.47****	.71****
	$beta''$	-.34*	-.01
	(n)	(48)	(36)

$*p < .05$; $***p < .005$; $****p < .001$.

Im Gegensatz zu Untersuchungen, in denen ein *relativ* neuer Kontext zu einem illusionärem Vertrautheitsgefühl führt, gab es in unserer Untersuchung keine Anzeichen einer Verschiebung des Entscheidungskriteriums (*beta*") infolge von Kontextveränderungen, die wir als absolut klassifiziert haben. Die Analyse von Reaktionsneigungen erwies sich jedoch fruchtbar für ein Verständnis der Effekte des Versuchspersonengeschlechts und des Einflusses des Geschlechts der Stimulusgesichter, die wir in Kapitel 14 getrennt diskutieren werden.

10.5 Verbale Etiketten als Abrufkontext

In den Kapiteln über Prototypen und Stereotypen (6 und 7) sowie über Enkodierungsstrategien (Kapitel 8) hatten wir schon mehrfach die Rolle von verbalen Etiketten als potentielle Enkodierungshilfen diskutiert. Auch in Kapitel 9 über das Behaltensintervall haben wir die Bedeutung einer verbalen Kodierung beim Memorieren (rehearsal) von Gesichtsstimuli angeschnitten. Genau genommen hätten wir die beiden dort referierten Untersuchungen (Experimente 9 und 10) ebenso hier unter der Überschrift *"Wiederherstellung des Wahrnehmungskontextes"* (reinstatement of context) einreihen können. Ziel der in diesem Abschnitt vorgestellten Untersuchung (Experiment 12) war, die relative Effizienz einer einfachen *verbalen* und einer einfachen *visuellen* Strategie zur Wiederherstellung des Wahrnehmungskontextes miteinander zu vergleichen. Wir haben die Bedeutung verbaler und visueller Prozesse bei der Wahrnehmung und Enkodierung, der Speicherung und dem Abruf andernorts ausführlich diskutiert (s. SPORER, 1989), so daß wir hier weder eine ausführliche Literaturdokumentation noch eine detaillierte theoretische Analyse beabsichtigen.

Mehrere Autoren haben versucht, den Wahrnehmungskontext eines Gesichts durch Appositionen wie "er ist ein Alkoholiker", "er ist ein Vegetarier", "er raucht Zigarren" oder "er ist ein Psychiater" (KERR & WINOGRAD, 1982; WATKINS, HO & TULVING, 1976, Experiment 2), oder durch andere Zusatzinformationen über Größe, Gewicht, Beruf, Gewohnheiten, beliebte Aufenthaltsorte der abgebildeten Person anzureichern (BADDELEY & WOODHEAD, 1982). KERR und WINOGRAD (1982, Experiment 4) konnten tatsächlich eine Verbesserung der Wiedererkennensleistung feststellen, wenn die genannten Appositionen den Versuchspersonen während eines Alternative-Forced-Choice-Tests, bei dem das Etikett zu einem der beiden Gesichter gehörte, laut vorgelesen wurden. Es ist allerdings möglich, daß diese Testform besonders sensibel für Kontexteffekte ist, da schon der geringste Hinweis, der das verbale Etikett stärker mit dem einen als dem anderen Gesicht verbindet, zu besserem Wiedererkennen führen dürfte.

Demgegenüber konnten BADDELEY und WOODHEAD (1982) keine Verbesserung der Wiedererkennensleistung durch die genannten Gedächtnishilfen in einem JA-NEIN-Paradigma feststellen. Im Gegenteil, BADDELEY und WOODHEAD berichteten eine Verschiebung der Reaktionstendenz (gemessen als *logbeta*) zu leichtfertigerem Antwortverhalten infolge der verbalen Etikettierung, bei gleichbleibender Diskriminationsleistung (d').

Trotz dieser gemischten Befunde gingen wir in unserer eigenen Untersuchung zunächst davon aus, daß die Wiederherstellung des verbalen Wahrnehmungskontextes beim Test zu einer Verbesserung der Wiedererkennensleistung führen sollte. Als Arbeitshypothese formuliert:

H10.4: Die Wiedererkennensleistung (Treffer, FA, A') wird durch die Wiederbelebung verbaler Etiketten beim Test gefördert. Diese Verbesserung der Wiedererkennensleistung sollte nicht lediglich eine Folge der Verschiebung des Entscheidungskriteriums (beta") darstellen.

Allerdings müssen wir schon vorab eingestehen, daß das von uns realisierte experimentelle Design keine stringente Prüfung dieser Hypothese erlaubt, sondern nur als ein erster Schritt in diese Richtung angesehen werden sollte. Wir haben nämlich nicht für jedes Gesicht verbale Etiketten vorgegeben, sondern die Versuchspersonen selbst geeignete Einprägungsmerkmale generieren lassen (vgl. die "Kontrollgruppe" in den Experimenten 6 bis 8 über Enkodierungsstrategien). Die *Verbalisierung*sgruppe sollte sich dann vor dem Test die Gesichter durch intensives Lesen der eigenen Gedächtnishilfen wieder vergegenwärtigen. In der *Visualisierung*sgruppe wurden die Versuchspersonen dazu angehalten, sich vor dem Wiedererkennenstest möglichst viele Gesichter wieder *vorzustellen*. Eine zusätzliche Kontrollgruppe ohne Verbalisierung oder Visualisierung konnten wir - leider - in dieser Untersuchung nicht realisieren.

10.5.1 Methode von Experiment 12

10.5.1.1 VERSUCHSPERSONEN

Versuchspersonen waren 23 Studentinnen und Studenten (8 Männer; 15 Frauen zwischen 19 und 24 Jahren, *Median* = 26.0) der Universität Heidelberg, die im Rahmen eines Seminars über "Sozialpsychologische Beiträge zu sozialen Problemen" an dieser Untersuchung teilnahmen.[8] Die Vpn wurden durch vorher randomisierte Antwortbögen den beiden experimentellen Bedingungen zugewiesen.

10.5.1.2 VERSUCHSDURCHFÜHRUNG

Die Versuchsdurchführung folgte dem typischen Foto-Foto-Paradigma (vgl. Kapitel 2). Stimulusmaterialien und Versuchsdurchführung waren bis auf wenige Details identisch mit denen der Experimente 6 bis 8 in Kapitel 8. Anhand eines Probebildes wurde den Vpn ihre Aufgabe durch schriftliche Instruktionen, die vom Vl laut vorgelesen und gegebenenfalls leicht modifiziert erläutert wurden, erklärt. Die Vpn sollten sich jedes der 18 Gesichter (neun in Frontal- und neun in Dreiviertelansicht), die jeweils für fünf sec mittels einer elektronischen Versuchssteuerungsanlage auf die Leinwand projiziert wurden, genau einprägen, "damit sie sie nachher in einer Reihe anderer Bilder wiedererkennen könnten" (intentionale Lernbedingung). Unmittelbar nach jedem Bild folgte eine Pause von 15 sec ("off-time"), während der die Vpn auf dem Antwortbogen in der mit der Bildnummer versehenen Zeile aufschreiben sollten, "was sie sich zu der jeweiligen Person gedacht hatten, um sie sich einzuprägen". Diese Enkodierungsinstruktion entspricht der Kontrollgruppe (intentionale Lernbedingung) der Experimente 6 bis 8. Die Vpn wurden explizit darauf hingewiesen, daß sie alles niederschreiben sollten, sowohl (besondere) physische Merkmale, Charaktereigenschaften, aber auch, wenn sie die Person an jemanden bestimmten erinnerte, oder was sie sich eben gerade zu dieser Person dachten.

Nach der Darbietungsphase (ca. 7 min), und der Behaltensphase (gefüllt mit einer ca. 10-minütigen Vorlesung über sozialpsychologische Aspekte der Psychologie der Zeugenaussage), folgten die eigentliche experimentelle Manipulation und dann der Wiederkennenstest. Die eine Hälfte der Vpn (*Verbalisierungsgruppe*: "Verbale Abrufhilfen") sollte ihre (vorher umgedrehten) verbalen Beschreibungen 3 min lang sorgfältig durchlesen und sich einprägen, um sie als Abrufhilfen verwenden zu können. Beim Wiederkennenstest sollten sie die entsprechende Nummer der Darbietungsserie des als "alt" erkannten Testbildes, sofern sie sich daran noch erinnern konnten, zusätzlich zu dem Wiederkennensurteil angeben. Die andere Hälfte der Vpn (*Visualisierungsgruppe*: "Visuelles Sich Vorstellen") sollte sich für die gleiche Zeitdauer möglichst viele Gesichter so lebendig wie möglich wieder vorstellen.

---

[8] Ich darf hiermit sowohl den Teilnehmern als auch den Seminarleitern, Prof. Stephan HORMUTH, Ph.D., und PD Dr. Norbert SCHWARZ für ihre Kooperationsbereitschaft danken.

Beim Wiedererkennenstest wurden 36 Testbilder (18 neue, 18 alte) in Zufallsfolge für je 12 sec gezeigt, wobei nie mehr als drei alte bzw. drei neue hintereinanderkamen. Die Aufgabe wurde dadurch erschwert, daß die "alten" Gesichter nicht in derselben Pose (Frontalansicht bzw. Dreiviertelansicht) wie in der Darbietungsphase, sondern jeweils in der komplementären Pose während der Testphase gezeigt wurden. Dadurch sollte gewährleistet werden, daß die Vpn tatsächlich Gesichter, nicht nur die speziellen Fotografien, wiedererkennen müssen (vgl. BRUCE, 1982; DAVIES & MILNE, 1982).

10.5.2 Ergebnisse von Experiment 12

10.5.2.1 STATISTISCHE AUSWERTUNG

Die statistische Auswertung erfolgte mit der relativen Anzahl Treffer (% Hits), der relativen Anzahl falscher Alarme (% FA) und A', einem biasfreien, nichtparametrischen Maß der Wiedererkennensleistung, sowie $beta''$, dem nicht-parametrischen Maß der Reaktionsneigung, als abhängigen Variablen. Die vier 2x2 unweighted-means ANOVAs mit Vp-Geschlecht und Kontextwiederherstellung als unabhängigen, und den genannten Maßen als abhängigen Variablen ergaben keine signifikanten Geschlechterunterschiede oder Wechselwirkungen zwischen dem Geschlecht und der Form der Kontextwiederherstellung. Der Faktor Geschlecht der Vpn wird daher hier vernachlässigt und nur in Kapitel 14 über Gruppen- und Persönlichkeitsunterschiede wieder aufgegriffen.

10.5.2.2 EFFEKTE VON VERBALISIERUNG UND VISUALISIERUNG

Tabelle 10.6 zeigt die Mittelwerte für Trefferraten, falsche Alarme, A' und $beta''$ für die beiden Abrufbedingungen. Der einzige signifikante Unterschied zwischen den beiden Gruppen war eine signifikant höhere Trefferrate in der Visualisierungsgruppe (67,2%) gegenüber der Verbalisierungsgruppe (57,9%; $F(1;19) = 6.12, p = .023$). Auch die anderen Mittelwertsunterschiede (FA, A') tendieren *entgegen* unserer Hypothese zu Vorteilen der Visualisierungsgruppe, waren jedoch nicht statistisch reliabel (s. Tabelle 10.6). Unterschiede in der Reaktionsneigung waren nicht festzustellen.

TABELLE 10.6: *Mittelwerte der Treffer (in %), falschen Alarme (in %), A' und beta" für die Verbalisierungs- und Visualisierungsgruppe in Experiment 12 (N = 23)*

Wiederherstellung des Kontextes	Treffer	FA	A'	$beta''$	n
Verbalisierung	57.9	21.8	.77	.26	12
Visualisierung	67.2	19.2	.82	.21	11
$F(1;19)$	6.12	<1	2.01	<1	
$p <$	.023	ns.	.18	ns.	

Anm.: Tabelle aus SPORER (1989, S. 316).

10.5.3 Diskussion von Experiment 12

Diese Ergebnisse sind insofern bemerkenswert, als die Vpn in der Verbalisierungsgruppe, die sich die Zielgesichter anhand ihrer eigenen Beschreibungen wieder vorstellen sollten *und* dabei ihre eigenen Notizen als Gedächtnishilfen benutzen durften, *weniger* Gesichter richtig wiedererkannten als die Visualisierungsgruppe, die sich bloß soviele Gesichter wie möglich in ihrer Vorstellung ins Gedächtnis rufen sollte. Obwohl die von den Vpn zusätzlich geforderte Aufgabe, die jeweilige Nummer des Bildes in der Darbietungsserie anzugeben - die sie ja aufgrund ihrer Beschreibungsnotizen vom Antwortbogen ablesen konnten - ihre Leistung ebenfalls beeinträchtigt haben könnte, sind unsere Ergebnisse letztlich doch nicht überraschend. Zum einen laufen diese Ergebnisse mit denen von Experiment 9 (s. Kapitel 9) parallel. Dort hatten wir festgestellt, daß die Gruppe, die sich die gezeigten Gesichter "bloß" wiedervorstellen sollte, besser abschnitt als die Gruppe in der Elaborationsbedingung, in der die Vpn sich die abgebildete Person bei der Ausübung einer Aktivität (einem passenden Hobby wie Gitarrespielen) vorstellen sollten. Andererseits haben auch andere Autoren immer wieder den Vorteil von visuellen Verarbeitungsprozessen gegenüber verbalen Kodierungen von Gesichtern betont (vgl. SHEPHERD & ELLIS, 1990; SPORER, 1989). Beispielsweise haben GOLDSTEIN und CHANCE (1971) auf die undifferenzierte Natur von Gesichtsbeschreibungen hingewiesen, die die von den Vpn generierten verbalen Etiketten als Abrufhilfen eher unbrauchbar erscheinen lassen. Wir haben daraufhin ebenfalls die Beschreibungsprotokolle unserer Versuchspersonen durchgesehen und dabei festgestellt, daß diese überwiegend sehr allgemeine, wenig präzise Merkmale beinhalteten: z.B. "lange Haare", "sieht aus wie ein Priester", "sieht alt aus", u.s.w.

Dennoch wollen wir die Ergebnisse von KERR und WINOGRAD (1982, Experiment 4), die unseren eigenen zu widersprechen scheinen, nicht unter den Tisch kehren. Es gibt einige bedeutsame Unterschiede zwischen KERR und WINOGRADS und unserer eigenen Untersuchung, die zu den unterschiedlichen Ergebnissen geführt haben mögen. Der Natur nach ist KERR und WINOGRADS Untersuchungsparadigma dem zum Lernen von Eigennamen - einer Aufgabe zum Paarassoziationslernen (vgl. Kapitel 2 und 11) - sehr ähnlich. Die als Kontext definierten Attribute üben eine ähnliche Funktion aus wie die Eigennamen, die zu bestimmten Gesichtern gelernt werden müssen. Wie wir in Kapitel 11 über Mnemotechniken zum Lernen von Eigennamen noch sehen werden, gelingt dies zunehmends, insofern es uns gelingt, in unserer Vorstellung sinnvolle - oder auch bizarre - Assoziationen zwischen dem semantischen Gehalt eines Namens und physischen Merkmalen eines Gesichts zu stiften (Herr "Bäcker" mit mehlverstaubten Augenbrauen). Ähnliche Prozesse mögen auch den Teilnehmern in KERR und WINOGRADS Experiment zu einer überzufälligen Verschmelzung der Appositions-Gesichts-Paare, und damit zu einer verbesserten Wiedererkennensleistung mit den Attributen als Abrufhilfen, verholfen haben.

Demgegenüber mußten unsere Versuchspersonen verbale Etiketten selbst generieren und niederschreiben, was offenbar einer effektiveren visuellen Verarbeitung von Gesichtsinformationen abträglich ist (vgl. die Experimente 6 bis 8 in Kapitel 8 und 9 und 10 in Kapitel 9). Die so generierten Etiketten wurden während der Wiedererkennensaufgabe auch nicht mit einem spezifischen (alten oder neuen) Gesicht präsentiert, sondern sollten lediglich "als Paket" den Lernkontext wieder wachrufen. Eine stringentere Prüfung des Wertes dieser Abrufhilfen wäre z.B. dadurch möglich, daß Vpn während der Testphase ihre eigenen Etiketten - jeweils gepaart mit einem alten oder neuen Gesicht - einzeln vorgelegt bekommen. Ein solches Design sollte nicht nur die Paarung von alten Etiketten mit neuen Gesichtern zur Feststellung eines Reaktionsbias, sondern auch eine Unterscheidung zwischen selbstgenerierten vs. vom Versuchsleiter vorgegebenen Attributen vorsehen. Mithilfe inhaltsanalytischer Auswertungen - z.B. nach der Methode des "lauten Denkens" - ließe sich vielleicht auch feststellen, welche Arten von Attributen bzw.

Beschreibungen sich besonders für die Charakterisierung von Gesichtern und deren Wiedererkennen eignen.

10.6 Schlußfolgerungen

Wir haben in diesem Kapitel verschiedene Arten von Kontext und ihre Bedeutung für das Wiedererkennen von Gesichtern einander gegenübergestellt. Während wir die Bedeutung von verbalem Kontext in Form von Etikettierungen (labels), die eine semantische Interpretation von Gesichtern hervorrufen sollen (vgl. auch Kapitel 6, 7 und 8 und die dort referierten Experimente) weiterhin in Frage stellen, gehören physische Hinweisreize zu den stärksten Determinanten der Wiedererkennensleistung von Personen. Wir haben die Daten einer Reihe von Untersuchungen, in denen Hintergrund, Kleidung, Kopfbedeckungen und Aktionen bei Darbietung und Test variiert wurden, einer kritischen Reanalyse unterzogen und durch eine eigene Untersuchung zur Reduktion bzw. Anreicherung von Kleidung als Hinweisreizen ergänzt. In dieser Reanalyse bestätigte sich die dramatische Wirkung dieser Hinweisreize auf die Trefferraten, aber auch die Diskriminationsleistung (A'). Im Gegensatz zu den Schlußfolgerungen anderer Autoren (z.B. DAVIES, 1986; THOMSON, ROBERTSON & VOGT, 1982) betonen wir jedoch die biasinduzierende Wirkung von Hinweisreizen: Die Wiederherstellung des Wahrnehmungskontextes führt nämlich vielfach zu einer Verschiebung des Entscheidungskriteriums (*beta*"), die sich nicht nur in höheren Trefferraten, sondern auch auf die Rate der falschen Alarme niederschlägt. Auch wenn der Einfluß auf die Treffer stärker sein mag als auf die falschen Alarme (THOMSON, ROBERTSON & VOGT, 1982), sollten wir diesen Aspekt nicht aus den Augen verlieren. Insbesondere wollen wir vor blauäugigen Anwendungen in der kriminalistischen Praxis warnen, ohne daß diese in wirklichkeitsnäheren Untersuchungen überprüft werden (z.B. KRAFKA & PENROD, 1985; s. die Zusammenfassungen bei DAVIES, 1986; MALPASS, 1990). Aus theoretischer Sicht werfen vor allem die vorgeschlagene Unterscheidung von absolut und relativ neuem Kontext beim Test, sowie die relative Bedeutung von Addition (Anreicherung) und Subtraktion (Reduktion) von Hinweisreizen noch ungelöste Probleme auf. Auch die vorstellungsmäßige Wiederherstellung von Wahrnehmungskontexten verspricht theoretisch wie praktisch interessante Möglichkeiten.

11

Mnemotechniken zum Lernen von Eigennamen

In Kapitel 2, in dem Abschnitt über nicht-experimentelle Verfahren bei der Erforschung des Gedächtnisses für Gesichter, haben wir bereits über eine Studie von YOUNG, HAY und ELLIS (1985) berichtet, in der diese Autoren ihre Versuchspersonen Schwierigkeiten und Fehlleistungen beim Wiedererkennen anderer Leute in Tagebüchern aufzeichnen ließen. Unter den Fehlleistungen wurde u.a. auch eine beträchtliche Anzahl von Fällen (190 von 922) berichtet, bei denen die Tagebuchhalter(innen) sich nicht an essentielle Details einer Person, insbesondere deren Namen, erinnern konnten. Ja, professionelle Gedächtniskünstler wie Harry LORAYNE (1976) behaupten sogar, daß es diese speziellen Probleme, nämlich die Unfähigkeit, die Namen anderer Leute im Gedächtnis zu behalten, sind, die den Erfolg ihrer Bücher zur Verbesserung des Gedächtnisses ausmachen. Grund genug, sich auch aus experimentalpsychologischer Sicht näher mit diesem Problem, und Lösungsmöglichkeiten zu dessen Überwindung, zu befassen.

Typisch für die experimentelle Untersuchung des Lernens von Eigennamen ist eine Arbeit von DUKES & BEVAN (1967). Analog zum Paarassoziationslernen wurden 20 Bilder von Personen vier-, acht- oder 16-mal zusammen mit Vor- und Nachnamen für je fünf sec dargeboten. In einer Bedingung wurden immer dieselben Aufnahmen der 20 Personen, in einer anderen vier in Pose und Kleidung unterschiedliche Aufnahmen der Person gezeigt. Getestet wurde entweder mit einem Testset, das auch in der Trainingsphase verwendet worden war, oder mit einem fünften, neuen Bilderset derselben 20 Personen in anderer Pose und unterschiedlicher Kleidung. Als abhängige Variable wurde die richtige Benennung jeder Person gewertet (je ein Punkt für Vor- und Nachnamen, also ein maximaler Gesamtwert von 40 Punkten).

Wie erwartet wurden die Eigennamen besser gelernt, wenn sie immer mit dem identischen Foto abgebildet waren, mit dem sie später auch getestet wurden. Umgekehrt erwies sich eine Variation in Pose und Kleidern während der Lernphase als vorteilhafter, wenn mit einer völlig neuen Pose und Kleidung getestet wurde, die in der Lernphase noch nicht gezeigt worden war.

Angesichts der Tatsache, daß das Lernen von Eigennamen sowohl im täglichen Leben als auch im Labor offenbar erhebliche Schwierigkeit bereitet, liegt der Gedanke nahe, sich mit der Überprüfung von *Mnemotechniken* zu befassen, mit denen sich diese Fähigkeit angeblich verbessern läßt.

In unserer Diskussion über Einzelfallstudien (vgl. Kapitel 2) haben wir bereits über die außerordentlichen Gedächtnisleistungen des T.E. berichtet (WILDING & VALENTINE, 1985). Durch seine habituelle Anwendung von bildlichen Vorstellungstechniken war T.E. nicht nur in der Lage, Geschichten größeren Umfangs bis ins Detail wiederzugeben, sondern konnte sich auch Namen zu Gesichtern besser einprägen. Schließlich zeigte er auch eine hundert-prozentige Wiedererkennensrate in einem Wiedererkennenstest für Gesichter nach dem typischen Foto-Foto-Paradigma in einer intentionalen Lernbedingung.

Obwohl WILDING und VALENTINE T.E.s außerordentliche Leistungen nicht auf seine überdurchschnittliche allgemeine Gedächtnisfähigkeit zurückführen, sondern vielmehr die durch Übung erlernbaren visuellen Vorstellungstechniken betonen, sind Verallgemeinerungen aufgrund von Einzelfallstudien immer problematisch (CAMPBELL & STANLEY, 1966). Leider liegen bisher keine Befunde vor, die zeigen, daß die Wiedererkennensleistung für Gesichter als solche durch die von T.E. adoptierte Visualisierungstechnik des Übertreibens besonderer Merkmale eines Gesichts auch bei anderen Personen zu besseren Leistungen führen werde.

Allerdings gibt es eine andere Untersuchung, die bestätigen konnte, daß Zuordnungen von Eigennamen zu Gesichtern mit Hilfe einer visuellen Vorstellungstechnik besser gelernt werden können (MORRIS, JONES & HAMPSON, 1978; vgl. auch YARMEY, 1970). Diese Autoren wollten prüfen, ob die Empfehlungen des Bestseller-Autors LORAYNE, der mit seinen besonderen Gedächtnisfähigkeiten Karriere machte (z.B. LORAYNE & LUKAS, 1974) tatsächlich auch anderen Personen helfen würde, sich Namen zu Gesichtern besser einzuprägen. MORRIS et al. ließen zwei Gruppen von Studenten zunächst in einem Vortest 13 (aus einem Telefonbuch ausgewählte) Namen in Verbindung mit 13 Gesichtsfotografien lernen (d.h. eine Paarassoziationslernaufgabe). Beide Gruppen konnten anschließend im Durchschnitt 5.7 bzw. 4.9 Gesichter richtig benennen. Die Experimentalgruppe wurde nun anhand von 5 Beispielen mit LORAYNEs Technik vertraut gemacht: Zunächst soll ein Name in ein leicht vorstellbares Vorstellungsbild umgewandelt werden. Im nächsten Schritt wird das Gesicht nach einem auffälligen Merkmal abgesucht, und schließlich eine Verbindung dieses Merkmals mit diesem Vorstellungsbild hergestellt. Z.B. könnte man sich den Namen einer Frau "Turnbull", die eine ziemlich breite Nase hat, dadurch einprägen, daß man sich einen Stier vorstellt, der sich auf eben dieser Nase im Kreise dreht (LORAYNE, 1976). Wie bereits erwähnt konnte die Experimentalgruppe die Technik an fünf weiteren Beispielen einüben. Die Kontrollgruppe beschäftigte sich für denselben Zeitraum mit einer Felleraktivität. Im Nachtest konnte die Experimentalgruppe 10.2 von 13 Namen richtig wiedergeben, während die Kontrollgruppe sich nicht verbesserte (5.4 Namen).

Ob diese Verbesserung nun aufgrund der imaginalen Kodierung (PAIVIO, 1971; vgl. auch CLARK & PAIVIO, 1987) oder aufgrund einer elaborierteren Verarbeitung (CRAIK & LOCKHART, 1972; vgl. Kapitel 8) erfolgte, sei dahingestellt. Auf jeden Fall scheint bemerkenswert, daß dieser Trainingserfolg schon nach minimaler Übung mit dieser Methode auftrat. Ob sich mit dieser Methode jedoch auch die Wiedererkennensleistung von Gesichtern unbekannter Personen steigern läßt, bleibt eine offene Frage.

Leider machen MORRIS et al. keine näheren Angaben darüber, wie sie die Eigennamen selegiert haben, bzw. welche Arten von Namen in ihre "zufällige Auswahl aus dem Telefonbuch" aufgenommen wurden. Zum Beispiel müssen wir uns fragen, ob die verwendeten Namen eher *konkrete* oder mehr *abstrakte* Bedeutungsinhalte nahelegten, bzw. inwieweit sie zur Evozierung bildlicher Vorstellungen geeignet waren. Aus der Grundlagenforschung über die Reproduktion und das Wiedererkennen von Wörtern wissen wir, daß die *Bildhaftigkeit* von Wörtern eine der wichtigsten Determinanten der Behaltensleistung ist (vgl. dazu ausführlich: WIPPICH & BREDENKAMP, 1979).

Im folgenden werden wir über zwei eigene experimentelle Untersuchungen berichten, in denen wir die Brauchbarkeit einer auf bildlicher Vorstellung beruhenden Mnemotechnik überprüften. Im ersten dieser beiden Experimente ($N = 34$) wurde die Behaltensleistung in einer *Reproduktionsaufgabe* erfaßt, bei der die Vpn den Namen, den sie in der Lernphase für ein bestimmtes Gesicht gelernt hatten, angesichts desselben wiedergeben sollten (cued recall). Im zweiten Experiment ($N = 41$) wurde die *Wiedererkennensleistung* für Namen-Gesichter-Paare gemessen.

Während die Erfassung der abhängigen Variablen im ersten Experiment den üblichen Untersuchungen zum Lernen von Eigennamen entspricht, sollte das zweite Experiment darüber Aufschluß geben, inwieweit durch die Verwendung der bildlichen Vorstellungstechnik tatsächlich eine Verbindung zwischen Namen und Gesichtern gelernt wird. Die Auswertung der Ergebnisse nach Treffern und falschen Alarmen, sowie nach der Signaldetektionstheorie erlaubt Rückschlüsse darüber, ob die Vpn nicht nur alte Namen-Gesichter-Paare als solche erkennen können, sondern auch neue Paare, die einerseits aus Kombinationen alter Namen mit vorher nicht gesehenen Gesichtern, andererseits aus neuen Kombinationen vorher gelernter Namen, die ebenfalls vorher gesehenen, aber falschen Personen zugeordnet wurden, diskriminieren können.

Die in diesen beiden Experimenten geprüften Hypothesen lassen sich wie folgt formalisieren:

H11.1: Die Unterweisung in einer auf bildlicher Vorstellung beruhenden Mnemotechnik sollte zu besserem Abruf von Eigennamen (Experiment 13) bzw. besseren Wiedererkennensleistungen für Namen-Gesichter-Paare (Experiment 14) führen.
H11.2: Namen mit hoher Vorstellbarkeit (HV) sollten besser gelernt werden als solche mit niedriger Vorstellbarkeit (NV).
H11.3: Gesichter mit hoher Einprägsamkeit (Merkbarkeit) sollten besser wiedererkannt werden als Gesichter mit niedriger Einprägsamkeit.
H11.4: Die in Experiment 14 variierte längere Darbietungszeit (20 sec) der Namen-Gesichter-Paare sollte zu besserem Wiedererkennen führen als eine kürzere Lernzeit (10 sec).

Diese Haupteffekte sollten durch folgende Wechselwirkungen, die als a-priori-Kontraste geprüft wurden, modifiziert werden:

H11.5: Der Vorteil der Mnemotechnik sollte vor allem darin liegen, daß diese eine Hilfe bei schwer vorstellbaren Namen (infolge der vorgeschlagenen Transformation in ein leichter vorstellbares Wort) bieten sollte, während bei der Kontrollgruppe gut vorstellbare Namen viel besser gelernt werden sollten als schlecht vorstellbare Namen.
H11.6: Die Mnemotechnikgruppe sollte von der verlängerten Darbietungszeit von 20 sec stärker profitieren als die Kontrollgruppe, da die geforderte Transformation vermutlich viel Zeit benötigt.

Zusätzlich wurden noch folgende Hypothesen bezüglich inter-individueller Differenzen in der Lebendigkeit der bildlichen Vorstellung (vgl. Kapitel 14) aufgestellt:

H11.7: Personen mit hoher Lebendigkeit der bildlichen Vorstellung sollten allgemein besser abschneiden als Personen mit niedriger Vorstellungsfähigkeit.

11.1 Methode der Experimente 13 und 14[1]

11.1.1 Versuchspersonen

Versuchspersonen in Experiment 13 waren 34 Studierende des Faches Psychologie (9 Männer und 25 Frauen) zwischen 19 und 28 Jahren (Alters*median* = 22.0 Jahre). In Experiment 14 nahmen 41 Studierende (10 Männer und 31 Frauen) am Fachbereich Psychologie zwischen 18 und 32 Jahren (*Md* = 22.0) teil. Die Versuchspersonen wurden einzeln bzw. in kleinen Gruppen zwischen zwei und drei Personen getestet und per Zufall den experimentellen Bedingungen zugewiesen.

11.1.2 Material

Um die Faktoren Vorstellbarkeit der Namen und Einprägsamkeit der Gesichter experimentell manipulieren zu können, wurden die Stimulusmaterialien zunächst in zwei Pilotstudien (n_1 = 10; n_2 = 11) beurteilt.

11.1.2.1 EIGENNAMEN

Aus einem Telefonbuch wurden 166 zweisilbige Nachnamen mit einem stratifizierten Stichprobenverfahren augewählt, um eine Auswahl zu treffen, die die Anfangsbuchstaben entsprechend ihrer Auftretenshäufigkeit berücksichtigt. Es wurde zunächst keinerlei Versuch unternommen, Namen nach irgendwelchen Kriterien auszuschließen, es sei denn, mehrere Namen wären nahezu gleichlautend oder einander sonstwie sehr ähnlich (z.B. Homonyme). Neben deutschstämmigen wurden auch fremdländische Namen ohne Vorauswahl mit eingeschlossen. Analog den normativen Skalierungsuntersuchungen von PAIVIO, YUILLE und MADIGAN (1968) in den USA und BASCHEK, BREDENKAMP, OEHRLE und WIPPICH (1977) in Deutschland ließen wir die 166 Namen getrennt nach ihrer Vorstellbarkeit, Merkbarkeit und Vertrautheit beurteilen.

Die für jeden Namen über die Vpn gemittelte durchschnittliche Vorstellbarkeit (M = 3.34; s = .73) korrelierte mittel mit der Merkbarkeit (M = 3.63; s = .64; r = .46) und niedrig mit der Vertrautheit (M = 2.93; s = .68; r = .27). Merkbarkeit und Vertrautheit korrelierten sehr hoch miteinander (r = .86). Abbildung 11.1 zeigt die Mittelwerte von drei Namen, die beispielhaft die gefundenen Korrelationsmuster repräsentieren.

Die so beurteilten Namen wurden nach ihrer Vertrautheit, Merkbarkeit und Vorstellbarkeit derart sortiert, daß sich Vorstellbarkeit als Hauptauswahlkriterium ergab. Daraufhin wurden die beiden Extremgruppen von je 16 Namen mit besonders niedriger (NV: M = 1.28; s = .13) und besonders hoher Vorstellbarkeit (HV: M = 5.99; s = .36) ausgewählt. Tabelle 11.1 zeigt die ausgewählten Namen mit den zugehörigen mittleren Vorstellbarkeits-, Merkbarkeits- und Vertrautheitsratings. Es fällt auf, daß die Liste der schwer vorzustellenden Namen überproportional nicht-deutschstämmige Namen enthält, so daß nicht nur Vorstellbarkeit und Merkbarkeit, sondern auch sprachliche Herkunft der Namen, Buchstabierbarkeit und andere Konstrukte teilweise mit der Vorstellbarkeit konfundiert erscheinen. Dennoch haben wir die Liste unverändert übernommen, da uns mehr an der Repräsentativität der Namen, und der Brauchbarkeit der Mnemotechnik zu deren Erlernen, gelegen war. Wenn wir fortan den Begriff Vorstellbarkeit der Namen verwenden, so kann dies nur mit diesen Einschränkungen gelten.

11.1.2.2 GESICHTER

Um zu gewährleisten, daß die Vpn nicht nur Gesichter als visuelle Stimuli, sondern tatsächlich Gesichter als Personen wiedererkennen mußten (BRUCE, 1982; vgl. Kapitel 4), wurde die Darstellungspose zwischen Lern- und Testphase (Frontal- vs. Dreiviertelansicht) geändert. Dazu wurden die Schwarzweißfotos von 20 Studenten und 20 Studentinnen der Pharmazie ohne besondere Merkmale, ohne Schmuck und mit neutralem Gesichtsausdruck aufgenommen. Die Kleidung wurde mit einem Schal abgedeckt.

In einer Pilotstudie (n = 11) wurden diese Gesichter unabhängig nach ihrer *Einprägsamkeit* und nach der "Ähnlichkeit" zwischen Frontal- und Dreiviertelansicht der jeweiligen Gesichter auf

---
[1] Hiermit möchte ich cand. psych. Miriam BANFF und Markus RUNGE für ihre Hilfe bei der Durchführung dieser beiden Experimente danken.

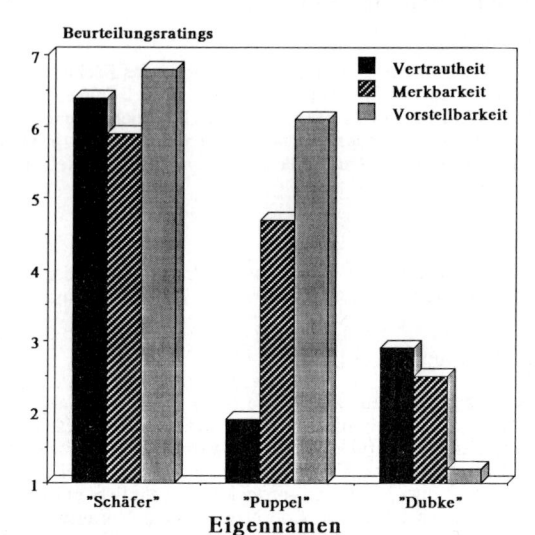

Abb. 11.1: *Vertrautheits-, Merkbarkeits- und Vorstellungsratings von drei Eigennamen in der Pilotstudie*

siebenstufigen Likertskalen beurteilt. Es wurde vermutet, daß die großen inter-individuellen Unterschiede in der Merkbarkeit einzelner Gesichter, die sich in vielen Untersuchungen gezeigt haben (z.B. GOLDSTEIN, STEPHENSON & CHANCE, 1977) zum Teil auf Unterschiede zwischen Darstellungsposen - als einer möglichen Form von Kontextmanipulation (vgl. DAVIES & MILNE, 1982; THOMSON, ROBERTSON & VOGT, 1982; s. Kapitel 10) zurückgeführt werden können. Einprägsamkeit (M = 3.66; s = .37) korrelierte mit r = .48 mit den Ähnlichkeitsratings (M = 4.51; s = .50). Da die Ähnlichkeitsratings eine größere Variabilität aufwiesen, entschlossen wir uns, diese als Grundlage für die Bestimmung der "Itemschwierigkeit" (vgl. ANASTASI, 1968; LIENERT, 1969; WOTTAWA, 1980) zu verwenden. Im folgenden werden wir der Einfachheit halber von der *Einprägsamkeit* (E) oder der *Merkbarkeit* der Gesichter sprechen. In Experiment 1 wurden nur die obersten 16 und die untersten 16 Gesichter entsprechend ihrer Einprägsamkeit (Merkbarkeit) verwendet, während in Experiment 2 auch die mittleren 8 Gesichter als zusätzliche Distraktoren zum Einsatz kamen.

11.1.2.3 DARBIETUNGSSET

Aufgrund dieser Pilotstudien wurden vier Kombinationen von Namen-Gesichter-Paaren für das Darbietungsset konstruiert:
(1) je acht Namen mit niedriger Vorstellbarkeit zusammen mit Gesichtern niedriger Einprägsamkeit: NV-NE;
(2) acht Namen mit niedriger Vorstellbarkeit und hoher Einprägsamkeit der Gesichter: NV-HE; und entsprechend
(3) acht HV-NE und
(4) acht HV-HE Paare.

11.1.2.4 TESTSETS

In Experiment 1 wurden die Gesichter in neuer Zufallsreihenfolge ohne die Namen dargeboten, und die Vpn mußten die Namen der Personen angeben (cued recall). In Experiment 2 wurde das richtige Wiedererkennen von 16 Namen-Gesichter-Paaren, die mit 16 Distraktorpaaren gemischt wurden, geprüft. Die Distraktorpaare bestanden teils (je acht Paare) aus Kombinationen alter Namen mit neuen Gesichtern, teils aus alten Namen, die falschen alten Gesichtern zugeordnet wurden.

TABELLE 11.1: *Liste der in den Experimenten 13 und 14 verwendeten Eigennamen, sortiert nach ihrer Vorstellbarkeit*

Nr.	Eigenname	Vertrautheit	Vorstellbarkeit	Merkbarkeit	M
Namen mit hoher Vorstellbarkeit					
53	Schäfer	6.4	6.8	5.9	6.366
76	Nebel	4.1	6.4	5.6	5.366
141	Zimmer	4.9	6.3	5.6	5.600
95	Kittel	3.0	6.3	5.6	4.966
138	Pfeffer	3.4	6.2	6.1	5.233
56	Wade	2.4	6.2	5.5	4.700
111	Benzin	2.4	6.1	5.4	4.633
117	Puppel	1.9	6.1	4.7	4.233
96	Holze	2.0	6.0	5.7	4.566
97	Knabe	3.1	5.7	6.4	5.066
51	Singer	5.3	5.7	5.8	5.600
150	Kutscher	3.9	5.7	5.2	4.933
6	Richter	6.0	5.6	6.0	5.866
107	Jäger	6.3	5.6	5.7	5.866
136	Händler	4.2	5.6	5.6	5.133
104	Römer	4.4	5.6	5.5	5.166
Namen mit niedriger Vorstellbarkeit					
11	Göllmann	1.5	1.5	1.7	1.566
128	Seipel	2.1	1.4	2.4	1.966
47	Kurras	1.2	1.4	2.3	1.633
90	Drashin	1.0	1.4	1.6	1.333
52	Verlaan	1.2	1.4	1.4	1.333
48	Lüders	2.0	1.3	2.1	1.800
94	Hudal	1.2	1.3	1.6	1.366
147	Manglus	1.2	1.3	1.5	1.333
130	Pacak	1.3	1.3	1.3	1.300
116	Eltschka	1.2	1.3	1.3	1.266
132	Dubke	2.9	1.2	2.5	2.200
98	Lugert	2.2	1.2	2.5	1.966
8	Matzel	1.4	1.2	2.4	1.666
156	Debney	1.7	1.1	1.7	1.500
114	Tuczek	1.1	1.1	1.1	1.100
152	Zyzik	1.1	1.0	1.6	1.233

Anm.: Skalen jeweils von 1 - 7.

11.1.3 Durchführung der Experimente 13 und 14

In beiden Experimenten wurde die Hälfte der Vpn in der Mnemotechnik unterwiesen, während die Kontrollgruppe lediglich instruiert wurde, sich die gezeigten Namen-Gesichter-Paare gut einzuprägen, da ihr Gedächtnis dafür nachher geprüft würde. Der Mnemotechnikgruppe wurde anhand von je einem Namen mit hohem ("Bäcker") und einem mit niedrigem Vorstellbarkeitswert ("Leibniz") die Mnemotechnik erläutert. Die Vpn sollten sich einen Herrn "Bäcker" mit buschigen Augenbrauen voll Mehlstaub in seiner Backstube vorstellen. Der Name "Leibniz" sollte zunächst in die Komponenten "Leib" und "Niz-za" zerlegt werden, um sich anschließend das Bild vor Augen auszumalen, wie "Herr Leibniz in Nizza am Strand liegt und seinen Körper bräunt und stählt". Anschließend wurde beiden Gruppen Gelegenheit gegeben, anhand von drei Namen-Gesichter-Paaren die Mnemotechnik einzuüben bzw. sich auf die kommende Aufgabe vorzubereiten.

In Experiment 1 wurden die Namen-Gesichter-Paare für je 20 sec in der Lernphase dargeboten. In Experiment 2 wurde die Darbietungszeit als zusätzlicher Between-subjects-Faktor variiert (10 vs. 20 sec). Als Filleraktivität diente MARKS' (1973) Fragebogen zur Lebendigkeit der bildlichen Vorstellung (FLBV), von dem wir uns weitere Varianzaufklärung infolge inter-individueller Unterschiede in der bildlichen Vorstellung erhofften (vgl. Kapitel 14).

In der Testphase sollten die Vpn in Experiment 1 die Namen der (nun in neuer Zufallsreihenfolge) isoliert dargebotenen Gesichter - oder Bruchteile derselben - angeben. In Experiment 2 sollten sie mit "Ja" oder "Nein" markieren, ob sie das Itempaar vorher in dieser Kombination gelernt hatten oder nicht, d.h. ob z.B. der/die gezeigte Herr/Dame tatsächlich Herr/Frau "Dubke" war oder nicht.

11.2 Ergebnisse und Diskussion von Experiment 13

Die Daten von Experiment 13 wurden mit einer 2x2(x2x2) ANOVA, mit Mnemotechnik und Geschlecht der Vpn als Between- und Vorstellbarkeit der Namen und Einprägsamkeit der Gesichter als Within-subjects-Faktoren ausgewertet. Als abhängige Variable diente die Anzahl richtig reproduzierter Namen. Die Reproduktionsaufgabe stellte sich als insgesamt sehr schwierig heraus, so daß ein Bodeneffekt nicht ausgeschlossen werden kann: Von den 32 möglichen Namen wurden im Mittel $M = 4.24$ ($s = 2.98$; $Min = 0$; $Max = 13$), also nur 13.2% richtig genannt.

Dennoch zeigte die Mnemotechnikgruppe eine relativ bessere Leistung ($M = 5.12$; 16,0%) als die Kontrollgruppe ($M = 3.35$; 10,5%), die nur knapp das Signifikanzniveau verpaßte ($F(1;30) = 3.93, p = .057$). Frauen ($M = 5.04$; 15,8%) schnitten insgesamt sehr viel besser ab als Männer ($M = 2.00$; 6,3%; $F(1;30) = 8.35, p = .007$; vgl. Kapitel 14). Für die Reproduktion als besonders bedeutsam erwies sich die Vorstellbarkeit der Namen ($M = 3.35$ von 16 (21%) vs. .88 (5,5%); $F(1;30) = 69.1, p < .001$), während der Einprägsamkeit der Gesichter keine Bedeutung zukam ($F(1;30) = 1.00$, ns.). Abbildung 11.2 zeigt die Effekte der mnemotechnischen Instruktion und der Vorstellbarkeit der Namen. Die Abbildung verdeutlicht, daß diese beiden Faktoren nicht wie erwartet interagierten, sondern als additive Haupteffekte zu interpretieren sind.

Obwohl die Leistung bei dieser cued-recall-Aufgabe insgesamt eher schlecht war, scheint die Verwendung dieser auf Vorstellung basierenden Mnemotechnik erfolgversprechend. Wir dürfen nicht vergessen, daß der gezeigte Effekt bei minimalem mnemotechnischen Training auftrat und vermutlich durch gezieltere, umfangreichere Unterweisung und Übung sicher noch hätte verbessert werden können. Diese Interpretation wird durch die Analyse der Fragen zur Realisationskontrolle (manipulation checks) unterstützt, die keine signifikanten Unterschiede in der Einschätzung der (Trainings-) Instruktionen ergaben. Die mnemotechnische Unterweisung wurde von der Experimentalgruppe nur als bedingt "hilfreich" ($M = 4.65$ auf einer 7-Punkte-Skala) und "ausreichend" ($M = 5.18$) empfunden (KG: $M = 3.47$ bzw. 4.40). Vermutlich hätte ein intensiveres mnemotechnisches Training, oder mehr Zeit für die Umsetzung der Technik in der Lernphase - vgl. die Vorschläge des Gedächtniskünstlers T.E. - zu deutlicheren Erfolgen geführt. Ein Vergleich dieser Ergebnisse mit den Daten von MORRIS et al. (1978), die mit einer geringeren Anzahl von Namen-Gesichter-Paaren (nur 13) wesentlich dramatischere Erfolge erzielten, legt den Schluß nahe, daß unsere Vpn mit der vorliegenden Aufgabe (32 teilweise schwierige Itempaare) vielleicht auch etwas überfordert waren.

Die Tatsache, daß der differentielle Vorteil, den die Mnemotechnikgruppe (7,4%) gegenüber der Kontrollgruppe (3,7%) bei den schwer vorstellbaren Namen aufwies, sich nicht als

% richtig reproduzierte Namen

■ Niedrige Vorstellbarkeit
▨ Hohe Vorstellbarkeit

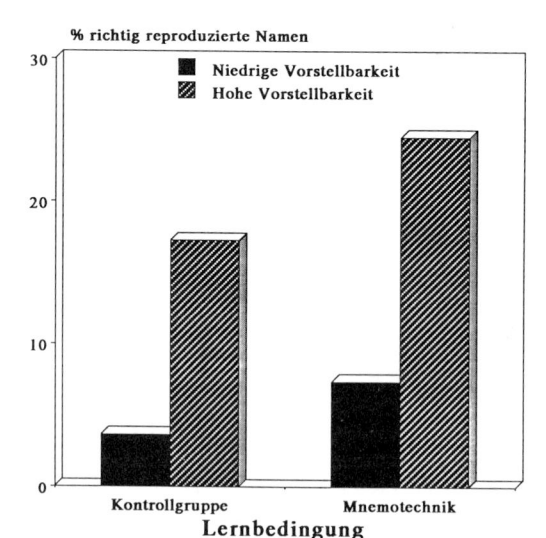

Kontrollgruppe   Mnemotechnik
Lernbedingung

Abb. 11.2: Prozent richtig reproduzierte Eigennamen als Funktion von mnemotechnischer Instruktion und Vorstellbarkeit

zuverlässig absichern ließ (a-priori-Kontrast: $F(1;30) = < 1$, ns.) ist wahrscheinlich ebenfalls auf die mangelnde Intensität der mnemotechnischen Unterweisung zurückzuführen. Wenn man den introspektiven Berichten der Mnemotechniker Glauben schenken kann, liegt ihre Kunst nicht in einer besonderen Begabung, sondern in der unermüdlichen Übung ihrer Techniken. Ob es unseren Vpn tatsächlich gelang, die schwierigeren Namen in leichter vorstellbare umzuformen, um sie dann mit den Gesichtern in ihrer Vorstellung zu verbinden, läßt sich anhand der vorliegenden Daten schlecht feststellen. Vielleicht ließe sich diese Frage beantworten, wenn die Vpn angehalten würden, diese Transformationen durch "lautes Denken" (z.B. ERICCSON & SIMON, 1980) einer inhaltsanalytischen Auswertung zugänglich zu machen.

11.3 Ergebnisse und Diskussion von Experiment 14

Die Daten von Experiment 14 wurden nach der Signaldetektionstheorie (vgl. Kapitel 3) ausgewertet, mit Treffern (in %), falschen Alarmen (in %) und A' als abhängigen Variablen. Eine vorläufige Analyse des nicht-parametrischen Maßes für die Reaktionsneigung $beta"$ zeigte, daß die manipulierten Variablen keinen Einfluß auf "JA"- oder "NEIN"-Antworttendenzen der Vpn aufwiesen. Eine weitere vorläufige Analyse ergab ebenfalls, daß das Geschlecht der Vpn, im Gegensatz zu der cued-recall-Aufgabe von Experiment 13, keinen signifikanten Einfluß auf die Wiedererkennensleistung ausübte, noch mit diesen Variablen interagierte. Dieser Faktor wurde daher von den weiteren Analysen ausgeschlossen.

Treffer ($M = 74,2\%$; $s = 15.1$), falsche Alarme ($M = 24,2\%$; $s = 14.2$) und A' ($M = .82$; $s = .10$) lagen insgesamt im mittleren bis hohen Leistungsbereich, waren aber auf jeden Fall viel besser als die Ergebnisse der cued-recall-Aufgabe von Experiment 13. Bei A', dem Hauptindikator der Wiedererkennensleistung, war die Mnemotechnikgruppe ($M = .87$) hochsignifikant besser als die Kontrollgruppe ($M = .78$; $F(1;40) = 10.0$, $p = .003$). Dies galt ebenfalls für die falschen Alarme (19,8% Fehler in der Mnemotechnikgruppe vs. 29,1% in der Kontrollgruppe; $F(1;40) = 4.96$, $p = .032$) und tendenziell auch für die Trefferraten (78,3% vs. 70,0%; $F(1;40) = 3.37$, $p = .066$). Die Verlängerung der Darbietungszeit von 10 auf 20 sec führte zu einer signifikanten Leistungsverbesserung bei A' (.79 vs. .86; $F(1;40) = 7.22$, $p = .011$) und den Treffern (68,8% vs. 79,5%; $F(1;40) = 5.80$, $p = .021$), nicht aber bei den falschen Alarmen (27,7% vs. 21,1%, $F(1;40) = 2.18$, ns.). Entgegen unseren Erwartungen waren die Effekte von mnemotechnischer Instruktion und Lernzeit additiv, ohne Anzeichen der in Hypothese 11.6 postulierten Wechselwirkung. Die Abbildungen 11.3 bis 11.5 zeigen die Effekte der beiden Faktoren bei Treffern, falschen Alarmen und A'.

Im Gegensatz zum ersten Experiment, bei dem sich die Vorstellbarkeit der Namen als besonders bedeutsam herausstellte, war bei dieser Wiedererkennensaufgabe die Einprägsamkeit der Gesichter dominant (79,0% vs 69,5% Treffer; $F(1;40) = 10.1, p = .003$). Dieser Haupteffekt wurde jedoch durch eine Wechselwirkung mit der Vorstellbarkeit der Namen modifiziert ($F(1;40) = 4.91, p = .033$; s. Abbildung 11.6). Die Einprägsamkeit der Gesichter spielte offenbar insbesondere dann eine große Rolle, wenn die Namen schwer vorzustellen waren (64,6 vs. 82,3%; $F(1;40) = 11.35, p = .005$). Allerdings wurde diese zweifache Wechselwirkung weiterhin durch eine marginal signifikante dreifache Interaktion der Faktoren Mnemotechnik, bildliche Vorstellbarkeit und Einprägsamkeit eingeschränkt ($F(1;40) = 3.16, p = .084$), die andeutete, daß der Vorteil der Mnemotechnik einerseits bei Paaren mit niedriger Vorstellbarkeit und niedriger Einprägsamkeit, umgekehrt aber auch bei hoher Vorstellbarkeit und hoher Einprägsamkeit stärker ausgeprägt war (s. Abbildung 11.7).

Die Lebendigkeit der bildlichen Vorstellung (gemessen mit dem FLBV (VVIQ) von MARKS, 1973) erwies sich als reliabler Prädiktor für die Treffer ($r = .45, p = .002$) aber nicht für die falschen Alarme ($r = .07$, ns.) oder A' ($r = .23, p = .072$). Hier verdient das differentielle Muster der Korrelationen des FLBV mit Namen niedriger bzw. hoher bildlicher Vorstellbarkeit in der Mnemotechnik- und der Kontrollgruppe besondere Beachtung (s. Tabelle 11.2). Die Lebendigkeit der bildlichen Vorstellung der Vpn als Personvariable kommt in der Kontrollgruppe mit Namen, die selbst schwer vorstellbar sind, zum Durchschlag ($r = .57, p = .004$), während in der Mnemotechnikgruppe, bei der ja alle Vpn angehalten wurden, ihre Vorstellungen als Gedächtnishilfe einzusetzen, diese Personvariable bei den schwer vorstellbaren Namen keine zusätzliche Varianz aufklärt ($r = .10$, ns.). Lediglich bei den leicht vorstellbaren Namen in der Mnemotechnikgruppe spielt die Vorstellungsfähigkeit der Vpn noch eine zusätzliche Rolle ($r = .57, p = .003$). Wir können dieses Korrelationsmuster spekulativ als Indiz dafür ansehen, daß die Wirksamkeit der mnemotechnischen Instruktion im Sinne unserer Erwartungen tatsächlich durch Vorstellungsprozesse geleitet zu sein scheint.

Wir interpretieren die Ergebnisse von Experiment 14 dahingehend, daß durch die mnemotechnische Instruktion stärkere assoziative Verknüpfungen zwischen Namen und Gesichtern hergestellt werden. Wir glauben diese Interpretation daraus ableiten zu können, daß der Vorteil der Mnemotechnik nicht nur bei der Anzahl der richtig erkannten Namen-Gesichter-Paare liegt, sondern sich auch auf die korrekte Zurückweisung neuer Paare auswirkt (und damit natürlich besonders stark auf die Diskriminationsleistung A'). Bei der Zurückweisung neuer Gesichtspaare spielt es keine Rolle, ob die Namen-Gesichter-Paare aus neuen Gesichtern, gepaart mit alten Namen, oder aus alten Gesichtern, deren Namen aber mit den ebenfalls gelernten Namen der falschen Personen vertauscht wurden, zusammengesetzt sind. Gelernt wird offenbar die *Verschmelzung* von Name und Gesicht, und die bildliche Vorstellung spielt dabei keine unerhebliche Rolle.

11.4 Schlußfolgerungen: Reproduktion und Wiedererkennen im Vergleich

Interessant ist auch der Vergleich der beiden Experimente mit Bezug auf die relative Bedeutsamkeit der Stimulusmaterialien, die offenbar mit der Testmethode zur Prüfung der Gedächtnisleistung interagierte (vgl. auch MARSCHARK & HUNT, 1989). Bei der cued-recall-Aufgabe im ersten Experiment, deren insgesamt niedrige Reproduktionsleistungen noch große Spielräume zur Verbesserung bieten, war vor allem die Qualität der Namen hinsichtlich ihrer Vorstellbarkeit (und damit wohl auch ihrer Merkbarkeit) von Bedeutung. Umgekehrt wird die Wiedererkennensleistung im zweiten Experiment primär durch die Einprägsamkeit der Gesichter beeinflußt. Dieser Unterschied stützt einmal mehr unsere These, daß das Wiedererkennen von Gesichtern vorrangig durch visuelle Prozesse gesteuert ist (SPORER, 1989), bei denen inter-individuelle Differenzen in der Merkbarkeit der Gesichter eine dominante Rolle spielen. Dieser Unterschied könnte einerseits auf unterschiedliche *Prozesse* bei Reproduktion und Wiedererkennen, aber

Mnemotechniken zum Lernen von Eigennamen 223

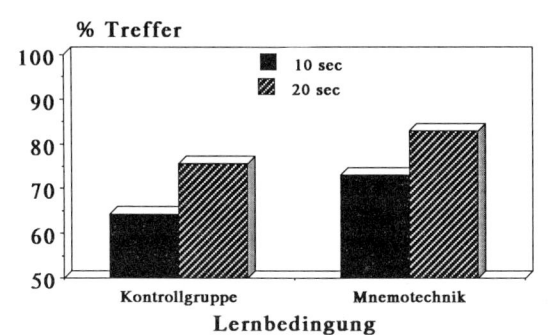

Abb. 11.3: Prozentzahl richtig wiedererkannter Namen-Gesichter-Paare als Funktion mnemotechnischer Instruktion

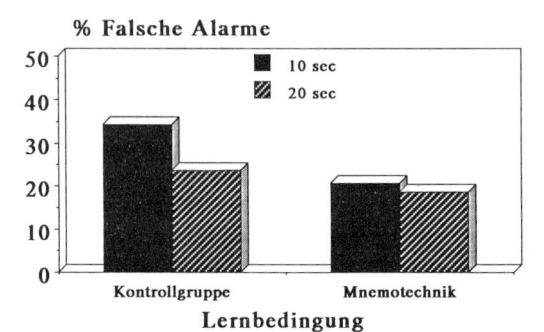

Abb. 11.4: Prozentzahl falsch wiedererkannter Namen-Gesichter-Paare als Funktion mnemotechnischer Instruktion

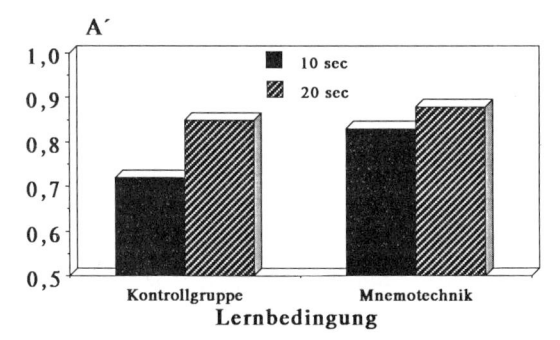

Abb. 11.5: Wiedererkennensleistung A´ für Namen-Gesichter-Paare als Funktion mnemotechnischer Instruktion

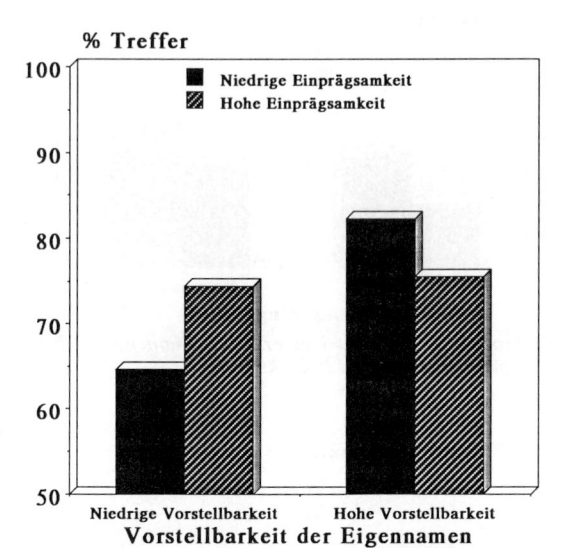

Abb. 11.6: Prozent richtig wiedererkannter Namen-Gesichter-Paare als Funktion von Vorstellbarkeit der Namen und Einprägsamkeit der Gesichter

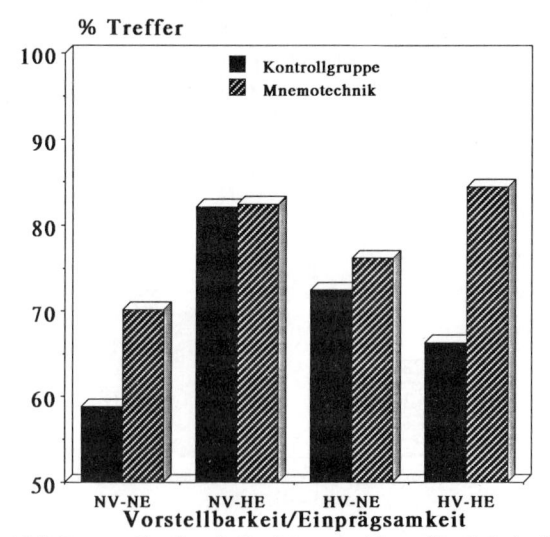

Abb 11.7: Prozent Treffer als Funktion von Vorstellbarkeit der Namen und Einprägsamkeit der Gesichter in der MG- und KG

TABELLE 11.2: *Korrelationen der Lebendigkeit der bildlichen Vorstellung mit dem Wiedererkennen der Namen-Gesichter-Paare in Experiment 14*

Experimentelle Bedingung	Treffer			FA	A'
	Niedrige Vorstellbarkeit	Hohe Vorstellbarkeit	Alle Namen		
Kontrollgruppe ($n = 20$)	.57***	.15	.49*	.11	.26
Mnemotechnik ($n = 21$)	.10	.57***	.45*	.04	.27
Insgesamt ($N = 41$)	.36*	.35*	.45***	.07	.23

*$p < .05$; ***$p < .005$.

auch auf unterschiedliche *Erwartungen* bezüglich des bevorstehenden Gedächtnistests zurückzuführen sein.

Der Unterschied zwischen Reproduktion und Wiedererkennen wird letztlich auch darin deutlich, daß sich der Geschlechterunterschied zugunsten der weiblichen Vpn nur im ersten Experiment, bei dem verbale Fähigkeiten eine größere Rolle spielen, nachweisen ließ, während bei der primär visuellen Wiedererkennensaufgabe im zweiten Experiment keine Geschlechterunterschiede auftraten (vgl. auch Kapitel 14).

Insgesamt zeigen die Ergebnisse dieser beiden Experimente, daß das Wiedererkennen von Gesichtern doch auch eigenen Gesetzmäßigkeiten folgt, die sich nicht ohne weiteres aus theoretischen Erwägungen über andere Prozesse bei anderen Gedächtnisaufgaben mit anderen Stimulusmaterialien vorhersagen lassen. In dem Vergleich zwischen den beiden Paradigmen, cued recall und Wiedererkennen, werden auch die in dem Modell von BRUCE und YOUNG (1986) unterschiedenen Aspekte zwischen bloßem strukturellen Code und dem Namencode ersichtlich (vgl. Kapitel 1 und 2). Vom bloßen Vertrautheitsurteil des Wiedererkennens ist ein langer Weg bis hin zur korrekten Benennung einer Person. Mnemotechniken scheinen prinzipiell geeignet, diesen Weg zu erleichtern, doch sind angesichts der insgesamt niedrigen Leistungen noch enorme Leistungssteigerungen mit ausgereifteren Techniken denkbar.

12

Wiedererkennen anderer "Rassen"

"Die sehen alle gleich aus" hört man immer wieder, wenn Deutsche (oder andere "Weiße"[1]) die Gesichter von Asiaten betrachten. "They all look alike to me" ist das englische Pendant, das "weiße" Amerikaner gebrauchen, wenn sie mit Gesichtern von Orientalen, aber auch von "Schwarzen" konfrontiert werden (vgl. MALPASS, 1981). Ähnlich äußern sich Versuchspersonen in Experimenten zum Wiedererkennen von Gesichtern, wenn sie Gesichtsstimuli von Mitgliedern anderer ethnischer Gruppen ("Rassen") dargeboten bekommen. Mit diesem oder ähnlichen Kommentaren wird einer der möglichen Erklärungsansätze (vgl. unten) angesprochen, die für *differentielle Wiedererkennensleistungen für Gesichter anderer ethnischer Gruppen* angeführt werden (vgl. die Zusammenfassungen bei BRIGHAM & MALPASS, 1985; BOTHWELL, BRIGHAM & MALPASS, 1989; CHANCE & GOLDSTEIN, 1981; MALPASS, 1981; SHEPHERD, 1981). Die schlechtere Wiedererkennensleistung für Gesichter einer anderen ethnischen Gruppe werden wir im folgenden als *Ausländereffekt* ("own-race bias") bezeichnen.

In einem typischen Experiment zum Ausländereffekt werden den Vpn (Schwarzen und Weißen) Gesichtsfotografien von Schwarzen und Weißen in Zufallsreihenfolge dargeboten (meist als Within-subjects-Design). Die Vpn sollen gewöhnlich die Gesichter, die nur sehr kurz (z.B. 2, 3 oder 5 sec) gezeigt werden, anhand irgendwelcher Merkmale beurteilen (vgl. Kapitel 8 über Enkodierungsstrategien). Sie wissen im allgemeinen nicht, daß ihr Gedächtnis für die Gesichter später geprüft werden soll (inzidentelle Lernbedingung). Nach einer Pause, die häufig mit einer Fülleraufgabe (z.B. einem Persönlichkeitsfragebogen) überbrückt wird, um Rezenzeffekte zu vermeiden, folgt der (unerwartete) Wiedererkennenstest.

Man spricht von einem Ausländereffekt (own-race bias), wenn die Faktoren "Rasse der Vpn" und "Rasse des Stimulusgesichts" signifikant interagieren. In Idealform ergibt diese Wechselwirkung, graphisch dargestellt, eine "echte" *cross-over-Interaktion* (vgl. Abbildung 12.1a; BOTHWELL et al., 1989; LINDSAY & WELLS, 1983). Nicht alle bisherigen Untersuchungen haben jedoch eine solche cross-over-Wechselwirkung gezeigt. LINDSAY und WELLS (1983) nahmen dies als Anlaß dafür, die Konsistenz der Befunde, und damit die Generalität des Ausländereffekts, in Zweifel zu ziehen. Demgegenüber legten BOTHWELL et al. (1989) in anschaulicher Weise dar, daß man zwischen der *graphischen* Darstellung der Mittelwerte der Untersuchungsdaten und der varianzanalytischen Signifikanz der Interaktion klar unterscheiden müsse. Bei der graphischen Darstellung könne nämlich das cross-over häufig durch andere Faktoren (z.B. die Zusammensetzung der Stimulussets, d.h. deren differentielle Itemschwierigkeit) überlagert werden. Insbesondere tritt der Ausländereffekt in manchen Untersuchungen auch neben *Haupteffekten für die Rasse der Vpn* (vgl. SHAPIRO & PENROD, 1986) und/oder *Haupt-*

---

[1] Alle "Rasse"-Bezeichnungen sind im rein physiognomischen Sinne zu verstehen.

effekten für die Rasse der Stimulusgesichter auf (z.B. MALPASS & KRAVITZ, 1969; CROSS, CROSS & DALY, 1971; SHEPHERD, DEREGOWSKI & ELLIS, 1974, zugunsten weißer Gesichter; aber auch zugunsten schwarzer Gesichter: BRIGHAM & BARKOWITZ, 1978; BRIGHAM & WILLIAMSON, 1979). Die Abbildungen 12.1a, 12.1b und 12.1c zeigen typische Ergebnismuster dieser Untersuchungen, die eine bloße Interaktion zwischen Vpn-Rasse und Stimulusrasse bzw. diese Interaktion plus einen Haupteffekt des einen oder anderen Faktors repräsentieren (vgl. BRIGHAM et al., 1989).

BOTHWELL et al. (1989) führten deshalb eine Meta-Analyse von 14 veröffentlichten Untersuchungen zum Ausländereffekt durch. Tabelle 12.1 zeigt die Effektgrößen der *Unterschiede* zwischen der Wiedererkennensleistung für die eigene minus der für die fremde Rasse, getrennt für schwarze und weiße Vpn-Stichproben, sowie den jeweiligen Stichprobenumfang (insgesamt von 693 schwarzen und 752 weißen Vpn). Eine Effektgröße von $d = 0.0$ würde bedeuten, daß beide ethnische Gruppen die Gesichter von Schwarzen und Weißen gleich gut wiedererkennen. Eine positive Effektgröße steht für einen Vorteil zugunsten der eigenen Rasse (own-race bias), ein negativer Wert würde besagen, daß die fremde Rasse besser wiedererkannt würde.

TABELLE 12.1: *Effektgrößen für den Ausländereffekt (Wechselwirkung von Vp-Rasse x Rasse der Gesichter; nach* BOTHWELL, BRIGHAM & MALPASS, *1989, S. 22)*

Studie	N_s	N_w	d_s	d_w
BARKOWITZ & BRIGHAM, 1982 (Studie 1)	81	174	-.19	.76
BARKOWITZ & BRIGHAM, 1982 (Studie 2)	58	43	.56	.45
BRIGHAM & BARKOWITZ, 1978	86	76	1.247	.757
BRIGHAM & WILLIAMSON, 1979	27	14	1.986	.347
CHANCE et al., 1975	48	48	.596	.685
DEVINE & MALPASS, 1981	24	24	1.127	1.084
ELLIS & DEREGOWSKI, 1981 (transformed)	48	48	1.575	.741
ELLIS & DEREGOWSKI, 1981 (untransformed)	48	48	.556	.185
FEINMAN & ENTWISTLE, 1976	144	144	.436	.556
GALPER, 1973	16	14	1.317	1.245
MALPASS & KRAVITZ, 1969 (Illinois)	13	13	-.115	1.405
MALPASS & KRAVITZ, 1969 (Howard)	7	7	-.107	1.343
MALPASS et al., 1974	61	67	.908	.364
SHEPHERD et al., 1974	32	32	.570	1.504

Anm.: S = Schwarze; W = Weiße.

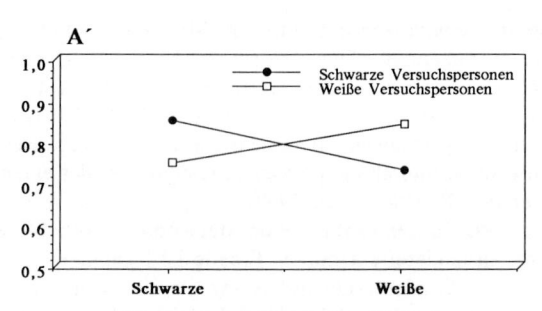

Abb. 12.1a: Typische Cross-over-Interaktion für den Ausländereffekt (Daten von Devine & Malpass, 1985)

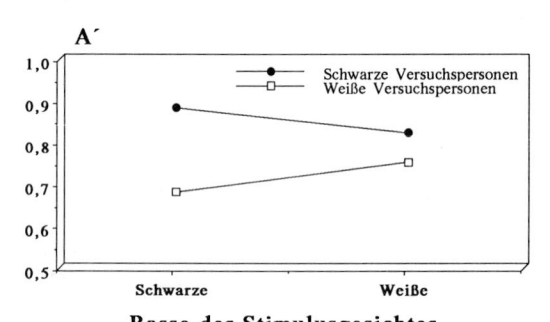

Abb. 12.1b: Interaktion plus Haupteffekt der Rasse der Vpn (hypothetische Daten)

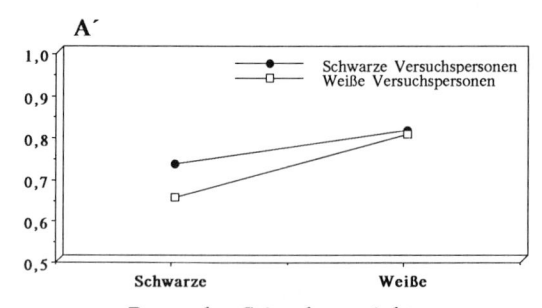

Abb. 12.1c: Interaktion plus Haupteffekt der Rasse der Stimulusgesichter (hypothetische Daten)

Sowohl schwarze (mittleres d = .71) als auch weiße Vpn (mittleres d = .69) erkennen erwartungsgemäß Gesichter der jeweils eigenen Gruppe relativ besser als die der anderen. Allerdings schwanken die Ergebnisse von Untersuchung zu Untersuchung beträchtlich, insbesondere für schwarze Stichproben (von -.19 bis 1.99, vs. .19 bis 1.50 bei Weißen). Das 95%-Intervall für schwarze Vpn schließt daher die Null mit ein (-.34 bis 1.76), während bei Weißen ein Nullbefund in weniger als fünf Prozent der Fälle zu erwarten wäre (95%-Intervall: .16 bis 1.22). Die größere Variabilität bei Schwarzen ist vor allem auf die beiden ersten Untersuchungen von MALPASS und KRAVITZ (1969) zurückzuführen, in denen ein Haupteffekt für weiße Gesichter darauf hinwies, daß diese leichter unterscheidbar und daher auch besser merkbar waren. Dies war auch in der ersten Untersuchung von BARKOWITZ und BRIGHAM (1982) der Fall, während in BARKOWITZ und BRIGHAMS zweitem Experiment der erwartete cross-over Effekt auftrat. Dennoch konnte die Variabilität der Effektgrößen nicht durch eine Korrektur der Stichprobenfehler maßgeblich reduziert werden. Auch ist die Anzahl der referierten Untersuchungen zu gering, als daß die Wirkung von Moderatorvariablen, die zu einer Klassifikation der unterschiedlichen Effektgrößen führen könnte, überprüft hätte werden können. Die Ergebnisse scheinen daher nicht unerheblich von Besonderheiten der jeweiligen Untersuchungen (wie Darbietungszeiten, Behaltensintervall, oder Zusammensetzung der Stimulussets) abzuhängen (BOTHWELL et al., 1989).

Insgesamt deuten die Ergebnisse dieser Meta-analyse auf einen robusten Ausländereffekt hin. Der durchschnittliche Unterschied im Wiedererkennen von Gesichtern der eigenen gegenüber einer anderen ethnischen Gruppe beträgt etwa .7 Einheiten der Standardabweichung sowohl für schwarze als auch für weiße Vpn. Dadurch werden 11 bis 12% der Varianz aufgeklärt, ein Effekt, der als mittel-bis-groß, gemäß einem Klassifikationsvorschlag von COHEN (1977), bezeichnet werden könnte (BRIGHAM & MALPASS, 1985). Manche Autoren halten allerdings derartige deskriptive Etikettierungen von Effektgrößen nicht für sinnvoll (GLASS, McGAW & SMITH, 1981).

Zu ähnlichen Schlußfolgerungen gelangt auch die großangelegte Meta-analyse 128 experimenteller Untersuchungen zum Wiedererkennen von Gesichtern in Labor- bzw. Wirklichkeitsversuchen von SHAPIRO und PENROD (1986). SHAPIRO und PENROD berechneten für Treffer eine hochsignifikante durchschnittliche Effektgröße von d = .53 zugunsten des Wiedererkennens der eigenen Rasse (N = 17 Untersuchungen mit insgesamt 1571 Vpn). Im Durchschnitt lag die Wiedererkennensrate für die eigene Rasse um 6% (63% vs. 57%, für N = 16 Untersuchungen) höher als die für die andere Rasse. Für falsche Alarme ergab sich ein vergleichbares Bild: 18% Fehler für die eigene vs. 22% Fehler für die fremde Rasse (N = 11 Untersuchungen), mit einer ebenfalls hochsignifikanten mittleren Effektstärke von d = .44 (N = 14 Untersuchungen, n = 1432 Vpn). Eine post-hoc Umrechnung von Treffern und falschen Alarmen nach MACMILLAN und KAPLAN (1985) in d' und $beta"$ als Maße der Sensitivität bzw. der Reaktionsneigung ergab konsequenterweise einen Vorteil der eigenen Rasse mit d' = .55 (vs. d' = .51, bei N = 11). Allerdings scheinen die Vpn bei Gesichtern der eigenen Rasse tendenziell auch etwas *vorsichtiger* vorzugehen ($beta"$ = .24 vs. .17), obwohl weder für die d' noch die $beta"$-Werte Signifikanztests berichtet werden (vgl. dagegen UNDEUTSCH, 1984, der bei Personenidentifizierungen im Srafermittlungsverfahren genau das Gegenteil annimmt; s. auch LINDSAY & WELLS, 1983).

Zusätzlich zu den Analysen zu den cross-race Effekten berichten SHAPIRO und PENROD ebenfalls signifikante *Haupteffekte* für die Rasse der Vpn und die der Stimulusgesichter. Demnach erzielten schwarze Vpn im Durchschnitt mehr Treffer, aber auch mehr falsche Alarme als Weiße (Treffer: Effektgröße: $d = .17$ für $N = 14$ Untersuchungen; FA: $d = -.04$ für $N = 10$). Dies würde darauf hindeuten, daß schwarze Vpn ein laxeres Entscheidungskriterium benutzten. Bezüglich der Rasse der Stimulusgesichter ergab sich, daß Weiße öfter richtig wiedererkannt wurden als Schwarze oder Asiaten ($d = .24$ bei $N = 18$ Untersuchungen mit 1894 Vpn; Treffer für Weiße durchschnittlich 59%, für Schwarze oder Orientalen: 53% bei $N = 15$). Bei weißen Gesichtern wurden insgesamt auch weniger Fehler (16%) als bei Schwarzen oder Asiaten (20%) gemacht ($d = .18$; $N = 15$; $n = 1626$). Dies könnte auf eine bessere Diskriminierbarkeit der weißen Gesichter zurückgeführt werden (vgl. unten die theoretischen Ansätze), kann aber auch durch die Zusammenstellung der Stimulussets bedingt sein.

Die Ergebnisse der Meta-analysen von BOTHWELL et al. und von SHAPIRO und PENROD belegen, daß das differentielle Wiedererkennen von Mitgliedern einer anderen ethnischen Gruppe als robustes Phänomen anzusehen ist. Obwohl die Meta-analyse von BOTHWELL et al. nur Untersuchungen von Schwarzen und Weißen einschloß, zeigen die Untersuchungen von GOLDSTEIN, CHANCE und ihren Mitarbeitern, daß der Ausländereffekt zumindest auch für das Wiedererkennen von Gesichtern von Orientalen durch Weiße nachgewiesen ist (z.B. ELLIOT, WILLS & GOLDSTEIN, 1973). Ferner konnten PLATZ und HOSCH (1988) in einem Feldexperiment die Generalisierbarkeit des Ausländereffekts auf das Wiedererkennen von Amerikanern mexikanischer Abstammung ("Mexican-Americans") unter ökologisch valideren Bedingungen ausdehnen. Dennoch steht die Frage offen, ob auch weiße, deutsche Versuchspersonen Mitglieder anderer ethnischer Gruppen schlechter wiedererkennen werden. Zumindest hat UNDEUTSCH (1984), mit Bezug auf das kritische Sammelreferat von LINDSAY und WELLS (1983) dies in Frage gestellt. Insbesondere bleibt die Generalisierbarkeit des Ausländereffekts für Gesichter von Personen aus dem Mittelmeerraum oder dem Nahen Osten eine empirische Frage, die u.W. bisher von niemandem untersucht wurde.

Die Vorhersagbarkeit des Ausländereffekts stellt vor allem deshalb ein Problem dar, weil eine zufriedenstellende *theoretische Erklärung* bislang fehlt. Wir wollen daher zunächst die alternativen theoretischen Erklärungen, sowie exemplarische Belege für deren Gültigkeit, kurz darstellen. Wir verweisen insbesondere auf die Arbeiten von MALPASS (1975, 1979, 1981; BRIGHAM & MALPASS, 1985; DEVINE & MALPASS, 1985), sowie SHEPHERD (1981) und CHANCE und GOLDSTEIN (1981), die sich mehr als andere Autoren um eine theoretische Untermauerung des differentiellen Wiedererkennens anderer Rassen bemüht haben.

12.1 Theoretische Erklärungen des Ausländereffekts
12.1.1 Unterschiede in der physiognomischen Variabilität

Die subjektiven Berichte von Vpn, daß die Gesichter einer anderen Rasse "alle gleich aussähen", legen die Hypothese nahe, daß es tatsächlich Unterschiede in der *Homogenität* von Gruppen (Rassen) von Gesichtern gibt, die sich entsprechend in der Diskriminierbarkeit und folglich in der Wiedererkennbarkeit niederschlagen müßten. Diese Argumentation ist allerdings insofern unlogisch, als nicht nur weiße Vpn Schwierigkeiten mit der Diskriminierbarkeit von schwarzen oder asiatischen Gesichtern berichten, sondern umgekehrt auch schwarze oder orientalische Vpn Probleme mit der Unterscheidbarkeit weißer Gesichter angeben.

GOLDSTEIN und CHANCE (1976), die selbst eine Reihe von Arbeiten zum Ausländereffekt vorgelegt haben, wollten diese alltagspsychologische Annahme der geringeren Unterscheidbarkeit (also der größeren wahrgenommenen Homogenität) von Gesichtern einer anderen Rasse nicht ungeprüft hinnehmen, sondern haben eine interessante Methode vorgeschlagen, diese Hypothese empirisch zu testen. Sie gingen dabei von der Annahme aus, daß die Gesichter von Japanern, falls sie tatsächlich einander strukturell ähnlicher sind als die von weißen Amerikanern, zu mehr Fehlern und zu längeren Reaktionszeiten führen würden, wenn sie je ein Paar von Gesichtern als der gleichen Person bzw. unterschiedlichen Personen zugehörig beurteilen sollten (same-different judgments). Sie fanden nahezu identische Reaktionslatenzen und Fehlerraten für beide Gruppen von Gesichtern bei amerikanischen Vpn. Allerdings sollte man aufgrund dieses Nullbefundes, der mit einer sehr kleinen Stichprobe von Gesichtsstimuli gewonnen wurde, noch keine weitreichenden Schlüsse bezüglich der eingangs erwähnten alltagspsychologischen These ziehen. Zumindest wird die Notwendigkeit der Überprüfung solch alltagspsychologischer "Erfahrungssätze" deutlich (SPORER, 1983; vgl. auch MEURER, SPORER & RENNIG, 1990).

In weiteren Untersuchungen mit Diskriminations- und Ratingaufgaben mit Gesichtern verschiedener ethnischer Gruppen fanden GOLDSTEIN und CHANCE (1978, 1979) ebenfalls, daß ihre Vpn keine größere Ähnlichkeit von Gesichtern innerhalb bestimmter ethnischer Gruppen wahrnahmen. Des weiteren verwandte GOLDSTEIN (1979a, 1979b) physisch-anthropometrische Daten, um zu prüfen, ob sich Rassen in der Variabilität ihrer physischen Strukturen unterschieden. Auch diese Untersuchungen ergaben, daß die Variabilität innerhalb einer bestimmten ethnischen Gruppe genauso groß war wie die zwischen den Gruppen.

SHEPHERD (1981) gibt zu diesen anthropometrischen Untersuchungen kritisch zu bedenken, daß die Vermessung von Gesichtszügen für die Diskrimination bei Wahrnehmungsaufgaben möglicherweise nicht relevant sei. Wie die Untersuchungen von ELLIS, DEREGOWSKI und SHEPHERD (1975) zeigen, benutzen (zumindest weiße) Vpn viel häufiger Haarfarbe und Frisur als Hinweisreize zur Diskrimination (vgl. unten). Dies wird auch durch Untersuchungen zu Veränderungen der Frisur (z.B. durch Perücken) oder der "Verkleidung" durch Hüte deutlich (DIAMOND & CAREY, 1977; LAUGHERY & FOWLER, 1977; PATTERSON & BADDELEY, 1977; vgl. Kapitel 4 und 8).

12.1.2 Erfahrung: Kontakthäufigkeit und Einstellungen

Wenn wir nicht annehmen wollen, daß der Ausländereffekt auf einer differentiellen genetischen Grundlage basiert - und dafür gibt es u.W. keine Belege - müssen die unterschiedlichen Wiedererkennensleistungen auf unterschiedlichen *Lernerfahrungen* beruhen. Langjährige Lernerfahrungen sind schwierig zu messen, und dies gilt in besonderem Maße für Alltagserfahrungen wie die *Häufigkeit und Qualität ethnischer Beziehungen*. Methodische Probleme mit Fragebögen über berichtete eigene Erfahrungen und Effekte der sozialen Erwünschtheit wären hier zu nennen. Des weiteren stehen Häufigkeit und Qualität zwischenmenschlicher Beziehungen in wechselseitigem Verhältnis mit den *Einstellungen* gegenüber diesen Gruppen und sind folglich konzeptuell konfundiert (SHEPHERD, 1981). Eine Weiterentwicklung dieses Gedankengangs legt nahe, daß nicht nur positive Einstellungen zu häufigerem Kontakt (und besserem Wiedererkennen), sondern auch umgekehrt infolge des aus der Sozialpsychologie bekannten Häufigkeits-Effekts ("Mache Dich häufig - und damit beliebt"; mere exposure effect: vgl. ZAJONC, 1968) häufigerer Kontakt zu positiveren Einstellungen und Interesse für eine andere ethnische Gruppe, und damit zu besserem Wiedererkennen führen sollte.

Belege für unterschiedliche Erfahrungen können allein darin gesehen werden, daß der Ausländereffekt bei weißen Vpn in den USA mit asiatischen Gesichtern stärker ausgeprägt ist als mit Gesichtern von Schwarzen, die in der Gesamtpopulation sehr viel höher repräsentiert sind (CHANCE, GOLDSTEIN & MCBRIDE, 1975). Weiße - aber nicht schwarze - Kinder aus ethnisch stärker integrierten Gemeinden zeigten geringere Ausländereffekte als Kinder aus weniger integrierten Nachbarschaften (CROSS, CROSS & DALY, 1971). Ähnlich berichteten FEINMAN und ENTWISTLE (1976) entwicklungspsychologische Daten mit Kindern aus ethnisch integrierten vs. separatistischen Schulen, die geringere Ausländereffekte für die integrierten Schulen ergaben; diese Ergebnisse waren jedoch nicht einheitlich (vgl. die Nullbefunde bei Fragebögen mit erwachsenen Vpn in LAVRAKAS, BURI & MAYZNER, 1976).

Während diese Ergebnisse von Untersuchungen, die die Häufigkeit ethnischer Beziehungen durch Bevölkerungsstatistiken oder institutionelle Gegebenheiten operationalisierten, zumindest tendenziell die Kontakthäufigkeitshypothese unterstützen, sind Befunde, die die Wiedererkennensleistungen mit Befragungen der Vpn über ihren Kontakt mit der anderen Rasse in Beziehung setzten, schwach oder gar negativ. In einer Felduntersuchung von BRIGHAM, MAASS, SNYDER und SPAULDING (1982) korrelierte die berichtete Kontakthäufigkeit mäßig, aber signifikant mit dem Wiedererkennen von Personen der anderen Rasse (r = .28). Die Laborexperimente von LUCE (1974), MALPASS und KRAVITZ (1969) und BRIGHAM und BARKOWITZ (1978) hingegen ergaben alle nichtsignifikante Korrelationen. In der Untersuchung von LAVRAKAS et al. (1976) korrelierte zwar die "Anzahl schwarzer Freunde", nicht aber das Maß an schulischer Integration mit der Wiedererkennensleistung.

Fassen wir die Befunde zur Kontakthypothese zusammen, so scheinen die Ergebnisse nicht zuletzt von der Operationalisierung des Konstrukts Kontakthäufigkeit abzuhängen: Wird Kontakthäufigkeit objektiv-institutionell operationalisiert, findet diese Erklärungshypothese eher Unterstützung als wenn sie durch subjektive Fragebogendaten "gemessen" wird. So nimmt es auch nicht Wunder, daß Fragebogenuntersuchungen zu *Einstellungen* gegenüber Mitgliedern der eigenen und anderer ethnischer Gruppen nicht die erwarteten Korrelationen mit den erhobenen Wiedererkennensleistungen erbrachten (z.B. BRIGHAM & BARKOWITZ, 1978; LAVRAKAS et al., 1976). Eine mögliche Ausnahme bildet die Untersuchung von GALPER (1973), in der die Teilnahme an einem Black-Studies-Seminar den Ausländereffekt bei weißen Vpn vermutlich eliminierte.

BRIGHAM und MALPASS (1985) interpretieren die Befunde zur Kontakthypothese dahingehend, daß weniger die Häufigkeit als die *Qualität* des Kontakts entscheidend sei, d.h. die Bedingungen, die entweder zu einem Abbau von Vorurteilen gegenüber Mitgliedern anderer Rassen führen oder die dafür ungeeignet sind. SHEPHERD (1981) hingegen betont mehr die Verfügbarkeit differentieller Kategorien für die Wahrnehmung von Gesichtern einer anderen Rasse, die ihrerseits von der Vertrautheit, und diese wiederum von der Kontakthäufigkeit mit Mitgliedern derselben abhängen müßte. Ähnlich hatten

schon ELLIOT, WILLS und GOLDSTEIN (1973) die *Entwicklung rassenspezifischer Schemata als Funktion differentieller Erfahrungen* als Erklärungsmechanismus vorgeschlagen. Wenden wir diese Annahme und die dazu berichteten Ergebnisse auf Verhältnisse in Deutschland an, so könnten wir vorhersagen, daß
(1) der Ausländereffekt z.b. mit Gesichtern von Schwarzen bei uns stärker ausgeprägt sein müßte als vergleichsweise in den USA, da bei uns der Populationsanteil Schwarzer, und damit die Möglichkeit zu Kontakten, viel geringer ist. Allerdings sollte hier die Bedeutung von Massenmedien, insbesondere des Fernsehens, das uns Gesichter aus aller Welt "ins Wohnzimmer bringt", als mögliche Moderatorvariable berücksichtigt werden. Darüberhinaus ließe sich bei uns untersuchen, ob
(2) Gemeinden oder Städte mit relativ hohem Anteil an Schwarzen (z.B. Städte mit großen amerikanischen Kasernen) sich von anderen Orten unterscheiden. Eine solche Untersuchung sollte auch
(3) Unterschiede in der Kontakthäufigkeit (z.B. deutsche Angestellte in einer Kantine einer US- vs. einer deutschen Kaserne) berücksichtigen. Parallele Forschungsfragen wären für das Wiedererkennen anderer ethnischer Gruppen, die bei uns regional differentiell repräsentiert sind (z.B. Türken, Italiener), denkbar.

12.1.3 Unterschiedliche Verarbeitungstiefen

In Kapitel 8 haben wir die Bedeutung verschiedener Enkodierungsstrategien für das Wiedererkennen von Gesichtern zusammengefaßt. Offenbar wird das Wiedererkennen durch unterschiedliche Orientierungsinstruktionen, die differentielle Verarbeitungstiefen im Sinne CRAIK und LOCKHARTS (1972) Levels-of-processing-Ansatz hervorrufen sollen, beeinflußt. CHANCE und GOLDSTEIN (1981) übertrugen diese Idee auf das Wiedererkennen von Gesichtern anderer ethnischer Gruppen. Sie stellten die Vermutung an, daß Personen bei Klassen von Gesichtern, die uns weniger vertraut erscheinen, schlechter in der Lage wären, Stimmungen, Einstellungen oder Persönlichkeitseigenschaften zu erschließen als sie dies bei ihnen selbst ähnlicheren oder vertrauteren Personen könnten. Da Inferenzen über Charaktereigenschaften mit besseren Wiedererkennensleistungen einhergehen als oberflächlichere Enkodierungsstrategien (BOWER & KARLIN, 1974; SPORER, 1991; WINOGRAD, 1981; s. Kapitel 8), wären differentielle Enkodierungen eine mögliche Erklärung für den Ausländereffekt.

Um diese Hypothese zu überprüfen, ließen CHANCE und GOLDSTEIN 115 weißen Vpn ihre ersten Reaktionen auf die Gesichter von entweder Japanern, Schwarzen oder Weißen aufschreiben, nachdem sie jedes Gesicht nur kurz für je zwei Sekunden gesehen hatten. Eine Inhaltsanalyse der Antworten, die diese nach ihrer "Verarbeitungstiefe" skalierte, ergab signifikant höhere Werte für die Gesichter von Weißen ($M = 78.4$ auf einer Skala von 0 - 100) als für die von Schwarzen ($M = 61.6$) oder Japanern ($M = 57.3$). Letztere unterschieden sich nicht signifikant voneinander. Die Ankündigung eines späteren Wiedererkennenstests - also intentionales (vs. inzidentelles) Lernen - interagierte allerdings mit der Rasse der Gesichter in einer Weise, die die Gültigkeit der Ergebnisse für inzidentelle Lernbedingungen einzuschränken scheint (vgl. dazu die kritische Diskussion in Kapitel 8). Leider kehrten weniger als die Hälfte der Vpn zu dem späteren Wiedererkennenstest zurück, so daß CHANCE und GOLDSTEIN auf eine Auswertung der Wiedererkennensdaten verzichten mußten. Der Ausfall von Vpn, der offenbar differentiell häufiger bei Vpn auftrat, die Gesichter von Japanern als von Schwarzen oder

Weißen gesehen hatten, hätte eine sinnvolle Interpretation ohnehin unmöglich gemacht (s. CAMPBELL & STANLEY, 1966, über "differential mortality").

12.1.4 Differentielle Aufmerksamkeitsfokussierung

Eine weitere Hypothese, die wir als Erklärung des Ausländereffektes heranziehen könnten, zielt auf eine unterschiedliche *Aufmerksamkeitsfokussierung* bei Gesichtern verschiedener Rassen und der verminderten Relevanz der fokussierten Merkmale bei Gesichtern einer anderen Rasse ab. Wenn wir z.B. gelernt haben, bei Gesichtern von Weißen auf bestimmte Merkmale (etwa die Frisur) zu achten, weil Weiße sich bezüglich dieses Merkmals besonders vielfältig unterscheiden, und sich dieses Merkmal daher im Alltag als sehr hilfreiches Erkennungsmerkmal erwiesen hat, dann ist damit noch lange nicht garantiert, daß dieses bestimmte Merkmal auch bei einer anderen Rasse vergleichbar gute Diskriminationsmöglichkeiten bietet. Insofern es uns gelingt, Merkmale festzumachen, die rassespezifisch besonders gute Diskriminationsmerkmale darstellen, könnten wir dieses Wissen bei der Beobachtung von Personen anderer Rassen bewußt einsetzen, um den Ausländereffekt zu kompensieren. Hinweise auf mögliche rassespezifische Merkmale ergeben sich aus Studien, die sich mit der *Beschreibung* von Gesichtern der eigenen und fremder Rassen beschäftigen (vgl. ELLIS, DEREGOWSKI & SHEPHERD, 1975; SHEPHERD & DEREGOWSKI, 1981; CHANCE & GOLDSTEIN, 1981).

Zusammenfassend dazu läßt sich festhalten:
(1) Schwarze Gesichter werden von schwarzen und weißen Personen mit einer größeren Anzahl von Gesichtsmerkmalen beschrieben als weiße Personen.
(2) Schwarze Personen benutzen bei der Beschreibung von schwarzen und weißen Gesichtern eine größere Anzahl von Gesichtsmerkmalen als weiße Personen.
(3) Schwarze Personen bevorzugen bei der Beschreibung von Gesichtern andere Gesichtsmerkmale als weiße Personen. Insbesondere fällt auf, daß *schwarze* Personen u.a. eher *Mund- und Nasenregion* von Gesichtern bei deren Beschreibung erwähnen, während *weiße* Personen in erster Linie die *Haarregion* berücksichtigen.
(4) Schwarze Gesichter scheinen generell nicht schwieriger zu beschreiben als weiße Gesichter oder umgekehrt.

12.2 Eigene Experimente zum Ausländereffekt

Da es im deutschsprachigen Bereich u.W. keine einzige Untersuchung gibt, die den Ausländereffekt getestet hat, bleibt die Übertragbarkeit der in der angloamerikanischen Forschung gewonnenen Erkenntnisse auf Personen in der Bundesrepublik eine offene, *empirisch* zu untersuchende Frage. Wir würden allerdings erwarten, daß bei uns - je in Abhängigkeit von den Bevölkerungsanteilen und dem Kontakt mit der jeweiligen ethnischen Gruppe - der Ausländereffekt eher stärker zu Tage treten müßte als im "melting pot" USA, wo sowohl im täglichen Leben als auch in den Medien eine vergleichbar größere Erfahrungsbasis mit Gesichtern anderer Rassen besteht.

Wir haben daher versucht, den Ausländereffekt in mehreren Laborexperimenten zu überprüfen. Um einen Vergleich unserer Ergebnisse mit den Effektgrößen der in den USA durchgeführten Untersuchungen zu ermöglichen, verwendeten wir Gesichter von Schwarzen und Weißen aus MALPASS' (1979) Feldmanual, das eine standardisierte Sammlung von Gesichtern von Schwarzen und Weißen enthält. Abbildung 12.2 stellt je ein Gesicht eines Schwarzen und eines Weißen aus MALPASS' Feldmanual dar. Des

Gesichter anderer Rassen 235

weiteren wollten wir untersuchen, ob sich die Wiedererkennensleistung für Gesichter einer anderen Rasse, von der wir erwarteten, daß sie auch bei uns schlechter als für die von Weißen ausfallen würde, durch gezielte Instruktionen (Enkodierungsstrategien, vgl. Kapitel 8) zur Betrachtung eines Gesichts verbessern ließe. Von einem solchen "Trainingsprogramm" erwarten wir ein besseres Verständnis der dem Wiedererkennen von Gesichtern anderer und der eigenen Rasse zugrundeliegenden Verarbeitungsprozesse. Wir wollen darauf im nächsten Kapitel näher eingehen.

Abb. 2.2: Beispielstimuli von Gesichtern von Schwarzen und Weißen in unseren Experimenten 15 bis 17 (aus dem Feldmanual von MALPASS, *1979, mit freundlicher Genehmigung des Verf.)*

Da wir annahmen, daß der Ausländereffekt bei uns infolge unserer geringeren Erfahrung mit Gesichtern von Schwarzen noch stärker ausgeprägt sein dürfte als in Ländern mit häufigeren Kontakten und größeren Möglichkeiten zur Erfahrung mit Mitgliedern einer anderen Rasse, formulierten wir folgende Arbeitshypothesen:

H12.1: **Mitglieder der eigenen Rasse werden häufiger richtig wiedererkannt (Treffer) als Mitglieder einer anderen Rasse.**
H12.2: **Mitglieder der eigenen Rasse werden weniger häufig fälschlich wiedererkannt (FA) als Mitglieder einer anderen Rasse.**
H12.3: **Die Diskriminationsleistung A' für Mitglieder der eigenen Rasse ist höher als für Mitglieder einer anderen Rasse.**

Im Vergleich zu den Ergebnissen der anglo-amerikanischen Untersuchungen nahmen wir an, daß die Effektgrößen für den Ausländereffekt in unseren Untersuchungen größer ausfallen sollten. Schließlich besteht noch die Möglichkeit, daß Personen bei Mitgliedern der einen oder anderen ethnischen Gruppe die Tendenz zeigen, eine Person als vorher gesehen zu bezeichnen, unabhängig davon, ob sie sie tatsächlich gesehen haben oder nicht (Reaktionsneigung *beta*", vgl. Kapitel 3). Angewandt auf das differentielle Wiedererkennen einer anderen Rasse formulieren wir unsere vierte Arbeitshypothese:

H12.4: **Bei Mitgliedern der eigenen Rasse besteht eine geringere Reaktionsneigung, d.h. Identifizierungsaussagen werden mit größerer Vorsicht vorgenommen als bei Mitgliedern einer anderen Rasse.**

Wir haben nun versucht, in drei Experimenten den Ausländereffekt bei deutschen Vpn mit Gesichtern von Schwarzen nachzuweisen. Alle drei Experimente beinhalteten einen Praetest mit je 20 Gesichtern von Schwarzen und Weißen (davon jeweils 10 in der Darbietungsphase gezeigte "alte" Gesichter und 10 Distraktoren), eine kurze Trainingsphase, und einen Posttest mit einem neuen Satz von Gesichtern von Schwarzen und Weißen analog dem Praetest. Um mögliche Seteffekte auszuschließen, wurden die Darbietungssets (A und B) von Prae- und Posttest in ausbalancierter Reihenfolge dargeboten. Im Anschluß sollten die Vpn in einem postexperimentellen Fragebogen die Wirksamkeit der Trainingsstrategien auf Ratingskalen beurteilen (zu Design und Versuchsablauf s. Tabelle 12.2 in SPORER, 1990d).

12.2.1 Methode der Experimente 15 bis 17[2]

12.2.1.1 PILOTSTUDIE

In einem Vorversuch wurde die optimale Darbietungszeit für die Präsentation der Dias in der Lernphase des Experiments ermittelt. Dazu wurden zwei Gruppen von Versuchspersonen (n_1 = 5; n_2 = 6) 20 Dias von je 10 Schwarzen und Weißen für entweder 2 oder 7 sec gezeigt. Nach einer fünfminütigen Pause wurde ein Wiedererkennenstest mit den bereits gezeigten 20 alten plus 20 neuen (je 10 von Schwarzen und 10 von Weißen) Gesichtern durchgeführt.

Eine varianzanalytische Auswertung des Diskriminationsindex d' ergab eine signifikant bessere Wiedererkennensleistung für die länger dargebotenen Gesichter (M = 2.50) gegenüber der kürzeren Beobachtungsdauer (M = 1.50; $F(1;9)$ = 8.97, p = .015). Auch der Ausländereffekt erwies sich trotz der kleinen Versuchspersonenstichprobe als reliabel: Die Wiedererkennensleistung betrug M = 1.60 für Schwarze, und M = 2.40 für Weiße ($F(1;9)$ = 5.76, p = .040).

Aufgrund dieser Pilotdaten entschieden wir uns für die Hauptversuche für eine mittlere Darbietungszeit von 5 sec pro Bild, um einerseits genügend Zeit für die Inspektion der Gesichter zu lassen und andererseits einen Deckeneffekt, der eine weitere Verbesserung durch unsere Trainingsstrategien ausgeschlossen hätte, zu vermeiden.

12.2.1.2 VERSUCHSPERSONEN

Versuchspersonen an dem Vorversuch und den drei Hauptversuchen waren Studierende der Universität Marburg, vornehmlich des Faches Psychologie. In unseren früheren Untersuchungen (z.B. Kapitel 8 und 10) hatte sich gezeigt, daß weder die Fachbereichszugehörigkeit von Studenten noch die Tatsache, daß es sich um Studenten - im Gegensatz zu nicht-studentischen Versuchspersonen - handelte, einen systematischen Einfluß auf die Wiedererkennensleistungen hatte.

Am Experiment 15 nahmen 15 Versuchspersonen (5 männliche und 10 weibliche), am Experiment 16 14 (3 männliche, 11 weibliche), und am Experiment 17 40 (23 weibliche, 17 männliche) Versuchspersonen teil. Von den Versuchspersonen in Experiment 17 waren 25 Studierende am Fachbereich Psychologie, 14 an anderen Fachbereichen, und 3 Zivildienstleistende.

12.2.1.3 STIMULUSMATERIAL

Als Stimulusmaterial dienten 80 Schwarz-Weiß-Dias von Gesichtsportraits in Frontalaufnahme, bestehend aus 40 Männern mit schwarzer und 40 Männern mit weißer Hautfarbe (vgl. oben Abbildung 12.2). Die Dias wurden von dem von MALPASS (1979) spezifisch zum Zweck von Wiedererkennensexperimenten entwickelten Feldmanual abfotografiert und randomisiert in vier

---

[2] Hiermit möchte ich cand. psych. Uwe RUHL für seine Hilfe bei Experiment 15 danken.

Gesichter anderer Rassen 237

Gruppen eingeteilt.[3] Jede Gruppe bestand aus 10 schwarzen und 10 weißen frontal aufgenommenen Gesichtern. Zwei Bildergruppen wurden jeweils zu einem Bildersatz zusammengefaßt. Sie wurden mittels einer elektronischen Versuchssteuerungsanlage in Lebensgröße an die Wand projiziert (10 weiße, 10 schwarze Gesichter; 5 sec Darbietungszeit pro Dia).

12.2.1.4 VERSUCHSDURCHFÜHRUNG

Die Untersuchung wurde an zwei verschiedenen Tagen (Zwischenzeit zwei bis vier Tage) durchgeführt und gliederte sich jeweils in Darbietungs-, Behaltens- und Testphase. In einem Prae-Test wurden den Versuchspersonen zunächst 20 Gesichter von Schwarzen und von Weißen gezeigt, die sie sich zum Zwecke des späteren Wiedererkennens einprägen sollten (intentionale Lernbedingung). Nach einer kurzen Pause, die mit Denkaufgaben gefüllt wurde, sollten die Versuchspersonen die 20 vorher gesehenen, "alten" Gesichter aus einer randomisierten Reihenfolge von 40 Gesichtern, die zusätzlich 20 "neue" Gesichter enthielt, wiedererkennen ("JA-Nein"-Test; vgl. Kapitel 2). Nach diesem Prae-Test zur Erfassung der Ausgangsleistung wurde eine von vier verschiedenen Trainingsinstruktionen erläutert, auf die wir im nächsten Kapitel näher eingehen werden.

Im 2 bis 4 Tage späteren Post-Test wurden den Versuchspersonen erneut 20 neue Gesichter von Schwarzen und von Weißen gezeigt. Hier sollten die Versuchspersonen die in dem Training erlernten Beobachtungsstrategien anwenden. Der Wiedererkennenstest erfolgte wie beim Prae-Test nach einer kurzen Pause, in der sich die Versuchspersonen mit Denkaufgaben beschäftigten. Bei diesem Test sollten die Versuchspersonen unter den 40 gezeigten Gesichtern (20 "alte", 20 "neue", davon je 10 von Schwarzen und von Weißen) diejenigen 20 angeben, die sie schon in der Darbietungsphase gesehen hatten. Die jeweilige Testzeit pro Dia betrug 12 sec.

12.3 Ergebnisse und Diskussion der Experimente 15 bis 17

Wir werden hier primär auf die Effekte der Rasse der Gesichter, gemittelt über Prae- und Posttest, eingehen. Eine ausführlichere Darstellung der Trainingseffekte folgt in Kapitel 13.

12.3.1 Statistische Auswertung

Als *abhängige Variablen* dienten die Anzahl richtig wiedererkannter Gesichter von Schwarzen und Weißen (Treffer in %), die Anzahl fälschlich als vorher gesehen bezeichneter Gesichter von Schwarzen und Weißen (falsche Alarme in %). Zusätzlich wurden noch das nicht-parametrische Maß der Diskriminationsfähigkeit A', das Treffer und falsche Alarme in einem Maß vereint, und das nicht-parametrische Maß für die Reaktionsneigung *beta"*, das einen Index für die Bereitschaft einer Versuchsperson angibt, Gesichter als bereits gesehene anzugeben, berechnet (s. Kapitel 3).

Die statistische Auswertung erfolgte mittels 2(x2x2) Varianzanalysen (vgl. EIMER, 1978; WINER, 1971) mit den Faktoren Bildersatz (Darbietungsset 1 und 2), Testzeitpunkt (Prae vs. Post) und Rasse (mit den beiden letzteren als Meßwiederholungsfaktoren) als unabhängigen, und den genannten Maßen der Wiedererkennensleistung bzw. der Reaktionsneigung als abhängigen Variablen. In Experiment 17 wurde die Trainingsinstruktion (Schwarze vs. Weiße Strategie) als zusätzlicher Between-subjects-Faktor in eine 2x2(x2x2) Varianzanalyse aufgenommen. Um die Generalisierbarkeit der Ergebnisse zu erhöhen, wurden zwei unterschiedliche Bildersätze verwendet, die in ausbalancierter Reihenfolge vorgegeben wurden. Der Faktor Bildersatz wurde zwar in der Varianzanalyse berücksichtigt; hierauf wird jedoch nicht weiter eingegangen. Zusätzlich wurde noch das Geschlecht als Between-subjects-Faktor berechnet (vgl. Kapi-

---

[3] Wir danken Prof. Roy S. MALPASS für seine außerordentliche Kooperationsbereitschaft.

tel 14). Da das Vp-Geschlecht nicht mit den hier manipulierten Faktoren interagierte, wurden die Daten über diesen Faktor gepoolt.

Die Abbildungen 12.3 bis 12.6 zeigen die Trefferraten, falsche Alarme, A' und $beta''$ in den drei Experimenten, gemittelt über Prae- und Posttest. Tabelle 12.2 zeigt die Signifikanzprüfungen des Rasseeffektes für diese vier Variablen in den drei Experimenten, sowie ein Maß für die Effektstärke analog dem in den Meta-analysen von SHAPIRO und PENROD und BOTHWELL et al. angegebenen Parameter d. Um einen Vergleich unserer Ergebnisse mit den in der anglo-amerikanischen Literatur berichteten Effekten zu ermöglichen, haben wir zusätzlich eine Meta-analyse[4] mit den Ergebnissen unserer drei Experimente berechnet (s. Tabelle 12.3).

12.3.2 Ergebnisse zum Ausländereffekt

Die Daten stützten den erwarteten Ausländereffekt in allen drei Experimenten. Dieser Effekt wurde besonders bei den falschen Alarmen deutlich, für die in allen drei Experimenten (trotz der kleinen Stichprobengrößen) hochsignifikant mehr Schwarze fälschlicherweise als bereits gesehen wiedererkannt wurden als Weiße. In Experiment 17 wurden die Gesichter von Schwarzen hochsignifikant weniger oft richtig wiedererkannt als die von Weißen, in Experiment 15 lagen die Mittelwerte in der erwarteten Richtung, während sich in Experiment 16 kein reliabler Unterschied ergab (vgl. Tabelle 12.2).

Das Maß der Fähigkeit, alte von neuen Gesichtern zu diskriminieren (A'), das unabhängig von einem Reaktionsbias die Güte der Wiedererkennensleistung widerspiegelt, zeigte durchwegs schlechtere Ergebnisse für Gesichter von Schwarzen als von Weißen in allen drei Experimenten. Bezüglich der Reaktionsneigung $beta''$ ergab sich in Experiment 16 eine signifikante, und in Experiment 17 eine marginal signifikante (p = .062) Tendenz, bei Gesichtern von Weißen vorsichtiger zu walten (was zu weniger falschen Alarmen führte) als bei Gesichtern von Schwarzen.

Tabelle 12.3 zeigt die Ergebnisse unserer Meta-analysen getrennt für Treffer, falsche Alarme, A' und $beta''$, sowohl nach der ungewichteten (ohne Berücksichtigung der jeweiligen Stichprobengröße der drei Einzelexperimente) als auch nach der gewichteten SCHMIDT-HUNTER-Methode (vgl. Schwarzer, 1989). Demnach ist der Ausländereffekt als äußerst robust anzusehen, insbesondere bei den falschen Alarmen und dem biasfreien Maß der Wiedererkennensfähigkeit A'.

12.3.3 Diskussion der Ergebnisse

Die Ergebnisse dieser drei Experimente stützen alle vier eingangs aufgestellten Arbeitshypothesen zum Ausländereffekt: Gesichter von Schwarzen wurden von deutschen Versuchsteilnehmern weniger häufig richtig wiedererkannt und häufiger fehlidentifiziert als die von Weißen. Dies führt konsequenterweise zu einer allgemein schlechteren Wiedererkennensleistung (gemessen durch A') bei Gesichtern von Schwarzen als bei denen von Weißen. Vergleichen wir die (durchschnittlichen) Effektstärken d unserer Ergebnisse (s. Tabelle 12.2 und 12.3) mit denen der Meta-analysen von SHAPIRO und PENROD (1986) bzw. BOTHWELL et al. (1989 - s. Tabelle 12.1), so können wir daraus schließen, daß der Ausländereffekt bezüglich der Gesichter von Schwarzen offenbar noch stärker zutage tritt als in den USA. Wenn wir annehmen, daß bei uns - mit Ausnahme der Medien - im allgemeinen eher weniger häufige Möglichkeiten zum Kontakt mit Schwarzen bestehen, so sprechen diese Ergebnisse für die *unterschiedliche Erfahrungshypothese*, die in der englisch-sprachigen Fachliteratur am meisten Unterstützung findet.

---

[4] Diese Analysen wurden mit Version 4.3 eines von Prof. Dr. SCHWARZER (FU Berlin) entwickelten Programms gerechnet (s. SCHWARZER, 1989). Wir sind dem Autor für die Bereitstellung dieses Programms zu Dank verpflichtet.

Gesichter anderer Rassen

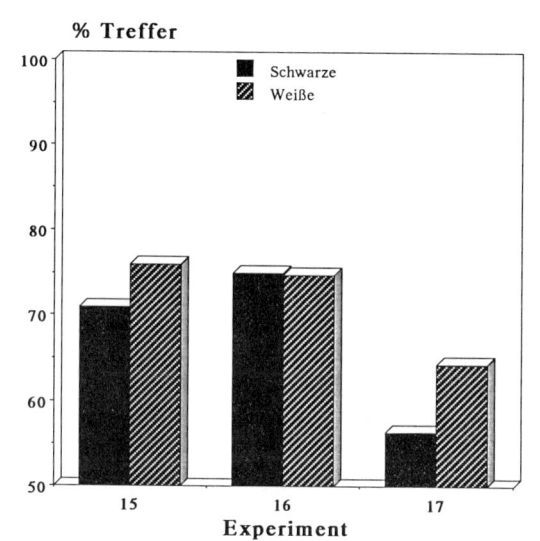

Abb. 12.3: Treffer für Gesichter von Schwarzen und Weißen in den Experimenten 15 bis 17

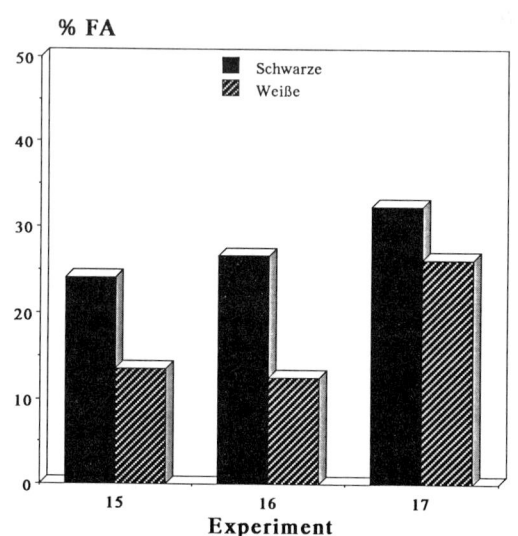

Abb. 12.4: Falsche Alarme bei Gesichtern von Schwarzen und Weißen in den Experimenten 15 bis 17

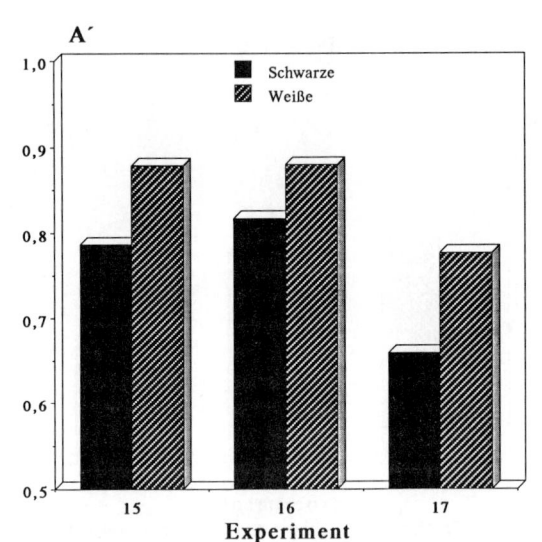

Abb. 12.5: A´ für Gesichter von Schwarzen und Weißen in den Experimenten 15 bis 17

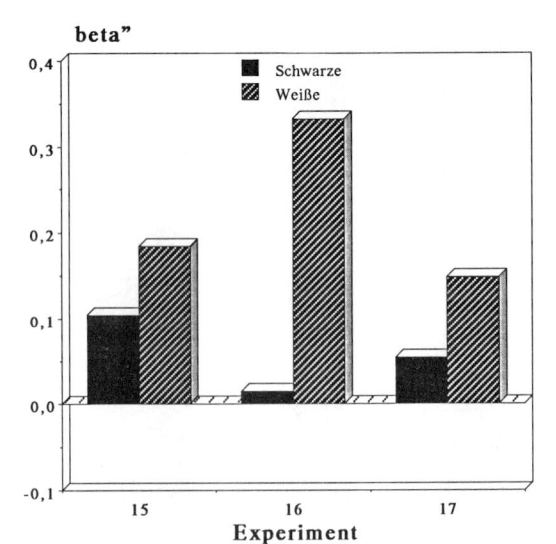

Abb. 12.6: Reaktionsneigung beta" für Gesichter von Schwarzen und Weißen in den Experimenten 15 bis 17

TABELLE 12.2: *Mittelwerte und Signifikanzprüfungen, Wiedererkennensleistungen (Treffer, falsche Alarme und A') und Reaktionsneigungen (beta") für Gesichter von Schwarzen und Weißen in den Experimenten 15 bis 17*

Experiment	N	Schwarze	Weiße	F	df	p	Effektstärke	
							r	d
Trefferraten:								
Exp. 15	15	70.9	75.9	0.48	1;13	.498	.189	.38
Exp. 16	14	75.0	74.7	0.05	1;12	.834	.064	.13
Exp. 17	40	56.4	64.3	11.88	1;36	.001	.499	1.15
Falsche Alarme:								
Exp. 15	15	24.1	13.5	7.54	1;13	.017	.606	1.52
Exp. 16	14	26.6	12.5	19.87	1;12	.001	.790	2.58
Exp. 17	40	32.3	26.2	8.29	1;36	.007	.433	.96
A':								
Exp. 15	15	0.787	0.878	3.57	1;13	.081	.464	1.05
Exp. 16	14	0.817	0.880	13.79	1;12	.003	.731	2.14
Exp. 17	40	0.658	0.777	23.94	1;36	.001	.632	1.63
beta":								
Exp. 15	15	0.104	0.184	0.14	1;13	.711	.103	.21
Exp. 16	14	0.014	0.331	6.71	1;12	.024	.599	1.50
Exp. 17	40	0.054	0.148	3.70	1;36	.062	.305	.64

Unsere Ergebnisse sind auch insofern bemerkenswert, als der Ausländereffekt sich offenbar stärker auf falsche Alarme ($d = -1.54$ bzw. -1.29: vgl. Tabelle 12.3) als auf Treffer ($d = .518$ bzw. $.731$) auswirkt. Dieses Ergebnis läßt sich zum Teil damit erklären, daß unsere Versuchspersonen bei Gesichtern von Weißen insgesamt vorsichtiger vorgingen als bei Gesichtern von Schwarzen. Unsere Befunde stehen den Annahmen von LINDSAY und WELLS (1983) und UNDEUTSCH (1984) diametral gegenüber. Diese Autoren hatten weniger Falschidentifizierungen, ein vorsichtigeres Entscheidungsverhalten und ein größeres Verhältnis richtiger zu Falschidentifizierungen für das Wiedererkennen von Ausländern postuliert. Wir nehmen hingegen an, daß der Ausländereffekt bei uns noch stärker ausgeprägt ist als in den anglo-amerikanischen Untersuchungen, zumindest bezüglich der Gesichter von Schwarzen. Ob sich diese Ergebnisse auf das Wiedererkennen "im Feld", insbesondere in der kriminalistischen Praxis, generalisieren lassen, bleibt nach wie vor eine *empirisch* zu lösende Aufgabe. Auch wissen wir noch nichts darüber, inwieweit sich der Ausländereffekt auf Gesichter anderer ethnischer Gruppen (z.B. Türken) erstreckt.

TABELLE 12.3: *Meta-analysen der Experimente 15 bis 17 zur Bestimmung der mittleren Effektgröße (N = 69)*

Abhängige Variable	Ungewichtete Methode				Schmidt-Hunter-Methode			
	r	Z	p	d	r	Z	p	d
Treffer	.251	2.077	.019	.518	.343	2.889	.002	.731
Falsche Alarme	-.610	-5.559	.000	-1.538	-.543	-4.820	.000	-1.293
A'	.609	5.551	.000	1.536	.616	5.628	.000	1.562
beta"	.336	2.819	.002	.713	.321	2.687	.004	.677

12.4 Zusammenfassung

Wie kaum anders zu erwarten, werden Gesichter anderer Rassen schlechter wiedererkannt als die der eigenen ethnischen Gruppe. Dennoch zweifeln manche Autoren an der Gültigkeit dieser Beobachtung, und selbst wenn sie die differentiell schlechtere Diskriminationsleistung bei Gesichtern einer anderen Rasse anerkennen, bleibt die Erklärung äußerst unklar. Wir haben für dieses Phänomen den Begriff "Ausländereffekt" gebraucht, obwohl es nicht klar ist, ob der von uns u.w. hierzulande (mit Gesichtern von Schwarzen) zum ersten Male empirisch nachgewiesene Effekt auch auf andere ethnische Gruppen verallgemeinert werden kann. Unsere Ergebnisse machen ebenfalls deutlich, daß sich der beobachtete Effekt nicht nur auf die Diskriminationsleistung, sondern auch auf die Reaktionsneigung auswirkt: Bei Ausländern wird im allgemeinen ein laxeres Entscheidungskriterium angelegt, was schließlich zu einer erhöhten Anzahl falscher Alarme führt (vgl. BARKOWITZ & BRIGHAM, 1982).

Ein Vergleich der in unseren Studien erzielten Effektgrößen mit denjenigen der in anderen Ländern (vornehmlich den USA) berichteten Effektstärken zeigt, daß wir offenbar noch mehr Schwierigkeiten haben, die Gesichter von Schwarzen wiederzuerkennen. Obwohl wir auf Grund der von uns erhobenen Daten keine alternativen Erklärungsmechanismen überprüfen konnten, scheint es plausibel, daß die geringere Erfahrung mit Gesichtern von Schwarzen, und folglich die vermutlich geringere Ausprägung entsprechender Gesichtsschemata, ausschlaggebend für diesen Effekt sein dürfte.

13

Verbesserung des Wiedererkennens durch Training

Eine der Grundfragen, die sich wie ein roter Faden durch fast alle hier vorgestellten Untersuchungen zieht, befaßt sich damit, ob sich das Wiedererkennen von Gesichtern verbessern läßt. Diese Frage ist nicht nur von Interesse, weil sie praktische Implikationen für die Verbesserung einer wichtigen sozialen Fertigkeit, dem Wiedererkennen anderer Personen im Alltag, besitzt. Sie ist besonders deshalb von Bedeutung, weil sich aus den jeweiligen Erfolgen bzw. Mißerfolgen von Trainingsprogrammen zum Wiedererkennen von Gesichtern Rückschlüsse über die Determinanten des Wiedererkennens als solchen ziehen lassen: In dem Maße, in dem es uns gelingt, Mechanismen zu entwickeln, die zu einer Verbesserung der Wiedererkennensleistung führen, gewinnen wir auch Einsichten in die Wirkungsweise der das Wiedererkennen bedingenden Faktoren.

In den bisherigen Kapiteln haben wir schon mehrere Faktoren untersucht, die als teilweise Grundlage für ein Trainingsprogramm zur Verbesserung des Wiedererkennens von Gesichtern herangezogen werden können. In Kapitel 8 haben wir kritisch dargelegt, welche *Enkodierungsstrategien* am besten geeignet erscheinen, eine optimale Enkodierung, und damit erhöhtes Wiedererkennen, zu bewirken. In Kapitel 9 über verbale und visuelle Prozesse während des Behaltensintervalls haben wir u.a. gezeigt, daß das Wiedererkennen von Gesichtern analog zum Memorieren von verbalen Stimuli durch visuelles Rehearsal gesteigert werden kann. In Kapitel 11 konnten wir bereits nachweisen, daß sich das Lernen von Eigennamen, eine Aufgabe zum Paarassoziationslernen, durch die Anwendung einer auf bildlicher Vorstellung beruhenden Mnemotechnik effektiver gestalten läßt. Diese Untersuchung schloß sowohl ein Experiment zum Wiedererkennen von Namen-Gesichter-Paaren (Experiment 13), als auch ein Experiment zur Reproduktion der Eigennamen bei Vorgabe der Gesichter (cued recall) ein (Experiment 14).

In diesem Kapitel wollen wir nun untersuchen, inwieweit sich das Wiedererkennen von Gesichtern von Schwarzen und Weißen durch ein Trainingsprogramm gezielt verbessern läßt. Bisherige Untersuchungen zur Verbesserung der Wiedererkennensleistung lassen sich einteilen in solche, die versucht haben, die Wiedererkennensdefizite beim Wiedererkennen anderer Rassen zu beheben (Kompensation des Ausländereffekts) und solche, mit denen versucht wurde, das Wiedererkennen für Gesichter der eigenen ethnischen Gruppe zu verbessern.

13.1 Trainingsprogramme zur Kompensation des Ausländereffekts

Wie die meisten Untersuchungen, die darauf abzielen, das Wiedererkennen einer anderen ethnischen Gruppe zu verbessern, kann auch das Experiment von ELLIOT, WILLS und GOLDSTEIN (1973) als ein *Kompensationstraining* verstanden werden, in dem versucht wurde, nicht nur das Wiedererkennen von Gesichtern der eigenen ethnischen Gruppe, sondern vor allem die Leistungsdefizite mit Gesichtern anderer ethnischer Gruppen auszugleichen. Wir erinnern uns (vgl. Kapitel 12), daß CHANCE, GOLDSTEIN und MCBRIDE (1975) in einer Untersuchung mit schwarzen und weißen Vpn gefunden hatten, daß beide jeweils besser mit Gesichtern der eigenen und schlechter mit denen der anderen Rasse abschnitten. Beide Gruppen erbrachten die schlechtesten Ergebnisse mit Gesichtern von Asiaten. Eine mögliche alternative Erklärung des Ausländereffekts, die die mangelnde Diskriminierbarkeit von Gesichtszügen von Schwarzen auf die dunkle Hautfarbe zurückführt (MALPASS & KRAVITZ, 1969), konnte hiermit zugunsten der *differentiellen Erfahrungs*hypothese ausgeschlossen werden.

ELLIOT et al. gingen nun von der Erwartung aus, daß weiße amerikanische Vpn im allgemeinen viel weniger Erfahrungen mit Gesichtern von Orientalen (Asiaten) als mit denen von Weißen hätten. Das Training bestand in einer Aufgabe zum Paarassoziationslernen, bei der die Vpn Paare von Zahlen und Gesichtern von entweder Orientalen oder Weißen in zehn Wiederholungen, oder bis zu zweimaliger korrekter Wiedergabe, lernen mußten. Zwei Kontrollgruppen wurden ohne dieses Training mit Gesichtern von Orientalen oder Weißen getestet und zeigten den erwarteten Ausländereffekt (Treffer für orientalische Gesichter: 52%; für weiße: 77%). Hatten die Vpn mit orientalischen Gesichtern geübt, war die Leistung bei orientalischen Gesichtern besser (68%) als wenn sie mit weißen Gesichtern (57%) oder gar nicht (52%) geübt hatten. Da die Gruppe, die mit weißen Gesichtern geübt und mit orientalischen Gesichtern getestet wurde (57%), nicht besser war als die Gruppe, die mit orientalischen Gesichtern ohne vorheriges Training getestet wurde (52%), lassen sich auch Aufwärmeffekte oder die Entwicklung eines Lernsets als Alternativerklärungen ausschließen.

Das bisher umfangreichste Trainingsprogramm zur Verbesserung des Wiedererkennens von Gesichtern wurde von MALPASS, LAVIGUEUR und WELDON (1973) durchgeführt. Zunächst gingen diese Autoren von der Annahme aus, daß das Wiedererkennen von Objekten (einschließlich Gesichtern) mit der Fähigkeit, diese *verbal* zu kodieren, einherginge. GOLDSTEIN und CHANCE (1971) hatten gezeigt, daß die Anzahl von Assoziationen, die zu Tintenklecksen (ähnlich dem Rorschach-Test) abgegeben wurden, positiv mit deren Wiedererkennbarkeit korrelierte. Dies traf jedoch nicht für Schneekristalle oder Gesichter zu, bei denen die Korrelationen signifikant negativ bzw. nicht-signifikant negativ waren.

Lange davor hatten BROWN und LENNEBERG (1954) den Begriff der *Kodierbarkeit* eines Objekts entwickelt, die sie als die intersubjektive Übereinstimmung in der Benennung (labeling) eines Objekts definierten. Sie konnten zeigen, daß die Bedeutung linguistischer Information mit der Länge des Zeitraums, in dem Farben im Gedächtnis behalten werden mußten, steigt. LANTZ und STEFFLRE (1964) bauten den Begriff der Kodierbarkeit weiter aus, indem sie das Ausmaß, in dem Vpn Farben zuverlässig kodieren und an andere weitergeben können, also den Kommunikationsaspekt verbaler Etikettierungen, stärker in den Vordergrund rückten. Sie ließen zunächst eine erste Gruppe von Vpn 20 verschiedene Farbchips benennen, die dann von einer zweiten Gruppe dekodiert werden mußten. Auf diese Weise konnten sie einen Index für die Kodierbarkeit der einzelnen Farben ableiten, der die Kommunikationseffizienz, mit der die verbale Bedeutung von der ersten auf die zweite Gruppe übertragen wurde, wiedergibt. In einem dritten Schritt sollte eine neue Gruppe von Vpn Farben, die sie vorher für fünf Sekunden gesehen hatten, auf einem Farbkreisel identifizieren, von dem nur jeweils eine Farbe sichtbar war

- also ein sequentieller Wiedererkennenstest. War in der Darbietungsphase nur eine Farbe gezeigt worden, korrelierte die individuelle Kodierbarkeit dieser Farbe mit deren Wiedererkennbarkeit mit $r = .320$. Sollten jedoch gleichzeitig vier Farben behalten werden, wuchs die Bedeutung der linguistischen Kodierbarkeit für diese schwierigere Wiedererkennensaufgabe ($r = .711$). Andere Autoren fanden eine positive Beziehung zwischen der Kodierbarkeit und dem Wiedererkennen von Gesichts*ausdrücken* (FRIJDA & VAN DE GEER, 1961).

MALPASS et al. erweiterten diesen Gedankengang dahingehend, daß sie eine zunehmende Spezialisierung der Kommunikationsgenauigkeit bezüglich Gesichtern der eigenen Rasse mit zunehmender Häufigkeit des Umgangs mit derselben annahmen. Als Beleg dafür führten sie eine entwicklungspsychologische Untersuchung von PALMER und MASLING (1969) an, die fanden, daß der relative Wortschatz schwarzer Kinder für Bezeichnungen der Hautfarbe größer war als der vergleichbare Wortschatz weißer Kinder. Daraus leiteten MALPASS et al. die Hypothese ab, daß analog dem Ausländereffekt zum Wiedererkennen von Gesichtern eine *differentielle Beschreibungsfähigkeit* verschiedener ethnischer Gruppen (Schwarze vs. Weiße) für Gesichter dieser beiden Rassen vorhanden sein müßte. Es wurde also eine Korrelation zwischen verbaler Beschreibungsfähigkeit und Wiedererkennensleistung angenommen. Ein Trainingsprogramm, das auf eine Verbesserung der Kommunikationsgenauigkeit abzielt, sollte folglich nicht nur diese, sondern auch das Wiedererkennen von Gesichtern positiv beeinflussen.

In der Untersuchung von MALPASSS et al. wurden schwarze und weiße Vpn entweder acht, vier oder zwei einstündigen Trainingssitzungen ausgesetzt; eine vierte Gruppe erhielt kein Training. Alle Vpn wurden mit drei verschiedenen Trainingsmethoden instruiert, die Hälfte mit schwarzen, die andere Hälfte mit weißen Gesichtern. In der ersten Trainingsmethode sollten die Vpn physische Merkmale von Gesichtern beschreiben, anhand deren jemand anders in der Lage sollte, diese wiederzuerkennen. In einer zweiten Aufgabe sollten die Vpn Beschreibungen, die aus mehreren Beschreibungen verschiedener Vpn zusammengefaßt wurden, je einem von zwei Gesichtern zuordnen. In der dritten Aufgabe sollten sie die Gemeinsamkeiten und Unterschiede in Tripeln von Gesichtern verbalisieren. Schließlich nahmen alle Vpn an einem Wiedererkennenstest am Ende des Trainings mit einem neuen Satz von Gesichtern teil.

Der "Ausländereffekt", d.h. die typische Wechselwirkung zwischen der Rasse der Vpn und der Rasse der Stimulusgesichter (vgl. BOTHWELL, BRIGHAM & MALPASS, 1989; s. auch Kapitel 12), trat auch in dieser Untersuchung für Treffer, falsche Alarme und d'-Werte in der *Wiedererkennensaufgabe* auf. Entgegen den Erwartungen der Autoren zeigten die verbalen Maße jedoch keinerlei vergleichbare Wechselwirkungen. Die Trainingsaufgaben erbrachten zwar Verbesserungen in der Kommunikationsgenauigkeit (Zuordnungsaufgabe) und in der Komplexität der Vergleichsurteile in der Tripelaufgabe (deren Anzahl sich allerdings mit der Anzahl der Trainingsstunden verringerte), aber keinerlei Verbesserung im Wiedererkennen von Gesichtern als Funktion des Trainings. Zusätzliche kanonische Korrelationsanalysen zwischen den verbalen Maßen einerseits und den visuellen Maßen andererseits ergaben keine interpretierbaren Zusammenhänge zwischen den beiden Gruppen von Variablen.

Offenbar laufen verbale Prozesse, die an der Beschreibung von Gesichtern beteiligt sind, relativ unabhängig von den Prozessen ab, die beim Wiedererkennen von Gesichtern eine Rolle spielen. Diese Schlußfolgerung deckt sich sowohl mit anderen Ergebnissen in der Literatur zu verbalen und visuellen Prozessen beim Wiedererkennen von Gesichtern (vgl. zusammenfassend SPORER, 1989), als auch mit Ergebnissen der Grundlagenforschung in der Gedächtnispsychologie, die relativ unabhängige verbale und visuelle Gedächtnissysteme postuliert (z.B. TULVING, 1985).

Wir geben hier allerdings zu bedenken, daß in der Untersuchung von MALPASS et al. die Analyseeinheit nicht wie in den Untersuchungen von LANTZ und STEFFLRE die zu beschreibenden bzw. zu identifizierenden Objekte, sondern die Beschreibungsfähigkeit bzw. Wiedererkennensfähigkeit der Vpn (im Sinne einer Persönlichkeitseigenschaft) war. Es ist sehr wohl denkbar, daß bei einer Fokussierung der Analyseeinheit auf das einzelne Gesicht höhere Korrelationen zwischen Beschreibbarkeit und Wiedererkennbarkeit zu erzielen wären (vgl. SPORER, 1989, 1990b; WELLS, 1985).

Angesichts ihres Mißerfolgs mit verbalen Trainingsstrategien versuchten MALPASS et al. in einem zweiten Experiment, die Wiedererkennensleistung von schwarzen und weißen Gesichtern durch ein *visuelles* Trainingsprogramm zu steigern. Den Vpn wurden je vier Gesichter sukzessive für je zwei sec gezeigt, worauf sie diese in einem 4-AFC-Test (mit dem Zielgesicht und drei Alternativgesichtern) wiedererkennen sollten. Diese Prozedur wurde für insgesamt 100 Zielgesichter (50 schwarze, 50 weiße, in Zufallsreihenfolge) wiederholt. Das Training bestand entweder aus verbalem Feedback ("Richtig - Falsch") oder Elektroschock-Feedback bei falschen Antworten. Eine Kontrollgruppe erhielt keine Rückmeldung. Elektroschocks führten zu signifikant besseren Leistungen als die der Kontrollgruppe. Die Gruppe mit verbaler Rückmeldung lag dazwischen, ohne sich von diesen beiden Bedingungen zu unterscheiden. Die 100 Testantworten wurden in fünf Blöcke mit je 20 Trials aufgeteilt, die den Trainingsumfang reflektieren sollten.

Insgesamt ergab sich eine U-förmige Leistungskurve sowohl für schwarze als auch für weiße Gesichter über die fünf Blöcke hinweg. Eine hochsignifikante Wechselwirkung der Rasse der Stimulusgesichter mit der Anzahl der Blöcke (vgl. Abbildung 13.1) interpretierten die Autoren dahingehend, daß neben dem Interferenzeffekt, der durch die Mehrfachverwendung der Gesichter in verschiedenen Blöcken auftreten müßte, sich doch ein differentieller Trainingseffekt für schwarze Gesichter gegen Ende des Trainings bemerkbar machte, so daß der Unterschied zwischen schwarzen und weißen Gesichtern, der lediglich im 1. und 4. Block signifikant war, im letzten Block nivelliert wurde. Diese Argumentationsweise ist wenig überzeugend, da Seteffekte, die durch die randomisierte Zusammensetzung der Bildersätze in den Blöcken zustande gekommen sein könnten, nicht durch Ausbalancierung der Blöcke ausgeschlossen worden waren.

Die Trainingsaufgaben von LAVRAKAS, BURI und MAYZNER (1976) können ebenfalls als Kompensationstraining klassifiziert werden. In Anlehnung an ältere lerntheoretische Untersuchungen zum Begriffslernen gingen sie davon aus, daß Übung in der Diskrimination feiner Unterschiede von neuartigen, einander ähnlichen Stimuli die Fähigkeit, diese später voneinander zu unterscheiden, verbessern würde. Als Trainingsmaterial verwendeten sie daher Gesichter von Schwarzen, die mit dem Identi-kit-Gesichtsrekonstruktionssystem (vgl. DAVIES, 1983b; SHEPHERD & ELLIS, 1990; s. Kapitel 4) zusammengesetzt wurden, indem sie Kopfform (groß, mittel, klein), Haarlänge (lang, mittel, kurz), Augenfarbe (hell, dunkel) und Lippen (dick, schmal) systematisch variierten. Die Vpn wurden entweder einer einfachen Begriffslernaufgabe, einer konjunktiven Begriffslernaufgabe oder einer Kontrollgruppe zugeordnet. In der einfachen Begriffslernaufgabe sollten die Vpn den Begriff "helle Augenfarbe", in der konjunktiven Aufgabe

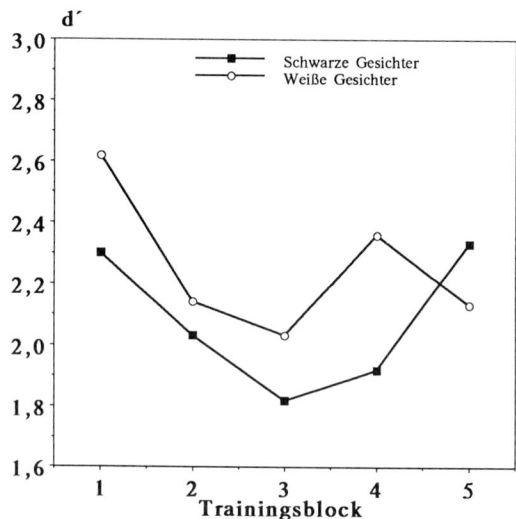

Abb. 13.1: Wiedererkennensleistungen für Gesichter von Schwarzen und Weißen nach den Trainingssitzungen (nach Daten von Malpass et al., 1973)

den Begriff "dunkle Augen *und* dicke Lippen" erlernen. Die Kontrollgruppe mußte die Identi-Kit-Gesichter nach ihrer Attraktivität beurteilen.

In dem unmittelbar anschließenden Wiedererkennenstest, der mit Fotografien von schwarzen High-School-Jugendlichen durchgeführt wurde, verbesserten sich beide Trainingsgruppen signifikant gegenüber dem Vortest, während die Kontrollgruppe keine Verbesserung zeigte. Diese Unterschiede nivellierten sich jedoch in einem zweiten Posttest nach einer Woche, in dem alle drei Gruppen nahezu identische, allerdings gegenüber dem Vortest leicht verbesserte Leistungen aufwiesen. Es ist also offenbar möglich, die Wiedererkennensleistung durch ein Diskriminationstraining, das auf eine bessere *Diskrimination einzelner Gesichtszüge* abzielt, zumindest kurzfristig zu steigern.

Wir folgern aus diesen Untersuchungen, daß es zumindest mit den Gesichtern von Ausländern, die offenbar auch bei uns schlechter wiedererkannt werden - etwa die Gesichter von Schwarzen (s. Kapitel 12) - möglich sein sollte, die Wiedererkennensleistung zu steigern.

13.2 Training mit Gesichtern der eigenen Rasse

Bisher haben wir die Untersuchungen referiert, die versuchten, bestehende Defizite im Wiedererkennen von Gesichtern anderer Rassen durch Trainingsprogramme zu kompensieren. In diesem Abschnitt wollen wir auf zwei Untersuchungen von WOODHEAD, BADDELEY und SIMMONDS (1979) und MALPASS (1981) näher eingehen, die sich beide zum Ziel gesetzt hatten, das Wiedererkennen von Gesichtern der eigenen Rasse, das sich in zahlreichen Untersuchungen als besonders gut herausstellte, noch weiter zu verbessern. Die theoretischen Grundlagen dieser Trainingsprogramme fußen einerseits auf den Anwendungen des Levels-of-Processing-Ansatzes, den wir in Kapitel 8 ausführlich diskutiert haben, andererseits auf den Behauptungen einiger "Praktiker", die spezielle Trainingsprogramme zur Verbesserung des Wiedererkennens von Gesichtern anboten (PENRY, 1971).

JAQUES PENRY, der Entwickler des in Polizeidienststellen weltweit verbreiteten Photofit-Systems zur Erstellung von Gesichtskomposita (vgl. SHEPHERD & ELLIS, 1990; s. auch Kapitel 8), hielt Trainingskurse zur Verbesserung des Gedächtnisses für Personen ab. PENRYs Ansatz kann am besten als *merkmalsorientierte* Analyse von Gesichtszügen charakterisiert werden, obwohl sein Trainingsprogramm auch andere Aspekte beinhaltet, die schwierig zu spezifizieren sind. Schon LEONARDO DA VINCI (zit. in BADDELEY & WOODHEAD, 1983) hatte empfohlen, Gesichter in einzelne Komponenten zu zerlegen, die wiederum als Exemplare bestimmter Kategorien klassifiziert werden könnten. PENRY riet, zuerst das Augenmerk auf den Gesichtsumriß als Ganzes zu legen, dann auf die einzelnen Teile. Um ein Gesicht "registrieren" zu können, müsse man vor allem der "Mobilität des Gesichtsmusters" widerstehen (zit. nach WOODHEAD et al., 1979, S. 334). Diese Ratschläge stehen in krassem Widerspruch zu den Empfehlungen, die wir aus dem Levels-of-Processing-Ansatz ableiten würden, nämlich mehr Aufmerksamkeit auf die gestalthaften Aspekte eines Gesichts, und die Beurteilung von Persönlichkeitseigenschaften der abgebildeten Person, zu richten (z.B. BOWER & KARLIN, 1974; vgl. Kapitel 8).

WOODHEAD et al.s Untersuchung stellt eine *Evaluationsstudie* mehrerer solcher Trainingskurse dar. Die Kurse, an denen zwischen acht und 20 Männer teilnahmen, beinhalteten drei Tage intensiver Ausbildung, die mit Vorlesungen, Dia- und Filmvorführungen, Diskussionen, praktischen Anwendungen mit Kursmaterialien und Fallbeispielen und Feldübungen gefüllt waren. Zehn verschiedene Punkte wurden für das Wiedererkennen (z.B. Besonderheiten, Alter) herausgearbeitet, wobei das Hauptaugenmerk auf dem Gesicht lag. Das Training umfaßte drei Hauptkategorien: Beobachtung, Gedächtnis und Beschreibung. Die Teilnehmer sollten lernen, Personen hinsichtlich Alter, Größe, Kleidung, Accessoires (z.B. Brille), Gewohnheiten und Gesichter zu beobachten. Dazu dienten Fotografien unterschiedlicher Qualität. Die Gedächtnisverbesserung sollte durch die Auswahl bestimmter Gesichtszüge, die mit dem Photofitsystem demonstriert wurden, erfolgen. Eine typische Instruktion z.B. riet den Teilnehmern, besonders auffällige Merkmale wie ein Karikaturist in ihrer Vorstellung zu vergrößern (vgl. die Mnemotechniken des T.E.: s. Kapitel 2 und 11). Schließlich sollten sie sichtbare Unterscheidungsmerkmale verbalisieren.

Die Evaluationsstudie umfaßte drei Experimente, einen typischen Wiedererkennenstest und zwei Matching-Aufgaben, die jeweils vor und nach dem Trainingskurs, sowie für eine Kontrollgruppe ohne Training, durchgeführt wurden. In Experiment 1 wurde die Wiedererkennensaufgabe dadurch erschwert, daß die 24 Zielpersonen, die in der Darbietungsphase gelernt worden waren, in dem Wiedererkennenstest zum Teil mit veränderter Pose, verändertem Gesichtsausdruck oder Verkleidung neben den 48 Distraktoren gezeigt wurden. Während die Veränderungen drastische Effekte auf die Wiedererkennsleistungen zeigten (vgl. Kapitel 4), führte das Trainingsprogramm zu keinerlei Veränderungen: Am ersten Tag lag d' bei 1.05 (1.20 bei der Kontrollgruppe), am vierten Tag bei 1.12 sowohl für die Trainings- als auch für die Kontrollgruppe.

In den Evaluationsexperimenten 2 und 3 sollten die Vpn vier bzw. 16 Gesichter in einer Serie von 240 Gesichtern, in der sie mehrfach mit unterschiedlicher Pose und Gesichtsausdruck auftauchten, wiederfinden. Auch in Experiment 2 war die Verbesserung der Trainingsgruppen von d' = 3.75 auf 4.03 zwischen Prae- und Posttest (KG: 3.87; 3.95) nicht signifikant, wobei ein möglicher Ceilingeffekt nicht auszuschließen ist. In Experiment 3, das einen schwierigeren Test darstellte, *verschlechterte* sich die Leistung der Trainingsgruppe signifikant von d' = 2.69 auf 2.39, während die KG eine nicht-signifikante Tendenz zur Verbesserung aufwies (d' = 2.29 vs. 2.57, *ns*.; Treffer: 52% vs. 66%; $p < .01$). Diese Evaluationsstudien belegen, daß die von PENRY und anderen propagierten Trainingsstrategien einer kritischen empirischen Analyse nicht standhalten. BADDELEY et al. interpretieren diese Ergebnisse dahingehend, daß die in diesen Trainingsprogrammen verfolgte Merkmalsstrategie den eher gestalthaft orientierten, inferentiellen Strategien unterlegen sei (vgl. Kapitel 8).

Können wir daraus schließen, daß nur globale, gestalthafte Strategien Aussicht auf Erfolg haben? Nicht unbedingt! Zum einen haben wir in unserer Diskussion über Enkodierungsstrategien bereits darauf hingewiesen, daß Orientierungsinstruktionen, die es den Vpn selbst überlassen, bestimmte auffällige Merkmale in einem Gesicht zu suchen, zu genauso guten Leistungen führen wie inferentielle, "tiefere" Verarbeitungsstrategien (SPORER, 1991; WINOGRAD, 1981). Zum anderen weisen BADDELEY und WOODHEAD (1983) in einer Zusammenfassung ihrer eigenen früheren Versuchsreihen auf ein Paradoxon hin, das ihre früheren Schlußfolgerungen in WOODHEAD et al. (1979) relativiert.

Sie baten nämlich die besten 19 und die schlechtesten 19 Vpn aus all ihren vorherigen Untersuchungen mit insgesamt 400 Vpn erneut ins Labor und testeten ihr Gedächtnis für verbale und visuelle Stimuli, inklusive Gesichter, mit einer Testbatterie von WARRINGTON (1974). Auch bei diesem Test schnitten die Vpn, die früher schon mit Gesichtern höhere Wiedererkennensleistungen erbracht hatten, erneut besser ab (4% Fehler vs. 15% in einem 2-AFC-Test). Dieselben Vpn waren auch besser im Wiedererkennen von Objekten und Szenen (1% vs. 5%), während sich für die Wörter kein Unterschied ergab (4% vs. 5%). Aber die Überraschung kam in der anschließenden Befragung! Wenn die Vpn daraufhin befragt wurden, welche Strategien sie verwendeten, um sich Gesichter einzuprägen, lag der einzige Unterschied zwischen den beiden Vpn-Gruppen paradoxerweise darin, daß die guten Vpn tendenziell häufiger angaben, *einzelne Merkmale* der Gesichter analysiert zu haben.

Wie läßt sich dieses Puzzle lösen? Wir geben zu bedenken, daß Einprägen und Wiedererkennen von Gesichtern vermutlich ziemlich automatisiert ablaufen, so daß es den Vpn relativ schwerfallen dürfte, Einblicke in ihre kognitiven Prozesse zu vermitteln. Es liegen auch Befunde vor, daß Vpn im allgemeinen ihre Fähigkeit, Gesichter wiederzuerkennen, schlecht einschätzen können, zumindest was ihre Leistung in typischen Wiedererkennensexperimenten betrifft. BADDELEY und WOODHEAD (1983) berichteten eine Korrelation von -.05 (N = 90) zwischen der gemessenen Wiedererkennensleistung und der subjektiven Einschätzung ihrer Leistung. Auch in einigen unserer Untersuchungen haben wir die Vpn jeweils *vor* und *nach* dem Wiedererkennenstest nach ihrem Abschneiden befragt. Die punktbiserialen Korrelationen zwischen der geschätzten Leistung (in %) und A' in den Experimenten 6, 7, 8 und 11 lagen zwischen .02 und .31 vor, und zwischen -.02 und .35 nach dem Test. Die Vpn waren offenbar in der Lage, ihre Leistungen nach dem Test im allgemeinen etwas besser zu kalibrieren als vorher, obwohl diese Korrelationen insgesamt eher als niedrig anzusehen sind.

Schließlich berichtet auch MALPASS (1981) eine neuere Untersuchung aus seinem Labor, bei der sich verschiedene Trainingsprogramme zum Wiederkennen von Gesichtern der eigenen Rasse als Mißerfolg herausstellten. MALPASS unterwies vier Gruppen von Vpn zweimal wöchentlich sechs Wochen lang für insgesamt 12 Stunden mit einem von vier Trainingsprogrammen:

(1) *Feature analysis training*: In der Gruppe zur Analyse von Einzelmerkmalen wurden die Vpn mit den von PENRY (1971) verwendeten Analysetechniken vertraut gemacht.

(2) *Global personality sorting*: In dieser Gruppe sollten die Vpn Gesichtsfotos nach Persönlichkeitsdimensionen (z.B. "intelligent - dumm") sortieren, was eine tiefere Verarbeitungstiefe bewirken sollte.

(3) *Global facial judgments*: Hier betrachteten die Vpn zunächst vier Gesichter eine Minute lang und sollten anschließend 90 neue Gesichter in vier Haufen sortieren, die den vorher gezeigten ihrem allgemeinen Aussehen nach ähnlich waren, ohne daß die Zuordnungskategorien verbalisiert wurden.

(4) *Repeated face recognition tests*: In dieser Gruppe absolvierten die Vpn eine Serie von Wiedererkennenstests ohne Rückmeldung über ihre Leistung.

An der Untersuchung nahmen insgesamt 40 Vpn teil, die sich jedoch sehr unregelmäßig auf die verschiedenen Trainingsgruppen verteilten (zwischen sechs und 15). Die Wiedererkennensleistung aller Vpn wurde vor und nach dem Training gemessen. Das einzige signifikante Ergebnis war eine allgemeine *Verschlechterung* in A' vom Praetest (.777) zum Posttest (.724) über alle Trainingsstrategien hinweg. MALPASS interpretiert seinen Mißerfolg analog den Befunden von WOODHEAD et al. (1979) dahingehend, daß durch jede Form von Trainingsprogrammen die natürlichen Wahrnehmungs- und Kodierungsprozesse von Gesichtern, die über die Jahre hinweg im täglichen Leben überlernt und optimiert wurden, durch die analytische Bewußtmachung von Gesichtern gestört, und damit verschlechtert würden. Bevor kein besseres Verständnis der zugrundeliegenden kognitiven Prozesse erreicht sei, sei an eine Entwicklung effektiver Trainingsstrategien nicht zu denken.

13.2.1 Zusammenfassung

Fassen wir die Ergebnisse der Trainingsprogramme zum Wiedererkennen von Gesichtern der eigenen Rasse (WOODHEAD et al. 1979; MALPASS, 1981) und derjenigen zum Wiedererkennen von Gesichtern anderer ethnischer Gruppen zusammen, lassen sich nur für das Wiedererkennen von Gesichtern anderer ethnischer Gruppen Kompensationseffekte feststellen. Für das Wiedererkennen von Gesichtern der eigenen Rasse hingegen sind Nulleffekte oder gar negative Trainingseffekte zu erwarten. Diese negativen Effekte mögen auf die Störung natürlicher Enkodierungsstrategien, die vermutlich im täglichen Leben weitgehend optimiert sind (vgl. Kapitel 8), oder auf Interferenzeffekte (vgl. Kapitel 9) infolge wiederholten Testens oder die massive Anhäufung von Gesichtern in der Trainingsphase zurückgeführt werden. Wir können daraus schließen, daß Trainingseffekte wohl eher mit den Gesichtern anderer Rassen zu erzielen sein dürften. Doch sollten wir hierbei mehr Wert auf die Bedeutung *differentieller* Strategien für die Gesichter eigener und anderer Rassen legen.

Wir haben diesen Aspekt in unseren eigenen Untersuchungen stärker berücksichtigt. Während wir in den Experimenten 15 und 16 zwei einfache Trainingsinstruktionen testeten, die sowohl bei den Gesichtern von Schwarzen als auch von Weißen Erfolg haben sollten, zielten wir in Experiment 17 auf spezielle differentielle Beobachtungsstrategien für Gesichter von Schwarzen und Weißen ab.

13.3 Eigene Untersuchungen (Experimente 15 bis 17)

In den in Kapitel 12 dargestellten Experimenten wollten wir nicht nur den Ausländereffekt untersuchen, sondern auch herausfinden, ob sich die Wiedererkennensleistung für Gesichter der eigenen oder einer anderen Hautfarbe (Rasse) durch gezielte Instruktionen (Enkodierungsstrategien, vgl. Kapitel 8) zur Betrachtung eines Gesichts verbessern ließe. Von einem solchen "Trainingsprogramm" erwarten wir ein besseres Verständnis der dem Wiedererkennen von Gesichtern anderer und der eigenen Rasse zugrundeliegenden Verabeitungsprozesse. Der Begriff "Trainingsprogramm" mag für unsere eigenen Untersuchungen zu hochgegriffen sein, da es sich jeweils um eine sehr kurze Intervention handelte, mit der die Orientierung der Vpn auf die Gesichtsstimuli nur kurzfristig geändert werden sollte.

In Experiment 15 wurde lediglich versucht, die Vpn zu einer eher ganzheitlichen Betrachtung der Gesichter dadurch anzuhalten, daß sie die jeweilige "*emotionale Tiefe des Gesichtsausdrucks*" beurteilen sollten. Diese Strategie kann in Anlehnung an den Levels-of-processing-Ansatz (vgl. Kapitel 8) als vielversprechender als eine bloß merkmalsorientierte Vorgehensweise angesehen werden, und sollte entsprechend auch zu besserem Wiedererkennen führen. Allerdings hatten wir schon dort feststellen müssen, daß sich auch diese "tieferen" oder holistischeren Strategien den natürlichen Enkodierungsstrategien nicht überlegen erwiesen.

In Experiment 16 griffen wir ein einfaches Konzept aus der Lernpsychologie wieder auf, demzufolge *Leistungsrückmeldung* (*Feedback*) eine essentielle Voraussetzung für jeglichen Lernerfolg darstellt.

Die dritte Trainingsstrategie, die wir in Experiment 17 verfolgten, basierte auf den im letzten Kapitel dargestellten Befunden zur differentiellen Aufmerksamkeitsfokussierung bei Gesichtern unterschiedlicher Rassen. Sofern es uns gelänge, die natürlichen Enkodierungsstrategien durch Strategien, die sich für die jeweilige Rasse als vorteilhafter erwiesen, zu ersetzen, sollte auch die Wiedererkennensleistung für die Gesichter dieser Rasse gesteigert werden. Wir gingen dabei von der Annahme aus, daß für Gesichter von *Schwarzen* insbesondere die *Nasen*- und *Lippen*partie besonders aufschlußreiche Informationen bietet, während umgekehrt bei Gesichtern von *Weißen* die *Frisur*, und möglicherweise auch das *Kinn*, besondere Anhaltspunkte für das Wiedererkennen liefern würden.

Nach einem Prae-Test, in dem die Ausgangsleistung der Vpn erhoben werden sollte, sollten sie mit den entsprechenden Beobachtungsinstruktionen vertraut gemacht werden, die zu einem besseren Wiedererkennen im Post-Test führen sollten. Diese Überlegungen führten uns zu folgenden Arbeitshypothesen:

H13.1:   Die Wiedererkennensleistung ist in den Experimenten 15 bis 17 im Post-Test höher als im Prae-Test.

In Anbetracht der Befunde, daß es offenbar schwieriger ist, die Wiedererkennensleistung für Gesichter der eigenen - im Gegensatz zu der einer anderen, weniger vertrauten - Rasse zu steigern, erwarteten wir ferner eine Wechselwirkung der Faktoren Testzeitpunkt und Stimulusrasse in allen drei Experimenten:

H13.2: Der relative Vorteil der Steigerung der Wiedererkennensleistung ist für die Gesichter von Schwarzen höher als für die von Weißen.

Schließlich formulierten wir für Experiment 17 noch die spezifischere Zusatzhypothese, daß sich die differentielle Beachtung bestimmter Gesichtsmerkmale nur für die für die jeweilige Rasse vorteilhafte Strategie positiv auswirken sollte; in anderen Worten, wir erwarteten eine dreifache Wechselwirkung der Faktoren Trainingsinstruktion x Testzeitpunkt x Stimulusrasse. Formal ausgedrückt:

H13.3: Die "schwarze Strategie" führt bei Gesichtern von Schwarzen, die "weiße Strategie" bei denen von Weißen zu einem relativen Leistungsvorteil im Post-Test.

13.3.1 Methode der Experimente 15 bis 17

Wir haben im letzten Kapitel die Methoden dieser drei Experimente bereits ausführlich dargestellt, so daß wir hier nur auf die für die Evaluation der Trainingsinstruktionen relevanten Aspekte näher eingehen. Die Untersuchung wurde an zwei verschiedenen Tagen (Zwischenzeit zwei bis vier Tage) durchgeführt und gliederte sich jeweils in Darbietungs-, Behaltens- und Testphase. Im Anschluß an den Prae-Test zur Erfassung der Ausgangsleistung wurden den Versuchspersonen die folgenden unterschiedlichen *Trainingsinstruktionen* gegeben. Die Instruktion 1 wurde allen Versuchspersonen in Experiment 15 (n = 15), die Instruktion 2 allen Versuchspersonen in Experiment 16 (n = 14), und die Instruktionen 3 und 4 jeweils der Hälfte der Versuchspersonen von Experiment 17 (n = 40) gegeben.

13.3.2 Trainingsinstruktionen

(1) *Emotionsbeurteilung*: Nach dem Prae-Test wurden den Versuchspersonen jeweils Bildpaare von Schwarzen bzw. von Weißen gezeigt, die sie nach der "*Tiefe des emotionalen Eindrucks*" beurteilen sollten.

(2) *Feedback*: Nach dem Prae-Test wurde den Versuchspersonen die Gelegenheit gegeben, ihre Wiedererkennensfähigkeit durch Rückmeldung (*Feedback*) über die jeweilige Leistung zu üben. Sie sahen jeweils ein Gesicht (als Dia projiziert), das sie unmittelbar danach unter 5 weiteren Fotos heraussuchen sollten.

(3) "*Schwarze Strategie*": Die Versuchspersonen wurden angehalten, die Aufmerksamkeit auf *Lippen* und *Nase* eines Gesichtes zu konzentrieren. Die Versuchspersonen hatten zu entscheiden, welches zweier nebeneinander gezeigter Gesichter die markantere Ausprägung der jeweils zu beurteilenden Merkmale aufwies.

(4) "*Weiße Strategie*": Die Versuchspersonen wurden aufgefordert, Frisur und Kinn besondere Beachtung zu schenken.

Im 2 bis 4 Tage späteren Post-Test sollten die Versuchspersonen die in dem Training erlernten Beobachtungsstrategien in der Darbietungsphase anwenden. Der Wiedererkennenstest erfolgte wie beim Prae-Test nach einer kurzen Pause, in der sich die Versuchspersonen mit Denkaufgaben beschäftigten. Auch hier sollten die Versuchspersonen unter den 40 gezeigten Gesichtern (20 "alte", 20 "neue", davon je 10 von Schwarzen und von Weißen) diejenigen 20 angeben, die sie schon in der Darbietungsphase gesehen hatten. Im Anschluß daran wurde in einem post-experimentellen Fragebogen zur Realisationskontrolle (vgl. Kapitel 8) die subjektiv empfundene Brauchbarkeit der Trainingsinstruktionen erhoben.

13.3.3 Ergebnisse der Trainingsinstruktionen

Die Effekte der Trainingsinstruktionen wurden mittels 2x2(x2x2) Varianzanalysen mit den Faktoren Bildersatz, Vp-Geschlecht, Testzeitpunkt und Stimulusrasse, mit Meßwiederholungen auf den letzten beiden Faktoren, festgestellt. Auf den Faktor Vp-Geschlecht gehen wir erst im nächsten Kapitel ein, da er zwar signifikante Haupteffekte zeigte, aber nicht signifikant mit den manipulierten Faktoren interagierte. Das Design von Experiment 17 enthielt zusätzlich den Between-subjects-Faktor Beobachtungsstrategie ("schwarze" vs. "weiße Strategie"). Die Abbildungen 13.2 bis 13.4 stellen die Wechselwirkungen der Faktoren Testzeitpunkt und Stimulusrasse für A' in den Experimenten 15, 16 und 17 dar, die als Veranschaulichung der Ergebnisse zu

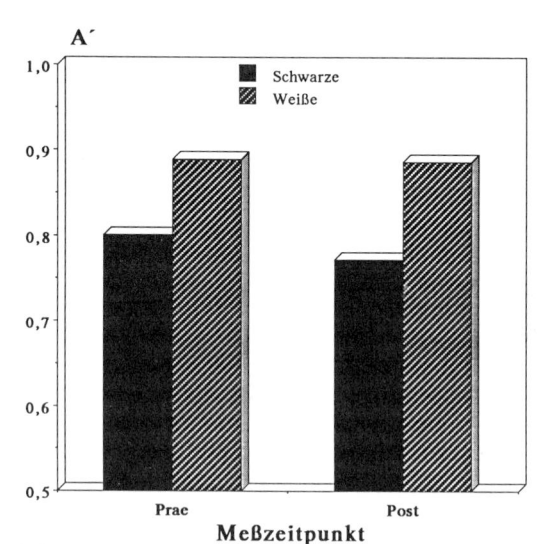

Abb. 13.2: A´ für die Gesichter von Schwarzen und Weißen
vor und nach der Trainingsinstruktion in Experiment 15

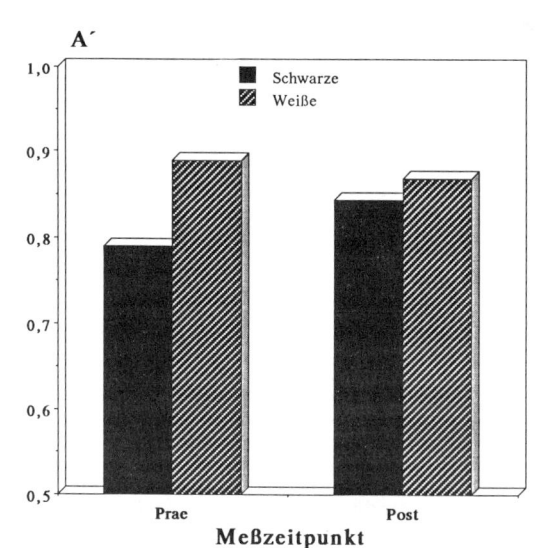

Abb. 13.3: A´ für die Gesichter von Schwarzen und Weißen
vor und nach der Trainingsinstruktion in Experiment 16

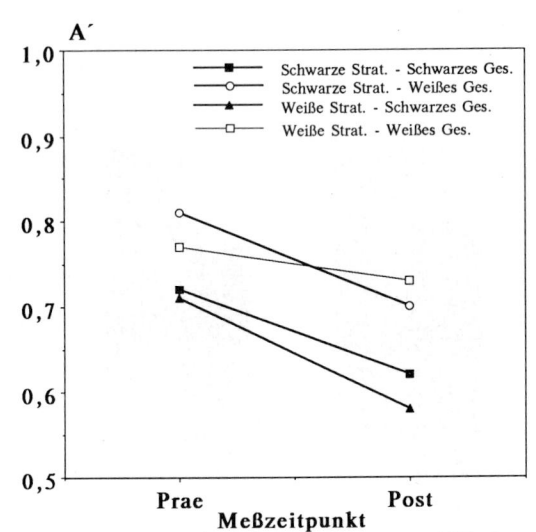

Abb. 13.4: A´ für die Gesichter von Schwarzen und Weißen vor und nach der Schwarzen bzw. Weißen Trainingsstrategie in Experiment 17

den Trainingsinstruktionen angesehen werden können. Tabelle 13.1 gibt die F-Werte des Faktors Testzeitpunkt sowie der Wechselwirkungen zwischen Testzeitpunkt und Stimulusrasse in den drei Experimenten für alle abhängigen Variablen wieder.

Entgegen den Hypothesen war eine allgemeine *Verschlechterung* der Wiedererkennensleistung im Post-Test erkennbar, d.h. durch keine der Trainingsstrategien konnte eine signifikante Steigerung der Wiedererkennensleistung, auch nicht für Gesichter von Schwarzen, erzielt werden. In Experiment 2 erhöhte sich zwar die Trefferrate im Post-Test gegenüber dem Prae-Test für Schwarze, während diejenige für Weiße sich verschlechterte, doch läßt sich daraus noch kein Erfolgsrezept für die Fruchtbarkeit des *Feedback*-Trainings ableiten.

In Experiment 17 verpaßte die vorhergesagte dreifache Wechselwirkung zwischen Trainingsstrategie x Rasse x Test-Zeitpunkt nur knapp das Signifikanzniveau (für A´: $F(1;32)$ = 3.82, p = .082; für FA: $F(1;32)$ = 3.15, p = .082). Wir fanden zumindest tendenziell die erwartete differentielle Wirkung der "weißen Strategie" auf weiße Gesichter und der "schwarzen Strategie" auf schwarze Gesichter. Doch kann man auch hier noch nicht von einem Erfolg des Trainings sprechen - es sei denn man interpretiert die für die Gesichter von Schwarzen beobachtete *geringere Leistungsabnahme* im Post-Test gegenüber dem Prae-Test als ein Zeichen für einen Trainingserfolg. Dies könnte insofern zutreffen, als dadurch der Interferenzeffekt (vgl. Kapitel 9), der durch die massiv gehäufte Betrachtung von Gesichtern beider Rassen vermutlich eingetreten war, vermindert wurde (vgl. dazu MALPASS et al., 1973). Diese Vermutung ist zugegebenermaßen spekulativ und kann wohl nicht als Grundlage für eine Empfehlung zur Gestaltung zukünftiger Trainingsprogramme angesehen werden.

13.3.4 Interpretation der Ergebnisse

Der Mißerfolg unserer "Trainingsprogramme" kommt in Anbetracht der Fehlschläge anderer Autoren (MALPASS, 1981; MALPASS, LAVIGUEUR & WELDON, 1973; WOODHEAD, BADDELEY & SIMMONDS, 1979) nicht ganz überraschend. Einerseits war die Einübungsphase für die neu zu erwerbenden Beobachtungsstrategien viel zu kurz. Andererseits läßt sich der in unserem dritten Experiment verfolgte Ansatz auch konzeptuell kritisieren. Liegen doch eine Reihe von Untersuchungen aus der Grundlagenforschung vor, die belegen, daß die verbalen - die o.g.

Untersuchungen zu Beschreibungen von Gesichtern - und visuelle Prozesse (das Wiedererkennen) relativ unabhängig voneinander ablaufen (vgl. SPORER, 1989).

TABELLE 13.1: *Ergebnisse für den Faktor Testzeitpunkt und die Wechselwirkung von Testzeitpunkt und Rasse der Stimulusgesichter in den Varianzanalysen der Experimente 15 bis 17 zu unterschiedlichen Trainingsstrategien*

Experiment	N	df	Testzeitpunkt		Testzeitpunkt x Rasse	
			F	p	F	p
Trefferraten:						
Exp. 15	15	1;13	.31	.588	.30	.598
Exp. 16	14	1;12	.53	.485	10.27	.009
Exp. 17	40	1;36	16.74	.000	.54	.470
Falsche Alarme:						
Exp. 15	15	1;13	2.50	.142	.10	.757
Exp. 16	14	1;12	.12	.737	2.45	.148
Exp. 17	40	1;36	6.23	.018	.71	.407
A':						
Exp. 15	15	1;13	.23	.644	1.57	.237
Exp. 16	14	1;12	.03	.856	1.25	.290
Exp. 17	40	1;36	12.94	.001	3.82	.059
$beta''$:						
Exp. 15	15	1;13	9.45	.011	.43	.524
Exp. 16	14	1;12	.34	.574	4.23	.067
Exp. 17	40	1;36	.07	.800	.13	.717

13.4 Schlußfolgerungen

Wir folgern aus diesen Ergebnissen, daß die Beachtung bestimmter Gesichtsmerkmale nicht von entscheidender Bedeutung für die Wiedererkennensleistung zu sein scheint; wichtiger dürfte die "Gesamtkonfiguration" sein, zumal die Wiedererkennensleistung im Post-Test nach den empfohlenen Strategien insgesamt schlechter geworden war. Ebenso könnte diese Verschlechterung auf eine interferierende Wirkung des vorangegangenen Prae-Tests zurückzuführen sein. Wenn wir die Ergebnisse dieser Experimente mit denen der Untersuchungen 6 bis 8 in Beziehung setzen, so kann man daraus wohl schließen, daß jegliche Fokussierung auf Einzelmerkmale eher zu einer Verschlechterung als zu einer Verbesserung der Wiedererkennensleistung führen dürfte.

Des weiteren ist bei diesen Experimenten zu bedenken, daß die Trainingsinstruktionen nur ein "Minimalprogramm" darstellen, das kaum dazu geeignet sein dürfte, die über lange Jahre erworbenen Enkodierungsstrategien bzw. die dabei entwickelten

Gesichtsschemata zu ersetzen. Ein massiveres Interventionsprogramm wäre wohl nötig, um diese eingefahrenen Gewohnheiten zu brechen. Bevor wir nicht theoretisch besser fundierte Erkenntnisse über die Verarbeitung von Gesichtern erzielt haben, sind auch Trainingsstrategien zu deren Verbesserung noch außer Reichweite.

14

Inter-individuelle Unterschiede in der Merkfähigkeit für Gesichter

Viele Menschen berichten über Probleme, sich andere Leute nicht (mehr) richtig merken zu können. Eine genauere Analyse solcher Berichte von Fehlleistungen im Alltagsleben (vgl. YOUNG, HAY & ELLIS, 1985; s. Kapitel 2) zeigt, daß diese Erinnerungsprobleme entweder auftreten, wenn Personen in einem neuen, bisher ungewohnten Kontext angetroffen werden (s. Kapitel 10), oder wenn sie den Namen einer Person erinnern sollen, die sie seit einiger Zeit nicht mehr gesehen haben. Die meisten dieser Leute geben jedoch an, daß ihnen die Gesichter als solche doch wohl bekannt vorkämen, ihnen also lediglich die Zuordnung des passenden Namens Schwierigkeiten bereite. Dennoch scheint es bedeutsame inter-individuelle Unterschiede hinsichtlich der *Fähigkeit, Gesichter wiederzuerkennen*, die wir als *Merkfähigkeit für Gesichter* bezeichnen wollen, zu geben.

Jedem, der mit dem Wiedererkennen von Personen bzw. Gesichtern experimentiert, wird früher oder später die enorme Streuungsbreite in der Wiedererkennensleistung zwischen den Vpn auffallen (vgl. die deskriptiven Analysen zu Beginn der jeweiligen Ergebnisabschnitte in den vorangegangenen Kapiteln). Werte um das Zufallsniveau (meist bei einer Trefferrate von 50%, abhängig von der Anzahl der Distraktoren, bzw. einem $d' = 0$ oder $A' = .50$) finden sich ebenso wie perfekte Trefferraten (100%); auch die falschen Alarme streuen beträchtlich (in Abhängigkeit von der Reaktionsneigung) zwischen 0% und 30%, manchmal sogar bis zu 50% oder mehr. Angesichts dieser großen inter-individuellen Unterschiede werfen sich unmittelbar mehrere Fragen auf, die wir in diesem Kapitel diskutieren wollen:

(1) Sind die inter-individuellen Unterschiede reliabel (d.h. *intra*-individuell konsistent)?
(2) Wenn ja, lassen sie sich durch traditionelle Persönlichkeits- bzw. Leistungsmeßverfahren vorhersagen?
(3) Sind Personen mit guten (bzw. schlechten) Wiedererkennensleistungen sich ihrer Merkfähigkeit bewußt, d.h. welcher Zusammenhang besteht zwischen *Metagedächtnis* und Wiedererkennen von Personen? Diese Frage übersteigt den Rahmen der gegenwärtigen Arbeit und wird nicht weiter ausgeführt.
(4) Welcher Zusammenhang besteht zwischen Wiedererkennen von Gesichtern, dem Wiedererkennen anderer visueller Stimuli und dem verbaler Stimuli?

Frage (3) setzt implizit voraus, daß Personen in einer nicht näher spezifizierbaren Weise mittels Introspektion Zugang zu den dem Wiedererkennen zugrundeliegenden kognitiven Prozessen besitzen. Die in experimentellen Untersuchungen (sowie in der kriminalistischen Praxis) verwendeten Konfidenzurteile basieren auf dieser Annahme, und sollten daher im Rahmen der Diskussion über das Metagedächtnis (Frage 3) berücksichtigt werden. Während die Fragen (2) und (3) vor allem verbale Prozesse betreffen, sucht Frage (4) die für die beiden anderen Fragen wichtige Grundsatzfrage anzugehen, welche Gemeinsamkeiten und welche Unterschiede das Wiedererkennensgedächtnis für Gesichter im Vergleich zu anderen Gedächtnisprozessen für verbale und visuelle Stimuli aufweist.

14.1 Zur Reliabilität der Wiedererkennensfähigkeit

Bezüglich der ersten Frage gibt es überraschenderweise relativ wenige empirische Befunde. Dennoch handelt es sich um eine wichtige Voraussetzung für die weiteren drei Fragen, da die beobachteten inter-individuellen Unterschiede nicht unbedingt persönlichkeitsspezifische, überdauernde Fähigkeiten (traits) der Vpn widerspiegeln, sondern auch durch Aufmerksamkeitsfluktuationen (vgl. SHEPHERD, 1981) oder differentielle Involvierungen der Vpn in die experimentelle Aufgabe (vgl. Kapitel 8) zustande gekommen sein können.

Eine Untersuchung von CHANCE und GOLDSTEIN (1979) zeigte im allgemeinen signifikante positive Korrelationen zwischen den Rekognitionsleistungen für Gesichter in drei experimentellen Durchgängen in Abständen von je einer Woche. Die Korrelationen lagen für die Trefferraten zwischen .36 und .42 und für die falschen Alarme zwischen .38 und .61, wobei Ceiling- bzw. Flooreffekte möglicherweise zu einer Unterschätzung dieser Zusammenhänge führten. Bei einer anderen Form der Konsistenzüberprüfung ergab sich, daß mehr als 50% der Stichprobe ($N = 112$) jeweils konsistent überdurchschnittliche oder unterdurchschnittliche d'-Werte in allen drei Durchgängen erhielten. MALPASS (pers. Mitt. 1984) berichtete hingegen, daß die in seinem Labor erhaltenen Korrelationen bei einer Test-Retest-Untersuchung von Wiedererkennensleistungen nicht besonders hoch waren, so daß die Merkfähigkeit für Gesichter nur in beschränktem Maße als reliable Persönlichkeitseigenschaft anzusehen ist.

Des weiteren ist zu fragen, ob sich die positiven Korrelationen, die in Untersuchungen innerhalb des Foto-Foto-Paradigmas mit multiplen Darbietungsstimuli erzielt wurden, sich über die Grenzen dieses Paradigmas hinaus generalisieren lassen. Die nicht-signifikante Korrelation zwischen dem Wiedererkennen der Hilfspersonen des Versuchsleiters, die Examensfragebogen ausgeteilt hatten, in einer Lichtbildvorlage (BROWN, DEFFENBACHER & STURGILL, 1977) mit den Resultaten derselben Versuchspersonen in einem Foto-Foto-Paradigma lassen daran jedenfalls Zweifel aufkommen. Es ist jedoch möglich, daß die Vpn in dem Experiment von BROWN et al. den Hilfspersonen nicht dieselbe Aufmerksamkeit zuwandten wie ihrer experimentellen Aufgabe, so daß der Nullbefund kaum interpretierbar ist. Entsprechende Untersuchungen zu dieser wichtigen Frage sind vor allem aufgrund ihrer potentiellen Bedeutung für die forensische Praxis dringend geboten (vgl. HOSCH, BOTHWELL, SPORER & SAUCEDO, im Druck; SPORER, 1991b).

Weitere Aspekte der Reliabilität, die u.W. in der einschlägigen Literatur bisher fast nirgends explizit berücksichtigt wurden (eine Ausnahme war eine frühe Untersuchung von HOWELLS, 1938), betreffen die anderen typischen Formen der Reliabilität, wie sie in der testpsychologischen Literatur ausführlich beschrieben sind (z.B. ANASTASI, 1968; LIENERT, 1969). Die viel beklagte Fehleranfälligkeit von Personenidentifizierungen vor Gericht (oft als "*unreliability*" bezeichnet - ohne weitere Reflexion über die Doppelsinnigkeit dieser Bezeichnung!) dürfte nicht zuletzt daraus resultieren, daß der Identifizierung zugrundeliegende "Merkfähigkeit für Personen" nur durch ein einziges binäres Testitem, eben die Identifizierung bei der Wahlgegenüberstellung, gemessen wird. Die Testsituation der Wahlgegenüberstellung ist zudem mit äußerst wirksamen

Inter-individuelle Differenzen 259

situativen Störfaktoren belastet, wie einige Feldexperimente zur Suggestibilität und zum Entscheidungsdruck zeigen (vgl. FRANZEN & SPORER, 1991a, 1991b; KÖHNKEN & MAASS, 1988; MALPASS & DEVINE, 1984; SPORER & AUS DEM KAHMEN, im Druck).

Aufgrund testtheoretischer Überlegungen ist daher anzunehmen, daß die Merkfähigkeit für Personen, oder zumindest für Gesichter, im Labor mit Hilfe der üblicherweise "längeren" Testreihe reliabler gemessen wird als in Feldversuchen bzw. in der kriminalistischen Praxis. In Laborexperimenten werden oft 20 oder mehr Zielpersonen in der Darbietungsphase für kurze Zeit gezeigt, die in der Testphase in einem, um meist ebensoviele Distraktoren vergrößerten, Testset identifiziert werden sollen (vgl. Kapitel 2).

Doch selbst wenn wir annehmen, daß die Merkfähigkeit für Gesichter als stabiles Persönlichkeitsmerkmal existiert, bleibt dessen theoretische Erklärung bzw. dessen Bezug zu anderen Persönlichkeitsdimensionen eine ungeklärte Frage. Es gibt zwar vereinzelte Versuche, die Leistung in Wiedererkennensexperimenten durch eine Reihe von Persönlichkeitseigenschaften vorherzusagen, doch entbehren diese sporadischen Versuche eines gemeinsamen theoretischen Rahmens.

Wie die Analysen unserer eigenen Experimente gezeigt haben, variiert die Erinnerungsleistung zwischen einzelnen Versuchspersonen auch innerhalb der einzelnen experimentellen Bedingungen noch sehr stark, so daß die Gesamtvarianz keineswegs durch die manipulierten Variablen restlos aufgeklärt wird, sondern eine beträchtliche Restvarianz übrig bleibt. Ob diese Restvarianz lediglich Zufallsschwankungen oder Differenzen in der Aufmerksamkeit oder Involviertheit in die experimentelle Aufgabe (vgl. Kapitel 8) reflektiert, oder ob sie systematischen inter-individuellen Differenzen entspringt, bleibt eine noch zu klärende Frage.

CLIFFORD und BULL (1978), ELLIS (1975, 1984) und SHEPHERD (1981) haben die bisherigen Untersuchungen über inter-individuelle Differenzen in der Merkfähigkeit für Gesichter in vorzüglicher Weise zusammengefaßt, so daß wir die Einzelbefunde nicht im Detail wiederholen wollen, sondern nur auf die wichtigsten bzw. die für unsere eigenen Untersuchungen relevanten Konstrukte eingehen werden. Mittlerweile liegt auch eine Meta-analyse von Untersuchungen zum Wiedererkennen von Personen vor, in der u.a. der Vorhersagewert von Persönlichkeitsmerkmalen überprüft wurde (SHAPIRO & PENROD, 1986). Tabelle 14.1 stellt die mittleren Effektgrößen für die Zusammenhänge zwischen diesen Variablen mit der Wiedererkennensleistung (Treffern bzw. - soweit gegeben - falschen Alarmen) dar. Wir werden auf die Ergebnisse dieser Meta-analyse im folgenden wiederholt Bezug nehmen, aber nur insofern auf sie näher eingehen, als sie die in unseren eigenen Experimenten berücksichtigten Fragestellungen betreffen.

Inter-individuelle Differenzen in der Merkfähigkeit für Gesichter lassen sich einteilen in

(1) *Gruppenunterschiede* (z.B. Geschlecht, Alter, Rassenzugehörigkeit, sozioökonomische Gruppen, Bildungsstand etc.), und
(2) *Persönlichkeitsunterschiede* (z.B. Introversion-Extraversion, Ängstlichkeit, Feld-(un)abhängigkeit, Self-Monitoring oder bildliche Vorstellungsfähigkeit).

Wir werden zunächst auf Gruppenunterschiede, insbesondere auf Geschlechterunterschiede in der Literatur und in unseren Experimenten eingehen, bevor wir einige Persönlichkeitsmerkmale, z.B. die Lebendigkeit der bildlichen Vorstellung und das Self-

Monitoring, als Grundlage inter-individueller Differenzen in der Wiedererkennensfähigkeit für Gesichter näher diskutieren.

TABELLE 14.1: *Mittlere Effektgrößen für den Zusammenhang von Treffern und falschen Alarmen und interindividuellen Differenzen in der Meta-analyse von* SHAPIRO *und* PENROD *(1986, S. 144, Table 3)*

Interindividuelle Differenzen	Treffer			Falsche Alarme		
	N	d	z	N	d	z
Frauen/Männer	48	0.10	4.11***	26	0.08	2.77**
Schwarze/Weiße	14	0.17	2.64**	10	-0.04	2.05*
Gute/Schlechte verbale Fähigkeit	3	0.11	1.95*	3	0	0
Feldunabhängigkeit/Feldabhängigkeit	8	0.24	4.46***	3	0	0
Niedrige/Hohe Ängstlichkeit	6	0.11	1.83	6	0.33	3.69***
Hohe/Niedrige Vorstellungsfähigkeit	4	0.11	0.68	---	---	---
Gute/Schlechte verbale Fähigkeit für Bilder	2	0	0	---	---	---
Gute/Schlechte Beschreibungsfähigkeit	2	0.41	2.31*	---	---	---
Populäre/Unpopuläre Kinder	2	0.61	2.29*	---	---	---

Anm.: Unterschiede immer zugunsten der Erstgenannten (mehr Treffer, weniger FA).
*$p < .05$; **$p < .01$; ***$p < .001$.

14.2 Geschlechterunterschiede

Es gibt wenige Untersuchungen, die sich explizit mit Geschlechterunterschieden beim Wiedererkennen von Gesichtern befaßt haben. Von den insgesamt zahlreichen Untersuchungen berichten nur wenige Geschlechtereffekte, sei es, daß sie diese - wie bei vielen allgemeinpsychologischen Fragestellungen - erst gar nicht prüften, oder sei es, daß sie zwar vorläufige Tests auf Geschlechterunterschiede durchführten, dann aber infolge nicht-signifikanter Ergebnisse die Daten über den Faktor Geschlecht poolten. So wurden z.B. in der großangelegten Meta-analyse von SHAPIRO und PENROD (1986), die insgesamt 128 Experimente umfaßte, nur 48 Untersuchungen bei der Analyse von Geschlechtereffekten berücksichtigt (s. Tabelle 14.1). Die mäßige mittlere Effektstärke $d = .10$ zugunsten der Frauen bei den Trefferraten, bzw. deren relativ geringere Anzahl an falschen Alarmen ($d = .08$), stellen daher vermutlich sogar eine *Über*schätzung dieser

Geschlechterunterschiede dar, wenn man unterstellt, daß zahlreiche Untersuchungen das Fehlen von Geschlechterunterschieden einfach nicht berichtet haben (vgl. allgemein zu diesem Problem GREENWALD, 1975; s. zum sog. file-drawer-Problem bei Meta-analysen: FRICKE & TREINIES, 1985; ROSENTHAL, 1984).

Detailliertere Analysen bisheriger Untersuchungen in den Sammelreferaten von ELLIS (1975) und SHEPHERD (1981) legen ebenfalls den Schluß nahe, daß - wenn überhaupt Geschlechterunterschiede feststellbar waren - diese meist zugunsten der Frauen ausfielen. So listet z.B. SHEPHERD (1981, Tabelle 1) 17 Experimente auf, in denen Geschlechterunterschiede beobachtet wurden, gegenüber 18 Experimenten ohne signifikante Geschlechtereffekte. Von den signifikanten Ergebnissen sind alle bis auf zwei zugunsten der *Frauen*, wobei die beiden Ausnahmen jeweils Experimente betreffen, die nur geringe Generalisierbarkeit beanspruchen können: Die Untersuchung von LAUGHERY, ALEXANDER und LANE (1971, Experiment 2) verwendete nur eine Stimulusperson, und in dem Experiment von YARMEY (1975, zit. nach SHEPHERD, 1981) traten Geschlechterunterschiede nur zugunsten von Männern auf, wenn von den Vpn Attraktivitätsbeurteilungen der Stimulusgesichter gefordert wurden, während bei anderen Beurteilungsaufgaben Frauen bessere Wiedererkennensleistungen erbrachten.

Allerdings tritt der Leistungsvorteil der Frauen nicht immer als reiner Haupteffekt auf, sondern wird in einigen Untersuchungen durch eine *Wechselwirkung mit dem Faktor Stimulusgeschlecht* modifiziert bzw. ersetzt (z.B. CROSS, CROSS & DALY, 1971; MCKELVIE, 1978, Experimente 2 und 3). Auch sind diesbezüglich nicht alle Untersuchungen miteinander vergleichbar, da einige nur Gesichter von Männern, andere wiederum nur Gesichter von Frauen verwendeten (z.B. GOLDSTEIN & CHANCE, 1971). Der in der Metaanalyse von SHAPIRO und PENROD festgestellte *same-sex-Effekt* - d.h. die bessere Wiedererkennensleistung von Frauen durch Frauen bzw. von Männern durch Männer - der sich mit einer Effektstärke von $d = .14$ als hochsignifikant ($p < .0001$) erwies, ist daher vermutlich vor allem auf das bessere Wiedererkennensgedächtnis von Frauen bezüglich ihrer Geschlechtsgenossinnen zu interpretieren. Alltagspsychologische Spekulationen, die ein größeres "Interesse am jeweils anderen Geschlecht" postulieren, werden durch diese Befunde nicht abgedeckt. Umgekehrt erscheinen Erklärungsversuche, denen zufolge Frauen aufgrund der besonderen Bedeutung ihres Aussehens für soziale Interaktionen (z.B. REIS, NEZLEK & WHEELER, 1980; vgl. zusammenfassend NIKETTA, 1989) mehr "auf ihre Konkurrenz achten" würden und daher gelernt hätten, andere Frauen genauer zu beobachten und folglich auch einzuprägen, mangels direkter empirischer Evidenz ebenfalls äußerst spekulativ.

Bevor wir auf zwei mögliche Erklärungsansätze kurz eingehen, wollen wir die auf den bisherigen Untersuchungsergebnissen basierenden Erwartungen wie folgt festhalten:

H14.1: Wenn überhaupt Geschlechtereffekte auftreten, so sollten sich diese zugunsten der Frauen einstellen.

H14.2: In den Untersuchungen, in denen sowohl Gesichter von Männern und Frauen verwendet werden, sollten Frauen die Gesichter von Frauen besser wiedererkennen als die von Männern. Bei Männern ist entweder ein ähnlicher same-sex-Vorteil oder kein vergleichbarer Effekt zu erwarten.

Diese Hypothesen beruhen zwar auf zwei in der Literatur vertretenen Erklärungsversuchen (vgl. SHEPHERD, 1981), die aber beide als fragwürdig angesehen werden müssen.

14.2.1 Theoretische Ansätze zur Erklärung von Geschlechterunterschieden

14.2.1.1 GESCHLECHTERUNTERSCHIEDE IN DER DEKODIERUNG VON EMOTIONEN

Nach einem weitverbreiteten Stereotyp sind Frauen emotioneller als Männer. Dies sollte sich einerseits in einer besseren Fähigkeit zum *Ausdruck (Enkodierung)* von Emotionen, andererseits in einer größeren Feinfühligkeit im Sinne der Fähigkeit, Emotionen richtig zu identifizieren, äußern. Uns interessiert vor allem letztere Fähigkeit zur *Dekodierung* von Emotionen. Doch auch hier ist die Befundlage inkonsistent (SHEPHERD, 1981). In einer Meta-analyse von 75 Untersuchungen zur Dekodierung nonverbaler Hinweisreize kam HALL (1978) zu dem Schluß, daß Frauen besser in dieser Fähigkeit waren als Männer. Eine kritische Reanalyse der von HALL zusammengefaßten Untersuchungen zeigte jedoch, daß die Größe der berichteten Geschlechterunterschiede mit dem Geschlecht der Verfasser/-innen der referierten Arbeiten kovariierte (EAGLY, RENNER & CARLI, 1983). EAGLY et al. folgern daraus, daß Forschungsberichte über sozial erwünschte Fähigkeiten (z.B. Sensibilität oder Widerstandsfähigkeit gegenüber sozialen Beeinflussungsversuchen) durch eine Tendenz, das jeweils eigene Geschlecht positiver darzustellen, verzerrt werden. Unterschiede in der Dekodierung von Gesichtsausdrücken stellen somit nur eine schwache Grundlage für die Erklärung differentieller Wiedererkennensleistungen dar.

14.2.1.2 GESCHLECHTERUNTERSCHIEDE IN DER VERBALISIERUNGSFÄHIGKEIT

Eine der wenigen Geschlechterunterschiede, die MACCOBY und JACKLIN (1974) in ihrer berühmten Literaturzusammenfassung als einigermaßen abgesichert ansahen, war das bessere *verbale Gedächtnis* von Frauen im Vergleich zu dem von Männern. SHEPHERD (1981) schließt daraus, daß Geschlechterunterschiede beim Wiedererkennen von Gesichtern möglicherweise durch eine bessere *Verbalisierungsfähigkeit* von Frauen zustande kommen könnten. Dieser Vorteil sollte folglich nur dann zum Tragen kommen, wenn die jeweilige experimentelle Aufgabe eine bessere Enkodierung durch verbale Mediatoren ermöglicht. Da die meisten Untersuchungen zum Wiedererkennen von Gesichtern unbekannter Personen aber nahelegen, daß dieses primär auf *visuellen* Prozessen zu beruhen scheint (SPORER, 1989), dürfte auch dieser Ansatz kaum zur Erklärung von Geschlechterunterschieden beitragen. Allerdings läßt sich aus diesen Überlegungen eine differenziertere Hypothese ableiten, die die Inkonsistenz der Befunde aufhellen könnte:

H14.3: **In dem Ausmaß, in dem Experimente zum Wiedererkennen von Gesichtern verbale Kodierungen nahelegen, sollten Frauen besser abschneiden als Männer. Werden durch die experimentelle Aufgabe rein visuelle Prozesse induziert, sind keine Geschlechterunterschiede zu erwarten.**

Obwohl diese Annahme in mehreren unserer Experimente eine Rolle spielen könnte, sollte sie sich insbesondere in den Experimenten zum Lernen von Eigennamen, in denen wir eine verbale Reproduktionsaufgabe (Experiment 13) bzw. eine Wiedererkennensaufgabe mit Namen-Gesichter-Paaren (Experiment 14) durchführten, auswirken.

14.2.2 Ergebnisse unserer eigenen Untersuchungen

14.2.2.1 HAUPTEFFEKTE DES FAKTORS VP-GESCHLECHT

Um diese Hypothesen im Rahmen unserer eigenen Experimente zu überprüfen, haben wir alle Haupteffekte des Faktors Vp-Geschlecht für Treffer, falsche Alarme und A' berechnet.

Tabelle 14.2 stellt die Mittelwerte von Männern und Frauen für Treffer, falsche Alarme und A' sowie die in den entsprechenden Varianzanalysen der einzelnen Experimente ermittelten p-Werte des Faktors Vp-Geschlecht dar. Zur Überprüfung der Wechselwirkung des Faktors Vp-Geschlecht mit dem Geschlecht der Stimulusgesichter werden im darauffolgenden Abschnitt die Haupteffekte dieser beiden Faktoren sowie ihre Wechselwirkung für die Daten von Experiment 11 (N = 145) detaillierter erörtert.

TABELLE 14.2: *Mittelwerte der Treffer, falschen Alarme und von A' von Männern und Frauen und Signifikanz p des Faktors Vp-Geschlecht in unseren Experimenten*

Experiment			Treffer			Falsche Alarme			A'		
Nr.	n_M	n_F	M	F	p	M	F	p	M	F	p
2	32	32	71.5	82.0	.001	18.6	15.2	.220	---	---	---
3	22	18	76.1	79.7	.891	19.8	21.5	.717	---	---	---
4	7ª	32	---	---	---	---	---	---	---	---	---
5	22	18	61.4	61.1	.654	3.4	8.3	.168	.880	.850	.275
6-8	43	130	60.9	63.9	.157	32.0	25.7	.003	.705	.768	.002
9	12	12	60.4	67.7	.282	29.2	21.9	.355	.683	.800	.145
10	32	32	64.1	68.4	.208	18.0	16.4	.641	.809	.833	.415
11	70	75	82.8	87.3	.013	11.3	7.6	.005	.912	.940	.001
12	8	15	66.7	60.0	.055	22.2	19.6	.749	.804	.785	.388
14	10	31	70.6	75.4	.699	31.3	22.0	.141	.780	.840	.055
15	5	10	69.0	80.1	.009	18.1	16.8	.747	.829	.877	.042
16	3	11	76.9	74.6	.683	16.9	19.6	.616	.859	.849	.833
17	17	23	55.4	63.9	.020	29.6	28.9	.869	.671	.727	.192
13ᵇ	9	25	6.3	15.6	.007						

ªn zu klein; ᵇCued-recall-Aufgabe.

Obwohl die Ergebnisse nicht als eindeutig angesehen werden können, deuten sie zumindest auf einen geringen *Leistungsvorteil von Frauen* gegenüber Männern hin. So schnitten Frauen bei der cued-recall-Aufgabe in Experiment 13 deutlich besser ab als Männer, während sich in der Wiedererkennensaufgabe mit denselben Mnemotechniken in Experiment 14 keine Geschlechterunterschiede einstellten (s. Kapitel 11). Diese Befunde werden auch durch die Ergebnisse von KAESS und WITRYOL (1955) und WITRYOL und KAESS (1957), die ebenfalls das Lernen von Eigennamen untersuchten, bestätigt. Schließlich fanden auch BAHRICK, BAHRICK und WITTLINGER (1975) bessere Leistungen von Frauen bei der Benennung ihrer Klassenkameraden und Mitschülerinnen von anno dazumal.

Insofern als Leistungsvorteile auftraten, waren diese nicht auf Untersuchungen mit Aufgaben, die eine verbale Verarbeitung nahelegen, beschränkt. So waren Frauen z.B. sowohl in den Experimenten mit Typikalitäts-Einzigartigkeits-Beurteilungen (Experiment 2), zu unterschiedlichen Enkodierungsstrategien (6 bis 8), zu Kontexteffekten (11) und zu Trainingsinstruktionen mit Gesichtern von Schwarzen und Weißen (15 und 17) besser als Männer. Diese Effekte traten größtenteils nur bei den Treffern auf, so daß man kaum von einem echten Leistungsvorteil im Sinne einer besseren Diskriminationsleistung sprechen kann.

Eine mögliche Erklärung für die aufgetretenen Effekte, die wir in zwei Untersuchungen durch postexperimentelle Fragebögen stützen konnten, mag darin liegen, daß die weiblichen Versuchspersonen etwas motivierter zur Sache gingen als ihre männlichen Kollegen. So zeigten sich die *Frauen* z.B. in den Experimenten 6 bis 8 über Enkodierungsstrategien und in Experiment 17 über differentielle Beobachtungsstrategien, in denen wir ihre Einstellung zu der experimentellen Aufgabe nach Durchführung der Untersuchung abfragten, *interessierter* als Männer. Eine vorsichtige Schlußfolgerung aus diesen Ergebnissen könnte darauf abzielen, daß die beobachteten Unterschiede eher auf *motivationale* denn auf kognitive Prozesse zurückzuführen sein dürften.

14.2.2.2 WECHSELWIRKUNGEN VON VP- UND STIMULUSGESCHLECHT

In Experiment 11 (vgl. Kapitel 10) war es möglich, sowohl die Haupteffekte als auch die Interaktionen zwischen Vp- und Stimulusgeschlecht mit einer relativ großen Stichprobe ($N = 145$) zu prüfen. Wir werden zunächst auf die Haupteffekte eingehen, die jedoch teilweise durch signifikante Wechselwirkungen modifiziert wurden. Die Geschlechtereffekte können daher am besten verstanden werden, wenn man ihre Interaktionen betrachtet, die ebenfalls signifikant waren. Tabelle 14.3 stellt die Mittelwerte der Wiedererkennensmaße und der Reaktionsneigung von männlichen und weiblichen Versuchspersonen bei Gesichtern von Frauen und Männern sowie die entsprechenden Randmittelwerte dar.

TABELLE 14.3: *Mittlere Trefferrate (in %), falsche Alarme (in %), A' und beta" für männliche und weibliche Versuchspersonen mit männlichen und weiblichen Stimulusgesichtern in Experiment 11 (N = 145)*

Vp-Geschlecht		Gesichter von		Rand-Mittelwerte
		Männern	Frauen	
Männer	Treffer:	84.0	81.5	82.2
	FA:	7.7	14.8	11.3
	A':	.927	.898	.912
	$beta"$:	.25	.10	.18
Frauen	Treffer:	86.4	88.1	87.3
	FA:	5.7	9.6	7.6
	A':	.943	.937	.940
	$beta"$:	.24	-.04	.10
Rand-Mittelwerte	Treffer:	85.2	84.8	
	FA:	6.7	12.2	
	A':	.927	.917	
	$beta"$:	.25	.03	

Die Frauen übertrafen die Männer bei den Treffern zuverlässig ($F(1;129) = 6.32, p = .013$), ebenso bei falschen Alarmen ($F(1;129) = 8.24, p = .005$) und bei A' ($F(1;129) = 11.18, p = .001$). Überraschenderweise zogen weibliche Gesichter doppelt so viele falsche Alarme auf sich wie männliche Gesichter ($F(1;129) = 34.55, p < .0001$), während die Zahl der Teffer annähernd gleich war ($F(1;129) < 1$, *ns*.). Infolge der Tatsache, daß falsche Alarme ein großes Gewicht bei der Berechnung von A' tragen (s. Kapitel 3), war der Unterschied in A' ebenfalls hochreliabel ($F(1;129) = 13.41, p < .0005$).

Wie schon gesagt, sollten diese Effekte nicht isoliert betrachtet werden, ohne die Interaktion Geschlecht der Vp x Geschlecht der Stimulusperson in Betracht zu ziehen. Diese Interaktion war signifikant für A' ($F(1;129) = 5.94, p = .016$), am Rande der Signifikanzgrenze für Treffer ($F(1;129) = 3.67, p = .058$) und nicht signifikant für falsche Alarme ($F(1;129) = 2.66, p = .105$).

Analysen der einfachen Haupteffekte[1] zeigten, daß Geschlechterunterschiede besonders stark bei weiblichen Gesichtern waren. Sie wurden besser von Frauen als von Männern erinnert (Treffer: $F(1;216) = 9.91, p = .002$; FA: $F(1;237) = 10.75, p = .001$; A': $F(1;207) = 16.94, p < .001$). Bei männlichen Gesichtern wurden Unterschiede dieser Art bei keinem der beiden Geschlechter beobachtet, wobei die Erinnerungsleistung von Frauen bei allen drei Maßen nur geringfügig besser als bei Männern war (alle F-Werte < 2.77, alle p-Werte $> .09$).

Diese Daten unterstützen den von anderen Autoren (vgl. die Meta-analyse von SHAPIRO & PENROD, 1986) berichteten same-sex-Effekt für die Leistungen von Frauen, aber nicht von Männern. Allerdings ist der Effekt absolut gesehen nur sehr schwach, was aber auf den annähernden Deckeneffekt in unserer Untersuchung zurückzuführen sein könnte.

Insgesamt läßt sich also ein gewisser Leistungsvorteil von Frauen, der zum Teil durch ihre höhere motivationale Beteiligung an den experimentellen Aufgaben bedingt scheint, festhalten. Offenbar gilt dieses höhere Interesse von Frauen vermehrt ihren Geschlechtsgenossinnen. Alltagspsychologische Annahmen, die etwa ein größeres Interesse für das jeweilige andere Geschlecht postulieren, werden durch die vorliegenden Daten nicht gestützt. Ob sich die beobachteten Effekte auch in Alltagssituationen außerhalb des Labors bestätigen lassen, bleibt eine offene Frage.

14.3 Persönlichkeitsmerkmale als Prädiktoren der Wiedererkennensleistung

Obwohl vereinzelt signifikante Korrelationen einzelner Persönlichkeitsmerkmale mit dem Wiedererkennen von Gesichtern berichtet wurden, sind sich alle Autoren darüber einig, daß keines der bisher untersuchten Konstrukte in starkem Zusammenhang mit der Merkfähigkeit für Gesichter steht (CLIFFORD & BULL, 1978; DEFFENBACHER, BROWN & STURGILL, 1978; ELLIS, 1975, 1984; SHAPIRO & PENROD, 1986; SHEPHERD, 1981). Diese Schlußfolgerung ergibt sich auch aus der Meta-analyse von SHAPIRO und PENROD (1986; vgl. oben: Tabelle 14.1). Läßt man die "Popularität von Kindern" ($d = .61$), die ja nicht als Persönlichkeitsmerkmal im üblichen Sinn angesehen werden kann, außer acht, zeigen nur drei der acht zusammengefaßten Konstrukte statistisch signifikante, jedoch hinsichtlich ihrer Effektgröße (alle d-Werte $< .41$) eher unbedeutende Zusammenhänge. Wir werden im folgenden auf einige dieser Zusammenhänge kurz eingehen und diese durch neuere Untersuchungen und die Ergebnisse eigener Untersuchungen ergänzen.

14.3.1 Feld(un)abhängigkeit

Feldunabhängigkeit bzw. Feldabhängigkeit ist eines der Persönlichkeitskonstrukte, das offenbar am häufigsten mit der Merkfähigkeit für Gesichter in Zusammenhang gebracht wurde (acht Untersuchungen in der Meta-analyse von SHAPIRO & PENROD, 1986; s. oben Tabelle 14.1). Anhand der Meta-analyse hat es den Anschein, als ob Feldunabhängigkeit konsistent mit der Anzahl richtig wiedererkannter Gesichter in Zusammenhang stünde ($d = .24$). Eine kritische Analyse der zugrundeliegenden Untersuchungen hat jedoch ergeben, daß diese Befunde nicht nur inkonsistent, sondern auch mit einer Reihe methodischer Probleme behaftet sind, die diese Schlußfolgerung nicht rechtfertigen (CLIFFORD & BULL, 1978; MALPASS, 1988).

Schon die theoretischen Vorüberlegungen sind zwiespältig. Feldunabhängigkeit wird als einer von mehreren *kognitiven Stilen* charakterisiert, mit denen Menschen Informationen aufnehmen und verarbeiten. Feldunabhängigkeit (WITKIN, DYK, FATERSON, GOODENOUGH & KARP, 1962) bezieht sich auf die Fähigkeit, "Figuren" unabhängig von ihrem "Grund", in den sie eingebettet sind, wahrzunehmen. Diese Fähigkeit wird meist

---

[1] Die Freiheitsgrade für diese einfachen Haupteffekte (mit $MS_{innerhalb}$) wurden nach SATTERTHWAITEs Approximationsformel berechnet (s. WINER, 1971, S. 529-532).

mit dem *Embedded Figure Test (EFT)* oder dem *Rod and Frame Test (RFT)* gemessen. Aufgrund dieser Unterschiede in den Wahrnehmungstendenzen wird von feld-unabhängigen Personen behauptet, daß sie besser bei kognitiv-orientierten Aufgaben abschneiden würden, während feld-abhängige besser bei sozial-orientierten Aufgaben wären.

Lenkt man die Aufmerksamkeit mehr auf die soziale Komponente des Wiedererkennens von Gesichtern, so sollten *Feldabhängige* bessere Wiedererkennensleistungen erbringen, da sie mehr auf die affektiv-evaluativen Aspekte eines Gesichts achten. Diese Vorhersage wurde tatsächlich von MESSICK und DAMARIN (1964) bestätigt. Die meisten Nachfolgeuntersuchungen fanden hingegen entweder keine signifikanten Zusammenhänge oder positive Korrelationen von *Feldunabhängigkeit* und Wiedererkennensleistung (z.B. HOFFMAN & KAGAN, 1977; s. MALPASS, 1988; SHEPHERD, 1981). Die meisten dieser Untersuchungen sind insofern unschlüssig, als sie Geschlechterunterschiede nicht adäquat berücksichtigen bzw. widersprüchliche Ergebnisse je nach Operationalisierung des Konstrukts Feldunabhängigkeit (z.B. mit EFT oder RFT) liefern.

MALPASS (1988) hat kürzlich versucht, diese Zusammenhänge erneut aufzuklären, indem er die Anzahl und Dauer von *Blickkontakten* mit zwei Maßen der Feldunabhängigkeit (EFT und RFT) und der Wiedererkennensleistung in einem Foto-Foto-Paradigma mit Gesichtern von Schwarzen und Weißen in Beziehung setzte. Die beiden Maße der Feldunabhängigkeit korrelierten zwar mit $r = .68$ miteinander, was für die Konstruktvalidität dieses Persönlichkeitsmerkmals spricht. Doch diese Maße standen weder in signifikantem Zusammenhang mit den Blickkontakten und der Wiedererkennensleistung, noch korrelierten letztere Gruppen von Variablen bedeutsam miteinander.

Wir folgern daraus, daß infolge der theoretischen und methodischen Mängel der meisten bisherigen Untersuchungen die postulierten Zusammenhänge zwischen Feld(un)abhängigkeit und der Merkfähigkeit für Gesichter keiner kritischen Überprüfung standhalten.

14.4 Lebendigkeit der bildlichen Vorstellung

Bei einer typischen Wiedererkennensaufgabe führt ein Vergleich des Teststimulus mit der internen Repräsentation des während der Darbietungsphase beobachteten (gelernten) Stimulus zu einem Wiedererkennensurteil ("Schon gesehen" bzw. "Noch nicht gesehen"). Es ist naheliegend anzunehmen, daß die Wahrscheinlichkeit der Richtigkeit dieses Wiedererkennensurteils in dem Maße steigt, in dem es gelingt, den gelernten Stimulus "vor unserem inneren Auge" wieder entstehen zu lassen, um einen Vergleich mit dem vorgegebenen Teststimulus zu ermöglichen. Dies sollte allgemein für das Wiedererkennen von Objekten, aber speziell auch für das Wiedererkennen von Gesichtern gelten.

Doch schon Sir Francis GALTON (1883/1907) hat vor mehr als hundert Jahren auf inter-individuelle Unterschiede bezüglich der Leichtigkeit, mit der wir uns Gesichter von Leuten vorstellen können, hingewiesen (zur historischen Entwicklung vgl. u.a. WHITE, SHEEHAN & ASHTON, 1977). GALTON (1880, 1883/1907) hat sogar einen Fragebogen entwickelt, den berühmten *Breakfast Table Questionnaire*, mit dem inter-individuelle Unterschiede in der Vorstellungsfähigkeit quantitativ erfaßt werden konnten. Angeregt durch GALTONS Pionierarbeiten wurden eine Reihe von Verfahren zur Erfassung von Vorstellungen entwickelt, allen voran BETTS' (1909) *Questionnaire upon Mental Imagery*. Während GALTONS Fragebogen lediglich visuelle Vorstellungsbilder betraf, versuchte

BETTS mit seinem Fragebogen, der in seiner Originalfassung 150 Items umfaßte, Vorstellungen in sieben verschiedenen Sinnesmodalitäten zu erfassen (visual, auditory, cutaneous, kinesthetic, gustatory, olfactory and organic).

Nach einer relativ langen Pause, wohl bedingt durch das Diktat des Behaviorismus, der keine derartigen mentalen Konstrukte wie Vorstellungen zuließ, wurde die Vorstellungsforschung erst in den 60er und 70er Jahren wieder salonfähig (vgl. HOLT, 1964; auf die Geschichte der Erforschung der "subjektiven Anschauungsbilder" in den Arbeiten von JAENSCH (z.B. 1922) und KROH (z.B. 1922) kann hier nicht näher eingegangen werden: s. TRAXEL, 1984). Neuere Methoden zur Erfassung inter-individueller Unterschiede in der Vorstellungsfähigkeit wurden entwickelt, darunter u.a. eine 35-Item Kurzversion von BETTS' QMI (SHEEHAN, 1967a, 1967b) und MARKS' (1973) *Vividness of Visual Imagery Questionnaire (VVIQ)*, den wir als *Fragebogen zur Lebendigkeit der Bildlichen Vorstellung (FLBV)* ins Deutsche übersetzt haben (s. Tabelle 14.4).

Um einem Mißverständnis vorzubeugen: Wenn hier der Begriff "Lebendigkeit der bildlichen Vorstellung" (vividness of visual imagery) gebraucht wird, so soll nicht zu einer neuen Verfolgungsjagd auf das "*Eidetiker*-Phantom" (TRAXEL, 1984) geblasen werden. Zu eindringlich hat uns TRAXEL die Vergeblichkeit der Suche nach den, ach so trügerischen, und empirisch kaum belegbaren subjektiven Anschauungsbildern vor Augen geführt, als daß wir die Lehren der Psychologiegeschichtsschreibung dieses Forschungsgebietes außer acht lassen dürften. Zu häufig und zu einleuchtend sind die Befunde, die eine Existenz von Eidetikern nicht nachweisen konnten (z.B. NICKEL, HEINERTH & BITTMANN, 1975; TRAXEL, 1962; vgl. auch TRAXEL, 1984, mit weiteren Literaturhinweisen), als daß wir an ihre Existenz noch glauben sollten - auch wenn sich die *Nicht*-Existenz eines Phänomens, ähnlich der des Schneemenschen in Tibet - wissenschaftstheoretisch nicht nachweisen läßt.

Wenn wir also den Begriff "bildliche Vorstellung" gebrauchen, dann wollen wir lediglich den Versuch unternehmen, eine Persönlichkeitsvariable zu finden, die als Prädiktorvariable für die Fähigkeit, Gesichter bzw. Personen wiederzuerkennen, fungieren könnte. Es liegen mittlerweile eine Reihe von Untersuchungen vor, die inter-individuelle Unterschiede in der bildlichen Vorstellung zu verbalen und visuellen Gedächtnisleistungen in Verbindung gesetzt haben, so daß eine Überprüfung des Zusammenhangs mit dem Wiedererkennen von Gesichtern naheliegt. Begrifflich wird neben der Unterscheidung von Vorstellungen in verschiedenen Sinnesmodalitäten u.a. auch zwischen der *Lebendigkeit* (vividness) und der *Kontrolle* von Vorstellungen (imagery control) unterschieden (vgl. z.B. RICHARDSON, 1977; WHITE et al., 1977). Wir beschränken uns im folgenden auf die Lebendigkeit bildlicher Vorstellungen. Zunächst werden wir auf einige methodische Aspekte der Erfassung der Lebendigkeit bildlicher Vorstellungen kurz eingehen, um im Anschluß daran Befunde über den Zusammenhang bildlicher Vorstellungen und Gedächtnisleistungen sowie unsere eigenen Untersuchungsergebnisse darzustellen.

14.4.1 Methodische Aspekte des Fragebogens zur Bildlichen Vorstellung (FLBV)

Für unsere Untersuchungen zur bildlichen Vorstellung verwendeten wir eine eigene, möglichst wortgetreue Übersetzung des *Vividness of Visual Imagery Questionnaire (VVIQ)* von MARKS (1973). Tabelle 14.4 gibt die 16 Items dieses *Fragebogens zur bildlichen Vorstellung (FLBV)* wieder. Die Skala wurde im Gegensatz zu MARKS' Originalfragebogen umgepolt. Die Punkte der Skala waren wie folgt beschriftet:

TABELLE 14.4: *Fragebogen zur Lebendigkeit der bildlichen Vorstellung (FLBV; nach* MARKS, *1973)*

Stellen Sie sich für Frage 1 - 4 eine(n) Verwandte(n) oder Freund(in) vor, den Sie häufig sehen (welcher sich aber im Moment nicht im Raum befindet) und betrachten Sie dabei das Bild, welches vor Ihren Augen erscheint, sorgfältig.

1. Die exakten Konturen des Gesichts, des Kopfes, der Schulter und des Körpers.
2. Die charakteristischen Kopfbewegungen, Körperhaltungen, etc.
3. Die genaue Haltung, Schrittlänge, etc. beim Gehen.
4. Die verschiedenen Farben seiner (ihrer) üblichen Kleidung.

Stellen Sie sich einen Sonnenaufgang vor. Betrachten Sie sorgfältig das Bild, welches vor Ihren Augen erscheint.

5. Die Sonne steigt an einem diesigen Tag über dem Horizont auf.
6. Der Himmel klart auf; aus einem strahlenden Blau leuchtet die Sonne entgegen.
7. Wolken. Ein Sturm kommt auf, Blitze zucken.
8. Ein Regenbogen erscheint.

Stellen Sie sich die Front eines Ladens vor, in dem Sie öfters einkaufen. Betrachten Sie sorgfältig das Bild, welches vor Ihren Augen erscheint.

9. Die Gesamterscheinung des Ladens von der anderen Straßenseite aus.
10. Eine Schaufensterauslage einschließlich Farben, Formen und genauen Angaben über einzelne Verkaufsartikel.
11. Sie sind in der Nähe des Eingangs. Geben Sie Farbe, Form und andere Details der Tür wieder.
12. Sie betreten den Laden und begeben sich zur Kasse. Der Kassierer bedient Sie. Sie zahlen.

Schließlich stellen Sie sich eine Landschaft mit Bäumen, Bergen und einem See vor. Betrachten Sie sorgfältig das Bild, welches vor Ihren Augen erscheint.

13. Die Umrisse der Landschaft.
14. Die Farben und Formen der Bäume.
15. Die Farbe und Form des Sees.
16. Ein starker Wind weht durch die Bäume und Wellen kräuseln sich auf dem See.

"5 = Völlig klar und so lebendig wie bei normaler Betrachtung";
"4 = Klar und ziemlich lebendig";
"3 = Mäßig klar und lebendig";
"2 = Vage und verschwommen";
"1 = Keinerlei Vorstellungsbild; ich "weiß" nur daß ich an das Objekt denke."
Die einzelnen Itemwerte werden aufsummiert und können somit von einem Minimum von 16 bis zu einem Maximum von 80 streuen.

14.4.1.1 RELIABILITÄT DES VVIQ

Interne Konsistenz und Test-Retest-Reliabilität des VVIQ wurden in mehreren Untersuchungen überprüft (vgl. auch die Zusammenfassungen von WHITE, SHEEHAN & ASHTON, 1977, und SHEEHAN, ASHTON & WHITE, 1983). Wir haben in unseren eigenen Untersuchungen ebenfalls die Reliabilität der übersetzten Version des VVIQ (FLBV) überprüft. Tabelle 14.5 gibt

Inter-individuelle Differenzen 269

die Skalenmittelwerte, Standardabweichungen und CRONBACHs *alpha* des FLBV in unseren Untersuchungen wieder. Zusätzlich haben wir auch die Mittelwerte von Männern und Frauen, sowie die Ergebnisse einfaktorieller Varianzanalysen zur Überprüfung von Geschlechterunterschieden (vgl. unten), mit in diese Tabelle aufgenommen. Die Ergebnisse zeigen, daß die Verteilungen der FLBV-Scores in den einzelnen Untersuchungen in etwa vergleichbar sind, und daß auch die deutsche Übersetzung zufriedenstellende interne Konsistenzen aufweist.

14.4.1.2 GESCHLECHTERUNTERSCHIEDE IN DER LEBENDIGKEIT DER VORSTELLUNG

Während WHITE, SHEEHAN und ASHTON (1977) in ihrer Zusammenfassung der Literatur noch eine Reihe von Untersuchungen mit Geschlechterunterschieden in der Qualität von Vorstellungen - meist gemessen mit BETTS' QMI - berichteten, kommen SHEEHAN, ASHTON und WHITE (1983) zu einer gegenteiligen Schlußfolgerung: Alle neueren Untersuchungen zeigten keine Geschlechterunterschiede, und die älteren Untersuchungsergebnisse seien ein Artefakt der Testmethode. Wir haben unsere FLBV-Daten ebenfalls auf Geschlechterunterschiede geprüft (vgl. die punkt-biserialen Korrelationen (*eta*) zwischen Geschlecht und FLBV oben in Tabelle 14.5). Obwohl Frauen in sechs der sieben Untersuchungen etwas höhere Werte in der Lebendigkeit der bildlichen Vorstellung aufwiesen, waren diese Unterschiede lediglich in zwei Studien reliabel: in einer Pilotstudie (P6) für die Experimente 6 bis 8 und in Experiment 10 (jeweils *eta* = .33, *p* < .05). Diese höheren Werte von Frauen könnten ebenfalls zur Erklärung der oben diskutierten Geschlechterunterschiede in der Wiedererkennensleistung herangezogen werden. Doch wurden gerade in den Untersuchungen, in denen Geschlechterunterschiede auftraten, keine Unterschiede in der bildlichen Vorstellung festgestellt, und umgekehrt.

14.4.2 Bildliche Vorstellung und Gedächtnis

Mehrere Autoren haben versucht, inter-individuelle Unterschiede in der Vorstellungsfähigkeit mit diversen Gedächtnisleistungen in Verbindung zu setzen. Die Operationalisierungen der Gedächtnisleistungen reichen von einfachen Laboraufgaben wie dem Paarassoziationslernen von konkreten und abstrakten Wörtern (z.B. ROSSI & FINGERET, 1977) oder dem Abruf von Objekten oder komplexen Szenen (MARKS, 1973) bis hin zum Abruf persönlicher Daten eines videographierten Interviews (SWANN & MILLER, 1982) und frühen Kindheitserinnerungen (LORENZ & NEISSER, 1985). Mit Ausnahme der letztgenannten Untersuchung konnte wiederholt gezeigt werden, daß "gute Vorsteller", im Vergleich zu "schlechten Vorstellern" (meist als Extremgruppenvergleich operationalisiert), bessere Gedächtnisleistungen erbrachten. Gute Vorsteller zeigten sich auch bei einer Diskriminationsaufgabe in der Schnelligkeit ihrer Antworten überlegen, wenn die Diskriminationsaufgabe aus einem Vergleich aus einer geänderten Vorlage mit einem *vorher* dargebotenen Stimulus (Kunstwerke) erfolgte (GUR & HILGARD, 1975). Allerdings scheinen die Leistungsvorteile der guten Vorsteller zum Teil von der Methode der Erfassung der Vorstellungsfähigkeit, dem verwendeten Stimulusmaterial (z.B. konkrete vs. abstrakte Wörter vs. Bilder: z.B. ERNEST, 1979; MCKELVIE & DEMERS, 1979) sowie der Testmethode zur Erfassung der Gedächtnisleistung (ERNEST, 1979) abzuhängen (vgl. die Zusammenfassung bei MARKS, 1983). Auch Unterschiede in der Bedeutung der Vorstellungsfähigkeit bei Kurz- bzw. Langzeitgedächtnis und der verwendeten Testmethode (freie Reproduktion vs. Wiedererkennen) wurden beobachtet (MCKELVIE & DEMERS, 1979).

MARKS (1983, S. 113-114) berichtet über mehrere Experimente, in denen er die Wiedererkennensleistung (gemessen mit d') für Wörter, natürliche Szenen und abstrakte

TABELLE 14.5: *Mittelwerte, Streuungen, CRONBACHs alpha und Mittelwerte getrennt für Frauen und Männer in unseren Untersuchungen mit dem FLBV (VVIQ)*

Experiment	N	M	s	Min	Max	alpha	M_M	M_F	eta
5	40	61.3	7.19	46	77	.79	62.1	60.4	-.12
P6	39	60.2	9.95	30	77	.88	56.7	63.2	.33*
6	70	64.8	8.32	39	79	.85	---	64.8	---
9	24	57.4	8.22	35	74	.79	55.4	58.1	.14
10	64	64.6	8.31	44	80	.84	61.9	67.3	.33*
13	34	59.5	7.79	38	74	.76	55.8	60.9	.29
14	41	57.4	8.22	35	74	.79	55.4	58.1	.14
18[a]	233	66.9	7.32	44	79	.79	66.4	67.7	.09

Anm.: Experiment P6 = Pilotstudie zu den Experimenten 6 bis 8.
[a]Daten aus HAAS und SPORER (1989).

TABELLE 14.6: *Korrelationen zwischen der Lebendigkeit der bildlichen Vorstellung (FLBV) und den Wiedererkennensleistungen in unseren Experimenten*

Experiment	N	Treffer	FA	A'
5	40	.41**	.02	.19
P6	39	.04	-.07	.12
6	70	.09	-.04	.10
9	24	-.00	-.13	.09
10	64	.04	.05	-.07
13[a]	34	.07	---	---
14	41	.45***	.07	.23
18[b]	233	.17**	.09	.05

*p < .05; **p < .01; ***p < .005.
[a]Korrelationen mit der cued-recall-Aufgabe.
[b]Daten aus HAAS und SPORER (1989).

Gemälde mit VVIQ-Werten[2] in Verbindung setzte. In Experiment 1 erkannten gute Vorsteller mehr Bilder (r = .38, p < .02), aber weniger Wörter (r = -.31, p < .05) richtig wieder. Dies würde im Gegensatz zu PAIVIOS (1971) dualer Kodierungshypothese darauf hindeuten, daß gute Vorsteller bei der Verarbeitung von verbalem Material nicht von ihrer Vorstellungsfähigkeit profitieren. Dieser Befund konnte in MARKS' zweitem Experiment jedoch nicht repliziert werden. In Experiment 2 fand MARKS positive Korrelationen der Lebendigkeit der Vorstellung mit der Wiedererkennensleistung von natürlichen Szenen (r = .45, p < .01), nicht aber von abstrakten Bildern (r = .09) und

---

[2] MARKS (1973, 1983) verwendete eine umgepolte Skala - wir berichten seine Korrelationen im Sinne unserer Skalenpolung, so daß positive Korrelationen positive Zusammenhänge widerspiegeln.

konkreten ($r = -.11$) und abstrakten Substantiven ($r = .14$). Der Vorteil der Vorstellungsfähigkeit bei natürlichen Szenen wurde in Experiment 3 bestätigt ($r = .49$, $p < .01$).

Läßt sich dieser Vorteil der guten Vorsteller bei bildlichem Stimulusmaterial auf das Wiedererkennen von Gesichtern übertragen? Bevor wir die Ergebnisse unserer eigenen Untersuchungen darstellen, wollen wir noch kurz zwei Untersuchungen referieren, in denen speziell die Zusammenhänge zwischen Lebendigkeit der bildlichen Vorstellung und dem Wiedererkennen von Gesichtern untersucht wurden.

PHILIPPS (1978) fand nicht-signifikante Korrelationen zwischen Lebendigkeit der Vorstellung (VVIQ)[3] und GORDONS (1949) *Control of Imagery Questionnaire* einerseits und *d'* beim Wiedererkennen von Gesichtern, jedoch eine mäßige, signifikant positive Korrelation ($r = .24$, $p < .01$, einseitiger Test) mit einem *Imagery for a Face Questionnaire*, der nur vier Fragen zum Vorstellen des Gesichts eines Freundes oder Verwandten beinhaltete. Da auch der Wiedererkennenstest nur je zehn "alte" und zehn "neue" Gesichter enthielt, kann die geringe Korrelation auf die geringe Testlänge zurückzuführen sein. Mit Bezug auf die Unterscheidung von Reproduktion und Wiedererkennen von Gesichtern ist der zusätzliche Befund von Interesse, daß die freie Wiedergabe von Gesichtsmerkmalen zweier Einzelgesichter im Gegensatz zum Wiedererkennen in keinem Zusammenhang mit der Güte der Vorstellung eines Freundes/Bekannten stand. Leider hat PHILIPPS nicht die Vorstellung bezüglich der jeweils zu beschreibenden Gesichter untersucht. Wir werden auf diesen Punkt in Experiment 10 (vgl. unten und Kapitel 9) zurückkommen.

MCKELVIE (1984) versuchte, die der Untersuchung von PHILLIPS (1978) anhaftenden methodischen Probleme dadurch zu beheben, daß er eine deutlich größere Anzahl an Teststimuli (72 bzw. 192) in insgesamt zehn Wiedererkennenstests verwendete, und zwei spezifische Fragebögen zur Vorstellung von Gesichtern *(Visual Imagery for Faces: VIF)* entwickelte. Die beiden Subtests *(Vividness of Visual Imagery for Faces: VVIF*; *Control of Visual Imagery for Faces: CVIF)* korrelierten in sieben der zehn Untersuchungen signifikant miteinander, mit einem mittleren r^2 von .161. Die Trefferraten in den Wiedererkennenstests korrelierten[4] nur in vier der zehn Experimente signifikant mit dem VVIF (.49, .27, .33, .33), mit einem mittleren r^2 von .061, und in drei Fällen mit dem CVIF (.67, .29, .36; gemitteltes $r^2 = .042$). Diese Ergebnisse deuten auf einen stabilen, aber doch nur geringen bis mäßigen Zusammenhang zwischen dem Wiedererkennen und der Vorstellungsfähigkeit für Gesichter hin. Frauen zeigten insgesamt größere Lebendigkeit in und bessere Kontrolle über ihre Vorstellungen als Männer, so daß Geschlechterunterschiede, wie sie in manchen Gedächtnisexperimenten beobachtet wurden (vgl. oben), auf Unterschiede in der Vorstellungsfähigkeit und -kontrolle zurückzuführen sein könnten.

Versuchen wir über diese Unterschiede hinweg zu generalisieren, gelangen wir zu folgender Arbeitshypothese:

---

[3] Die berichtete Korrelation ist -.10, mit Bezug auf MARKS (1973). Da keine Angaben über die Richtung der Skalierung gemacht wurden, nahmen wir an, daß die Fragen im Sinne von MARKS *negativ* gepolt waren.
[4] Die berichteten Korrelationskoeffizienten sind hier umgepolt, so daß positive Korrelationen höhere Zusammenhänge widerspiegeln.

H14.4: Personen mit hoher Lebendigkeit der bildlichen Vorstellung sollten beim Wiedererkennen von Gesichtern besser abschneiden als Personen mit niedriger Vorstellungsfähigkeit.

14.4.3 Ergebnisse unserer eigenen Untersuchungen

Wir haben den Fragebogen zur Lebendigkeit der bildlichen Vorstellung (FLBV) nach MARKS (1973) in sechs Untersuchungen (Experimente 5, 6, 9, 10, 13 und 14) sowie in einer Pilotstudie (P6) und einer in diesem Band nicht näher beschriebenen Studie mit Kindern verwendet (Experiment 18: HAAS & SPORER, 1989; vgl. oben: Tabelle 14.5). Tabelle 14.6 zeigt die Korrelationen des FBLV mit den Treffern, falschen Alarmen und A' in den genannten Experimenten. Für Experiment 13, das eine cued-recall-Aufgabe zum Lernen von Eigennamen beinhaltete (s. Kapitel 2 und 11), ist die Korrelation zwischen dem FLBV und der Anzahl richtig reproduzierter Eigennamen dargestellt.

In den meisten unserer Untersuchungen stand die Wiedererkennensleistung in keinem systematischen Zusammenhang mit der Lebendigkeit der bildlichen Vorstellung. Lediglich in Experiment 5 und in Experiment 13, der Paarassoziationslernaufgabe zum Lernen von Eigennamen, korrelierten die Treffer- bzw. Reproduktionsraten signifikant positiv mit der Lebendigkeit der Vorstellung. Die Untersuchung mit Kindern der fünften bis neunten Schulklassen (N = 233) ergab ebenfalls eine signifikante, jedoch vom Betrag her niedrige Korrelation (.17) mit der Trefferrate (HAAS & SPORER, 1989). Der Zusammenhang zwischen bildlicher Vorstellung und Gedächtnisleistung, wie er sich vor allem in Studien mit verbalen Aufgaben nachweisen läßt, scheint hier kaum gegeben.

Selbst wenn in unseren Untersuchungen kein klarer Zusammenhang zwischen der Vorstellungsfähigkeit als Persönlichkeitsmerkmal und den Wiedererkennensleistungen festzustellen ist, besteht noch die Möglichkeit, daß die Lebendigkeit der *Vorstellung der einzuprägenden Gesichter* mit ihrer Wiedererkennenswahrscheinlichkeit in Zusammenhang steht. Wir haben diese Möglichkeit in Experiment 10 zusätzlich geprüft (vgl. Kapitel 9). Wir erinnern uns, daß in den Bedingungen 3 und 4 in Experiment 10 die Versuchspersonen angehalten worden waren, vier der acht Gesichter entweder visuell (Bedingung 3) oder mittels der aufgeschriebenen Stichworte verbal zu memorieren. Die Vpn sollten für die memorierten Gesichter die Lebendigkeit des Vorstellungsbildes analog zur FLBV-Skala beurteilen.

Tabelle 14.7 zeigt die Korrelationen der über die Gesichter und die fünf Tage gemittelten Vorstellungsratings mit den Treffern für memorierte und nicht-memorierte Gesichter, der Gesamttrefferzahl, den falschen Alarmen und A'. Die Korrelation zwischen der Vorstellungsgüte der visuell memorierten Gesichter und der Wiedererkennenswahrscheinlichkeit dieser Gesichter ist zwar positiv in der erwarteten Richtung (.27), allerdings nicht-signifikant (bei n = 16 in dieser Bedingung). Diese Korrelation ist jedoch höher als diejenige mit der Wiedererkennenswahrscheinlichkeit nicht-memorierter Gesichter (-.12, *ns.*) und diejenigen für memorierte (-.15, *ns*) oder nicht-memorierte Gesichter (-.20, *ns.*) in der verbalen Rehearsal-Bedingung. Auffällig sind vor allem die signifikant positive Korrelation mit den falschen Alarmen (.52) und die signifikant negative Korrelation mit A' (-.58) in der letzteren Bedingung. Diese deuten darauf hin, daß das Memorieren der verbalen Kodierung (Etiketten: vgl. auch Kapitel 6 und 10) eher zu einer *Verschlechterung* der Wiedererkennensleistung führt, was durch ein weniger vorsichtiges Entscheidungskriterium bedingt scheint. Dies ist offenbar trotz der signifikant höheren Vorstellungswerte in der verbalen Rehearsal-Bedingung (M = 60.7) gegenüber der visuellen Rehearsal-Bedingung der Fall (M = 52.3, $t(30)$ = -3.48, p < .01).

Obwohl wir die Ergebnisse dieser Korrelationsanalysen aufgrund der kleinen Zellenbesetzungen nicht überbewerten wollen, zeigen sie in Einklang mit den Schlußfolgerungen unserer anderen Untersuchungen, daß das Wiedererkennen von Gesichtern primär durch visuelle Prozesse geleitet zu sein scheint. Eine verbale Kodierung ist offenbar zu unpräzise, um eine Unterscheidung tatsächlich gesehener von nicht gesehenen Gesichtern zu ermöglichen.

Insgesamt weisen die Untersuchungen mit der Lebendigkeit der bildlichen Vorstellung nur auf geringe Zusammenhänge - im Vergleich zu den Untersuchungen mit anderen Stimulusmaterialien (vgl. Marks, 1973, 1983) - mit der Wiedererkennensleistung hin. Dies mag an der unspezifischen Natur des FLBV liegen, der sich für derart spezifische Fragestellungen möglicherweise nicht eignet (vgl. McKelvie, 1978). Es ist aber auch möglich, daß unsere Wiederer-

TABELLE 14.7: *Korrelationen zwischen der Lebendigkeit der Vorstellung der memorierten Gesichter mit den Treffern für memorierte und nicht-memorierte Gesichter, Treffern insgesamt, falschen Alarmen (FA) und A' in der visuellen und verbalen Rehearsalbedingung in Experiment 10 (jeweils n = 16)*

Bedingung	Treffer			FA	A'
	Memorierte Gesichter	Nicht-memorierte Gesichter	Insgesamt		
Visuelles Memorieren	.27	-.12	.14	.19	-.02
Verbales Memorieren	-.15	-.20	-.29	.52*	-.58*

*$p < .05$.

TABELLE 14.8: *Korrelationen zwischen Wiedererkennensleistungen verbaler und visueller Stimulusmaterialien niedriger und hoher Vorstellbarkeit und dem Wiedererkennen von Gesichtern (nach* CHURCH & WINOGRAD, *1986, S. 75)*

Stimuli	DG	AG	Ges	HV-W	NV-W	A-S
Darstellende Gemälde	---					
Abstrakte Gemälde	.478*	---				
Gesichter	.452*	.369*	---			
HV-Wörter	.204	.249	.262	---		
NV-Wörter	.229	.240	.382*	.400*	---	
Adjektiv-Substantiv-Paare	.398*	.229	.314*	.422*	.445*	---
Vp-Geschlecht[a]	-.020	-.015	.124	.226	.358*	.135

Anm.: HV = Hohe Vorstellbarkeit; NV = Niedrige Vorstellbarkeit.
[a]Männer = 1; Frauen = 2.
*$p < .05$.

kennensaufgaben durch die relativ geringe Anzahl an Testitems keine reliable Messung des Konstrukts Wiedererkennensfähigkeit für Gesichter erlauben.

14.5 Wiedererkennensfähigkeit und Reproduktionsfähigkeit

Eine der Fragen, die uns in diesem Zusammenhang interessierte, war, ob es möglich wäre, die Wiedererkennensleistung in unseren Experimenten mit einem traditionellen *Gedächtnistest* vorherzusagen.

Trotz unserer Bemühungen, einen geeigneten Gedächtnis-, genauer: einen *Wiedererkennenstest*, mit dem die Wiedererkennensfähigkeit einer Person zuverlässig erfaßt werden kann, zu finden, konnten wir im deutschsprachigen Raum kein geeignetes Testinstrument entdecken. Diese offenbare Lücke erschien um so erstaunenswerter, als die Gedächtnispsychologie eines der ältesten Gebiete der experimentellen Psychologie darstellt (z.B. EBBINGHAUS, 1885; vgl. TRAXEL, 1987), und auch die Bedeutung inter-individueller Differenzen in der Merkfähigkeit schon von Anfang an erkannt wurde (z.B. BINET & HENRI, 1896; EBBINGHAUS, 1897; GALTON, 1883/1907; LOCKE, 1687, zit. in BÄUMLER, 1974). Logische Konsequenz wäre die Konstruktion eines eigenen neuen Tests gewesen, die jedoch den Rahmen dieser Arbeit gesprengt hätte.

Im englischsprachigen Raum gibt es analog den Bestrebungen, neben der Grundlagenforschung vermehrt eine ökologisch validere "angewandte" Gedächtnispsychologie zu forcieren (vgl. BADDELEY, 1979; GRUNEBERG, MORRIS & SYKES, 1978, 1988; WIPPICH, 1984, 1985b), auch den Versuch, einen praxisorientierten Test zu konstruieren. Insbesondere die Forschungsbemühungen der Cambridge Applied Psychology Unit, an der ein spezieller Test für *"Gedächtnis im Alltagsleben"* - der *Rivermead Behavioural Memory Test (RBMT)* - von WILSON, COCKBURN und BADDELEY (1985) entwickelt wurde, sind hier hervorzuheben (vgl. auch WILSON, BADDELEY & COCKBURN, 1988).

Dieser Test enthält neben anderen verbalen und visuellen Materialien eine Liste von Eigennamen und einen Satz von Gesichtern, die von den Probanden wiedererkannt werden sollen. Ursprünglich hatten wir an eine Adaptation des Rivermead Behavioural Memory Tests gedacht. Doch zeigten erste Erfahrungen mit diesem Test, daß er wohl nur als Screening-Verfahren zur Vorauswahl von Patienten mit speziellen Gedächtnisdefiziten geeignet scheint, da "normale" Probanden gewöhnlich annähernd perfekte Testwerte erreichen. Infolge dieser Deckeneffekte war keine Differenzierung für den Einsatz des Tests bei Normalpopulationen zu erwarten.

Neben zahlreichen Tests zur Aufmerksamkeitsspanne, die sich in vielen Intelligenztests wiederfinden lassen, ist uns im deutschsprachigen Raum nur ein standardisierter Test bekannt, der sich mit mittelfristigen bzw. langfristigen Gedächtnisleistungen befaßt (BÄUMLER, 1974). BÄUMLERS *Lern- und Gedächtnis-Test (LGT-3)*, der zwischen figuralen und verbalen Komponenten unterscheidet, ist primär ein *Reproduktionstest*, bei dem die aktive Wiedergabe der Testitems abgefragt wird, nicht aber das Wiedererkennen per se. Geeigneter wäre sicherlich ein Wiedererkennenstest gewesen, mit dem speziell die Wiedererkennensfähigkeit von Personen für verbale und visuelle Materialien erfaßt werden könnte.

14.5.1 Theoretische Vorüberlegungen

In der modernen Gedächtnispsychologie werden verschiedene Formen des Gedächtnisses unterschieden, die nicht verallgemeinernd einander gleichgesetzt werden dürfen. Unter den vielen Unterscheidungsdimensionen, die hier angeführt werden könnten (vgl. einführend BREDENKAMP & WIPPICH, 1977; WIPPICH, 1984, 1985b; ZECHMEISTER & NYBERG, 1982), ist für uns die Unterscheidung zwischen *freier Wiedergabe* (recall) und *Wiedererkennen* (recognition) von primärer Bedeutung. Trotz der Bemühungen einiger Autoren, die bei beiden Erinnerungsformen beteiligten psychologischen Prozesse zueinander in Beziehung zu setzen (z.B. MANDLER & RITCHEY, 1977), werden beide doch von den meisten Autoren als unterschiedliche Prozesse aufgefaßt (vgl. WIPPICH, 1984). Die neuere Literatur ist sich darüber einig, daß wir nicht mehr vereinfachend von "*dem* Gedächtnis" sprechen, sondern eine Einteilung in verschiedene Funktionsbereiche vornehmen sollten (ERICKSON & SCOTT, 1977; WIPPICH, 1985b). Konsequenterweise sollte die Erfassung individueller Differenzen diesen Differenzierungen Rechnung tragen.

Inter-individuelle Differenzen

Eine weitere bedeutungsvolle Unterscheidung in *verbale* und *visuelle* Prozesse betrifft die Natur der Gedächtnisprozesse, die von verschiedenen Gedächtnisaufgaben in unterschiedlichem Maße beansprucht werden. In diesem Sinne haben wir bei unserer Testwahl die Unterscheidung zwischen verbalen und visuellen Materialien besonders berücksichtigt, da in der Grundlagenforschung von unterschiedlichen verbalen und visuellen *Gedächtnissen* ausgegangen wird, die möglicherweise nicht einmal miteinander in Beziehung stehen (vgl. z.B. TULVING, 1985). Auch BÄUMLER (1974) fand bei seinen faktorenanalytischen Untersuchungen zu dem von ihm entwickelten *Lern- und Gedächtnistest (LGT-3)* gewöhnlich je einen Faktor für verbales und "figurales" (visuelles), in einer anderen Untersuchung zusätzlich einen Faktor für numerisches Gedächtnis (BÄUMLER, 1968, unveröffentlicht, zit. in BÄUMLER, 1974).

Diese Unterscheidung kann auch von PAIVIOS *dualer Kodierungshypothese* abgeleitet werden (PAIVIO, 1971, 1986; vgl. auch WIPPICH & BREDENKAMP, 1979). PAIVIO unterscheidet ein verbales und ein nonverbales Kodierungssystem. Nonverbale Stimuli (z.B. Bilder von Objekten) werden als Vorstellungsbilder (images) repräsentiert, können jedoch auf höherer Ebene mit dem verbalen System verbunden werden (z.B. durch Benennen der Objekte). Umgekehrt kann verbales Material nach seinem Konkretheitsgehalt eingestuft werden (z.B. konkrete Substantiva wie "Sessel" oder abstrakte Substantiva wie "Nutzen"), was wiederum bedeutende Implikationen für die Art der Kodierung und demzufolge für die Güte der Behaltensleistung hat. Konkrete Wörter können durch die Evozierung von Vorstellungsbildern dual kodiert werden, während für abstrakte Wörter diese Möglichkeit nicht zur Verfügung steht.

CHURCH und WINOGRAD (1986) gehen von denselben theoretischen Überlegungen aus wie WOODHEAD und BADDELEY (1981), die einen Extremgruppenvergleich von Personen mit gutem vs. schlechtem Gedächtnis für Gesichter vornahmen (vgl. Kapitel 8). CHURCH und WINOGRAD kritisieren diese Untersuchung bezüglich der mangelnden Sensitivität der verwendeten Meßinstrumente sowie statistischer Probleme, insbesondere Deckeneffekte, die die Schlüssigkeit der Ergebnisse einschränken. Anstelle eines Extremgruppenvergleichs verwandten CHURCH und WINOGRAD einen korrelativen Ansatz, in dem je 30 Männer und 30 Frauen mit denselben sieben Aufgaben getestet wurden: je 40 Paare von Gemälden der darstellenden und abstrakten Kunst (Landschaften, Szenen, konkrete Objekte bzw. abstrakte Gemälde), 40 Paare von Gesichtern, je 30 Paare von Wörtern mit hoher bzw. niedriger Vorstellbarkeit (bzw. Konkretheit: vgl. Kapitel 11) und je 15 Adjektiv-Substantiv-Paare (nominalisations aus PAIVIO, 1971) mit hohen bzw. niedrigen Vorstellungswerten. Der Test wurde als 2-AFC-Test durchgeführt (insgesamt 210 Items), nachdem sich die Vpn tags zuvor die Hälfte der Stimuli (plus einiger Pufferitems) für je 5 sec einprägen sollten.

Tabelle 14.8 zeigt die Korrelationen der Wiedererkennensleistungen für diese Itemkategorien, wobei die Adjektiv-Substantiv-Paare hoher und niedriger Vorstellbarkeit zu einem Wert zusammengefaßt wurden. Zusätzlich wurde die Variable Vp-Geschlecht in die Korrelationsanalyse aufgenommen (1 = männlich, 2 = weiblich). Das Wiedererkennen der Gesichter korrelierte signifikant mit allen anderen Wiedererkennensaufgaben. Die visuellen und die verbalen Leistungen korrelierten jeweils höher innerhalb als zwischen diesen beiden Kategorien. Eine Faktorenanalyse ergab zwei Faktoren mit 57,5% Varianzaufklärung, einen visuellen und einen verbalen Faktor. Das Wiedererkennen der Gesichter lud mit .65 auf dem visuellen, aber auch mit .32 auf dem verbalen Faktor.

Demgegenüber hatte BÄUMLER (1968, zit. in BÄUMLER, 1974, S. 16) eine höhere Ladung für Gesichter auf dem Figural- (.55), ohne nennenswerte Ladung auf dem Verbalfaktor (.07), berichtet.

Ähnlich den Ergebnissen von BÄUMLER (1974), WOODHEAD und BADDELEY (1981) und CHURCH und WINOGRAD (1986) würden wir für unsere Untersuchung erwarten:

H14.5: **Visuelle Gedächtnisaufgaben sollten positiv, verbale Gedächtnisaufgaben jedoch nicht mit dem Wiedererkennen von Gesichtern korrelieren.**

Im Gegensatz zu CHURCH und WINOGRADs Wiedererkennensaufgaben verwendeten wir zwei Reproduktionsaufgaben aus BÄUMLERS *LGT-3*: den Untertest *"Türkisch"*, bei dem die deutsche Bedeutung 20 *türkischer Wörter* gelernt werden soll (getestet als 5-AFC-Test), und *"Gegenstände"*, bei dem 20 Gegenstände (z.B. Kleiderbügel, Geige) frei reproduziert werden sollen.

14.5.2 Ergebnisse und Diskussion der Korrelationsanalysen von Experiment 2

Wir haben in Experiment 2 die zwei Untertests "Türkisch" und "Gegenstände" von BÄUMLERS *LGT-3* als Fülleraufgabe zwischen Darbietungs- und Testphase verwendet, und deren Ergebnisse zu den Wiedererkennensleistungen (Treffer, falsche Alarme und *A'*) und der Reaktionsneigung *beta"* in Verbindung gesetzt.

Wie bereits in Kapitel 5 berichtet, lag die Wiedererkennensleistung in Experiment 2 im mittleren Leistungsbereich, so daß wir uns neben der Wirkung der unabhängigen Variablen auch von dem Gedächtnistest zusätzliche Varianzaufklärung erhofften. Die durchschnittliche Reproduktion der Gegenstände ($M = 12.6$; $s = 3.65$) war etwas besser als die der Wörter ($M = 10.7$; $s = 2.88$); beide lagen jedoch nach den von BÄUMLER vorgelegten Normen im mittleren Leistungsbereich (umgerechnet 63 bzw. 51 T-Wertpunkte). Beide Untertests korrelierten mit $r = .30$ ($p = .016$) signifikant miteinander. Keiner der beiden Subtests zeigte jedoch signifikante Korrelationen mit der Wiedererkennensleistung für Gesichter (s. Tabelle 14.9).

TABELLE 14.9: *Korrelationen der Untertests "Türkisch" und "Gegenstände" des LGT-3 mit der Wiedererkennensleistung (Treffer, FA, A') und der Reaktionsneigung beta" in Experiment 2 (N = 64)*

LGT-3-Untertests	Treffer	FA	A'	beta"
Türkisch	-.13	-.13	-.02	.08
Gegenstände	.08	.01	.05	-.01

Diese Nullbefunde könnten auch dadurch zustande gekommen sein, daß diese Korrelationen über alle experimentellen Manipulationen hinweg ermittelt worden waren. Wir haben daher zusätzlich mehrere multiple Regressionsanalysen gerechnet, bei der die unabhängigen Variablen Darbietungszeit, Behaltensintervall, Vp-Geschlecht und Bildersatz (s. Kapitel 9) sowie die beiden *LGT-3*-Untertests als Vorhersagevariablen der Wiedererkennensleistung verwendet wurden. Auch hier zeigte sich, daß diese beiden Gedächtnistests keine zusätzliche Varianzaufklärung erbrachten (zwischen 1,1% und maximal 3,6% Zuwachs in R^2).

Nullkorrelationen können kaum interpretiert werden. Der mangelnde Zusammenhang mag an der Instabilität der Messung der Wiedererkennensleistung in diesem Experiment, aber auch an der Tatsache liegen, daß die Vpn die "Fülleraktivität" nicht mit der genügenden Sorgfalt ausfüllten. Andererseits ist das Fehlen signifikanter Zusammenhänge insofern nicht überraschend, als die beiden hier verwendeten *LGT-3*-Aufgaben den Vpn *verbale Reproduktionen* abverlangten, denen vermutlich andere Gedächtnisprozesse (vgl. SPORER, 1989; TULVING, 1985) zugrunde liegen als den von CHURCH und WINOGRAD verwendeten verbalen und visuellen Wiedererkennensaufgaben. Wir schließen aus diesen Untersuchungen, daß das Wiedererkennen von Gesichtern zwar anderen (visuellen) Wiedererkennensprozessen, nicht aber visuellen oder verbalen Reproduktionsprozessen nahesteht.

14.6 Sozial-psychologisch orientierte Persönlichkeitskonstrukte

Neben den bisher diskutierten, eher *kognitiv*-psychologisch orientierten Ansätzen zur Erklärung inter-individueller Differenzen beim Wiedererkennen von Gesichtern gibt es eine Reihe *sozial*-psychologisch orientierter Persönlichkeitskonstrukte, die mit der Verarbeitung und dem Behalten von Gesichtern in Verbindung stehen könnten (z.B. need for affiliation, need for approval, oder Introversion-Extraversion; vgl. die Zusammenfassungen in CLIFFORD & BULL, 1978; DEFFENBACHER, BROWN & STURGILL, 1978; ELLIS, 1975). Wir werden auf zwei dieser Ansätze, nämlich inter-individuelle Differenzen in dem Ausmaß des *Self-Monitoring* und der Tendenz zur *Stereotypisierung*, die in letzter Zeit stärkere Aufmerksamkeit erfahren haben, kurz eingehen.

14.6.1 Self-Monitoring

Das Konstrukt des *Self-Monitoring* (SNYDER, 1974, 1979) wird am leichtesten verständlich, wenn wir je einen prototypischen Vertreter mit hoher (HSM) bzw. niedriger (NSM) Ausprägung dieser Persönlichkeitseigenschaft charakterisieren. Eine HSM-Person ist jemand, die, in Sorge um die situative soziale Angemessenheit ihres Verhaltens, besonders sensibel gegenüber Ausdrucksverhalten und Selbstdarstellung von für sie bedeutungsvollen Bezugspersonen ist und diese Hinweisreize als Richtlinien zur Regulierung ihrer eigenen Selbstdarstellung benutzt. Im Gegensatz dazu ist eine NSM-Person weniger aufnahmebereit für die sozialen Informationen bezüglich der situationsangemessenen Selbstdarstellung. Letztere scheint dadurch eher durch ihre inneren Gefühle und Einstellungen geleitet zu sein als durch das Bemühen um Anpassung an die gegebene Situation (SNYDER, 1974, S. 89).

Von besonderem Interesse für unseren Kontext sind empirische Untersuchungen von SNYDER (1974) und BERSCHEID, GRAZIANO, MONSON und DERMER (1976), die diese Annahmen in Bezug auf das Ausmaß an Aufmerksamkeitszuwendung gegenüber dem Verhalten anderer bestätigen. SNYDER (1974) konnte zeigen, daß HSM-Vpn mehr und länger auf die typische Selbstdarstellung von Peer-Gruppenmitgliedern achteten. BERSCHEID et al. (1976) wiesen darüber hinaus nach, daß HSM-Vpn mehr Informationen über andere Personen im Gedächtnis behielten, wenn sie zukünftige Interaktionen mit ihnen erwarteten.

Obwohl uns keine Untersuchung bekannt ist, in der die Self-Monitoring-Skala (SM-Skala), mit der dieses Konstrukt gewöhnlich gemessen wurde (SNYDER, 1974)[5], in einem Foto-Foto-Paradigma verwendet worden wäre, gibt es mehrere Wirklichkeitsversuche, in denen der Vorhersagewert des SM-Konstrukts auf die Identifizierungsleistung von Augenzeugen untersucht wurde. HOSCH und COOPER (1982) z.B. führten zwei Wirklichkeitsversuche durch - einen gestellten Diebstahl im Labor und einen Ladenbesuch in Lebensmittelgeschäften - nach denen die Mitarbeiter später von den Zeugen/Opfern des Diebstahls bzw. den Verkäufern des Ladens identifiziert werden sollten. In beiden Experimenten stand die Richtigkeit der Identifizierung in signifikantem Zusammenhang mit dem Self-Monitoring der Vpn ($r = .26$ bzw. $r = .51$). HOSCH, LEIPPE, MARCHIONI und COOPER (1984) berichteten zwar keine allgemeinen signifikanten Zusammenhänge zwischen der Tendenz zum Self-Monitoring und der Richtigkeit von Identifizierungsentscheidungen in einer Lichtbildvorlage, doch erwies sich Self-Monitoring als bedeutungsvolle Moderatorvariable für das Wahlverhalten bei diesen Identifizierungsentscheidungen.

Allerdings sind die theoretischen Überlegungen über die mutmaßlichen Ursachen dieses Zusammenhangs zwiespältig. Andere Autoren konnten den von HOSCH und Mitarbeitern postulierten Zusammenhang nicht bestätigen (KÖHNKEN, pers. Mitt. 1984). Letzterer Replikationsversuch mag jedoch daran gescheitert sein, daß KÖHNKEN eine gekürzte deutsche Version des SM-Fragebogens verwendete, die nur 18 Items enthält und der offenbar zwei unterschiedliche Faktoren zugrunde liegen (KAMMER & NOWACK, 1983; vgl. auch BRIGGS, CHEEK & BUSS, 1980).

Wir haben daher für unsere eigenen Untersuchung einmal die gekürzte Version mit den beiden Subskalen "Soziale Fertigkeit" (social skill) und "Inkonsistenz" (inconsistency), und ansonsten eine Übersetzung der Originalversion (SNYDER, 1974) der Self-Monitoring-Skala von HORMUTH[6] (pers. Mitt. 1983) verwendet, um festzustellen, ob sich die Wiedererkennensleistungen in unseren Laborexperimenten durch Unterschiede im Self-Monitoring vorhersagen lassen. Tabelle 14.10 zeigt die 25 Items der übersetzten Originalfassung dieser Skala. Items, die mit einem "+"-Zeichen versehen sind, sind positiv skaliert (vgl. zur Auswertung: SNYDER, 1974).

In Anlehnung an die theoretischen Überlegungen von HOSCH et al. (1984) erwarteten wir einen positiven Zusammenhang zwischen Wiedererkennensleistung und dem Grad an Self-Monitoring:

H14.6: Das Wiedererkennen von Gesichtern und das Ausmaß an Self-Monitoring korrelieren positiv miteinander.

14.6.2 Ergebnisse und Diskussion unserer eigenen Untersuchungen

Wir haben die Self-Monitoring-Skala in den Experimenten 7 und 9 und der Pilotstudie P6 (vgl. Kapitel 8) als Fülleraktivität vorgegeben. Tabelle 14.11 zeigt die Mittelwerte, Standardabweichungen, Minima und Maxima, und CRONBACHS *alpha* der SM-Werte in diesen Experimenten sowie die Korrelationen mit den Treffern, falschen Alarmen und A'.

---

[5] Vgl. dazu die Kritik und die Revision der SM-Skala durch LENNOX & WOLFE (1984). Zum Zeitpunkt (1983) einer der hier berichteten Untersuchungen stand uns diese Revision leider noch nicht zur Verfügung.

[6] Hiermit möchten wir Prof. Stefan HORMUTH, Ph.D., für die Bereitstellung dieses Fragebogens danken.

Inter-individuelle Differenzen

TABELLE 14.10: *Items der Self-Monitoring-Skala* (SNYDER, 1974; Übers. von HORMUTH, 1983)

INSTRUKTION

Es folgen einige Fragen über Ihre Verhaltensweisen und Einstellungen, die sie entweder mit 'ja' oder 'nein' beantworten sollten, je nachdem ob die Aussage für Sie zutrifft oder nicht zutrifft. Kreuzen Sie bitte die richtige Antwort an und beantworten Sie jede Frage!

1. Ich kann andere Leute schlecht nachmachen. O Ja O Nein
2. Mein Verhalten drückt gewöhnlich meine wirklichen Gefühle, Einstellungen und Überzeugungen aus. O Ja O Nein
3. Auf Festen und anderen Gesellschaften versuche ich nicht, den Leuten nach dem Mund zu reden oder mich so zu verhalten, wie sie es gerne haben wollen. O Ja O Nein
4. Ich kann nur für Ideen eintreten, von denen ich auch überzeugt bin. O Ja O Nein
5. + Ich kann aus dem Stegreif sogar dann über etwas reden, wenn ich darüber so gut wie nichts weiß. O Ja O Nein
6. + Ich ziehe manchmal eine Schau ab, um andere zu beeindrucken oder zu unterhalten. O Ja O Nein
7. + Wenn ich nicht weiß, wie ich mich bei einem geselligen Anlaß verhalten soll, suche ich nach Hinweisen im Verhalten anderer Leute. O Ja O Nein
8. + Ich würde wahrscheinlich einen guten Schauspieler abgeben. O Ja O Nein
9. Bei einer Auswahl von Filmen, Büchern oder Schallplatten frage ich selten Freunde um Rat. O Ja O Nein
10. + Manchmal erscheine ich anderen gefühlsbetonter als ich wirklich bin. O Ja O Nein
11. + Ich lache mehr, wenn ich mir etwas Lustiges mit anderen zusammen ansehe, als wenn ich dabei allein bin. O Ja O Nein
12. Ich stehe selten im Mittelpunkt, wenn ich mit mehreren Leuten zusammen bin. O Ja O Nein
13. + Je nach Situation und beteiligten Personen verhalte ich mich oft so, als ob ich ein völlig anderer Mensch wäre. O Ja O Nein

14.	Ich bin nicht besonders geschickt darin, die Zuneigung anderer Menschen zu gewinnen.	O Ja	O Nein
15. +	Selbst wenn ich mich nicht amüsiere, tue ich oft so, als ob es mir gefallen würde.	O Ja	O Nein
16. +	Ich bin nicht immer die Person, die ich zu sein vorgebe.	O Ja	O Nein
17.	Ich würde meine Ansichten oder mein Verhalten nicht ändern, um jemandem einen Gefallen zu tun oder sein Wohlwollen zu gewinnen.	O Ja	O Nein
18. +	Ich habe mir schon manchmal überlegt, ein Unterhaltungskünstler zu werden.	O Ja	O Nein
19. +	Um gut mit Leuten auszukommen und beliebt zu sein, neige ich eher dazu, mich so zu verhalten, wie es von mir erwartet wird.	O Ja	O Nein
20.	Bei Pantomimen oder bei Spielen, in denen es auf Improvisation ankommt, war ich noch nie gut.	O Ja	O Nein
21.	Es fällt mir schwer, mein Verhalten auf verschiedene Leute und verschiedene Situationen einzustellen.	O Ja	O Nein
22.	Bei Festen überlasse ich es anderen Leuten für Stimmung zu sorgen.	O Ja	O Nein
23.	In Gesellschaft bin ich ein wenig verlegen und komme nicht so gut an wie ich eigentlich sollte.	O Ja	O Nein
24. +	Ich kann jedem in die Augen sehen und ihn ohne rot zu werden anlügen (wenn es einem guten Zweck dient).	O Ja	O Nein
25. +	Manchmal täusche ich Leute, indem ich freundlich zu ihnen bin, obwohl sie mir zuwider sind.	O Ja	O Nein

Anm.: Positiv skalierte Items sind mit einem " + " versehen.

TABELLE 14.11: *Kennwerte der Self-Monitoring-Skala und ihre Korrelationen mit den Wiedererkennensleistungen in unseren Untersuchungen*

Experiment	N	M	s	Min	Max	alpha	Treffer	FA	A'
Exp. 7:									
Gesamt-SM[a]	56	6.09	3.30	1	14	.77	.05	-.12	.09
Soziale Fertigk.	56	4.20	1.95	0	9	.58	-.02	-.03	.02
Inkonsistenz	56	1.89	2.37	0	9	.85	.09	-.15	.11
Exp. 9:									
Gesamt-SM[b]	24	10.04	3.72	4	18	---	-.17	.14	-.21
Exp. P6:									
Gesamt-SM[b]:	34	8.18	3.56	3	20	.71	-.31°	.19	-.42*

Anm.: [a]Kurze Version; [b]Lange Version.
$°p < .10$; $*p < .05$.

Diese Ergebnisse weisen auf keinen reliablen Zusammenhang zwischen dem Self-Monitoring und der Wiedererkennensleistung hin. Im Gegenteil, wenn überhaupt, so ist in zwei unserer Untersuchungen (Experiment 9 und Pilotstudie P6) sogar eher eine *negative* Korrelation mit den Treffern und A' zu verzeichnen. Auch die Aufteilung in die beiden Subskalen in der gekürzten deutschen Fassung ändert nichts an dieser Schlußfolgerung. Diese Ergebnisse stehen im Widerspruch zu den Wirklichkeitsversuchen von HOSCH und Mitarbeitern, die zumindest in einigen ihrer Untersuchungen einen positiven Zusammenhang mit der Identifizierungsleistung festgestellt hatten. Allerdings scheint uns infolge der mangelnden theoretischen Fundierung dieses Konstrukts auch keine eindeutige Vorhersage bezüglich der Wiedererkennensleistung möglich.

14.6.3 Individuelle Unterschiede in der Stereotypbildung

Verschiedene Autoren vertreten die Auffassung, daß wir Gesichter nicht nur visuell wahrnehmen, sondern schon in einem relativ frühen Verarbeitungsstadium versuchen, diese "semantisch" zu interpretieren (z.B. KLATZKY, MARTIN & KANE, 1982b). Häufig verwenden wir dazu stereotype Wahrnehmungskategorien, die uns helfen sollen, Personen möglichst schnell richtig einzuschätzen. In Kapitel 6 haben wir festgestellt, daß wir zwar einen gewissen Konsens bezüglich solcher stereotyper Etiketten erzielen können, daß die Bereitstellung dieser verbalen Labels jedoch nicht notwendigerweise die Wiedererkennensleistung beeinflußt. Diese Schlußfolgerungen ergeben sich sowohl bei Prozessen der Enkodierung (Kapitel 8) als auch beim Abruf (Kapitel 10). Es ist denkbar, daß starke inter-individuelle Differenzen in der Stereotypbildung derartige leistungsfördernde Effekte verhindert haben.

In dem Kapitel über Enkodierungsstrategien (8) gingen wir der Frage nach, ob experimentell induzierte Enkodierungsstrategien im Sinne von Orientierungsaufgaben, mit denen wir Gesichter betrachten, die Wiedererkennensleistung beeinflussen. Es ist ein vielfach replizierter Befund, daß die Instruktion, eine Person nach einem Charaktermerkmal (z.b. Ehrlichkeit) zu beurteilen, zu besseren Wiedererkennensleistungen führt als die Beurteilung nach einem vorgegebenen physischen Merkmal (z.b. Augenabstand). Obwohl dieses Phänomen alternative Erklärungen zuläßt (z.b. WINOGRAD, 1981), wird dieser Unterschied gewöhnlich in Anlehnung an den Levels-of-processing-Ansatz interpretiert (z.B. BOWER & KARLIN, 1974).

Eine Weiterentwicklung dieses Gedankengangs besteht nun darin, die oft massiven inter-individuellen Differenzen beim Wiedererkennen von Gesichtern durch *spontane* - im Gegensatz zu experimentell induzierten - Unterschieden in den angewandten Verarbeitungsstrategien von Gesichtsformationen zu erklären. So haben mehrere Autoren versucht, Gruppenunterschiede zwischen Kindern und Erwachsenen (z.B. LORSBACH & MUELLER, 1979; HAAS & SPORER, 1989), alten Leuten und jüngeren Erwachsenen (z.B. EYSENCK, 1974), oder zwischen ängstlichen und nicht-ängstlichen Personen (MUELLER & COURTOIS, 1980) auf intrinsische Unterschiede in der "Tiefe der Verarbeitung" zurückzuführen.

Entsprechend diesem Ansatz versuchten MUELLER und THOMPSON (1988), ein Instrument zu entwickeln, mit dem sie solche inter-individuelle Unterschiede im Verarbeitungsstil erfassen könnten. Sie nannten dieses Konstrukt "*Stereotypisierungstendenz*" (stereotypy). Dieser Begriff scheint unglücklich gewählt, da der sozialpsychologische Begriff Stereotyp im allgemeinen eher negative Konnotationen wie Vorurteil, Rigidität und Dogmatismus beinhaltet, also Begriffe, die eher auf eine weniger "tiefe" Verarbeitung schließen lassen würden.

In ihrem ersten Experiment ließen MUELLER und THOMPSON die Namen berühmter Personen (z.B. Abraham LINCOLN, Howard COSELL, Barbara WALTERS) nach Gemeinsamkeiten ordnen. Diese Gruppierungsaufgabe, die als Maß für die Tendenz bzw. Fähigkeit zur Stereotypisierung gedacht war, korrelierte allerdings nicht mit Treffern (.02), falschen Alarmen (.06) oder d' (-.04) in einem typischen Wiedererkennensexperiment mit Gesichtern von College-Studenten. Da dieser "Test" wohl eher eine Fähigkeit als eine Tendenz zur Charakterbeurteilung fremder Personen mißt, ließen sie in ihrem zweiten Experiment für 60 sec möglichst viele Eigenschaften von zwölf bekannten Persönlichkeiten niederschreiben. Zusätzlich gaben sie einen Fragebogen zur "Kategorien-Breite" (category-width) nach PETTIGREW (z.B. 1982) und einen Fragebogen zu hemisphärischen kognitiven Stilen (ZENHAUSERN, 1978) vor.

Die Anzahl produzierter Eigenschaften korrelierte signifikant negativ mit den falschen Alarmen (-.25), allerdings ebenfalls nicht-signifikant negativ mit den Treffern (-.16). Vpn, die mehr Eigenschaften generierten, scheinen demnach eher vorsichtig bei der Wiedererkennensaufgabe vorzugehen, was sich varianzanalytisch durch eine Analyse der Reaktionsneigung *beta* bestätigte. Die Tendenz zum "rechts-hemisphärischen Denken" korrelierte zwar positiv mit der Anzahl generierter Merkmale (.34), jedoch nicht mit den Wiedererkennensmaßen (Treffer: -.07; FA: -.13). Letzteres Ergebnis konnte somit eine frühere Untersuchung von THOMPSON und MUELLER (1984) nicht bestätigen, in der Vpn mit einer Präferenz zu rechts-hemisphärischem, und damit vermutlich eher "holistischem" Denken, bessere Wiedererkennensleistungen zeigten, wenn sie die Gesichter unter einer emotional erregenden Orientierungsaufgabe betrachtet hatten. Allerdings wurde dieser Denkstil in beiden Untersuchungen nicht mit denselben Fragebögen gemessen. Auch der negative Befund mit der Skala zur Messung der Kategorienbreite stellt einen mißglückten Replikationsversuch von MESSICK und DAMARIN (1964) dar, der ebenfalls durch eine Reihe unterschiedlicher Vorgehensweisen in der Versuchsdurchführung und der Auswertung begründet liegen könnte. Schließlich standen weder die quantitativen noch qualitativen Testergebnisse eines Hochschuleingangstests (School and College Aptitude Test) in signifikantem Zusammenhang zur Wiedererkennensleistung.

Insgesamt stützen die von MUELLER und THOMPSON (1988) vorgelegten Ergebnisse die plausibel erscheinende Hypothese, daß Unterschiede in der Tendenz zur Stereotypisierung mit Unterschieden im Wiedererkennen von Gesichtern einhergehen sollten, nur in sehr schwacher Form. Dies mag einerseits an dem von diesen Autoren als Operationalisierung gewählten Persönlichkeitsmaßen bzw. experimentellen Aufgaben liegen. Soll nämlich die Tendenz von Vpn, ihnen *unbekannte* Personen bezüglich ihres Charakters zu beurteilen, erfaßt werden, so scheint das Aufzählen von Eigenschaften von bekannten Persönlichkeiten des öffentlichen Lebens dazu nur wenig geeignet. Eine Inhaltsanalyse von Kommentaren, die z.B. mit der Methode des *lauten Denkens* während der Darbietungsphase gewonnen werden könnten, wäre wohl aufschlußreicher. Andererseits ist auch die von MUELLER und THOMPSON verfolgte konzeptuelle Grundlage, wie sie selbst einräumen, nicht ganz klar: Eine vorschnelle Stereotypisierung könnte nämlich zu einer vorzeitigen Beendigung der Verarbeitung - also shallow processing - führen, aufgrund dessen man niedrigere Wiedererkennensleistungen erwarten müßte. Gelingt eine Trennung dieser gegenläufigen Aspekte nicht, ist auch bezüglich des Vorhersagewertes des Konstrukts "Stereotypisierung" wenig zu erwarten.

14.7 Zusammenfassung

Wir haben in diesem Kapitel versucht, persönlichkeitspsychologische Korrelate für die starken inter-individuellen Unterschiede in der Merkfähigkeit für Gesichter aufzuspüren. Zunächst haben wir zwischen Gruppen- und Persönlichkeitsunterschieden i.e.S. differenziert. Für die erstere Gruppe sind wir genauer auf die in der Literatur berichteten und unsere eigenen Befunde über Geschlechterunterschiede eingegangen. Es hat sich gezeigt, daß *Frauen* in einigen Untersuchungen gewisse Leistungsvorteile gegenüber Männern aufwiesen, die möglicherweise auf ihre stärkere motivationale Beteiligung in den jeweiligen Experimenten zurückzuführen sein könnten. Zwar erwiesen sich Frauen bei einer Paarassoziationslernaufgabe (cued recall) als sehr viel besser als Männer, doch trat dieser Unterschied nicht in Erscheinung, wenn die Leistung als Wiedererkennensaufgabe zu erbringen war. Die beobachteten Unterschiede lassen sich dennoch offenbar nicht auf den Grad an Verbalisierungsmöglichkeiten in den jeweiligen experimentellen Aufgaben zurückführen.

Bei den Persönlichkeitsvariablen haben wir zwischen eher kognitiv- und eher sozialpsychologisch orientierten Ansätzen unterschieden. Innerhalb der ersten Gruppe gingen wir vor allem auf inter-individuelle Differenzen in der bildlichen Vorstellungsfähigkeit und bei typischen Gedächtnistests (Reproduktionsaufgaben) ein. Während sich hinsichtlich der Lebendigkeit der bildlichen Vorstellung zumindest geringe Zusammenhänge in zwei der durchgeführten Untersuchungen nachweisen ließen, zeigten die Ergebnisse zweier Untertests eines Gedächtnistests keinen Vorhersagewert für die Wiedererkennensleistung in unserer Untersuchung. Auch die sozialpsychologisch orientierten Konstrukte, von denen wir exemplarisch das Self-Monitoring prüften, ergaben keine konsistenten Zusammenhänge mit dem Wiedererkennen von Gesichtern.

15

Zusammenfassung

15.1 Zusammenfassung der Ergebnisse und Schlußfolgerungen

In dieser Arbeit haben wir versucht, die zahlreichen Befunde der angloamerikanischen Literatur zum Wiedererkennen von Gesichtern zu referieren und den gegenwärtigen Wissensstand durch eigene empirische Untersuchungen (18 Experimente, eine archivarische Analyse von Portraitgalerien und eine Meta-analyse) voranzutreiben. Die Arbeit beschränkte sich auf die experimentelle Analyse des Wiedererkennensgedächtnisses für natürliche Gesichter (Fotografien) von unbekannten Personen. Untersuchungen zum Erkennen von Gesichtern durch Maschinen, klinisch-psychologische Untersuchungen (etwa zur Prosopagnosie) sowie die Verarbeitung von schematisierten Stimuli (z.b. Strichzeichnungen) und das Gedächtnis für Gesichter von bekannten Personen (Freunde, Persönlichkeiten des öffentlichen Lebens) mußten großenteils unberücksichtigt bleiben. In Anbetracht der vielseitigen und zum Teil recht unterschiedlichen Phänomene sahen wir es als nicht angemessen an, die vorgefundenen und unsere eigenen Beobachtungen im Rahmen eines einzelnen übergreifenden theoretischen Modells oder einer umfassenden Theorie zu interpretieren.

Stattdessen haben wir versucht, die jeweiligen Einzelphänomene im Rahmen der einschlägig relevanten theoretischen Ansätze zu erklären. Besondere Bedeutung kam dabei *kognitiv-psychologischen* Theoriebildungen, u.a. der dualen Kodierungshypothese, dem Levels-of-processing-Ansatz, alternativen Modellen zur Bildung von Prototypen und schematheoretischen Konzeptionen zu. Während diese Theorien vor allem bei der Enkodierung von Gesichtern herangezogen wurden, griffen wir bei der Analyse des Behaltens bzw. Vergessens über längere Zeiträume auf klassische gedächtnispsychologische Konzeptionen (z.b. über Interferenzprozesse und die Möglichkeit visuellen Memorierens (rehearsal)) sowie das in letzter Zeit vielfach diskutierte Prinzip der Enkodierungsspezifität beim Abruf zurück. In unseren Bemühungen, Strategien zur Verbesserung des Wiedererkennens von Gesichtern zu evaluieren, sind wir auf die Rolle von Vorstellungen beim Gebrauch von Mnemotechniken eingegangen.

Integrative Modelle wie das von *Bruce* und *Young* (1986; vgl. Kapitel 1), die vorrangig für das Wiedererkennen von *bekannten* Personen entwickelt wurden, wurden zwar gelegentlich berücksichtigt, erweisen sich aber für die einschränkende Betrachtung des Wiedererkennens von Gesichtern von unbekannten Personen als wenig hilfreich. Auf die Möglichkeit verbaler, neben der für Gesichter primär visuellen Kodierung, wurde wiederholt eingegangen.

Da Gesichter aber nicht nur als visuelle Stimuli verstanden werden können, sondern auch als bedeutungsvolle soziale (und affektive) Stimuli wahrgenommen und verarbeitet werden, berücksichtigten wir auch *sozial-psychologische* Ansätze zur Personenwahrnehmung, insbesondere zur Einschätzung der Attraktivität, zur Stereotypbildung und zum Wiedererkennen von Ausländern. Schließlich haben wir in einem Kapitel über *interindividuelle* Differenzen in der Merkfähigkeit für Gesichter ebenfalls kognitiv-psychologische und sozial-psychologische Erklärungsansätze unterschieden.

Durch all unsere Untersuchungen zog sich die Frage nach den Anteilen von verbalen und visuellen Prozessen der Verarbeitung von Gesichtsinformationen sowie die Frage nach der Möglichkeit, die gewonnenen Erkenntnisse zur *Verbesserung* des Wiedererkennensgedächtnisses zu nutzen. Weitere Anwendungsmöglichkeiten der hier referierten Befunde für die Rechtspsychologie, speziell die Frage nach der Identifizierung von Personen in der kriminalistischen Gegenüberstellung, wurden gelegentlich erwähnt, sollten jedoch mit großer Vorsicht betrachtet werden. Wir sind uns der Beschränkung der dargestellten laborexperimentellen Befunde für das Wiedererkennen von Personen im Alltag ("im Feld") wohl bewußt (vgl. Tabelle 2.1 in Kapitel 2 über Forschungsparadigmen).

Wir wollen nicht die Schlußfolgerungen der zahlreichen Einzelergebnisse, die wir am Ende eines jeden Kapitels zusammengefaßt haben, wiederholen. Vielmehr wollen wir uns nur um eine kurze Antwort auf die eingangs gestellten Kernfragen bemühen:

(1) Die Ergebnisse der Untersuchungen zum Wiedererkennen von Gesichtern bzw. Personen sind in hohem Maße von Forschungsparadigmen und den darin verwendeten Stimulusmaterialien abhängig. Das Gedächtnis für Fotografien von natürlichen Gesichtern, die zwischen Darbietungs- und Testphase in Pose, Ausdruck, Kleidung oder anderen kontextuellen Hinweisreizen verändert wurden, ist nicht direkt vergleichbar mit den Wahrnehmungs- und Behaltensleistungen von Strichzeichnungen oder anderweitig reduzierter Gesichtsstimuli. In diesem Zusammenhang ist die Unterscheidung zwischen dem Wiedererkennen von Gesichtern, das einen strukturellen Code erfordert, und dem bloßen Wiedererkennen von Objektstimuli (stimulus recognition), für das ein bildlicher Code ausreicht, von zentraler Bedeutung (vgl. *Bruce & Young,* 1986; *Ellis,* 1986a, 1986b).

(2) Die Verarbeitung von Gesichtern von unbekannten Personen erfolgt primär visuell. Alle Versuche, diese Verarbeitung durch verbale Kodierungen anzureichern oder sonst zu verstärken, schlugen fehl: Sie führten nicht nur zu keiner Verbesserung, sondern teilweise sogar zu einer Verschlechterung der Wiedererkennensleistungen.

(3) Die Existenz von Gesichtsprototypen wird vielfach erörtert, hält jedoch einer kritischen Analyse kaum stand. Es lassen sich zwar gewisse Belege für einen Konsens bei der Klassifizierung von Gesichtern (z.B. zu kriminellen Stereotypen) liefern, doch rufen Gesichter bei unterschiedlichen Personen nicht notgedrungen identische verbale Etikettierungen wach. Und selbst wenn eine prototypische Klassifikation erfolgt, führt diese eher zu einer Verschiebung des Entscheidungskriteriums als zu einer Verbesserung der Diskriminationsleistung.

(4) Gesichter werden nicht nur als visuelle Stimuli verarbeitet und behalten. Wir reagieren auf Gesichter auch als soziale (und affektive) Stimuli, die in Form von Wahrnehmungsbereitschaften und Beurteilungsprozessen unsere Verarbeitung leiten und in gewissem Maße die Kodierung fördern können. Dies gilt in besonderem Maße für die soziale Wahrnehmung von Gesichtern hinsichtlich ihrer Attraktivität, aber auch für kriminelle Stereotypen.

(5) Obwohl das Gedächtnis für Gesichter außerordentlich gut ist, kommen wir im Gegensatz zu anderen Autoren zu dem Schluß, daß auch Gesichter Vergessensprozessen anheim fallen, wenn die Testsituation entsprechend schwierig gestaltet wird. Gesichter

folgen den allgemeinen Gesetzmäßigkeiten der Gedächtnispsychologie auch insofern, als ihr Behalten durch visuelles Memorieren gesteigert werden kann.

(6) Unsere natürlichen Verarbeitungsstrategien sind zwar nicht perfekt, aber kaum verbesserungsfähig. Alle (unsere) Versuche, das Wiedererkennen von Gesichtern durch verschiedene Maßnahmen über die Möglichkeiten der normalen, bewußten Einprägung hinaus zu steigern, müssen als gescheitert angesehen werden. Diese Schlußfolgerung gilt sowohl für unterschiedliche Enkodierungsstrategien, wie sie im Rahmen des Levels-of-processing-Ansatzes vorgeschlagen wurden, als auch für Trainingsprogramme, in deren Rahmen Personen angehalten wurden, auf besondere Merkmale zu achten. Die natürlichen Einprägungsstrategien sind offenbar so gut überlernt, daß jeglicher Versuch, diese durch Orientierungsinstruktionen oder kurze Interventionsprogramme zu verändern, zu einer Störung der natürlichen Verarbeitung, gegebenenfalls sogar zu einer Leistungsverschlechterung führt. Gewisse Ausnahmen stellen vielleicht Kompensationstrainingsprogramme für das Einprägen von Gesichtern anderer Rassen und das visuelle Memorieren von Gesichtern dar, das selbst nach einem längeren Behaltenszeitraum noch zu verbesserten Wiedererkennensleistungen führen kann.

(7) Auf visuellen Vorstellungen beruhende Mnemotechniken erscheinen ebenfalls vielversprechend, zumindest beim Lernen von Eigennamen, einer Paarassoziationslernaufgabe. Bei der Anwendung dieser Mnemotechniken fiel vor allem die unterschiedliche Bedeutung des Stimulusmaterials in Abhängigkeit von den experimentellen Aufgaben ins Auge: Während bei einer cued-recall-Test die Vorstellbarkeit (und die damit kovariierenden Merkmale) der Namen vorrangig war, erwies sich beim Wiedererkennen von Namen-Gesichter-Paaren die Merkbarkeit der Stimulusgesichter als dominant.

(8) Die Analyse des Entscheidungskriteriums, das bisher in den meisten der in der Literatur berichteten Studien vernachlässigt wurde, erweist sich bei bestimmten Fragestellungen als sehr aufschlußreich. So stellten wir z.B. fest, daß der von manchen Autoren postulierte Vorteil der Wiederherstellung des Wahrnehmungskontextes zwar tatsächlich zu einer Verbesserung der Diskriminationsleistung, aber gleichzeitig auch zu einer Verschiebung des Entscheidungskriteriums führt, was wiederum eine höhere Anzahl von falschen Alarmen zur Folge hat.

(9) So erwiesen sich die Analysen des Reaktionsbias bei der Analyse von Geschlechterunterschieden und den Untersuchungen zum Ausländereffekt als hilfreich für unser Verständnis: In einigen der Untersuchungen, in denen Frauen bessere Leistungen zeigten als Männer, schien dies darauf zurückzuführen zu sein, daß Frauen insgesamt vorsichtiger zu Werke gingen als Männer. Die deutlich schlechtere Leistung beim Wiedererkennen von Gesichtern von Ausländern ist ebenfalls teilweise auf eine Verschiebung des Entscheidungskriteriums in Richtung auf unvorsichtigeres Antwortverhalten zurückzuführen.

(10) Obwohl wir beträchtliche inter-individuelle Unterschiede in den Wiedererkennensleistungen festgestellt haben, lassen sich diese nicht auf generelle kognitiv-psychologische Fähigkeiten oder persönlichkeitspsychologische Merkmale zurückführen. Auch sozialpsychologisch orientierte Erklärungsansätze können die beobachteten Unterschiede nicht vorhersagen.

Zum Abschluß sollten wir uns noch der Frage der Anwendbarkeit der Ergebnisse der referierten Laboruntersuchungen stellen: Gibt es Unterschiede im Wiedererkennen von Personen im Labor und im Alltag ("im Feld")? Auf die Bedeutung von Veränderungen zwischen Darbietung (Wahrnehmungssituation) und Test (Abrufsituation) haben wir bereits hingewiesen. Diese Unterschiede werden noch gravierender, wenn ein Gesicht nicht nur als schon einmal gesehen wiedererkannt werden muß - wie dies in den meisten unserer Experimente der Fall war - sondern zusätzliche andere Informationen über die Person (z.B. der Ort der letzten Begegnung) oder ihr Name abgerufen werden sollen. Während für das Wiedererkennen ein bloßes Gefühl der Vertrautheit schon zu einer richtigen Antwort führen mag, gestaltet sich der Abruf dieser zusätzlichen Informationen ungemein schwieriger. Wir wollen daher in unserem letzten Abschnitt etwas näher auf die Frage der Validität von Laboruntersuchungen zum Wiedererkennen von Gesichtern eingehen.

15.2 Zur Generalisierbarkeit der Laborbefunde

Wir gingen eingangs von der Annahme aus, daß das Wiedererkennen von Gesichtern eine wichtige soziale Fertigkeit darstellt, deren Determinanten hier näher untersucht wurden. Viele der an dieser Thematik interessierten Forscher führen als einen der Pluspunkte dieses Forschungsansatzes an, daß die Beschäftigung mit dem Gedächtnis für Gesichter besonders deshalb wertvoll sei, da Gesichter eine besondere Klasse bedeutungshaltiger, "ökologisch valider" visueller Stimuli darstellen (z.B. BADDELEY, 1979). Obwohl diese Anschauung von vielen Kollegen geteilt wird, hat sich kaum jemand mit der tatsächlichen externen, insbesondere der ökologischen Validität der hier referierten Laborbefunde auseinandergesetzt. So werden z.B. in der Meta-analyse von SHAPIRO und PENROD (1986) laborexperimentelle Untersuchungen und Feldexperimente bunt gemischt, ohne daß auf die doch gravierenden Unterschiede dieser beiden Paradigmenklassen detailliert eingegangen wird. Wir wollen im folgenden auf einige Befunde eingehen, die eine ungeprüfte Übernahme dieser Ergebnisse in die Alltagswirklichkeit zumindest kritisch erscheinen lassen, wenn nicht gar in Zweifel ziehen.

Die Frage nach der Generalisierbarkeit von Laborbefunden, die allgemein unter verschiedenen Formen der externen Validität (vgl. CAMPBELL & STANLEY, 1966; COOK & CAMPBELL, 1979) diskutiert wird, läßt sich in die Frage der *Populations*validität und der *ökologischen* Validität aufschlüsseln. Bei der Populationsvalidität geht es darum, ob die - meist mit College-Studenten gewonnenen Ergebnisse - auch für andere Populationen Gültigkeit beanspruchen können. Die ökologische Validität beinhaltet eine Reihe von vornehmlich *situativen* Teilaspekten, u.a. Fragen des verwendeten Stimulusmaterials, der Instruktionen, der Versuchsanordnungen, aber auch Konsequenzen der den Versuchsteilnehmern abverlangten Entscheidungen usw.

15.2.1 Populationsvalidität

Bezüglich der Populationsvalidität der hier und von anderen Autoren vorgelegten Befunde sind wir äußerst zuversichtlich. Bei einem Teil unserer eigenen Untersuchungen haben wir nicht nur studentische Versuchspersonen verwendet (z.B. bei den Experimenten 6, 7, 9 und 10), oder uns zumindest bemüht, Studierende unterschiedlicher Fachbereiche zur Teilnahme zu gewinnen (z.B. bei den Experimenten 1 bis 3, 11, 13 und 17; vgl. Tabelle 1.2). Für eine unserer Untersuchungen (Experimente 6, 7 und 8), die wir mit drei verschiedenen Stichproben aus unterschiedlichen Populationen durchgeführt haben, können wir empirische Belege für die Populationsvalidität vorlegen.

Zusammenfassung und Ausblick

In dieser Untersuchungsreihe sollte die Wirksamkeit verschiedener Enkodierungsstrategien überprüft werden (vgl. Kapitel 8). Von den insgesamt acht Orientierungsaufgaben, die in den verschiedenen Untersuchungsbedingungen eingesetzt wurden, waren fünf bei allen drei Stichproben verwendet worden. Die erste Stichprobe bestand aus Hauswirtschaftsschülerinnen, die zweite aus männlichen und weiblichen Angestellten, die an Lehrgängen der Verwaltungsschule Kiel teilnahmen, und die dritte aus Teilnehmern und Teilnehmerinnen einer Einführungsveranstaltung zur Psychologie an der Universität Marburg. Die Enkodierungsstrategien führten in den drei Stichproben zu nahezu identischen Ergebnismustern. Mehrere 5x3 Varianzanalysen mit Enkodierungsstrategien und Population (bzw. Durchführungsort) als unabhängigen Variablen ergaben neben den diskutierten Ergebnissen der Enkodierung keine signifikanten Haupteffekte als Zeichen systematischer Populationsunterschiede. Wichtiger noch, es gab auch keinerlei Anzeichen signifikanter Wechselwirkungen dieser beiden Faktoren, so daß kein Grund zu der Besorgnis vorliegt, Enkodierungsprozesse würden bei verschiedenen Populationen - soweit sie hier abgedeckt wurden - unterschiedlich ablaufen. Ähnlich berichtete WINOGRAD (1978) vergleichbare Vorteile einer elaborierten Enkodierung bei Kindern, Erwachsenen und älteren Leuten. Andere Phänomene in der Literatur zum Wiedererkennen von Gesichtern wurden in verschiedenen Laboratorien mit unterschiedlichen Versuchspersonengruppen gewonnen, obwohl uns nur eine Untersuchung bekannt ist, die die Populationsvalidität wie die hier berichtete explizit thematisierte (O'ROURKE, PENROD, CUTLER & STUVE, 1989).

Allgemein kann man die Verallgemeinerung wagen, daß die meisten Untersuchungen, die in Laboratorien in den USA und in Kanada durchgeführt wurden, studentische Versuchspersonen verwendeten, während mehrere der Untersuchungen in Großbritannien (etwa die zahlreichen Veröffentlichungen von DAVIES, ELLIS und SHEPHERD an der University of Aberdeen, oder von BADDELEY und Kollegen/innen in Cambridge) sich um nicht-studentische Versuchspersonen (z.B. Mitglieder der Gemeinde in Wohltätigkeitsvereinen etc.) bemühten. In dem Ausmaß, in dem unterschiedliche Laboratorien mit unterschiedlichen Stichproben zu denselben Phänomenen vergleichbare Ergebnisse erzielten, sind wir auch bezüglich der Populationsvalidität dieser Befunde ziemlich zuversichtlich.

15.2.2 Ökologische Validität

Die Frage nach der ökologischen Validität stellt sich ungemein vielschichtiger, da wir hier nicht allgemein von ökologischer Validität sprechen können, sondern nur immer Generalisierungen in Bezug auf bestimmte situative Bedingungen vor Augen haben. Wir haben unsere Untersuchungen auf das Wiedererkennen von Gesichtern unbekannter Personen auf Fotografien bzw. Dias beschränkt. Dazu genügt ein einfaches Vertrautheitsgefühl, um zu einer richtigen JA-Antwort zu gelangen. Dehnen wir dieses Paradigma auf andere Wiedererkennenssituationen aus, wird schnell deutlich, daß zusätzliche Prozesse zum Tragen kommen, die unterschiedliche Informationen zurückgreifen (vgl. auch das Modell von BRUCE und YOUNG, 1986; s. Abbildung 1.1 in Kapitel 1). Dies wurde schon beim Lernen von Eigennamen deutlich, das offenbar sehr viel mehr Schwierigkeiten bereitete als das bloße Wiedererkennen. Auch die Diskussion über Kontexteffekte zeigte, daß mit zunehmender Anzahl kontextueller Informationen, in die Gesichter als Reize eingebettet sind, das Wiedererkennen erschwert werden kann (Kapitel 10). Insbesondere haben wir dort auf die Gefahren von Antwortverzerrungen durch die Illusion der Vertrautheit, die durch kontextuelle Hinweisreize hervorgerufen werden kann, hingewiesen.

15.3 Schluß

Die Frage nach der ökologischen Validität von Laborergebnissen zum Wiedererkennen von Gesichtern wird vor allem dann brisant, wenn sich Psychologen anschicken, diese Ergebnisse auf die kriminalistische Praxis von Personenidentifizierungen im Strafverfahren anzuwenden. Vor vorschnellen Verallgemeinerungen können wir hier nur warnen. Aufgrund von Vergleichsuntersuchungen zwischen dem Wiedererkennen im Labor und in Wirklichkeitsversuchen (z.B. HOSCH, BOTHWELL, SPORER und SAUCEDO, im Druck; LINDSAY & HARVIE, 1988; SPORER, 1991b) kommen wir zu dem Schluß, daß die Wiedererkennensprozesse in den Laboruntersuchungen eher durch kognitive Prozesse, das Wiedererkennen in kriminalistischen Gegenübertellungsverfahren hingegen eher durch sozialpsychologische Variablen determiniert ist. Ob diese Schlußfolgerung auch auf Alltagssituationen zutrifft, ist letztlich eine empirische Frage.

Daß letzterer Problemkreis dem Wiedererkennen von Gesichtern am nächsten steht, wird durch die Meta-analyse von SHAPIRO und PENROD (1986) deutlich, die sowohl Laborstudien zum Wiedererkennen von Gesichtern, über die wir hier berichtet haben, als auch Wirklichkeits- und Filmversuche miteinbezog. Dennoch sind wir der Ansicht, daß durch diese doch sehr unterschiedlichen Paradigmen zwischen Labor und Feld eine Lücke entstanden ist, auch wenn viele der Forscher, die sich mit dem Wiedererkennen von Gesichtern beschäftigt haben, dies nicht zuletzt um der praktischen Signifikanz ihrer Untersuchungen willen getan haben.

Es gilt in Zukunft, die so entstandene Lücke (empirisch) zu schließen. Aus theoretischer Sicht könnte ein Lösungsweg für die teilweise auftretenden Widersprüche darin zu suchen sein, daß sich die Ergebnisse der Laboruntersuchungen eher mittels *kognitiv-psychologischer* Theorien, die "im Feld" im Rahmen komplexerer sozialer Interaktionen beobachteten Phänomene vielleicht eher durch *sozial-psychologische* Theorien erklärt werden können. Etwas konkreter: Einer der Unterschiede zwischen diesen unterschiedlichen Paradigmen könnte darin liegen, daß die in Laborexperimenten beobachtbaren Phänomene sich eher in der Diskriminationsleistung niederschlagen, während das Wiedererkennen im Alltag eher durch Verschiebungen im Entscheidungskriterium charakterisieren lassen. Innerhalb der angewandten Psychologie ist die Psychologie der Personenidentifizierung im Rahmen von Strafverfahren ein idealer Austragungsort für den Test solch rivalisierender oder besser: komplementärer Ansätze.

16

Literaturverzeichnis

Abdi, H. (1986). Faces, prototypes, and additive tree representations. In H.D. Ellis, M.A. Jeeves, F. Newcombe & A. Young (Hrsg.), *Aspects of face processing* (S. 178-184). Dordrecht/Boston/Lancaster: Martinus Nijhoff.

Adair, J.G. (1973). *The Human Subject. The Psychology of the Psychological Experiment.* Boston: Little, Brown and Company.

Alba, J.W. & Hasher, L. (1983). Is memory schematic? *Psychological Bulletin, 93*, 203-231.

Alley, T.R. & Hildebrandt, K.A. (1988). Determinants and consequences of facial aesthetics. In T.R. Alley (Hrsg.), *Social and applied aspects of perceiving faces* (S. 101-140). Hillsdale, NJ: Erlbaum.

Allport, G.W. (1937). *Personality: A psychological interpretation.* New York: Holt.

Amster, H. (1964). Evaluative judgment and recall in incidental learning. *Journal of Verbal Learning and Verbal Behavior, 3*, 466-473.

Anastasi, A. (1968). *Psychological testing* (3. Aufl.). London: Macmillan.

Anderson, J.R. (1976). *Language, memory and thought.* Hillsdale, NJ: Erlbaum.

Anderson, J.R. (1978). Arguments concerning representations for mental imagery. *Psychological Review, 85*, 249-277.

Anderson, J.R. (1984). The development of self-recognition: A review. *Developmental Psychobiology, 17*, 35-49.

Arbinger, R. (1984). *Gedächtnis.* Darmstadt: Wissenschaftliche Buchgesellschaft.

Argyle, M. (1967). *The psychology of interpersonal behavior.* London: Cox & Wyman.

Aronson, E., Brewer, M. & Carlsmith, J.M. (1985). Experimentation in social psychology. In G. Lindzey & E. Aronson (Hrsg.), *Handbook of social psychology* (3. Aufl., Bd. 1, S. 441-486). Hillsdale, NJ: Erlbaum.

Asendorpf, J. & Wallbott, H.G. (1979). Maße der Beobachterübereinstimmung: Ein systematischer Vergleich. *Zeitschrift für Sozialpsychologie, 10*, 243-252.

Atkinson, R.C. & Shiffrin, R.M. (1968). Human memory: A proposed system and its control processes. In K.W. Spence & J.T. Spence (Hrsg.), *The psychology of learning and motivation: Advances in research and theory* (Bd. 2, S. 89-195). New York: Academic Press.

Baddeley, A.D. (1978). The trouble with levels: A reexamination of Craik and Lockhart's framework for memory research. *Psychological Review, 85*, 139-152.

Baddeley, A.D. (1979). Applied cognitive and cognitive applied psychology: The case of face recognition. In L.-G. Nilsson (Hrsg.), *Perspectives in memory research* (S. 367-388). Hillsdale, NJ: Erlbaum.

Baddeley, A.D. (1982). Domains of recollection. *Psychological Review, 89*, 708-729.

Baddeley, A.D. & Woodhead, M. (1982). Depth of processing, context, and face recognition. *Canadian Journal of Psychology, 36*, 148-164.

Baddeley, A.D. & Woodhead, M. (1983). Improving face recognition ability. In S.M.A. Lloyd-Bostock & R.B. Clifford (Hrsg.), *Evaluating witness evidence* (S. 125-136). Chichester: Wiley.

Bäumler, G. (1974). *Lern- und Gedächtnistest. LGT-3*. Göttingen: Hogrefe.

Bahrick, H.P. (1979). Maintenance of knowledge: Questions about memory we forgot to ask. *Journal of Experimental Psychology: General, 108*, 296-308.

Bahrick, H.P., Bahrick, P.O. & Wittlinger, R.P. (1975). Fifty years of memory for names and faces: A cross-sectional approach. *Journal of Experimental Psychology: General, 104*, 54-75.

Bahrick, H.P. & Boucher, B. (1968). Retention of visual and verbal codes of the same stimuli. *Journal of Experimental Psychology, 78*, 417-422.

Banks, W.P. (1970). Signal detection theory and human memory. *Psychological Bulletin, 74*, 81-99.

Barber, T.X. (1976). *Pitfalls in human research. Ten pivotal points*. New York: Pergamon Press.

Barkowitz, P. & Brigham, J.C. (1982). Recognition of faces: Own-race bias, incentive, and time delay. *Journal of Applied Social Psychology, 12*, 255-268.

Baron, R.J. (1981). Mechanisms of human facial recognition. *International Journal of Man-Machine Studies, 15*, 137-178.

Bartlett, F.C. (1932). *Remembering: A study in experimental and social psychology*. London: Cambridge University Press.

Baschek, I.-L., Bredenkamp, J., Oehrle, B. & Wippich, W. (1977). Bestimmung der Bildhaftigkeit (I), Konkretheit (C) und der Bedeutungshaltigkeit (m') von 800 Substantiven. *Zeitschrift für Experimentelle und Angewandte Psychologie, 24*, 353-396.

Battig, W. (1969). Advantages of recall over anticipation methods in verbal learning. *Behavior Research Methods and Instrumentation, 1*, 217-220.

Beales, S.A. & Parkin, A.J. (1984). Context and facial memory: The influence of different processing strategies. *Human Learning, 3*, 257-264.

Berger-Zenk, H., Eye von, A., Dixon, R. & Lortz, E. (1985). Zum Geltungsbereich des levels-of-processing-Ansatzes - Textlernen bei einem Altersquerschnitt von Psychotikern und Normalen. *Zeitschrift für Experimentelle und Angewandte Psychologie, 32*, 3-20.

Berscheid, E., Dion, K., Walster, E. & Walster, G.W. (1971). Physical attractiveness and dating choice: A test of the matching hypothesis. *Journal of Experimental Social Psychology, 7*, 173-189.

Berscheid, E., Graziano, E., Monson, T. & Dermer, M. (1976). Outcome dependency: Attention, attribution and attraction. *Journal of Personality and Social Psychology, 34*, 978-989.

Berscheid, E. & Walster, E. (1974). Physical attractiveness. In L. Berkowitz (Hrsg.), *Advances in experimental social psychology* (Bd. 7, S. 157-215). New York: Academic Press.

Betts, G.H. (1909). *The distribution and functions of mental imagery*. New York: Teachers College, Columbia University.

Biedermann, I. (1981). On the semantics of a glance at a scene. In M. Kubovy & J.R. Pomerantz (Hrsg.), *Perceptual organization* (S. 213-253). Hillsdale, NJ: Erlbaum.

Bierhoff, H.-W. (1986). *Personenwahrnehmung*. Berlin/Heidelberg/New York/Tokyo: Springer.

Bierhoff, H.-W., Buck, E. & Klein, R. (1989). Attractiveness and respectability of the offender as factors in the evaluation of criminal cases. In H. Wegener, F. Lösel & J. Haisch (Hrsg.), *Criminal behavior and the justice system* (S. 193-207). New York: Springer.

Binet, A. & Henri, V. (1896). La psychologie individuelle. *L'Année Psychologique, 2*, 411-465.

Black, J.B., Galambos, J.A. & Read, S.J. (1984). Comprehending stories and social situations. In R.S. Wyer & T.K. Srull (Hrsg.), *Handbook of social cognition* (Bd. 3, S. 45-86). Hillsdale, NJ: Erlbaum.

Bodamer, J. (1947). Die Prosop-Agnosie. *Archiv für Psychiatrie und Nervenkrankheiten, 179*, 6-53.

Boring, E.G. (1950). *A history of experimental psychology*. New York: Appleton.

Bothwell, R.K., Brigham, J.C. & Malpass, R.S. (1989). Cross-racial identification. *Personality and Social Psychology Bulletin, 15*, 19-25.

Bower, G.H. (1981). Mood and memory. *American Psychologist, 36*, 129-148.

Bower, G.H. & Karlin, M.B. (1974). Depth of processing pictures of faces and recognition memory. *Journal of Experimental Psychology, 103*, 751-757.

Bredenkamp, J. & Wippich, W. (1977). *Lern- und Gedächtnispsychologie* (2 Bde.). Stuttgart: Kohlhammer.

Brewer, M.B., Dull, V. & Lui, L. (1981). Perceptions of the elderly: Stereotypes as prototypes. *Journal of Personality and Social Psychology, 41*, 656-670.

Brewer, M.B. & Lui, L. (1983). *The visual representation of social categories*. Paper presented at the 91st Annual Meeting of the American Psychological Association in Anaheim, California.

Brickenkamp, R. (1972). *Der d-2 Aufmerksamkeitsbelastungstest*. Göttingen: Hogrefe.

Briggs, S.R., Cheek, J.M. & Buss, A.H. (1980). An analysis of the self-monitoring scale. *Journal of Personality and Social Psychology, 38*, 679-686.

Brigham, J.C. & Barkowitz, P. (1978). Do "They all look alike?" The effect of race, sex, experience, and attitudes on the ability to recognize faces. *Journal of Applied Social Psychology, 8*, 306-318.

Brigham, J.C., Maass, A., Snyder, L.D. & Spaulding, K. (1982). The accuracy of eyewitness identification in a field setting. *Journal of Personality and Social Psychology, 42*, 673-681.

Brigham, J.C. & Malpass, R.S. (1985). The role of experience and contact in the recognition of faces of own- and other-race persons. *Journal of Social Issues, 41*, 139-155.

Brigham, J.C. & Williamson, N.L. (1979). Cross-racial recognition and age: When you're over 60, do they still all look alike? *Personality and Social Psychology Bulletin, 5*, 218-222.

Broadbent, D.E. (1958). *Perception and communication*. New York: Pergamon Press.

Brown, E., Deffenbacher, K. & Sturgill, W. (1977). Memory for faces and the circumstances of encounter. *Journal of Applied Psychology, 62*, 311-318.

Brown, R. & Lenneberg, E.H. (1954). A study in language and cognition. *Journal of Abnormal and Social Psychology, 49*, 454-462.

Bruce, D. (1985). The how and why of ecological memory. *Journal of Experimental Psychology: General, 114*, 78-90.

Bruce, V. (1979). Searching for politicians: An information-processing approach to face recognition. *Quarterly Journal of Experimental Psychology, 21*, 373-395.

Bruce, V. (1982). Changing faces: Visual and non-visual coding processes in face recognition. *British Journal of Psychology, 73*, 105-116.

Bruce, V. (1983). Recognizing faces. *Pholosophical Transactions of the Royal Society of London, Series B, 302*, 423-436.

Bruce, V. (1988). *Recognising faces*. Hove/London, UK: Erlbaum.

Bruce, V. & Valentine, T. (1985). Identity priming in the recognition of familiar faces. *British Journal of Psychology, 76*, 373-383.

Bruce, V. & Young, A. (1986). Understanding face recognition. *British Journal of Psychology, 77*, 305-327.

Brutsche, J., Cisse, A., Deleglise, D., Finet, A., Sonnet, P. & Tiberghien, G. (1981). Effets de contexte dans la reconnaissance de visages non familiers. *Cahiers de Psychologie Cognitive, 1*, 85-90.

Bruyer, R. (1986a). Cerebral and behavioural asymmetries in the processing of "unusual" faces: A review. In H.D. Ellis, M.A. Jeeves, F. Newcombe & A. Young (Hrsg.), *Aspects of face processing* (S. 234-239). Dordrecht: Martinus Nijhoff.

Bruyer, R. (Hrsg.). (1986b). *The neuropsychology of face perception and facial expression.* Hillsdale, NJ: Erlbaum.

Buckhout, R. (1974). Eyewitness testimony. *Scientific American, 231,* 23-31.

Bull, R. (1979). The influence of stereotypes on person identification. In D.P. Farrington, K. Hawkins & S. Lloyd-Bostock (Hrsg.), *Psychology, law and legal processes* (S. 184-194). Oxford: MacMillan.

Bull, R. (1982). Physical appearance and criminality. *Current Psychological Reviews, 2,* 269-282.

Bull, R. & Green, J. (1980). The relationship between physical appearance and criminality. *Medicine, Science and Law, 20,* 79-83.

Bull, R. & Rumsey, N. (1988). *The social psychology of facial appearance.* New York: Springer.

Bungard, W. (1980). *Die "gute" Versuchsperson denkt nicht. Artefakte in der Sozialpsychologie.* München, Wien, Baltimore: Urban und Schwarzenberg.

Campbell, D.T. & Stanley, J.C. (1966). *Experimental and quasi-experimental designs for research on teaching.* Chicago: Rand McNally.

Campbell, R. (1982). Asymmetries in moving faces. *British Journal of Psychology, 73,* 95-103.

Campbell, R. (1986). Asymmetries of facial action: Some facts and fancies of normal face movement. In R. Bruyer (Hrsg.), *The neuropsychology of face perception and facial expression* (S. 247-267). Hillsdale, NJ: Erlbaum.

Cantor, N. & Mischel, W. (1977). Traits as prototypes: Effects on recognition memory. *Journal of Personality and Social Psychology, 35,* 38-48.

Cermak, L.S. (1976). *Improving your memory.* Düsseldorf: McGraw-Hill.

Chance, J.E., Goldstein, A.G. & McBride, L. (1975). Differential experience and recognition memory for faces. *Journal of Social Psychology, 97,* 243-253.

Chance, J.E. & Goldstein, A.G. (1976). Recognition of faces and verbal labels. *Bulletin of the Psychonomic Society, 7,* 384-386.

Chance, J.E. & Goldstein, A.G. (1979). Reliability of face recognition performance. *Bulletin of the Psychonomic Society, 13,* 115-117.

Chance, J.E. & Goldstein, A.G. (1981). Depth of processing in response to own- and other-race faces. *Personality and Social Psychology Bulletin, 7,* 475-480.

Chance, J.E. & Goldstein, A.G. (1987). Retention interval and face recognition: Response latency measures. *Bulletin of the Psychonomic Society, 25,* 415-418.

Christie, D.F.M., Davies, G.M., Shepherd, J.W. & Ellis, H.D. (1981). Evaluating a new computer-based system for face recall. *Law and Human Behavior, 5,* 209-218.

Church, V. & Winograd, E. (1986). Face recognition is not unique. Evidence from individual differences. In H.D. Ellis, M.A. Jeeves, F. Newcombe & A. Young (Hrsg.), *Aspects of face processing* (S. 71-77). Dordrecht/Boston/Lancaster: Martinus Nijhoff.

Clark, J.M. & Paivio, A. (1987). A dual coding perspective on encoding processes. In M.A. McDaniel & M. Pressley (Hrsg.), *Imagery and related mnemonic processes* (S. 5-33). New York: Springer.

Cleeton, G.U. & Knight, F.B. (1924). Validity of character judgments based on external criteria. *Journal of Applied Psychology, 8,* 215-231.

Clifford, B.R. (1978). A critique of eyewitness research. In M.M. Gruneberg, P.E. Morris & R.N. Sykes (Hrsg.), *Practical aspects of memory* (S. 195-209). London: Academic Press.

Clifford, B.R. & Bull, R. (1978). *The psychology of person identification.* London: Routledge & Kegan Paul.

Cohen, J. (1977). *Statistical power analyses for the behavioral sciences* (revised edition). New York: Academic Press.

Cohen, M.E. & Nodine, C.F. (1978). Memory processes in facial recognition and recall. *Bulletin of the Psychonomic Society, 12,* 317-319.

Cook, M. (1978). Eye movements during recognition of faces. In M.M. Gruneberg, P.E. Morris & R.N. Sykes (Hrsg.), *Practical Aspects of Memory* (S. 286-292). London: Academic Press.

Cook, T.D. & Campbell, D.T. (1979). *Quasi-experimentation. Design and analysis issues for field settings.* Chicago: Rand McNally.

Courtois, M.R. & Mueller, J.H. (1979). Processing multiple physical features in facial recognition. *Bulletin of the Psychonomic Society, 14,* 74-76.

Courtois, M.R. & Mueller, J.H. (1981). Target and distractor typicality in facial recognition. *Journal of Applied Psychology, 66,* 639-645.

Craik, F.I.M. & Jacoby, L.L. (1979). Elaboration and distinctiveness in episodic memory. In L.-G. Nilsson (Hrsg.), *Perspectives on memory research* (S. 145-166). Hillsdale, N.J.: Lawrence Erlbaum.

Craik, F.I.M. & Lockhart, R.S. (1972). Levels of processing: A framework for memory research. *Journal of Verbal Learning and Verbal Behavior, 11,* 671-684.

Craik, F.I.M. & Tulving, E. (1975). Depth of processing and the retention of words in episodic memory. *Journal of Experimental Psychology: General, 104,* 268-294.

Creelman, C.D. & Macmillan, N.A. (1979). Auditory phase and frequency discrimination: A comparison of nine procedures. *Journal of Experimental Psychology: Human Perception and Performance, 5,* 146-156.

Cross, J.F., Cross, J. & Daly, J. (1971). Sex, race, age, and beauty as factors in recognition of faces. *Perception and Psychophysics, 10,* 393-396.

Cunningham, M.R. (1986). Measuring the physical in physical attractiveness: Quasi-experiments on the sociobiology of female facial beauty. *Journal of Personality and Social Psychology, 50,* 925-935.

Cutler, B.L. & Penrod, S.D. (1990). Faktoren, die die Zuverlässigkeit der Personenidentifizierung beeinflussen. In G. Köhnken & S.L. Sporer (Hrsg.), *Identifizierung durch Augenzeugen: Psychologisches Wissen, Probleme und Perspektiven* (S. 25-50). Göttingen: Hogrefe.

Cutler, B.L., Penrod, S.D. & Martens, T.K. (1987a). Improving the reliability of eyewitness identification: Putting context into context. *Journal of Applied Psychology, 72,* 629-637.

Cutler, B.L., Penrod, S.D. & Martens, T.K. (1987b). The reliability of eyewitness identification: The role of system and estimator variables. *Law and Human Behavior, 11,* 233-258.

Cutler, B.L., Penrod, S.D., O'Rourke, T.E. & Martens, T.K. (1986). Unconfounding the effects of contextual cues on eyewitness identification accuracy. *Social Behaviour, 1,* 113-134.

Dannenmaier, W. & Thumin, F. (1964). Authority status as a factor in perceptual distortion of size. *The Journal of Social Psychology, 63,* 361-365.

Darwin, C. (1872/1965). *The expression of the emotions in man and animals.* Chicago: University of Chicago Press. (Original work published 1872) (Reprinted 1969).

Davidoff, J.B. (1986). The specificity of face perception: Evidence from psychological investigations. In R. Bruyer (Hrsg.), *The neuropsychology of face perception and facial expression* (S. 147-166). Hillsdale, NJ: Erlbaum.

Davidoff, J., Matthews, W.B. & Newcombe, F. (1986). Observations on a case of prosopagnosia. In H.D. Ellis, M.A. Jeeves, F. Newcombe & A. Young (Hrsg.), *Aspects of face processing* (S. 279-290). Dordrecht/Boston/Lancaster: Martinus Nijhoff.

Davies, G.M. (1978). Face recogniton: Issues and theories. In M.M. Gruneberg, P.E. Morris & R.N. Sykes (Hrsg.), *Practical aspects of memory* (S. 247-254). London: Academic Press.

Davies, G.M. (1981). Face recall systems. In G.M. Davies, H.D. Ellis & J.W. Shepherd (Hrsg.), *Perceiving and remembering faces* (S. 227-250). London: Academic Press.

Davies, G.M. (1983a). Forensic face recall: The role of visual and verbal information. In S.M.A. Lloyd-Bostock & B.R. Clifford (Hrsg.), *Evaluating witness evidence* (S. 103-123). Chichester: Wiley.

Davies, G.M. (1983b). The recognition of persons from drawings and photographs. *Human Learning, 2*, 237-249.

Davies, G.M. (1986). Context effects in episodic memory: A review. *Cahiers de Psychologie Cognitive, 6*, 157-174.

Davies, G.M. (1988). Faces and places: Laboratory research on context and face recognition. In G.M. Davies & D.M. Thomson (Hrsg.), *Memory in context: Context in memory* (S. 35-53). Chichester: John Wiley & Sons.

Davies, G.M., Ellis, H.D. & Shepherd, J.W. (1978). Face recognition accuracy as a function of mode of representation. *Journal of Applied Psychology, 63*, 180-187.

Davies, G.M., Ellis, H.D. & Shepherd, J.W. (Hrsg.). (1981). *Perceiving and remembering faces*. London: Academic Press.

Davies, G.M. & Flin, R.H. (1984). The man behind the mask - disguise and face recognition. *Human Learning, 3*, 83-95.

Davies, G.M. & Milne, A. (1982). Recognizing faces in and out of context. *Current Psychological Research, 2*, 235-246.

Davies, G.M. & Milne, A. (1985). Eyewitness composite production: A function of mental or physical reinstatement of context. *Criminal Justice and Behavior, 12*, 209-220.

Davies, G.M., Shepherd, J.W. & Ellis, H.D. (1979). Similarity effects in face recognition. *American Journal of Psychology, 92*, 507-523.

Davies, G.M. & Thomson, D.M. (Hrsg.). (1988). *Memory in context: Context in memory*. Chichester: John Wiley & Sons.

Daw, P.S. & Parkin, A.J. (1981). Observations on the efficiency of two different processing strategies for remembering faces. *Canadian Journal of Psychology, 35*, 351-355.

Deffenbacher, K.A. (1980). Eyewitness accuracy and confidence: Can we infer anything about their relationship. *Law and Human Behavior, 4*, 243-260.

Deffenbacher, K.A. (1986). On the memorability of the human face. In H.D. Ellis, M.A. Jeeves, F. Newcombe & A. Young (Hrsg.), *Aspects of face processing* (S. 61-70). Dordrecht/Boston/Lancaster: Martinus Nijhoff.

Deffenbacher, K.A., Brown, E.L. & Sturgill, W. (1978). Some predictors of eyewitness memory accuracy. In M.M. Gruneberg, P.E. Morris & R.N. Sykes (Hrsg.), *Practical aspects of memory* (S. 219-226). London: Academic Press.

Deffenbacher, K.A., Carr, T.H. & Leu, J.R. (1981). Memory for words, pictures and faces: Retroactive interference, forgetting and reminiscence. *Journal of Experimental Psychology: Human Learning and Memory, 7*, 299-305.

Deffenbacher, K.A. & Horney, J. (1981). Psycho-legal aspects of face identification. In G.M. Davies, H.D. Ellis & J.W. Shepherd (Hrsg.), *Perceiving and remembering faces* (S. 201-226). London: Academic Press.

Deffenbacher, K.A., Leu, J.R. & Brown, E.L. (1981). Memory for faces: Testing method, encoding strategy, and confidence. *American Journal of Psychology, 94*, 13-26.

Deusinger, I.M. & Haase, H. (1977). *Psychologische Probleme der Personenbeschreibung*. Wiesbaden: BKA-Forschungsreihe.

Devine, P.G. & Malpass, R.S. (1985). Orienting strategies in differential face recognition. *Personality and Social Psychology Bulletin, 11*, 33-40.

Diamond, R. & Carey, S. (1977). Developmental changes in the representation of faces. *Journal of Experimental Child Psychology, 23*, 1-22.

Dukes, W.F. & Bevan, W. (1967). Stimulus variation and repetition in the acquisition of naming responses. *Journal of Experimental Psychology, 74*, 178-181.

Eagly, A.H., Renner, P. & Carli, L.L. (1983, August). *Using meta-analysis to examine biases in gender-difference research*. Paper presented at the meetings of the American Psychological Association, Anaheim, California.

Ebbinghaus, H. (1885). *Über das Gedächtnis*. Leipzig: Humblot.

Ebbinghaus, H. (1897). *Grundzüge der Psychologie* (2 Bde.). Leipzig: Veit. (1. Aufl. 1897/1902; 2. Aufl. 1911/1913).

Egan, D., Pittner, M. & Goldstein, A.G. (1977). Eyewitness identification: Photographs vs. live models. *Law and Human Behavior, 1*, 199-206.

Eich, J.E. (1980). The cue-dependent nature of state-dependent retrieval. *Memory and Cognition, 8*, 157-173.

Eimer, E. (1978). *Varianzanalyse*. Stuttgart: Kohlhammer.

Ekman, P. & Friesen, W.V. (1975). *Unmasking the face*. Englewood Cliffs, NJ: Prentice Hall.

Ekman, P., Friesen, W.V. & Ellsworth, P. (1972). *Emotion in the human face*. New York: Pergamon Press.

Ekman, P. & Oster, H. (1979). Facial expressions of emotion. *Annual Review of Psychology, 30*, 527-554.

Ellgring, H. (1981). Nonverbal communication. A review of research in Germany. *German Journal of Psychology, 5*, 59-84.

Elliott, E.S., Wills, E.J. & Goldstein, A.G. (1973). The effects of discrimination training on the recognition of white and oriental faces. *Bulletin of the Psychonomic Society, 2*, 71-73.

Ellison, K.W. & Buckhout, R. (1981). *Psychology and criminal justice*. New York: Harper & Row.

Ellis, H.D. (1975). Recognizing faces. *British Journal of Psychology, 66*, 409-426.

Ellis, H.D. (1981). Theoretical aspects of face recognition. In G.M. Davies, H.D. Ellis & J.W. Shepherd (Hrsg.), *Perceiving and remembering faces* (S. 171-200). London: Academic Press.

Ellis, H.D. (1984). Practical aspects of face memory. In G.L. Wells & E.F. Loftus (Hrsg.), *Eyewitness testimony* (S. 12-37). Cambridge: Cambridge University Press.

Ellis, H.D. (1986a). Introduction to aspects of face processing: Ten questions in need of answer. In H.D. Ellis, M.A. Jeeves, F. Newcombe & A. Young (Hrsg.), *Aspects of face processing* (S. 3-13). Dordrecht/Boston/Lancaster: Martinus Nijhoff.

Ellis, H.D. (1986b). Introduction: Processes underlying face recognition. In R. Bruyer (Hrsg.), *The neuropsychology of face perception and facial expression* (S. 1-27). Hillsdale, NJ: Erlbaum.

Ellis, H.E., Davies, G.M. & Shepherd, J.W. (1978). Remembering pictures of real and 'unreal' faces: Some practical and theoretical considerations. *British Journal of Psychology, 69*, 467-474.

Ellis, H.D. & Deregowski, J.B. (1981). Within-race and between-race recognition of transformed and untransformed faces. *American Journal of Psychology, 94*, 27-35.

Ellis, H.D., Deregowski, J.B. & Shepherd, J.W. (1975). Descriptions of white and black faces by white and black subjects. *International Journal of Psychology, 10*, 119-123.

Ellis, H.D., Shepherd, J.W. & Davies, G.M. (1979). Identification of familiar and unfamiliar faces from internal and external features: Some implications for theories of face recognition. *Perception, 8*, 431-439.

Ellis, H.D., Shepherd, J.W. & Davies, G.M. (1980). The deterioration of verbal descriptions of faces over different delay intervals. *Journal of Police Science and Administration, 8*, 101-106.

Engelhardt, H. (1986). *Zum Einfluß von Kontext auf das Wiedererkennen von Personen. Eine experimentelle Untersuchung über Kleidung als Hinweisreiz*. Unveröffentlichte Diplomarbeit, Universität Erlangen-Nürnberg.

Erickson, R.C. & Scott, M. (1977). Clinical memory testing: A review. *Psychological Bulletin, 84*, 1130-1149.

Ericsson, K.A. & Simon, H.A. (1980). Verbal reports as data. *Psychological Review, 87*, 215-251.

Ernest, C.H. (1979). Visual imagery ability and the recognition of verbal and nonverbal stimuli. *Acta Psychologica, 43*, 253-269.

Eysenck, M.W. (1974). Age differences in incidental learning. *Developmental Psychology, 10*, 936-941.

Eysenck, M.W. (1978). Levels of processing: A critique. *British Journal of Psychology, 69*, 157-169.

Feinman, S. & Entwistle, D.R. (1976). Children's ability to recognize other children's faces. *Child Development, 47*, 506-510.

Fernandez, A. & Glenberg, A.M. (1985). Changing environmental context does not reliably affect memory. *Memory & Cognition, 13*, 333-345.

Fiedler, K. (1985a). *Kognitive Strukturierung der sozialen Umwelt*. Göttingen: Hogrefe.

Fiedler, K. (1985b). Zur Stimmungsabhängigkeit kognitiver Funktionen. *Psychologische Rundschau, 36*, 125-134.

Fisher, G.H. & Cox, R.L. (1975). Recognizing human faces. *Applied Ergonomics, 6*, 104-109.

Fiske, S.T. & Cox, M.G. (1979). Person concepts: The effect of target familiarity and descriptive purpose on the process of describing others. *Journal of Personality, 47*, 136-161.

Fiske, S.T. & Taylor, S.E. (1984). *Social cognition*. Reading: Addison-Wesley.

Fleishman, J.J., Buckley, M.L., Klosinsky, M.J., Smith, N. & Tuck, B. (1976). Judged attractiveness in recognition memory of women's faces. *Perceptual and Motor Skills, 43*, 709-710.

Forgas, J.P. (1983). What is social about social cognition? *British Journal of Social Psychology, 22*, 129-144.

Franzen, S. & Sporer, S.L. (1991a). *Personenverwechslungen und Möglichkeiten ihrer Vermeidung: Können Augenzeugen durch Visualisierung gegen den Einfluß von irreführenden Rekonstruktionsbildern immunisiert werden?* Unveröffentlichtes Manuskript, Philipps-Universität, Marburg.

Franzen, S. & Sporer, S.L. (1991b). *Personenverwechslungen durch irreführende Rekonstruktionsbilder: Zum Einfluß nachträglicher Informationen und der Wiederherstellung des Wahrnehmungskontextes*. Unveröffentlichtes Manuskript, Philipps-Universität, Marburg.

Fricke, R. & Treinies, G. (1985). *Einführung in die Metaanalyse*. Bern: Hans Huber.

Friedman, M.P., Reid, S.R. & Carterette, E.C. (1971). Feature saliency and recognition memory for schematic faces. *Perception and Psychophysics, 10*, 47-50.

Frijda, N. & Van de Geer, J.P. (1961). Codability and recognition. *Acta Psychologica, 18*, 360-367.

Gadenne, V. (1976). *Die Gültigkeit psychologischer Untersuchungen*. Stuttgart: Kohlhammer.

Galper, R.E. (1973). "Functional race membership" and recognition of faces. *Perceptual and Motor Skills, 37*, 455-462.

Galper, R.E. & Hochberg, J. (1971). Recognition memory for photographs of faces. *American Journal of Psychology, 84*, 351-354.

Galton, F. (1878). Composite portraits. *Journal of the Anthropological Institute of Great Britain & Ireland, 8*, 132-142.

Galton, F. (1880). Statistics of mental imagery. *Mind, 5*, 301-318.

Galton, F. (1883/1907). *Inquiries into human faculty and its development* (3. Aufl.). London: Macmillan. (Original work published 1883) (Reprinted 1952).

Gehring, R.E., Toglia, M.P. & Kimble, G.A. (1976). Recognition memory for words and pictures at short and long retention intervals. *Memory & Cognition, 4*, 256-260.

Geiselman, R.E., Fisher, R.P., Firstenberg, I., Hutton, L.A., Sullivan, S.J., Avetissian, I.V. & Prosk, A.L. (1984). Enhancement of eyewitness memory: An empirical evaluation of a cognitive interview. *Journal of Police Science and Administration, 12*, 74-80.

Gibson, E.J. (1969). *Principles of perceptual learning and development.* New York: Appleton-Century-Crofts.

Gilbert, C. & Bakan, P. (1973). Visual asymmetry in perception of faces. *Neuropsychologia, 11*, 355-362.

Gillenson, M.L. & Chandrasekaran, B. (1975). A heuristic strategy for developing human facial images on a CRT. *Pattern Recognition, 7*, 187-196.

Glass, G.V., McGaw, B. & Smith, M.L. (1981). *Meta-analysis in social research.* Beverly Hills: Sage.

Godden, D.R. & Baddeley, A.D. (1975). Context-dependent memory in two natural environments: On land and underwater. *British Journal of Psychology, 66*, 325-332.

Godden, D. & Baddeley, A. (1980). When does context influence recognition memory? *British Journal of Psychology, 71*, 99-104.

Going, M. & Read, J.D. (1974). Effects of uniqueness, sex of subjects, and sex of photograph on facial recognition. *Perceptual and Motor Skills, 43*, 709-710.

Goldman, M. & Hagen, M.A. (1978). The forms of caricature: Physiognomy and political bias. *Studies on the Anthropology of Visual Communication, 6*, 30-36.

Goldstein, A.G. (1975). Recognition of inverted photographs of faces by children and adults. *Journal of Genetic Psychology, 127*, 109-123.

Goldstein, A.G. (1977). The fallibility of the eyewitness: Psychological evidence. In B.D. Sales (Hrsg.), *Psychology in the legal process* (S. 223-247). New York: Spectrum.

Goldstein, A.G. (1979a). Race-ralated variation of facial features: Anthropometric data I. *Bulletin of the Psychonomic Society, 13*, 187-190.

Goldstein, A.G. (1979b). Facial features variation: Anthropometric data II. *Bulletin of the Psychonomic Society, 13*, 191-193.

Goldstein, A.G. & Chance, J.E. (1964). Recognition of children's faces. *Child development, 35*, 129-136.

Goldstein, A.G. & Chance, J.E. (1971). Visual recognition memory for complex configurations. *Perception and Psychophysics, 9*, 237-241.

Goldstein, A.G. & Chance, J.E. (1976). Measuring psychological similarity of faces. *Bulletin of the Psychonomic Society, 7*, 407-408.

Goldstein, A.G. & Chance, J.E. (1978). Judging face similarity in own and other races. *Journal of Psychology, 98*, 185-193.

Goldstein, A.G. & Chance, J.E. (1979). Do foreign faces really look alike? *Bulletin of the Psychonomic Society, 13*, 111-113.

Goldstein, A.G. & Chance, J.E. (1980). Memory for faces and schema theory. *Journal of Psychology, 105*, 47-59.

Goldstein, A.G. & Chance, J.E. (1981). Laboratory studies of face recognition. In G.M. Davies, H.D. Ellis & J. Shepherd (Hrsg.), *Perceiving and remembering faces* (S. 81-104). London: Academic Press.

Goldstein, A.G., Chance, J.E. & Gilbert, B. (1984). Facial stereotypes of good guys and bad guys: A replication and extension. *Bulletin of the Psychonomic Society, 22*, 549-552.

Goldstein, A.G., Johnson, K.S. & Chance, J.E. (1979). Does fluency of face description imply superior face recognition? *Bulletin of the Psychonomic Society, 13*, 15-18.

Goldstein, A.G. & Mackenberg, E.J. (1966). Recognition of human faces from isolated facial features: A developmental study. *Psychonomic Science, 6*, 149-150.

Goldstein, A.G., Stephenson, B. & Chance, J.E. (1977). Face recognition memory: Distribution of false alarms. *Bulletin of the Psychonomic Society, 9*, 416-418.

Gordon, K. (1905). Über das Gedächtnis für affektiv bestimmte Eindrücke. *Archiv für die gesamte Psychologie, 4*, 437-458.

Gordon, P., Valentine, E. & Wilding, J. (1984). One man's memory: A study of a mnemonist. *British Journal of Psychology, 75*, 1-14.

Gordon, R. (1949). An investigation into some of the factors that favour the formation of stereotyped images. *British Journal of Psychology, 39*, 156-167.

Gorenstein, G.W. & Ellsworth, P.C. (1980). Effect of choosing an incorrect photograph on a later identification by an eyewitness. *Journal of Applied Psychology, 65*, 616-622.

Graefe, T.M. & Watkins, M.J. (1980). Picture rehearsal: An effect of selectively attending to pictures no longer in view. *Journal of Experimental Psychology, 6*, 156-162.

Graesser, A.C. (1981). *Prose comprehension beyond the word.* New York: Springer.

Greenwald, A.G. (1975). Consequences of prejudice against the null hypothesis. *Psychological Bulletin, 82*, 1-20.

Green, D.M. & Swets, J.R. (1974). *Signal detection theory and psychophysics.* Huntington, N.Y.: Krieger.

Grier, J.B. (1971). Nonparametric indexes for sensitivity and bias: Computing formulas. *Psychological Bulletin, 75*, 424-429.

Grünwald, G. (1981). Probleme der Gegenüberstellung zum Zwecke der Wiedererkennung. *Juristenzeitung, 36*, 423-429.

Gruneberg, M.M., Morris, P.E. & Sykes, R.N. (Hrsg.). (1978). *Practical aspects of memory.* London: Academic Press.

Gruneberg, M.M., Morris, P.E. & Sykes, R.N. (Hrsg.). (1988). *Practical aspects of memory: Current research and issues* (2 Bde.). Chichester: Wiley.

Gur, R.C. & Hilgard, E.R. (1975). Visual imagery and the discrimination of differences between altered pictures simultaneously and successively presented. *British Journal of Psychology, 66*, 341-345.

Haas, S. (1988). *Die Entwicklung des Wiedererkennens von Gesichtern bei Kindern - eine experimentelle Studie an Haupt- und Gymnasialschülern der 5. bis 9. Klassen.* Zulassungsarbeit zur ersten Staatsprüfung für das Lehramt an Grundschulen. Universität Erlangen-Nürnberg.

Haas, S. & Sporer, S.L. (1989). *Zur Entwicklung von Enkodierungsstrategien beim Wiedererkennen von Gesichtern.* Vortrag auf der 31. Tagung experimentell arbeitender Psychologen in Bamberg.

Hacker, M.J. & Ratcliff, R. (1979). A revised table of d' for m-alternative forced choice. *Perception & Psychophysics, 26*, 168-170.

Hagen, M.A. & Perkins, D. (1983). A refutation of the hypothesis of the superfidelity of caricatures relative to photographs. *Perception, 12*, 55-61.

Hall, J.A. (1978). Gender effects in decoding nonverbal cues. *Psychological Bulletin, 85*, 845-857.

Hamilton, D.L. (Hrsg.). (1981). *Cognitive processes in stereotyping and intergroup behavior.* Hillsdale, N.J.: Erlbaum.

Hamilton, D.L., Katz, L.B. & Leirer, V.O. (1980). Organizational processes in impression formation. In R. Hastie, T.M. Ostrom, E.B. Ebbesen, R.S. Wyer, D.L. Hamilton & D.E. Carlston (Hrsg.), *Person memory: The cognitive basis of social perception* (S. 121-153). Hillsdale, NJ: Erlbaum.

Hassebrauck, M. (1983). Die Beurteilung der physischen Attraktivität: Konsens unter Urteilern? *Zeitschrift für Sozialpsychologie, 14*, 152-161.

Hassebrauck, M. (1984). *Der Einfluß von Attitüdenähnlichkeit und physischer Attraktivität auf die Beurteilung von Personen.* Unveröffentlichtes Manuskript, Technische Hochschule Darmstadt, Darmstadt.

Hassebrauck, M. (1986). Perception of physical attractiveness influenced by similarity of attitudes. *Perceptual and Motor Skills, 63*, 185-186.

Hastie, R. (1981). Schematic principles in human memory. In E.T. Higgins, C.P. Herman & M.P. Zanna, Social cognition: The Ontario Symposium (S. 39-88). Hillsdale: Lawrence Erlbaum Associates.

Hastie, R. & Carlston, D.E. (1980). Theoretical issues in person memory. In R. Hastie, T.M. Ostrom, E.B. Ebbesen, R.S. Wyer, D.L. Hamilton & D.E. Carlston (Hrsg.), *Person Memory: The cognitive basis of social perception* (S. 1-53). Hillsdale: Lawrence Erlbaum Associates.

Hastie, R., Ostrom, T.M., Ebbesen, E.B., Wyer, R.S., Hamilton, D.L. & Carlston, D.E. (1980). *Person memory: The cognitive basis of social perception.* Hillsdale, N.J.: Erlbaum.

Hatfield, E. & Sprecher, S. (1986). *Mirror, mirror. The importance of looks in everyday life.* Albany, NY: State University of New York Press.

Hay, D.C. & Young, A.W. (1982). The human face. In A.W. Ellis (Hrsg.), *Normality and pathology in cognitive functions.* New York: Academic Press.

Healy, A.F. (1978). The effects of payoffs and prior probabilities on indices of performance and cutoff location in recognition memory. *Memory & Cognition, 6*, 544-553.

Hécaen, H. (1981). The neuropsychology of face recognition. In G.M. Davies, H.D. Ellis & J.W. Shepherd (Hrsg.), *Perceiving and remembering faces* (S. 9-54). London: Academic Press.

Hehlmann, W. (1967). *Geschichte der Psychologie.* Stuttgart: Kröner.

Heindl, R. (1909). Die Zuverlässigkeit der Signalementaussagen. *Archiv für Kriminalanthropologie und Kriminalistik, 33*, 109-134.

Helson, H. (1964). *Adaption-level theory.* New York: Harper & Row.

Henning, H. (1920). Das Wiedererkennen menschlicher Gesichter in kriminologischer Hinsicht. *Archiv für Kriminologie, 72*, 235-254.

Higgins, E.T., Herman, C.P. & Zanna, M.P. (Hrsg.). (1981). *Social cognition: The Ontario symposium, August 1978* (Bd. 1). Hillsdale, NJ: Erlbaum.

Hochberg, J. & Galper, R.E. (1967). Recognition of faces: 1. An exploratory study. *Psychonomic Science, 9*, 619-620.

Hochhaus, L. (1972). A table for the calculation of d' and *beta*. *Psychological Bulletin, 77*, 375-376.

Hodos, W. (1970). Nonparametric index of response bias for use in detection and recognition experiments. *Psychological Bulletin, 74*, 351-354.

Höfler, A. (1986). *Zum Einfluß des Rehearsals auf das Wiedererkennen von Gesichtsstimuli: Eine experimentelle Studie.* Unveröffentlichte Hausarbeit zur ersten Staatsprüfung für das Lehramt an Gymnasien, Friedrich-Alexander Universität Erlangen-Nürnberg.

Hoffman, C. & Kagan, S. (1977). Field dependence and facial recognition. *Perceptual and Motor Skills, 44*, 119-124.

Hofstätter, P.R. (1966). *Einführung in die Sozialpsychologie.* Stuttgart: Kröner.

Holt, R.R. (1964). Imagery: The return of the ostracized. *American Psychologist, 19*, 254-264.

Holz-Ebeling, F. (1989). Zur Frage der Trivialität von Forschungsergebnissen. *Zeitschrift für Sozialpsychologie, 20*, 141-156.

Hosch, H.M., Bothwell, R.K., Sporer, S.L. & Saucedo, C. (im Druck). The accuracy of a witness' choice: Facial recognition ability, confidence, decision-time and person descriptions. *Law and Human Behavior.*

Hosch, H.M. & Cooper, D.S. (1982). *Victimization and self-monitoring as determinants of eyewitness accuracy.* Unveröffentlichtes Manuskript, Universität Texas at El Paso, Texas.

Hosch, H.M., Leippe, M.R., Marchioni, P.M. & Cooper, D.S. (1984). Victimization, self-monitoring, and eyewitness identification. *Journal of Applied Psychology, 69*, 280-288.

Howells, T.H. (1938). A study of ability to recognize faces. *Journal of Abnormal and Social Psychology, 33*, 124-127.

Humphrey, N.K. & McManus, I.C. (1973). Status and the left cheek. *New Scientist, 59*, 437-439.

Hunt, T. (1928). The measurement of social intelligence. *Journal of Applied Psychology, 12*, 317-334.

Issing, L.J., Haack, J. & Mickasch, H.D. (Hrsg.). (1985). *Blickbewegungsforschung und Bildverarbeitung* (Forschungsberichte Medienforschung, 1). Berlin.

Jaensch, E.R. (1922). Über die subjektiven Anschauungsbilder (mit Vorführung von Versuchen). *Bericht über den 7. Kongreß für experimentelle Psychologen in Marburg*. Jena: Fischer.

Kaess, W.A. & Witryol, S.L. (1955). Memory for names and faces: A characteristic of social intelligence? *Journal of Applied Psychology, 39*, 457-462.

Kalkofen, H., Müller, A. & Strack, M. (1989, März). *Die Schönheit des Gesichts: Empirische Zugänge zur Durchschnittsbild-Hypothese I. Kants*. Vortrag gehalten auf der 31. Tagung experimentell arbeitender Psychologen in Bamberg.

Kammer, D. & Nowack, W. (1983). Self-monitoring: Construction and validation of a German two-factor scale. In D. Mummendey (Hrsg.), *Bielefelder Arbeiten zur Sozialpsychologie. Psychologische Forschungsberichte* (No. 104). Bielefeld: Eigenverlag.

Keenan, J.M. & Baillet, S.D. (1980). Memory for personally and socially significant events. *Attention and Performance, 8*, 651-669.

Kellogg, R.T. (1980). Is conscious attention necessary for long-term storage? *Journal of Experimental Psychology: Human Learning and Memory, 6*, 379-390.

Kelly, G.A. (1955). *The psychology of personal constructs*. New York: Norton.

Kerr, N.H. & Winograd, E. (1982). Effects of contextual elaboration on face recognition. *Memory and Cognition, 10*, 603-609.

Kerr, N.L. & Bray, R.M. (Hrsg.). (1982). *The psychology of the courtroom*. New York: Academic Press.

Kintsch, W. (1977). *Memory and cognition* (2. Aufl.). New York: Wiley.

Klatzky, R.L. & Forrest, F.H. (1984). Recognizing familiar and unfamiliar faces. *Memory and Cognition, 1*, 60-70.

Klatzky, R.L., Martin, G.L. & Kane, R.A. (1982a). Influence of social-category activation on processing of visual information. *Social Cognition, 1*, 95-109.

Klatzky, R.L., Martin, G.L. & Kane, R.A. (1982b). Semantic interpretation effects on memory for faces. *Memory and Cognition, 10*, 195-206.

Klee, M., Leseaux, M., Malai, C. & Tiberghien, G. (1982). Nouveaux effets de contexte dans la reconnaissance de visage non familiers. *Revue de Psychologie Appliquée, 32*, 109-119.

Kleinsmith, L.J. & Kaplan, S. (1963). Paired-associate learning as a function of arousal and interpolated interval. *Journal of Experimental Psychology, 65*, 190-193.

Köhnken, G. (1982). *Sprechverhalten und Glaubwürdigkeit: Eine experimentelle Studie zur extralinguistischen und textstilistischen Aussageanalyse*. Unveröffentlichte Dissertation, Universität Kiel.

Köhnken, G. (1990). Fehlerquellen im Gegenüberstellungsverfahren. In G. Köhnken & S.L. Sporer (Hrsg.), *Identifizierung von Tatverdächtigen durch Augenzeugen* (S. 157-178). Göttingen: Hogrefe.

Köhnken, G. & Maass, A. (1985). Realism, reactance, and instructional bias in eyewitness identification. In F.L. Denmark (Hrsg.), *Social/Ecological psychology and the psychology of women* (S. 141-163). Amsterdam/New York/Oxford: Elsevier Science Publishers.

Köhnken, G. & Maass, A. (1988). Eyewitness testimony: False alarms on biased instructions? *Journal of Applied Psychology, 73*, 363-370.

Köhnken, G. & Sporer, S.L. (Hrsg.). (1990). *Identifizierung von Tatverdächtigen durch Augenzeugen*. Göttingen: Hogrefe.

Kolers, P.A., Duchnicky, R.L. & Sundstroem, G. (1985). *Size in the visual processing of faces and words*. Unveröffentlichtes Manuskript, Universität von Toronto, Kanada.

Kolers, P.A. & Ostry, D.J. (1974). Time course of loss of information regarding pattern analyzing operations. *Journal of Verbal Learning and Verbal Behavior, 13*, 599-612.

Koppell, S. (1977). Decision latencies in recognition memory: A signal detection theory analysis. *Journal of Experimental Psychology: Human Learning and Memory, 3*, 445-457.

Kosyra, H. (1962). Morde an Polizeibeamten. *Archiv für Kriminologie, 129*, 89-113.

Kozeny, E.D. (1962). Experimentelle Untersuchungen zur Ausdruckskunde mittels photographisch-statistischer Methode. *Archiv für die gesamte Psychologie, 114*, 125-142.

Krafka, C. & Penrod, S.D. (1985). Reinstatement of context in a field experiment on eyewitness identification. *Journal of Personality and Social Psychology, 49*, 58-69.

Kretschmer, E. (1921). *Körperbau und Charakter: Untersuchungen zum Konstitutionsproblem und zur Lehre von den Temperamenten*. Berlin: Springer.

Kroh, O. (1922). *Subjektive Anschauungsbilder bei Jugendlichen*. Göttingen: Vandenhoeck & Ruprecht.

Krouse, F.L. (1981). Effects of pose, pose change, and delay on face recognition performance. *Journal of Applied Psychology, 66*, 651-654.

Langdell, T. (1978). Recognition of faces: An approach to the study of autism. *Journal of Child Psychology and Psychiatry, 19*, 255-268.

Langlois, J.H. & Roggman, A. (1990). Attractive faces are only average. *Psychological Science, 1*, 115-121.

Lantz, D. & Stefflre, V. (1964). Language and cognition revisited. *Journal of Abnormal and Social Psychology, 69*, 472-481.

Laughery, K.R., Alexander, J.F. & Lane, A.B. (1971). Recognition of human faces: Effects of target exposure time, target position, pose position, and type of photograph. *Journal of Applied Psychology, 55*, 477-483.

Laughery, K.R., Fessler, P.K., Lenorovitz, D.R. & Yoblick, D.A. (1974). Time delay and similarity effects in facial recognition. *Journal of Applied Psychology, 59*, 490-496.

Laughery, K.R. & Fowler, R. (1977). *Factors affecting facial recognition*. Mug File Project (Report No. UHMUG-3). Universität Houston, Texas.

Laughery, K.R., Rhodes, B. & Batten, G. (1981). Computer-guided recognition and retrieval of facial images. In G.M. Davies, H.D. Ellis & J.W. Shepherd (Hrsg.), *Perceiving and remembering faces* (S. 251-270). London: Academic Press.

Lavrakas, P.J., Buri, J.R. & Mayzner, M.S. (1976). A perspective on the recognition of other-race faces. *Perception and Psychophysics, 20*, 475-481.

Leippe, M.R. (1980). Effects of integrative memorial and cognitive processes on the correspondence of eyewitness accuracy and confidence. *Law and Human Behavior, 4*, 261-274.

Lennox, R.D. & Wolfe, R.N. (1984). Revision of the self-monitoring scale. *Journal of Personality and Social Psychology, 46*, 1349-1364.

Lenorovitz, D.R. & Laughery, K.R. (1984). A witness-computer interactive system for searching mug files. In G.L. Wells & E.F. Loftus (Hrsg.), *Eyewitness testimony: Psychological perspectives* (S. 38-63). London: Cambridge University Press.

Lersch, P. (1932). *Gesicht und Seele*. München: Reinhardt.

Lienert, G.A. (1969). *Testaufbau und Testanalyse*. Weinheim: Beltz.

Lienert, G.A.L. (1978). *Verteilungsfreie Methoden in der Biostatistik* (Bd. 1). Meisenheim am Glan: Anton Hain.

Lienert, G.A.L. (1983). *Verteilungsfreie Methoden in der Biostatistik* (Bd. 2). Meisenheim am Glan: Anton Hain.

Liggett, J. (1974). *The human face*. London: Constable.

Light, L., Hollander, S. & Kayra-Stuart, F. (1981). Why attractive people are harder to remember. *Personality and Social Psychology Bulletin, 7,* 269-276.

Light, L., Kayra-Stuart, F. & Hollander, S. (1979). Recognition memory for typical and unusual faces. *Journal of Experimental Psychology: Human Learning and Memory, 5,* 212-228.

Lilli, W. (1982). *Grundlagen der Stereotypisierung*. Göttingen: Verlag für Psychologie.

Lindsay, R.C.L. & Harvie, V.L. (1988). Hits, false alarms, correct and mistaken identifications: The effects of method of data collection on facial memory. In M.M. Gruneberg, P.E. Morris & R.N. Sykes (Hrsg.), *Practical aspects of memory* (Bd. 1, S. 47-52). Chichester: Wiley.

Lindsay, R.C.L., Wallbridge, H. & Drennan, D. (1987). Do the clothes make the man? An exploration of the effect of lineup attire on eyewitness identification accuracy. *Canadian Journal of the Behavioral Sciences, 19,* 463-478.

Lindsay, R.C.L. & Wells, G.L. (1983). What do we really know about crossrace eyewitness identification? In S. Lloyd-Bostock & B.R. Clifford (Hrsg.), *Evaluating witness evidence: Recent psychological research and new perspectives* (S. 219-233). Chichester: Wiley.

Lippmann, W. (1922). *Public opinion*. New York: Harcourt Brace.

Litterer, O. (1933). Stereotypes. *Journal of Social Psychology, 4,* 59-68.

Lloyd-Bostock, S. & Clifford, B.R. (Hrsg.). (1983). *Evaluating witness evidence: Recent psychological research and new perspectives*. Chichester: Wiley.

Lockhart, R.S. & Murdock, Jr., B. (1970). Memory and the theory of signal detection. *Psychological Bulletin, 74,* 100-109.

Loftus, E.F. (1974). Reconstructing memory: The incredible eyewitness. *Psychology Today, 12,* 117-119.

Loftus, E.F. (1976). Unconscious transference in eyewitness identification. *Law and Psychology Review, 2,* 93-98.

Loftus, E.F. (1979). *Eyewitness testimony*. Cambridge, MA: Harvard University Press.

Loftus, E.F., Manber, M. & Keating, J.P. (1983). Recollecting of naturalistic events: Context enhancement versus negative cueing. *Human Learning, 2,* 83-92.

Loftus, G.R. (1972). Eye fixations and recognition memory for pictures. *Cognitive Psychology, 3,* 525-551.

Loftus, G.R. & Bell, S. (1975). Two types of information in picture memory. *Journal of Experimental Psychology: Human Learning and Memory, 104,* 103-113.

Lorayne, H. (1976). *Remembering people*. New York: Warner.

Lorayne, H. & Lucas, J. (1974). *The memory book*. New York: Ballantine Books.

Lorenz, C. & Neisser, U. (1985). Factors of imagery and event recall. *Memory & Cognition, 13,* 494-500.

Lorsbach, T.C. & Mueller, J.H. (1979). Encoding tasks and free recall in children. *Bulletin of the Psychonomic Society, 14,* 169-172.

Luce, T.S. (1974). Blacks, whites, and yellows: They all look alike to me. *Psychology Today, 8,* 105-108.

Luria, S.M. & Strauss, M.S. (1978). Comparisons of eye movements over faces in photographic positives and negatives. *Perception, 7,* 349-358.

Maass, A. (1990). Logik und Methoden experimenteller Forschung in der forensischen Aussagepsychologie. In G. Köhnken & S.L. Sporer (Hrsg.), *Identifizierung von Tatverdächtigen durch Augenzeugen* (S. 197-212). Göttingen: Hogrefe.

Maccoby, E.E. & Jacklin, C.N. (1974). *The psychology of sex differences.* Stanford, CA: Stanford University Press.

Macmillan, N.A. & Kaplan, H.L. (1985). Detection theory analysis of group data: Estimating sensitivity from average hit and false-alarm rates. *Psychological Bulletin, 98*, 185-199.

Macrae, C.N. & Shepherd, J.W. (1989). Do criminal stereotypes mediate juridic judgements? *British Journal of Social Psychology, 28*, 189-191.

Malpass, R.S. (1975, May). *Towards a theoretical basis for understanding differential face recognition.* Paper presented at the meeting of the Midwestern Psychological Association, Chicago, Illinois.

Malpass, R.S. (1979). A cross-cultural face recognition field manual: Description and a validation study. In L.H. Eckensberger, W.J. Lonner & Y.H. Poortinga (Hrsg.), *Cross-cultural contributions to psychology* (S. 27-39). Lisse, The Netherlands: Swets & Zeitlinger.

Malpass, R.S. (1981). Training in face recognition. In G.M. Davies, H.D. Ellis & J.W. Shepherd (Hrsg.), *Perceiving and remembering faces* (S. 271-285). London: Academic Press.

Malpass, R.S. (1988). Psychological differentiation, gaze and face recognition. In M.M. Gruneberg, P.E. Morris & R.N. Sykes (Hrsg.), *Practical aspects of memory* (Bd. 1, S. 145-150). Chichester: Wiley.

Malpass, R.S. (1990). Techniken zur Verbesserung der Gedächtnisleistungen. In G. Köhnken & S.L. Sporer (Hrsg.), *Identifizierung von Tatverdächtigen durch Augenzeugen* (S. 135-156). Göttingen: Hogrefe.

Malpass, R.S. & Devine, P.G. (1981). Guided memory in eyewitness identification. *Journal of Applied Psychology, 66*, 343-350.

Malpass, R.S. & Devine, P.G. (1983). Measuring the fairness of eyewitness identification lineups. In S.M.A. Lloyd-Bostock & B.R. Clifford (Hrsg.), *Evaluating witness evidence* (S. 81-102). Chichester: Wiley.

Malpass, R.S. & Devine, P.G. (1984). Research on suggestion in lineups and photospreads. In G.L. Wells & E.F. Loftus (Hrsg.), *Eyewitness testimony: Psychological perspectives* (S. 64-91). New York: Cambridge University Press.

Malpass, R.S. & Hughes, K.D. (1986). Formation of facial prototypes. In H.D. Ellis, M.A. Jeeves, F. Newcombe & A. Young (Hrsg.), *Aspects of face processing* (S. 154-162). Dordrecht/Boston/Lancaster: Martinus Nijhoff.

Malpass, R.S. & Kravitz, J. (1969). Recognition for faces of own and other race. *Journal of Personality and Social Psychology, 13*, 330-334.

Malpass, R.S., Lavigueur, H. & Weldon, D. (1973). Verbal and visual training in face recognition. *Perception and Psychophysics, 14*, 285-292.

Mandler, J.M. & Ritchey, G.H. (1977). Long-term memory for pictures. *Journal of Experimental Psychology: Human Learning and Memory, 3*, 386-396.

Marks, D.F. (1973). Visual imagery differences in the recall of pictures. *British Journal of Psychology, 64*, 17-24.

Marks, D.F. (1983). Mental imagery and consciousness: A theoretical review. In A.A. Sheikh (Hrsg.), *Imagery. Current theory, research and application* (S. 96-130). New York: Wiley.

Marschark, M. & Hunt, R.R. (1989). A reexamination of the role of imagery in learning and memory. *Journal of Experimental Psychology: Learning, Memory, and Cognition, 15*, 710-720.

McArthur, L.Z. (1982). Judging a book by its cover: A cognitive analysis of the relationships between physical appearance and stereotyping. In A.H. Hastorf & A.M. Isen (Hrsg.), *Cognitive social psychology* (S. 149-211). New York: Elsevier.

McGeoch, J.A. (1932). Forgetting and the law of disuse. *Psychological Review, 39*, 352-370.

McKelvie, S.J. (1976). The role of eyes and mouth in recognition memory for faces. *American Journal of Psychology, 89,* 311-323.

McKelvie, S.J. (1978). Sex differences in facial memory. In M.M. Gruneberg, P.E. Morris & R.N. Sykes (Hrsg.), *Practical aspects of memory* (S. 263-269). New York: Academic Press.

McKelvie, S.J. (1981). Sex differences in memory for faces. *Journal of Psychology, 107,* 109-125.

McKelvie, S.J. (1983). Effects of lateral reversal on recognition memory for photographs of faces. *British Journal of Psychology, 74,* 391-407.

McKelvie, S.J. (1984). Reported visual imagery for faces and facial recognition memory. *Perceptual and Motor Skills, 59,* 825-826.

McKelvie, S.J. (1986). Effects of format of the vividness of visual imagery questionnaire on content validity, split-half reliability, and the role of memory in test-retest reliability. *British Journal of Psychology, 77,* 229-236.

McKelvie, S.J. & Demers, E.G. (1979). Individual differences in reported visual imagery and memory performance. *British Journal of Psychology, 70,* 51-57.

McKelvie, S.J. & Gingras, P.P. (1974). Reliability of two measures of visual imagery. *Perceptual and Motor Skills, 39,* 417-418.

McManus, I.C. & Humphrey, N.K. (1973). Turning the left cheek. *Nature, 243,* 271-272.

McNicol, D. (1972). *A primer of signal detection theory.* London: George Allen & Unwin.

Memon, A. & Bruce, V. (1983). The effects of encoding strategy and context change on face recognition. *Human Learning, 2,* 313-326.

Memon, A. & Bruce, V. (1985). Context effects in episodic studies of verbal and facial memory: A review. *Current Psychological Research and Reviews, 4,* 349-369.

Menz, C. & Groner, R. (1985). Blickpfade bei der Bildbetrachtung. In L.J. Issing, J. Haack & H.D. Mickasch (Hrsg.), *Blickbewegungsforschung und Bildverarbeitung* (Forschungsberichte Medienforschung, 1). Berlin.

Messick, S. & Damarin, F. (1964). Cognitive styles and memory for faces. *Journal of Abnormal and Social Psychology, 69,* 313-318.

Metzig, W. & Schuster, M. (1982). *Lernen zu lernen.* Berlin: Springer.

Meurer, D. & Sporer, S.L. (Hrsg.). (1990). *Zum Beweiswert von Personenidentifizierungen: Neuere empirische Befunde.* Marburg: N.G. Elwert.

Meurer, D., Sporer, S.L. & Franzen, S. (1989). Wanted - Psychologisch-kriminalistische Aspekte der Erstellung von Fahndungsbildern mit Mac-a-Mug Pro auf dem Apple Macintosh. *Jur-PC, 10,* 351-354.

Meurer, D., Sporer, S.L. & Rennig, C. (1990). Der Beweiswert von Personenidentifizierungen - Auf dem Weg von alltagspsychologischen Erfahrungssätzen zu empirisch überprüfbaren Fragestellungen. *Zum Beweiswert von Personenidentifizierungen: Neuere empirische Befunde* (S. 1-18). Marburg: Elwert.

Miller, A.G. (Hrsg.). (1982). *In the eye of the beholder. Contemporary issues in stereotyping.* New York: Praeger Publishers.

Monahan, J. & Loftus, E.F. (1982). The psychology of law. *Annual Review of Psychology, 33,* 441-475.

Morris, P.E., Jones, S. & Hampson, P. (1978). An imagery mnemonic for the learning of people's names. *British Journal of Psychology, 69,* 335-336.

Mueller, J.H., Bailis, K.L. & Goldstein, A.G. (1979). Depth of processing and anxiety in facial recognition. *British Journal of Psychology, 70,* 511-515.

Mueller, J.H., Carlomusto, M. & Goldstein, A.G. (1978). Orienting task and study time in facial recognition. *Bulletin of the Psychonomic Society, 11,* 313-316.

Mueller, J.H. & Courtois, M.R. (1980). Test anxiety and breadth of encoding experiences in free recall. *Journal of Research in Personality, 14*, 458-466.

Mueller, J.H., Heesacker, M. & Ross, M.J. (1984). Likability of targets and distractors in facial recognition. *American Journal of Psychology, 97*, 235-247.

Mueller, J.H. & Thompson, W.B. (1986). Stereotyping and face memory. In H.D. Ellis, M.A. Jeeves, F. Newcombe & A. Young (Hrsg.), *Aspects of face processing* (S. 163-169). Dordrecht/Boston/Lancaster: Martinus Nijhoff.

Mueller, J.H. & Thompson, W.B. (1988). Individual differences in face memory. In M.W. Gruneberg, P. Morris & R.N. Sykes (Hrsg.), *Practical aspects of memory* (S. 71-76). New York: Wiley.

Mueller, J.H. & Wherry, K.L. (1980). Orienting strategies at study and test in facial recognition. *American Journal of Psychology, 93*, 107-117.

Münsterberg, H. (1908). *On the witness stand. Essays on psychology and crime.* New York: Doubleday, Page.

Murdock, B.B., Jr. (1980). Short-term recognition memory. In R.S. Nickerson (Hrsg.), *Attention and Performance* (Bd. 8, S. 497-519). Hillsdale, NJ: Erlbaum.

Neisser, U. (1978). Memory: What are the important questions? In M.M. Gruneberg, P.E. Morris & R.N. Sykes (Hrsg.), *Practical aspects of memory* (S. 3-24). London: Academic Press.

Neisser, U. (1982). *Memory observed: Remembering in natural contexts.* San Francisco: Freeman.

Neumann, P.G. (1974). An attribute frequency model for the abstraction of prototypes. *Memory and Cognition, 2*, 241-248.

Neumann, P.G. (1977). Visual prototype formation with discontinuous representation of dimensions of variability. *Memory and Cognition, 5*, 187-197.

Nickel, H., Heinerth, K. & Bittmann, F. (1975). Gibt es wirklich Eidetiker? Untersuchungen mit stereoskopischen Vorlagen an Schulkindern und Studierenden. *Psychologie in Erziehung und Unterricht, 22*, 259-273.

Nielsen, J.P. & Kernaleguen, A. (1976). Influence of clothing and physical attractiveness in person perception. *Perceptual and Motor Skills, 42*, 775-780.

Niketta, R. (1989). Das eigene Geschlecht mit den Augen des anderen Geschlechts sehen: Gibt es bei Attraktivitätsschätzungen geschlechtsspezifische Unterschiede? *Zeitschrift für Sozialpsychologie, 20*, 103-110.

Nisbett, R. & Wilson, T. (1977). Telling more than we can know: Verbal reports on mental processes. *Psychological Review, 84*, 231-259.

Norman, D.A. (1981). Categorization of action slips. *Psychological Review, 88*, 1-15.

Orne, M.T. (1962). On the social psychology of the psychological experiment: With particular reference to demand characteristics and their implications. *American Psychologist, 17*, 777-783.

O'Rourke, T.E., Penrod, S.D., Cutler, B.L. & Stuve, T.E. (1989). The external validity of eyewitness identification research: Generalizing across subject populations. *Law and Human Behavior, 13*, 385-395.

Paivio, A. (1971). *Imagery and verbal processes.* New York: Holt.

Paivio, A. (1986). *Mental representations: A dual-coding approach.* New York: Oxford University Press.

Paivio, A. & Harshman, R.A. (1983). Factor analysis of a questionnaire on imagery and verbal habits and skills. *Canadian Journal of Psychology, 37*, 461-483.

Paivio, A., Yuille, J.C. & Madigan, S.A. (1968). Concreteness, imagery, and meaningfulness values for 925 nouns. *Journal of Experimental Psychology* (Monograph Supplement), *1*, Part. 2.

Palmer, R.J. & Masling, J. (1969). Vocabulary for skin color in Negro and white children. *Developmental Psychology, 1*, 396-401.

Parkin, A.J. & Hayward, C. (1983). The influence of trait and physical-feature-based orienting strategies on aspects of facial memory. *British Journal of Psychology, 74*, 71-82.

Parks, T.E. (1966). Signal-detectability theory of recognition-memory performance. *Psychological Review, 73*, 44-58.

Paskaruk, S. & Yarmey, A.D. (1974, June). *Recognition memory for faces*. Paper presented at the Canadian Psychological Association Meeting, Windsor, Ontario.

Pastore, R.E. & Scheirer, C.J. (1974). Signal detection theory: Considerations for general application. *Psychological Bulletin, 81*, 945-958.

Patterson, K.E. (1978). Person recognition: More than a pretty face. In M.M. Gruneberg, P.E. Morris & R.N. Sykes (Hrsg.), *Practical aspects of memory* (S. 228-235). London: Academic Press.

Patterson, K.E. & Baddeley, A.D. (1977). When face recognition fails. *Journal of Experimental Psychology: Human Learning and Memory, 3*, 406-417.

Penrod, S., Loftus, E. & Winkler, J. (1982). The reliability of eyewitness testimony: A psychological perspective. In N.L. Kerr & R.M Bray (Hrsg.), *The psychology of the courtroom* (S. 119-168). New York: Academic Press.

Penry, J. (1971). *Looking at faces and remembering them: A guide to facial identification*. London: Elek Books.

Peris, J.L. & Tiberghien, G. (1984). Effet de contexte et recherche conditionelle dans la reconnaissance de visages non familiers. *Cahiers de Psychologie Cognitive, 4*, 323-334.

Perkins, D. (1975). A definition of caricature and recognition. *Studies in the Anthropology of Communication, 2*, 1-24.

Peterson, L.R. & Peterson, M.J. (1959). Short-term retention of individual verbal items. *Journal of Experimental Psychology, 58*, 193-198.

Peters, A. (1916). Gefühl und Wiedererkennen. *Fortschritte der Psychologie und ihrer Anwendung, 4*, 120-133.

Peters, K. (1972). *Fehlerquellen im Strafprozeß* (Bd. 2). Karlsruhe: C.F. Müller.

Peters, W. (1911). Gefühl und Erinnerung. Beiträge zur Erinnerungsanalyse. In (*Kraepelins*) *Psychologische Arbeiten, 6* (Heft 2), 197-260.

Peters, W. & Nemecek, O. (1914). Massenversuche über Erinnerungsassoziationen. *Fortschritte der Psychologie und ihrer Anwendungen, 2*, 226-245.

Pettigrew, T.F. (1982). Cognitive style and social behavior: A review of category width. In L. Wheeler (Hrsg.), *Review of personality and social psychology* (Bd. 3, S. 199-223). Beverly Hills, CA: Sage.

Pfanzagl, J. (1962). *Allgemeine Methodenlehre der Statistik. Bd. 2: Höhere Methoden unter besonderer Berücksichtigung der Anwendung*. Berlin: DeGruyter.

Phillips, R.J. (1972). Why are faces so hard to remember in photographic negative? *Perception and Psychophysics, 12*, 425-426.

Phillips, R.J. (1978). Recognition, recall and imagery of faces. In M.M. Gruneberg, P.E. Morris & R.N. Sykes (Hrsg.), *Practical aspects of memory* (S. 270-277). London: Academic Press.

Pigott, M.A. & Brigham, J.C. (1985). Relationship between accuracy of prior description and facial recognition. *Journal of Applied Psychology, 70*, 547-555.

Platz, S.J. & Hosch, H.M. (1988). Cross-racial/ethnic eyewitness identification: A field study. *Journal of Applied Social Psychology, 18*, 972-984.

Posner, M.I. (1969). Abstraction and the process of recognition. In G.H. Bower & J.T. Spence (Hrsg.), *The psychology of learning motivation* (Bd. 3, S. 44-96). New York: Academic Press.

Posner, M.I. & Keele, S.W. (1968). On the genesis of abstract ideas. *Journal of Experimental Psychology, 77*, 353-363.

Pylyshyn, Z. (1973). What the mind's eye tells the mind's brain: A critique of mental imagery. *Psychological Bulletin, 80*, 1-24.

Pylyshyn, Z.W. (1978). Imagery and artificial intelligence. In W. Savage (Hrsg.), *Volume IX of the Minnesota studies in the philosophy of science*. Minneapolis, MN: Universität Minnesota Press.

Rae, G. (1976). Table of A'. *Perceptual and Motor Skills, 42*, 98.

Rattner, A. (1988). Convicted but innocent: Wrongful conviction and the criminal justice system. *Law and Human Behavior, 12*, 283-293.

Read, J.D. (1979). Rehearsal and recognition of human faces. *American Journal of Psychology, 92*, 71-85.

Reason, J.T. & Lucas, D. (1984). Using cognitive diaries to investigate naturally occuring memory blocks. In J. Harris & P.E. Morris (Hrsg.), *Everyday memory, actions and absentmindedness* (S. 53-70). London: Academic Press.

Reason, J.T. & Mycielska, K. (1982). *Absent minded? The psychology of mental lapses and everyday errors*. Englewood Cliffs, NJ: Prentice-Hall.

Reis, H.T., Nezlek, J. & Wheeler, L. (1980). Physical attractiveness in social interaction. *Journal of Personality and Social Psychology, 38*, 604-617.

Rennig, C. & Tent, L. (1988). Kriminalitätsspezifische Wahrnehmungserwartungen bei künftigen Juristen. *Monatsschrift für Kriminologie und Strafrechtsreform, 71*, 355-369.

Rhodes, G. (1985). Lateralized processes in face recognition. *British Journal of Psychology, 76*, 249-271.

Richardson, A. (1977). The meaning and measurement of memory imagery. *British Journal of Psychology, 68*, 29-43.

Rieder, H. (1977). Die Gegenüberstellung zur Identifizierung des Beschuldigten. *Kriminalistik, 31*, 111-114.

Rock, I. (1974). The perception of disoriented figures. *Scientific American, 230*, 78-85.

Rogers, T.B. (1977). Self-reference in memory: Recognition of personality items. *Journal of Research in Personality, 11*, 295-305.

Rogers, T.B., Kuiper, N.A. & Kirker, W.S. (1977). Self-reference and the encoding of personal information. *Journal of Personality and Social Psychology, 35*, 677-688.

Rosch, E. (1978). Principles of categorization. In E. Rosch & B.B. Lloyd (Hrsg.), *Cognition and categorization* (S. 27-48). Hillsdale, NJ: Erlbaum.

Rosch, E. & Lloyd, B.B. (1978). *Cognition and categorization*. Hillsdale, NJ: Erlbaum.

Rosch, E. & Mervis, C.B. (Hrsg.). (1975). Family resemblances: Studies in the internal structure of categories. *Cognitive Psychology, 7*, 573-605.

Rosenthal, R. (1966). *Experimenter effects in behavioral research*. New York: Appleton Century Crofts.

Rosenthal, R. (1984). *Metaanalytic procedures for social research*. Beverly Hills: Sage.

Rosenthal, R. & Rosnow, R.L. (1969). The volunteer subject. In R. Rosenthal & R.L. Rosnow (Hrsg.), *Artifact in behavioral research*. New York: Academic Press.

Rossi, J.S. (1977). Reliability of a measure of visual imagery. *Perceptual and Motor Skills, 45*, 694.

Rossi, J.S. & Fingeret, A.L. (1977). Individual differences in verbal and imagery abilities: Paired associate recall as a function of stimulus and response concreteness. *Perceptual and Motor Skills, 44*, 1043-1049.

Ruhl, U. & Sporer, S.L. (1988, September). *Läßt sich das Einprägen von Gesichtern verbessern? Evaluation eines Trainingsprogrammes zum Wiedererkennen von Gesichtern von Schwarzen und Weißen.* Paper presented at the 36th Congress of Psychology in Berlin.

Ryan, T.A. & Schwartz, C.B. (1956). Speed of perception as a function of mode of representation. *American Journal of Psychology, 69*, 193-199.

Salzen, E. (1981). Perception of emotion in faces. In G.M. Davies, H.D. Ellis & J. Shepherd (Hrsg.), *Perceiving and remembering faces* (S. 133-170). London: Academic Press.

Sanders, G.S. (1984). The effects of context cues on eyewitness identification responses. *Journal of Applied Social Psychology, 14*, 386-397.

Schank, R. & Abelson, R. (1977). *Scripts, plans, goals, and understanding: An inquiry into human knowledge structures.* Hillsdale, NJ: Erlbaum.

Schnurr, P.P. (1983). *Superior memory for stereotype-consistent information as a retrieval phenomenon.* Paper presented at the 91st Annual Meeting of the American Psychological Association in Anaheim, California.

Schwarzer, R. (1989). *Meta-analysis programs* [Computer program manual]. Institut für Psychologie, Freie Universität Berlin, Berlin, West Germany.

Secord, P. (1958). Facial features and inference processes in interpersonal perception. In R. Tagiuri & L. Petrullo (Hrsg.), *Person perception and interpersonal Behavior* (S. 300-315). Stanford, CA: Stenford University Press.

Secord, P.F., Bevan, W., Jr. & Dukes, W.F. (1953). Occupational and physiognomic stereotypes in the perception of photographs. *Journal of Social Psychology, 37*, 261-270.

Secord, P.F., Dukes, W.F. & Bevan, W. (1954). Personalities in faces: I. An experiment in social perceiving. *Genetic Psychological Monographs, 49*, 231-279.

Secord, P.F. & Muthard, J.E. (1955). Personalities in faces: IV. A descriptive analysis of the perception of women's faces and the identification of some physiognomic determinants. *The Journal of Psychology, 39*, 269-278.

Sergent, J. (1984). An investigation into component and configurational processes underlying face perception. *British Journal of Psychology, 75*, 221-242.

Sergent, J. & Bindra, D. (1981). Differential hemispheric processing of faces: Methodological considerations and reinterpretation. *Psychological Bulletin, 89*, 541-554.

Shapiro, P.N. & Penrod, S. (1986). A Meta-analysis of facial identification studies. *Psychological Bulletin, 100*, 139-156.

Sheehan, P.W. (1967a). Reliability of a short test of imagery. *Perceptual and Motor Skills, 25*, 744.

Sheehan, P.W. (1967b). Visual imagery and the organisational properties of perceived stimuli. *British Journal of Psychology, 58*, 247-252.

Sheehan, P.W., Ashton, R. & White, K. (1983). Assessment of mental imagery. In A.A. Sheikh (Hrsg.), *Imagery. Current theory, research and application* (S. 189-221). New York: Wiley.

Shepard, R.N. (1967). Recognition memory for words, sentences and pictures. *Journal of Verbal Learning and Verbal Behavior, 6*, 156-163.

Shepard, R.N. & Teghtsoonian, M. (1961). Retention of information under conditions approaching a steady state. *Journal of Experimental Psychology, 62*, 302-309.

Shepherd, J.W. (1981). Social factors in face recognition. In G.M. Davies, H.D. Ellis & J.W. Shepherd (Hrsg.), *Perceiving and remembering faces* (S. 55-80). London: Academic Press.

Shepherd, J.W. (1983). Identification after long delays. In S.M.A. Lloyd-Bostock & B.R. Clifford (Hrsg.), *Evaluating witness evidence* (S. 173-187). Chichester: Wiley.

Shepherd, J.W., Davies, G.M. & Ellis, H.D. (1978). How best shall a face be described? In M.M. Gruneberg, P.E. Morris & R.N. Sykes (Hrsg.), *Practical aspects of memory* (S. 279-285). London: Academic Press.

Shepherd, J.W., Davies, G.M. & Ellis, H.D. (1981). Studies of cue saliency. In G.M. Davies, H.D. Ellis & J.W. Shepherd (Hrsg.), *Perceiving and remembering faces* (S. 105-132). London: Academic Press.

Shepherd, J.W. & Deregowski, J.B. (1981). Races and faces--a comparison of the responses of Africans and Europeans to faces of the same and different races. *British Journal of Social Psychology, 20*, 125-133.

Shepherd, J.W., Deregowski, J.B. & Ellis, H.D. (1974). A cross-cultural study of recognition memory for faces. *International Journal of Psychology, 9*, 205-212.

Shepherd, J.W. & Ellis, H.D. (1973). The effect of attractiveness on recognition memory for faces. *American Journal of Psychology, 86*, 627-633.

Shepherd, J.W. & Ellis, H.D. (1990). Systeme zum Abruf von Gesichtsinformationen. In G. Köhnken & S.L. Sporer (Hrsg.), *Identifizierung von Tatverdächtigen durch Augenzeugen* (S. 85-111). Göttingen: Hogrefe.

Shepherd, J.W., Ellis, H.D. & Davies, G.M. (1982). *Identification evidence: A psychological examination*. Aberdeen: Aberdeen University Press.

Shoemaker, D.J., South, D.R. & Lowe, J. (1973). Facial stereotypes of deviants and judgments of guilt or innocence. *Social Forces, 51*, 427-433.

Smith, E. & Nielsen, G. (1970). Representations and retrieval processes in STM recognition and recall of faces. *Journal of Experimental Psychology, 85*, 397-405.

Smith, S.M. (1979). Remembering in and out of context. *Journal of Experimental Psychology: Human Learning and Memory, 5*, 460-471.

Smith, S.M. (1988). Environmental context-dependent memory. In G. Davies & D. Thomson, *Memory in context: Context in memory* (S. 13-34). Chichester: Wiley.

Smith, S.M., Glenberg, A. & Bjork, R.A. (1978). Environmental context and human memory. *Memory & Cognition, 6*, 342-353.

Snodgrass, J.G. & Corwin, J. (1988). Pragmatics of measuring recognition memory: Applications to dementia and amnesia. *Journal of Experimental Psychology: General, 117*, 34-50.

Snyder, M. (1974). The self-monitoring of expressive behavior. *Journal of Personality and Social Psychology, 30*, 526-537.

Snyder, M. (1979). Self-monitoring processes. In L. Berkowitz (Hrsg.), *Advances in experimental social psychology* (Bd. 12, S. 85-128). New York: Academic Press.

Solso, R.L. & McCarthy, J.E. (1981). Prototype formation of faces: A case of pseudo-memory. *British Journal of Psychology, 72*, 499-503.

Sorce, J.F. & Campos, J.J. (1974). The role of expression in the recognition of a face. *American Journal of Psychology, 87*, 71-82.

Sporer, S.L. (1982). A brief history of the psychology of testimony. *Current Psychological Reviews, 2*, 323-339.

Sporer, S.L. (1983). Allgemeinwissen zur Psychologie der Zeugenaussage. In H.J. Kerner, H. Kury & K. Sessar (Hrsg.), *Deutsche Forschungen zur Kriminalitätsentstehung und Kriminalitätskontrolle* (S. 1191-1234). Köln: Heymanns.

Sporer, S.L. (1984). Experimentalpsychologische Grundlagen der Personenidentifizierung und ihre Bedeutung für die Strafrechtspraxis. *Monatsschrift für Kriminologie und Strafrechtsreform, 67*, 339-348.

Sporer, S.L. (1985). Line-up procedures in the Federal Republic of Germany. A psychological assessment. In F.L. Denmark (Hrsg.), *Social/Ecological psychology and the psychology of women* (S. 69-90). Amsterdam: Elsevier Publishers.

Sporer, S.L. (1988). Long-term improvement of facial recognition through visual rehearsal. In M.M. Gruneberg, P.E. Morris & R.N. Sykes (Hrsg.), *Practical aspects of memory* (S. 182-188). London: Wiley.

Sporer, S.L. (1989). Verbal and visual processes in person identification. In H. Wegener, F. Lösel & J. Haisch (Hrsg.), *Criminal behavior and the justice system: Psychological perspectives* (S. 303-324). New York: Springer.

Sporer, S.L. (1990a). Materialien zum Marburger Wiedererkennenstest (MWT). In D. Meurer & S.L. Sporer (Hrsg.), *Zum Beweiswert von Personenidentifizierungen: Neuere empirische Befunde* (S. 149-163). Marburg: Elwert.

Sporer, S.L. (1990b). Personenbeschreibung. In G. Köhnken & S.L. Sporer (Hrsg.), *Identifizierung von Tatverdächtigen durch Augenzeugen* (S. 53-83). Göttingen: Hogrefe.

Sporer, S.L. (1990c). Personenidentifizierungen bei Wahlgegenüberstellungen und Lichtbildvorlagen. In R. Egg (Hrsg.), *Brennpunkte der Rechtspsychologie. Polizei, Justiz, Drogen* (S. 283-309). Bonn - Bad Godesberg: Forum.

Sporer, S.L. (1990d). *Das Wiedererkennen von Gesichtern*. Habilitationsschrift, Philipps-Universität, Marburg.

Sporer, S.L. (1991a). Deep - deeper - deepest? Encoding strategies and the recognition of human faces. *Journal of Experimental Psychology, Learning, Memory and Cognition, 17,* 323-333.

Sporer, S.L. (1991b). Das Wiedererkennen von Personen im Labor und im Feld. In D. Frey (Hrsg.), *Bericht über den 37. Kongreß der Deutschen Gesellschaft für Psychologie in Kiel* (S. 455-463). Göttingen: Hogrefe.

Sporer, S.L. (1992a). Eyewitness identification accuracy, confidence and decision-times in simultaneous and sequential lineups. *Journal of Applied Psychology, 77.*

Sporer, S.L. (1992b). Post-dicting eyewitness accuracy: Confidence, decision-times and person descriptions of choosers and non-choosers. *European Journal of Social Psychology, 22,* 157-180.

Sporer, S.L., Eickelkamp, A. & Spitmann-Rex, D. (1990). Live-Gegenüberstellungen vs. Lichtbildvorlagen. In D. Meurer & S.L. Sporer (Hrsg.), *Zum Beweiswert von Personenidentifizierungen: Neuere empirische Befunde* (S. 48-105). Marburg: Elwert.

Sporer, S.L. & aus dem Kahmen, A. (im Druck). Zur suggestiven Wirkung irreführender nachträglicher Informationen. *Hypnose und Kognition.*

Stern, L.W. (1902). Zur Psychologie der Aussage. *Zeitschrift für die gesamte Strafrechtswissenschaft, 22,* 315-370.

Sternberg, S. (1966). High-speed scanning in human memory. *Science, 153,* 652-654.

Stoddard, J.T. (1886). Composite portraiture. *Science, 8,* 89-91.

Strack, F. (1988). Social cognition: Sozialpsychologie innerhalb des Paradigmas der Informationsverarbeitung. *Psychologische Rundschau, 39,* 72-82.

Strnad, B.N. & Mueller, J.H. (1977). Levels of processing in facial recognition memory. *Bulletin of the Psychonomic Society, 9,* 17-18.

Sundstroem, G.A. (1982). *The effect of orientation on recognition of faces*. Unveröffentlichte Diplomarbeit, University von Toronto, Kanada.

Swann, W.B. & Miller, L.C. (1982). Why never forgetting a face matters: Visual imagery and social memory. *Journal of Personality and Social Psychology, 43,* 475-480.

Swets, J.A. (1964). *Signal detection and recognition by human observers*. New York: Wiley.

Swets, J.A. (1973). The relative operating characteristic in psychology. *Science, 182,* 990-1000.

Tavris, C. & Offir, C. (1977). *The longest war. Sex differences in perspective*. New York: Harcourt Brace Jovanovich.

Theios, J. (1973). Reaction time measurements in the study of memory processes. In G.H. Bower (Hrsg.), *The psychology of learning and motivation* (Bd. 7, S. 43-85). New York: Academic Press.

Thompson, W.B. & Mueller, J.H. (1984). Face memory and hemispheric preference: Emotionality and extraversion. *Brain and Cognition, 3,* 239-248.

Thomson, D.M. (1981). Person identification: Influencing the outcome. *Australian and New Zealand Journal of Criminology*, *14*, 49-55.

Thomson, D.M. (1988). Context and false recognition. In G.M. Davies & D.M. Thomson (Hrsg.), *Memory in context: Context in memory* (S. 285-304). Chichester: John Wiley & Sons.

Thomson, D.M., Robertson, S.L. & Vogt, R. (1982). Person recognition: The effect of context. *Human Learning*, *1*, 137-154.

Thornton, G.R. (1939). The ability to judge crime from photographs of criminals: A contribution to technique. *Journal of Abnormal and Social Psychology*, *34*, 378-383.

Tickner, A.H. & Poulton, E.C. (1975). Watching for people and actions. *Ergonomics*, *18*, 35-51.

Traxel, W. (1962). Kritische Untersuchungen zur Eidetik. *Archiv für die Gesamte Psychologie*, *114*, 206-336.

Traxel, W. (1984, April). *Subjektive Anschauungsbilder - Phänomen oder Phantom?* Vortrag gehalten auf der 26. Tagung experimentell arbeitender Psychologen in Nürnberg.

Traxel, W. (Hrsg.). (1987). *Passauer Schriften zur Psychologiegeschichte*: No. 5. *Ebbinghaus-Studien 2*. Passau: Passavia Universitätsverlag.

Treu, G. (1914). Durchschnittsbild und Schönheit. *Zeitschrift für Ästhetik und Allgemeine Kunstwissenschaft*, *9*, 433-448.

Tulving, E. (1985). How many memory systems are there? *American Psychologist*, *40*, 385-398.

Tulving, E. & Thomson, D.M. (1973). Encoding specificity and retrieval processes in episodic memory. *Psychological Review*, *80*, 352-373.

Tversky, A. (1977). Features of similarity. *Psychological Review*, *84*, 327-352.

Tversky, B. (1973). Encoding processes in recognition and recall. *Cognitive Psychology*, *5*, 275-287.

Tversky, B. & Baratz, D. (1985). Memory for faces: Are caricatures better than photographs? *Memory & Cognition*, *13*, 45-49.

Tversky, B. & Sherman, T. (1975). Picture memory improves with longer on time and off time. *Journal of Experimental Psychology: Human Learning and Memory*, *104*, 114-118.

Tzavaras, A., Hécaen, H. & Lebras, H. (1970). Le problème de la specifité du deficit de la reconnaisance du visage humain lors des lesions hemispheriques unilaterales. *Neuropsychologia*, *8*, 403-416.

Undeutsch, U. (1984). Die Wiedererkennung von Personen. In K. Wasserburg & W. Heddenhorst (Hrsg.), *Wahrheit und Gerechtigkeit im Strafverfahren* (S. 461-472). Heidelberg: C.F. Müller Juristischer Verlag.

Velden, M. (1982). *Die Signalentdeckungstheorie in der Psychologie*. Stuttgart: Kohlhammer.

Vernon, M.D. (1955). The functions of schemata in perceiving. *Psychological Review*, *62*, 180-192.

Wagstaff, G.F. (1982). *Context effects in eyewitness reports*. Paper presented at the Law and Psychology Conference, Swansea, Wales.

Walker-Smith, G.J. (1978). The effects of delay and exposure duration in a face recognition task. *Perception and Psychophysics*, *24*, 63-70.

Walker-Smith, G.J. (1980). Memorizing facial identity, expression and orientation. *British Journal of Psychology*, *71*, 415-424.

Walker-Smith, G.J., Gale, A.G. & Findlay, J.M. (1977). Eye movement strategies involved in face perception. *Perception*, *6*, 313-326.

Wallbott, H.G. (1982). Ein System zur halbautomatischen, quantitativen Analyse von Handbewegungen. In W. von Raffler-Engel (Hrsg.), *Aspekte der nonverbalen Kommunikation*. München: Fink.

Wallbott, H.G. (1990). *Mimik im Kontext*. Göttingen: Hogrefe.

Wall, P.M. (1965). *Eyewitness identification in criminal cases*. Springfield, IL: Charles C. Thomas.

Warrington, E.K. (1974). Deficient recognition memory in organic amnesia. *Cortex, 10*, 289-291.

Warrington, E.K. & Ackroyd, C. (1975). The effect of orienting tasks on recognition memory. *Memory and Cognition, 3*, 140-142.

Watkins, M.J., Ho, E. & Tulving, E. (1976). Context effects in recognition memory for faces. *Journal of Verbal Learning and Verbal Behavior, 15*, 505-517.

Weaver, G.E. & Stanny, J.S. (1978). Short-term retention of pictorial stimuli as assessed by a probe recognition technique. *Journal of Experimental Psychology: Human Learning and Memory, 4*, 55-65.

Webb, E.J., Campbell, D.T., Schwartz, R.D. & Seechrest, L. (Hrsg.). (1966). *Unobtrusive measures: Nonreactive research in the social sciences.* Chicago: Rand McNally.

Wegener, H. (1966). Experimentelle Untersuchungen über die Personenbeschreibung und -identifizierung 10- bis 12-jähriger Kinder. In J. Gerchow (Hrsg.), *An den Grenzen von Medizin und Recht* (S. 115-125). Stuttgart: Enke.

Wells, G.L. (1978). Applied eyewitness research: System variables and estimator variables. *Journal of Personality and Social Psychology, 36*, 1546-1557.

Wells, G.L. (1985). Verbal descriptions of faces from memory: Are they diagnostic of identification accuracy. *Journal of Applied Psychology, 70*, 619-626.

Wells, G.L. & Hryciw, B. (1984). Memory for faces: Encoding and retrieval operations. *Memory and Cognition, 12*, 338-344.

Wells, G.L. & Loftus, E.F. (1984). Eyewitness research: Then and now. In G.L. Wells & E.F. Loftus (Hrsg.), *Eyewitness testimony: Psychological perspectives* (S. 1-11). New York: Cambridge University Press.

Wender, K.F., Colonius, H. & Schulze, H.-H. (1980). *Modelle des menschlichen Gedächtnisses.* Stuttgart: Kohlhammer.

White, K., Sheehan, P.W. & Ashton, R. (1977). Imagery assessment: A survey of self-report measures. *Journal of Mental Imagery, 1*, 145-170.

Wilding, J. & Valentine, E. (1985). One man's memory for prose, faces and names. *British Journal of Psychology, 76*, 215-219.

Wilson, B.A., Baddeley, A.D. & Cockburn, J. (1988). Trials, tribulations and triumphs in the development of a test of everyday memory. In M.M. Gruneberg, P.E. Morris & R.N. Sykes (Hrsg.), *Practical aspects of memory* (Bd. 2, S. 249-254). Chichester: Wiley.

Wilson, B.A., Cockburn, J. & Baddeley, A.D. (1985). *The Rivermead Behavioural Memory Test Manual.* Thames Valley Test Co., 22 Bulmershe Rd., Reading, Berkshire.

Winer, B.J. (1971). *Statistical principles in experimental design.* New York: McGraw-Hill.

Wingfield, A. & Byrnes, D.L. (1981). *The psychology of human memory.* New York: Academic Press.

Winograd, E. (1976). Recognition memory for faces following nine different judgments. *Bulletin of the Psychonomic Society, 8*, 419-421.

Winograd, E. (1978). Encoding operations which facilitate memory for faces across the life span. In M.M. Gruneberg, P.E. Morris & R.N. Sykes (Hrsg.), *Practical aspects of memory* (S. 255-262). London: Academic Press.

Winograd, E. (1981). Elaboration and distinctiveness in memory for faces. *Journal of Experimental Psychology: Human Learning and Memory, 7*, 181-190.

Winograd, E. & Rivers-Bulkeley, N.T. (1977). Effects of changing context on remembering faces. *Journal of Experimental Psychology: Human Learning and Memory, 3*, 397-405.

Wippich, W. (1981). Lernen in fremder oder vertrauter Umgebung: Kontexteffekte beim Behalten. *Schweizerische Zeitschrift für Psychologie, 40*, 40-54.

Wippich, W. (1984). *Lehrbuch der angewandten Gedächtnispsychologie* (Bd. 1). Stuttgart: Kohlhammer.

Wippich, W. (1985a). Aufgabenangemessene Informationsverarbeitung und Generierungseffekte bei Bildmaterialien. *Zeitschrift für Experimentelle und Angewandte Psychologie, 32*, 340-352.

Wippich, W. (1985b). *Lehrbuch der angewandten Gedächtnispsychologie* (Bd. 2). Stuttgart: Kohlhammer.

Wippich, W. (1989). Remembering social events and activities. In H. Wegener, F. Lösel & J. Haisch (Hrsg.), *Criminal behavior and the justice system* (S. 228-241). Berlin/Heidelberg/New York: Springer.

Wippich, W. & Bredenkamp, J. (1979). *Bildhaftigkeit und Lernen.* Darmstadt: Steinkopf.

Wippich, W., Mecklenbräuker, S. & Hoffmann, I. (1985). Lernen in fremder oder vertrauter Umgebung: Kontexteffekte beim Behalten. *Schweizerische Zeitschrift für Psychologie, 44*, 43-55.

Witkin, H.A., Dyk, R.B., Faterson, H.F., Goodenough, D.R. & Karp, S.A. (1962). *Psychological differentiation.* New York: Wiley.

Witryol, S. & Kaess, W. (1957). Sex differences in social memory tasks. *Journal of Abnormal and Social Psychology, 54*, 343-346.

Woodhead, M.M. & Baddeley, A.D. (1981). Individual differences and memory for faces, pictures, and words. *Memory & Cognition, 9*, 368-370.

Woodhead, M.M., Baddeley, A.D. & Simmonds, D.C.V. (1979). On training people to recognize faces. *Ergonomics, 22*, 333-343.

Woodworth, R.S. (1910). Mental imagery (Review of the distribution and functions of mental imagery by G.H. Betts). *Psychological Bulletin, 7*, 351-352.

Woodworth, R.S. & Schlosberg, H. (1954). *Experimental psychology.* New York: Holt.

Wottawa, H. (1980). *Grundriß der Testtheorie.* München: Juventa.

Wyer, R.S. & Srull, T.K. (Hrsg.). (1984). *Handbook of social cognition* (Bde. 1-3). Hillsdale, NJ: Erlbaum.

Wyer, R.S. & Srull, T.K. (1989). *Memory and cognition in its social context.* Hillsdale, NJ: Erlbaum.

Yarbus, A. (1967). *Eye movement and vision.* New York: Plenum Press.

Yarmey, A.D. (1970). The effect of mnemonic instructions on paired-associate recognition memory for faces or names. *Canadian Journal of Behavioral Science, 2*, 181-190.

Yarmey, A.D. (1973). I recognize your face but I can't remember your name: Further evidence on the tip-of-the-tongue phenomenon. *Memory and Cognition, 1*, 287-290.

Yarmey, A.D. (1974). Proactive interference in short-term retention of human faces. *Canadian Journal of Psychology, 28*, 333-338.

Yarmey, A.D. (1975). Introspection and imagery reports of human faces. *Perceptual and Motor Skills, 41*, 711-719.

Yarmey, A.D. (1979a). The effects of attractiveness, feature saliency and liking on memory for faces. In M. Cook & G. Wilson (Hrsg.), *Love and attraction* (S. 51-53). Oxford and New York: Pergamon Press.

Yarmey, A.D. (1979b). *The psychology of eyewitness testimony.* New York: Free Press.

Yin, R.K. (1969). Looking at upside-down faces. *Journal of Experimental Psychology, 81*, 141-145.

Young, A.W., Hay, D.C. & Ellis, A.W. (1985). The faces that launched a thousand slips: Everyday difficulties and errors in recognizing people. *British Journal of Psychology, 76*, 495-523.

Zajonc, R.B. (1968). Attitudinal effects of mere exposure. *Journal of Personality and Social Psychology, 9*, 1-27.

Zajonc, R.B. (1980). Feeling and thinking: Preferences need no inferences. *American Psychologist, 35*, 151-175.

Zechmeister, E.B. & Nyberg, S.E. (1982). *Human memory. An introduction to research and theory.* Monterey, CA: Brooks/Cole.

Zenhausern, R. (1978). Imagery, cerebral dominance, and style of thinking: A unified field model. *Bulletin of the Psychonomic Society, 12,* 381-384.

Zima, H. & Zeiner, W. (1982). Das Versuchsprojekt "Sigma". Neue Wege zur Erfassung und Auswertung von Signalementdaten. *Kriminalistik, 36,* 593-596.